U0581636

中国特色社会主义基本问题

王怀超 等 著

人民出版社

目 录

第一篇 中国特色社会主义道路

第二篇 中国特色社会主义理论

第三篇　中国特色社会主义制度

序　言
坚持和发展中国特色社会主义

中国特色社会主义是中国人民在改革开放实践中的伟大创造，是中国社会主义现代化建设的指导思想，是当代中国发展进步的旗帜，是全党全国各族人民团结奋斗的共同思想基础，是当代中国的马克思主义，是扎根中国大地的科学社会主义。中国特色社会主义内涵丰富，包括多方面内容。择其要点，主要包括三个方面的内容：一是中国特色社会主义道路；二是中国特色社会主义理论；三是中国特色社会主义制度。本书定名为《中国特色社会主义基本问题》，分别对中国特色社会主义道路、中国特色社会主义理论和中国特色社会主义制度进行了全面深入的阐述，对涉及中国特色社会主义的基本问题进行了系统的剖析和论述，展现了一幅中国特色社会主义的全面图景。当前，中国特色社会主义进入了一个新的发展时期，新时期时代主题是坚持和发展中国特色社会主义，或者说坚持和发展什么样的中国特色社会主义，怎样坚持和发展中国特色社会主义。而要坚持和发展中国特色社会主义，就必须弄清楚什么是中国特色社会主义？中国特色社会主义是如何形成和发展的？中国特色社会主义的基本问题包括哪些内容？中国特色社会主义对于马克思主义，对于科学社会主义乃至世界社会主义进程的意义何在？明确地回答这些有关中国特色社会主义的基本问题，有助于深入理解坚持和发展中国特色社会主义的丰富内涵和深远意蕴。

一、中国特色社会主义的形成与发展

习近平同志指出：中国特色社会主义不是从天上掉下来的，而是在改革开放 40 年的伟大实践中得来的，是在中华人民共和国成立近 70 年的持续探索中得来的，是在我们党领导人民进行伟大社会革命 97 年的实践中得来的，是在近代以来中华民族由衰到盛 170 多年的历史进程中得来的，是对中华文明 5000 多年的传承发展中得来的，是党和人民历经千辛万苦、付出各种代价取得的宝贵成果。得到这个成果极不容易。

走社会主义道路是近代以来中国社会发展的必然选择。近代以来，中国陷入了一个半封建、半殖民地社会。实现民族独立、人民解放，实现国家强盛、人民富裕，成为中国社会发展面临的两大历史性课题。为了寻求革命和发展的道路，无数仁人志士先后进行过艰辛的探索和不懈的努力，但都没有找到有效的办法和途径。俄国十月革命的胜利，给处在苦闷和彷徨中的中国人民指明了方向。中国共产党人用马克思主义观察世界，考察中国社会的前途命运，悟出了只有社会主义才能救中国、才能发展中国的道理，找到了中国革命和发展的正确途径。这就是：先通过新民主主义革命，实现民族独立、人民解放；再通过走社会主义道路，实现国家强盛、人民富裕。选择社会主义，向着共产主义目标前进，成为近代中国社会发展的历史逻辑和中国人民的郑重选择。

新民主主义革命的胜利，社会主义基本制度的建立，为当代中国一切发展进步奠定了根本政治前提和制度基础。新中国 20 多年的社会主义建设，为开创中国特色社会主义提供了宝贵经验、理论准备、物质基础。由于缺少经验，在我国社会主义建设初期基本上照搬了苏联模式，苏共二十大之后，苏联模式的弊病逐步暴露出来，中国共产党开始思考如何对待苏联经验的问题。毛泽东同志经过调查研究，在《论十大关系》等讲话中，开始考虑如何走适合中国国情的社会主义建设道路，并鲜明地提出中国的社会主义建设要从中国实际出发，走中国工业化建设道路的正确主张。以毛泽东同志为主要代表的中国共产党人进行的初步探索，为中国特色社会主义的创立提供了重要前提和思想基础。此后，我国开始对适合中国国情的建设社会主义道路进行独立探索，在探索中虽然发生了一些严重失误，但党团结带领人民全力推进社会主义建设，建立了独立的比较完整的工业体系和国民经济体系，积累了社会主义建设正反两方面的经验，特别是毛泽东思想关于社会主义建设的一系列独创性理论成果，对于开创中国特色社会主义具有重要意义。

在改革开放新时期，我们党成功开创了中国特色社会主义道路。党的十一届三中全会作出把党和国家工作重心转移到经济建设上来、实行改革开放的历史性决策，成为改革开放新时期的开端，也成为中国特色社会主义开始创立的标志。党的十一届三中全会以来，以邓小平同志为核心的党的第二代中央领导集体重新确立解放思想、实事求是的思想路线，彻底否定"以阶级斗争为纲"的错误理论和实践，深刻总结我国社会主义建设正反两方面经验，借鉴世界社会主义历史经验，提出必须搞清楚什么是社会主义、怎样建设社会主义这个重大理论和实际问题，揭示了社会主义本质，确立了社会主义初级阶段基本路线，明确提出从中国国情出发，走自己的路，建设中国特色社会主义，科学回答了建设中国特色社会主义的一系列基本问题，成功开创了中国特色社会主义。

中国特色社会主义道路和理论的形成发展与改革开放伟大实践的发展是一致的。从党的十一届三中全会到党的十二大，这是中国特色社会主义道路在拨乱反正和改革开放起步中确定主题阶段；从党的十二大到党的十三大，这是中国特色社会主义道路从确定主题到初步开辟阶段；"如果说构想，这就是我们的构想。""总的来说，这条道路叫做建设有中国特色的社会主义的道路。"①1992年，党的十四大概括了建设有中国特色社会主义理论的基本轮廓，正式确立了这一理论在全党的指导地位，并提出了用这一理论武装全党的战略任务。党的十五大正式使用邓小平理论的概念，明确将邓小平理论作为我们党的指导思想，并写进了党章。这表明中国特色社会主义理论已经形成。

党的十三届四中全会以后，以江泽民同志为核心的党的第三代中央领导集体带领全党全国各族人民坚持党的基本理论、基本路线，在国内外形势十分复杂、世界社会主义出现严重曲折的严峻考验面前捍卫了中国特色社会主义，依据新的实践确立了党的基本纲领、基本经验，确立了社会主义市场经济体制的改革目标和基本框架，确立了社会主义初级阶段的基本经济制度和分配制度，提出建设社会主义民主政治和法治国家的战略方针，开创全面改革开放新局面，推进党的建设新的伟大工程，创立"三个代表"重要思想，成功把中国特色社会主义推向21世纪。②党的十六大以后，以胡锦涛同志为总书记的党中央，抓住历史机遇，在全面建设小康社会进程中推进实践创新、理论创新、制度创新，强调坚持以人为本、全面协调可持续发展，提出构建社会主义和谐社会、加快生态文明建设、培育社会主义核心价值，形成中国特色社会主义事业总体布局，着力保障和改善民生，促进社会公平正义，推动建设和谐世界，推进党的执政能力建设和先进性建设，形成了科学发展观，在新的历史起点上坚持和发展了中国特色社会主义。

---

① 《邓小平文选》第三卷，人民出版社1993年版，第65页。
② 中共中央党史研究室：《深刻认识中国特色社会主义的历史逻辑》，《人民日报》2013年2月7日。

中国特色社会主义进入新时代。党的十九大报告指出，"经过长期努力，中国特色社会主义进入了新时代，这是我国发展新的历史方位。"①"中国特色社会主义，是中国共产党和中国人民团结的旗帜、奋进的旗帜、胜利的旗帜，是当代中国发展进步的根本方向。"坚定不移高举中国特色社会主义伟大旗帜，就是坚持当代中国发展进步的根本方向。党的十八大以来，面对复杂局面，以习近平同志为核心的党中央带领全党全军全国各族人民，总揽战略全局，把握发展大势，形成了习近平新时代中国特色社会主义思想，开启了改革开放的新征程，全力推进社会主义现代化建设事业，进行了新的伟大斗争实践，开创了中国特色社会主义事业的新局面。

二、中国特色社会主义的基本轮廓

中国特色社会主义内涵丰富，特色鲜明，是包括中国特色社会主义道路、中国特色社会主义理论、中国特色社会主义制度和中国特色社会主义文化在内的一个有机整体。中国特色社会主义道路是实现途径，中国特色社会主义理论是行动指南，中国特色社会主义制度是根本保障，中国特色社会主义文化是精神力量，它们统一于中国特色社会主义伟大实践。

中国特色社会主义道路，就是在中国共产党领导下，立足基本国情，以经济建设为中心，坚持四项基本原则，坚持改革开放，解放和发展社会生产力，建设社会主义市场经济、社会主义民主政治、社会主义先进文化、社会主义和谐社会、社会主义生态文明，促进人的全面发展，逐步实现全体人民共同富裕，建设富强民主文明和谐美丽的社会主

---

① 习近平：《决胜全面建成小康社会　夺取新时代中国特色社会主义伟大胜利——在中国共产党第十九次全国代表大会上的报告》，人民出版社 2017 年版，第 10 页。

义现代化国家。中国特色社会主义道路包括本质要求、总体布局、价值目标等方面的内容。首先，中国特色社会主义道路的本质要求，一是坚持党的领导，二是立足基本国情，三是坚持党的基本路线，四是明确根本任务。其次，中国特色社会主义道路的总体布局是对中国特色社会主义道路发展前景的描绘。"五位一体"的总体布局是一个有机整体，其中经济建设是根本，政治建设是保证，文化建设是灵魂，社会建设是条件，生态建设是基础，它勾勒了一幅经济、政治、文化、社会、生态和谐共生、协调发展的壮丽蓝图。最后，中国特色社会主义道路的价值目标体现了两个不同层次：一是促进人的全面发展。坚持中国特色社会主义道路是实现人摆脱旧的束缚向自由王国迈进的必由之路，在那里"每个人的自由发展是一切人的自由发展的条件"①。二是建设富强民主文明和谐美丽的社会主义现代化国家，实现全体人民共同富裕，实现这一宏伟目标就必须坚定不移地走中国特色社会主义道路。

中国特色社会主义理论，从纵向方面看，包括邓小平理论、"三个代表"重要思想、科学发展观和习近平新时代中国特色社会主义思想。中国特色社会主义理论是我们党坚持把马克思主义基本原理同中国具体实际相结合，在推进马克思主义中国化的历史进程中升华、提炼的理论结晶，是我们党宝贵的政治和精神财富，是党带领全国各族人民团结奋斗，开创中国特色社会主义事业新境界的共同思想基础，是始终贯穿于社会主义实践的灵魂。中国特色社会主义理论是被社会主义实践证明了的、能够指导党和人民沿着中国特色社会主义道路实现中华民族伟大复兴的正确理论，这是因为它系统地回答了在中国这样一个十几亿人口的发展中大国建设什么样的社会主义、怎样建设社会主义，建设什么样的党、怎样建设党，实现什么样的发展、怎样发展，坚持和发展什么样的中国特色社会主义、怎样坚持和发展中国特色社

---

① 《马克思恩格斯文集》第 2 卷，人民出版社 2009 年版，第 53 页。

会主义等一系列重大问题，是对毛泽东思想的继承和发展。归根结底，它是发展着的马克思主义。从横向方面看，中国特色社会主义理论又包括一系列的基本原理和基本判断。其主要观点有：社会主义初级阶段论；时代主题论；社会主义本质论；社会主义初级阶段主要矛盾论；社会主义核心价值论；科学发展论；人的全面发展论；社会主义改革开放论；社会主义现代化发展战略论；社会主义市场经济论；社会主义民主政治论；社会主义文化建设论；社会主义社会建设论；生态文明建设论；社会主义现代化建设领导核心论；等等。几乎涵盖了社会生活的所有方面。中国特色社会主义理论坚持了辩证唯物主义和历史唯物主义的哲学世界观，坚持了无产阶级政党全心全意为人民服务的政治立场，坚持了解放思想、实事求是、与时俱进、求真务实的时代立场，彰显了马克思主义理论创新的巨大勇气，是马克思主义中国化的理论成果，是坚持和发展马克思主义的光辉典范。在当代中国，坚持马克思主义，就一定要坚持中国特色社会主义理论；坚持中国特色社会主义理论，就是坚持马克思主义。

中国特色社会主义制度，是当代中国发展进步的根本制度保障，集中体现了中国特色社会主义的特点和优势。中国特色社会主义制度，就是人民代表大会制度的根本政治制度，中国共产党领导的多党合作和政治协商制度、民族区域自治制度以及基层群众自治制度等基本政治制度，中国特色社会主义法律体系，公有制为主体、多种所有制经济共同发展的基本经济制度，以及建立在这些制度基础上的经济体制、政治体制、文化体制、社会体制等各项具体制度。中国特色社会主义制度包含了四个层面的内容，即根本政治制度、基本制度、具体制度和法律体系。第一，根本政治制度在制度体系中处于根本地位，是制度体系的"根"，起着决定作用。根本政治制度是对中国特色社会主义实践的本质性规定，是确立基本制度和具体制度的基石。第二，基本制度包括基本政治制度和基本经济制度，它是制度体系中的"主干"和基本框架，并发挥着主导作用。第三，具体制度处于制度体系的最表层，是根本政治制度和基本制度在社会生活方面的延伸，是制度体系中的"枝叶"，同时受到根本政治制度和基本制度的制约，并服从服务于根本政治制度和基本制度的巩固和健全。第四，法律体系则为根本政治制度、基本制度和具体制度提供了法律依据，是各种制度由抽象走向具体的法律表达，这主要体现为用不同层级的法律规范规定了根本政治制度、基本制度和具体制度之间的关系。

文化是一个国家、一个民族的灵魂。文化兴则国运兴，文化强则民族强。没有高度的文化自信，没有文化的繁荣兴盛，就没有中华民族的伟大复兴。中国特色社会主义文化，是以马克思主义为指导，以培育有理想、有道德、有文化、有纪律的公民为目标，发展面向现代化、面向世界、面向未来的，民族的科学的大众的社会主义文化。中国特色社会主义文化是中国特色社会主义事业的重要组成部分，是社会主义现代化建设的重要目标和精神支撑，也是综合国力的重要标志。中国特色社会主义文化的特征包括以下六个方面：一是科学性。中国特色社会主义文化的内容具有科学的品格和科学的精神，它正确地反映了自然和社会的本质及其发展规律，坚持了同自然观、社会观中一切非科学的文化思想进行坚决斗争的立场，为决策的民主化和科学化提供了理论依据。二是时代性。中国特色社会主义文化既渊源于中华民族五千年文明史，又植根于中国特色社会主义实践，具有鲜明的时代特征。三是民族性。中国特色社会主义文化凝聚着中华民族文化的精华，具有鲜明的民族风格。四是开放性。中国特色社会主义文化是一种面向现代化、面向世界、面向未来的文化，融合和吸收了世界优秀文化成果，具有鲜明的开放性特征。五是群众性。中国特色社会主义文化来自于人民群众，代表人民意愿，为群众服务，文化发展成果由人民共享。六是创新性。中国特色社会主义文化结合新的实践和时代要求不断提升，不断创造出符合社会发展和人民需要的新文化。

鉴于中国特色社会主义理论包含中国特色社会主义文化建设的内容，本书将中国特色社会主义文化放在中国特色社会主义理论篇中一并论述。

三、习近平新时代中国特色社会主义思想

中共十九大提出了习近平新时代中国特色社会主义思想。习近平新时代中国特色社会主义思想，并将其确定为我们党必须长期坚持的指导思想写进党章，实现了党的指导思想的与时俱进。党的十九大报告指出：是对马克思列宁主义、毛泽东思想、邓小平理论、"三个代表"重要思想、科学发展观的继承和发展，是马克思主义中国化的最新成果，是党和人民实践经验和集体智慧的结晶，是中国特色社会主义理论的重要组成部分，是全党全国人民为实现中华民族伟大复兴而奋斗的行动指南，必须长期坚持并不断发展。

习近平新时代中国特色社会主义思想为新时期坚持发展中国特色社会主义提供了新的思想引领。习近平新时代中国特色社会主义思想明确了新时期坚持和发展中国特色社会主义的总任务、主要矛盾、总体布局和战略布局、全面深化改革总目标、全面推进依法治国总目标、新时代的强军目标、中国特色大国外交和中国特色社会主义的本质特征。这"八个明确"相互贯通，逻辑严密，内涵丰富，构成习近平新时代中国特色社会主义思想的基本轮廓，体现了习近平新时代中国特色社会主义思想的精神实质和基本内容。在此基础上，党中央进一步提出坚持党对一切工作的领导、坚持以人民为中心、坚持全面深化改革、坚持新发展理念等坚持和发展中国特色社会主义的十四个基本方略，从实践层面明确回答了坚持和发展中国特色社会主义的目标、路径、方略、步骤等。"八个明确"和"十四个坚持"相辅相成、相互补充，从理论概括和实践指南两个方面共同构成了习近平新时代中国特色社会主义思想的主要

内容，反映了新时代和新实践对理论发展的新要求，为新时代坚持和发展中国特色社会主义提供了新的思想武器，为决胜全面建成小康社会，进而建设社会主义现代化强国、实现中华民族的伟大复兴提供了理论指导。

习近平新时代中国特色社会主义思想立足于新时代中国特色社会主义的实践进行理论创新，深化了对建设中国特色社会主义的规律性认识，丰富和发展了马克思主义理论。比如，以人民为中心的思想是对马克思主义关于人民群众是历史创造者原理的运用和发展；国家治理体系和治理能力现代化思想是对马克思主义国家理论的运用和发展；将政治建设作为党的建设的统领，是对马克思主义党的建设理论的运用和发展。

习近平新时代中国特色社会主义思想是凝聚中国人民和中华民族团结奋进的思想基础。马克思指出："理论只要说服人，就能掌握群众；而理论只要彻底，就能说服人。"① 习近平新时代中国特色社会主义思想是经过十八大以来中国特色社会主义实践检验，能有效指导我国经济社会发展的正确理论，其理论内涵、精神实质和实践要求逐渐被广大人民群众理解、认同和接受。广大人民群众的接受和认同，是确立习近平新时代中国特色社会主义思想指导地位的群众基础，也为凝聚中华民族和中国人民团结奋进奠定了坚实的思想基础。

习近平新时代中国特色社会主义思想是推进中国特色社会主义伟大事业、实现中华民族伟大复兴中国梦的行动指南。党的十九大通过的《中国共产党章程（修正案）》郑重地规定：中国共产党以马克思列宁主义、毛泽东思想、邓小平理论、"三个代表"重要思想、科学发展观、习近平新时代中国特色社会主义思想作为自己的行动指南。习近平新时代中国特色社会主义思想为实现中国梦指明道路。道路决定命运，没有

---

① 《马克思恩格斯选集》第 1 卷，人民出版社 2012 年版，第 9—10 页。

正确的道路，再美好的愿景、再伟大的梦想，都不能实现。历史和现实充分证明，无论封闭僵化的老路，还是改旗易帜的邪路，都是死路。只有中国特色社会主义道路才能发展中国、富强中国，才是一条通往中华民族伟大复兴梦想的康庄大道、人间正道。马克思指出："一步实际运动比一打纲领更重要。"① 习近平同志也指出："要在做实上下功夫。清谈误国、实干兴邦，一分部署、九分落实。要拿出实实在在的举措，一个时间节点一个时间节点往前推进，以钉钉子精神全面抓好落实。"② 当前学习和贯彻习近平新时代中国特色社会主义思想，最关键的是要苦干实干，狠抓落实。再好的理论和政策，不落实，都是空话。

时代在发展，实践在发展，科学在发展。马克思主义是随着时代、实践和科学的发展而不断发展的科学。以马克思主义为指导的中国共产党，要在新的时代条件下坚持和发展中国特色社会主义，不断把改革开放和社会主义现代化建设事业推向前进。

四、如何坚持和发展中国特色社会主义

习近平同志指出："坚持和发展中国特色社会主义是一篇大文章，邓小平同志为它确定了基本思路和基本原则，以江泽民同志为核心的党的第三代中央领导集体、以胡锦涛同志为总书记的党中央在这篇大文章上都写下了精彩的篇章。现在，我们这一代共产党人的任务，就是继续把这篇大文章写下去。"党的十八大以来，中国共产党全部理论和实践的主题就是坚持和发展中国特色社会主义，习近平新时代中国特色社会主义思想又为这篇大文章增添了新的篇章。历史川流不息，实践永无止境，坚持和发展中国特色社会主义仍然是当今中国的

---

① 《马克思恩格斯选集》第 3 卷，人民出版社 2012 年版，第 355 页。

② 习近平：《切实学懂弄通做实党的十九大精神　努力在新时代开启新征程续写新篇章》，《人民日报》2017 年 10 月 29 日。

时代主题。

在当今时代，坚持中国特色社会主义，主要有这样一些重点：

1. 坚持社会主义本质。中国特色社会主义提出社会主义的本质是解放生产力，发展生产力，消灭剥削，消除两极分化，最终达到共同富裕。随着实践发展又进一步提出公平正义、共享是中国特色社会主义的本质属性，社会和谐是中国特色社会主义的本质特征，党的领导是中国特色社会主义最本质的特征。

2. 坚持社会主义初级阶段。中国特色社会主义主张，我国正处于并将长期处于社会主义初级阶段，这是经济文化落后的中国建设社会主义现代化不可逾越的历史阶段。

3. 坚持改革开放。中国特色社会主义认为，提出社会主义社会的基本矛盾仍然是生产力和生产关系、经济基础和上层建筑之间的矛盾，改革是解决社会主义社会基本矛盾的基本途径，是社会主义制度的自我完善和发展。只有改革开放，才能发展中国、发展社会主义。

4. 坚持公有制为主体、多种所有制经济共同发展。中国特色社会主义提出了公有制为主体、多种所有制经济共同发展的基本经济制度，毫不动摇巩固和发展公有制经济，毫不动摇鼓励、支持、引导非公有制经济发展。

5. 坚持社会主义市场经济。中国特色社会主义提出使市场在资源配置中起决定性作用，更好发挥政府作用，构建市场机制有效、微观主体有活力、宏观调控有度的经济体制，实现产权有效激励、要素自由流动、价格反应灵活、竞争公平有序、企业优胜劣汰。

6. 坚持按劳分配为主体、多种分配方式并存。中国特色社会主义提出按劳分配为主体、多种分配方式并存的分配制度，尊重劳动、尊重知识、尊重人才、尊重创造。按劳分配和按要素分配相结合的理论与实践在社会主义分配制度问题上实现了对传统社会主义的超越和创新。

7. 坚持党的领导、人民当家作主、依法治国有机统一。中国特色社会主义提出坚持党的领导、人民当家作主、依法治国有机统一，发展社会主义民主政治，建设社会主义法治国家。

8. 坚持社会主义核心价值体系。中国特色社会主义提出发展中国特色社会主义文化，坚持社会主义核心价值体系，发展面向现代化、面向世界、面向未来的，民族的科学的大众的社会主义文化，强调要坚持文化自信，文化自信是一个国家、一个民族发展中更基本、更深沉、更持久的力量。

9. 坚持公平正义、社会和谐。中国特色社会主义提出构建社会主义和谐社会，按照民主法治、公平正义、诚信友爱、充满活力、安定有序、人与自然和谐相处的总要求和共同建设、共同享有的原则，以保障和改善民生为重点，解决好人民最关心、最直接、最现实的利益问题，使发展成果更多更公平惠及全体人民，不断增强人民群众获得感，努力形成全体人民各尽其能、各得其所而又和谐相处的局面。

10. 坚持人与自然和谐共处。中国特色社会主义提出建设社会主义生态文明，树立尊重自然、顺应自然、保护自然的生态文明理念，增强绿水青山就是金山银山的意识，坚持节约资源和保护环境的基本国策，坚持节约优先、保护优先、自然恢复为主的方针，坚持生产发展、生活富裕、生态良好的文明发展道路，着力建设资源节约型、环境友好型社会。

11. 坚持和平发展、互利共赢。中国特色社会主义提出构建人类命运共同体，尊重世界文明多样性，以文明交流超越文明隔阂、文明互鉴超越文明冲突、文明共存超越文明优越，建设持久和平、普遍安全、共同繁荣、开放包容、清洁美丽的世界。

12. 坚持党要管党、全面从严治党。中国特色社会主义提出坚持和加强党的全面领导，坚持党要管党、全面从严治党，加强党的长期执政能力建设、先进性和纯洁性建设，把党建设成为始终走在时代前列、人民衷心拥护的，能够带领人民进行伟大的社会革命、也能够进行伟大的自我革命的马克思主义执政党。

在新的历史时期，发展中国特色社会主义，主要应当集中在以下几个方面：

1.继续探索社会主义本质及其实现形式。新中国成立以来，特别是改革开放以来，我们对社会主义本质的认识取得了突破性进展，但我们现在还处在社会主义初级阶段，社会主义建设的道路还很长，中国特色社会主义还在实践中。我们对于社会主义本质的认识还需要随着实践的发展不断深化。

2.继续探索社会主义初级阶段及其与现代化的关系。随着小康社会的全面实现，中国不再是传统意义上的经济文化落后国家，如何认识和划分社会主义初级阶段本身的阶段性，以及社会主义初级阶段在后小康阶段的性质及其特点，是一个需要深入探讨的重大理论和实践课题。

3.继续丰富和发展社会主义改革理论。中国改革正处于深水区，还有很多硬骨头要啃，还有很多险滩要涉，我们对改革开放的规律性认识还不深不透，越是全面深化改革，越需要加强改革理论研究，减少盲目性，增加自觉性。

4.继续探索社会主义与市场经济的有机结合。发展社会主义市场经济是一个创举，没有成功的经验可以借鉴，只能靠我们在实践中探索。应该认识到，现实中还有许多理论和实践难题，需要进一步搞清楚政府与市场的关系、公有制与其他所有制之间的关系、国有企业与民营企业的关系，这是事关改革、发展、稳定全局的重大课题。

5.继续探索以人民为中心、促进公平正义的理念与体制机制。目前，城乡区域发展和收入分配差距依然较大，群众在就业、教育、医疗、居住、养老等方面面临不少难题，社会矛盾和问题交织叠加，这些依然是困扰我国的重要问题，如何定义和落实权利公平、机会公平、规则公平依然需要探索。

6. 继续探索党的领导、人民当家作主、依法治国有机统一的具体实现形式。中国特色社会主义政治发展道路初步形成，但是我们离完善的社会主义民主政治和社会主义法治国家的目标还有较大距离，三者有机统一在理论上和制度上还有许多问题需要解决。

7. 继续探索培育和构建社会主义核心价值。社会主义核心价值体系的提出是一个中国特色社会主义文化建设历史上的一个突破，但是离人民群众的要求和社会发展的需要还有一定距离，还需要进一步凝练、概括和升华。

8. 继续探索社会主义生态文明。社会主义生态文明的提出是中国特色社会主义的一大创造，作为三大攻坚战之一的污染防治取得了空前的进展，但是我们离绿色发展、可持续发展，离资源节约型、环境友好型社会还有很长距离，需要在实践中进一步探索。

9. 继续探索和平发展道路和人类命运共同体。构建人类命运共同体是一个宏伟理想，但在现实中又面临逆全球化、孤立主义、霸权主义的挑战，面临"遏制中国"的势力的挑战，这就需要我们面对现实，登高望远，进一步创新国际战略思维、开拓国际战略格局。

10. 继续探索全面从严治党和反腐败的长效机制。党的十八大以来，全面从严治党和反腐败工作取得历史性成就，但是还不能说已经建立了长效机制，要做到长治久安，还需要一系列的制度安排。

11. 继续深入研究中国特色社会主义的理论形态。中国特色社会主义是中国共产党带领中国人民在现代化建设实践中的伟大创造，是科学社会主义在当代中国的新发展，是扎根当代中国大地的科学社会主义。深入研究中国特色社会主义伟大实践，并将其上升到理论高度，丰富和发展科学社会主义，这是时代赋予我们的历史责任。建议把中国特色社会主义作为一门学科来研究，深入研究其学科性质、研究对象、逻辑起点、基本范畴、基本原则、历史方位、本质特征、基本价值以及重大意义等基本理论问题，构建起中国特色社会主义理论大厦，为中国特色社会主义实践提供理论支撑。我们要进一步解放思想，开拓进取，勇于创新，下苦功夫，认真总结改革开放和社会主义现代化建设实践中创造的新鲜经验，把历史经验上升到理论高度，丰富和发展中国特色社会主义理论。

第一篇
中国特色社会主义道路

第一章

中国特色社会主义道路的产生

一、历史经验的总结

道路问题关系党的事业的兴衰成败，关系国家的命运与前途。马克思曾经说过，"人们自己创造自己的历史，但是他们并不是随心所欲地创造，并不是在他们自己选定的条件下创造，而是在直接碰到的、既定的、从过去承继下来的条件下创造"。[①] 中国特色社会主义道路，正是依据对国情世情的深刻把握、对民族命运的理性思考而作出的历史抉择。是中国人民经过长期的历史实践，付出巨大代价才得出的基本结论。正如习近平总书记所说，中国特色社会主义"这条道路来之不易，它是在改革开放 30 多年的伟大实践中走出来的，是在中华人民共和国成立 60 多年的持续探索中走出来的，是在对近代以来 170 多年中华民族发展历程的深刻总结中走出来的。"[②]

---

① 《马克思恩格斯选集》第 1 卷，人民出版社 1995 年版，第 585 页。
② 《习近平谈治国理政》第一卷，外文出版社 2018 年版，第 39 页。

（一）"只有社会主义才能救中国"

从世界范围来看，当 1640 年英国进行资产阶级革命，开始步入近代门槛时，1644 年清兵大举进关进入中原，建立起对全国的统治。从社会性质上看，清王朝的定鼎中原是封建时代惯有的一种改朝换代，即朱姓王朝变成爱新觉罗王朝。而英国的资产阶级革命虽然几经反复，但建立的是近代资产阶级性质的政权，从而为整个社会生产力的发展扫清了道路。到了 18 世纪后期，经过近百年的发展，英、法、美、德等西方主要资本主义国家先后开始进行工业革命。工业革命的成果不仅仅是众多的科技发明，更重要的是解决了长期以来困扰人类社会发展的动力问题。从原来的人力—畜力生产发展到机器生产，这是一个革命性的突破和飞跃。工业革命使西方资本主义世界以前所未有的速度向前发展，正如马克思所指出的那样："资产阶级在它的不到一百年的阶级统治中所创造的生产力，比过去一切世代创造的全部生产力还要多"。[①] 正当西方世界开始经历工业革命洗礼的时候，中国正处于号称"盛世"的乾隆时期。当时，清帝国版图空前统一，封建专制主义中央集权也空前巩固，似乎一派繁荣太平。但与西方一比较，差距就出来了。就生产力发展水平而言，已无法与同一时期的西方相提并论。清朝的土地耕种方法有所进步，但只不过是由人拉木犁改为牛耕，仍然处于人力—畜力阶段；水利灌溉采用了较为先进的龙骨水车，但也不过是较好地利用了水力而已；而当时的手工作坊只是"资本主义萌芽"，仍停留在手工操作阶段，并没有解决动力问题。由于东西方联系的阻隔，中国人普遍还不知道机器为何物，个别对机器精巧略有所知的人则称其为"奇技淫巧"，不值得大惊小怪。总之，清代的中国仍然沉睡在"天朝上国"的迷梦中。落后的社会政治制度，束缚了生产力的发展，使中国长期停滞在封建时

[①] 《江泽民文选》第二卷，人民出版社 2006 年版，第 298 页。

代。封建专制主义统治在经济、政治、思想、文化等方面都阻碍了中国社会的进步，封建专制主义的腐朽统治是造成近代中国落后的内因。从1840年开始，西方资本主义列强以军事侵略和经济掠夺为手段，逐步把中国变成了更加贫穷落后的半殖民地半封建社会。

近代中国的历史是一部"落后就要挨打"的屈辱史，同时也是一部中国人民艰苦卓绝的救国史。1840年鸦片战争的炮声迫使"天朝大国"打开了封闭的大门。面对西方列强挟坚船利炮而来的工业文明，面对"三千年未有之大变局"，中国人民开始了寻找现代化道路的艰难历程。争取民族独立，实现国家富强，成为中国人民面临的两大历史任务，"救亡图存"成为近代中国探索发展道路的历史起点和原动力。

为了挽救国家民族的危亡，为了使中国能走上独立、民主、富强的道路，众多关心国家和民族前途命运的仁人志士进行过艰难的探索和抉择，提出并实践过各式各样冀求走向民族复兴的救国方案。其中具有代表性的派别有：主张学习西方，但是只是停留在器物层次，提出在物质文明方面学习借鉴西方的洋务派，洋务派以曾国藩、李鸿章、张之洞、左宗棠为代表，他们操办军火，兴办洋务，着眼于学习西方的船坚炮利。而以王韬、薛福成、郑观应、马建忠为代表的早期改良派，则主张学习西方的科学文化，侧重于精神文明方面。以康有为、梁启超、谭嗣同为代表的资产阶级维新派侧重于学习西方的制度，着眼于制度文明。他们主张倡西学、兴民权、废科举、建学堂，发展资本主义近代工商业，改变封建专制，实行君主立宪。在实践中取得一定成效对近代中国发生重大影响的则是以孙中山为代表的资产阶级革命派，他们通过1911年的辛亥革命推翻了清王朝，结束了中国几千年的君主专制统治。但是从本质上讲，孙中山领导的革命运动并没有彻底完成反帝反封建的历史任务。

这些对国家出路的探索和斗争发生于不同的历史时期，反映了不同阶级、阶层的利益和愿望。他们都试图把救中国和发展中国联系起来，希望能够通过学习西方的先进经验来抵御列强，进而在中国发展资本主义。但是，历史以极其惨痛的教训告诉我们，这些探索都没有从根本上为中国人民带来出路和希望。中国需要科学的指导思想，需要新的阶级力量和新的政党引领。

中国特色社会主义道路是中国特色革命道路合乎历史逻辑的发展。中国选择社会主义，不是由人们的主观愿望所决定的。归根结底，是由中国的国情决定的。俄国十月革命的胜利，向中国人民展示了一条实现民族独立和人民解放，通过社会主义独立自主地实现现代化的全新道路。中国的先进分子从各种各样的主义中选择了马克思列宁主义，从各种流派的社会主义中选择了科学社会主义，领导反帝反封建的革命斗争，实现民族复兴的历史重任，历史地落到了中国无产阶级及其政党的肩上。

（二）新民主主义革命的胜利

经过新民主主义到达社会主义，是近代中国走向社会主义的特殊发展道路，也是社会主义在近代中国采取的特殊实现形式。中国走上经过新民主主义而进入社会主义的道路，是帝国主义和无产阶级革命时代的基本世情和半殖民地半封建中国的特殊国情所决定的。近代中国半殖民地半封建的社会形态，决定了中国不可能走资本主义道路，也不可能直接走上社会主义道路。在旧中国这样一个半殖民地半封建的东方大国要实现自己的发展，首先就要争取民族独立和人民解放，然后再向社会主义迈进，进而实现国家富强和人民富裕。但这在马克思主义发展史上是个新课题，并没有现成答案可供借鉴。以毛泽东为代表的中国共产党人把马克思列宁主义基本原理与中国实际相结合，运用马克思主义的立场、观点和方法，密切联系中国实际，深刻分析中国社会形态和各阶级的经济地位和政治态度，明确了中国革命的性质、对象、任务、动力，提出了通过新民主主义革命走向社会主义的"两步走"的战略，开辟了建立农村根据地、农村包围城市、武装夺取政权的新民主主义的独特革命道路，取得了国家的独立和人民的解放，完成了中华民族伟大复兴进程中的第一个历史任务。[①]

新民主主义革命对中国特色社会主义道路的成功探索，进一步证实了探索适合本国国情的社会主义道路的必要性。中国走上社会主义道路，实现了中国历史上最伟大最深刻的社会变革，为当代中国一切进步和发展奠定了根本的政治和制度基础。

（三）社会主义建设道路的初步探索

中国特色社会主义道路，是中国共产党在长期社会主义建设实践中，历经艰辛探索而逐步开辟出来的。在社会主义革命和建设的长期实践中，以毛泽东为主要代表的中国共产党人，努力推进马克思主义的中国化，形成了具有鲜明中国特色的科学指导思想——毛泽东思想，找到了新民主主义革命的正确道路，完成了反帝反封建的任务，建立了中华人民共和国，确立了社会主义基本制度，并从中国实际出发探索社会主义建设的道路，对科学社会主义作出重大贡献。中国共产党人对中国特色社会主义道路的探索，早在革命根据地建设时期就已开始。中华人民共和国成立后，在借鉴苏联经验的同时，又结合本国国情有所创新，较好地解决了生产资料的社会主义改造问题，初步建立起中国特色社会主义政治制度和政治体制。

中华人民共和国成立之初，由于缺乏经验，中国共产党人基本上接受了斯大林关于社会主义的传统观念，在社会主义建设中，基本上照搬了苏联模式。中华人民共和国成立前夕，毛泽东在《论人民民主专政》一文中指出："十月革命帮助了全世界的也帮助了中国的先进分子，用

[①]　朱敏彦：《坚持中国特色社会主义道路　实现中华民族的伟大复兴》，《党政论坛》2009年第5期。

无产阶级的宇宙观作为观察国家命运的工具，重新考虑自己的问题。走俄国人的路——这就是结论。"① 但到 20 世纪 50 年代中期，中国社会主义建设的实践使中国共产党的领导层开始认识到苏联模式的弊端以及斯大林有关社会主义的观点并不完全符合中国的实际，从而转向了开始独立探索中国社会主义发展道路。

以苏联为借鉴，从中国的国情出发，使中国共产党初步找到了一条中国式的社会主义建设道路，其认识成果集中体现在《论十大关系》《关于正确处理人民内部矛盾的问题》、党的八大制定的路线和理论等历史性文件中。② 毛泽东同志曾鲜明地提出，社会主义社会的基本矛盾仍然是生产力和生产关系、经济基础和上层建筑之间的矛盾。他依据我国社会主义建设的初步实践，结合苏联的经验，提出了中国式工业化道路这一精辟深刻的发展思路。

1957 年初，毛泽东在《关于正确处理人民内部矛盾问题》一文中，首次把马克思主义关于矛盾的学说与生产力和生产关系矛盾运动是人类社会发展动力的理论应用于社会主义社会，提出社会主义社会是充满矛盾的社会，并系统论述了社会主义社会基本矛盾、人民内部矛盾及其正确区分与处理的原则，创造性地发展了马克思主义关于社会主义社会发展动力的理论。在此基础上，毛泽东提出了著名的"社会主义社会基本矛盾"的理论。他指出："在社会主义社会中，基本的矛盾仍然是生产关系和生产力之间的矛盾，上层建筑和经济基础之间的矛盾。不过社会主义社会的这些矛盾，具有根本不同的性质和情况罢了。"③ 毛泽东用这一学说来分析我国社会主义制度下社会基本矛盾的状况及其特点，提出了我国社会主义生产关系已经建立起来，它是和生产力的发展相适应的；但是，生产关系还具有许多很不完善的方面，这些不完善的方面和

---

① 《毛泽东选集》第四卷，人民出版社 1991 年版，第 1471 页。

② 靳辉明主编：《社会主义历史、理论与现实》，安徽人民出版社 2000 年版，第 445 页。

③ 《毛泽东文集》第七卷，人民出版社 1999 年版，第 214 页。

生产力的发展又是相矛盾的。除了生产关系和生产力发展的这种又相适应又相矛盾的情况以外，还有上层建筑和经济基础的又相适应又相矛盾的情况。人民民主专政的国家制度和法律，以马克思列宁主义为指导的社会主义意识形态，这些上层建筑对于我国社会主义改造的胜利和社会主义劳动组织的建立起了积极的推动作用，它是和社会主义的经济基础即社会主义的生产关系相适应的；但是，资产阶级意识形态的存在，国家机构中某些官僚主义作风的存在，国家制度中某些环节上缺陷的存在，又是和社会主义的经济基础相矛盾的。当然，在解决这些矛盾以后，又会出现新的问题、新的矛盾，又需要人们去解决。矛盾不断出现，又不断解决，这就是事物发展的辩证规律。毛泽东揭示的社会主义社会基本矛盾的运动规律，对于当时处于迷茫中的关于社会主义发展问题的探索是一个重大贡献，它使人们对社会主义社会的整个面貌和发展动力问题有了清醒的认识。不仅如此，它对中国共产党十一届三中全会之后关于社会主义本质、发展道路、改革开放等问题的认识，也具有开拓性的意义。

认识到了社会主义社会的基本矛盾，但怎样才能正确地解决这一矛盾，这对于刚刚确立社会主义制度的中国来说，又是一个未知的领域。原因很简单，因为这时我们的实践才刚刚开始步入这个领域。诚如毛泽东同志所说，承认社会主义社会基本矛盾是一回事，应用这个规律去观察问题和处理问题又是一回事。而且，实践还告诉我们：在前一个实践基础上总结出正确的理论，并不等于在下一次实践中一定能够正确地实行这种理论，不经过几次胜利、几次失败的反复实践，这种理论往往不能在认识上扎根，也不能在全党范围内取得共识，进而在实践中真正贯彻实行。事实正是如此，1956 年前后，以毛泽东为代表的中国共产党人虽然已经系统论证了社会主义社会的基本矛盾理论，明确提出阶级斗争已不是社会主要矛盾，把正确处理人民内部矛盾作为我国政治生活的主题，要把党和国家的工作重心由阶级斗争转变为大搞经济建设。然而，当国际上由于苏共二十大的影响而发生了波兰、匈牙利事件，国内于 1957 年开始整风后出现了极少数人借机攻击共产党和社会主义的复杂情况时，我们党在这个关键时刻则未能在实践中贯彻实施已阐明的正确理论和政策。相反，犯了"反右派扩大化"的错误，把许多好心帮助我们党整风的人当作阶级敌人予以斗争。此后，我们党在实践中便逐步离开了八大前后确立的正确路线，继 1957 年犯了"反右派扩大化"之后，紧接着又于 1959 年犯了"反右倾扩大化"的错误，1966 年则又发动了所谓"史无前例的无产阶级文化大革命"，将极左的错误路线推至顶点，造成了全国长达十年的大动乱和空前浩劫。

"以毛泽东为首的中共第一代领导集体，在建国初期不失时机选择社会主义道路，以及党的八大以后，在如何建设社会主义的问题上，是进行了相当多的探索并做出了巨大的贡献的，这些艰辛的探索不仅是科学社会主义中国化的成功范例，更重要的是它为中国社会未来的发展和进步奠定了基础，成为建设具有中国特色社会主义理论和实践的先导。""毛泽东对中国特色社会主义道路的艰辛开拓和邓小平创立的具有中国特色的社会主义道路，两者之间有着紧密的渊源关系，'始于毛，成于邓'。"[①] 毛泽东是探索中国特色社会主义道路的先驱者，他关于社会主义建设的一系列重要思想，为后来中国特色社会主义道路的正式创立提供了宝贵的经验和深刻的启迪。可惜的是，探索适合中国国情的社会主义建设道路中出现了严重失误，由于反右斗争，"大跃进"，特别是"文化大革命"的开展而中断。

从总结经验教训的角度去思考，从长远的历史发展过程来看，在酝酿和提出过渡时期总路线的过程中，毛泽东和党中央对我国国情，特别是对我国经济文化的落后状况以及由此而带来的向社会主义过渡的艰巨

---

① 张玉瑜：《论具有中国特色社会主义道路的源流》，《上海交通大学学报》（社科版）2001 年第 3 期。

性和长期性缺乏足够的认识，又过多接受了苏联过渡时期理论与实践的影响，从而使过渡时期总路线不可避免地存在着不足。由于开始向社会主义的全面过渡，就在实践中过早地采取了社会主义步骤，导致在过渡时间上要求过急，在达到的目标上定位过高，对资本主义经济的弊端和消极作用估计得过于严重，急于建立纯而又纯的单一社会主义公有制，给后来的社会主义改造和建设带来了不良影响。造成改造要求过急、过纯的主要原因，是对社会主义的认识陷入片面化和教条式理解，在指导思想上急于求成。确立了政治上"以阶级斗争为纲"，经济上追求高度集中的计划经济体制的基本思路，以致在 1957 年后的 20 多年里发生了偏差，本来在社会主义改造基本完成时就已发现的问题，直到党的十一届三中全会后才真正获得解决。[1]

社会主义制度在中国确立半个多世纪以来，中国的社会主义革命和建设在实践中不断探索前进，既有辉煌的成就也有丰富的经验，还有重大的挫折和沉痛的教训。社会主义曲折发展的历史告诉我们，建设社会主义必须坚持理论与实际相结合的原则，走中国特色社会主义道路。

二、苏联模式的反思

（一）苏联模式的发展历程

所谓苏联模式是指 20 世纪二三十年代苏联在斯大林领导下，在社会主义建设中形成的一整套路线、方针和政治、经济、文化管理体制的总称。苏联模式的设计师是斯大林，所以苏联模式又称斯大林模式。从被斯大林称为"大转变的一年"的 1929 年开始，苏联模式才进入它的最后形成阶段。从此之后直至 30 年代末 40 年代初，苏联完成了社会主

---

[1]　柳建辉：《近代中国历史发展的必然选择——关于社会主义制度在中国建立的思考》，《理论学刊》2001 年第 4 期。

义改造，实现了社会主义工业化和农业集体化，并从上层建筑方面为巩固社会主义经济基础进行了不懈努力。这个过程，也就是苏联社会主义模式最终形成的过程。在第二次世界大战以后，苏联继续沿用并进一步强化高度集权的发展模式，认为苏联社会主义实践经验具有普遍性，是社会主义革命和建设的普遍规律，具有国际意义，并把它推广为社会主义国家的典范。苏联领导集团推行大国主义和大党主义，更加强化了这种国际影响，后来几乎所有新兴的社会主义国家，都在不同程度上照搬了苏联模式。

随着时代发展和社会生产力的进步，苏联模式的弊端日益暴露，社会主义国家的改革从 20 世纪 50 年代初开始提上日程。但是，改革在内外多种因素的影响和制约下十分艰难曲折，没能取得实质性的突破。尽管几十年间苏联国内外环境都发生了很大变化，但苏联模式却没有与时俱进、及时实行实质性的改革与创新，以至于一次次错过改革开放的机遇。在飞速发展的新科技革命时代，苏联模式显得越来越不适应形势发展的需要，优势逐渐减弱，弊病日益凸显，陷入蹒跚缓步甚至停滞状态。到 20 世纪 80 年代中期，苏联模式已经陷入困境，加上以戈尔巴乔夫为首的苏联共产党领导集团在指导思想和发展战略上发生重大失误，形势迅速失去控制，最终导致苏联共产党垮台，苏联解体，苏联模式最终失败，由此波及东欧，东欧的社会主义国家也相继发生了剧变。苏东剧变，是社会主义制度建立以来遭受的最严重挫折。

（二）苏联模式的主要特征

苏联模式由发展战略和经济体制两大部分组成，两者相互关联。在发展战略上，苏联模式有三大特点：第一，以高速度发展国民经济为首要任务。这是为了保障在经济增长速度和社会产品数量上尽快赶上和超过西方国家，为此不惜一切代价迅速增加国家经济和国防实力而选择的经济发展战略。斯大林强调："为了在我国取得社会主义的最终胜利，还必须在技术和经济方面赶上并超过这些国家。或者我们达到这个目的，或者我们被压倒。"① 第二，以重工业为发展重点。在革命战争时代，被资本主义包围的社会主义国家，需要迅速增加国防实力，为此就需要优先发展重工业。但他们把优先发展重工业当作社会主义的工业化道路，把生产资料的生产优先增长作为客观规律。第三，以粗放发展为主实现经济增长。在经济落后的资源大国，要高速发展经济，特别是要优先发展重工业，就必然要求大批地上新项目，主要依靠投入新的资源、依靠外延式的扩大再生产来发展，从而采取粗放型的发展战略。同主要依靠企业内部潜力和科技进步的集约发展相比，粗放发展的效益要差得多，但在特定国家的特定发展阶段，采取这种发展战略是可行的，甚至是必要的。不过粗放发展的潜力是有限的，一旦潜力耗尽，经济发展就难以为继。

　　与这种发展战略相对应，在经济体制方面也有三大特点。第一，所有制的高度国有化。在这种体制下，国家所有制和集体农庄所有制是社会主义公有制的两种形式，而前者被认为是高级形式，后者是低级形式。集体农庄名义上是集体企业，实际上是准国有制，与国有企业一样没有自主权，国家通过各级农业机关向集体农庄下达指令性指标。这种国有化并非是生产力高度发达、生产社会化程度高度发展的结果。相反，它是经济发展水平低下的产物，是为了便于利用国家权威进行积累，集中全国的人力和物力优先发展重工业的结果，是优先发展重工业的一种制度安排。这种安排便于把农业剩余作为积累的主要手段，便于把农民固定在土地上，按照国家计划进行生产。第二，在经济运行中，排斥市场机制。以价格剪刀差来积累重工业所需的资金，就必然要抛弃市场经济要求的等价交换原则，采取以行政手段为主配置资源的计划经

_____

① 《斯大林选集》下卷，人民出版社 1979 年版，第 78 页。

济体制。从政治经济学的观点看问题，苏联建立起这样一套命令经济体制，乃是实行重工业（尤其是军事工业）优先发展的工业化路线的必然结果。第三，在经济管理上高度集中化。国家通过指令性计划对生产、流通、分配和消费等各个方面进行控制和监督。高度集中是苏联经济体制最显著的特征之一，但它的最根本特征是主要用行政手段配置资源。高度国有化的所有制结构是这个体制的基础，高度集中是用行政手段配置资源的客观要求。

这种发展战略和经济体制也有其相对应的政治体制，具体表现为党政不分、政企不分、权力高度集中。这种政治体制是建立上述经济体制的必要前提，随着这种经济体制的形成，又使得相应的政治体制凝固化。苏联模式有"八重八轻"的特征，具体说来，重政治轻经济，重工轻农，重重工业轻轻工业，重军工轻民用，重计划轻市场，重速度轻效益，重积累轻消费，重国家和集体利益轻个人利益。①

与苏联模式相对应，形成了苏联的社会主义理论。这种理论坚持了公有制和按劳分配，但深深地带有苏联模式的烙印。它把高度国有化的所有制结构和由国家行政机关组织实施的计划经济看作是社会主义最主要的特征。国家所有制是社会主义社会中占优势的、起支配作用的所有制形式，体现最成熟、最彻底的社会主义生产关系。认为在社会主义条件下也存在商品生产，但商品生产的活动范围只限于个人消费品，否认生产资料的商品性质；认为价值规律只能影响生产，不能起生产调节者的作用，只在个人消费品的交换中有调节作用。这些观点是同苏联模式的计划经济体制相对应的，也是同人们把社会主义看作是向共产主义过渡的短暂阶段的观念相联系的。这种观念认为，一个经济落后的国家在革命胜利以后，经过一二十年就可以建成社会主义，再过二三十年就可以过渡到共产主义。

---

① 黄宗良：《从苏联模式到中国特色社会主义》，《中共党史研究》2010 年第 7 期。

（三）苏联模式的历史作用

苏联模式是特定历史条件下的产物，在苏联特殊的社会历史条件下，在某些方面适应了国际形势的需要，满足了苏联当时社会发展的要求，在历史上发挥了一定的积极作用。

第一，推动了社会主义工业化的实现。苏联在一个经济文化比较落后的国家取得社会主义革命胜利后，主要任务是进行社会主义建设，特别是实现国家工业化，以求在被资本主义包围的国际环境中生存下来。在短短十几年时间中，苏联依靠这一制度模式，迅速发展成为强大的社会主义工业化国家。到 1937 年苏联的工业总产值仅次于美国，居世界第二位。苏联在社会主义制度下独立自主地实现国家工业化所取得的巨大成就，曾经被作为工业化的典范而产生广泛的影响，不仅第二次世界大战后走上社会主义道路的国家纷纷学习苏联模式，许多新独立的发展中国家也纷纷借鉴苏联模式。

第二，在反法西斯主义战争中发挥了重要作用。作为世界反法西斯战争的中坚力量，在传统社会主义模式下，苏联利用国家的力量，集中有限的人力、物力和财力重点发展重工业，为反法西斯战争的胜利奠定了物质基础。在第二次世界大战中，苏联不仅取得了卫国战争的伟大胜利，而且是世界反法西斯战争的主力，为人类的和平与进步事业作出了巨大贡献，也使社会主义苏联的威望空前增长。

第三，推动了有宏观调控的市场经济的产生。苏联模式的计划经济是作为自由放任的市场经济的对立物而产生的。在 20 世纪 30 年代大危机发生之时，苏联正在实行第一个五年计划，避免了这场大危机的灾难，成为沙漠中的一片绿洲。苏联社会主义模式的计划经济推动了从美国罗斯福"新政"开始的从自由放任的市场经济走向有宏观调控的市场经济。

（四）苏联模式失败的原因

苏联模式是在特定历史条件下形成的，我们既要看到它的历史作用，又不能对这种历史作用作非历史的解释，认为它是适应任何时代和任何国家且必须照搬的唯一的社会主义模式。恩格斯曾说过："历史是这样创造的：最终的结果总是从许多单个的意志的相互冲突中产生出来的，而其中每个意志，又是由于许多特殊的生活条件，才成为它所成为的那样。这样就有无数互相交错的力量，有无数个力的平行四边形，由此就产生出一个合力，即历史结果"。① 苏东剧变的原因也是错综复杂的各种因素共同起作用的结果。

苏联模式失败的深层次的根源，是苏联模式不能适应社会生产力的进步和时代发展的需要而发生的危机。原有的僵化体制造成的经济停滞不前和没有能力回应时代的挑战，是导致苏联模式失败的根本原因。这种体制既没有能力使社会主义国家的经济从粗放发展转变为集约发展，也没有能力回应新技术革命和经济全球化的挑战。

高度集权的僵化体制造成了国家政治生活和党本身的危机，是导致苏联模式失败的关键因素。苏联模式中的政企不分、党政不分的高度集权的政治体制是同高度集中的经济体制相对应的，同时也深受封建主义的影响，包括个人迷信、家长制、家长作风等。这种体制严重制约了社会主义政治民主化、法治化的进程。在思想文化方面，它造成了唯书唯上，个人迷信盛行，思想僵化，当原有体制的弊端暴露，新的尖锐挑战来临之时，不能从根本上突破与这种体制相对应的僵化观念，失去了与时俱进的创新能力。在政治权力方面，缺乏制约和监督的机制导致了权力被滥用以及腐败的蔓延，致使苏联共产党严重脱离了人民群众。

---

① 《马克思恩格斯选集》第 4 卷，人民出版社 1995 年版，第 697 页。

引发苏联模式失败的直接原因之一，是西方敌对势力对苏东国家推行"和平演变"战略。西方敌对势力打着维护"人权"的旗号，干涉苏东国家的内政，为反对派撑腰打气，在内部培植反共势力。在苏东局势动荡时，更是直接进行政治干预，用各种手段扶持反对派等反共势力。

引发苏联模式失败的直接原因之二，是苏东国家的共产党执行了一条错误路线。由于各种主客观因素，历届苏东领导人启动的改革都未能从体制上突破计划经济的框架，错过了改革的有利时机。而戈尔巴乔夫在改革中不仅发生了错误和失误，而且使改革越来越偏离社会主义方向。民主主义、自由主义和民族分离主义等各种思潮泛滥开来。戈尔巴乔夫等苏共领导人逐渐丧失了对苏联社会的控制能力，改革进程开始为激进民主派所左右，终于导致苏共解散和苏联解体。

引发苏联模式失败的直接原因之三，是民族分离主义思潮的发展。这在苏联和南斯拉夫表现得最为明显。戈尔巴乔夫推行政治多元化和意识形态多元化政策，否定马克思主义的指导地位，也使各民族人民失去了团结的精神支柱和共同的思想基础，失去了最基本的精神凝聚力，导致强烈的民族分离主义思潮甚嚣尘上，民族意识迅速压倒了作为"苏联人"的国民意识。

（五）对苏联模式的反思

社会主义基本制度确立后，中国转入全面的社会主义建设时期，以毛泽东为主要代表的中国共产党人开始探索适合中国国情的社会主义建设道路。在此过程中，对于苏联模式的借鉴和反思是中国特色社会主义发展道路形成的重要根源。苏联模式对中国革命和建设的影响实际上在这个模式形成过程中就开始了。20 世纪 20 年代末到 30 年代上半期是苏联模式的形成和基本确立时期。联共（布）通过共产国际推行布尔什维克化就已经把苏联的经验和模式强加给中共和中国革命。① 中国选择苏联模式也有其历史必然性。共和国第一代领导人对社会主义理想的追求十分急切，他们理解社会主义的主要依据有：一是马克思恩格斯关于社会主义的理论阐述；二是列宁、斯大林在实践基础上对社会主义的进一步解读；三是苏联的社会主义实践；四是中国古代的大同理想。由于第一代领导人追求理想的急切心情，加之缺乏理论准备和实践经验，导致他们在社会主义制度的初创时期不得不照搬苏联模式。毛泽东曾经说："因为我们没有经验，在经济建设方面，我们只得照抄苏联，特别是在重工业方面，几乎一切都抄苏联，自己的创造很少。这在当时是完全必要的，同时又是一个缺点，缺乏创造性，缺乏独立自主的能力。这当然不应当是长久之计。"② 尽管毛泽东从来没有使用过"苏联模式"这一概念，他使用的是"苏联经验""苏联的办法""苏联方面"等等。但是，毛泽东对苏联模式曾作过许多论述，在社会主义实践中也经历了从全面肯定，深入反思，继而维护的曲折过程。一部中国社会主义建设的历史实质上就是一部由模仿苏联模式，到发现这一模式存在问题，并逐渐突破这一模式束缚，把马克思主义普遍原理与中国具体国情相结合，走中国特色社会主义道路的历史。

在中国社会主义建设史上，1956 年是重要的一年。这一年，中国生产资料的社会主义改造基本完成，第一个五年计划取得了举世瞩目的成就，但也出现了不少问题。这个阶段的社会主义建设的某些重要方面是照抄苏联的，中国领导人已经感到了这个模式的弊端，开始进行调查研究，总结经验。也在这一年，苏联共产党在莫斯科举行了第二十次代表大会，苏共中央总书记赫鲁晓夫作了《关于个人崇拜及其后果》的报告，尖锐地揭露苏联社会主义建设中的严重错误以及个人崇拜所造成的严重后果，引起了极大的震动。中国共产党人对赫鲁晓夫的报告的最初

---

① 黄宗良：《从苏联模式到中国特色社会主义》，《中共党史研究》2010 年第 7 期。
② 《毛泽东文集》第八卷，人民出版社 1999 年版，第 305 页。

看法，如毛泽东两年后的一次谈话中所说的："我们一则以喜，一则以忧。"反对个人崇拜，破除对斯大林的个人迷信，有利于社会主义制度的发展，也有利于中国共产党吸取经验教训。斯大林曾经给中国革命出过错误的主意，中国共产党也曾经照搬过斯大林的某些公式，在革命和建设中遭受过挫折。现在，中国共产党人正在探寻适合中国国情的社会主义道路，因此，深切感受到反对斯大林的个人崇拜的必要。但是，中国共产党不同意赫鲁晓夫批判斯大林的方式，尤其不同意对斯大林的"全盘否定"。

在国际共产主义运动发生重大转折，中国进入全面开展社会主义建设的历史关头，中国共产党人开始了新的探索。1956 年 4 月，毛泽东发表《论十大关系》的讲话，同年 9 月，召开了中国共产党八大，中共八大从政治、经济、文化等领域多方面揭示了苏联模式的弊端。1957年 2 月，毛泽东发表《关于正确处理人民内部矛盾的问题》的讲话，是中国共产党总结国内外社会主义的建设经验，独立自主地探索适合中国国情的社会主义建设道路的初次尝试，提出了富有创造性的关于社会主义建设的重要思想。主要体现在：

第一，关于中国工业化的发展道路问题。鉴于苏联长期片面强调优先发展重工业的教训和我国第一个五年计划期间暴露的问题，毛泽东提出正确处理农轻重关系的方针是：在优先发展重工业的同时，多发展一些农业和轻工业，以便更好地供给人民生活的需要和更快地增加资金的积累。

第二，关于计划和市场的理论。中共八大肯定了陈云提出的"三主体三补充"的构想：国家经营和集体经营是工商业的主体，一定数量的个体经营是国家经营和集体经营的补充；计划生产是工农业生产的主体，按照市场变化而在国家计划许可范围内的自由生产是计划生产的补充；国家市场是在社会主义的市场里的主体，一定范围内国家领导的自由市场是国家市场的补充。这一构想涉及经济体制中所有制结构、经济运行机制、市场结构等相互联系的重要问题，并试图改善所有制过分单一，市场机制的高度集中的体制。毛泽东在 1956 年 12 月进一步提出要搞"新经济政策"。①

第三，关于社会主义社会的主要矛盾和基本矛盾。中共八大正确分析了国内形势和主要矛盾的变化，指出，社会主义制度基本建立以后，我国国内的主要矛盾，是人民对于经济文化迅速发展的需要同当前经济文化不能满足人民需要的状况之间的矛盾。全党和全国人民当前的主要任务，是要集中力量发展社会生产力，把我国尽快地从落后的农业国变成先进的工业国，逐步满足人民日益增长的物质需要和文化需要。这些论述，是社会主义制度在我国建立以后党确定正确路线的政治基础。毛泽东在《关于正确处理人民内部矛盾的问题》一文中指出，社会主义社会的基本矛盾仍然是生产关系和生产力之间的矛盾，上层建筑和经济基础之间的矛盾，它可以通过社会主义制度本身，不断得到解决。在社会主义社会里，有敌我之间的矛盾和人民内部的矛盾，这是性质完全不同的两类矛盾。正确处理人民内部矛盾是国家政治生活的主题。这在科学社会主义发展史上第一次创立了关于社会主义社会矛盾的学说。这一时期中国共产党人提出的许多新的方针政策和设想是富有创造精神的，这些成果具有长远的重要意义，留下了一笔丰富的理论遗产，为后来中国共产党人开辟中国特色社会主义新的发展道路提供了许多宝贵的经验。当然，当时还不可能从根本上突破苏联模式，已经提出的许多新的观念和方针也还不可能牢固地确立并取得深刻的共识。以毛泽东为主要代表的中国共产党人对中国社会主义建设道路的探索，其积极成果成为毛泽东思想的重要组成部分，是一笔宝贵的精神财富，其探索的失误也留下了深刻的教训。这些探索中的成就和失误都为科学社会主义在中国的发

---

① 毛泽东：《同民建和工商联负责人的谈话》，《毛泽东文集》第七卷，人民出版社 1999 年版，第 170 页。

展提供了条件。

从人类发展的历史来看，没有哪一次巨大的历史灾难不是以历史的进步为补偿的。认真分析苏联模式之所以在发展中落后于时代，并最终为时代发展所抛弃的原因，总结其历史教训，是科学社会主义理论与实践的重要课题，也是中国特色社会主义道路形成的重要的历史条件。邓小平曾经指出："一些国家出现严重曲折，社会主义好像被削弱了，但人民经受锻炼，从中吸收教训，将促使社会主义向着更加健康的方向发展。"① 邓小平说："学习苏联好的东西对我们用处很大，借鉴苏联错误的东西，对我们也有很大的益处。我们要善于接受苏联的经验教训，这样就可以少受损失。"② 这就十分清楚地阐明了中国社会主义建设对待苏联模式的辩证态度，中国改革开放以来取得的巨大历史成就，从一定意义上说是借鉴社会主义实践的历史经验，革除苏联模式弊端的结果。

中国共产党人在社会主义理论和实践中，从中国实际出发，突破苏联模式的束缚和影响，真正开创了中国特色社会主义道路，为社会主义开辟了新天地。第一，中国特色社会主义改变了教条主义理解马克思主义发展阶段的做法，明确中国还处于并将长期处于社会主义初级阶段；第二，中国特色社会主义彻底突破了苏联模式的封闭性，实行全方位的对外开放政策；第三，全面总结苏东剧变的教训，把改革作为促进社会主义发展的动力；第四，根据中国改革开放实践的需要，突破计划经济和市场经济的传统思维，提出社会主义市场经济理论；第五，突破"以阶级斗争为纲"，提出"人民民主专政"；第六，提出科学发展观，构建社会主义和谐社会理论。这些理论创新和实践创新，为中国特色社会主义的新发展提供了不竭的动力。

---

① 《邓小平文选》第三卷，人民出版社 1993 年版，第 383 页。
② 《邓小平文选》第一卷，人民出版社 1994 年版，第 263—264 页。

三、时代主题的转变

（一）准确把握时代主题

时代主题是透过纷纭万象、错综复杂的社会问题对一定历史时期内国际社会的主要矛盾和核心问题的准确把握，时代主题是国际社会的主流，代表着国际社会的发展趋势。历史表明，准确把握时代主题，清醒认识时代潮流，对于如何实现人类解放、如何建设中国特色社会主义，确立正确的路线和方针，具有十分重要的意义。只有认清了时代主题，才能准确地把握历史使命，科学确定国家的发展战略。

20 世纪，人类社会经历了"战争与革命""和平与发展"这两大时代主题的转换。从第二次世界大战结束到 60 年代末，国际形势经历了由两大阵营的尖锐对抗到美苏两极争霸的变化，东西矛盾始终构成这一时期的世界主要矛盾。战后，资本主义和社会主义两大阵营之间的以意识形态斗争为核心的全面对抗关系，成为左右当时世界局势的最深刻的矛盾。从 50 年代中期开始，随着各国经济实力的逐步恢复以及世界范围民族民主运动的影响，两大阵营内部的矛盾日益突出。到 60 年代末，西方阵营已趋于四分五裂，而社会主义阵营也以中苏关系的破裂为标志走向解体。但是，两大阵营的消失并未带来东西矛盾的消除。相反，由于美苏两个超级大国都在追求世界霸权，彼此的战略利益存在根本冲突，因此，以东西矛盾表现出来的两个超级大国之间的矛盾依然在深层次上制约着国际社会中其他矛盾的发展。

进入 70 年代后，亚非拉国家在国际舞台上的地位和作用明显增强。通过自强联合，逐渐成为国际社会反帝、反殖、反霸斗争的主力军。这表明，在 70 年代初东西矛盾虽然仍占据着世界主要矛盾的主要方面，但由于第三世界的兴起使得发展中国家与超级大国、发达资本主义国家之间的矛盾在不断上升，从而使东西矛盾的地位相对下降，世界主要矛盾出现了从单一的东西矛盾向"东西南北"矛盾发展转变的趋势。从根本上讲，东西矛盾就是战争与和平的问题，而南北矛盾则是发展中国家与发达国家之间的矛盾，它既包括政治矛盾也包括经济矛盾。政治矛盾主要是开展反殖、反帝、反霸斗争，也是一个战争与和平的问题；经济矛盾则是一个实现世界共同发展还是导致贫富分化进一步加剧的问题。这两大矛盾的性质、特征以及以何种方式解决，不仅取决于矛盾双方的力量对比，更取决于历史发展的客观趋势。

20 世纪 80 年代以来是整个世界发生大变动、大调整的时期，这种变动和调整的剧烈和深刻程度是前所未有的。一方面，随着两极格局的解体，世界进入了不同于战争与革命时期的新的历史时期，尽管局部冲突仍接连不断，但国际上制约战争的因素在不断增长，各国人民普遍要求和平，亚、非、拉等第三世界国家迫切要求发展经济，反对战争，大规模的世界性战争一时打不起来，和平与发展这一时代主题正日益凸显，主要原因是：第一，这是新科技革命发展的结果。第二次世界大战后，在西方发达国家发生了一场以电子信息技术为中心的科学技术革命，这场革命至今方兴未艾，正在向纵深发展。它不仅有力推动了生产力的飞速发展，有效地改变着人与自然的关系，而且也大大地拓展了它的社会功能，对国际政治、经济、军事乃至人们的生活方式产生了巨大而深远的影响。

第二，现代战争的巨大消耗，特别是核武器等毁灭性武器的存在也是制约战争的重要因素。第二次世界大战后，核武器、核竞赛不断升级，70 年代形成美苏两个核大国的相对均势，双方都具备能瞬间全部摧毁对方的核能力，也具备把地球全部摧毁若干次的力量。核战争是全人类的灭亡而不再是政治的继续。这就使全人类为了共同的利益去制止核战争，实行核裁军和最终全部销毁核武器，保卫世界和平，保卫人类自身的生存。即使不发生核战争，就常规战争而言，发生战争的可能性也在减少。

第三，世界政治多极化的发展，使制约战争的力量有了可喜的发展。多极化是建立在多种力量相互依存又相互制约的基础上，因而有利于维护世界和平。

第四，南北差距的进一步扩大使发展问题更加迫切。在新科技革命给世界各国带来巨大的机遇和挑战的时候，南北差距却进一步扩大了。发达资本主义国家开始向信息化社会过渡的时候，许多发展中国家的工业化还没有完成。巨大的科技差距及国际贸易中的不公平交易，使南北差距在第二次世界大战后的几十年间不但没有缩小，反而扩大了。

第五，人类社会发展到今天产生了许多超国家、超民族的全人类共同关心的问题，如环境问题、动植物种类减少和某些物种灭绝问题、世界人口增长过快问题、毒品问题、艾滋病传播、国际恐怖主义等等。这些问题涉及几乎所有国家的利益，事关整个人类的文明和进步，要求所有国家共同努力，协同解决。这些全球性问题的解决，归根到底都取决于和平与发展这两个问题的解决。

（二）时代主题的变化与中国发展战略的选择

中国共产党在领导我国革命和建设的过程中，总是善于敏锐把握时代发展的脉搏，准确把握时代主题，不断推进马克思主义的创新发展，推动我国的社会主义现代化事业的新发展。从 20 世纪初到 20 世纪 70 年代，世界形势一直处于剧烈动荡状态，主要表现为战争与革命交织。毛泽东根据世界形势的变化，紧紧把握民族独立和人民解放的时代主题，创造性地开辟了新民主主义革命的道路，并领导我国人民取得了新民主主义革命的胜利。毛泽东领导中国人民探索社会主义建设道路的时代，正好是资本主义和社会主义两大阵营严重对峙局面逐步形成和不断激化的特殊时代。中国共产党紧紧把握时代发展的大势，成功进行了社会主义革命，开展了社会主义建设。

20世纪70年代末80年代初，邓小平敏锐地认识到国际形势出现了新的特点，清醒地认识到尽管资本主义与社会主义之间的对抗是不可避免的，但对抗的主要方式已经发生了变化。邓小平指出："资本主义是想最终战胜社会主义，过去拿武器，用原子弹、氢弹，遭到世界人民的反对，现在搞和平演变。"① 基于这样的形势判断，邓小平以马克思主义的宽阔眼光观察世界、分析时代、思考中国，敏锐地把握时代发展的脉搏，深刻地认识到正在兴起的科技革命引起的当代世界各种基本矛盾的变化，对当今时代特征和总体国际形势，对世界上其他社会主义国家的成败，发展中国家谋求发展的得失，发达国家发展的态势和矛盾，进行正确分析，作出新的科学判断：和平与发展是时代的主题，现在世界上真正大的问题，带全球性的战略问题，一个是和平问题，一个是发展问题，进而作出了世界将进入一个比较稳定的和平与发展时期的科学判断。同时紧紧围绕"什么是社会主义，怎样建设社会主义"这一首要的基本问题进行理论创新和实践创新，把对社会主义的认识提高到一个新的境界，据此提出解决国际问题的一系列大思路、大政策，对于我们应对复杂的国际形势和制定正确的国内外政策，起到重要的指导作用，为全党把工作中心转移到社会主义经济建设上来提供思想理论指导，把中国社会主义建设事业和马克思主义理论的发展推向了一个崭新的发展阶段。对时代主题的准确把握和对国际局势发展趋势的科学认识，使党和国家的工作中心转移到经济建设上来，走上了改革开放道路，开辟了建设中国特色社会主义新时期。

中共十八大以来，以习近平同志为核心的党中央，顺应时代发展潮流，继承邓小平和平与发展时代主题的思想，着眼于时代的发展变化，科学分析进入21世纪后国际形势的新特点，冷静判断和准确分析世情、

① 《邓小平文选》第三卷，人民出版社1993年版，第326页。

国情、党情的深刻变化,创造性地提出一系列顺应历史潮流、应对全球问题、引领时代发展的创新理论,把"合作"看成与"和平、发展"平行的时代主题的一部分,和平、发展、合作成为当今时代的潮流、时代的主旋律,提出要形成以合作共赢,中国与世界交融发展,构建"人类命运共同体"为主要内涵的新的时代观,展现新时代中国为人类发展进步事业积极承担大国责任的信念和担当。

(三) 在新的时代背景中拓展中国特色社会主义道路

国际形势和时代条件的深刻变化,给我们党的建设和党所领导的社会主义现代化事业既带来了难得的机遇,也提出了严峻的挑战。面对国际形势和时代条件的新变化,我们党要解决好时代提出的新课题,迎接时代提出的新挑战,开创党和人民事业发展的新局面,就必须解放思想、与时俱进,在实践上有所创造,在理论上有所创新,只有这样,中国共产党才能适应国际形势的变化和时代发展的潮流,保持党自身的先进性,从而把中国特色社会主义事业不断推向前进。

"和平与发展"的时代主题促成中国在"发展"方面的新认识。20世纪 80 年代,邓小平认为"和平和发展是当代世界的两大问题"①。依据这两大问题提出了"发展才是硬道理"。进入 21 世纪,当代中国共产党人认为:"和平与发展仍然是时代主题,求和平、谋发展、促合作已经成为不可阻挡的时代潮流"。② 这意味着,和平成为获得发展的前提,发展的时代主题已经获得了全球化的展开,人们的热点话题是关于发展的问题,建设性的发展哲学取代批判性的斗争哲学成为显学。从对"增长的极限"的担忧,到内生的、整体的、全面的"新发展观",再到"全面、协调、可持续"的发展观,直至今天的"科学发展观",怎样发展、

---

① 《邓小平文选》第三卷,人民出版社 1993 年版,第 105 页。
② 《胡锦涛文选》第二卷,人民出版社 2016 年版,第 649 页。

实现什么样的发展日益成为当代人们关注的核心话题。

当前，全球各个国家都在寻求各自的发展道路和发展模式。中国的现代化立足于本国国情，确立了中国特色社会主义的发展道路，继续解放思想，坚持改革开放，推动科学发展，促进社会和谐，中国发展道路取得突出成就。中国经济的快速稳定发展，社会的安定祥和日益引起世界的关注。国际上对中国发展经验进行各种概括，力图探讨中国这样的发展中国家是如何发展的，以及中国经验对世界其他国家的借鉴意义等问题。我国学者在综合了国际各方面的观点后对中国发展道路的特点，作了以下概括：第一，一个国家的发展模式应该由一个主权国家独立自主地进行探索，任何由外部强加的发展模式都注定是要失败的。第二，强调了发展的兼容性和包容性。努力把社会主义制度和市场经济结合起来，把经济高速增长与社会全面协调结合起来，把效率与公正协调起来。第三，强调发展的人民性，以人为本，促进人的全面发展。第四，强调继承和创新本民族的文化传统，努力使传统优秀文化与现代发展相结合。第五，强调发展的积累性和渐进性，通过中国共产党领导发挥累积效应推动现代化的发展进程。

中国共产党十一届三中全会后对中国特色社会主义道路的探索，是对中华人民共和国成立以来探索中国自己的社会主义建设道路的继承和发展。中共十八大充分肯定了以毛泽东为核心的党的第一代中央领导集体对中国特色社会主义事业的伟大贡献，以毛泽东同志为核心的党的第一代领导集体团结带领全国各族人民，夺取了新民主主义革命的伟大胜利，确立了社会主义基本制度，为当代中国一切发展进步奠定了政治前提和制度基础。中国特色社会主义不能否定毛泽东社会主义建设思想的历史地位和当代价值，更不能否认它与马克思主义中国化两大理论成果之间在理论内容和历史逻辑上的内在联系，而是强调了要体现出坚持和发展是全面继承和创新发展的辩证统一。其中既包括继承和发展毛泽东思想，从毛泽东思想当中寻求理论创新的养料和启示，也包括深刻吸取毛泽东晚年所犯错误的教训，从失误当中寻求理论创新的借鉴。中国特色社会主义就是在纠正毛泽东晚年错误的基础上形成和发展起来的。严格区分毛泽东思想与晚年毛泽东所犯的错误，正确认识并且认真纠正他在晚年时所犯的错误，才是真正维护和高举毛泽东思想伟大旗帜，才会有中共十一届三中全会开创的我国社会主义发展的新阶段。邓小平指出："从许多方面来说，现在我们还是把毛泽东同志已经提出、但是没有做的事情做起来，把他反对错了的改正过来，把他没有做好的事情做好。今后相当长的时期，还是做这件事。当然，我们也有发展，而且还要继续发展。"① 这些论述非常明确和清楚地表明：毛泽东思想与中国特色社会主义理论体系之间是源头与活水的关系，它不仅是中国特色社会主义理论体系的思想渊源，而且以被继承和创新的形式融汇在中国特色社会主义的发展之中。

改革开放使我国的社会主义真正具有了本国特色，中国特色社会主义探索了经济文化落后国家建设和发展社会主义这个历史性课题，填补了科学社会主义在此领域的空白，实现了执政理念上从革命到建设的转变，成功开辟出一条新的适合中国国情的社会主义发展之路。由于实践的发展、时代的变迁、经济社会发展阶段的变化，中国特色社会主义在研究新情况、解决新问题的过程中也有重大突破，在重大理论问题的认识上经历了从计划经济到市场经济的转变、从经济发展到经济社会协调发展全面进步的转变、从需求侧到供给侧结构性改革等多次重大的转变。集中体现在社会主义市场经济理论、社会主义基本经济制度理论、社会主义基本分配制度理论、社会主义本质理论、和平发展的时代观、以人为本的科学发展观、"人类命运共同体"的时代观等方面。习近平指出："提出建立社会主义市场经济体制的改革目标，这是我们党在建设中国特色社会主义进程中的一个重大理论

---

① 《邓小平文选》第二卷，人民出版社 1994 年版，第 300 页。

和实践创新，解决了世界上其他社会主义国家长期没有解决的一个重大问题。"[①] 中国特色社会主义理论讲了老祖宗和毛泽东思想都没有讲过的新话，这些都是创新性的发展。中国特色社会主义理论体系科学地回答了老祖宗和毛泽东思想未曾遇到或者未曾正确解决的许多新课题，使马克思主义中国化进入了一个新的发展阶段，并在这种继承、发展、超越当中进一步证明和显示了科学社会主义的科学价值和强大生命力。

习近平强调，"坚持和发展中国特色社会主义是一篇大文章，邓小平同志为它确定了基本思路和基本原则，以江泽民同志为核心的党的第三代中央领导集体、以胡锦涛同志为总书记的党中央在这篇大文章上都写下了精彩的篇章"[②]。在今后的社会主义实践中，我们要牢牢把握社会主义初级阶段是当代中国的最大国情、最大实际，把社会主义初级阶段的基本路线作为党和国家的生命线，"把践行中国特色社会主义共同理想和坚定共产主义远大理想统一起来，坚决抵制抛弃社会主义的各种错误主张，自觉纠正超越阶段的错误观念和政策措施。只有这样，才能真正做到既不妄自菲薄、也不妄自尊大，扎扎实实夺取中国特色社会主义新胜利"[③]。

四、改革开放的兴起

改革开放是解放和发展社会生产力，不断提高人民物质文化生活水平，促进人的全面发展的必然要求。改革开放是推动社会主义制度自我完善和发展，不断创新充满活力的体制机制，实现国家现代化的基本途径。改革开放的伟大实践，使我国走出了一条既适合中国国情、又符合

---

① 《习近平谈治国理政》第一卷，外文出版社 2018 年版，第 94 页。
② 《习近平谈治国理政》第一卷，外文出版社 2018 年版，第 23 页。
③ 《习近平谈治国理政》第一卷，外文出版社 2018 年版，第 11 页。

时代要求的社会主义道路。

（一）当代中国的第二次革命

1976 年 10 月，中国共产党清除"四人帮"之后，党和国家的前途和命运问题并没有根本解决，当时仍然存在着两种发展倾向：一种是按照"两个凡是"的方针，继续走封闭僵化的老路。另一种是彻底纠正"文化大革命"的错误，走社会主义建设的新路。显然后一条是振兴国家的正确道路。但是，在实践中遇到严重阻碍，致使党和国家在工作中出现徘徊局面。与此同时在国际上，世界经济快速发展，科学技术日新月异，这与中国贫穷落后状况形成了巨大反差。当时，世界经济快速发展，新一轮科技革命方兴未艾，我国发展与国际先进水平的差距明显拉大。1978 年，中国人均国内生产总值低于印度，只有日本的 1/20、美国的 1/30。科技发展水平落后于发达国家四十年左右。[①] 国内外发展大势要求中国共产党要尽快就关系国家前途命运的大政方针尽快作出政治决断和战略抉择。

面对十年"文化大革命"造成的危难局面，以邓小平同志为核心的第二代中央领导集体以非凡的胆识和魄力进行拨乱反正，作出把党和国家工作中心转移到经济建设上来、实行改革开放的战略决策。中共十一届三中全会前"关于真理标准问题"的大讨论，为推进改革开放作了理论上和思想上的准备。对"文化大革命"的深刻反思，最集中的一个问题是搞清楚什么是社会主义、怎样建设社会主义。在 1978 年召开的中共十一届三中全会上，中国共产党重新确立了解放思想、实事求是、一切从实际出发、理论联系实际的思想路线，为实行改革开放奠定了认识论基础，开启了中国改革开放的征程。

中国共产党之所以具有改革的决心和勇气，来源于对改革性质的

---

① 《中国特色社会主义学习读本》，学习出版社 2013 年版，第 94 页。

准确判断。长期以来，人们把改革等同于改良，对于已经严重阻碍生产力发展的旧体制只是进行修修补补，而不去进行革命性变革。这是许多社会主义国家改革长期停步不前、收效甚微的根本原因。邓小平同志 1984 年 10 月在谈到改革的性质时指出："我们把改革当作一种革命。"1985 年 3 月指出："改革是中国的第二次革命。"1985 年 7—8 月间多次强调指出："改革的意义，是为下一个十年和下世纪的前五十年奠定良好的持续发展的基础。"① 邓小平同志提出改革也是一场革命的依据，是改革同过去的革命一样，都是为了解放生产力。他说："革命是解放生产力，改革也是解放生产力。推翻帝国主义、封建主义、官僚资本主义的反动统治，使中国人民的生产力获得解放，这是革命，所以革命是解放生产力。社会主义基本制度确立以后，还要从根本上改变束缚生产力发展的经济体制，建立起充满生机和活力的社会主义经济体制，促进生产力的发展，这是改革，所以改革也是解放生产力。"②"改革的性质同过去的革命一样，也是为了扫除发展社会生产力的障碍，使中国摆脱贫穷落后的状态。从这个意义上说，改革也可以叫革命性的变革。"③

邓小平的这些论述，首先明确地划清了革命与改良的界限。革命是为了解放生产力，扫除生产力发展的障碍；改良是为了完善已经过时的旧制度或旧体制，以延缓旧制度或旧体制的生命；革命是要根本变革过时的旧制度或旧体制，改良只是局限于对旧制度或旧体制进行非实质性的修补。所以马克思和恩格斯曾形象地称改良派是为旧制度治病的庸医。改革的实质是权力和利益的再分配，而不是现行体制、机制、政策在枝节上的修补。改革往往需要重新建构体制、重新选择发展战略，需要根本变革人们的思维方式、行为方式和生活方式，因而改革是一场全

---

① 《邓小平文选》第三卷，人民出版社 1993 年版，第 131 页。

② 《邓小平文选》第三卷，人民出版社 1993 年版，第 370 页。

③ 《邓小平文选》第三卷，人民出版社 1993 年版，第 135 页。

面而深刻的伟大革命。因此，改革必须在党的领导下有计划、分步骤地进行，既不断地解放和发展生产力，又完善和巩固社会主义制度。要正确处理改革发展稳定的关系，把改革的力度与发展的速度和人们可承受的程度有机统一起来。中国共产党领导人民进行的改革开放这场新的伟大革命，开辟了社会主义制度自我完善、自我发展和社会主义现代化建设的历史新时期。

（二）社会主义社会发展的直接动力

改革开放是当代中国发展进步的活力之源，没有改革开放，我们不可能有今天这样的大好局面。中共十一届三中全会以来，我国始终把改革作为强国之路，毫不动摇地加以坚持。中国共产党在社会发展动力问题上的最大贡献，就是提出了改革是社会主义社会发展的直接动力。这个论断包含着两个方面的含义：

一是明确地把社会发展动力区分为原动力和直接动力。马克思主义认为，社会发展的原动力是生产力，人类社会发展变化的原因尽管多种多样，但归根结底是生产力的发展变化所引起的。而生产力的发展必然要求一定的生产关系和上层建筑与其相适应。当生产关系、上层建筑与生产力发展的要求相适应的时候，就能推动生产力的发展，当不能适应的时候就会阻碍生产力的发展。这就需要代表生产力发展方向的社会力量，通过一定的途径和方式，去打破阻碍生产力发展的旧的生产关系和上层建筑，建立符合生产力发展要求的生产关系和上层建筑。这种途径和方式是在直接解决生产力与过时的生产关系和上层建筑的矛盾，为生产力的发展服务，为社会发展的原动力服务，所以我们称其为直接动力。社会发展的原动力是绝对的，任何社会发展的原动力都是生产力。而直接动力是相对的，它随着生产力与生产关系、经济基础与上层建筑矛盾的不同以及与此相适应的各种社会力量之间关系的不同而变化。

二是明确提出社会主义社会发展的直接动力是改革。马克思根据对人类社会基本矛盾的分析，特别是对资本主义社会矛盾的分析，把阶级斗争看作是阶级社会发展的直接动力，称阶级社会的历史为阶级斗争史。在社会主义社会，阶级斗争已基本消失，推动社会发展的直接动力是什么，社会主义国家长期没有真正解决这个问题。斯大林十分重视发展生产力，一再强调发展速度直接关系社会主义的生死存亡。但是他对社会发展直接动力的认识，却严重脱离当时苏联的实际。他长期认为，社会主义社会已经不存在生产力与生产关系、经济基础与上层建筑的矛盾，社会发展的动力是人们思想上和道义上的一致，结果使社会发展面临的各种矛盾和问题不能得到及时和正确的处理，出现了许多严重的错误。毛泽东纠正了斯大林的错误，明确指出，在社会主义社会仍然存在着各种社会矛盾，生产力与生产关系、经济基础与上层建筑的矛盾依然是社会基本矛盾，而且创造性地提出，对于社会主义制度的不完善之处和生产关系、上层建筑中阻碍生产力发展的部分，要在社会主义制度自身的范围内加以解决。但他在解决矛盾和问题的途径方法上发生了严重失误。他对社会主义社会的根本任务和阶级关系作了脱离实际的错误判断，仍然把阶级斗争视为社会发展的根本动力，以阶级斗争为纲来推动各项工作。这样做不但没有解放和发展生产力，反而严重干扰和破坏了生产力的发展。

以邓小平为代表的中国共产党第二代领导集体提出改革是社会主义社会发展的直接动力。在我国社会主义社会，基本矛盾仍然是生产力与生产关系、经济基础与上层建筑之间的矛盾，这就要求及时地调整和完善不适应生产力发展的生产关系和上层建筑的某些方面和环节，不断地解放生产力，发展生产力，同时不断地完善社会主义制度，更加充分地体现社会主义优越性。中共十一届三中全会以来，中国共产党以巨大的政治勇气和科学精神，锐意推进改革，不断扩大开放，决心之大、变革之深、影响之广前所未有，成就举世瞩目。

改革开放从中共十一届三中全会起步，中共十二大以后全面展开。

它经历了从农村改革到城市改革，从经济体制改革到各方面体制改革的历史进程。从中共十二大提出计划经济为主、市场调节为辅，到十二届三中全会提出有计划的商品经济，到十三大提出建立计划与市场内在统一的体制，到十四大提出建立社会主义市场经济体制，经过不断的理论和实践探索，我国成功实现了从高度集中的计划经济体制到充满活力的社会主义市场经济体制的历史转变，有力地推动了各方面体制的改革，打开了我国经济、政治和文化发展的崭新局面。

改革开放是强国之路。自中共十一届三中全会开启了改革开放历史新时期以来，从农村到城市、从经济领域到其他各个领域，全面改革的进程势不可当地展开了；从沿海到沿江沿边，从东部到中西部，对外开放的大门打开了。这场历史上从未有过的改革开放，极大地调动了亿万人民的积极性，使我国成功实现从高度集中的计划经济体制到充满活力的社会主义市场经济体制、从封闭半封闭到全方位开放的伟大历史转折。

对外开放也是一种改革，是一项基本国策。40年来，从经济特区的兴办、沿海城市的开放到内陆沿边、沿江城市和省会城市的开放，从对发达国家的开放到对发展中国家的开放，从经济、科技、教育、文化等领域的开放到加入世界贸易组织再到"一带一路"倡议的提出和"一带一路"建设的推进，中国逐步形成了全方位、多层次、宽领域的对外开放格局。积极地利用国内外两种资源、两个市场来发展经济，利用人类文明的优秀成果来发展中国特色社会主义，不仅创造了世界经济长期高速增长的奇迹，而且给中国特色社会主义注入了生机活力。

随着经济全球化深入发展和我国社会主义市场经济体制不断完善，我国对外开放面临的内外条件正在发生深刻变化，既为我们扩大对外开放、推动经济又好又快发展提供了良好机遇，也对我们在日趋激烈的国际竞争中牢牢掌握我国发展的主动权、切实维护国家经济安全提出了严峻挑战。我们必须把"独立自主、自力更生"作为对外开放的立足点和出发点，更好地把"引进来"和"走出去"结合起来，扩大开放领域，优化开放结构，提高开放质量，完善内外联动、互利共赢、安全高效的开放型经济体系，形成经济全球化条件下参与国际经济合作和竞争新优势，更多地显示中国特色社会主义在世界文明中的比较优势。今天，一个面向现代化、面向世界、面向未来的社会主义中国巍然屹立在世界东方。中国人民的面貌、社会主义中国的面貌、中国共产党的面貌发生了历史性变化。

（三）坚持和发展中国特色社会主义的必由之路

改革开放是决定当代中国命运的关键，也是决定实现"两个一百年"奋斗目标、实现中华民族伟大复兴的关键。改革开放 40 年来，对外开放进入新阶段，中国发展也迎来新起点。中共十八大以来，随着我国经济发展，经济总量跃至世界第二，进出口总额居世界第一，人民生活从温饱不足发展到总体小康。政治建设、文化建设、社会建设、生态文明建设以及党的建设稳步推进，综合国力显著增强，世界影响力不断提升。中国经济社会持续快速发展的一条重要经验，就是"坚持社会主义市场经济体制的改革方向"，"要坚持对外开放的基本国策"①。通过改革开放，我们开创和发展了中国特色社会主义，为社会主义现代化建设提供了强大动力和有力保障。

中国特色社会主义是在改革开放的进程中不断发展的。在改革开放的进程中，我国的社会主义制度日益完善，现代化建设取得重大进展，但是妨碍经济社会发展的一些体制性、机制性障碍和弊端，还没有完全消除，并且面临不少新情况新问题。改革开放越往纵深发展，发展中的问题和发展起来后的问题、一般矛盾和深层次矛盾、有待完成的任务和新提出的任务，越是交织叠加、错综复杂。与此同时，经济社会双重转

---

① 《胡锦涛文选》第三卷，人民出版社 2016 年版，第 623 页。

型的压力，思想观念多元多样的碰撞，利益格局固化的隐忧，改革的诉求和期待增多，改革中的畏难情绪、疲惫思想等，都增加了改革的难度和风险。

改革开放只有进行时，没有完成时。2010 年，中共十七届五中全会提出要加快"经济发展方式转变"。在需求结构转变方面，经济增长要从过度依赖投资和出口，转变为消费、投资和出口协调发展，增强消费对经济增长的拉动作用。在供给结构的调整方面，经济增长要从过度依赖第二产业的增长，转变为一、二、三产业协调发展，加快第三产业的发展。在要素结构的调整方面，经济增长从过度依赖物质资源消耗，转变为主要依靠技术进步，强化管理，提高劳动者素质来推动经济增长。

随着对外开放的日益扩大，我国面临的国际竞争也日趋激烈，发达国家在经济科技上占优势的压力长期存在，可以预见和难以预见的风险增多。我国相当一部分外资企业和外贸行业都集中在要素密集型产业，利用外资和对外贸易的增长很大程度上是依靠生产要素投入数量的不断扩张。许多跨国企业是在封闭技术品牌的基础上，借用中国的劳动力、环境、政策和土地优势建立出口基地。其对引进和吸收先进技术，提升国内整体产业水平的作用有限，并且直接或间接地加剧了经济发展的资源和环境瓶颈，已不适合更加注重效益的集约型经济发展方式。当前要加快转变经济发展方式，推动产业结构优化升级，实现经济可持续发展。我国将始终坚持互利共赢的开放战略，主动迎接经济全球化挑战，不断扩大对外开放的广度和深度，不断提高开放型经济水平，完善内外联动、互利共赢、安全高效的开放型经济体系。在扩大开放中要增强维护经济安全的意识，切实保护好本国的经济利益。

面对新形势新任务，必须在新的历史起点上全面深化改革，必须以时不我待的紧迫感、继往开来的使命感，冲破陈旧观念的障碍，突破利益固化的藩篱，敢啃硬骨头，敢于涉险滩，协调推进各领域各环节改革，齐心协力把中国特色社会主义伟大事业继续推向前进。

（四）当代中国最鲜明的特色

面对新形势新任务，必须通过全面深化改革，着力解决我国发展面临的一系列突出矛盾和问题，这是党和人民事业大踏步赶上时代发展的重要法宝，是当代中国最鲜明的特色。

中共十八大以来，党和国家已经站在一个新的历史起点上，中国特色社会主义进入了新的发展阶段，我国经济社会发展正面临着一系列突出矛盾和问题。破解发展难题、化解来自各方面的风险挑战，掌握发展的主动权、赢得发展的新优势，根本动力在改革，根本出路也在改革。在改革已进入攻坚期和深水区、全面建成小康社会进入决定性阶段这样一个重要历史关头，以什么样的态度对待改革、朝着什么样的方向推进改革、按照什么样的步骤实施改革，成为中国共产党必须科学回答的重大理论和实践问题。在这个背景下，中共十八届三中全会以全面深化改革为主要议题，对新时期的改革开放作出了重大战略部署。以这次全会召开为标志，我国改革开放进入了一个新的发展阶段。中共十八届三中全会明确提出全面深化改革的指导思想、总目标，从经济体制、政治体制、文化体制、社会体制、生态文明体制改革以及国防和军队改革、党的建设制度改革等方面丰富完善了改革的蓝图；中共十九大提出习近平新时代中国特色社会主义思想，积极应对改革发展稳定、矛盾风险挑战以及治国理政等方面严峻形势，立足于中国发展实际，把握住人心这个最大的政治，面对人民群众的新需求新期待，秉持问题意识和忧患意识，大力弘扬社会主义公平正义的主旋律，积极通过深化改革及时回应群众思想上和实践中迫切需要解决的重大关切，以助力实现现代化强国的目标。具体部署了中国现代化的主要任务、重大举措，清晰地勾画出新时代中国改革的时间表和路线图。

全面深化改革，贯彻落实完成好各领域改革任务，必须把握好以下几个方面。第一，深刻理解和准确把握全面深化改革的总目标。全面深化改革的总目标，就是完善和发展中国特色社会主义制度，推进国家治理体系和治理能力现代化。这是两句话组成的一个整体。前一句规定了根本方向。中国特色社会主义是当代中国发展进步的根本方向，坚定不移走中国特色社会主义道路，完善和发展中国特色社会主义制度，要求我们通过全面深化改革，更好地促进生产关系与生产力、上层建筑与经济基础相适应，不断增强中国特色社会主义制度的生机活力。后一句规定了在根本方向指引下完善和发展中国特色社会主义制度的鲜明指向。国家治理体系和治理能力是一个国家制度和制度执行能力的集中体现。国家治理体系是在党领导下管理国家的制度体系，包括经济、政治、文化、社会、生态文明和党的建设等各领域体制机制、法律法规安排，也就是一整套紧密相连、相互协调的国家制度；国家治理能力则是运用国家制度管理社会各方面事务的能力，包括改革发展稳定、内政外交国防、治党治国治军等各个方面。推进国家治理体系和治理能力现代化，要求我们必须适应国家现代化总进程，提高党科学执政、民主执政、依法执政水平，提高国家机构履职能力，提高人民群众依法管理国家事务、经济社会文化事务、自身事务的能力，实现党、国家、社会各项事务治理的制度化、规范化、程序化，不断提高运用中国特色社会主义制度有效治理国家的能力。

第二，深刻理解和准确把握全面深化改革的战略重点和主要任务。全面深化改革，必须以经济体制改革为重点，牵引和带动其他各领域的改革。中共十八届三中全会提出，经济体制改革是全面深化改革的重点，核心问题是处理好政府和市场的关系，使市场在资源配置中起决定性作用，更好发挥政府作用。提出使市场在资源配置中起决定性作用，是中国共产党对中国特色社会主义建设规律的一个新认识，标志着社会主义市场经济发展进入了一个新阶段。

中共十八届三中全会将市场在资源配置中起基础性作用修改为起决

定性作用，虽然只有两字之差，但对市场作用是一个全新的定位，"决定性作用"和"基础性作用"这两个定位是前后衔接、逐步发展的。理论和实践都证明，市场配置资源是最有效率的形式，市场决定资源配置是市场经济的客观规律，市场经济本质上就是市场决定资源配置的经济。健全社会主义市场经济体制必须遵循这条规律，着力解决市场体系不完善、政府干预过多和监管不到位问题。同时，我国实行的是社会主义市场经济体制，我们仍然要坚持发挥我国社会主义制度的优越性、发挥党和政府的积极作用。强调市场不是不要政府、搞所谓的"全面市场化"，而是要使政府与市场"两只手"相辅相成、优势互补、协同发力，充分体现社会主义市场经济的特色和优势。要紧紧抓住经济体制改革这个重点和主轴，充分发挥经济体制改革对政治体制、文化体制、社会体制、生态文明体制和其他各方面改革的重要影响和传导作用，努力在重要领域和关键环节改革上取得新突破，使各方面改革协同推进、形成合力。

第三，深刻理解和准确把握全面深化改革的出发点和落脚点。以促进社会公平正义、增进人民福祉为全面深化改革的出发点和落脚点。唯物主义历史观认为："全部人类历史的第一个前提无疑是有生命的个人的存在。"[①] 这也是唯物主义历史观的出发点。马克思主义评价社会进步的尺度是历史尺度和价值尺度的统一。就历史尺度来说，马克思把任何一种能够促进生产力发展的社会形式，都看作是社会的进步。就价值尺度而言，马克思把生产的目的，即究竟是为了人还是为了外在财富的发展，作为评价一定历史时期生产的价值尺度。两种尺度的内在统一是马克思历史观的显著特点，也是这一历史观的崇高之处。正因如此，马克思对资本主义社会的价值批判，才不是一种空想式和浪漫式的批判。可见，马克思主义历来把人放在中心地位，是真正的"以人为本"的哲学。

---

① 《马克思恩格斯文集》第一卷，人民出版社 2009 年版，第 519 页。

在以往的社会主义实践中，只是强调社会主义必然要代替资本主义的客观规律，而忽视和淡化了社会主义对于人民群众主体利益的关心。坚持人民主体地位，旗帜鲜明地把价值观和价值目标引进到社会主义判断是非和成败的标准之中。社会主义不仅要回答"是什么"，而且还应该回答"为了什么"。坚持人民群众的主体地位，就要坚持以人为本，尊重人民群众推动历史前进、创造社会财富的实践主体地位和实现自身利益、享有发展成果的价值主体地位，始终把体现人民意志、反映人民愿望、实现人民利益作为一切工作的出发点和落脚点，始终把依靠人民群众的智慧和力量作为推进事业发展的根本工作路线。

实现社会公正是中国特色社会主义的内在要求。在人类历史上，资本主义试图构建的是一种以自由为核心的价值体系，能够超越这个价值体系的就是以公平为核心的价值体系。在实现自由的基础上实现更先进的社会公平，这样一个价值体系在历史上没有过，是社会主义正要探索和创造的。公平是社会基本价值结构问题，资源的相对稀缺是人类需要公平的基本条件，所以社会公平也就是社会成员之间的对稀缺资源的公平分配。社会公平是维护弱势群体利益，体现人类发展基本权利的重要指标。中共十八大提出要"逐步建立以权利公平、机会公平、规则公平为主要内容的社会公平保障体系，努力营造公平的社会环境，保证人民平等参与、平等发展权利"[①]。其基本含义是：通过某些相对公平的规则和制度，给予每个人平等的机会，让每个人都能凭借自身的能力和努力，取得相应的成就。由于天生禀赋上的差异，会造成不同个人之间生存、发展条件的差异。我们不可能在天赋条件上实现完全的均等，让所有人在所有方面都拥有相同的起点，但可以通过克服明显人为的制度歧视和区别对待，让能力成为决定一个人机会和前程的最主要因素。

中国特色社会主义形成的过程，也是正确判断和实现中国人民根本

---

① 《胡锦涛文选》第三卷，人民出版社 2016 年版，第 624 页。

利益的过程。党的一切努力和奋斗都是为了造福于人民。要在改革开放和现代化进程中，始终把实现好、维护好、发展好最广大人民的根本利益作为党和国家一切工作的出发点和落脚点，尊重人民主体地位，发挥人民首创精神，保障人民各项权益，走共同富裕道路，促进人的全面发展，做到发展为了人民、发展依靠人民、发展成果由人民共享。

第四，深刻理解和准确把握全面深化改革的目的。全面深化改革，必须进一步解放思想、进一步解放和发展社会生产力、进一步解放和增强社会活力。这"三个进一步解放"相互联系、有机统一。解放思想是前提，是解放和发展社会生产力、解放和增强社会活力的总开关。解放思想是先导，改革遭遇的堡垒越坚固，涉及的利益关系越复杂，就越要拿起解放思想这个武器，以思想的新解放开辟改革的新境界。

解放思想、增强社会活力，最终是为了更好解放和发展社会生产力。通过深化改革，破除制约社会生产力发展、束缚社会活力的体制机制障碍，让一切劳动、知识、技术、管理、资本等要素的活力竞相迸发，让一切创造社会财富的源泉充分涌流。

第五，深刻理解和准确把握全面深化改革的依靠力量。人民是历史的创造者，是我们的力量源泉，必须紧紧依靠人民推动改革。全面深化改革是一项复杂的系统工程，必然涉及深层次问题、深层次矛盾，涉及利益关系的深度调整，其复杂程度、敏感程度、艰巨程度，都不亚于 30 多年前。这就要求我们牢固树立进取意识、机遇意识、责任意识，勇于负责、敢于担当，以强烈的历史使命感，最大限度集中全党全社会智慧，最大限度调动一切积极因素，真抓实干，埋头苦干，抓铁有痕，踏石留印，就一定会推动改革实现新的重大突破，在重要领域和关键环节改革上取得决定性成果，形成系统完备、科学规范、运行有效的制度体系，使各方面制度更加成熟、更加定型，必将实现到 2020 年的改革目标以及中华民族伟大复兴的中国梦。

第二章

中国特色社会主义道路的开创

　　回首近代以来中国波澜壮阔的历史，展望中华民族充满希望的未来，我们得出一个基本结论：全面建成小康社会，加快推进社会主义现代化，实现中华民族伟大复兴，必须坚定不移走中国特色社会主义道路。中国特色社会主义道路，是在以毛泽东为核心的党的第一代中央领导集体对社会主义建设进行艰辛探索的基础上，由以邓小平为核心的党的第二代中央领导集体在改革开放的伟大实践中所开创。以江泽民为核心的党的第三代中央领导集体成功将其推进到 21 世纪，以胡锦涛为总书记的中央领导集体在新的历史起点上继续坚持和发展这条道路。在中国特色社会主义道路开创的整个历程中，中国共产党和国家的工作重心实现了历史性转变，社会主义初级阶段的基本路线最终形成，对中国特色社会主义道路的认识、理解和概括不断深化。实践不止，中国特色社会主义道路的拓展就不会停止。中共十八大以来，以习近平同志为核心的新一届中央领导集体在治国理政的实践中对中国特色社会主义道路提出了一系列创新性的理论观点，实施了一系列战略举措，进一步丰富和发展了中国特色社会主义。

一、党和国家工作重心的转变

中华人民共和国成立以来，中国共产党在探索社会主义建设道路的过程中，经历了一个长期复杂和曲折发展的历程。中共八大对当时我国社会的主要矛盾获得了正确的认识，突出强调经济文化发展的重要性。然而，我们党并没有能够长期坚持八大上提出的正确路线，由于"左"的错误，提出了"以阶级斗争为纲"的错误路线，最终导致"文化大革命"的发生。"文化大革命"结束后，以邓小平为主要代表的中国共产党人在重新认识国际国内形势的基础上，实现了党和国家工作重心的转变，开创了改革开放的历史进程。

（一）把全党的思想统一起来

思想统一是全党同心协力推进事业的前提。"文化大革命"的十年内乱，不仅使党和国家面临十分困难的局面，还把人们的思想搞乱了。"以阶级斗争为纲"的方针，把发展生产力这一社会主义的根本任务放到了次要地位。实际上，"以阶级斗争为纲"也是对社会主义的一种认识，只不过是一种错误的认识。中共十大通过的党章这样写道："社会主义社会是一个相当长的历史阶段。在这个历史阶段中，始终存在阶级、阶级矛盾和阶级斗争，存在着社会主义同资本主义两条道路的斗争，存在着资本主义复辟的危险性，存在着帝国主义和现代修正主义进行颠覆和侵略的威胁。这些矛盾，只能靠马克思主义的不断革命的理论和实践来解决。"[①]"文化大革命"就是建立在这种强调阶级斗争的理论基础之上，从而导致一场给党、国家和人民带来严重灾难的内乱。

"文化大革命"刚结束之时，人们在很大程度上还受到"两个凡

---

① 《中国共产党章程汇编》，中共中央党校出版社 2013 年版，第 82 页。

是”的思想禁锢，受“以阶级斗争为纲”路线的影响颇深。为了冲破思想禁锢，邓小平首先抓住思想路线的拨乱反正这一关键环节，率先批判“两个凡是”，提出要完整准确地理解和掌握毛泽东思想的科学体系，并支持和领导了关于真理标准问题的大讨论，推动思想解放运动的展开。

1978 年底，邓小平在中央工作会议上作了《解放思想，实事求是，团结一致向前看》的讲话，集中阐述了他在历史转折前夕对开辟中国社会主义发展新道路的思考。他强调：“一个党，一个国家，一个民族，如果一切从本本出发，思想僵化，迷信盛行，那它就不能前进，它的生机就停止了，就要亡党亡国。这是毛泽东同志在整风运动中反复讲过的。只有解放思想，坚持实事求是，一切从实际出发，理论联系实际，我们的社会主义现代化建设才能顺利进行，我们党的马列主义、毛泽东思想的理论也才能顺利发展。”① 邓小平的这篇讲话，“是在‘文化大革命’结束以后，中国面临向何处去的重大历史关头，冲破‘两个凡是’的禁锢，开辟新时期新道路、开创建设有中国特色社会主义新理论的宣言书”②，为随后召开的中共十一届三中全会确定了主题。

1978 年 12 月召开的中共十一届三中全会实现了具有历史意义的伟大转折，“这是一个新的历史发展阶段的开端”，③ 可以说是中国特色社会主义道路的历史起点。当时曾在北京市委分管意识形态领域工作的一位领导同志后来评价道：“我深深感到，十一届三中全会在党的历史上非同一般，我们党就此结束了‘以阶级斗争为纲’的一套，从‘左’的路线的泥沼中转到正确的轨道上来。”④ 这次全会确立了解放思想、实

---

① 《邓小平文选》第二卷，人民出版社 1994 年版，第 143 页。
② 《江泽民论有中国特色社会主义（专题摘编）》，中央文献出版社 2002 年版，第 6 页。
③ 《邓小平文选》第二卷，人民出版社 1994 年版，第 159 页。
④ 刘导生：《我所经历的北京真理标准问题讨论补课》，《中共党史资料》2009 年第 3 期。

事求是的思想路线，实现了全党工作重点由阶级斗争到经济建设的战略转移。对于十一届三中全会在新中国发展史上的地位，邓小平指出："党的十一届三中全会对过去作了系统的总结，提出了一系列新的方针政策。中心点是从以阶级斗争为纲转到以发展生产力为中心，从封闭转到开放，从固守成规转到各方面的改革。"①他还说，考虑"文化大革命"结束之后的路怎么走，历史"界限的划分是我们党的十一届三中全会"。②

从中共十一届三中全会开始，经过中共十一届四中全会（叶剑英国庆 30 周年讲话）、十一届五中全会（为刘少奇平反），我们党逐步解决了许多历史遗留问题，在此基础上，1981 年 6 月，中共十一届六中全会通过了在邓小平主持下起草的《关于建国以来党的若干历史问题的决议》，这个《决议》的作出，标志着我们党在指导思想上的拨乱反正的实践，意味着实事求是思想路线的确立，这对于统一全党的思想认识有着至关重要的影响和作用。当时发表的十一届六中全会公报曾说，这次全会将以在党的指导思想上完成拨乱反正的历史任务而载入史册。"拨乱"，指的就是拨"文化大革命"之乱。然而，拨乱并非易事。"'文化大革命'持续十年之久，而且它的发生还有更复杂的原因，所以从政治上、思想上彻底澄清'文化大革命'造成的混乱，这绝不是一件轻易的事情"，而且，"单单批判'四人帮'是不可能完成这个历史任务的"。③为什么这么说？因为深入批判"四人帮"必然要涉及如何评价毛泽东的问题。因此，六中全会的历史决议正是要解决这个核心问题。决议肯定了毛泽东的历史功绩和毛泽东思想的指导地位，把毛泽东思想同毛泽东晚年的错误严格区分开来，这从根本上解决了党的指导思想上拨乱反正

---

①　《邓小平文选》第三卷，人民出版社 1993 年版，第 269 页。

②　《邓小平文选》第三卷，人民出版社 1993 年版，第 157 页。

③　谢春涛：《关于建国以来历史决议的起草——龚育之访谈录》，《百年潮》2001 年第 6 期。

的核心问题，从而统一了全党的思想，这是开创中国特色社会主义道路的思想基础。

中共十一届六中全会作出的历史决议总结了中华人民共和国成立以来我国进行社会主义建设的经验教训，第一次对初步形成和确立的适合我国国情的社会主义现代化建设道路作了系统概括，阐释了十个方面的要点：(1) 在社会主义改造基本完成以后，我国所要解决的主要矛盾，是人民日益增长的物质文化需要同落后的社会生产之间的矛盾。党和国家工作的重点必须转移到以经济建设为中心的社会主义现代化建设上来，大大发展社会生产力，并在这个基础上逐步改善人民的物质文化生活；(2) 社会主义经济建设必须从我国国情出发，量力而行，积极奋斗，有步骤分阶段地实现现代化的目标；(3) 社会主义生产关系的变革和完善必须适应于生产力的状况，有利于生产的发展；(4) 在剥削阶级作为阶级消灭以后，阶级斗争已经不是主要矛盾；(5) 逐步建设高度民主的社会主义政治制度，是社会主义革命的根本任务之一；(6) 社会主义必须有高度的精神文明；(7) 改善和发展社会主义的民族关系，加强民族团结，这对于我们这个多民族国家具有重大意义；(8) 在战争危险依然存在的国际条件下，必须加强现代化的国防建设；(9) 在对外关系上，必须继续坚持反对帝国主义、霸权主义、殖民主义和种族主义，维护世界和平；(10) 根据"文化大革命"的教训和党的现状，必须把我们党建设成为具有健全的民主集中制的党。

1945 年中共六届七中全会一致通过的《关于若干历史问题的决议》，曾经统一了全党的认识，加强了全党的团结，促进了人民革命事业的迅猛前进和伟大胜利。1981 年中共十一届六中全会一致通过的《关于建国以来党的若干历史问题的决议》，也起到同样的历史作用。决议的通过，表明我们党在正确认识和科学评价中华人民共和国成立以来近 30 年所走道路的基础上，开始探索和形成一条与以往不同的建设和发展中国特色社会主义的新道路。

（二）把工作重心转移到经济建设上来

从 1978 年开始，中国改变了"文化大革命"时期党政领导人很少出访外国的状况。在这一年中，共有 13 位副总理和副委员长以上的领导人 21 次率团出访，涉及 51 个国家。[①] 其中邓小平本人先后多次出访外国，包括日本、泰国、新加坡等发展水平或发展势头比较好的国家。其他比较重要的考察团包括：以林乎加为团长的赴日经济代表团；以李一氓为团长，于光远、乔石为副团长的赴罗马尼亚、南斯拉夫代表团；以段云为组长的港澳经济贸易考察团和以国务院副总理谷牧为团长的赴西欧五国（法国、瑞士、比利时、丹麦、西德）考察团等。出访领导人和考察团普遍感受到中国在经济和科学技术上的发展同世界先进水平相比已经比较落后了。1978 年 10 月 10 日邓小平在会见德意志联邦共和国新闻代表团时指出："由于受林彪、'四人帮'的干扰，我们国家的发展耽误了十年。六十年代前期我们同国际上科学技术水平有差距，但不很大，而这十几年来，世界有了突飞猛进的发展，差距就拉得很大了。同发达国家相比较，经济上的差距不止是十年了，可能是二十年、三十年，有的方面甚至可能是五十年。"[②] 对世界先进水平的了解，引起许多党和国家领导人对经济建设经验教训的反思。如何总结这些经验教训，如何加快建设速度，如何找到一条发展的新路，成为我们党必须直面和亟待解决的突出问题。

邓小平曾在 1984 年说过：中共十一届三中全会"总结了历史经验，决定了一系列拨乱反正的政策。其实，拨乱反正在一九七五年就开始了"[③]。在 1975 年的整顿中，重新恢复工作的邓小平已经开始重新思考什么是社会主义、怎样建设社会主义的问题。他指出："搞社会主义建设，

---

① 谢春涛编：《中国特色社会主义史》上，福建人民出版社 2013 年版，第 351 页。

② 《邓小平文选》第二卷，人民出版社 1994 年版，第 132 页。

③ 《邓小平文选》第三卷，人民出版社 1993 年版，第 81 页。

不能不搞生产，不能不搞科学技术。我们强调劳动生产率，强调科学技术，不能算作'唯生产力论'."①"唯生产力论"是"文化大革命"期间"四人帮"强加给坚持抓生产和业务工作的广大干部群众的罪名，邓小平此时已经开始在重大问题上作初步的拨乱反正、正本清源的工作，用他自己的话说，"这些整顿实际上是同'文化大革命'唱反调，触怒了'四人帮'"②。在这里，邓小平抓住社会主义的根本任务是发展生产力这个核心来重新认识社会主义。1978 年 9 月，邓小平访问朝鲜回国后，在东北地区和天津发表了六次重要讲话，这些讲话对实现全党工作重心的转移起到了重要的推动作用。其中，9 月 13 日，在接见本溪市有关方面的负责同志时，邓小平强调："现在就是要好好向世界先进经验学习，不然老是跟在人家后面爬行。你们在国内是比较好的，但是同发达国家比，还是落后的。"③9 月 16 日，在听取吉林省委常委汇报工作时指出："我们是社会主义国家，社会主义制度优越性的根本表现，就是能够允许社会生产力以旧社会所没有的速度迅速发展，使人民不断增长的物质文化生活需要能够逐步得到满足。按照历史唯物主义的观点来讲，正确的政治领导的成果，归根结底要表现在社会生产力的发展上，人民物质文化生活的改善上。如果在一个很长的历史时期内，社会主义国家生产力发展的速度比资本主义国家慢，还谈什么优越性？"④ 他还指出，"一定要根据现在的有利条件加速发展生产力，使人民的物质生活好一些，使人民的文化生活、精神面貌好一些"⑤。9 月 17—20 日，在听取辽宁省委、鞍山市委、唐山市委、天津市委有关同志汇报工作时又相继提出了许多重要的新观点，包括：马克思主义认为，归根到底要发展生产力；

---

① 《邓小平年谱（1975—1997）》上，中央文献出版社 2004 年版，第 25 页。
② 《邓小平文选》第三卷，人民出版社 1993 年版，第 81 页。
③ 《邓小平年谱（1975—1997）》上，中央文献出版社 2004 年版，第 373 页。
④ 《邓小平文选》第二卷，人民出版社 1994 年版，第 128 页。
⑤ 《邓小平文选》第二卷，人民出版社 1994 年版，第 128 页。

我们太穷了，太落后了，现在必须发展生产力，改善人民生活条件；我们要在技术上、管理上都来个革命，不要改良，不要修修补补，发展生产，增加职工收入；不能搞平均主义，毛主席讲过先让一部分人富裕起来等。①

邓小平北方之行的讲话，是开辟中国社会主义新道路的先声，可以说是党的工作重心实现战略转移的前奏。把全党的工作重心转移到社会主义现代化建设上来，是 1978 年十一届三中全会的重要历史成就。

中共十一届三中全会决定："鉴于中央在二中全会以来的工作进展顺利，全国范围的大规模的揭批林彪、'四人帮'的群众运动已经基本上胜利完成，全党工作的着重点应该从一九七九年转移到社会主义现代化建设上来。"② 全会指出："这对于实现国民经济三年、八年规划和二十三年设想，实现农业、工业、国防和科学技术的现代化，巩固我国的无产阶级专政，具有重大的意义。我们党所提出的新时期的总任务，反映了历史的要求和人民的愿望，代表了人民的根本利益。我们能否实现新时期的总任务，能否加快社会主义现代化建设，并在生产迅速发展的基础上显著地改善人民生活，加强国防，这是全国人民最为关心的大事，对于世界的和平和进步事业也有十分重大的意义。实现四个现代化，要求大幅度地提高生产力，也就必然要求多方面地改变同生产力发展不适应的生产关系和上层建筑，改变一切不适应的管理方式、活动方式和思想方式，因而是一场广泛、深刻的革命。"③

第一，经济建设是社会主义现代化建设的极其重要方面。

我们党对经济建设重要性的认识，是在中华人民共和国成立以来经历了长期的波折和教训之后逐渐深化和达成一致的。邓小平指出："社会主义的任务很多，但根本一条就是发展生产力，在发展生产力的基础

---

① 《邓小平年谱（1975—1997）》上，中央文献出版社 2004 年版，第 380—387 页。
② 《三中全会以来重要文献选编》上，人民出版社 1982 年版，第 1 页。
③ 《三中全会以来重要文献选编》上，人民出版社 1982 年版，第 4 页。

上体现出优于资本主义，为实现共产主义创造物质基础。"① 此外，"现代化建设的任务是多方面的，各个方面需要综合平衡，不能单打一。但是说到最后，还是要把经济建设当作中心。离开了经济建设这个中心，就有丧失物质基础的危险。其他一切任务都要服从这个中心，围绕这个中心，决不能干扰它，冲击它。过去二十多年，我们在这方面的教训太沉痛了"②。

此外，经济建设也是解决国际问题和实现祖国统一的根基。1980年初，在《目前的形势和任务》的讲话中，邓小平指出，我们在国际事务中起的作用的大小，要看我们自己经济建设成就的大小。如果我们国家发展了，更加兴旺发达了，我们在国际事务中的作用就会大。台湾归回祖国、祖国统一的实现，归根到底还是要我们把自己的事情搞好。经济发展上也要比台湾有一定程度的优越，没有这一点不行。在国际事务中反对霸权主义，台湾归回祖国、实现祖国统一，归根到底，都要求我们的经济建设搞好。当然，其他许多事情都要搞好，但是主要是必须把经济建设搞好。③

第二，工作重心转移是正确认识我国经济社会所要解决的主要矛盾的结果。

1956年中共八大指出，我国的无产阶级同资产阶级之间的矛盾已经基本解决，几千年来阶级剥削的历史已经基本结束。"我们国内的主要矛盾，已经是人民对于建立先进的工业国的要求同落后的农业国的现实之间的矛盾，已经是人民对于经济文化迅速发展的需要同当前经济文化不能满足人民需要的状况之间的矛盾。"④1957年毛泽东在《关于正确处理人民内部矛盾的问题》中，第一次系统地提出了社会主义社会矛盾

---

① 《邓小平文选》第三卷，人民出版社1993年版，第137页。

② 《邓小平文选》第二卷，人民出版社1994年版，第250页。

③ 《邓小平文选》第二卷，人民出版社1994年版，第240—241页。

④ 《建国以来重要文献选编》第9册，中央文献出版社1994年版，第341页。

的学说，他强调，我们重视并解决这些矛盾的目的是为了调动一切积极因素发展我们的经济和文化，这与中共八大关于我国社会主要矛盾的论断是基本一致的。但是，由于各种主客观原因，主要是党在指导思想上发生了"左"的错误，这些正确认识没能很好地坚持下去，1957年下半年以后，党把无产阶级和资产阶级的矛盾作为我国社会的主要矛盾并进一步提升为整个社会主义阶段的主要矛盾，进而导致"文化大革命"的发生。

现阶段我国社会的主要矛盾究竟是什么？邓小平在《坚持四项基本原则》的讲话中指出："至于什么是目前时期的主要矛盾，也就是目前时期全党和全国人民所必须解决的主要问题或中心任务，由于三中全会决定把工作重点转移到社会主义现代化建设方面来，实际上已经解决了。我们的生产力发展水平很低，远远不能满足人民和国家的需要，这就是我们目前时期的主要矛盾，解决这个主要矛盾就是我们的中心任务。"① 在此基础上，《关于建国以来党的若干历史问题的决议》对此作出了新的概括："在社会主义改造基本完成以后，我国所要解决的主要矛盾，是人民日益增长的物质文化需要同落后的社会生产之间的矛盾，党和国家工作的重点必须转移到以经济建设为中心的社会主义现代化建设上来，大大发展社会生产力，并在这个基础上逐步改善人民的物质文化生活。"②

第三，实现工作重心转移，才能充分发挥社会主义的优越性。

如果社会主义不能消灭贫穷，不能使全体社会成员都过上富裕的生活，那么，社会主义就没有吸引力，社会主义制度的优越性就不具有说服力。邓小平指出："不努力搞生产，经济如何发展？社会主义、共产主义的优越性如何体现？我们干革命几十年，搞社会主义三十多年，截

---

① 《邓小平文选》第二卷，人民出版社1994年版，第182页。
② 《三中全会以来重要文献选编》下，人民出版社1982年版，第839页。

至一九七八年，工人的平均月工资只有四五十元，农村的大多数地区仍处于贫困状态。这叫什么社会主义优越性？因此，我强调提出，要迅速地坚决地把工作重点转移到经济建设上来。十一届三中全会解决了这个问题，这是一个重要的转折"，"从十一届三中全会到十二大，我们打开了一条一心一意搞建设的新路"。①

邓小平对社会主义的本质和社会主义的根本任务进行深入思考，强调经济建设对于坚持社会主义方向和体现社会主义的优越性的重要性。他指出："马克思主义最注重发展生产力。我们讲社会主义是共产主义的初级阶段，共产主义的高级阶段要实行各尽所能、按需分配，这就要求社会生产力高度发展，社会物质财富极大丰富。所以社会主义阶段的最根本任务就是发展生产力。"②"坚持社会主义的发展方向，就要肯定社会主义的根本任务是发展生产力，逐步摆脱贫穷，使国家富强起来，使人民生活得到改善。没有贫穷的社会主义。社会主义的特点不是穷，而是富，但这种富是人民共同富裕。"③

第四，工作重心的转移是探索社会主义建设新道路的开端。

在认真总结中华人民共和国成立以来经验教训的基础上，实行工作重心转移之后，就决不能再继续沿用过去的管理体制和管理方法，而必须根据现代化建设的需要，对传统的体制和方法进行根本性的改革，探索出一条新的发展道路。中共十一届三中全会提出：现在，我们要根据新的历史条件和实践经验，采取一系列新的重大的经济措施，对经济管理体制和经营管理方法着手认真的改革，在自力更生的基础上积极发展同世界各国平等互利的经济合作，努力采用世界先进技术和先进设备，并大力加强实现现代化所必需的科学和教育工作。实际上，这就让此前关于改革开放的酝酿正式成为我国社会主义现代化建设的总方针，在工

---

① 《邓小平文选》第三卷，人民出版社 1993 年版，第 10—11 页。
② 《邓小平文选》第三卷，人民出版社 1993 年版，第 63 页。
③ 《邓小平文选》第三卷，人民出版社 1993 年版，第 264—265 页。

作重心转移的同时，我们党就通过改革开放逐步开创了一条社会主义现代化建设的新道路。

二、社会主义初级阶段基本路线的形成

党的基本路线也称总路线，是党在一定历史时期指导全局工作的总方针、总政策，集中概括党的基本政治主张和根本任务。实践证明，总路线正确与否，直接关系到党和国家的前途命运，关系到各项工作的得失成败。改革开放以来，在总结过去制定和贯彻基本路线的经验教训的基础上，在准确把握基本国情的基础上，我们党形成了社会主义初级阶段的基本路线，规定了党在这一特定历史阶段的总方针、总政策和指导全党活动的基本准则。

（一）党在社会主义阶级阶段基本路线的提出

根据党章规定，中国共产党在社会主义初级阶段的基本路线是："领导和团结全国各族人民，以经济建设为中心，坚持四项基本原则，坚持改革开放，自力更生，艰苦创业，为把我国建设成为富强民主文明和谐美丽的社会主义现代化国家而奋斗。"[1] 概括起来就是"一个中心、两个基本点"。党在社会主义初级阶段基本路线形成和确立的过程，是中国特色社会主义道路在基本路线的指引下逐步明确和成功开创的过程，没有党的基本路线，也就没有中国特色社会主义道路。

中国共产党自新民主主义革命以来，提出过五条基本路线，一条在中华人民共和国成立之前提出，另外四条在中华人民共和国成立之后提出。在民主主义革命时期，中国共产党制定了一条正确的新民主主义革

---

[1] 《中国共产党第十九次全国代表大会文件汇编》，人民出版社 2017 年版，第 70—71 页。

命总路线，夺取了中国革命的胜利。从中华人民共和国成立至中共十一届三中全会召开之前的近三十年间，中国共产党相继提出并实施过三条主要的路线，反映了党对社会主义发展道路的曲折探索。1953年，我们党提出从新民主主义向社会主义过渡的总路线，即"一化三改造"的基本路线，通过对农业、手工业和资本主义工商业的社会主义改造，建立了社会主义制度；1956年，中共八大一次会议制定了在新的生产关系下保护和发展生产力的正确的指导方针，决定把党的中心工作转移到经济建设上来，但在具体的实践中并没有坚持。1958年的八大二次会议制定了"鼓足干劲、力争上游、多快好省地建设社会主义"的总路线，这条总路线就强调经济建设来说是正确的，但偏离了经济建设和社会发展的客观规律，盲目追求高速度，引发了"大跃进"和"人民公社化"运动，社会主义的建设事业遭受严重损失；1962年，基于对国际和国内形势的错误估计，中共八届十中全会提出"以阶级斗争为纲"的党的基本路线，1969年召开的九大再次确定阶级斗争为"党在整个社会主义历史阶段的基本路线"，这条错误路线的执行，最终导致"文化大革命"的严重失误。从1949年中华人民共和国成立直至十一届三中全会召开，中国共产党在近三十年的社会主义建设实践中不断探索一条符合中国国情的、有利于社会主义建设的基本路线，但由于各种原因始终未能形成。

中国共产党在社会主义初级阶段的基本路线是在十一届三中全会以后逐渐形成的。三中全会前夕，邓小平指出，实现四个现代化是一场伟大的革命，经济战线要进行全面的重大改革，同时要多方面地改变生产关系，改变上层建筑。十一届三中全会使党重新恢复和确立了解放思想、实事求是，一切从实际出发的思想路线，摒弃了"以阶级斗争为纲"，实现了工作重点的转移，初步提出了改革开放的方针。1979年3月，在党的理论工作务虚会上，邓小平第一次在明确社会主义主要矛盾的基础上，提出要把经济建设作为党的中心任务，适合中国情况，"走出一条中国式的现代化道路"①。针对当时出现的否定社会主义制度和党的领导、否定毛泽东思想的错误思潮，在这次会议上，邓小平第一次明确提出"坚持四项基本原则"的提法，即要坚持社会主义道路、坚持无产阶级专政、坚持共产党的领导、坚持马列主义和毛泽东思想。1980年2月，邓小平在中共十一届五中全会上进一步指出："我们党在现阶段的政治路线，概括地说，就是一心一意地搞四个现代化。""最主要的是搞经济建设，发展国民经济，发展社会生产力。这件事情一定要死扭住不放，一天也不能耽误。"②1981年6月，十一届六中全会通过的《关于建国以来党的若干历史问题的决议》，第一次以党的正式文件的形式确认了我国社会现阶段的主要矛盾和中心任务，重申要大力发展社会生产力，把坚持改革开放和坚持四项基本原则都纳入我国社会主义现代化建设道路的内容之中。这样，我们党"一个中心、两个基本点"的基本路线的思想已经开始形成。

1982年9月，中共十二大报告提出的党在新的历史时期的总任务是："团结全国各族人民，自力更生，艰苦奋斗，逐步实现工业、农业、国防和科学技术现代化，把我国建设成为高度文明、高度民主的社会主义国家。"③这一表述明确了逐步实现四个现代化等内容，较之以前的总路线有了进步，但由于对社会主义初级阶段的认识还不够深刻，有些提法还不够全面和准确。此后，我们党对社会主义初级阶段基本路线的认识不断深化。1985年9月，邓小平在会见外国客人时指出："我们拨乱反正，就是要在坚持四项基本原则的基础上发展生产力。为了发展生产力，必须对我国的经济体制进行改革，实行对外开放的政策"，"我们现在讲的对内搞活经济、对外开放是在坚持社会主义原则下开展的"。④在

①　《邓小平文选》第二卷，人民出版社1994年版，第163页。
②　《邓小平文选》第二卷，人民出版社1994年版，第276页。
③　《十二大以来重要文献选编》上，人民出版社1986年版，第13页。
④　《邓小平文选》第三卷，人民出版社1993年版，第138页。

这里，"一个中心"和"两个基本点"已经联系为一体，而且，"两个基本点"之间的关系也有了初步的论述，党的基本路线的形成又向前迈进了一步。1986年召开的中共十二届六中全会根据邓小平的思路，提出了我国现代化建设的总体布局思想，即以经济建设为中心，坚定不移地进行经济体制改革，坚定不移地进行政治体制改革，坚定不移地加强精神文明建设，并且使这几个方面相互配合、相互促进。

1987年1月，中共中央在《关于当前反对资产阶级自由化若干问题的通知》中，对十一届三中全会以来的政治路线进行了明确界定："党的十一届三中全会以来的路线有两个基本点：一是坚持四项基本原则，一是坚持改革、开放、搞活。两者互相联系，缺一不可。"① 同时还指出两个基本点"是中国特色的社会主义的真谛，是三中全会以来路线的基本内容"。② 1987年，在十三大召开前的6月—7月，邓小平在接见外宾时继续对基本路线进行了阐述。6月12日，邓小平在会见南斯拉夫共产主义者同盟中央主席团委员科罗舍茨时说："从一九七八年我们党的十一届三中全会开始，确定了我们的根本政治路线，把四个现代化建设，努力发展社会生产力，作为压倒一切的中心任务。在这个基础上制定了一系列新的方针政策，主要是改革和开放政策。"③ 7月4日，他在会见孟加拉国总统艾尔沙德时又指出："搞社会主义现代化建设是基本路线。要搞现代化建设使中国兴旺发达起来，第一，必须实行改革、开放政策；第二，必须坚持四项基本原则，主要是坚持党的领导，坚持社会主义道路，反对资产阶级自由化，反对走资本主义道路。这两个基本点是相互依存的。"④

在邓小平一系列关于新时期党的基本任务的大量论述的基础上，中

---

① 《十二大以来重要文献选编》下，人民出版社1988年版，第1258页。
② 《十二大以来重要文献选编》下，人民出版社1988年版，第1266页。
③ 《邓小平文选》第三卷，人民出版社1993年版，第237页。
④ 《邓小平文选》第三卷，人民出版社1993年版，第248页。

共十三大报告对党在社会主义初级阶段的基本路线作出了完整表述，这就是："领导和团结全国各族人民，以经济建设为中心，坚持四项基本原则，坚持改革开放，自力更生，艰苦创业，为把我国建设成为富强、民主、文明的社会主义现代化国家而奋斗。"[①]这一基本路线与十二大概括的新时期的总任务相比，其基本精神是一致的，但在表述上更加全面和准确，更加符合我国社会主义初级阶段的基本国情。至此，党在社会主义初级阶段的基本路线正式形成。1992 年 10 月，中共十四大重申了这条基本路线，并将它正式载入中国共产党章程。2007 年，中共十七大通过的党章把"和谐"与"富强、民主、文明"一起写入了基本路线。中共十八大指出，党的基本路线是党和国家的生命线，必须坚持把以经济建设为中心同四项基本原则、改革开放这两个基本点统一于中国特色社会主义伟大实践，既不妄自菲薄，也不妄自尊大，扎扎实实夺取中国特色社会主义的新胜利。中共十九大提出，中国特色社会主义进入新时代，我国社会的主要矛盾已经转化为人民日益增长的美好生活需要和不平衡不充分的发展之间的矛盾。十九大通过的党章把"美丽"与"富强、民主、文明、和谐"一起写入党在社会主义初级阶段的基本路线，使党的基本路线更加完善。

（二）社会主义初级阶段基本路线的主要内容

党在社会主义初级阶段的基本路线是中国特色社会主义事业沿着正确方向发展的保证。党的基本路线高度概括了党在社会主义初级阶段的奋斗目标、基本途径和根本保证、领导力量和依靠力量以及实现这一目标的基本方针，其主要内容包括：

第一，"把我国建设成为富强民主文明和谐美丽的社会主义现代化强国"，这是基本路线规定的党在社会主义初级阶段的奋斗目标，也是

---

① 《十三大以来重要文献选编》上，人民出版社 1991 年版，第 15 页。

中国特色社会主义的基本要求。"富强""民主""文明""和谐""美丽"分别是经济领域、政治领域、文化领域、社会领域、生态环境领域的目标和要求。富强、民主、文明、和谐、美丽统一于总的奋斗目标中，除了表现为经济建设、政治建设、文化建设、社会建设和生态文明建设的统一，同时也体现出十九大强调的"生态文明建设"的内在要求，是中国特色社会主义总体布局的集中展现。

第二，以经济建设为中心，坚持四项基本原则，坚持改革开放，即"一个中心、两个基本点"。这是基本路线的核心内容，是实现党在社会主义初级阶段奋斗目标的基本途径。以经济建设为中心，集中精力发展生产力是社会主义的根本任务，坚持四项基本原则是解放和发展生产力的政治保证，体现了社会主义基本制度的要求；改革开放是社会主义社会的发展动力，体现了解放和发展生产力的本质要求。"一个中心、两个基本点"是一个整体，集中体现了我国社会主义现代化建设的战略布局，揭示了中国特色社会主义发展的客观规律。

第三，"领导和团结全国各族人民"。这是实现社会主义现代化奋斗目标的领导力量和依靠力量。中国共产党是中国特色社会主义事业的领导核心，中国共产党的领导地位是在长期的革命和建设过程中确立的，也是我国社会主义现代化建设的实践所要求的。中国特色社会主义事业的依靠力量就是全国各族人民，建设富强、民主、文明、和谐、美丽的社会主义现代化国家，是全国各族人民的根本利益和共同愿望，为实现这一理想必须紧紧团结和依靠广大人民群众，要善于调动一切积极因素，为实现社会主义现代化目标努力奋斗。

第四，"自力更生，艰苦创业"。这是我们党的优良传统，也是实现社会主义初级阶段奋斗目标的根本立足点。自力更生就是中国的事情要靠中国人自己去解决，要把立足点放在自己力量的基础之上。艰苦奋斗就是要求党和人民在现代化建设中艰苦创业、奋力拼搏，为社会创造更多更好的物质和精神财富。只有发扬自力更生、艰苦奋斗的精神才能实现社会主义现代化的奋斗目标，这不仅是改变我国不发达状况的需要，也体现了社会主义的奋斗精神。

（三）坚持党的基本路线不动摇

在民主革命时期和社会主义建设时期，我们党一直在探索不同条件下革命和建设的基本路线，有成功的经验，也有失败的教训。其中中共八大确立的正确路线未能得到贯彻，令邓小平感到切肤之痛，也才有了他领导党和人民开启改革开放和建设中国特色社会主义伟大事业的壮举。中共十三大确立的党在社会主义初级阶段的基本路线，既是总结十一届三中全会之前中国社会主义建设经验和教训的结果，也是对十一届三中以来的新路线、新实践的新概括和新发展。党在社会主义初级阶段的基本路线，符合中国社会主义建设的实际，是建设中国特色社会主义的总纲领。由此表明，中国共产党已经初步找到了一条在经济文化落后国家建设社会主义的正确道路。在整个社会主义初级阶段，我们必须毫不动摇地坚持党的基本路线。1992年邓小平在南方谈话中强调："要坚持党的十一届三中全会以来的路线、方针、政策，关键是坚持'一个中心、两个基本点'。不坚持社会主义，不改革开放，不发展经济，不改善人民生活，只能是死路一条。基本路线要管一百年，动摇不得。只有坚持这条路线，人民才会相信你，拥护你。谁要改变三中全会以来的路线、方针、政策，老百姓不答应，谁就会被打倒。"①

中国共产党的基本路线的核心内容是：以经济建设为中心，坚持四项基本原则，坚持改革开放。所以简称为"一个中心、两个基本点"的基本路线。十三大报告指出："以经济建设为中心，坚持两个基本点，这就是我们的主要经验。"②四项基本原则是立国之本，改革开放是强国

---

① 《邓小平文选》第三卷，人民出版社1993年版，第370—371页。

② 《十三大以来重要文献选编》上，人民出版社1991年版，第15—16页。

之路，两个基本点为一个中心服务，同时两个基本点之间又相互贯通、相互依存，统一于建设有中国特色的社会主义的实践。

第一，发展是硬道理，要仅仅抓住经济建设这个中心不放。以经济建设为中心是兴国之要。社会主义初级阶段的主要矛盾是人民日益增长的物质文化需要同落后的社会生产之间的矛盾，这决定了必须坚持以经济建设为中心，必须坚持发展是硬道理。邓小平用中华人民共和国成立以来的经验教训教育全党，强调："我们的政治路线，是把四个现代化建设作为重点，坚持发展生产力，始终扭住这个根本环节不放松，除非打起世界战争。即使打世界战争，打完了还搞建设。"① 坚持以经济建设为中心，各项工作都要服从和服务于这个中心。全国党政军民都要以经济建设为大局，从这个大局出发，照顾大局，配合大局，在这个大局下行动。正如邓小平所说："离开了经济建设这个中心，就有丧失物质基础的危险。其他一切任务都要服从这个中心，围绕这个中心，决不能干扰它，冲击它。"②

第二，坚持党的基本路线，必须坚持四项基本原则同坚持改革开放结合起来，正确认识处理改革开放和四项基本原则的关系。四项基本原则是立国之本，是党和国家生存发展的基石。改革开放是强国之路，是党和国家发展进步的活力源泉。既要以四项基本原则保证改革开放的正确方向，又要通过改革开放赋予四项基本原则新的时代内涵，坚持把以经济建设为中心同四项基本原则、改革开放这两个基本点统一于发展中国特色社会主义的伟大实践，这是改革开放以来"我们党最可宝贵的经验，是我们事业胜利前进最可靠的保证"③。经过四十年的改革开放，中国取得了巨大的经济成就，国际地位大幅提高，这是人类发展史上的奇迹。在国际共产主义运动中，许多社会主义国家为了解决发展中存在的

---

① 《邓小平文选》第三卷，人民出版社 1993 年版，第 64 页。
② 《邓小平文选》第二卷，人民出版社 1994 年版，第 250 页。
③ 《江泽民文选》第二卷，人民出版社 2006 年版，第 17 页。

问题，先后都实行了改革。但是，苏联和东欧国家的执政党由否定苏联模式发展到否定社会主义基本制度，从而放弃了社会主义道路，最终导致政治剧变发生。改革开放之初，邓小平就一再强调，现在我们搞四个现代化，是搞社会主义四个现代化，不是搞别的现代化。他认为，社会主义现代化建设不能丢掉社会主义这个本质，不能离开中国的发展道路。中国的改革开放由于坚持了社会主义方向，取得了巨大成功。改革开放使中国找到了符合本国国情的社会主义发展道路。

第三，坚持党的基本路线，必须始终发扬自力更生、艰苦创业的精神。中国的事情要按照中国的情况来办，要依靠中国人自己的力量来办。我们需要学习借鉴别人的经验，争取别人的支持，但是在任何时候都必须把立足点放在自己力量的基础上。革命战争年代，我们始终坚持独立自主的法宝；社会主义建设时期，我们在"一穷二白"的基础上建立起独立的比较完整的工业体系和国民经济体系；改革开放的新时期，我们走出了具有中国特色社会主义道路。今天，实现中华民族伟大复兴的中国梦，既不能寄希望于别国的恩赐，更不能靠侵略掠夺，只能在党的领导下团结全国各族人民依靠自主的力量去为中国特色社会主义而奋斗。

实践证明，党的基本路线是兴国、立国、强国的重大法宝，是实现科学发展的政治保证，是党和国家的生命线、人民群众的幸福线。我们要始终坚持党的基本路线不动摇，绝不走封闭僵化的老路，也不走改旗易帜的邪路，而是坚定不移地走中国特色社会主义道路。正如习近平指出的："我们在实践中要始终坚持'一个中心、两个基本点'不动摇，既不偏离'一个中心'，也不偏废'两个基本点'，把践行中国特色社会主义共同理想和坚定共产主义远大理想统一起来，坚决抵制抛弃社会主义的各种错误主张，自觉纠正超越阶段的错误观念和政策措施。"①

---

① 《习近平谈治国理政》第一卷，外文出版社 2018 年版，第 11 页。

三、中国特色社会主义道路的概括

道路关乎党的命脉，关乎国家前途、民族命运、人民幸福。在中国这样一个经济文化十分落后的国家探索民族复兴道路，是极为艰巨的任务。90 多年来，我们党紧紧依靠人民，把马克思主义基本原理同中国实际和时代特征结合起来，独立自主走自己的路，历经千辛万苦，付出各种代价，取得革命建设改革伟大胜利，开创和发展了中国特色社会主义，从根本上改变了中国人民和中华民族的前途命运。

（一）毛泽东对中国社会主义建设道路的艰辛探索

中共十八大报告指出："以毛泽东同志为核心的党的第一代中央领导集体带领全党全国各族人民完成了新民主主义革命，进行了社会主义改造，确立了社会主义基本制度，成功实现了中国历史上最深刻最伟大的社会变革，为当代中国一切发展进步奠定了根本政治前提和制度基础。在探索过程中，虽然经历了严重曲折，但党在社会主义建设中取得的独创性理论成果和巨大成就，为新的历史时期开创中国特色社会主义提供了宝贵经验、理论准备、物质基础。"[1]

毛泽东在运用马克思主义解决中国革命问题过程中已经获得了一种经验性的认识，这就是：解决中国问题必须从中国实际出发，走自己的路，不能照抄照搬外国模式。20 世纪 50 年代第一个"五年计划"完成后，苏联模式在中国基本确立。在社会主义建设实践中，毛泽东开始察觉苏联模式所带来的一些消极影响，他后来曾经讲道："搞第一个五年计划，对建设还是懵懵懂懂的，只能基本上照抄苏联的办法，但总觉得不满

---

[1] 《十八大以来重要文献选编》上，中央文献出版社 2014 年版，第 8 页。

意，心情不舒畅。"①1956年，苏共二十大全盘否定了斯大林。面对国际共产主义运动发生的重大变故和国内社会主义建设中采用苏联模式所渐渐显露的弊端，毛泽东开始强调从中国的实际出发探索社会主义建设新路。1956年4月，毛泽东在中共中央书记处研究苏共教训的会议上说："我认为最重要的教训是独立自主，调查研究，摸清本国国情，把马克思列宁主义的基本原理同我国革命和建设的具体实际结合起来，制定我们的路线、方针、政策"②，"开始我们模仿苏联，因为我们毫无搞社会主义的经验，只好如此，但这也束缚了自己的积极性和创造性。现在我们有了自己的初步实践，又有了苏联的经验和教训，应当更加强调从中国的国情出发，强调开动脑筋，强调创造性，在结合上下功夫，努力找出在中国这块大地上建设社会主义的具体道路"。③同年，毛泽东在《论十大关系》中初步总结了苏联和中国社会主义建设的经验教训，提出"以苏为戒""向外国学习"，正式开启中国社会主义建设的自主探索。

1956年前后中国共产党对适合中国国情的社会主义建设道路的探索是初步的。邓小平后来说："我们过去照搬苏联搞社会主义的模式，带来很多问题。我们很早就发现了，但没有解决好。"④所谓"很早就发现了"，指的就是1956年我们就发现了苏联模式本身的问题和照搬苏联模式带来的问题，并开始自主探索中国的社会主义建设道路；所谓"没有解决好"这个问题，就是没有从根本上突破苏联模式并开辟出一条适合中国的社会主义道路。

第一代中央领导集体对中国社会主义建设道路的探索十分艰辛，其中出现了不少曲折，主要原因包括：其一，中华人民共和国成立时经济

---

① 《毛泽东文集》第8卷，人民出版社1993年版，第117页。

② 《十七大以来重要文献选编》上，中央文献出版社2009年版，第253页。

③ 吴冷西：《十年论战：1956—1966中苏关系回忆录》，中央文献出版社1999年版，第23—24页。

④ 《邓小平文选》第三卷，人民出版社1993年版，第261页。

文化基础落后，可谓"一穷二白"。1956年毛泽东在同民主党派负责人谈话时说："现在我们能造什么？能造桌子椅子，能造茶碗茶壶，能种粮食，还能磨成面粉，还能造纸，但是，一辆汽车、一架飞机、一辆坦克、一辆拖拉机都不能造。"①其二，毛泽东对苏联模式的思考是在20世纪50年代的历史条件下进行的，中国社会主义建设的理论和实践不可能做到全面、准确和深入。当时世界共产主义运动都将苏联模式视为社会主义的经典模式或唯一正确的模式，我们党不可能从全局上根本性地反思和把握苏联模式的弊端。其三，从当时中国共产党整体的执政能力来看，党的第一代中央领导集体无论在理论认识还是在具体实践经验上，都还不具备从根本上突破苏联模式的主客观条件。正如《关于建国以来党的若干历史问题的决议》指出："由于我们党领导社会主义事业的经验不多，党的领导对形势的分析和对国情的认识有主观主义的偏差，'文化大革命'前就有过把阶级斗争扩大化和在经济建设上急躁冒进的错误。后来，又发生了'文化大革命'这样全局性的、长时间的严重错误。这就使得我们没有取得本来应该取得的更大成就。"②

开创出一条适合中国国情的发展道路，这是毛泽东时期我们党开始探索而没有完成的任务。尽管如此，以毛泽东同志为核心的党的第一代中央领导集体对社会主义建设和发展道路的探索，产生了许多独创性的理论成果和实践成果，为十一届三中全会以后中国特色社会主义道路的开创提供了宝贵经验、理论准备和物质基础。

（二）邓小平与中国特色社会主义道路的开创

中共十八大报告指出："以邓小平同志为核心的党的第二代中央领导集体带领全党全国各族人民深刻总结我国社会主义建设正反两方面经

---

① 《毛泽东著作选读》下，人民出版社1986年版，第712页。
② 《三中全会以来重要文献选编》下，人民出版社1982年版，第797页。

验，借鉴世界社会主义历史经验，作出把党和国家工作中心转移到经济建设上来、实行改革开放的历史性决策，深刻揭示社会主义本质，确立社会主义初级阶段基本路线，明确提出走自己的路、建设中国特色社会主义，科学回答了建设中国特色社会主义的一系列基本问题，成功开创了中国特色社会主义。"①

从"文化大革命"走出来的中国，在经济实力、科技实力与世界先进水平差距明显拉大的情况下，将走一条什么样的道路，党和国家面临着向何处去的历史抉择。邓小平清醒地认识到我们党和国家面临的艰难处境和出路，一针见血地指出："如果现在再不实行改革，我们的现代化事业和社会主义事业就会被葬送。"②1978 年，邓小平等老一辈革命家领导和推动了全国性的真理标准问题大讨论，极大地解放了人们的思想。在真理标准讨论的直接推动下，1978 年 12 月召开的中共十一届三中全会放弃了"以阶级斗争为纲"的思路，重新把党和国家的工作重心转移到经济建设上来，实现了中华人民共和国成立以来历史发展的伟大转折，在实践中逐渐开创了建设有中国特色社会主义的发展道路。

中国特色社会主义道路由以邓小平为核心的党的第二代中央领导集体开创，其作用和主要内容可以从以下四个方面来理解：

第一，解放和统一了全党的思想。长时间的"左"的错误，特别是"文化大革命"十年内乱，不仅使党和国家面临着十分困难的局面，同时还把人们的思想搞乱了。邓小平带领我们党作出了《关于建国以来党的若干历史问题的决议》，解决了如何科学认识毛泽东思想和正确评价毛泽东同志的历史地位这个重大问题，从而为统一全党认识，团结一致向前看奠定了思想基础。

第二，提出建设中国特色社会主义这个总命题。1982 年，邓小平

---

① 《十八大以来重要文献选编》上，中央文献出版社 2014 年版，第 8—9 页。
② 《邓小平文选》第二卷，人民出版社 1994 年版，第 150 页。

在十二大开幕词中指出，中国的社会主义建设，要从中国的实际出发，"把马克思主义的普遍真理同我国的具体实际结合起来，走自己的道路，建设有中国特色的社会主义，这就是我们总结长期历史经验得出的基本结论"①。从此，建设和发展中国特色社会主义就成了党和国家全部工作的主题。

第三，回答了当代中国社会主义一系列基本问题，尤其是"什么是社会主义、怎样建设社会主义"这个首要的基本问题。中华人民共和国成立以来，在社会主义建设中之所以出现种种失误，最根本的原因就是没有搞清楚"什么是社会主义，怎样建设社会主义"。正如邓小平指出："我们的经验教训有许多条，最重要的一条，就是要搞清楚这个问题。"②邓小平在领导中国改革开放和社会主义现代化建设的过程中，创造性地提出了社会主义本质理论，科学地回答了"什么是社会主义"这一基本理论问题。在重新认识"什么是社会主义"的基础上，要回答"怎样建设社会主义"这个问题，就必须搞清楚中国的基本国情。从中国经济文化比较落后的现实出发，在中共十三大召开前，邓小平指出："党的十三大要阐述中国社会主义是处在一个什么阶段，就是处在初级阶段，是初级阶段的社会主义。社会主义本身是共产主义的初级阶段，而我们中国又处在社会主义的初级阶段，就是不发达的阶段。一切都要从这个实际出发，根据这个实际来制定规划。"③社会主义初级阶段理论重新定位了中国社会主义所处的历史方位，为建设中国特色社会主义提供了一个总依据，破除了脱离生产力抽象地谈论社会主义的观念，既有利于克服超越社会发展阶段的"左"的思想，又有利于坚持社会主义道路。1987年10月，在总结改革开放经验的基础上，中共十三大概括了十一届三中全会以来党关于"什么是社会主义，怎样建设社会主义"的

---

① 《邓小平文选》第三卷，人民出版社1993年版，第3页。
② 《邓小平文选》第三卷，人民出版社1993年版，第116页。
③ 《邓小平文选》第三卷，人民出版社1993年版，第252页。

探索所取得的理论成果，并首次将其命名为"建设有中国特色的社会主义理论"。

第四，领导党和人民通过改革开放的伟大实践开创了中国特色社会主义道路。邓小平强调要解放和发展社会生产力，必须实行对内改革和对外开放，二者都是建设社会主义的途径和方式。对内改革各种阻碍生产力发展的制度和体制，对外实行全方位开放，吸收和借鉴人类社会优秀文明成果，包括用资本主义发达国家反映现代社会化生产规律的先进经营方式、管理方法来发展自己。邓小平领导的这一探索有两个起点：一是农村家庭联产承包责任制的改革。改革是首先从农村开始并取得突破的，从安徽等省的"包产到户"发展为家庭联产承包责任制并在全国普遍推开。二是设立深圳、珠海、汕头和厦门四个经济特区。在对外开放中建设社会主义，这是邓小平提出的新的发展思路，而不是仅仅将开放作为实现中国现代化的辅助手段。早在 1978 年 10 月邓小平就提出："要引进国际上的先进技术、先进装备，作为我们发展的起点。"[①] 对外开放首先从对广东、福建两省的对外经济活动实行特殊政策和优惠措施开始，后来在沿海地区设立了经济特区，逐步形成全国范围内的、全方位的对外开放格局。

邓小平理论的形成，是中国特色主义道路成功开创的重要标志，同时也为中国特色社会主义道路奠定了坚实的理论基础。

（三）中国特色社会主义道路的进一步拓展

时代不断进步，实践永无止境，探索和创新也永无止境。中国特色社会主义道路是一个逐步深化的过程，也是一个不断开拓创新的过程。以江泽民同志为核心的党的第三代中央领导集体和以胡锦涛为总书记的党中央，在不同的历史时期进一步拓展了中国特色社会主义道路，提出

---

① 《邓小平文选》第二卷，人民出版社 1994 年版，第 133 页。

了一系列重要的理论观点和看法，形成了丰硕的理论成果。

第一个拓展阶段是从中共十三大到十六大，这是中国特色社会主义道路不断完善的阶段。

以 1992 年邓小平发表南方谈话和中共十四大召开为标志，我国改革开放和现代化建设进入一个新的发展阶段。中共十八大报告指出："以江泽民同志为核心的党的第三代中央领导集体带领全党全国各族人民坚持党的基本理论、基本路线，在国内外形势十分复杂、世界社会主义出现严重曲折的严峻考验面前捍卫了中国特色社会主义，依据新的实践确立了党的基本纲领、基本经验，确立了社会主义市场经济体制的改革目标和基本框架，确立了社会主义初级阶段的基本经济制度和分配制度，开创全面改革开放新局面，推进党的建设新的伟大工程，成功把中国特色社会主义推向二十一世纪。"①

20 世纪 80 年代末 90 年代初，正当党和人民按照中共十三大的部署全面推进改革开放和社会主义现代化事业时，世界社会主义运动遭受重大挫折、走入低谷，国内发生严重政治风波。当时摆在我们党和国家面前的道路有三条：一条是回头走老路，那就是改革开放前的道路。一条是跟着走邪路，那就是苏东社会主义国家垮台的道路。在这一重大历史关头，我们党坚定信念，坚决拒绝走回头路和垮台路，带领人民毫不动摇继续走以改革开放为主要特点的中国特色社会主义道路。党的第三代中央领导集体在中国特色社会主义道路上的新贡献，一是依据邓小平关于社会主义也可以搞市场经济的重要论断，把社会主义基本制度与市场经济结合起来，在中共十四大上明确指出"我国经济体制改革的目标是建立社会主义市场经济体制"，中共十四届三中全会通过了《关于建立社会主义市场经济体制若干问题的决定》，构筑了社会主义市场经济体制的基本框架；二是在经济全球化的大趋势下，既积极参与经济全球

① 《十八大以来重要文献选编》上，中央文献出版社 2014 年版，第 9 页。

化，加入世界贸易组织，又坚持独立自主，维护国家经济安全，经济成就硕果累累；三是确立了经济建设、政治建设、文化建设"三位一体"的中国特色社会主义事业的总体布局，拓展了中国特色社会主义的道路；四是在全面推进中国特色社会主义事业的同时，我们党以很大的精力关注和研究加强执政党建设的问题，形成了"三个代表"重要思想，进一步回答了什么是社会主义、怎样建设社会主义的问题，创造性地回答了建设什么样的党、怎样建设党的问题，进一步拓展了中国特色社会主义道路。

第二个拓展阶段从中共十六大到十八大召开之前，这是中国特色社会主义道路继续深化和拓展阶段。

进入新世纪新阶段，我们党面临着来自国内的和国外的、自然的和经济社会的一系列风险的考验，以胡锦涛为总书记的党中央在中国特色社会主义道路上作出了新的探索与贡献。中共十八大报告指出："党中央抓住重要战略机遇期，在全面建设小康社会进程中推进实践创新、理论创新、制度创新，强调坚持以人为本、全面协调可持续发展，提出构建社会主义和谐社会、加快生态文明建设，形成中国特色社会主义事业总体布局，着力保障和改善民生，促进社会公平正义，推动建设和谐世界，推进党的执政能力建设和先进性建设，成功在新的历史起点上坚持和发展了中国特色社会主义。"[1]

这一历史时期对中国特色社会主义道路的拓展主要表现在：一是提出科学发展观，用新的发展思路解决新的历史起点上出现的新问题，以科学发展观统领经济社会发展全局，转变不适应不符合科学发展观的思想观念，解决影响和制约科学发展的突出问题，促进国民经济又好又快发展。二是提出了构建社会主义和谐社会的战略思想。在改革和发展的过程中，把构建社会主义和谐社会摆在更加突出的位置，最大限度地增

---

① 《十八大以来重要文献选编》上，中央文献出版社 2014 年版，第 9 页。

加和谐因素，减少不和谐因素，不断促进社会和谐。三是加快推进以改善民生为重点的社会建设，将社会建设提升到与经济、政治、文化建设并重的高度，使中国特色社会主义事业总体布局从"三位一体"提升到"四位一体"。四是坚持和发展了邓小平关于和平与发展已成为时代主题的观点，提出和平发展、和谐世界的理论，坚持走和平发展道路。此外，大力推进社会主义核心价值体系建设、加快生态文明建设、加强党的先进性建设和执政能力建设、建设社会主义新农村、建设创新型国家等创新理论和创新实践，进一步深化和拓展了中国特色社会主义道路。

对中国特色社会主义道路认识的深化，是在深入分析我国进入新世纪以来经济社会发展呈现出来的阶段性特征，认真总结我国发展实践中的经验和存在问题，借鉴国外发展经验的过程中完成的。正如胡锦涛所指出的："我们党能够在新时期开创出中国特色社会主义道路，其理论基础是对马克思列宁主义、毛泽东思想的科学继承，其时代背景是对国际形势和时代特征的科学把握，其历史根据是对国内外建设社会主义正反两方面经验的科学总结，其现实依据是对我国改革开放和社会主义现代化建设生动实践、对最广大人民共同愿望的科学认识。"①

（四）中共十八大对中国特色社会主义道路的新概括

中共十八大对中国特色社会主义道路作出明确的概括，这就是："在中国共产党领导下，立足基本国情，以经济建设为中心，坚持四项基本原则，坚持改革开放，解放和发展社会生产力，建设社会主义市场经济、社会主义民主政治、社会主义先进文化、社会主义和谐社会、社会主义生态文明，促进人的全面发展，逐步实现全体人民共同富裕，建设富强民主文明和谐的社会主义现代化国家。"②

---

① 《十七大以来重要文献选编》上，中央文献出版社 2009 年版，第 97 页。
② 《十八大以来重要文献选编》上，中央文献出版社 2014 年版，第 9—10 页。

这个概括，包括了"一个中心、两个基本点"的基本路线，涵盖了中国特色社会主义"五位一体"的总体布局，提出了我国发展的根本目的和战略目标，揭示了社会主义的本质属性。其中，基本路线是中国特色社会主义道路的根本遵循，"五位一体"的总体布局是中国特色社会主义道路的具体展开，根本目的是中国特色社会主义道路的本质要求，战略目标是中国特色社会主义道路的发展前景。中国特色社会主义道路的开创与拓展，既反映了我们党坚持用社会主义发展中国的坚定信念，也体现了我们党对中国社会主义的创造性发展。

中共十八大以来，以习近平同志为核心的新一届中央领导集体，围绕改革发展稳定、内政外交国防、治党治国治军提出许多新思想和新观点，深刻回答了党和国家事业发展的重大问题，坚持和发展了中国特色社会主义。其中，对中国特色社会主义道路的认识主要包括三个方面：

第一，指出了中国特色社会主义道路的重要性、历史渊源和本质属性。道路决定命运。2013 年 6 月 25 日，习近平在中共中央政治局第七次集体学习时强调，无论搞革命、搞建设、搞改革，道路问题都是最根本的问题。30 多年来，我们能够创造出人类历史上前无古人的发展成就，走出了正确道路是根本原因。中国特色社会主义道路是科学社会主义基本原则与中国实际和时代特征相结合的产物，根植于中国大地，反映了中国人民意愿，适应了中国和时代发展进步要求。独特的文化传统、独特的历史命运、独特的基本国情，注定了我们必然要走适合自己特点的发展道路。中国特色社会主义道路是社会主义性质的，绝不是其他什么主义。它是科学社会主义理论逻辑与中国社会发展历史逻辑的辩证统一。

第二，中国特色社会主义道路具有厚重的历史底蕴。中国特色社会主义不是从天上掉下来的，是党和人民历尽千辛万苦、付出各种代价取得的根本成就。2013 年 3 月 17 日，习近平在第二届全国人民代表大会第一次会议上的讲话中强调，中国特色社会主义道路"是在改革开放三十多年的伟大实践中走出来的，是在中华人民共和国成立六十多年的持续探索中走出来的，是在对近代以来一百七十多年中华民族发展历程的深刻总结中走出来的，是在对中华民族五千多年悠久文明的传承中走出来的，具有深厚的历史渊源和广泛的现实基础"①。这条道路，适合中国国情、符合中国特点、顺应时代发展要求，是创造人民美好生活、实现中华民族伟大复兴中国梦的必由之路。

第三，不断深化对中国特色社会主义本质特征的认识。先后提出了中国共产党的领导是中国特色社会主义最本质的特征；全面依法治国是中国特色社会主义的本质要求和重要保障；共享是中国特色社会主义的本质要求等观点，进一步拓展了中国特色社会主义道路的内涵。中共十九大报告指出，中国特色社会主义道路，拓展了发展中国家走向现代化的途径，给世界上那些既希望加快发展又希望保持自身独立性的国家和民族提供了全新选择，为解决人类问题贡献了中国智慧和中国方案。

中华民族是具有非凡创造力的民族，我们创造了伟大的中华文明，我们也能够继续拓展和走好适合中国国情的发展道路。现在，最关键的是坚定不移走这条道路、与时俱进拓展这条道路，推动中国特色社会主义道路越走越宽广。

① 《十八大以来重要文献选编》上，中央文献出版社2014年版，第234页。

第三章

中国特色社会主义道路的基本内涵

中共十一届三中全会以来，中国共产党人认真总结历史经验和鲜活的现实经验，在改革开放和现代化建设的实践中，成功开辟了一条中国特色社会主义道路。中共十八大对中国特色社会主义道路作出了完整概括："中国特色社会主义道路，就是在中国共产党领导下，立足基本国情，以经济建设为中心，坚持四项基本原则，坚持改革开放，解放和发展社会生产力，建设社会主义市场经济、社会主义民主政治、社会主义先进文化、社会主义和谐社会、社会主义生态文明，促进人的全面发展，逐步实现全体人民共同富裕，建设富强民主文明和谐的社会主义现代化国家。"[①] 这是对中国特色社会主义道路的全面概括，也是中国共产党在社会主义初级阶段基本路线的进一步拓展和延伸。

一、"一个中心、两个基本点"

以经济建设为中心，坚持四项基本原则，坚持改革开放，是中国特色社会主义道路的核心内容，也是坚定不移走中国特色社会主义道路的

---

① 《十八大以来重要文献选编》上，中央文献出版社 2014 年版，第 9—10 页。

内在要求。

（一）社会主义初级阶段是中国特色社会主义道路的基本依据

自 1956 年我国社会主义基本制度确立以来，经过几十年的发展，我国在原有基础上获得了很大的发展。但是同发达国家相比，我国的生产力水平还比较低，仍处于社会主义初级阶段。

1981 年 6 月，中共十一届六中全会通过的《关于建国以来党的若干历史问题的决议》第一次明确提出了中国的社会主义制度还处于初级阶段这一重要论断。1987 年 8 月 29 日，邓小平在中共十三大召开前夕会见意大利共产党领导人约蒂和赞盖里的谈话中指出："我们党的十三大要阐述中国社会主义是处在一个什么阶段，就是处在初级阶段，是初级阶段的社会主义。社会主义本身是共产主义的初级阶段，而我们中国又处在社会主义的初级阶段，就是不发达的阶段。一切都要从这个实际出发，根据这个实际来制订规划。"[①]我们党正式提出社会主义初级阶段理论，是在中共十三大。中共十三大报告在总结改革开放和社会主义建设的历史经验，和对社会主义进行再认识、对当代中国国情进行再思考的基础上，对我国社会主义初级阶段的性质、内涵、特征、历史地位和主要矛盾以及党在社会主义初级阶段的基本路线作了全面深刻的论述，形成了比较完整的社会主义初级阶段理论。在 1992 年初的南方谈话中，邓小平又语重心长地指出："我们搞社会主义才几十年，还处在初级阶段。巩固和发展社会主义制度，还需要一个很长的历史阶段，需要我们几代人、十几代人，甚至几十代人坚持不懈地努力奋斗，决不能掉以轻心。"[②]

从时间段上说，从 20 世纪 50 年代中期我国生产资料私有制的社会主义改造基本完成，到 21 世纪中叶社会主义现代化的基本实现至少需

---

① 《邓小平文选》第三卷，人民出版社 1993 年版，第 252 页。

② 《邓小平文选》第三卷，人民出版社 1993 年版，第 379—380 页。

要上百年的时间。这个特指的社会主义初级阶段，不同于社会主义经济基础尚未奠定的过渡时期，又不同于已经实现社会主义现代化的阶段。这是中国特色社会主义在其发展进程中必然要经历的一个特殊阶段，"是整个建设有中国特色社会主义的很长历史过程中的初始阶段"[①]。中国的社会主义在其发展过程中，之所以要经历这样一个长时期的初级阶段，并不是哪个人、哪个社会集团的主观臆断，而是中国历史发展的必然，是由中国国情所决定的。

我国现阶段正处在社会主义初级阶段，是"不够格"的社会主义、不发达的社会主义。因此，一切要从社会主义初级阶段的实际出发，根据这个实际来制定路线方针政策。同时，社会主义初级阶段是一个相当长的历史时期，在发展进程中必然还要经历若干具体的发展阶段，不同时期会显现出不同的阶段性特征。巩固和发展社会主义制度，还需要更长的历史阶段，需要几代人、十几代人，甚至几十代坚持不懈地努力奋斗。这种动态的发展过程，是由量变积累引起部分的质变，在新的基础上再由新的量变积累引起新的部分质变的过程，中共十七大从8个方面对新世纪新阶段我国发展呈现出的新的阶段性特征进行了深入分析和概括。例如，我国人民生活总体上达到小康水平，同时收入分配差距拉大趋势还未根本扭转。我国的基尼系数从2000年起就突破0.4的国际警戒线，2003年是0.479，2004年是0.473，2005年0.485，2006年0.487，2007年0.484，2008年0.491。然后逐步回落，2009年0.490，2010年0.481，2011年0.477，2012年0.474，2013年0.473，2014年0.469，2015年0.465，2016年0.462。[②] 当前我国发展的阶段性特征，是社会主义初级阶段基本国情在新世纪新阶段的具体表现。

[①]　中共中央文献研究室编：《江泽民论有中国特色社会主义（专题摘编）》，中央文献出版社2002年版，第30页。

[②]　参见国家统计局门户网站，http://www.stats.gov.cn/was40/gjtjj_nodate_detail.jsp?channelid=75004&record=41。

只有既牢牢把握社会主义初级阶段这一历史时期又认真分析不同时期具体的阶段性特征，才能准确判断我国社会发展的主流和方向，并据以制定正确的发展战略和政策。

社会主义初级阶段是当代中国的最大国情、最大实际。我们在任何情况下都要牢牢把握这个最大国情，推进任何方面的改革发展都要牢牢立足这个最大实际。不仅在经济建设中要始终立足初级阶段，而且在政治建设、文化建设、社会建设、生态文明建设中也要始终牢记初级阶段；不仅在经济总量低时要立足初级阶段，而且在经济总量提高后仍然要牢记初级阶段；不仅在谋划长远发展时要立足初级阶段，而且在日常工作中也要立基初级阶段。中国共产党依据社会主义初级阶段这一基本国情制定的这条基本路线，符合当代中国实际，抓住了当今中国的时代主题，反映了全国人民的长远利益和根本愿望，是一条加快中国发展的基本路线，是一条富民强国的路线。这条基本路线的正确性和科学性，已经被 40 年来社会主义现代化建设的实践所证实，已经深深地根植于全国人民的心中，必须长期坚持，毫不动摇。

（二）始终不渝坚持"一个中心、两个基本点"

党在社会主义初级阶段的基本路线，是中国共产党深刻总结社会主义建设经验教训得出的科学结论，对于实现社会主义现代化和中华民族伟大复兴具有至关重要的意义。正因为如此，邓小平同志强调"基本路线要管一百年，动摇不得"，中共十八大报告强调"党的基本路线是党和国家的生命线"。我们在实践中要始终坚持"一个中心、两个基本点"不动摇，既不偏离"一个中心"，也不偏废"两个基本点"，把践行中国特色社会主义共同理想和坚定共产主义远大理想统一起来，坚决抵制抛弃社会主义的各种错误主张，自觉纠正超越阶段的错误观念和政策措施。只有这样，才能真正做到既不妄自菲薄也不妄自尊大，扎扎实实夺取新时代中国特色社会主义新胜利。

1. 坚持以经济建设为中心

毫不动摇地坚持党在社会主义初级阶段的基本路线，最根本的是坚持以经济建设为中心，不断解放和发展社会生产力。解放和发展社会生产力是中国特色社会主义的根本任务。

唯物史观认为，社会历史发展的最终决定性力量是生产力本身。马克思恩格斯提出的社会主义建设的一个基本原则就是：工人阶级在完成社会主义革命任务以后，要尽可能快地增加生产力的总量。历史经验表明，做到这一点就能推动社会主义的健康持续发展，否则，就会使社会主义遭受挫折。邓小平曾深刻指出："建国以后，我们从旧中国接受下来的是一个烂摊子，工业几乎等于零，粮食也不够吃，通货恶性膨胀，经济十分混乱。我们解决吃饭问题，就业问题，稳定物价和财经统一问题，国民经济很快得到恢复，在这个基础上进行了大规模经济建设。靠的是什么？靠的是马克思主义，是社会主义"，但是，"什么叫社会主义，什么叫马克思主义？我们过去对这个问题的认识不是完全清醒的。马克思主义最注重发展生产力。我们讲社会主义是共产主义的初级阶段，共产主义的高级阶段要实行各尽所能、按需分配，这就要求社会生产力高度发展，社会物质财富极大丰富。所以社会主义阶段的最根本任务就是发展生产力，社会主义的优越性归根到底要体现在它的生产力比资本主义发展得更快一些、更高一些，并且在发展生产力的基础上不断改善人民的物质文化生活。"①

改革开放以来，中国经济持续较快发展。经济总量连续跨越新台阶。从国际比较视角来看，中国经济总量居世界位次稳步提升：2008年国内生产总值超过德国，居世界第三位；2010年超过日本，居世界第二位，成为仅次于美国的世界第二大经济体。但是，我们必须清醒地认识

---

① 《邓小平文选》第三卷，人民出版社1993年版，第63页。

到，一个国家在世界格局中的地位，不能只看 GDP，而要看包括经济、政治、科技、军事、文化等在内的综合国力。中国在国际分工链中仍处于低端，是出口大国，还不是利润大国；是制造大国，还不是创新大国。在现代经济的核心——国际金融领域，中国的影响力还相对有限。在国际外交领域，中国还称不上世界强国，只能算得上地区强国。在军事领域，距离世界强国，还有不小的距离。① 更值得重视的是，中国的经济增长速度虽然较快，但增长方式粗放，质量和效益亟待提升，坚持以经济建设为中心亟须从"转变经济增长方式"转向"转变经济发展方式"。

"经济增长"指的是一个国家或一定区域在一定时期包括生产部门的实物增长和服务部门的劳务增长在内的实际产出的增长，有两个基本评估指标：GNP（Gross National Product，国民生产总值）和 GDP（Gross Domestic Product，国内生产总值）。在很长一段时期，"经济发展"被简约化地等同于"经济增长"。第二次世界大战以后，一些发展中国家沿袭发达国家现代化发展的老路，实施以经济增长为中心的发展路径，过分重视追求 GDP 增长。这种发展路径在历史实践中带来了负面效应：生产效率低，国民经济比例失调，资源和环境代价大，生态系统失衡。历史经验表明，如果一味追求经济总量和规模的片面增长，而不谋求经济增长和社会发展、生态保护等的良性互动，经济增长最终也难以持续，人们生活质量也难以提升。这使人们深刻反思：经济发展并不等于经济增长。正如迈克尔·托达罗所指出的："在 50 年代和 60 年代，许多第三世界国家确实实现了它们的经济增长指标，但是，人民大众的生活水平却基本上依然如故……越来越多的经济学家和政策制订者现在大声疾呼要'把国民生产总值'赶下台，并要求加强直接解决对普遍存在的绝对贫困、日益增大的不平等的收入分配和日益上升的失业问

---

① 参见钟声：《走稳走好复兴之路》，《人民日报》2011 年 1 月 27 日。

题。"①"经济发展"除了包括"经济增长"的内容外，还包括经济结构的调整优化、医疗卫生、文化教育等社会事业的发展进步、收入分配的公正合理、生活质量和幸福指数的提升、生态环境的改善等各方面。也可以说，经济发展指的是随着经济增长而带来的经济结构优化、收入分配改善、生活品质提高等一系列内容在内的经济社会发展进步和制度变迁过程。

经济增长方式指的是经济活动中，资源、劳动、资本等生产要素投入、结合、消耗并产生效益的具体方式。其目标在于：单纯追求国民经济总量的扩张和增长速度的提高。大致来看，经济增长方式主要有两种类型：粗放型经济增长方式和集约型经济增长方式。粗放型经济增长方式主要通过扩大生产要素的数量来实现经济增长，集约型经济增长方式主要通过提高生产要素的效率实现经济增长。从某种意义上说，转变经济增长方式指的是从粗放型经济增长转向集约型经济增长。在社会主义市场经济体制改革逐渐推进的历史进程中，中国共产党逐步认识到，坚持以经济建设为中心必须从"转变经济增长方式"提升到"转变经济发展方式"。

转变经济发展方式，指的是经济增长在转向集约型方式的基础上，逐步转向包括经济结构优化升级、收入分配的公正合理、生活质量和幸福指数的提升、生态环境的改善、经济社会的协调均衡等诸多方面的经济发展方式的全面转型。其目标在于：追求国民经济发展的全面协调和更高的质量效益。在2007年年底举办的新进中央委员会委员、候补委员学习贯彻党的十七大精神研讨班上，胡锦涛同志着重阐述了"转变经济增长方式"与"转变经济发展方式"这两个概念的区别与联系，指出："由转变经济增长方式到转变经济发展方式，虽然只是两个字的改动，

---

① ［美］迈克尔·托达罗：《发展的含义》，参见郭熙保主编：《发展经济学经典论著选》，中国经济出版社1998年版，第4页。

但却有着十分深刻的内涵。转变经济发展方式,除了涵盖转变经济增长方式的全部内容外,还对经济发展的理念、目的、战略、途径等提出了新的更高的要求。"① 这表明:"转变经济发展方式"比"转变经济增长方式"外延更宽,内涵更深刻,要求更高。

从"转变经济增长方式"到"转变经济发展方式",其实质在于要更加重视提高经济发展的质量和效益,即在优化经济结构、降低能耗、保护环境的基础上实现经济发展速度质量效益相结合、投资消费出口相协调、一二三产业相协同、人口资源环境相匹配、经济社会发展相平衡的全面发展,真正做到"又好又快"的发展。如果说我们以前坚持以经济建设为中心比较重视经济总量和经济发展速度的话,那么,现在根据加快转变经济发展方式的要求,应当更加重视经济发展的质量和效益。重视经济发展的质量和效益,首先注重国内生产总值(GDP)内在结构的优化。清朝后期,虽然我国 GDP 的规模很大,但由于其构成是茶叶、蚕茧、瓷器等,而西方国家的 GDP 构成则是机器设备、坚船利炮,结果我们还是落后,加上制度落后、政治腐败,最终是被动挨打。② 历史的教训值得记取。这启示我们,要提升一国的综合竞争力,必须改善、优化 GDP 的结构。如果中国的 GDP 是由先进的技术、高效的服务、核心的知识产权构成,那么,经济发展的质量和效益就是好的,就证明经济发展方式转变是有效的。重视经济发展的质量和效益,要更加注重经济发展的社会效益,努力使经济发展的成果更多、更公平地惠及全体人民。

2."四项基本原则"是立国之本

"四项基本原则"是立国之本,在改革开放和社会主义现代化建设

---

① 《十七大以来重要文献选编(上)》,中央文献出版社 2009 年版,第 107 页。

② 李义平:《转变经济发展方式的紧迫性和途径》,《人民日报》2010 年 6 月 28 日,第 7 版。

的全过程都必须始终坚持。坚持四项基本原则，实际就是坚持社会主义的发展方向。中国选择社会主义发展道路的原因，只能沿着人类社会进步的轨迹、在中国的基本国情中寻找。一方面，在中国共产党人的心目中，社会主义、共产主义代表着人类社会进步的方向、历史发展的大趋势，因此中国共产党一经成立，就树立了共产主义远大理想。另一方面，中国由于失去了发展资本主义所需要的外部环境从而使其不适合国情。[①]邓小平指出："在中国现在落后的状态下，走什么道路才能发展生产力，才能改善人民生活？这就又回到是坚持社会主义还是走资本主义道路的问题上来了。如果走资本主义道路，可以使中国百分之几的人富裕起来，但是绝对解决不了百分之九十几的人生活富裕的问题。而坚持社会主义，实行按劳分配的原则，就不会产生贫富过大的差距。"[②]坚持社会主义发展方向，要实现党的最高纲领和最低纲领的有机统一。

3. 改革开放是推动中国特色社会主义发展的强大动力

社会主义社会建立之后，推动社会主义制度向前发展的动力是什么？科学社会主义创始人马克思、恩格斯没有社会主义建设的实践经历，因此没有专门探讨社会主义社会的发展动力。俄国社会主义的奠基人——列宁依据俄国从资本主义向社会主义过渡的实践经验，开始探讨社会主义的发展动力问题。列宁在俄国社会主义革命实践中坚持和发展了科学社会主义的基本原理，在针对布哈林提出社会主义社会无矛盾的错误观点时严正指出："在社会主义条件下，对抗将会消失，矛盾仍然存在。"[③]列宁不仅从各方面详细论述了在从资本主义社会向社会主义社会的过渡时期无产阶级和资产阶级之间存在的不可调和的深刻矛盾，而且还指明了在工人阶级内部、工农两个阶级之间以及苏维埃政权同人民

①　刘海涛：《中国特色社会主义发展道路》，《中共石家庄市委党校学报》2008 年第 5 期。
②　《邓小平文选》第三卷，人民出版社 1993 年版，第 64 页。
③　列宁：《〈对布哈林的过渡时期的经济〉一书的评语》，人民出版社 1976 年版，第 12 页。

群众之间都还存在着各种不同类型的矛盾。但是，由于列宁英年早逝，他没有能够亲眼目睹生产资料私有制社会主义改造的完成，也未能对这一改造基本完成以后的社会矛盾作出具体分析研判。在相当长一个时期，苏联模式的创立者——斯大林否认社会主义社会仍然存在矛盾这一客观事实，把全国各族人民在政治上和道义上的一致视为推动社会主义社会发展的动力。他在 1938 年《论辩证唯物主义和历史唯物主义》一文中认为社会主义的"生产关系同生产力完全适合"①。既然在社会主义条件下生产关系与生产力、上层建筑与经济基础"完全适合"，那么社会主义社会就不会有社会矛盾存在的现实可能性。斯大林否定社会主义社会矛盾存在的客观必然性的思想在相当长一段时期决定着苏联的社会发展战略与路径，在社会主义发展史上产生了极其消极的影响。毛泽东把唯物辩证法贯彻到底，运用对立统一规律研究社会主义社会，在借鉴苏联社会主义建设经验和教训的基础上，结合中国实际，第一次对社会主义社会"基本矛盾"的问题作出概括："在社会主义社会中，基本的矛盾仍然是生产关系和生产力之间的矛盾，上层建筑和经济基础之间的矛盾。"②他强调，这个"基本矛盾"是推动社会主义社会运动发展的根本动力。围绕社会主义社会"基本矛盾"的命题，毛泽东提出了两个重要判断。第一个判断：虽然生产关系和生产力、上层建筑和经济基础之间的矛盾仍然是社会主义社会的"基本矛盾"，但社会主义社会基本矛盾同旧社会基本矛盾具有不同的性质，因为"我国现在的社会制度比较旧时代的社会制度要优胜得多。如果不优胜，旧制度就不会被推翻，新制度就不可能建立"③。他认为，所谓社会主义生产关系比较旧时代生产关系更能够适合生产力发展的性质，就是指能够容许生产力以旧社会所没有的速度迅速发展，因而生产不断扩大，因而使人民不断增长的需要

---

① 《斯大林选集》下卷，人民出版社 1979 年版，第 449 页。
② 《建国以来毛泽东文稿》第六册，中央文献出版社 1992 年版，第 326 页。
③ 《建国以来毛泽东文稿》第六册，中央文献出版社 1992 年版，第 327 页。

能够逐步得到满足。正是在这个意义上，毛泽东得出结论：只有社会主义能够救中国。[①] 第二个判断：我国的社会主义制度还刚刚建立，还没有完全建成，还不完全巩固，社会"基本矛盾"在社会主义社会中有其特殊性，即生产关系和生产力、上层建筑和经济基础既有相适应的一面，又有相矛盾的一面：社会主义生产关系已经建立起来，和生产力发展相适应；但是，它又还很不完善，这些不完善的方面和生产力的发展相矛盾。除了生产关系和生产力发展的这种又相适应又相矛盾的情况以外，还有上层建筑和经济基础的又相适应又相矛盾的情况。[②] 因而，社会主义社会的矛盾同旧社会的矛盾具有本质性的区别："资本主义社会的矛盾表现为剧烈的对抗和冲突，表现为剧烈的阶级斗争，那种矛盾不可能由资本主义制度本身来解决，而只有社会主义革命才能够加以解决。社会主义社会的矛盾是另一回事，恰恰相反，它不是对抗性的矛盾，它可以经过社会主义制度本身，不断地得到解决。"[③] 社会主义社会基本矛盾可以通过社会主义制度的不断完善和调整以适应生产力和经济基础的发展要求。社会基本矛盾的存在和解决，不断推动了社会主义社会的发展进步。

我国 40 年改革开放的实践在社会主义理论上的重要贡献，就是找到了解决社会主义社会基本矛盾的正确途径——改革。即通过改革，摒弃不适应生产力发展的生产关系某些方面和环节，创建有利于生产力发展的新的生产关系；通过改革，摒弃不适应经济基础的上层建筑某些方面和环节，创建适应经济基础状况的新的上层建筑，从而推动社会主义社会不断完善和发展。回顾中国改革开放 40 年的发展历程，大致可以将其分为五个阶段：改革的初步探索和局部试验阶段（1978 年 12 月—1984 年 10 月）、改革的全面探索阶段（1984 年 10 月—1988 年 9 月）、

①　《建国以来毛泽东文稿》第六册，中央文献出版社 1992 年版，第 328 页。
②　《建国以来毛泽东文稿》第六册，中央文献出版社 1992 年版，第 328 页。
③　《建国以来毛泽东文稿》第六册，中央文献出版社 1992 年版，第 326 页。

总结经验整顿调整阶段（1988 年 9 月—1992 年 2 月）、以创立社会主义市场经济体制为核心的综合改革阶段（1992 年 2 月—2003 年 10 月）和以完善市场经济体制为基本内容的制度创新阶段（2003 年 10 月至今）。40 年来，改革涉及的领域非常广泛，但主要围绕六个基本问题展开：第一个是计划经济与市场经济的关系问题；第二个是所有制问题，即公有制和非公有制经济的关系问题；第三个是分配问题，即按劳分配和按生产要素分配的关系问题；第四个是政府与企业的关系问题；第五个是党、政府和社会的关系问题；第六个是人治与法治的关系问题。当前，中国改革进入了第五个发展阶段，即以完善社会主义市场经济体制为重点，以加快转变经济发展方式为动力，全面推进改革的制度创新阶段。这里的制度创新，包括经济制度、政治制度、文化制度和社会管理制度的创新。① 今天，新的经济制度、财产制度、分配制度已经基本确立，社会阶层结构已经发生了重大变革，人们的思想观念、行为方式以及价值观都发生了深刻变化。在这种情况下，不仅要继续深化经济体制改革，还需要政治体制改革和社会管理体制改革等的配合。总的来讲，我国 40 年波澜壮阔的社会主义改革，在实践上最突出的贡献，就是历尽艰辛终于找到了一条在经济文化落后的中国如何建设社会主义现代化的正确道路——中国特色社会主义道路。

二、"五位一体"的总体布局

早在 1940 年的《新民主主义论》中，毛泽东对新民主主义的政治、经济和文化作了较为充分的论述，他指出："我们共产党人，多年以来，不但为中国的政治革命和经济革命而奋斗，而且为中国的文化革命而奋

---

① 王怀超：《中国共产党对社会主义发展阶段理论的创新》，《当代世界与社会主义》2011 年第 3 期。

斗；一切这些的目的，在于建设一个中华民族的新社会和新国家。在这个新社会和新国家中，不但有新政治、新经济，而且有新文化。"①

中国特色社会主义事业总体布局随着中国特色社会主义事业的发展逐步深化、拓展、健全：两位一体→三位一体→四位一体→五位一体。

两位一体。1978 年 12 月，中共十一届三中全会作出把党和国家的工作中心转移到经济建设上来、实行改革开放的历史性决策。1981 年6 月，中共十一届六中全会通过的《关于建国以来党的若干历史问题的决议》提出"社会主义精神文明"的概念。此后，中共中央多次郑重提出：在建设高度物质文明的同时，努力建设高度的社会主义精神文明。1982 年 9 月，中共十二大报告提出：物质文明建设是精神文明建设不可缺少的基础；精神文明对物质文明建设不但起巨大的推动作用，而且保证它的正确发展方向。两种文明的建设，互为条件，又互为目的。也就是说，在全面开创社会主义现代化建设新局面的过程中要坚持物质文明和精神文明"两个文明"一起抓，实现物质文明和精神文明"两位一体"。

三位一体。1986 年 9 月，中共十二届六中全会明确提出"社会主义现代化建设总体布局"这个新概念，标志着中国特色社会主义事业"三位一体"的总体布局正式形成。中共十二届六中全会通过的《关于社会主义精神文明建设指导方针的决议》明确提出："我国社会主义现代化建设的总体布局是：以经济建设为中心，坚定不移地进行经济体制改革，坚定不移地进行政治体制改革，坚定不移地加强精神文明建设，并且使这几个方面互相配合，互相促进。"在这里，经济建设、政治建设、精神文明建设（即文化建设）协同协调推进的思路已经明晰。1987 年中共十三大把社会主义初级阶段的基本路线概括为以"一个中心、两个基本点"为核心内容，并号召为建设富强、民主、文明的社会主义现代

---

① 《毛泽东选集》第二卷，人民出版社 1991 年版，第 663 页。

化国家而奋斗。"富强、民主、文明"是对中国特色社会主义事业发展目标、战略取向的定位，如果从总体布局来看，对应的就是经济建设、政治建设、文化建设。邓小平在 1989 年 11 月又着重强调："十三大确定了'一个中心、两个基本点'的战略布局""这个战略布局我们一定要坚持下去，永远不改变。"①1997 年的中共十五大围绕基本路线制定的基本纲领就是从经济、政治和文化这三个维度展开的。

——经济纲领：就是在社会主义条件下发展市场经济，不断解放和发展生产力。

——政治纲领：就是在中国共产党领导下，在人民当家作主的基础上，依法治国，发展社会主义民主政治。

——文化纲领：就是以马克思主义为指导，以培育有理想、有道德、有文化、有纪律的公民为目标，发展面向现代化、面向世界、面向未来的，民族的、科学的、大众的社会主义文化。

——中共十五大报告

这个"三位一体"的总体布局从中共十二届六中全会一直延续到中共十六大。2002 年 11 月，中共十六大报告将经济建设、政治建设、文化建设与物质文明、政治文明、精神文明结合起来，使"三位一体"的总体布局更加明晰。

四位一体。在新的历史条件下，以胡锦涛同志为总书记的中共中央把"社会主义"与"和谐社会"有机结合起来，提出"构建社会主义和谐社会"的重大战略任务，对中国特色社会主义事业总体布局的认识由社会主义市场经济、民主政治和先进文化"三位一体"扩展为包括社会主义和谐社会在内的"四位一体"。2007 年 10 月，中共十七大报告按

① 《邓小平文选》第三卷，人民出版社 1993 年版，第 345 页。

照"四位一体"的总体布局对中国特色社会主义经济建设、政治建设、文化建设和社会建设作了全面、具体的部署。

五位一体。改革开放以来，我国经济发展取得了举世瞩目的成绩，但也付出了高昂的资源和环境代价。为此，胡锦涛同志语重心长地指出："未来几十年，世界上包括我国十三亿人口在内的二十亿至三十亿人将逐步进入现代化行列，能源资源需求和生态环境压力将大幅上升，经济社会快速发展与地球有限承载能力的矛盾将日益尖锐。"① 因此，适应人民群众对良好生态环境的新期待，中共十八大报告把生态文明建设放在突出地位，纳入中国特色社会主义事业总体布局，强调在推进经济建设、政治建设、文化建设、社会建设的同时，加强生态文明建设，使中国特色社会主义事业总体布局从四位一体拓展为五位一体。这样，就使得中国特色社会主义事业总体布局从"四位一体"拓展为"五位一体"，内容更加厚实、全面。

自近代以来 300 多年的工业文明史，是人类改造自然能力不断提升的历史。但是，传统工业化道路既创造了巨大的物质财富，也带来了惊人的破坏。传统工业化道路对自然资源的掠夺性使用，使地球不堪重负。全球生态环境恶化已经是一个不争的事实，联合起来拯救地球成为各国的共识。将生态文明建设提到总体布局的高度，符合世界文明发展潮流，将对世界生态文明建设作出巨大贡献。

从物质文明和精神文明两个文明"两手抓、两手都要硬"到经济建设、政治建设和精神文明建设"三位一体"，到经济建设、政治建设、文化建设和社会建设"四位一体"，再到经济建设、政治建设、文化建设、社会建设和生态文明建设"五位一体"的演进逻辑，反映了中国共产党对中国特色社会主义事业总体布局认识的拓展和深化，反映了中国共产党对共产党执政规律、社会主义建设规律和人类社会发展规

---

① 《十七大以来重要文献选编》中，中央文献出版社 2011 年版，第 745 页。

律认识的逐步深化。每一次认识的深化，适应了中国特色社会主义实践发展的需要，体现了中国共产党与时俱进的理论自觉、理论担当和理论自信。

三、现代化的发展目标

在社会主义的历史进程中，中国特色社会主义发展的阶段性目标是基本实现现代化。中国共产党甫一诞生就确立了社会主义的理想，通过新民主主义革命建立了新中国，又通过社会主义改造使中国进入社会主义初级阶段，并开始了社会主义现代化道路的艰辛探索和开拓。在中国共产党看来，现代化是一个自然历史的过程，其标准随着时代变迁和社会变化而变化。

（一）从"四个现代化"到"中国式的现代化"

1964 年年底召开的三届全国人大一次会议宣布：在 20 世纪内我国将全面实现工业、农业、国防和科学技术的现代化，赶上并超过世界先进水平，走在世界前列。工业、农业、国防和科学技术的现代化，也就是我们通常简称的"四个现代化"。

1978 年 5 月 7 日，邓小平会见马达加斯加客人，在谈到"四个现代化"时，口气有微妙变化，他主要讲了两个意思：一是实现四个现代化是有可能的，二是世界上先进技术发展日新月异，就是实现了四个现代化，工农业产品的产量和国民收入按人口平均来算，还是比较低的。

1978 年 10 月 10 日，在会见德意志联邦共和国新闻代表团的谈话中，邓小平讲得更明确、更低调了。他说，中国同发达国家相比较经济上的差距可能是二十年、三十年，有的方面甚至可能是五十年……我们的四个现代化，要在本世纪末达到你们现在的水平已不容易，要达到你们 22 年后的水平就更难了。

1979 年 3 月在《坚持四项基本原则》的讲话中，邓小平明确提出了"中国式的现代化"的概念。那么"中国式的现代化"到底是什么意思呢？所谓的"中国式"特指什么？

在 1979 年 10 月 4 日与省、市、自治区党委第一书记的座谈中，邓小平作出了解释："我们开了大口，本世纪末实现四个现代化。后来改了个口，叫中国式的现代化，就是把标准放低一点。特别是国民生产总值，按人口平均来说不会很高""我们到本世纪末国民生产总值能不能达到人均上千美元？""等到人均达到一千美元的时候，我们的日子可能就比较好过了"。① 也就是说，"中国式的现代化"标准大体上是人均国民生产总值 1000 美元。1979 年 12 月 6 日，在会见日本首相大平正芳时邓小平讲道：我们实现的四个现代化，是中国式的四个现代化。我们的四个现代化的概念，不是像你们那样的现代化概念，而是"小康之家""小康状态"。比如，到本世纪末国民生产总值人均 1000 美元。至此，"中国式的现代化"不但有了具体的量化标准，而且有了一个中国老百姓易于理解、倍感亲切的传统词汇——"小康"。

1982 年中共十二大明确宣布了"翻两番"的奋斗目标：从 1981 年到本世纪末的 20 年，力争使全国工农业的年总产值翻两番，即由 1980 年的 7100 亿元增加到 2000 年的 28000 亿元左右。需要指出的是，中共十二大讲"翻两番"是指经济总量，数字十分明确和具体。人均经济量则没有讲具体数字。而有意思的是，邓小平从提出"中国式的现代化""小康"或"翻两番"的概念起，一般是用人均数字，且以美元计算。原因何在？这首先是因为他讲这些问题大都是在接见外宾的场合，以美元为标准便于进行国际比较；其次人均数字给人的感受更切近，更容易加以具象化的体认。也因为这样，人均美元数字的小康标准不胫而

---

① 《邓小平文选》第二卷，人民出版社 1994 年版，第 194 页。

走，成了流行的说法，而经济总量的标准反而成了专业人士才提及的数字。①

"翻两番"只是中国在 20 世纪的经济发展目标，此外还有一个长远战略，即建成一个社会主义现代化强国。中共十三大明确而系统地阐述了"三步走"的发展战略，即第一步，从 1981 年到 1990 年实现国民生产总值比 1980 年翻一番，解决人民的温饱问题；第二步，从 1991 年到 20 世纪末，使国民生产总值再增长一倍，人民生活达到小康水平；第三步，到 21 世纪中叶，人均国民生产总值达到中等发达国家水平，人民生活比较富裕，基本实现现代化。中共十三大闭幕后，"三步走"发展战略通过舆论宣传家喻户晓。中国在成功实现"三步走"发展战略的第一步和第二步目标的基础上，正在为实现第三步战略目标而奋斗。20 世纪末，在第二步战略目标即将实现的时候，中共十五大对实现第三步战略目标作了进一步规划，明确提出了"小三步走"的发展目标。即：到 2010 年，实现国民生产总值比 2000 年翻一番，使人民的小康生活更加宽裕，形成比较完善的社会主义市场经济体制；到 2020 年，使国民经济更加发展，各项制度更加完善；到 21 世纪中叶，中华人民共和国成立 100 年时，基本实现现代化，建设富强民主文明的社会主义国家。

进入 21 世纪，我国人民生活总体上达到小康水平，但总体上还是低水平、不全面、发展很不平衡的小康，人民日益增长的物质文化需要同落后的社会生产之间的矛盾仍然是中国社会的主要矛盾。巩固和提高已经达到的小康水平，还需要长时期的艰苦奋斗。为此，中共十六大确立了到 2020 年全面建设小康社会的奋斗目标，就是要通过 20 年的努力奋斗，建成惠及十几亿人口的更高水平、更全面、更平衡的小康社会，使经济更加发展、民主更加健全、科教更加进步、文化更加繁荣、社会更加和谐、人民生活更加殷实。

---

① 杨凤城：《邓小平与"三步走"发展战略》，《光明日报》2011 年 9 月 7 日。

（二）和谐是社会主义现代化的重要目标

社会主义现代化的目标不仅包括富强、民主、文明，还包括和谐。中共十七大把"和谐"作为现代化的奋斗目标明确地写进了党章，标志着中国共产党对现代化、对社会主义认识的进一步深化，同时也使社会主义现代化的发展目标更加全面清晰。

古汉语中的"和"是中华传统文化的核心概念。"和"，作为具有中华民族特色的核心价值观，在不同的历史时期被赋予不同的时代内涵，历久弥新，不断传承，对全世界具有普遍适用意义。[①] 诚如英国哲学家罗素所言："中国至高无上的伦理品质中的一些东西，现代世界极为需要。这些品质中我认为和气是第一位的。""和"的精神、价值、基因深深嵌入中国人内心深处，成为日常行为的基本准则和行动航标。现遗存的很多古代建筑都有"和"的印痕。如颐和园、雍和宫都有"和"字，太和殿、中和殿、保和殿号称故宫"三大殿"，中间都有"和"字。李瑞环曾深刻指出："和"的思想，强调世界万事万物都是由不同方面、不同要素构成的统一整体。在这个统一体中，不同方面、不同要素相互依存、相互影响，相异相合、相反相成。由于"和"的思想反映了事物的普遍规律，因而它能够随着时代的变化而不断变化，随着社会的发展而不断丰富其内容。现在，我们所说的"和"，包括了和谐、和睦、和平、和善、祥和、中和等含义，蕴含着和以处众、和衷共济、政通人和、内和外顺等深刻的处世哲学和人生理念。[②]

在中华文化中，"和"与"谐"基本同义。"和谐"一词的原意是乐队演奏中各种乐器之间配合默契所形成的优雅旋律。《春秋·左传》记

---

① 韩震：《社会主义核心价值观五讲》，人民出版社 2012 年版，第 67、73 页。
② 李瑞环：《辩证法随谈》，中国人民大学出版社 2007 年版，第 376 页。

载道："八年之中，九合诸侯，如乐之和，无所不谐。"意思是：八年时间，九路诸侯，像一曲美妙的乐曲，和谐悦耳动听。

差异是"和谐"的基本前提。西周末年（约公元前7世纪），史伯在同郑桓公谈论西周末年政局时指出："夫和实生物，同则不继。以他平他谓之和，故能丰长而物归之；若以同裨同，尽乃弃矣。"①也就是说，不同、差别、异质、多元是"和"的前提，相异的事物相互协调、相辅相成、相得益彰，就能促进事物发展成长，这样的"和"才能长久、可持续，这样的事物才能丰富生长。若是相同的要素相互叠加，结果会窒息事物生长的生机与活力。如果"去和取同"，那就会"声一无听，物一无文，味一无果，物一无讲"②，以此治国理政，就会听不进不同意见和建议、独断专行，离灭亡也行将不远了。生活在2500年前的史学家左丘明在《左传》中记录了齐国上大夫晏子关于"和"的一段话："和如羹焉，水、火、醯、醢、盐、梅，以烹鱼肉。""声亦如味，一气，二体，三类，四物，五声，六律，七音，八风，九歌，以相成也。""若以水济水，谁能食之？若琴瑟之专壹，谁能听之？"也就是说，只有杂多、对立的事物才能相济相成。孔子从为人处世的角度区分了"和"与"同"："君子和而不同，小人同而不和。"③意思是：君子讲"和"但不随波逐流、盲从附和，小人盲从附和而不讲和谐。"和而不同"首先要承认、允许差异的存在。这些思想、论断表明，在对"和谐"的认识上，中华传统文化中包含着质朴的思想元素、文化基因。换言之，和谐的前提是差异、不同、异质、多样。正是差异、不同、异质、多样，才使世界变得五彩缤纷、丰富多彩、生机勃发、生气盎然。如果没有不同、多样的事物，整个世界的发展就会失去活力、丧失动力。"世界就是同和异的统

---

① 《国语·郑语》。

② 《国语·郑语》。

③ 《论语·子路》。

一体，没有差异就没有世界，绝对一样的人和事是没有的。"① 因此，重视差异是追求和谐的第一要义。

和谐的实质在于基于"多"的"一"。"和谐"的基本前提是要承认社会各种要素的多样、异质、差异。但这些多样、差异要素不应该是杂乱无章、失衡失调、"乱成一锅粥"的，而是在结构上要配合得协调、适合、恰到好处，从而使社会有序运行。正如《现代汉语词典》对"和谐"的界定："配合得适当；和睦协调"。② 也就是说，在差异、多样基础上的融合、整合、统一就是和谐。要言之，"和谐社会"指的是社会各种要素在互动中相互依存、协调、促进、适应的动态平衡状态，异中求同、化异取同，是多样基础上的统一、分化基础上的整合。

以"和谐"的视角观察自然界，白天与黑夜，大树与小草，红花与绿叶，小桥与流水，高原与丘陵，高山与大海，让世人惊叹自然的造化与神韵。在人与自然的关系问题上，我国传统文化主张"天人合一"、人与自然的和谐。老子提出"万物负阴而抱阳，冲气以为和"，"人法地，地法天，天法道，道法自然"③，明确道出了人要尊重自然规律的法则。庄子追求"天地与我并生，而万物与我为一"的境界，认为"与人和者，谓之人乐；与天和者，谓之天乐"④。孟子也提出："尽其心者，知其性也；知其性，则知天矣。存其心，养其性，所以事天也。"⑤ 这是说，穷极自己的本心就会知道本性，也就会知道自己本性固善；知道了自己本性固善，也就知道了这一切都是天道之本然。将仁义礼智之端存于本心，就是滋养自己的诚善之性，就是顺应天道之

---

① 李瑞环：《辩证法随谈》，中国人民大学出版社 2007 年版，第 50 页。

② 《现代汉语词典》，商务印书馆 2012 年版，第 525 页。

③ 《老子》。

④ 《庄子》。

⑤ 《孟子》。

本然。在人与自然关系中生成的人性是人与自然现实关系的内在根据，也是社会是否和谐的现实基础。当人与自然的关系不和谐，人类社会就会处于不和谐状态之中。只有完成人与自然的和谐才能实现人与人、人与社会的和谐。

以"和谐"的视角审视人类社会，如果世界上只有男人没有女人，或者只有女人没有男人，我们人类还能生生不息吗？环顾世界各国，有黄、黑、白等不同肤色人种。据不完全统计，世界上大约有2500多个民族，各民族的人口数量相差悬殊，多达十多亿人，少则只有几十人。正是不同性别、肤色、民族的人们的互动交融，才使整个世界绚丽多彩、生机勃发。如果只有一种生活方式，只有一种语言，只有一种音乐，只有一种服饰，那是不可想象的。① 在人与人之间的关系问题上，我们追求的是一种人与人之间既有差异又相统一的和谐的境界和状态。

概言之，以"和谐"来处理人与自然的关系，倡导"天人合一"；以"和谐"来处理人与人的关系，崇尚"和为贵""和睦相处""和衷共济"；以"和谐"来处理人与家庭的关系，追求"家和万事兴"；以"和谐"来处理国家与国家的关系，推崇"协和万邦"。

实现社会和谐，是人类孜孜以求的一个社会理想。在我国历史上，许多思想家对社会和谐有过描述。墨子提出了"兼相爱""爱无差等"的理想社会方案，孟子描绘了"老吾老以及人之老，幼吾幼以及人之幼"的社会状态，《礼记·礼运》中勾画了"大同社会"和"小康社会"这两种社会状态，太平天国运动的领袖洪秀全提出要建立"务使天下共享"，"有田同耕，有饭同食，有衣同穿，有钱同使，无处不均匀，无人不饱暖"的社会，康有为在《大同书》中提出要建立一个"人人相亲，人人平等，天下为公"的理想社会。2006年10月，中共十六届六中全

---

① 《习近平谈治国理政》第一卷，外文出版社2018年版，第262页。

会审议通过的《中共中央关于构建社会主义和谐社会若干重大问题的决定》是中国共产党历史上第一个关于社会主义和谐社会建设的纲领性文献，对构建社会主义和谐社会的重要意义、指导思想、目标任务、基本原则和具体举措等作出了全面部署，其中首次明确提出了"社会和谐是中国特色社会主义的本质属性"[1] 这个重大理论判断，深化了对社会主义本质的认识，是总结国内外社会主义建设特别是中国社会主义建设历史经验教训得出的重要结论。

四、社会主义的本质属性

（一）改革开放以来中国共产党对社会主义本质属性的认识轨迹

任何一个社会形态都有其本质属性。"社会主义本质"是历史的、具体的，是社会主义社会的根本属性和内在规定性，贯穿于社会主义社会发展全过程，决定着社会主义社会的基本特征和发展取向，是社会主义社会区别于其他社会形态的根本标志。[2] 对社会主义本质的认识，直接影响着社会主义现代化建设的方向。随着中国特色社会主义实践的不断推进，中国共产党对"社会主义本质"的认识在逐步深化，大致经历了认识视角的三次转换，提出了四个重要论断：从基本特征视角到功能视角，再到人的全面发展视角，再从人的全面发展视角到社会和谐的视角。

1. 基本特征的视角

新中国成立后的头 30 年，中国共产党对社会主义的认识主要着眼于社会主义的基本特征。1982 年，中共十二大第一次把社会主义特征

---

① 《胡锦涛文选》第二卷，人民出版社 2016 年版，第 539 页。

② 贾建芳：《60 年来对社会主义本质的认识再认识》，《科学社会主义》2009 年第 5 期。

概括为：剥削制度的消灭、生产资料公有制、按劳分配、国民经济有计划按比例的发展、工人阶级和劳动人民的政权、高度发达的生产力和比资本主义更高的劳动生产率、社会主义精神文明等。

这种基本特征视角有两大历史局限性。其一，对社会主义本质的认识停留于表象的特征层面，没有深入到社会主义的"内核"，还有待于在实践的基础上进一步深化、拓展。其二，对社会主义的认识主要来源于对科学社会主义的基本原则的认识，没有揭示中国特色社会主义的内在规定性和特殊属性。随着中国共产党对"什么是社会主义""什么不是社会主义"认识的不断深化，到1992年南方谈话时，邓小平明确提出了社会主义本质的具体内涵。

2. 功能的视角

1992年，邓小平南方谈话深刻指出："社会主义的本质，是解放生产力，发展生产力，消灭剥削，消除两极分化，最终达到共同富裕。"[①]这个论断是对社会主义本质的崭新概括，主要从社会主义制度的功能视角进行考察：强调社会主义要发挥什么功能（即"消灭剥削，消除两极分化，最终达到共同富裕"），如何发挥这些功能（即通过"解放生产力，发展生产力"）。这个论断的历史贡献主要体现在以下三个方面。其一，突出了生产力的决定性作用，纠正了过去离开生产力的发展需要盲目追求更公、更纯的生产关系的思路。其二，突出了社会主义共同富裕的价值准则和价值取向，纠正了平均主义和共同贫穷的传统社会主义观念。其三，强调社会主义本质的实现需要时间和实践，是目标与过程的辩证统一，共同富裕价值目标的"最终达到"不是一蹴而就的。

邓小平的社会主义本质论坚持了历史唯物主义基本原理，体现了科

---

① 《邓小平文选》第三卷，人民出版社1993年版，第373页。

学社会主义的基本原则，对于推动思想解放和社会主义建设实践发挥了重要作用。1992 年，中共十四大把邓小平关于社会主义本质的论断写进了党章，1997 年中共十五大对这一论断也作了高度评价①。

3. 人的全面发展的视角

江泽民在 2001 年"七一"讲话中从人的全面发展的视角对社会主义的本质进行新的界定，指出：努力促进人的全面发展是马克思主义关于建设社会主义新社会的本质要求。他在这次重要讲话中有两个地方专门提到了人的全面发展问题：

> "我们建设有中国特色社会主义的各项事业，我们进行的一切工作，既要着眼于人民现实的物质文化生活需要，同时又要着眼于促进人民素质的提高，也就是要努力促进人的全面发展。这是马克思主义关于建设社会主义新社会的本质要求。"②
>
> "推进人的全面发展，同推进经济、文化的发展和改善人民物质文化生活，是互为前提和基础的。人越全面发展，社会的物质文化财富就会创造得越多，人民的生活就越能得到改善，而物质文化条件越充分，又越能推进人的全面发展。社会生产力和经济文化的发展水平是逐步提高、永无止境的历史过程，人的全面发展程度也是逐步提高、永无止境的历史过程。这两个历史过程应相互结合、相互促进地向前发展。"③

---

① 中共十五大指出："邓小平理论坚持科学社会主义理论和实践的基本成果，抓住'什么是社会主义、怎样建设社会主义'这个根本问题，深刻地揭示了社会主义的本质，把对社会主义的认识提高到新的科学水平。"

② 江泽民：《论党的建设》，中央文献出版社 2001 年版，第 523 页。

③ 江泽民：《论党的建设》，中央文献出版社 2001 年版，第 524 页。

人的"全面"发展是指人的各种才能、知识、素质、爱好的充分发展和彰显。从人的全面发展的视角认识、揭示社会主义的本质，抓住了核心和要害，是对社会主义本质认识的深化。其一，抓住了科学社会主义的核心要义。马克思恩格斯整个思想体系的目标取向与核心价值是实现人类解放与人的自由全面发展，人类社会的理想图景是"每个人的自由而全面发展"的社会形式，这是社会主义的核心要义。其二，强调个人与社会的有机统一。人的发展是一个不断地从片面走向全面的具体历史过程，是一个长期的历史过程。我国还处于并将长期处于社会主义初级阶段，人的全面发展还需要各方面条件、要素的支撑，需要长期持续的奋斗。

值得注意的是，江泽民在这里提的是人的"全面"发展而非人的"自由"发展。人的"全面"发展与人的"自由"发展是人的价值的两种实现形态。但是，两者存在一定的区别：人的"自由"发展追求的是人的价值的一种有深度的拓展，人的"全面"发展追求的是人的价值的一种有宽度的延伸。宽度是深度的基本前提，没有一定的宽度就不会有特别的深度，但有宽度不等于就有深度。深度的挖掘需要比宽度的拓展付出更大的代价，其价值弥足珍贵。

4. 社会和谐的视角

中共十六届六中全会从本质属性的视角对中国特色社会主义进行界定，提出了"社会和谐是中国特色社会主义的本质属性"这个重要论断。该论断的提出，彰显了"社会"的价值定位，为建构国家与社会的良性互动关系提供了理论支撑，深化了对社会主义本质的认识，也为以后的理论创新预留了空间。

"社会和谐"，是为了追求人与人之间关系的和谐，说到底，还是为了人的发展。因为如果没有人与人之间关系的和谐，人的发展就没有现实根基，也不会有持续发展的动力。

改革开放以来中国共产党对社会主义本质的认识轨迹

时间	文　本	内　　容
1982	十二大报告	剥削制度的消灭、生产资料公有制、按劳分配、国民经济有计划按比例的发展、工人阶级和劳动人民的政权、高度发达的生产力和比资本主义更高的劳动生产率、社会主义精神文明
1992	南方谈话	解放生产力，发展生产力，消灭剥削，消除两极分化，最终达到共同富裕
2001	"七一"讲话	努力促进人的全面发展
2006	十六届六中全会决定	社会和谐是中国特色社会主义的本质属性
2015	十八届五中全会决定	共享是社会主义的本质要求

（注：根据相关资料重新整理）

中国特色社会主义事业仍在实践、发展过程中，中国共产党对社会主义本质的认识也会随着事业的兴旺、实践的深入逐步深化，与此相应，社会主义本质也必将不断得到凝练和升华。坚守社会主义本质，矢志不渝追求美好和谐的理想社会，中国特色社会主义事业必将勃兴旺盛、充满生机。

（二）社会和谐的内在规定性

1.社会和谐是相对的，不是绝对的

社会和谐是相对的，要承认合理的差异、差距，不要落入平均主义的窠臼之中。中华人民共和国成立以后的一段时间，我们强调社会分配的结果要平等，认为如果收入不均等，收入差距比较大就不平等。但后来实行"大锅饭"，搞"一大二公""一平二调"，把平等等同于平均主义，致使人们生产积极性遭到挫伤，消解了社会发展的活力和动力，从而使社会和谐走向了极端。即使在 21 世纪中叶实现共同富裕，人们在

财产、收入、发展机会等方面仍会存在差别。但那种差别不是生存、温饱层面的差别，而是发展、精神、享乐层面的差别。绝对平均主义过于注重统一、整合，忽视多样、分化，两极分化过于注重多样、分化，忽视统一、整合，都是与社会和谐的精神相悖的。

2.社会和谐是具体的，不是抽象的

社会和谐不是凭空臆想的概念、图式，是随着社会的发展而不断发展的一种状态和水平。一个社会的经济、政治、文化的基础不同，和谐的状态、程度也不同。同时，在不同的社会历史文化背景下，和谐的标准、内涵和条件也是不同的。历史上和谐的现象，在今天看来未必是和谐的；在今天看来不和谐的现象，在历史上也许被认为是和谐的；在今天看来和谐的现象，在未来未必是和谐的。诚如马克思所言，"极为相似的事变发生在不同的历史环境中就引起了完全不同的结果"①。所以，评判一个社会是否和谐，须将其放在特定的社会历史条件下考量、分析。社会和谐要求社会成员各就其位、各司其职、各尽其能、各得其所，但在不同领域、空间有不同的适用标准。例如，在经济领域讲和谐，指的是市场主体之间公平竞争、平等交易，追求效率、利润最大化；在政治领域讲和谐，指的是有效保护公民的合法权利，有效规范和制衡社会公共权力；在文化领域讲和谐，指的是尊重劳动、尊重知识、尊重人才、尊重创造，坚持"百花齐放、百家争鸣"，弘扬主旋律，提倡多样化；在社会领域讲和谐，指的是满足全体人民的基本生存需求，尤其是保护社会困难群体的基本生存权利，倡导社会公正。不能把经济领域的等价交换原则简单、片面地套用到政治领域，搞权钱交易，也不能把经济领域的利润最大化、优胜劣汰原则照搬照套到社会领域而对社会困难群体的生存权利熟视无睹、漠然置之。没有千篇一律的和谐"万

---

① 《马克思恩格斯文集》第3卷，人民出版社2009年版，第466页。

能钥匙"，简单照搬照套和谐原则往往会导致实践上的偏差、偏误。所以，社会和谐要关注和谐在具体领域和空间的适用性。

3. 社会和谐是动态的，不是静止的

社会和谐并非没有矛盾和冲突，构建社会主义和谐社会本身就是在发展的基础上不断化解社会矛盾的持续过程。根据唯物辩证法的基本观点，客观事物是发展变化的。黑格尔曾说："矛盾是一普遍而无法抵抗的力量，在这个大力之前，无论表面上如何稳定坚固的事物，没有一个能够持久不摇。"① 矛盾是一切社会存在的常态，矛盾运动贯穿于任何社会发展过程的始终。可以说，社会矛盾无处不在，无时不有。美国耶鲁大学政治学者詹姆斯·C.斯科特形象地指出："我不认为有绝对稳定、绝对和谐的社会，纠纷的存在是一个社会成功实现其目标的标志。这就像一个好的婚姻里，双方常常发生争论一样。我的意思是说，一个成功的社会应该去善于管理冲突，而不是杜绝冲突。"② 社会的各构成要素，在一定时间、空间和条件下相互适应、相互支撑，形成和谐的状态。但一旦某个要素发生变化，就会打破原有的平衡，出现新的变化、张力。只要社会在发展进步，当量积累到一定程度时，其社会各要素之间的平衡就会受到新的挑战，必然会不断产生新的矛盾和问题。新的矛盾和问题是通往新的和谐的"起跳板"，是社会和谐新的出发点。科学社会主义理论认为，在革命战争年代，化解社会矛盾的主要途径是通过暴力革命推翻统治阶级的剥削统治，而在和平与发展的新的时代背景下，特别是在共产党执政条件下，化解社会矛盾的主要措施是改革，要通过改革来调和、协调矛盾。从内在本质看，和谐是矛盾的一种特殊表现形态。旧的矛盾解决了，新的矛盾又会产生。构建社会和谐的过程，就是在妥

---

① 黑格尔：《小逻辑》，商务印书馆 1997 年版，第 179 页。

② 于建嵘、[美] 斯科特：《底层政治与社会稳定》，《南方周末》2008 年 1 月 24 日。

善处理各种矛盾中不断前进的过程，就是不断减少不和谐因素、不断增加和谐因素的过程。社会主义和谐社会理论的提出，标志着中国共产党的思维范式从阶级斗争转向和平、和谐，从"零和博弈"转向"非零和博弈"，倡导以"和谐"而非斗争的理念、思维来处理社会矛盾。正如毛泽东同志在 1962 年 1 月 30 日扩大的中央工作会议上的讲话所指出的："解决人民内部矛盾，不能用咒骂，也不能用拳头，更不能用刀枪，只能用讨论的方法，说理的方法，批评和自我批评的方法，一句话，只能用民主的方法，让群众讲话的方法。"① 化解社会矛盾，需要一定的时间，需要极大的耐心。早在 1961 年，张闻天就深刻地指出："发现矛盾需要时间，对矛盾进行具体分析并提出适合于这种矛盾的具体解决办法，也需要时间。仓促行事，并不是良好的办法。"② 社会矛盾化解，只有起点，没有终点。现在达到的社会和谐状态只是社会发展总路程中的一个站点。新形势下，我们要以改革创新的精神、勇往直前的气魄，不断深化认识、总结经验、认识规律、提升能力，在更高起点上全面推进社会矛盾化解困境，着力解决深层次难题，为实现更高层次的社会和谐奠定基础、创造条件。

4. 走向社会和谐是社会主义的发展趋向

在中国和西方历史上，人们对未来的社会和谐曾有过形形色色、五彩缤纷的描绘和构想。孟子描绘了"老吾老以及人之老，幼吾幼以及人之幼"的社会状态。《礼记·礼运》中描绘了"大道之行也，天下为公，选贤与能，讲信修睦。故人不独亲其亲，不独子其子，使老有所终，壮有所用，幼有所长，矜、寡、孤、独、废、疾者皆有所养"这样一种"大同世界"的理想社会状态。太平天国运动的领袖洪秀全提出要建立"务

① 《毛泽东文集》第八卷，人民出版社 1999 年版，第 291 页。
② 张闻天选集传记组、中共上海市委党史研究室合编：《张闻天社会主义论稿》，中共党史出版社 2010 年版，第 170 页。

使天下共享"，"有田同耕，有饭同食，有衣同穿，有钱同使，无处不均匀，无人不饱暖"的社会状态。康有为在《大同书》中提出要建立一个"人人相亲，人人平等，天下为公"的理想社会。在西方，赫拉克利特提出"自然是由联合对立物造成的最初的和谐"，柏拉图认为"公正即和谐"，傅立叶在《全世界和谐》一书中提出"和谐制度"的构想。有的把未来理想社会称为"理想国""乌托邦"，也有的称为"太阳城"、"基督城"，不一而足。这些思想尽管带有不同时代、社会历史条件的烙印，但都在一定程度上反映了广大人民群众对美好幸福生活的向往、憧憬。但是，在存在阶级压迫、阶级剥削的传统社会，这些设想根本无法实现，根本原因在于：不懂得人类社会发展的规律。人类社会是一个从低级向高级渐进发展的历史进程，消除资本主义的"不和谐"，走向公正、全面、自由的和谐社会，是历史发展的客观规律和必然逻辑。只有在社会主义社会、共产主义社会形态下，社会和谐的理想图景才能真正实现，使人与人、人与社会、人与自然的"和解"、和谐变为现实。共产主义社会是社会和谐的最高社会形态，在这一社会形态下，个人得到全面而自由的发展。在《资本论》中，马克思把未来社会直接称为"自由人的联合体"，是比资本主义社会"更高级的、以每一个个人的全面而自由的发展为基本原则的社会形式"[1]。

　　社会的发展像自然界的发展一样，具有自己客观的规律。揭示这些规律，就能为我们理解过去、把握现在和展望未来提供向导。马克思恩格斯之所以能揭示出社会历史的发展规律，是因为能够准确把握住人类社会的基本矛盾即生产关系与生产力、上层建筑与经济基础之间的矛盾，从社会基本矛盾的内在运动中把握人类社会历史的发展进程和内在规律。正如列宁在《国家与革命》中所言："马克思丝毫不想制造乌托邦，不想凭空猜测无法知道的事情。马克思提出共产主义的问题，正像一个

---

① 《马克思恩格斯文集》第 5 卷，人民出版社 2009 年版，第 683 页。

自然科学家已经知道某一新的生物变种是怎样产生以及朝着哪个方向演变才提出该生物变种的发展问题一样。"① 在原始社会,社会生产力水平低下,人类完全接受自然的支配和"摆布","听天由命"。为了争夺生存资源、生活空间,各个部落往往互相搏斗,发生战争,人与人之间的关系不可能和谐。进入阶级社会以后,由于生产资料的私人占有制,人与人之间的关系不是平等的。为了获得一定的利益,人与人之间的关系处于一定的紧张状态之中。在奴隶社会、封建社会、资本主义社会,奴隶主与奴隶、地主与农民、资本家与工人,在根本利益上始终处于对立的状态,没有形成和谐的关系状态。即使是某些封建盛世,还是资本主义社会的某些"黄金发展时期",从"历史长河"来看,其持续的时间也不长。因为在阶级社会中,由于历史的局限性,统治阶级维护的只是社会上少部分人的利益,不可能真正为广大人民群众服务。诚如《共产党宣言》所言:"过去的一切运动都是少数人的,或者为少数人谋利益的运动。无产阶级的运动是绝大多数人的,为绝大多数人谋利益的独立的运动。"② 为最大多数人民群众服务、谋利益是社会主义的历史使命和目标取向。我们要构建的是社会主义和谐社会,"社会主义"这四个字是不能没有的,并非多余,并非"画蛇添足"。恰恰相反,这是"画龙点睛"。所谓"点睛",就是点明和谐社会的社会主义性质、内在规定性。这种内在规定性主要体现在:服务于大多数人、为大多数人谋利益。只有在社会主义社会、共产主义社会,才能真正实现人与人之间关系的和谐。

当然,我们也必须清醒认识到,中国仍处于并将长期处于社会主义初级阶段的基本国情没有变,我国是世界最大发展中国家的国际地位没有变。社会主义和谐社会的建设和最终建成,需要一个长期漫长的历史

---

① 《列宁选集》第 3 卷,人民出版社 1995 年版,第 187 页。
② 《马克思恩格斯文集》第 2 卷,人民出版社 2009 年版,第 42 页。

过程。高度和谐的社会不会也不可能自然而然地实现，需要进行很长时期的艰苦努力，需要我们在经济社会发展的基础上更加自觉、更加主动地创建。正如胡锦涛所指出的：“同建设社会主义现代化国家要经历一个很长历史过程一样，构建社会主义和谐社会也是一个需要随着经济、政治、文化的发展而不断推进的很长历史过程。我们既要立足国情，根据已经具备的条件，积极主动推进和谐社会建设，又要着眼长远，做好长期努力的准备，在推进社会主义物质文明、政治文明、精神文明发展的历史进程中，扎扎实实做好构建社会主义和谐社会各项工作。”①

（三）共享是社会主义的本质要求

“治天下也，必先公，公则天下平矣。”让全体人民共享发展成果，是社会主义的本质要求，是社会主义制度优越性的集中体现，是中国共产党坚持全心全意为人民服务根本宗旨的重要体现。② 坚持共享发展，就是要坚持发展为了人民、发展依靠人民、发展成果由人民共享，使全体人民在共建共享发展中有更多获得感，朝着共同富裕方向稳步前进。

共享发展，其内涵主要有四：一是全民共享。这是就共享的覆盖面而言的。共享发展是人人享有、各得其所，不是少数人共享、一部分共享。二是全面共享。这是就共享的内容而言的。共享发展就要共享国家经济、政治、文化、社会、生态各方面建设成果，全面保障人民在各方面的合法权益。三是共建共享。这是就共享的实现路径而言的。共建才能共享，共建的过程也是共享的过程。要充分发扬民主，广泛汇聚民智，最大激发民力，形成人人参与、人人尽力、人人都有成就感的生动局面。四是渐进共享。这是就共享发展的推进进程而言的。一口吃不成胖子，共享发展必将有一个从低级到高级、从不均衡到均衡的过程，即

---

① 《胡锦涛文选》第二卷，人民出版社 2016 年版，第 279 页。

② 中共中央宣传部：《习近平新时代中国特色社会主义思想三十讲》，学习出版社 2018年版，第 109 页。

使达到很高的水平也会有差别。我们要立足国情、立足经济社会发展水平来思考设计共享政策，既不裹足不前、铢铢校量、该花的钱也不花，也不好高骛远、寅吃卯粮、口惠而实不至。这四个方面是相互贯通的，要整体理解和把握。

落实共享发展理念，归结起来主要是两个层面的事。一是充分调动人民群众的积极性、主动性、创造性，举全民之力推进中国特色社会主义事业，不断把"蛋糕"做大。二是把不断做大的"蛋糕"分好，让社会主义制度的优越性得到充分体现，让人民群众有更多获得感。要扩大中等收入阶层，逐步形成橄榄型分配格局。特别是要加大对困难群众的帮扶力度，坚决打赢农村贫困人口脱贫攻坚战。①

总之，落实共享发展是一门大学问，要做好从顶层设计到"最后一公里"落地的工作，在实践中不断取得新成效。

---

① 中共中央文献研究室编：《习近平关于社会主义社会建设论述摘编》，中央文献出版社 2017 年版，第 38—40 页。

第四章

中国特色社会主义具体道路

中国特色社会主义是全面发展的社会主义，中国特色社会主义道路是由经济、政治、文化、社会和生态文明等社会主义建设基本领域的具体道路构成的我国发展的总道路。不谋全局者，不足以谋一域。社会的全面发展进步包括国民经济的发展、民主法治的健全、思想文化的繁荣、社会的和谐稳定、生态环境的优美等，经济发展、政治发展、文化发展、社会发展和生态文明发展是相辅相成的有机整体。这些基本领域的具体道路，都需要我们在社会主义现代化建设的实践中继续探索和发展，从而不断丰富和发展中国特色社会主义道路的内涵。

人类社会发展的历史趋势具有统一性，而社会发展的具体道路则表现为多样性。马克思主义认为，生产力和生产关系之间的矛盾运动是推动人类社会发展的根本动力。马克思恩格斯曾设想，未来理想社会是社会生产力高度发达和人的精神生活高度发展的社会，是人与人和谐相处、人与自然和谐共生的社会。这是对未来社会发展的深邃洞察和科学预见。然而，正如列宁所指出的那样："一切民族都将走向社会主义，这是不可避免的，但是一切民族的走法却不会完全一样。"[①] 中国特色社

---

① 《列宁选集》第2卷，人民出版社2012年版，第777页。

会主义具体道路是深刻总结社会主义建设的历史经验、顺应国际国内发展大势和人民群众新期待提出来的，是我国人民进行社会主义现代化建设的基本遵循与战略选择，反映了我们对社会主义建设规律认识的不断深化，是中国特色社会主义理论的重要组成部分。正如习近平所说："30 多年来，我们能够创造出人类历史上前无古人的发展成就，走出了正确道路是根本原因。现在，最关键的是坚定不移走这条道路、与时俱进拓展这条道路，推动中国特色社会主义道路越走越宽广。"① 中国特色社会主义具体道路的每一次拓展，都是一次理论认识的飞跃和实践探索的接力，不断推进中国特色社会主义事业的发展方略更加成熟、发展目的更加明确、发展内涵更加丰富、发展道路更加广阔。

一、经济发展道路

中华人民共和国成立后，特别是改革开放以来，中国经济建设取得了举世瞩目的巨大成就，这足以证明中国走上了一条正确的经济发展道路。这条经济发展道路具有明显的"中国特色"，既体现了现代社会市场经济发展的一般规律，又反映了中国特殊的国情、历史阶段和价值追求的要求。这条道路，社会主义是它的前提，但这条道路不同于苏联模式下的社会主义道路；它的改革目标是建立社会主义市场经济体制，但这种市场经济显然不同于以美国、英国为代表的自由市场经济，以德国、瑞典为代表的社会市场经济，以及以日本为代表的政府主导型市场经济。

中国特色社会主义经济发展道路，就是指坚持发展是硬道理的战略思想，坚持解放和发展社会生产力；坚持社会主义初级阶段基本经济制

---

① 习近平：《在中央政治局第七次集体学习时的讲话》，《中共中央办公厅通讯》2013 年第 8 期。

度；坚持和完善社会主义市场经济体制；坚持科学发展，应对新挑战，厚植发展优势，树立创新、协调、绿色、开放、共享的发展理念，全面深化经济体制改革，形成新的经济发展方式，实施创新驱动发展战略，全面提高开放型经济水平，走中国特色新型工业化、信息化、城镇化、农业现代化道路，提高经济发展活力和竞争力，推动国民经济持续健康发展。

（一）坚持社会主义初级阶段基本经济制度

马克思提出："不论生产的社会的形式如何，劳动者和生产资料始终是生产的因素。""凡要进行生产，它们就必须结合起来。实行这种结合的特殊方式和方法，使社会结构区分为各个不同的经济时期。"① 这种"特殊的"结合的"方式和方法"，就是特定的"生产资料的所有制"，是社会的"经济基础"，是一定社会基本经济制度的主要内容。

在生产力与生产关系这对基本矛盾中，生产关系包括三方面内容，即生产资料所有制、人与人之间的关系以及产品的分配。其中，生产资料所有制处于支配地位。生产资料的公有制是社会主义生产关系的基础。它的历史地位在于，它是社会化大生产的必然要求，是社会发展和进步的标志和趋势，是实现人的解放和社会关系平等的经济基础。

然而，在经济文化相对落后的中国建设社会主义，鉴于水平低、多层次、发展很不平衡的生产力状况，必须认识到"非公有制经济"不可避免地将长期存在。按照传统的对社会主义的认识，非公有制经济不能成为社会主义基本经济制度的一部分。在这样的指导思想下，实践中我们把非公有制经济作为要被消灭的现象，排斥在社会主义基本经济制度之外。

社会主义建设的实践证明，与传统的所有制关系实行"最彻底的决

---

① 《马克思恩格斯文集》第 6 卷，人民出版社 2009 年版，第 44 页。

裂"，不符合生产力发展的实际，其结果是阻碍了生产力发展。十一届三中全会以来，我们党认真总结以往在所有制问题上的经验教训，制定以公有制为主体、多种经济成分共同发展的方针。

毫不动摇地巩固和发展公有制经济，是坚持和完善社会主义初级阶段基本经济制度必须遵循的一条基本原则。我国是社会主义国家，必须坚持公有制的主体地位。公有制经济不仅包括国有经济和集体经济，还包括混合所有制经济中的国有成分和集体成分。中共十六大提出的必须毫不动摇地巩固和发展公有制经济，就是要具体落实在坚持公有制经济的主体地位，坚持国有经济对经济发展起主导作用。公有制的主体地位主要体现在：一是公有资产在社会总资产中占优势；二是国有经济控制国民经济命脉，对经济发展起主导作用。这是就全国而言，有的地方、有的产业可以有所差别。公有资产占优势，要有量的优势，更要注重质的提高。国有经济起主导作用，主要体现在控制力上，对关系国民经济命脉的重要行业和关键领域，国有经济必须占支配地位。而在其他领域，可以通过资产重组和结构调整，以加强重点，提高国有资产的整体质量。只要坚持公有制为主体，国家控制国民经济命脉，国有经济的控制力和竞争力得到增强，在这个前提下，国有经济比重减少一些，不会影响我国的社会主义性质。

集体所有制经济是公有制经济的重要组成部分。集体经济可以体现共同致富原则，可以广泛吸收社会分散资金，缓解就业压力，增加公共积累和国家税收。要支持、鼓励和帮助城乡多种形式集体经济的发展。这对发挥公有制经济的主体作用意义重大。

公有制的实现形式可以而且应当多样化。一切反映社会化生产规律的经营方式和组织形式，社会主义经济都可以大胆利用，在经济活动中，要努力寻找能够极大促进生产力发展的公有制实现形式。股份制是现代企业的一种资本组织形式，有利于所有权和经营权的分离，有利于提高企业和资本的运作效率，资本主义可以用，社会主义也可以用。我们不能笼统地说股份制是公有还是私有，关键看控股权掌握在谁手中。国家和集体控股，具有明显的公有性，有利于扩大公有资本的支配范围，增强公有制的主体作用。中共十八大报告提出，要推行公有制多种实现形式，深化国有企业改革，完善各类国有资产管理体制，推动国有资本更多投向关系国家安全和国民经济命脉的重要行业和关键领域，不断增强国有经济活力、控制力、影响力。

毫不动摇地鼓励、支持和引导非公有制经济发展，是坚持和完善社会主义初级阶段基本经济制度必须遵循的又一条基本原则。非公有制经济是我国社会主义市场经济的重要组成部分，包括个体经济、私营经济、外商独资经济、混合所有制经济中的非公有制成分等。

非公有制经济法律地位的确立是在 1988 年，第七届全国人民代表大会第一次会议通过了宪法修正案，对原宪法第十一条增加规定："国家允许私营经济在法律规定的范围内存在和发展。私营经济是社会主义公有制经济的补充。国家保护私营经济的合法的权利和利益，对私营经济实行引导、监督和管理。"① 中共十五大对私营经济作出了新的经济定位：私营经济是社会主义市场经济的组成部分。

社会主义初级阶段的生产力水平和发展的不平衡性，给非公有制经济留下了广阔的空间。对非公有制经济要继续鼓励、引导，使之健康发展，这对满足人们多样化的需要，增加就业，促进国民经济的发展有重要作用。目前，我国非公有制经济国内生产总值所占比重已经超过 60%，税收贡献超过 50%，就业贡献超过 80%，新增就业贡献达到 90%。② 十八大报告提出，要毫不动摇鼓励、支持、引导非公有制经济发展，保证各种所有制经济依法平等使用生产要素、公平参与市场竞

---

① 《十三大以来重要文献选编》上，人民出版社 1991 年版，第 216 页。

② 参见《全国工商联主席：非公有制经济 GDP 所占比重超 60%》，中国网，http://finance.china.com.cn/news/special/lianghui2013/20130306/1315268.shtml（最后访问日期：2018 年 7 月 5 日）。

争、同等受到法律保护。

社会主义初级阶段的公有制经济和非公有制经济是统一的有机整体，没有公有制经济的发展，公有制不占主导地位，社会主义就会丧失其物质基础；没有非公有制经济的发展，就会脱离社会主义初级阶段的基本国情，不利于社会主义市场经济的发展，不利于社会主义现代化建设顺利进行。因此，我们应根据解放和发展生产力的客观要求，坚持和完善公有制为主体、多种所有制经济共同发展的基本经济制度。坚持社会主义初级阶段基本经济制度，必须旗帜鲜明地反对私有化和单一公有制的观点。全盘私有化的观点在实践中既不符合我国经济发展的实际，也不符合世界上大多数国家发展的事实。同样，如果回到过去那种单一公有制的发展道路，我国的社会主义现代化事业也会被葬送。实践证明，发展多种所有制经济，不但没有削弱和动摇公有制经济的主体地位，反而巩固和发展了公有制的主体地位，增强了国有经济的控制力。

（二）坚持和完善市场经济体制

社会主义初级阶段基本经济制度和分配制度要通过特定的经济体制运行发挥作用。经济体制一般是指社会主义国家的国民经济运行管理方式，或资源配置和生产组织的方法，它涉及国家与生产资料、政府与企业之间的关系，涉及生产、分配、交换和消费通过什么样的体制实现。中国特色社会主义经济制度的形成过程，也是计划经济体制向市场经济体制转变的过程。

中华人民共和国成立以后，逐步建立的是计划经济体制。选择计划经济体制，符合当时的主客观条件。一是从我国当时的国情看，面临着全面进行社会主义经济建设的艰巨任务，但当时的国民经济实力极其薄弱，要进行大规模的经济建设，只有集中全国的力量，而要做到这一点，实行高度集中的计划经济体制则是基本的体制保证；二是苏联的实践对我国产生了示范性影响。苏联是世界上第一个社会主义国家，在社会主义建设的实践中积累了丰富的经验，我国进入社会主义以后，实行怎样的经济体制来组织经济建设，这是一个全新的课题。苏联实行高度集中的计划经济体制取得的巨大成就，使我们仿效苏联的体制具有现实合理性。从现实结果来看，计划经济体制对于我国建立起比较完整的独立的工业体系和国民经济体系发挥了重要的作用。

但是，高度集中的计划经济体制在运行过程中暴露出了许多问题，包括党政不分、政企不分、国家对经济统得过死、权力过于集中、分配中平均主义过于严重等，这些问题抑制了广大人民群众的生产积极性、主动性和创造性，抑制了社会主义经济的活力。以毛泽东为代表的党的第一代中央领导集体对如何建立符合中国国情的经济体制进行了艰辛探索，但由于历史的局限性"左"的思想影响，这种探索没有能进行下去。

改革开放以后，随着经济体制改革的不断深化和理论的创新，建立社会主义市场经济体制成为我国经济体制改革的目标模式。1978 年召开的中国共产党十一届三中全会，拉开了中国经济体制改革的帷幕。1981 年中共十一届六中全会提出了"计划经济为主、市场调节为辅"的方针；1984 年中共十二届三中全会首次提出"在公有制基础上有计划的商品经济"的新概念；中共十三大提出了有计划的商品经济应该是"计划与市场内在统一的体制"，"经济和市场的作用范围都是覆盖全社会的"，提出建立"国家调节市场，市场引导企业的机制"；后来，又提出"计划经济与市场调节相结合"；1992 年邓小平在南方谈话中明确指出："计划多一点还是市场多一点，不是社会主义与资本主义的本质区别。计划经济不等于社会主义，资本主义也有计划；市场经济不等于资本主义，社会主义也有市场。计划和市场都是经济手段。"[①]1992 年中共十四大明确把建立社会主义市场经济体制作为我国经济体制改革的目标；中共十四届三中全会通过的《中共中央关于建立社会主义市场经济体制若

---

① 《邓小平文选》第三卷，人民出版社 1993 年版，第 373 页。

干问题的决定》，进一步明确了建立社会主义市场经济体制的基本框架，正确解决了关系整个社会主义现代化建设全局的一个重大问题。到 20 世纪末，社会主义市场经济体制在我国初步建立。

2003 年，中共十六届三中全会通过《中共中央关于完善社会主义市场经济体制若干问题的决定》，对进一步完善社会主义市场经济体制提出了明确的目标和任务。2007 年，中共十七大提出了在完善社会主义市场经济体制方面要取得重大进展的要求，对进一步完善社会主义市场经济体制，更好地发挥市场在资源配置中的基础性作用，形成有利于科学发展的宏观调控体系作出了重要部署。2012 年，中共十八大提出更大程度更大范围发挥市场在资源配置中的基础性作用。2013 年，十八届三中全会明确提出，要使市场在资源配置中起决定性作用和更好发挥政府作用。这次全会通过的《中共中央关于全面深化改革若干重大问题的决定》把市场在资源配置中的"基础性作用"改为"决定性作用"，两字之差反映出中国共产党对社会主义市场经济规律认识的深化。

社会主义市场经济体制，将市场经济与社会主义制度相结合，具有市场经济和社会主义制度的双重内涵。市场经济作为一种资源配置方式，不具有姓"资"姓"社"的性质。从历史上看，市场经济与资本主义相伴而生，但它并不是资本主义的专利，而是人类的共有的文明成果，既可为资本主义服务，也可以为社会主义服务。我国建立社会主义市场经济，就是市场经济同社会主义制度相结合，是在社会主义条件下的市场经济，它作为市场经济，同样是以市场作为主要手段配置资源的经济，是由价值规律调节运行的经济。与此同时，社会主义市场经济是市场经济发展的一种新形式，除了要体现市场经济的一般共性，还要体现社会主义制度本身的特性。市场经济与社会主义基本制度的结合，不是要改变市场经济的一般规律和运行机制，而是要使市场经济的发展体现社会主义的特征，这就是社会主义市场经济与资本主义市场经济的区别所在。因此，社会主义市场经济是在有效的国家宏观调控下，通过市场对资源进行配置，实现效率与公平。

　　改革开放以来我国经济建设和发展的成功经验，就是必须把坚持社会主义基本制度与发展市场经济结合起来，发挥社会主义制度的优越性和市场配置资源的决定性作用，使全社会充满生机和活力，创造性地在社会主义条件下发展市场经济，使经济活动遵循价值规律的要求，不断解放和发展社会生产力，增强综合国力，提高人民的生活水平。

（三）坚持科学发展，推动国民经济持续健康发展

　　推动国民经济持续健康发展，是在总结改革开放以来我国经济发展经验教训的基础上取得的新认识。如何以更好的质量实现经济社会的发展，是当前必须解决的重大问题。在未来的发展中，资源环境对经济发展已构成严重制约，城乡之间、区域之间、经济与社会之间发展不平衡的矛盾趋于突出，资源相对短缺、生态环境脆弱、环境容量不足，已经成为我国发展中的突出问题，如果不能很好地解决这些问题，经济社会的发展就难以持续。只有推动经济持续健康发展，才能筑牢国家繁荣富强、人民幸福安康、社会和谐稳定的物质基础。推进经济持续健康发展，必须加快转变经济发展方式，这是发展理念变革、体制转型、路径创新的综合性、战略性转变。

　　经济发展方式转变就是促使传统的、旧的发展方式向现代的、新的发展方式转化，用现代的、新的发展方式替代传统的、旧的发展方式。如果做两个极端的归类，传统的、旧的发展方式指的是一组发展方式集合：资本、劳动密集型的；政府驱动型的；外需拉动型的；投资驱动型的；出口带动型；外延粗放型的。而现代的、新的发展方式指的是另一组方式集合：技术密集型的；市场导向型的；内需驱动型的；消费驱动型的；内涵集约型的。历史地看，上述传统与现代、旧与新的发展方式只是一种相对划分。而且不同类型的经济发展方式有着不同的形成条件，相互之间并非孤立、对立，往往存在着交叉重叠、相互补充的关系，相

应产生不同的发展结果。转变经济发展方式既要求从粗放型增长转变为集约型增长，又要求从单一的增长转变为全面、协调、可持续的发展。

第一，全面深化经济体制改革，推进经济结构战略性调整。改革开放以来，我们坚持社会主义初级阶段的基本路线，以经济建设为中心，推动我国以少有的速度快速发展起来。但在这个过程中，一些地方、一些领域出现了"唯GDP"、片面追求经济增长速度的问题。目前我们在经济社会发展中遇到的资源过度开发、环境污染、经济结构不合理等问题，都与此发展理念密切相关。对此，习近平反复强调，不要简单以国内生产总值增长论英雄。经过30多年高速发展，我国已成为世界第二大经济体，这么大的块头、这么大的底数，再继续追求两位数的增长速度已不现实。此外，快速发展在基本解决了贫困的问题后，又带来了许多的新问题，这也需要把增速调整到合适的区间之内，确保经济行稳致远。中共十八届三中全会明确提出"使市场在资源配置中起决定性作用和更好发挥政府作用"的重要论断，为进一步深化经济体制改革、完善社会主义市场经济体制指明了方向。用好"看不见的手"和"看得见的手"，要着眼于三个方面：一是要切实发挥市场在资源配置中的决定性作用，紧紧围绕使市场在资源配置中起决定性作用深化经济体制改革；二是要更好发挥政府作用，坚持有所为、有所不为，着力提高宏观调控和科学管理的水平；三是要加强协调配合，发挥好政府和市场"两只手"的作用，找准市场功能和政府行为的最佳结合点，切实把市场和政府的优势都充分发挥出来，更好地体现社会主义市场经济体制的特色和优势。

第二，实施创新驱动发展战略。科技是国家强盛之基，创新是民族进步之魂，科技创新是提高社会生产力和综合国力的战略支撑。2014年1月6日，习近平在会见探月工程嫦娥三号任务参研参试人员代表时要求，中国要成为科技创新大国。从全球范围看，科学技术越来越成为推动经济社会发展的主要力量，创新驱动是大势所趋。国际经济竞争甚至是综合国力竞争，说到底就是创新能力的竞争。经过中华人民共和国成立以来特别是改革开放以来的努力，我国整体科技发展水平已位居发展中国家前列，一些重要领域跻身世界先进行列，培养了一支宏大的科技工作者队伍，科技投入力度不断加大。我们有理由、有底气树立攀登世界科技高峰的自信。中共十八大报告提出，科技创新必须摆在国家发展全局的核心位置，要坚持走中国特色自主创新道路，以全球视野谋划和推动创新，提高原始创新、集成创新和引进消化吸收再创新能力，更加注重协同创新：首先，要加快科技体制改革步伐，破除一切束缚创新驱动发展的观念和体制机制障碍；其次，要完善人才发展机制，在创新实践中发现人才、在创新活动中培育人才、在创新事业中凝聚人才，必须大力培养造就规模宏大、结构合理、素质优良的创新型科技人才。

第三，全面提高开放型经济水平。适应经济全球化新形势，必须实行更加积极主动的开放战略，完善互利共赢、多元平衡、安全高效的开放型经济体系。推动对内对外开放相互促进、引进来和走出去更好结合，促进国际国内要素有序自由流动、资源高效配置、市场深度融合，加快培育参与和引领国际经济合作竞争新优势，以开放促改革。中共十八大报告从七个方面提出了建立开放型经济体系的举措：一要加快转变对外经济发展方式，推动开放朝着优化结构、拓展深度、提高效益方向转变；二要创新开放模式，促进沿海内陆沿边开放优势互补，形成引领国际经济合作和竞争的开放区域，培育带动区域发展的开放高地；三要坚持出口和进口并重，强化贸易政策和产业政策协调，形成以技术、品牌、质量、服务为核心的出口竞争新优势，促进加工贸易转型升级，发展服务贸易，推动对外贸易平衡发展；四要提高利用外资综合优势和总体效益，推动引资、引技、引智有机结合；五要加快走出去步伐，增强企业国际化经营能力，培育一批世界水平的跨国公司；六要统筹双边、多边、区域次区域开放合作，加快实施自由贸易区战略，推动同周边国家互联互通；七要提高抵御国际经济风险能力。

二、政治发展道路

世界上没有完全相同的政治制度，没有也不可能有一种放之四海而皆准的政治发展道路。一个国家实行什么样的政治制度，走什么样的政治发展道路，必须与这个国家的国情和性质相适应。对于我们这样一个有着 13 亿多人口、56 个民族的发展中大国来说，始终坚持正确的政治发展道路，更是一个关系全局的重大问题。

1949 年中华人民共和国成立后，社会主义政治体制逐步建立起来。人民当家作主是社会主义政治的基本特征之一。发展社会主义民主是中国特色社会主义政治发展的重要任务。历经曲折发展、建设与改革，最终形成了人民民主专政的国家制度、议行合一的人民代表大会制度、民族区域自治制度以及特别行政区制度，创造了一整套独具特色的社会主义民主政治制度体系政治协商制度。改革开放以来，我们总结发展社会主义民主正反两方面经验，强调人民民主是社会主义的生命，坚持国家一切权力属于人民，不断推进政治体制改革，社会主义民主政治建设取得重大进展，成功开辟和坚持了中国特色社会主义政治发展道路，为实现最广泛的人民民主确立了正确方向。①

中国特色社会主义政治发展道路，是指在中国共产党领导下，立足基本国情，坚持正确的政治方向，积极稳妥地推进政治体制改革，同建设社会主义市场经济、社会主义先进文化、社会主义和谐社会相适应，不断推进社会主义政治制度自我完善和发展，坚持和完善人民代表大会制度、中国共产党领导的多党合作和政治协商制度、民族区域自治制度以及基层群众自治制度，不断扩大公民有序的政治参与，实现党的领导、人民当家作主和依法治国的有机统一。

---

① 《十八大以来重要文献选编》上，中央文献出版社 2014 年版，第 19—20 页。

（一）坚持党的领导、人民当家作主、依法治国有机统一

走中国特色社会主义政治发展道路，关键是要坚持党的领导、人民当家作主、依法治国有机统一。这是中国特色社会主义政治发展道路的根本原则，是中国特色社会主义政治建设的核心，也是我国社会主义政治文明的本质特征。

第一，党的领导是人民当家作主和依法治国的根本保证。我们党在建设中国特色社会主义事业中的领导核心地位是在历史中形成的，党的领导要通过执政来体现。党执政的实质就是领导、组织和支持人民依法管理国家和社会事务，实现自己的利益和意志。在我国这样一个发展中大国，离开了共产党的领导，就不可能把全国人民的力量和意志凝聚起来，发展社会主义民主也就无从谈起。广大人民群众为了实现自己的根本利益，要求有一个坚强的政治核心，制定体现人民群众根本利益和共同意志的宪法、法律。历史和现实都表明，推进政治建设和政治体制改革，必须有利于坚持和改善党的领导，增强党和国家的活力，而绝不能削弱党的领导。

第二，人民当家作主是社会主义民主政治的本质和核心，是社会主义政治文明建设的根本出发点和归宿。社会主义民主政治的本质是人民当家作主。共产党执政就是领导和支持人民当家作主，强调坚持党的领导，归根到底是为了实现人民群众当家作主的权利和根本利益。健全民主和法制，全面落实依法治国基本方略，切实尊重和保障人民的政治、经济和文化权益，是社会主义民主政治建设的根本要求，也是我们党执政的根本目的和可靠基础。发扬人民民主，又是加强和改善党的领导的有效途径。党只有领导人民创造各种有效的当家作主的民主形式，坚持依法治国，才能充分实现人民当家作主的权利，巩固和发展党的执政地位。

第三，依法治国是党领导人民治理国家的基本方略。依法治国与

人民民主、党的领导是紧密联系、相辅相成、相互促进的。依法治国不仅从制度上、法律上保证人民当家作主，而且也从制度上、法律上保证党的执政地位。我国的宪法和法律是党的主张和人民意志相统一的体现。人民在党的领导下，依照宪法和法律治理国家，管理社会事务和经济文化事业，保障自己当家作主的各项民主权利，这是依法治国的实质。依法治国的过程，实际上就是在党的领导下，维护人民主人翁地位的过程，保证人民实现当家作主的过程。党领导人民通过国家权力机关制定宪法和各项法律，又在宪法和法律范围内活动，严格依法办事，保证法律的实施，从而使党的领导、人民当家作主和依法治国有机统一起来。

因此，坚持党的领导、人民当家作主、依法治国有机统一，就必须要坚持发挥党总揽全局、协调各方的领导核心作用，改进和完善党的领导方式和执政方式，不断提高党科学执政、民主执政、依法执政水平；就必须切实保证国家的一切权力属于人民，以民主的制度、民主的形式、民主的手段支持和保证人民当家作主；就必须坚持依法治国和依法执政，大力加强社会主义法治建设，使党和国家的各项工作、社会生活的方方面面都走上制度化、法律化的轨道。

把坚持党的领导、人民当家作主、依法治国有机统一起来是我国社会主义法治建设的一条基本经验。对于如何把握这三者关系，特别是如何看待党的领导与法律之间的关系，习近平深刻地指出，"党大还是法大"是一个伪命题。我们说不存在"党大还是法大"的问题，是把党作为一个执政整体而言的，是指党的执政地位和领导地位而言的，具体到每个党政组织、每个领导干部，就必须服从和遵守宪法法律，就不能以党自居，就不能把党的领导作为个人以言代法、以权压法、徇私枉法的挡箭牌。

（二）推进政治体制改革，完善和发展社会主义民主政治制度体系

习近平强调："我们的国家治理体系和治理能力总体上是好的，是有独特优势的，是适应我国国情和发展要求。同时，我们在国家治理体系和治理能力方面还有许多亟待改进的地方，在提高国家治理能力上需要下更大力气。"①坚持中国特色社会主义政治发展道路，必须通过政治体制改革不断推进民主法治建设，其中，制度问题具有根本性、长期性、全局性和稳定性，因此首要的是不断完善和发展社会主义民主政治制度体系。

第一，坚持人民民主专政。人民民主专政是我国的国体。毛泽东在《论人民民主专政》一文明确指出："对人民内部的民主方面和对反动派的专政方面，互相结合起来，就是人民民主专政。"②我国宪法明确规定："中华人民共和国是工人阶级领导的，以工农联盟为基础的人民民主专政的社会主义国家。"我国现阶段人民民主专政实质上是无产阶级专政，依靠无产阶级专政保卫社会主义制度。实践证明，人民民主专政是适合中国国情和革命传统的一种形式，具有鲜明的中国特色。从政权组成的阶级结构来看，我国人民民主专政的阶级基础具有广泛性，是实现了绝大多数人享有权利的民主；从政党关系来看，我国实行共产党领导的多党合作和政治协商制度，人民民主专政体现了这一新型的政党关系；从人民民主专政的内涵来看，它是民主和专政的辩证统一。总之，坚持人民民主专政的实质，就是要不断发展社会主义民主，切实保护人民利益，维护国家的主权、安全、统一和稳定，要坚持国家的一切权力属于人民，保证人民依照宪法和法律规定，通过各种形式和途径，管理

---

① 《人民日报》2014 年 2 月 18 日。

② 《建党以来重要文献选编（1921—1949）》第二十五册，中央文献出版社 2011 年版，第 508 页。

国家事务，管理经济和文化事业，管理社会事务，保证人民当家作主，还必须充分履行国家政权的专政职能。

第二，完善和发展人民代表大会制度。人民代表大会制度是中国人民当家作主的根本的政治制度，是我国的政体。一切权力属于人民是我国人民代表大会制度的核心内容。我国宪法规定："中华人民共和国的一切权力属于人民。人民行使国家权力的机关是全国人民代表大会和地方各级人民代表大会。"人民代表大会制度是指全国各族人民按照民主集中制原则，定期选举产生各级人民代表大会，作为国家权力机关，并由人民代表大会产生其他国家机构，以实现人民管理国家的一种制度。人民代表大会制度是中国人民民主专政的政权组织形式，是中国的根本政治制度。在我国实行人民代表大会制度，是马克思主义基本原理同中国具体实际相结合的伟大创造，是近代以来中国社会发展的必然选择，是中国共产党带领全国各族人民长期奋斗的重要成果，反映了全国各族人民的共同利益和共同愿望。实行人民代表大会制度是中国社会主义民主政治最鲜明的特点。在我国，人民内部虽然还存在各种复杂的矛盾，但全国人民根本利益的一致性，决定了人民可以统一行使自己的权力。实行人民代表大会制度最符合我国国情。在国家机构体系中，全国人民代表大会作为国家最高权力机关统一行使国家权力，实行民主集中制，集体行使职权，集体决定问题；国家行政机关、审判机关、检察机关由人民代表大会产生，对它负责、受它监督，合理分工、协调一致地工作，保证了国家统一有效地组织各项事业，保证一切权力属于人民。

第三，完善和发展中国共产党领导的多党合作和政治协商制度。政党制度是现代民主政治的重要组成部分。一个国家实行什么样的政党制度，由该国国情、国家性质和社会发展状况所决定。各国政党制度的不同体现了人类文明发展的多样性。中国实行的政党制度是中国共产党领导的多党合作和政治协商制度，它既不同于西方国家的两党或多党竞争制，也有别于有的国家实行的一党制。这一制度在中国长期的革命、建设、改革实践中形成和发展起来，是适合中国国情的一项基本政治制度，是具有中国特色的社会主义政党制度，是中国社会主义民主政治的重要组成部分，其基本内容包括以下几个方面：一是中国共产党是执政党，各民主党派是参政党，中国共产党和各民主党派是亲密战友。中国共产党是执政党，其执政的实质是代表广大人民掌握人民民主专政的国家政权。各民主党派是参政党，具有法律规定的参政权。其参政的基本点是：参加国家政权，参与国家大政方针和国家领导人选的协商，参与国家事务的管理，参与国家方针、政策、法律、法规的制定和执行。二是中国共产党和各民主党派合作的首要前提和根本保证是坚持中国共产党的领导和坚持四项基本原则。三是中国共产党与各民主党派合作的基本方针是：长期共存，互相监督，肝胆相照，荣辱与共。四是中国共产党和各民主党派以宪法和法律为根本活动准则。各民主党派都受宪法的保护，享有宪法规定范围内的政治自由、组织独立和法律上的平等地位。中国人民政治协商会议是中国人民爱国统一战线的组织，是中国共产党领导的多党合作和政治协商的重要机构，也是中国政治生活中发扬民主的重要形式。人民政协的主要职能是政治协商、民主监督、参政议政。

　　第四，完善和发展民族区域自治制度。民族区域自治是我们党解决我国民族问题的基本政策，是国家的一项基本政治制度，是建设中国特色社会主义政治的重要内容。民族区域自治制度就是在统一的祖国大家庭里，在国家的统一领导下，以少数民族聚居的地区为基础，建立相应的自治机关，行使自治权，自主地管理本民族、本地区的内部事务，行使当家作主的权利。其核心是保障少数民族当家作主，管理本民族、本地方事务的权利。根据我国宪法和民族区域自治法的规定，我国各民族自治地方的自治机关享有广泛的自治权利。一是自主管理本民族、本地区的内部事务；二是享有制定自治条例和单行条例的权利；三是享受宗教信仰自由的权利；四是享有使用和发展本民族语言文字，按照传统风俗习惯生活及进行社会活动的权利和自由。此外，还拥有自主安排、管理、发展经济建设事业、自主发展教育、科技、文化等其他各项权利。实践证明，实行民族区域自治既符合历史的发展，又适合现实情况，是适合中国国情的一项制度安排。民族区域自治有利于维护国家统一和安全，增强了中华民族的凝聚力；有利于保障少数民族人民当家作主的权利；有利于发展平等团结互助和谐的社会主义民族关系；有利于促进社会主义现代化建设事业蓬勃发展。中共十八大明确指出，要坚持和完善民族区域自治制度，牢牢把握各民族共同团结奋斗、共同繁荣发展的主题，深入开展民族团结进步教育，加快民族地区发展，保障少数民族合法权益，巩固和发展平等团结互助和谐的社会主义民族关系，促进各民族和睦相处、和衷共济、和谐发展。

第五，完善和发展基层群众自治制度。基层群众自治制度是中国的一项基本政治制度，它是依照宪法和法律，由居民（村民）选举的成员组成居民（村民）委员会，实行自我管理，自我教育，自我服务，自我监督的制度。中共十七大将"基层群众自治制度"确立为我国社会主义民主政治的基本政治制度，把坚持和完善基层群众自治制度作为坚持中国特色社会主义政治发展道路的重要内容。基层群众自治制度是我国最直接、最广泛、最生动的社会主义民主实践。在城乡社区治理、基层公共事务和公益事业中实行群众自我管理、自我服务、自我教育、自我监督，是人民依法直接行使民主权利的重要方式，具有全体公民广泛和直接参与的特点。在我国已经建立了以村民委员会、城市居民委员会和企业职工代表大会为主要内容的基层民主自治体系。它不仅是一种基层群众自治制度，而且作为国家制度民主的具体化，是社会主义民主广泛而深刻的实践。目前，全国直接参与基层群众自治的农村人口达到6亿，城镇居民超过3亿。亿万人民群众通过亲身参与广泛的民主实践活动，依法自主地创造和管理自己的生活，进一步推进社会主义民主政治建设的进程。中共十八大进一步部署了完善基层民主制度的若干工作，要健全基层党组织领导的充满活力的基层群众自治机制，以扩大有序参与、推进信息公开、加强议事协商、强化权力监督为重点，拓宽范围和途径，丰富内容和形式，保障人民享有更多更切实的民主权利；要全心全意依靠工人阶级，健全以职工代表大会为基本形式的企事业单位民主管理制度，保障职工参与管理和监督的民主权利；要发挥基层各类组织协同作用，实现政府管理和基层民主有机结合。

第六，建设社会主义法治国家。依法治国，是完善和发展社会主义政治制度体系的重要保障，是实现国家治理体系和治理能力现代化的必然要求。中共十八大以来，习近平总书记围绕全面依法治国发表了一系列重要论述，对贯彻落实中共十八大和十八届三中、四中全会精神具有重要指导意义。习近平指出，依法治国是坚持和发展中国特色社会主义的本质要求和重要保障；坚持中国特色社会主义法治道路，最根本的是坚持中国共产党的领导，建设中国特色社会主义法治体系、建设社会主义法治国家，坚持依法治国、依法执政、依法行政共同推进，坚持法治国家、法治政府、法治社会一体建设；要推进科学立法，完善以宪法为统帅的中国特色社会主义法律体系；要严格依法行政，加快建设法治政府；要坚持公正司法，努力让人民群众在每一个司法案件中都能感受到公平正义；要增强全民法治观念，使尊法守法成为全体人民共同追求和自觉行动；要建设一支德才兼备的高素质法治队伍；全面依法治国，必须抓住领导干部这个"关键少数"。依法治国，就是广大人民群众在党的领导下，依照宪法和法律规定，通过各种途径和形式管理国家事务，管理国家经济文化事业，管理社会事务，保证国家各项工作都依法进行，逐步实现社会主义民主的制度化、法律化，使这种制度和法律不因领导人的改变而改变，不因领导人看法和注意力的改变而改变。这是一个系统工程，是国家治理领域一场广泛而深刻的革命，需要付出长期艰苦努力。

三、文化发展道路

文化发展道路是中国特色社会主义道路的重要组成部分。文化是民族的血脉，是人民的精神家园，也是政党的精神旗帜。在我国5000多年文明发展历程中，各族人民紧密团结、自强不息，共同创造出源远流长、博大精深的中华文化，为中华民族发展壮大提供了强大精神力量，为人类文明进步作出了不可磨灭的重大贡献。中国共产党是一个具有高度文化自觉的马克思主义政党，在革命、建设、改革各个历史时期，都高度重视文化建设，充分运用文化引领前进方向、凝聚奋斗力量、推动事业发展。没有文化的积极引领，没有人民精神世界的极大丰富，没有全民族精神力量的充分发挥，一个国家、一个民族不可能屹立于世界民族之林。物质贫乏不是社会主义，精神空虚也不是社会主义。没有社会主义文化繁荣发展，就没有社会主义现代化。

在中华人民共和国成立之际，毛泽东就已经说过："随着经济建设的高潮的到来，不可避免地将要出现一个文化建设的高潮。中国人被人认为不文明的时代已经过去了，我们将以一个具有高度文化的民族出现于世界。"① 改革开放以来，中国共产党在坚持以经济建设为中心推进社会主义现代化建设的过程中，反复强调物质文明与精神文明要"两手抓，两手都要硬"，提出要发展社会主义先进文化。中共十五大报告提出："建设有中国特色社会主义的文化，就是以马克思主义为指导，以培育有理想、有道德、有文化、有纪律的公民为目标，发展面向现代化、面向世界、面向未来的，民族的科学的大众的社会主义文化。"中共十七

---

① 毛泽东：《中国人从此站立起来了》，《毛泽东文集》第五卷，人民出版社1996年版，第345页。

届六中全会第一次提出了"中国特色社会主义文化发展道路"这一重要命题。

　　中国特色社会主义文化发展道路，是指坚持社会主义先进文化前进方向，以建设社会主义核心价值体系为根本任务，以满足人民精神文化需求为出发点和落脚点，以改革创新为动力，发展面向现代化、面向世界、面向未来的，民族的科学的大众的社会主义文化，保障人民文化权益，培养高度的文化自觉和文化自信，提高全民族文明素质，增强国家文化软实力，弘扬中华文化，建设中华民族共有精神家园，努力建设社会主义文化强国，为人类文明进步作出更大贡献。这条文化发展道路，是我们党长期领导文化建设实践经验和理论思考的集中体现，是对我国社会主义文化建设发展规律的深刻揭示，符合我国基本国情，顺应时代发展潮流。

（一）发展先进文化

　　社会主义先进文化是中国特色社会主义文化发展道路的根本目标。没有先进文化的引领，没有人民精神世界的极大丰富和全民族精神力量的充分发挥，一个民族就不可能屹立于世界民族之林。生产力落后不是社会主义，文化落后也不是社会主义。没有社会主义文化的繁荣发展，就没有社会主义现代化的真正实现和中华民族的伟大复兴。

　　第一，发展先进文化，必须坚持为人民服务、为社会主义服务的方向。为什么人服务的问题，是文化建设的根本问题，不仅决定着文化建设的目标和方向，也决定着文化的性质。建设中国特色社会主义文化，必须牢牢把握社会主义先进文化的前进方向，坚持为人民服务、为社会主义服务，把满足人民群众的精神文化需求和对美好生活的需要作为文化建设的出发点和落脚点，不断促进人们思想道德素质和科学文化素质的提高，努力实现好最广大人民群众的文化利益，为中华民族的伟大复兴提供强大的精神动力，创造良好的文化氛围。

第二，发展先进文化，必须坚持"百花齐放、百家争鸣"的方针。毛泽东 1956 年在中共中央政治局扩大会议上，正式提出在科学文化工作中，实行"百花齐放、百家争鸣"的方针，即艺术问题上"百花齐放"，学术问题上"百家争鸣"。具体来说就是：在文艺创作上，允许不同风格、不同流派、不同题材、不同手法的作品同时存在，自由发展；在学术理论上，提倡不同学派、不同观点互相争鸣，自由讨论。"双百"方针的提出，吸取了我国历史上学术、文化发展的经验，总结了我们党领导科学文化工作的经验和教训，也借鉴了外国党领导科学文化工作的经验和教训。这是一个符合社会主义科学文化发展客观规律的方针，是要把一切积极因素都调动起来，为人民服务，为社会主义建设服务。它同党在科学文化领域的其他重要方针一起，是我国社会主义的科学文化事业繁荣进步的根本保证。

第三，发展先进文化，必须坚持贴近实际、贴近生活、贴近群众的原则。鲜活的实际、火热的生活和人民群众的生动实践，是文化发展和创新的丰厚土壤和不竭源泉。只有坚持贴近实际、贴近生活、贴近群众，文化建设才能回答和解决现实问题，反映生活本质，满足人民群众的文化需求。要坚持解放思想、实事求是、与时俱进，立足社会主义初级阶段的实际，深入改革开放和现代化建设的实践，深入丰富多彩的现实生活，扎根亿万群众之中，从中提炼创作的选题，激发创作的灵感，挖掘创作的素材，不断推动文化观念、内容、形式和手段的创新。要始终坚持把人民群众拥护不拥护、赞成不赞成、高兴不高兴、满意不满意作为检验文化建设成效的根本标准，不断增强中国特色社会主义文化的吸引力和感召力。

第四，发展先进文化，必须提高文化开放水平。坚持政府主导、企业主体、市场运作、社会参与，扩大对外文化交流，加强国际传播能力和对外话语体系建设，推动中华文化走向世界。与此同时，要积极吸收借鉴国外一切优秀文化成果，引进有利于我国文化发展的人才、技术、经营管理经验。

第五，发展先进文化，必须增强国家文化软实力，必须坚持社会主义先进文化前进方向，培育和践行社会主义核心价值观，巩固马克思主义在意识形态领域的指导地位，巩固全党全国各族人民团结奋斗的共同思想基础。坚持以人民为中心的工作导向，坚持把社会效益放在首位、社会效益和经济效益相统一，以激发全民族文化创造活力为中心环节，进一步深化文化体制改革。

第六，发展先进文化，最关键的是增强全民族文化创造活力。要深化文化体制改革，解放和发展文化生产力，发扬学术民主、艺术民主，为人民提供广阔文化舞台，让一切文化创造源泉充分涌流，开创全民族文化创造活力持续迸发、社会文化生活更加丰富多彩、人民基本文化权益得到更好保障、人民思想道德素质和科学文化素质全面提高、中华文化国际影响力不断增强的新局面。中共十八届三中全会《关于全面深化改革若干重大问题的决定》提出，要紧紧围绕建设社会主义核心价值体系、社会主义文化强国深化文化体制改革，加快完善文化管理体制和文化生产经营机制，建立健全现代公共文化服务体系、现代文化市场体系，推动社会主义文化大发展大繁荣。

（二）培育和践行社会主义核心价值观

任何社会都有自己的核心价值。一个国家、一个民族在长期的发展过程中，会形成自己的核心价值体系，这是社会系统得以运转、社会秩序得以维持的基本精神依托，也是一个社会的行为规范。核心价值观，是决定文化性质和方向的最深层次要素，是一个国家的重要稳定器。2014 年 5 月 4 日，习近平在同北京大学师生座谈时指出："人类社会发展的历史表明，对一个民族、一个国家来说，最持久、最深层的力量是全社会共同认可的核心价值观。核心价值观，承载着一个民族、一个国家的精神追求，体现着一个社会评判是非曲直的价值标准。"① 我国是一个有着 13 亿多人口、56 个民族的大国，确立反映全国各族人民共同认同的价值观"最大公约数"，使全体人民同心同德、团结奋进，关乎国家前途命运，关乎人民幸福安康。今天，中国共产党领导的事业是中国特色社会主义现代化事业，当代中国的核心价值只能是社会主义核心价值观。

2006 年 10 月，中共十六届六中全会通过的《中共中央关于构建社会主义和谐社会若干重大问题的决定》，第一次明确提出了"建设社会主义核心价值体系"这个重大命题和战略任务。中共十八大进一步提出，倡导富强、民主、文明、和谐，倡导自由、平等、公正、法治，倡导爱国、敬业、诚信、友善，积极培育和践行社会主义核心价值观。社会主义核心价值观是社会主义制度在价值层面的本质规定，是全党全国各族人民团结奋斗的共同思想基础，是实现科学发展、社会和谐的推动力量，是国家文化软实力的核心内容，反映了我国社会主义基本制度的本质要求。它渗透于经济、政治、文化、社会建设的各个方面，在所有社会主义价值目标中处于统摄和支配地位，对于每个社会成员的世界观、人生观、价值观都具有深刻的影响，为中国特色社会主义的发展和完善提供了思想根基，是我国社会主义制度的精神之魂。

习近平强调，要"坚守我们的价值体系，坚守我们的核心价值观"，"要从巩固全党全国各族人民团结奋斗的共同思想基础、巩固党的执政地位的战略高度，持续加强社会主义核心价值体系建设，把培育和弘扬社会主义核心价值观作为凝魂聚气、强基固本的基础工程，作为一项根本任务，切实抓紧抓好。"② 通过教育引导、舆论宣传、文化熏陶、实践养成、制度保障等，使社会主义核心价值观内化为人们的精神追求，外

---

① 《十八大以来重要文献选编》中，中央文献出版社 2016 年版，第 2 页。

② 《习近平关于全面建成小康社会论述摘编》，中央文献出版社 2016 年版，第 111—112 页。

化为人们的自觉行动。

培育和践行社会主义核心价值观，要从以下几个方面着手：

第一，核心价值观的培育贵在知行统一，而知是前提、是基础，内心认同才能自觉践行，春风化雨才能润物无声。培育和践行核心价值观，一定要在增强认知认同上下功夫，使其家喻户晓、深入人心。

第二，培育核心价值观，重要的是增强人们的价值判断力和道德责任感。社会主义核心价值观是追求真善美的价值观，中华民族是自强不息、厚德载物的民族，每个人心底蕴藏的善良道德意愿、道德情感，就是我们培育社会主义核心价值观最深厚的土壤。

第三，培育和践行社会主义核心价值观，就要从中华优秀传统文化中充分汲取思想道德营养。源远流长、博大精深的中华优秀传统文化，积淀着中华民族最深层的精神追求，饱含着中华民族最根本的精神基因，是社会主义核心价值观的深厚源泉。对优秀的传统文化，要结合时代要求加以延伸阐发，既使中华民族最基本的文化基因与当代文化相适应、与现代社会相协调，又让社会主义核心价值之树深深植根于中华优秀传统文化沃土。

第四，核心价值观的生命力在于实践，在于每一个社会成员自觉行动。参与面越广，践行核心价值观的社会基础就越深厚。培育和践行核心价值观，必须坚持教育和实践两手抓，以教育引导实践、以实践深化教育。

第五，培育和践行社会主义核心价值观，涉及各个领域、各个方面，不仅是宣传部门的事情，更是全党全社会的共同责任。

此外，一个社会是否文明进步，一个国家是否长治久安，很大程度上取决于全体社会成员的思想道德素质。因此，培育社会主义核心价值观，要求把全面提高公民道德素质作为社会主义道德建设的根本任务，比如社会公德、职业道德、家庭美德、个人品德等方面的教育。

四、社会发展道路

中国特色社会主义社会发展道路，是中国特色社会主义道路的重要组成部分。1982年，在制定我国第六个"五年计划"时，在总体名称上增加了"社会发展"这一表述。自此以后，"五年计划"正式冠名为"国民经济和社会发展计划"。这一更名改变了中华人民共和国成立后社会主义建设以经济建设、政治建设、文化建设为主的"三位一体"总体布局，反映了党和国家在发展理念上的重大变化。

当前，我国正处于由传统社会向现代社会转型的关键历史时期，整个社会正处于深刻的变化之中，经济发展与社会发展的不平衡，是当前我国整体发展中的一个突出矛盾。在新的历史条件下，走一条怎样的社会发展道路，对于实现全面建成小康社会、全面深化改革开放、实现中华民族伟大复兴中国梦的历史任务十分关键。

2002年中共十六大提出"促进社会更加和谐"，明确把这一社会发展目标纳为全面建设小康社会的重要目标。2004年9月中共十六届四中全会将"构建社会主义和谐社会"的能力确定为中国共产党的五大执政能力之一。2006年10月，中共十六届六中全会作出《中共中央关于构建社会主义和谐社会若干重大问题的决定》，这是关于当前我国社会发展的指导性文件。2007年中共十七大通过了新党章，把社会建设正式纳入"四位一体"的总体布局，并将党的奋斗目标由原来的"富强民主文明的社会主义国家"改为"富强民主文明和谐的社会主义现代化国家"，强调了社会发展是社会主义现代化建设战略任务的题中之义。2012年中共十八大报告鲜明提出，必须从维护最广大人民根本利益的高度，加快健全基本公共服务体系，加强和创新社会管理，推动社会主义和谐社会建设。中共十八届五中全会强调要坚持共享发展理念，着力增进人民福祉，为"十三五"时期推进社会发展作出了新的战略部署。对社会发展目标的强调和逐渐具体化，体现了中国共产党执政理念的不断提升，反映了中国特色社会主义的本质要求。

中国特色社会主义社会发展道路，就是指坚持以民为本、以人为本，把保障和改善民生和创新社会治理体制作为关系社会主义事业全局的两大根本任务，按照社会和谐人人有责、和谐社会人人共建共享的原则，形成党委领导、政府负责、社会协同、公众参与、法治保障的社会治理体制，形成政府主导、覆盖城乡、可持续的基本公共服务体系，优先发展教育和扩大就业，发展医疗卫生、保障性住房等社会事业，规范收入分配秩序，完善社会保障体系，促进社会公平正义，构建社会主义和谐社会。

（一）保障和改善民生

不断改善民生是推动经济社会发展的根本目的。中国自古重视民生，《左传·宣公十二年》有云："民生在勤，勤则不匮"。到20世纪20年代，孙中山给"民生"注入新的内涵，并将之上升到"主义"、国家方针大政的高度。中国共产党成立以来，在领导中国革命和建设的进程中，一直把改善民生放在中心位置。改革开放以来，随着经济实力的增强，我国政府在民生方面的投入大幅增长，在保障和改善民生方面成效显著，广大人民群众物质文化生活水平普遍明显改善，但当前民生领域的矛盾和挑战依然突出。既有历史遗留问题，也有转型升级的因素，还有社会经济迅速变革带来的新挑战，当然也有制度建设中认识不统一的因素和工作不完善的地方。

当前，我们要全面建成小康社会、进行改革开放和社会主义现代化建设，就是要通过发展社会生产力，满足人民日益增长的物质文化需要，促进人的全面发展。习近平指出："人民对美好生活的向往，就是我们的奋斗目标。"① 改善民生是全社会广泛关注的问题，也是党和政府工作的重中之重。如果我们的发展不能回应人民的期待，不能让群众得到看得见、摸得着的实惠，不能实现好、维护好、发展好最广大人民根本利益，这样的发展就失去意义，也不可能持续。

中共十八大指出：加强社会建设，必须以保障和改善民生为重点。要多谋民生之利，多解民生之忧，解决好人民最关心最直接最现实的利益问题，在学有所教、劳有所得、病有所医、老有所养、住有所居上持续取得新进展。中共十八届三中全会分别从教育、就业创业、收入分配、社会保障、医疗卫生等方面，对保障和改善民生提出了具体要求。

着眼未来，解决人民最关心最直接最现实的利益问题，需要统筹设计民生和发展政策，探索改善民生的规律性，从提升理念、健全体制机制等方面着手实现突破，特别是解决好重点人群、重点领域的民生问题。

第一，转变思想，倡导"民生至上"理念。"民生至上"是新时期中国共产党治国理政的基本理念，体现了我们党立党建党的根本宗旨和一切行动的根本着眼点。改革开放以来，党和政府在"把蛋糕做大"的工作中取得了明显成效，当前亟待解决的是"把蛋糕分好"。"民生至上"回答了发展为了谁，谁享有发展成果的问题，明确了发展和改革的目标是为了满足人民群众的物质文化需求，提高人民群众的生活质量，让人民群众过上更有尊严、更加幸福的生活。倡导"民生至上"，也包含了促进社会公平正义，坚持"以人为本"等内涵。

第二，立足可持续，坚持经济转型与民生改善"双推动"。保障和改善民生是经济转型升级的根本出发点和落脚点。以民生为重点的社会事业发展滞后，是我国经济社会发展的明显短板。转型升级是否成功、

---

① 习近平：《在庆祝"五一"国际劳动节暨表彰全国劳动模范和先进工作者大会上的讲话》，人民出版社 2015 年版，第 7 页。

是否达到预期目标，民生改善是重要衡量指标。同时，民生的改善又为转型升级提供动力和条件。要立足民生抓发展，抓好民生促转型，同步推进经济转型和社会转型。根据国际经验，民生问题解决得好坏是跨越"中等收入陷阱"的重要决定因素。目前我国处于社会矛盾高发期，许多矛盾的产生与民生问题直接相关，处理不好会影响乃至中断经济转型升级进程，解决好民生问题十分紧迫。

第三，健全体制机制，建设公共服务型政府。民生问题往往涉及面广泛，关乎全局，因此与国家治理体系和治理能力有密切的联系，要从推进国家治理现代化着手，重视健全体制机制，为改善民生提供良好的制度环境和制度基础。现代国家的一个主要职能，就是实行法治，维护社会公平正义，在全社会范围内改善民生，因此其基本定位应是"公共服务型政府"。然而，在改革开放初期，政府在一定程度上忽视了维护社会公平正义的工作，忽视了依法行政的要求。在这个意义上，那段时期，政府扮演着一个追求 GDP 的"经济型政府"的角色，强调"做大蛋糕"，而不重视公平地、依法地"分好蛋糕"，于是忽视甚至延误了民生的改善。故此，近年来我们强调国家治理体系和治理能力现代化，就是要加快公共服务型政府建设，强调社会事业改革，在制度上，在体制机制上落实公平和法治的原则，使政府管好它该管的，进而为改善民生提供制度保障。

第四，重视和解决重点民生问题。当前，一些突出的民生问题需要解决，这是推动经济平稳增长，维护社会稳定所必需的。一方面是重点人群的民生问题，比如低收入群体和困难群众，他们寻求帮扶的呼声愿望更为强烈和迫切，需要特别关爱。我们应确保每个困难群众基本生活有保障，确保每个困难家庭学生不因贫失学，确保公共卫生和基本医疗服务覆盖城乡全体居民，确保困难群众维护合法权益得到及时有效的法律援助，使人民群众深切感受到保障和改善民生的工作成效。另一方面是现阶段凸显的重点领域的民生问题，比如就业、收入分配、社会保障等问题，"上学难""看病难""住房难"等人民群众反映强烈的问题，环境污染、食品安全等严重影响人民群众生活质量的问题，等等。

（二）创新社会治理体制

社会治理是社会发展的重要方面，是国家治理的重要内容。改革开放以来，党和政府高度重视社会管理，取得了重大成绩，积累了宝贵经验。同时也要看到，当前我国社会转型处于加速时期，改革处于攻坚期和深水区，社会稳定进入风险期，维护国家安全和社会稳定的任务十分繁重艰巨，社会发展面临新情况新问题，必须通过深化改革，实现从传统社会管理向现代社会治理转变。习近平指出："治理和管理一字之差，体现的是系统治理、依法治理、源头治理、综合施策。"① 中共十八届三中全会指出：必须着眼于维护最广大人民根本利益，最大限度增加和谐因素，增强社会发展活力，提高社会治理水平，全面推进平安中国建设，维护国家安全，确保人民安居乐业、社会安定有序。

第一，改进社会治理方式。改进社会治理方式，要做到"四个坚持"。一是坚持系统治理，加强党委的领导核心作用，发挥政府主导作用，鼓励和支持社会各方面参与，实现政府治理和社会自我调节、居民自治良性互动。二是坚持依法治理，加强法治保障，运用法治思维和法治方式化解社会矛盾，协调社会关系，解决社会问题。三是坚持综合治理，运用多种手段规范社会行为，调节利益关系，协调社会关系，解决社会问题。四要坚持源头治理，标本兼治、重在治本，以网格化管理、社会化服务为方向，健全基层综合服务管理平台，及时反映和协调人民群众各方面各层次利益诉求。建立维护群众利益的保障机制，建立健全重大决策风险评估机制，建立健全突发事件预警和应急处置机制。

第二，激发社会组织活力。创新社会治理体制，关键是要正确处理

---

① 《习近平关于全面建成小康社会论述摘编》，中央文献出版社 2016 年版，第 142 页。

好政府和社会的关系，加快实施政社分开，推进社会组织明确权责、依法自治、发挥作用，加快形成现代社会组织治理体制。适合由社会组织提供的公共服务，适合由社会组织解决的事项，要交给社会组织承担；要支持、管理和监督各类社会组织发展；限期实现行业协会商会与行政机关彻底脱钩，重点培育和优先发展行业协会商会类、科技类、公益慈善类、城乡社区服务类社会组织，成立时直接依法申请登记；要加强对社会组织和在华境外非政府组织的管理，引导它们依法开展活动。

第三，创新有效预防和化解社会矛盾体制。面对社会转型期大量复杂的社会矛盾，要健全重大决策社会稳定风险评估机制；建立畅通有序的诉求表达、心理干预、矛盾调处、权益保障机制，使群众问题能反映、矛盾能化解、权益有保障；要改革行政复议体制，健全行政复议案件审理机制，纠正违法或不当行政行为；要完善人民调解、行政调解、司法调解联动工作机制，建立调处化解矛盾纠纷综合机制；要改革信访工作制度，实行网上受理信访制度，健全及时就地解决群众合理诉求机制；把涉法、涉诉信访纳入法治轨道解决，建立涉法、涉诉信访依法终结制度。

第四，健全公共安全体系。当前，公共安全事件多发频发，成为社会治理面临的一个重大挑战。要牢固树立安全发展理念，坚持人民利益至上，加强全民安全意识教育，健全公共安全体系。应健全食品药品安全监管机制，深化安全生产管理体制改革，健全防灾减灾救灾体制机制，创新立体化社会治安防控体系，加大依法管理网络力度，提高应对公共安全事件的能力，保障人民生命财产安全和社会的健康有序运行。

（三）构建和谐社会

中国自古有"和"的观念。甲骨文中就有"和"字，《春秋·左传》中有"八年之中，九合诸侯，如乐之和，无所不谐"。东汉许慎在《说文解字》中对"和"的解释是"相应也"。照此理解，在社会生活领域，和谐是指人与人之间在交往中形成的相互适应、相互配合、相互依存又相互制约的均衡状态。中国传统思想文化中对和谐社会的想象，最具代表性的是"小康社会"和"大同社会"的构想。在西方文化传统中，和谐观念也有深厚的思想根基。西方的和谐概念源于哲学，后在社会政治思想中得到进一步发展。在西方传统影响下，欧洲逐渐发展出了空想社会主义思想，成为"和谐社会"的重要思想资源。马克思恩格斯在继承前人思想成果的基础上，创立了科学社会主义理论，勾画了美好的社会蓝图。马克思把共产主义定义为"人和自然界之间、人和人之间的矛盾的真正解决"[①]。恩格斯也把共产主义称为"人类同自然的和谐以及人类本身的和谐"[②]的社会。

当前，我国经济社会转型具有双重使命，一是传统农业社会向现代工业社会的变迁，二是由计划经济体制向社会主义市场经济体制的转换。四十年来，社会阶层状况出现重大变化，社会利益关系和利益结构大幅度调整，社会成员的利益诉求意识不断增强，而且其诉求渠道和方式日益多样化。随着经济全球化、世界多极化的不断发展和国内改革发展进入关键时期，我国社会生活中长期积累的各种不和谐因素也日益显现，新的社会风险和社会问题也暴露出来，新旧矛盾交织、叠加、聚合，带来巨大挑战。

2002年中共十六大提出"促进社会更加和谐"，明确把社会更加和谐作为全面建设小康社会的重要目标。2004年中共十六届四中全会将"构建社会主义和谐社会"的能力确定为党的五大执政能力之一。2005年胡锦涛在省部级主要领导干部专题研讨班上界定了和谐社会的内涵，即：民主法治、公平正义、诚信友爱、充满活力、安定有序、人与自然和谐相处。2006年中共十六届六中全会作出《中共中央关于构建社会

---

① 《马克思恩格斯文集》第1卷，人民出版社2009年版，第185页。

② 《马克思恩格斯全集》第1卷，人民出版社1956年版，第603页。

主义和谐社会若干重大问题的决定》全面、深刻地阐述了社会主义和谐社会的性质和定位，指明了构建社会主义和谐社会的指导思想、目标任务、工作原则和重大部署。2007 年中共十七大明确把以构建社会主义和谐社会为主要内容的社会建设，作为中国特色社会主义总体布局中四位一体的重要构成部分。2012 年中共十八大报告鲜明提出："加强社会建设，是社会和谐稳定的重要保证。"2013 年中共十八届三中全会提出，要"确保社会既充满活力又和谐有序"。2014 年 5 月，习近平在中国国际友好大会暨中国人民对外友好协会成立 60 周年纪念活动上发表讲话指出，中华文化崇尚"和谐"，中国"和"文化源远流长，蕴含着天人合一的宇宙观、协和万邦的国际观、和而不同的社会观、人心和善的道德观。这一论述以"和谐"理念贯穿个人品德、社会关系、国际社会、自然系统四个层面，进一步丰富了"和谐社会"的内涵，为我们建设社会主义和谐社会提出了新的要求。2017 年中共十九大指出："加强和创新社会治理，维护和谐稳定，确保国家长治久安，人民安居乐业。"

狭义的社会主义和谐社会主要是指社会层面本身各个环节、各种因素以及各种机制之间的协调，其主体是中国特色社会主义事业"五位一体"总体布局中的一位，即社会建设所指的社会。广义上的社会主义和谐社会是指社会元素同一切与自身相关的事物保持着一种协调的状态，包括人与人、人与社会、人与自然、社会与国家、社会与经济、社会与文化之间的协调，等等。中国共产党根据中国特色社会主义进入新世纪、新阶段提出的新要求，在总结我国改革开放和现代化建设经验的基础上，提出了民主法治、公平正义、诚信友爱、充满活力、安定有序、人与自然和谐相处的和谐社会的总要求。和谐社会也是社会主义核心价值观在社会层面所崇尚的"自由、平等、公正、法治"的社会。这些论述从总体上大致勾画了中国特色社会主义社会的基本特征。

民主法治是社会关系和谐的制度保证。社会主义和谐社会，应该是建立在人民当家作主、法律面前人人平等的政治制度基础上，并通过法律化使其巩固和发展。构建社会主义和谐社会要求上层建筑领域发扬民主，健全法制，依法治国，建设社会主义法治国家，通过社会主义民主政治推动和谐社会关系的可持续发展。

公平正义是中国特色社会主义的本质要求。人与人之间的关系建立在"交换"的基础之上。在社会主义市场经济条件下，"公平"就是等价交换，按劳分配；"正义"就是尊重和维护交换双方的权利。但是，按劳分配与按要素分配相结合的分配制度必然造成事实上的不平等，这种现象在社会主义初级阶段不可避免。因此，所谓公平正义，并不是共产主义条件下的平等，更不是平均主义，它要求承认社会差别，通过调节而不是消灭差别实现社会关系和谐。

诚信友爱是社会关系和谐的道德底线。人与人之间的关系不仅由特定的经济政治制度来维护，还需要与此相适应的伦理道德加以调节和规范。和谐社会要建立在人与人互信的基础上。建设社会主义和谐社会要求在全社会中树立诚信观念，建设诚信体系。对于执政党和政府而言，更要取信于民，取信于社会。前提是发扬实事求是的优良传统和作风。实事求是，不仅是党的思想路线的核心内容，也应该成为每个党员都要具备的基本道德。

充满活力是社会关系和谐的内在动力。"活力"来源于社会成员在交往中激发出来的有利于社会进步的创造愿望、活动、才能和成果。和谐讲究均衡，但均衡不是静止。社会和谐应该是社会成员在竞争与合作的交互活动中实现生产力、生产关系与上层建筑之间的动态平衡。建设社会主义和谐社会要求形成"尊重劳动、尊重知识、尊重人才、尊重创造"的社会氛围，激发社会活力。

安定有序是社会关系和谐的社会基础。改革开放适应了社会分工和市场经济的要求，把"社会"从国家、政府、企事业单位中"剥离"出来，使之成为相对独立的实体。社会建设也从经济、政治、文化建设中独立了出来。这需要社会生活安定有序。但"经济"和"社会"的矛盾又引发了许多新的不和谐现象。通过加强社会建设和创新社会治理，把经济、政治、文化发展的成果转化到民生改善上来，是实现整个社会系统和谐稳定的基础。

人与自然和谐相处是社会关系和谐在人与自然关系上的延伸和表现。在马克思看来，人对自然的关系，就是人对人的关系。在个人、人与人、人与自然构成的大社会系统中，人与自然之间和谐相处、协调发展即为"生态文明"。没有良好的生态环境，人与人之间的关系也将陷入危机。建设生态文明，在中国现代化进程中的基本要求是形成节约能源资源和保护生态环境的产业结构、增长方式、消费模式。

为最大限度消除当前中国社会存在的种种不和谐因素，要依靠人民的力量，更需要党和政府担当重任。不和谐因素的产生，既反映了转型社会的种种新变化和内在张力，也反映了我们在政策制定、制度架构、价值构建层面的诸多不足，需要科学分析，理清思路，结合各地实际情况，积极妥善予以解决：一要化解社会矛盾，二要调节财富分配，三要平衡社会心态，四要建立公正、包容的制度、政策和价值体系。

五、生态文明发展道路

生态文明发展道路，是中国特色社会主义的重要组成部分。建设生态文明，关系人民福祉，关乎民族未来，是实现中华民族伟大复兴中国梦的重要内容。中共十八大报告把生态文明建设提到前所未有的战略高度，不仅在全面建成小康社会的目标中对生态文明建设提出明确要求，而且将生态文明建设纳入中国特色社会主义事业"五位一体"的总体布局，中共十八届五中全会审议通过的"十三五"规划建议又将绿色发展理念明确为今后中国发展的重要遵循。这标志着我们党对中国特色社会主义道路认识的进一步深化。

中国特色社会主义生态文明发展道路就是指，树立尊重自然、顺应自然、保护自然的生态文明理念，将生态文明建设融入经济建设、政治建设、文化建设、社会建设各方面和全过程，坚持节约资源和保护环境的基本国策，加快建立生态文明制度，健全国土空间开发、资源节约利用、生态环境保护的体制机制，努力建设美丽中国，推动形成人与自然和谐发展现代化建设新格局，实现中华民族永续发展。

（一）培育生态文明理念

在马克思主义视野中，社会应是人与自然的完整统一。青年马克思在《1844 年经济学哲学手稿》中指出："社会是人同自然界的完成了的本质的统一，是自然界的真正复活，是人的实现了的自然主义和自然界的实现了的人道主义。"① 在《哥达纲领批判》中，马克思认为，自然界和劳动在一起共同的是一切财富的源泉，只有两者的结合才能创造财富。因此，在马克思看来，未来的社会主义社会中，应由联合起来的生产者合理地调节他们和自然之间的关系，通过社会成员的联合劳动，来避免资本主义经济危机对生产力和资源的破坏和浪费；同时，在新型的社会主义生产关系之下，社会化的个人将把他们和自然之间的物质变换置于他们的共同控制之下，而不让它作为盲目的力量来统治自己，并且依靠消耗最少的自然和人力资源，在最无愧于和最适合于他们人类本性的条件下来进行这种物质变换。这是社会主义的历史重任。

16 世纪以来，人类社会开始了现代化的进程，工业发展创造出了高度发达的物质文明。然而，以人类征服自然为特征的这一发展进程也带来了严重的生态危机，对人际关系和整个社会发展产生了消极影响。生态文明是人类社会进步的重大成果。人类经历了原始文明、农业文明、工业文明，生态文明是工业文明发展到一定阶段的产物，是实现人

---

① 《马克思恩格斯文集》第 1 卷，人民出版社 2009 年版，第 187 页。

与自然和谐发展的新要求。建设生态文明，不是要放弃工业文明，回到原始的生产生活方式，而是要以资源环境承载能力为基础，以自然规律为准则，以可持续发展、人与自然和谐为目标，建设生产发展、生活富裕、生态良好的文明社会。生态文明建设，离不开社会制度的保证。有社会主义者将生态文明和社会主义联系起来，创立了"生态社会主义"。生态社会主义认为，资本主义由于以生产资料私有制和自然资源私有制为基础，在开发自然的过程中不可避免地带有反人道的、违反自然的倾向，对自然采取掠夺的态度；同时，资本主义追逐利润的最大化和市场、消费的不断扩张，使得人们无限制地追求高消费，造成对资源的极大浪费和对生态的肆意破坏。

改革开放 40 年来，中国经济取得长足进步，2010 年 GDP 已超过日本跃居世界第二，是名副其实的经济大国。但我们也要清醒地认识到，在取得经济巨大成就的同时，我们也有一些地方、一些领域没有处理好经济发展同生态环境保护的关系，以无节制消耗资源、破坏环境为代价换取经济发展，导致能源资源、生态环境问题越来越突出。比如，能源资源约束强化，石油等重要资源的对外依存度快速上升；耕地逼近 18 亿亩红线，水土流失、土地沙化、草原退化情况严重；一些地区由于盲目开发、过度开发、无序开发，已经接近或超过资源环境承载能力的极限；温室气体排放总量大、增速快；等等。这种状况不改变，能源资源将难以支撑、生态环境将不堪重负，反过来必然对经济可持续发展带来严重影响，我国发展的空间和后劲将越来越小。世界银行《2007 世界发展指标索引》表明，全球 111 个空气污染城市中，中国榜上有名的竟有 24 个。《2007 年中国环境状况公报》显示，中国有近四成的城市达不到国家二级标准，在监测的 500 个城市（县）中，出现酸雨的城市为 281 个，占 56.2%。所有的这些数据表明，传统的发展方式已难以为继，实现经济社会持续健康发展，大力推进生态文明建设迫在眉睫。习近平严肃鲜明地指出："我们在生态环境方面欠账太多了，如果不从现在起就把这项工作紧紧抓起来，将来会付出更大的代价。"①

中国共产党继承了马克思主义和中国传统文化对生态文明的高度重视，加之高度的责任感和现实担当，深刻认识到，现代化的目标不仅仅要体现在经济、政治、文化、社会方面，还要体现于生态文明之中。中共十八大指出，面对资源约束趋紧、环境污染严重、生态系统退化的严峻形势，必须树立尊重自然、顺应自然、保护自然的生态文明理念。人与自然的关系是人类社会最基本的关系。自然界是人类社会产生、存在和发展的基础和前提，人类可以通过社会实践活动有目的地利用自然、改造自然，但人类归根结底是自然的一部分，在开发自然、利用自然的过程中，人类不能凌驾于自然之上，人类的行为方式必须符合自然规律。人与自然是相互依存、相互联系的整体，对自然界不能只讲索取不讲投入、只讲利用不讲建设。保护自然环境就是保护人类，建设生态文明就是造福人类。

第一，尊重自然，是人与自然相处时的首要态度。人是自然之子，人类与自然是平等关系，人类不是自然的奴隶，也不是自然的上帝，人类在寻求自身生存和发展的过程中，要对自然保持必要的尊重。我们的发展，既不能走向人与自然的尖锐对立，更不能肆无忌惮地把自己凌驾于自然之上。要始终以平视的眼光、敬重的姿态，考量人与自然的关系，尊重自然存在和发展的权利，使我们的发展能和自然相互和谐、互惠互利。

第二，顺应自然，是人与自然相处时的基本原则。近代以来，传统的工业文明在先进科技和强大资本的驱动下，改造自然的能力大幅提升，但却出现对自然进行毫无节制的掠夺、侵占，违背自然规律对资源无序开发利用等现象。历史的深刻教训告诉我们，实现可持续发展，必须顺应自然，在发展决策中把自然规律作为一条红线，严格遵循，决不

---

① 《习近平关于全面建成小康社会论述摘编》，中央文献出版社 2016 年版，第 164 页。

违背自然界的客观规律。

第三，保护自然，是人与自然相处时的重要责任。在发展的过程中，人类有义务坚守保护环境的准则，通过保护环境，为我们的发展提供广阔的空间和不竭的动力。从当前的现实要求来看，推进生态文明建设，必须从环境保护滞后于经济发展转变为环境保护和经济发展同步，做到不欠新账，多还旧账，改变先污染后治理、边治理边破坏的状况，自觉遵循经济规律和自然规律，提高环境保护工作水平。

（二）坚持节约资源和保护环境的基本国策

坚持节约资源和保护环境的基本国策，就是要坚持节约优先、保护优先、自然恢复为主的方针，着力推进绿色发展、循环发展、低碳发展，形成节约资源和保护环境的空间格局、产业结构、生产方式、生活方式，从源头上扭转生态环境恶化趋势，创造良好生产生活环境。

第一，优化国土空间开发格局。国土是生态文明建设的空间载体，必须珍惜每一寸国土。要按照人口资源环境相均衡、经济社会生态效益相统一的原则，控制开发强度，调整空间结构，促进生产空间集约高效、生活空间宜居适度、生态空间山清水秀，给自然留下更多修复空间，给农业留下更多良田，给子孙后代留下天蓝、地绿、水净的美好家园。加快实施主体功能区战略，推动各地区严格按照主体功能定位发展，构建科学合理的城市化格局、农业发展格局、生态安全格局。提高海洋资源开发能力，发展海洋经济，保护海洋生态环境，坚决维护国家海洋权益，建设海洋强国。

第二，全面促进资源节约。节约资源是保护生态环境的根本之策。要节约集约利用资源，推动资源利用方式根本转变，加强全过程节约管理，大幅降低能源、水、土地消耗强度，提高利用效率和效益。推动能源生产和消费革命，控制能源消费总量，加强节能降耗，支持节能低碳产业和新能源、可再生能源发展，确保国家能源安全。加强水源地保护和用水总量管理，推进水循环利用，建设节水型社会。严守耕地保护红线，严格土地用途管制。加强矿产资源勘查、保护、合理开发。发展循环经济，促进生产、流通、消费过程的减量化、再利用、资源化。

第三，加大自然生态系统和环境保护力度。良好生态环境是人和社会持续发展的根本基础。要以解决损害群众健康突出环境问题为重点，坚持预防为主、综合治理，强化水、大气、土壤等污染防治，着力推进重点流域和区域水污染防治，着力推进颗粒物污染防治，着力推进重金属污染和土壤污染综合治理，集中力量优先解决好细颗粒物（PM2.5）、饮用水、土壤、重金属、化学品等损害群众健康的突出问题，切实改善环境质量。实施重大生态修复工程，增强生态产品生产能力，推进荒漠化、石漠化综合治理，扩大湖泊、湿地面积，保护生物多样性，提高适应气候变化能力。

根据生态文明建设的总体要求，到 2020 年实现全面建成小康社会时，生态文明建设的目标是资源节约型、环境友好型社会建设取得重大进展，包括：主体功能区布局基本形成，资源循环利用体系初步建立；单位国内生产总值能源消耗和二氧化碳排放大幅下降，主要污染物排放总量显著减少；森林覆盖率提高，生态系统稳定性增强，人居环境明显改善。

（三）建立系统完整的生态文明制度体系

建设生态文明是一场涉及生产方式、生活方式、思维方式和价值观念的革命性变革。实现这样的根本性变革，必须依靠制度和法治。我国生态环境保护中存在的一些突出问题，大都与体制不完善、机制不健全、法治不完备有关。习近平指出："只有实行最严格的制度、最严密的法治，才能为生态文明建设提供可靠保障。"必须建立系统完整的制度体系，用制度保护生态环境、推进生态文明建设。①

中共十八届三中全会强调，紧紧围绕建设美丽中国深化生态文明体制改革，加快建立生态文明制度，健全国土空间开发、资源节约利用、生态环境保护的体制机制，推动形成人与自然和谐发展现代化建设新格局。建设生态文明，必须建立系统完整的生态文明制度体系，实行最严格的源头保护制度、损害赔偿制度、责任追究制度，完善环境治理和生态修复制度，用制度保护生态环境。中共十八届三中全会提出四个方面的改革举措：健全自然资源资产产权制度和用途管制制度；划定生态保护红线；实行资源有偿使用制度和生态补偿制度；改革生态环境保护管理体制。

要完善经济社会发展考核评价体系。科学的考核评价体系犹如"指挥棒"，在生态文明制度建设中是最重要的。要把资源消耗、环境损害、生态效益等体现生态文明建设状况的指标纳入经济社会发展评价体系，建立体现生态文明要求的目标体系、考核办法、奖惩机制，使之成为推进生态文明建设的重要导向和约束。要把生态环境放在经济社会发展评价体系的突出位置，如果生态环境指标很差，一个地方一个部门的表面成绩再好看也不行。

要建立责任追究制度。资源环境是公共产品，对其造成损害和破坏必须追究责任。对那些不顾生态环境盲目决策、导致严重后果的领导干部，必须追究其责任，而且应该终身追究。不能把一个地方环境搞得一塌糊涂，然后拍拍屁股走人，官还照当，不负任何责任。要对领导干部实行自然资源资产离任审计，建立生态环境损害责任终身追究制。

要建立健全资源生态环境管理制度。健全自然资源资产产权制度和用途管制制度，加快建立国土空间开发保护制度，健全能源、水、土地节约集约使用制度，强化水、大气、土壤等污染防治制度，建立反映市

---

① 《习近平谈治国理政》第一卷，外文出版社 2018 年版，第 210 页。

场供求和资源稀缺程度、体现生态价值和代际补偿的资源有偿使用制度和生态补偿制度，健全环境损害赔偿制度，强化制度约束作用。加强生态文明宣传教育，增强全民节约意识、环保意识、生态意识，营造爱护生态环境的良好风气。

第五章

中国特色社会主义道路的国际比较

20 世纪 80 年代末 90 年代初，当世界社会主义运动陷入低潮时，中国特色社会主义道路在全球化进程中脱颖而出，"中国道路"抑或"中国模式"成为海内外学者政要普遍关注的一个焦点话题。今天，人们以国际的视野作出比较分析，中国特色社会主义道路成功开辟的事实，为社会主义国家巩固、建设和发展社会主义提供了成功的范例，拓展了发展中国家走向现代化的路径，为解决人类问题贡献了中国智慧，也为世界各国提供了新的发展理念和现代化建设经验。

一、与发达资本主义的比较

发达资本主义形成发展于西方世界，主要包括欧洲、北美和大洋洲的一些先发工业化国家。18 世纪以来，由于历史传统和现实国情不同，加之受各国资本主义工业发展战略和政府采取的方针政策等因素的综合影响，发达资本主义形成了具有鲜明特征的发展模式。

（一）发达资本主义的典型模式

在发达资本主义国家中，比较典型的发展模式有两种，即"盎格鲁—撒克逊模式"和"莱茵模式"。

（1）"盎格鲁—撒克逊模式"。这一模式以英国、美国为主要代表，英美资本主义的发展以"自由放任"的古典经济学理论为基础，认为不受政府干预的自由市场经济能够自然实现经济均衡，所以"盎格鲁—撒克逊模式"又被称为"市场导向资本主义"或"自由资本主义模式"。

"盎格鲁—撒克逊模式"大致经历了三个发展阶段：第一个阶段是从19世纪初至20世纪30年代，这是自由资本主义发展的高峰时期，贫富分化和不平等问题十分突出；第二个阶段是从20世纪30年代至70年代，以1933年的"罗斯福新政"和凯恩斯1936年发表的《就业、利息和货币通论》为标志，"盎格鲁—撒克逊模式"在推行市场经济的过程中开始融入计划调节的成分，比较重视政府干预对经济稳定的作用；第三个阶段是在20世纪70年代末至80年代初，英国首相撒切尔夫人和美国总统里根共同发起了一场"新保守主义"革命，其标志是"新美国模式"的兴起和扩张，在这个意义上"盎格鲁—撒克逊模式"也被称为"新美国模式"，"华盛顿共识"也是由此而形成的。

纵观"盎格鲁—撒克逊模式"的发展，可以看到：在不同的历史阶段、不同的历史背景下，这一模式为了克服资本主义面临的各种危机，进行了适时的调整和革新。即便是后来形成的"新美国模式"，实际上最近也发生了许多变化。与20年前相比，今天"盎格鲁—撒克逊模式"的资本主义已经有了很大的不同。但不论如何发展，"盎格鲁—撒克逊模式"的基本特征没有改变：一是资源配置和经济活动主要靠市场机制自动调节；二是强调个人主义，注重自由创新；三是股票和证券市场的波动对经济影响较大，股东的利益至高无上。①

（2）"莱茵模式"。这一模式主要是指在欧洲莱茵河流经的国家，包

---

① 吕薇洲：《发达资本主义国家的模式：共同特征、主要区别与矛盾对立》，《当代世界与社会主义》2005年第4期。

括德国、瑞士、荷兰等西欧国家，以及今天欧元区的所有欧洲大陆国家。"莱茵模式"是经济自由主义、民主社会主义等多种经济社会理论和政策主张的混合体，强调建立一种以市场经济为基础的经济社会秩序。

"莱茵模式"也大致经历了三个发展阶段：第一个阶段是从第二次世界大战后形成到 20 世纪 60 年代中期，这一模式受自由主义思潮影响甚大，经济政策更多是以自由竞争为导向；第二个阶段是从 20 世纪 60 年代中期到 80 年代初，这一模式走上了同凯恩斯主义相结合的发展道路，并且逐渐制度化；第三个阶段是 20 世纪 80 年代之后，受经济自由主义浪潮的影响，"莱茵模式"也开始推行"多一点市场、少一点国家"的经济政策，并由此进入了由政府全面干预转向减少干预和放松管制的新阶段。所以，在发达资本主义的所有模式中，"自由放任"思想的影响十分深远。

从自由主义思潮占主导地位，到凯恩斯主义的制度化和普遍化，再到新自由主义的回潮，"莱茵模式"的经济社会政策处于不断的变动之中，但其"既严格遵守市场经济自由竞争的原则，又注重从社会政策的角度对经济加以指导"的指导思想并没有改变，相应地，"莱茵模式"的基本特征也保持了下来：一是坚持自由竞争原则，实行国家有限调控和干预，认为只有借助于国家力量才能确立"完全竞争"的秩序；二是注重保障和维护社会的公正和平等；三是银行的地位和作用突出，银行具有高度的独立性和权威性，且同企业的关系非常密切。[①]

在"莱茵模式"中有一个典型代表，即"瑞典模式"，它一方面遵循着发达资本主义的传统发展轨迹，另一方面也结合本国实际汲取了社会主义因素。19 世纪中叶，瑞典还只是位于北欧斯堪的纳维亚半岛东

---

① 吕薇洲：《发达资本主义国家的模式：共同特征、主要区别与矛盾对立》，《当代世界与社会主义》2005 年第 4 期。

南部的一个落后王国。1920 年，瑞典社会民主党上台执政，虽然曾几度失去执政地位，但社会民主党处于执政地位的时间累计仍有 60 多年。瑞典社会民主党把民主社会主义理论贯彻于实践，使瑞典从一个落后国家发展成为一个世界发达国家，形成了蜚声中外的社会福利制度，人们称之为"瑞典模式"。

20 世纪初，瑞典社会民主党创始人之一，布兰亭提出瑞典社会民主党是超阶级的"人民党"。1929—1933 年资本主义世界爆发经济危机，社会民主党提出以反对失业，实现充分就业为目标的"反危机纲领"，并赢得了 1932 年的大选。社会民主党上台执政后，提出系统的行动纲领，其指导思想是："按照团结、合作的原则改变社会"。汉森等人认为，当前的问题不在于建立一个社会主义制度，因此不应首先考虑社会化之类的长远目标，而应当关心近期目标：实行普遍的社会福利，实行阶级合作，提高人民的民主权利。第二次世界大战爆发以后，以社会民主党为主的联合政府宣布严守中立，继续致力于国内建设，进一步完善了社会福利制度。埃兰德接任社会民主党主席和政府首相后，提出"自由、平等、团结、合作"是社会民主主义的四种基本价值，社会民主党的目标是建立一个充满自由、平等、团结、合作的"无阶级社会"。①

随着瑞典福利制度的建立和完善，1960 年社会民主党认为瑞典已越过资本主义阶段而和平进入"福利社会"。从 20 世纪 30 年代到 80 年代，"瑞典模式"经历了"福利社会主义""职能社会主义"和"基金社会主义"三个阶段。最初，"福利社会主义"试图回避所有制问题；"职能社会主义"主张将部分的所有权社会化，另一部分职能仍保留非社会化，通过这样的办法逐步实现社会主义的目标；"基金社会主义"则是要实现所有权的社会化。"基金社会主义"，其名称来源于瑞典社会民主党在 20 世纪 70 年代提出的"雇员投资基金"方案：通过议会立法，将

① 梁光严编著：《列国志：瑞典》，社会科学文献出版社 2007 年版，第 103 页。

企业部分利润由资本家手中转为工人的集体财产，用以进行生产投资，使其成为与资方资本抗衡的一种经济力量和所有制成分。这一方案的精神实质与"职能社会主义"大同小异，都是立足于改造资本主义私有制。

（二）发达资本主义的主要特点

发达资本主义，建立在这样一种生产方式之上："生产的物质手段归个人所有或租用，同时由个人进行生产经营，并出卖这些生产手段生产出来的货物或劳务以获得利润的一种工业。"[①]在发达资本主义中，资本主义工业占据大部分生产资源，从而形成了一系列资本主义制度。发达资本主义有以下几个特点：

（1）实行以生产资料私人占有为基础的市场经济体制。无论是"盎格鲁—撒克逊模式"还是"莱茵模式"，都经历了几个阶段的演进，在许多具体的经济措施方面都发生了一些微调甚至较大变动。但是，发达资本主义的生产资料私人占有制度没有发生根本性改变，私有制仍在国民经济中占据主导地位。美国宪法明确规定了私有财产神圣不可侵犯的原则，其私有制具有两个明显特点：一是私人部门在美国经济中占有主要地位，国有经济的比重小，据统计，在美国国民生产总值中，私人部门占 3/4 以上；二是私人资本集中程度高，尽管第二次世界大战以来美国股份公司股权分散化的趋势不断加强，股票持有现象十分普遍，但企业的控制权仍然集中在少数大股东和高级管理人员手中。[②]尽管发达资本主义国家都建立了以生产资料私人占有为基础的市场经济体制，但同时也比较强调政府干预在市场经济运行中的重要作用。他们在基本维护市场经济机制作用的基础上，融合了许多新的因素，将政府干预与市

---

① 阿瑟·庇古：《社会主义和资本主义的比较》，黄延峰译，电子工业出版社 2013 年版，第 1 页。

② 吕薇洲：《发达资本主义国家的模式：共同特征、主要区别与矛盾对立》，《当代世界与社会主义》2005 年第 4 期。

场调节相结合，将适度垄断与竞争相协调，将国内市场与国际市场相统一。①

（2）建立了精益完善的生产组织方式。资本主义生产方式先后经历了工场手工业、以机器大工业为基础的工厂制、福特制和后福特制具体形态的发展演变。在不同历史时期，它们先后构成了当时社会占主导的生产方式，其中科学技术和市场条件的重大变化是资本主义生产方式演变的主要推动力。发达资本主义的现代工业生产方式缘起于福特制，其主要特征是大规模生产与大规模消费的结合。与单件生产相比，福特制的成功建立在规模经济和范围经济的基础上。为了实现规模和范围经济，福特建立起以职能专业化和详尽劳动分工为基础的巨型企业。20世纪80年代以来，随着经济全球化和信息网络技术在制造业领域的广泛应用，为了应对市场条件的变化，先后涌现出大规模定制、分包制、网络化、虚拟制造和集群生产等一系列新兴的生产组织方式，并与精益生产一起完成了整个制造业从福特制向后福特制的转变。作为生产力和生产关系的统一，后福特制既是当代资本主义经济中占主导的生产组织方式，又代表了当代资本主义国家经济政策和制度的演变趋势。②

（3）普遍重视社会福利制度建设。20世纪60年代以后，随着新社会运动的兴起，发达资本主义国家开始大幅提高社会福利在政府公共支出中的比重，不过，过高的福利确实也带来一系列经济和社会问题。为了支撑福利，政府不得不加税，这无疑降低了人们的投资冲动。所以，20世纪90年代以后，发达资本主义国家开始调整福利政策，例如瑞典开始改变原来以高税收来支撑转移支付和调节分配的传统模式，主张个人权利与义务的统一，提高个人尤其是高收入者对福利支出的比重。一

---

① 徐小杰：《现代市场经济——变革时代的挑战》，社会科学文献出版社1993年版，第15—16页。

② 刘刚：《后福特制与当代资本主义经济制度的演变》，《安徽师范大学学报》（人文社会科学版）2007年第3期。

方面，坚持医疗、教育和老幼护理等民众的基本需求不能由市场规则主导；另一方面，放弃了完全由国家财政投入、无偿包办福利的做法。既减少国家干预，引进竞争机制，发挥市场作用，又大幅度削减财政开支和疾病、失业、事故等社会保险补偿金以及其他方面的福利支出，同时严厉打击福利中的舞弊、滥用待遇和浪费现象。

（4）高度重视教育、科技的发展进步。发达资本主义国家的总体教育水平和科学技术水平都是很高的，而且教育与科技进步形成了良性互动。例如，从 1950 到 1951 年，瑞典开始实行 7 年制义务教育，1962 年起实行从 7—16 岁的 9 年制义务教育，瑞典的高等教育也很发达，著名高校有斯德哥尔摩大学、乌普萨拉大学、隆德大学、瑞典皇家工学院、斯德哥尔摩商学院等。健全的教育体系给瑞典公民提供了公平的教育机会，也促进了社会的稳定。此外，瑞典的科技创新能力在国际上也长期处于领先地位，在世界经济论坛（WEF）发布的 2006—2007 年度《全球竞争力报告》中，瑞士、芬兰和瑞典荣登全球最具竞争力经济体的三甲宝座，同时根据世界银行提供的数据，瑞典的创新能力和知识经济位居世界第二，人均专利数量排名世界第三。[1] 由于发达资本主义国家的财力雄厚，他们对科学技术的发展也有较高的投入。美国政府及企业对信息产业的大量投资加速了其产业结构向知识密集型、信息服务型方向发展，经济日趋信息化、网络化。20 世纪 80 年代以来，美国在计算机和通信领域的投资年平均增长率高达 20%以上。[2]

（三）与发达资本主义比较下的中国特色社会主义道路

过去很长一段时期，社会主义国家更多强调社会主义同资本主义相互对立和斗争的一面，很少看到社会主义同资本主义还有相互学习、借

[1]　黄锦桥：《瑞典民主社会主义模式对我国构建社会主义和谐社会的借鉴》，《三峡大学学报》（人文社会科学版）2010 年 12 月增刊，第 31 页。

[2]　傅新球：《发达资本主义国家的后现代化》，《历史教学》2006 年第 11 期，第 15 页。

鉴、合作的一面，这是一种认识上的片面性。经历了几百年的经营和发展，发达资本主义国家形成了丰富的发展经验，比较之下中国特色社会主义也有亟待完善的地方。

（1）建立和完善社会保障体系。从 1601 年英国实施"济贫法"开始，西方世界的社会保障逐渐从家庭、宗教或私人慈善的职能，演变为国家责任。目前，发达工业化国家的社会保障体系作为一种以集体形式应对现代社会各种个人风险的制度安排，构成了现代社会运行的重要体制基础。① 在发达资本主义国家，覆盖全民的社会保障体系已成为现代国家治理体系的重要组成部分。当然，人们一般对这种"从摇篮到坟墓"的福利制度多有诟病，有的发达资本主义国家一方面要保持原有的社会福利制度，另一方面又要提升企业的国际竞争力、防止国民钻"福利空子"，时常会陷入两难的抉择。社会保障是保障人民生活、调节社会分配的一项基本制度。吸取发达资本主义社会福利制度的经验教训，中国应当从本国国情出发，坚持全覆盖、保基本、多层次、可持续方针，以增强公平性、适应流动性、保证可持续性为重点，全面建成覆盖城乡居民的社会保障体系。

（2）促进教育公平和推动科技创新。世界许多著名大学都是在发达资本主义国家，英国、美国、德国等也都是教育事业比较发达的国家，建立了从幼儿到老人的全程教育体系。因此，发达资本主义在当今世界保持着居于领先地位的经济科技实力，这些都值得中国学习。目前，中国要下大力气促进教育公平，合理配置教育资源，让每个孩子都能拥有平等的发展机会，成为有用之才。此外，科技创新是提高社会生产力和综合国力的战略支撑，必须摆在国家发展全局的核心位置。我们要坚持走中国特色自主创新道路，以全球视野谋划和推动创新，提高原始创

---

① 徐晓新、高世楫、张秀兰：《从美国社会保障体系演进历程看现代国家建设》，《经济社会体制比较》2013 年第 4 期。

新、集成创新和引进消化吸收再创新能力，更加注重协同创新。

（3）着力加强生态文明建设。在自由资本主义阶段，环境污染是一个比较普遍的问题，此后经历 100 多年的整治，发达资本主义国家目前大都已经成为环境质量较高的现代化国家。政府用积极的态度面对生态环境难题的挑战，把公众的生态环境诉求纳入经济与社会治理的组成部分，将生态价值观贯彻于政府公共决策。例如，德国政府选择了"社会市场经济生态化"的发展道路，将环境保护视为自己义不容辞的责任，推行"积极的保障未来的政策"，将生态价值观贯彻到环境与能源政策、经济与社会决策、企业发展战略与公民教育计划等系统工程，实现了从"经济发展与环境保护相互博弈"转向"环境、经济与社会协调发展"的良好格局。① 发达资本主义的经验充分说明，人们的幸福指数与生态环境密切相关。中国在加快转变经济发展方式的同时，必须按照人口资源环境相均衡、经济社会生态效益相统一的原则，控制开发强度，调整空间结构，促进生产空间集约高效、生活空间宜居适度、生态空间山清水秀，给自然留下更多修复空间，给农业留下更多良田，给子孙后代留下天蓝、地绿、水净的美好家园。

二、与苏联模式的比较

在社会主义运动从理想到现实、从理论转化为社会制度的历史进程中，苏联模式无论如何都是必须加以认真研究的一种传统社会主义形态。1917 年俄国"十月革命"胜利以后，建立了世界上第一个无产阶级专政的社会主义国家——苏联。苏联从政治、经济、文化等方面从事社会主义建设的方式方法，逐渐得到稳固发展，被世人称为苏联模式。20 世纪 50 年代，一批取得民族独立的发展中国家大多照搬过这一模式，

---

① 邬晓燕：《德国生态环境治理的经验与启示》，《当代世界与社会主义》2014 年第 4 期。

其范围和影响是巨大而深远的。

（一）苏联模式的形成

1924 年 1 月 21 日，苏联的伟大领袖列宁逝世，当时，苏联正处在社会主义建设的关键时期，正面临着"怎样建成社会主义"这一重大问题。苏联领导人包括斯大林、托洛茨基、季诺维也夫、加米涅夫、布哈林等人，对于"苏联能否依靠自己的力量建成社会主义，怎样建设社会主义"存在很大的分歧和争论。在这场争论中，斯大林阐述了苏联可以"一国建成社会主义"的思想。首先，他把"一国建成社会主义"归结为，在斗争过程中用本身的力量战胜本国的资产阶级，而无产阶级专政的建立奠定了走向社会主义的政治基础。同时，可以通过把农业和社会主义工业结合成一个整体经济，使农业服从社会主义工业的领导，从而建立起社会主义的经济基础，这是苏联"一国建成社会主义"的内部条件，而苏联可以依靠自己的力量实现这一条件。斯大林还从外部条件方面阐述了"一国建成社会主义"的可能性，他认为世界上各种矛盾和资本主义国家、殖民地和附属国中的革命运动、解放运动的发展以及全世界无产者对苏联各种形式的支持和援助，使苏联取得喘息时机，使苏联在帝国主义包围的情形下获得建成社会主义的外部条件。①1927 年，这场关于"一国建成社会主义"的论战以斯大林的胜利而结束。此后，斯大林还批判了主张新经济政策的布哈林，并于 1929 年将布哈林驱逐出境。

1929 年年底斯大林放弃了新经济政策，1930 年斯大林在联共（布）十六大正式宣布新经济政策进入尾声，这标志着苏联模式开始形成。斯大林主要从三个方面来推动苏联模式的形成和巩固：在政治方面，经过激烈的党内斗争和"大清洗"运动，斯大林一步一步地清除了各方面的

① 周向军、徐艳玲、高奇主编：《走进社会主义殿堂》，山东大学出版社 2009 年版，第 142—143 页。

约束力量。斯大林在运动中被神圣化，到了 20 世纪 30 年代苏联以党代政、党政军权集中于政治局和书记处的少数人甚至一个人手中的权力格局初步形成。在经济方面，1929 年 5 月，苏联第五次苏维埃代表大会批准了具有指令性质的《苏联第一个国民经济建设计划》并付诸实施，标志着苏联计划经济体制的初步形成。1930—1932 年，苏联除了工业管理体制改革外，还进行了信贷改革、税制改革和工资改革，管理经济的方式由市场调节完全转为行政指令手段。与此同时，努力在农业全盘集体化中建立起集体农庄制度。在文化方面，20 世纪 30 年代随着高度集权的政治经济体制的形成，文化领域的集权化倾向也越来越明显。这主要表现在党的领导人对文学艺术创作、社会科学乃至自然科学进行直接干预并加以严密控制，此外对各种不同风格和学派乱贴阶级标签，乱扣政治帽子。[1]20 世纪三四十年代，苏联模式不断得到巩固和发展，1936 年苏联宣布建成社会主义，并通过宪法以法律的形式固定了高度集权的政治、经济和文化体制。

（二）苏联模式的主要特点

众所周知，苏联模式的一个基本特征就是"高度集权"，这突出地表现在政治、经济、文化等各个领域中。

（1）党政不分、以党代政。苏联模式形成后，国家和政府部门的一切重大问题都由党的领导机构决定。苏维埃原则上是行使立法权的最高权力机关，可事实上法律通常是由党中央制定的，苏维埃只是通过党的决议并把党的决议变成法规条文的表决器。例如 1936 年，苏联在制定宪法的过程中，从修改条文到讨论草案都是按照先党中央后苏维埃的顺序进行。作宪法修改草案报告的本该是苏维埃中央执委会主席加里宁，但实际上却是身为党的总书记的斯大林。以党代政的一个直接后果就是

---

① 浦国良主编：《世界社会主义运动概论》，中国人民大学出版社 2006 年版，第 145 页。

使政府部门变成党的领导机构的附属物，司法机关无法独立行使审判权，各种社会组织如工会、妇联等也无法发挥独立的社会管理职能。由于权力高度集中于党的领导机构，最后就集中于少数或者个别领导人手中，这样就形成了从中央到地方的层层个人专权制。

（2）干部委任制和职务终身制。早在列宁时期就开始实行干部委任制，但是并没有将其固定下来作为社会主义国家基本的干部人事制度，而且，1921 年俄共（布）十大还通过了逐步废除委任制、实行选举制的决议。但是，这一做法后来不仅没有受到限制，反而越来越严重，直到最后被作为一项重要的制度固定下来。干部委任制的固定化又导致了事实上的干部任期终身制以及与此紧密相连的等级制、特权制等，甚至实行公开的或变相的确定接班人制度。

（3）实行指令性计划经济。通过实行单一公有制，国家控制一切经济资源，地方和企业的经济活动全部听命于中央的指令。国家通过自上而下严格的指令性计划体制，高度集中的、统收统支的财政体制，供给制式的物资技术供应体制，集中统一的价格体制以及国家垄断的外贸体制等对地方和企业实行严密的控制管理。政府直接干预企业的微观决策并对资源进行统一配置，而不是发挥市场的基础性功能，企业生产什么，怎样生产，为谁生产都有计划机关及行政主管部门决定。企业按政府制定、批准的计划组织生产、分配和流通，国家计划具有法律效力。

（4）平均主义的分配制度。苏联国民收入的绝大部分都集中到国家预算，通过政府按统一计划实行再分配，职工的收入不依赖于他们所生产的产品和市场效益，甚至不与生产的最终成果挂钩。在这种体制下，工资的管理权和决策权都高度集中于中央政府，包括医疗、教育、保险、公共娱乐设施及居民的各种补贴在内的社会消费基金也由国家集中管理、统一分配。

（5）思想文化政治化。苏联对思想文化领域进行高度的管制，一方面党通过自上而下的任命制掌握着对文化领导干部的任免；另一方面，党对思想文化领域实行直接的业务领导。从 20 世纪 20 年代末到 30 年代，国家系统的文化管理机构不断进行改组，各加盟共和国的权限越来越受到削弱，联盟中央的权限越来越强。此外，各种科学、人文和艺术创作等团体也进行了大规模的行政化改组，变成国家机关。在学术领域，一些思想理论问题的争论本来是可以通过学术讨论加以解决的，但是苏联却运用行政命令、高压手段来解决。因此思想文化领域的教条主义严重，文化生活缺乏活力、交流和创造精神。

如今，人们对苏联模式存在的诸多弊端基本达成共识，正如 1984 年戈尔巴乔夫在会见瑞士记者时说的：这个制度"一切都腐烂了，必须用民主化，公开性的手段促其变革"。① 尽管如此，我们仍然不能抹杀苏联模式产生的历史性影响。1937 年苏联工业总产值比 1913 年增加了 7 倍，成为仅次于美国的欧洲第一、世界第二的工业强国。苏联取得的成绩是举世瞩目的，西方史学家曾经写下这样一段话："外部世界怀着蔑视、恐惧和羡慕的复杂心情注视着苏联发生的变化。大多数观察家意识到，改变前俄罗斯帝国的政治和社会的剧变是世界上发生的大事。世界上第一个无产阶级专政的建立是对自由社会的价值和制度的挑战，并似乎表明了它作为社会和政策体系的可行性。"② 自 1924 年列宁逝世以后，大约十几年时间苏联在共产党和斯大林领导下，根据科学社会主义创始人马克思、恩格斯关于未来社会的某些设想，打破了第二国际关于落后国家不能先于发达国家建设社会主义的教条，在一个经济文化比较落后的国家推行公有制，通过实施社会主义工业化、农业集体化、文化革命，实现了国家工业化，建立起世界上第一个社会主义模式，从而使

---

① 弗·索格多：《现代俄罗斯政治史》，莫斯科出版社 1994 年版，第 13 页。转引自肖引：《苏联模式与中国特色社会主义——苏联模式的反思》，《湖北社会科学》2008 年第 11 期，第 11 页。

② ［美］杰里·本特利、赫伯特·齐格勒：《新全球史——文明的传承与交流》（下），北京大学出版社 2007 年版，第 1051 页。

社会主义从思想理论转化为社会现实制度，实现了社会主义发展史上的一次飞跃。

（三）与苏联模式比较下的中国特色社会主义道路

1982 年 9 月 1 日，邓小平在中共十二大上致开幕词时指出："把马克思主义的普遍真理同我国的具体实际结合起来，走自己的道路，建设有中国特色的社会主义，这就是我们总结长期历史经验得出的基本结论。"[①] 十一届三中全会以来，党带领全国人民在总结正反两方面历史经验的基础上，提出一系列重大理论创新和战略举措，中国特色社会主义道路在改革开放的伟大实践中愈加清晰、愈加开阔，从而推动了社会主义现代化建设的快速发展。中国沿着中国特色社会主义道路不断开拓进取，并于 20 世纪 90 年代中期以后和平崛起，吸引了不少海外人士的关注。2003 年，德国《经济周刊》总编史蒂芬·巴龙写道："中国的重新崛起是本世纪以来最重要的世界历史事件。"《法兰克福汇报》文章说："中国经济呈现出史无前例的前景。"[②] 中国的经济奇迹及其背后的"中国模式"一时成为人们关注的热点。

中共十八大报告指出："中国特色社会主义道路，就是在中国共产党领导下，立足基本国情，以经济建设为中心，坚持四项基本原则，坚持改革开放，解放和发展社会生产力，建设社会主义市场经济、社会主义民主政治、社会主义先进文化、社会主义和谐社会、社会主义生态文明，促进人的全面发展，逐步实现全体人民共同富裕，建设富强民主文明和谐的社会主义现代化国家。"[③] 与苏联模式比较，中国特色社会主义道路具有四个鲜明特征：

（1）在经济建设方面更加强调扩大开放。中国既不照搬西方的自由

---

① 《邓小平文选》第三卷，人民出版社 1993 年版，第 3 页。

② [德] 弗朗克·泽林：《中国密码》，强朝辉译，人民出版社 2010 年版，第 7—8 页。

③ 《十八大以来重要文献选编》上，中央文献出版社 2014 年版，第 9—10 页。

市场经济，也不搞僵化的指令性计划经济，而是建立和完善社会主义市场经济体制，充分发挥市场在资源配置中的决定性作用，这是对马克思主义政治经济学的重大突破和人类历史上的伟大创举。在所有制结构上，实行以公有制为主体多种所有制经济共同发展，不再把公有制经济和非公有制经济对立起来。

（2）在政治建设方面更加强调民主法治。中国坚持人民民主专政的国体，尤其强调人民民主是社会主义的生命，政治体制改革是全面改革的重要组成部分。在制度建设上，坚持国家一切权力属于人民，绝不照搬西方政治制度模式，而是实行人民代表大会这一根本政治制度，中国共产党领导的多党合作和政治协商制度、民族区域自治制度以及基层群众自治制度等基本政治制度。

（3）在文化建设方面更加强调多元兼容。中国既坚持马克思列宁主义的指导地位，又保持意识形态的多元兼容，以提高意识形态的吸引力和凝聚力。近年来，中国高度重视实施文化强国战略，大力弘扬民族精神和时代精神，深入开展爱国主义、集体主义、社会主义教育。倡导富强、民主、文明、和谐，倡导自由、平等、公正、法治，倡导爱国、敬业、诚信、友善，积极培育社会主义核心价值观。

（4）在对外关系方面更加强调和平共处。中国始终不渝走和平发展道路，坚定奉行独立自主的和平外交政策；高举和平、发展、合作、共赢的旗帜，坚定不移致力于维护世界和平、促进共同发展，中国主张在国际关系中弘扬平等互信、包容互鉴、合作共赢的精神，共同维护国际公平正义，这些都不同于苏联曾经奉行的大国沙文主义的外交政策。

三、与发展中国家的比较

发展中国家是与发达国家相比经济上比较落后的国家，主要包括亚洲、非洲、拉丁美洲的不发达国家。在发展中国家的各种发展模式中，

"拉美模式"具有一定的代表性，它与中国特色社会主义道路的成长轨迹有很大差异。拉美地区的发展中国家为赶超现代化而采取了一种资本主义工业化模式，受西方自由主义理论的影响，它以现代经济增长理论为基础，把实现经济高速增长作为首要目标。

（一）作为发展中国家典型代表的"拉美模式"

从国别看，"拉美模式"主要涉及阿根廷、墨西哥、巴西、智利等新兴市场国家。其中，阿根廷、墨西哥、巴西属于自然资源丰富的大国，而智利、秘鲁、委内瑞拉属于资源丰富但市场较小的国家。20世纪初，拉美国家在摆脱殖民统治获得独立后，把扩大初级产品出口视为获取财富和求得"进步"的有效手段，长期推行以矿产品和农产品为主的初级产品出口战略。1929—1933年资本主义爆发了严重的经济危机，引起拉美国家出口规模和产品价格的急剧下降，拉美经济受到了严重的打击。此后，拉美逐渐改变初级产品出口战略，奉行一种民族主义和保护主义的进口替代工业化战略，加强国家对经济的全面干预。阿根廷、巴西、墨西哥首先推行初级进口替代工业化战略，建立本国的非耐用消费品工业体系，实现轻工业产品的自给，同时开始发展钢铁、石油等重化工业。

第二次世界大战之后，进口替代工业化战略在拉美全面铺开，阿根廷、巴西、墨西哥转向耐用消费品工业，工业品自给率大幅度上升，到了60年代初巴西工业品自给率已达到90%，墨西哥则达到85%。[①] 发展耐用品工业是进口替代工业化的攻坚阶段，有许多难题需要解决，例如本国产品国际竞争力不足，国内市场饱和，对外贸易连年逆差，形成了与进口替代密切联系的既得利益集团等。

---

① 苏振兴、徐文渊：《拉丁美洲国家经济发展战略研究》，北京大学出版社1987年版，第5页。

60 年代中期以后，拉美国家开始推行进口替代与促进出口相结合的战略，取得了一些成就和业绩。比如巴西，将汽车、电子、飞机等产业作为新的经济增长点，创造了国内生产总值年均增长率 10% 以上的"巴西奇迹"（1968—1974）。与此同时，由于国际闲置资金充裕，拉美国家开始通过大借外债来发展经济。1982 年，由于外债总额超过了偿还能力，爆发了一场遍及整个拉美大陆的债务危机。所以，80 年代又被称为"失去的十年"，国家基本上处于混乱时期，债务危机肆虐，经济发展缓慢。根据拉美开发银行的统计，80 年代拉美地区的年均增长率只有 1% 左右，远低于 1950 年前 5% 的水平。[1]

80 年代后期，拉美国家开始融入世界第三波民主化浪潮，在新自由主义的指导下实施"后进口替代工业化"战略，主要是健全宏观经济秩序，大力发展市场经济，促进贸易自由化。90 年代以来，拉美经济形势相对平稳，但其间也出现过动荡局面。比如：1994 年年底到 1995 年年初墨西哥爆发了金融危机，出现了"龙舌兰效应"；1999 年巴西爆发了金融危机，出现了"桑巴舞效应"。因此，如今人们分析和反思拉美模式，也多是集中于"华盛顿共识"在拉美国家推行经济自由化和政治民主化改革中出现的不良反应。

（二）"拉美模式"的主要特点

在研究可持续发展问题时，人们常常会提到避免"拉美化陷阱"的问题，而"拉美化陷阱"主要是由"拉美模式"引起的，它具有如下几个特点：

（1）军人当政。拉美的军人当政有三个特点：一是以高压手段打击反对派，以非民主的方式控制媒体和工会、学生运动和其他一些非政党

---

[1]　拉丁美洲开发银行：《拉美改革的得与失》，社会科学文献出版社 1999 年版，第199 页。

组织，来达到维系社会稳定的目的。二是为提升执政地位的合法性，有时也搞一些选举活动，并强调发展经济的重要性。三是高举民族主义大旗，维护国家主权。①20世纪六七十年代是军人当政风靡拉美的高峰期，那些军人政权也曾努力实践现代化的发展战略，并取得辉煌的业绩。然而，相对于文职专家来说，军人在有效组织经济活动方面还是技不如人。比如乌拉圭，80年代初的军人政权使该国"上升"为拉美第二大债务国，造成了为期4年的经济衰退。②1982年4月2日，阿根廷军政府在收复马尔维纳斯群岛主权的战争中败给了英国，这激化了阿根廷国内的矛盾，迫使军人将政权交给文人，推动了拉美的以军政府"还政于民"为特征的民主化浪潮。尽管如此，拉美国家尚未从根本上消解军人当政的历史传统。军人当政事件还偶有发生，比如1990年的海地政变、2002年委内瑞拉政变和2009年6月洪都拉斯政变。

（2）实施进口替代工业化战略。"拉美模式"实际上主要是在第二次世界大战后至80年代的进口替代工业化战略的基础上转化而来的。这一战略的特点是：对外部门以出口自然资源为主，发展的动力来自国内消费，模仿性消费导致储蓄率得不到提高，生产部门之间以及生产部门内部缺少有机联系，本国技术创新能力弱小，国家对经济生活进行有力的干预，本国市场得到高度保护以及农业部门"二元化"严重，等等。③这一内向发展模式使拉美国家在经济和社会发展方面取得了不小成就，具有一定的历史必然性，许多国家建立了初步的工业体系，迈出了较成功的现代化步伐。但是，进口替代工业化发展到第二阶段（重工业化阶段）需要大量的资金、先进的技术设备以及开拓国外市场，所有这些都需要一种有活力的开放。20世纪70年代后半期是拉美由内向转

---

① 江学时：《拉美发展前景预测》，中国社会科学出版社2011年版，第33页。

② 亨廷顿：《第三波：20世纪后期民主化浪潮》，上海三联书店1998年版，第61页。

③ 中国社会科学院拉美研究所：《拉美改革的总结与反思："前拉美发展模式研讨会"综述》，《拉丁美洲研究》1996年第1期，第54页。

外向的极好时机，当时，西方国家出现经济停滞与通货膨胀并存的局面，国际商业银行看好拉美地区，大量资金涌入拉美，但除了巴西、墨西哥抓住机遇进行重化工业建设以外，大多数国家不是引进外资推动生产转型，而是举债消费，盲目开放国内市场，导致金融投机猖獗和经济畸形增长，终于导致80年代经济危机大爆发。

因此，拉美在80年代后期开始实施"后进口替代"经济发展模式。它的基本内容如下：一是通过价格、税收和金融改革，建立正常的宏观经济秩序，为经济迅速增长提供有力的保障条件。二是通过整顿国营企业和实行私有化，减少国家对经济的直接干预，充分发挥市场机制的调节功能和私人企业的积极性。加快资本市场、劳动力市场和商品市场的发展；减少国家定价范围，逐步取消价格控制和价格补贴，充分发挥价格的信号作用；放宽金融管制和外汇管制，促进市场化的发展；完善法律体系，充分发挥市场机制的调节功能。三是增强国民经济的外向性。减少对国内市场的保护，实施对外贸易自由化，进口部门降低关税壁垒和非关税壁垒，出口部门取消或放宽出口管制和出口税，废除或减少出口补贴，为出口企业提供更多的先进技术、资本货物、中间产品和原料；放宽对外资的限制，实施新的外资政策，进一步开放外资投资领域，简化投资手续，增加利润汇出额度，实施投资优惠政策；加强国际合作，大力发展区域经济一体化。①

（3）片面追求经济增长却忽视社会发展。拉美国家经过几十年的经济增长，大多已达到中等收入国家水平，但收入分配悬殊的社会不公现象一直未得到有效的解决，60年代、70年代和80年代，拉美的基尼系数分别为0.51、0.52和0.50；墨西哥、阿根廷和巴西1980年的基尼系数分别为0.57、0.47和0.60。无论从时间还是空间衡量，拉美都处于收

---

① 高成兴、樊素杰：《拉美发展模式与东亚发展模式的比较》，《拉丁美洲研究》1998年第6期，第42页。

入分配高度悬殊的状况。① 如果给拉美的经济增长打 60 分，那么在社会政策方面只能给零分甚至负分。此外，拉美社会发展落后还主要表现在教育的欠发达、人力资源积累率低。拉美国家在 60、70 年代的劳动力教育水平曾以高于 2%的速度提高，但到 90 年代反而下降到不到 1%。② 拉美教育经费投入集中在高等教育，这有利于中产阶级队伍的壮大和耐用消费品需求的扩大，但却不利于拉美人民整体教育水平的提高。

（三）与拉美地区发展中国家比较下的中国特色社会主义道路

1982 年拉美爆发债务危机后，新自由主义成为各国在经济体制和政治体制改革中奉行的指导思想：一方面实行全面的自由市场经济，大搞私有化；另一方面积极开展民主化运动，学习西方自由民主制度。但是，随着经济自由化和政治民主化的深入，社会贫困化问题却日趋严重，这又引起了政局的反复动荡。当然，拉美国家中也有改革成功的范例，比如智利，其经济改革的起步虽然也采取了政变的极端形式，但改革使智利走出了经济发展的困境。

拉美是发展中国家中独立最早的地区，它经历了从初级产品出口、进口替代工业化战略到新自由主义发展模式的三种现代化发展战略。拉美国家在现代化进程中的经验教训对中国特色社会主义道路的拓展与深化有着重要的借鉴意义：

（1）处理好政府与市场的关系是经济体制改革的核心问题。在很长时期内，拉美都是在贯彻新自由主义理论。新自由主义理论的核心之一是主张减少国家干预、强调市场作用，但拉美国家很快认识到片面强调市场的负面后果，于是开始转变政府职能。例如，自 1994 年塞迪略担

① 白凤森：《对拉美收入分配问题的几点思考》，《拉美研究》1998 年第 5 期，第 29—32 页。

② 拉丁美洲开发银行：《拉美改革的得与失》，社会科学文献出版社 1999 年版，第 200 页。

任墨西哥总统以来，大幅度调整政策，特别是对金融体制进行重大改革。塞迪略总统认为，由于有了财政和货币纪律，墨西哥才能从 1995 年的危机中摆脱出来，才能实现 1996 年的恢复并从 1997 年开始进入经济增长阶段。拉美模式的变革经历告诉我们，必须处理好政府和市场的关系，这是经济体制改革的核心问题。

（2）推动国内和国际两个市场的均衡发展。经历过债务危机之后，拉美国家认识到要开拓国内和国际两个市场，并强调通过提高产品竞争力积极开拓国际市场。例如，通过推动国内和国际两个市场的均衡发展，墨西哥对外贸易已从逆差转为盈余。据报道，在美国市场上每两台电视机中就有一台是墨西哥制造的，墨西哥纺织品在美国市场所占份额已从第五位跃居第一位。[①]当前，中国必须积极创新开放模式，坚持出口和进口并重，提高利用外资综合优势和总体效益，加快走出去步伐，统筹双边、多边、区域次区域开放合作，提高抵御国际经济风险能力。

（3）统筹规划各经济部门之间的关系。拉美由于急于实现现代化，普遍把工业化作为振兴经济的根本途径，而无视确保农业基础的巩固和发展这一客观经济规律。许多国家把绝大部分靠农产品出口创收的外汇用于工业化上，而农业自身得不到发展资金，这样就导致原料供应不足、市场萎缩，反而牵制了工业的进一步发展。可见，当前中国在大力促进工业化、信息化和城市化的同时，必须巩固农业的基础地位，另外，还必须注意工业内部的发展平衡问题。拉美的基础设施落后以及中间产品的严重依赖进口，消耗了大量的外汇收入，加深了对发达国家的依赖，严重制约了经济的发展，对此，我们必须引以为戒。

（4）促进经济社会协调发展。拉美国家为了尽快实现现代化，往往单纯追求国民生产总值的增长，而忽视人的自由全面发展，结果造成收

---

① 法国《世界报》1997 年 10 月 7 日。

入分配不公，两极分化加剧，失业现象严重，严重影响到社会安定和经济发展。有鉴于此，中国必须从维护最广大人民根本利益的高度，采取有效的政策和措施解决收入分配不公以及医疗卫生、住房、教育等方面的问题，满足人民群众的基本生活需求，充分发挥人民群众的积极性和创造性。

四、中国特色社会主义道路的世界意义

中国的发展离不开世界，世界的发展也离不开中国。在全球化的今天，超越国际背景越来越难以理解一个国家的发展道路。无论我们如何以内敛的姿态将中国特色社会主义道路归结于中国人民的自觉选择，并坚持从马克思主义和中国近现代史的角度进行总结，都无法遮蔽中国特色社会主义道路的世界意义。

（一）充分彰显了马克思恩格斯社会主义思想的生命力

任何思想理论都会受历史条件的制约，马克思恩格斯的个别观点也带有他们那个时代的烙印，但这不足以说明马克思恩格斯的社会主义思想过时了。斯大林曾错误地把马克思恩格斯的社会主义思想中某些观点教条化，把苏联在特定历史条件下建设社会主义的经验绝对化。后来戈尔巴乔夫上台，苏联又从对马克思恩格斯社会主义思想的教条式理解走向了完全否定，用所谓的"人道的民主的社会主义"作为党的指导思想，引起思想混乱。20世纪80年代末90年代初，一些社会主义国家出现了两种不同性质、不同方向、不同结局的改革。一方面，苏联东欧一些社会主义国家的改革始终没有取得根本性突破，最终由改革走上改向的歧途；另一方面，中国、越南等国家的社会主义改革取得了积极成效，走出了各具本国特色的社会主义道路，尤其是中国特色社会主义取得了举世瞩目的成就，这充分彰显出马克思恩格斯社

会主义思想的生命力。

中国特色社会主义，既坚持了科学社会主义基本原则，又根据时代条件赋予其鲜明的中国特色，以全新的视野深化了对共产党执政规律、社会主义建设规律、人类社会发展规律的认识，从理论和实践的结合上系统回答了在中国这样人口多底子薄的东方大国建设什么样的社会主义、怎样建设社会主义这个根本问题。邓小平指出："马克思去世以后一百多年，究竟发生了什么变化，在变化的条件下，如何认识和发展马克思主义，没有搞清楚。"所以"绝不能要求马克思为解决他去世之后上百年、几百年所产生的问题提供现成答案。""真正的马克思列宁主义者必须根据现在的情况，认识、继承和发展马克思列宁主义。"① 中国特色社会主义道路的成功实践，说明马克思恩格斯的社会主义思想是一个开放的体系，在实践中会不断深化提升。中国特色社会主义只有这样，才能在同对立面的斗争中、比较中战胜错误思潮，同时吸取其他思想理论中的合理之处，充实自己、完善自己，成为生气勃勃的科学理论。当前，坚持和发展马克思恩格斯的社会主义思想，应该着眼于马克思主义的立场、观点和方法。对这些方面的挖掘主要有两个路径，一个是提炼马克思恩格斯社会主义思想中永恒的价值关怀，如自由、民主、平等、共享等；另一个是概括马克思恩格斯社会主义思想中蕴含的社会科学研究方法，如研究社会问题要从时代的经济关系入手、逻辑与历史相一致、对具体情况做具体分析等。

（二）证明了"改革、创新、开放"是建设社会主义强国的必由之路

在社会主义还没有作为一种社会形态出现时，恩格斯就以唯物辩证法的思维对它的发展作出了天才预测："所谓'社会主义社会'不是

---

① 《邓小平文选》第三卷，人民出版社 1993 年版，第 291 页。

一种一成不变的东西，而应当和任何其他社会制度一样，把它看成是经常变化和改革的社会。"① 按照这一思想，社会主义制度的确立之日，就是社会主义改革、创新的开始之时。无论什么样的阶级和政党，若不能与时俱进，思想观念总是停留在原有水平上，就会失去它的先进性，失去它对社会进步的推动作用，中国特色社会主义道路走到今天，依然坚持改革、创新的发展理念。中共十八届三中全会提出全面深化改革的战略部署，要通过完善和发展中国特色社会主义制度，推进国家治理体系和治理能力的现代化，通过创新的方法突破一切体制机制弊端，实现科学发展和可持续发展。中国特色社会主义道路的实践，不断证明改革创新是决定社会主义前途命运的关键，是社会主义制度的自我完善和发展，是解决社会矛盾问题的基本手段，是解放和发展生产力的必由之路。

中国的改革是在对外开放中不断深化的，开放为中国特色社会主义的改革、创新提供了不竭动力。社会发展的动力不仅来自特定社会内部的矛盾，也产生于不同国家、不同社会制度和不同文明间的交往和借鉴。马克思恩格斯在《共产党宣言》中指出："资产阶级，由于开拓了世界市场，使一切国家的生产和消费都成为世界性的了。""物质的生产是如此，精神的生产也是如此。各民族的精神产品成了公共的财产。"② 列宁在领导苏联经济恢复和建设时期，也强调要学习资本主义国家的科学技术、管理经验，吸收外国资本，引进先进机器设备，甚至提出把一些矿山和企业租让给外国托拉斯去开采和经营。当时有人不赞成这样做，认为"自己都能搞好"，列宁批评这是"共产主义的自吹自擂"。20世纪 50 年代以来，席卷全球的新科技革命将人类社会推向信息化时代，社会快速发展，各种物质和精神成果的生产消费打破了国家的界限，资

---

① 《马克思恩格斯选集》第 4 卷，人民出版社 1995 年版，第 693 页。
② 《马克思恩格斯选集》第 1 卷，人民出版社 1995 年版，第 276 页。

本、技术和人才的跨国界流动创造了一个"全球市场"。中国特色社会主义顺应了"全球市场"的历史事实，全球化给中国特色社会主义的生存发展带来了前所未有的机遇，就中国特色社会主义而言，对外开放是全方位、多层次和宽领域的，重点是向发达资本主义国家开放，并在这个过程中处理不同国家、不同社会制度和不同文明之间的关系，从中获取发展动力。

（三）深化了对共产党执政规律的认识和把握

联系中国共产党对中国革命、建设、改革道路的探索历程，我们可以得到以下深刻启示：建设富强民主文明和谐的社会主义现代化国家，要敢于和善于把马克思主义基本原理同新的世情国情党情结合起来，坚决走充满生机活力的新路，绝不能走实践证明是封闭僵化的老路，也决不走那种改旗易帜、放弃共产党领导、放弃社会主义的邪路。历史已经证明，只有社会主义才能救中国，只有走中国特色社会主义道路而没有别的什么模式才能使国家强盛，让人民幸福。中国共产党的根本宗旨是全心全意为人民服务，中国共产党领导的中国特色社会主义事业一旦背离这一宗旨，就会失去长期执政的根基。不过，共产党执政也会遇到一些困难和挑战，积极稳妥推进政治体制改革是必要的，但照抄照搬西方自由民主制度不是一种理性的选择，因为它放弃了共产党的领导。完善和发展中国特色社会主义的政治体制，并不意味着创造一套"特立独行"的政治制度，更不是抄袭模仿别国的"典范模板"，关键是要遵循现代国家治理的基本规律，不断探索完善中国已经成型的基本政治制度的结构功能。

苏联东欧的社会主义改革为什么会失败？归根结底是对共产党的性质及其执政规律没有深刻的认识，对人民群众的根本利益没有清醒的认识。20世纪80年代以后苏东国家的经济增长率之低、通货膨胀率之高、外债负担之重、人民生活水平下降之快达到了空前的程度，与西方差距的拉大使人们对共产党执政和社会主义道路逐渐失去信心。中国共产党人深知，"社会主义初级阶段的最根本任务就是发展生产力，社会主义的优越性归根到底要体现在它的生产力比资本主义发展得更快一些、更高一些，并且在发展生产力的基础上不断改善人民的物质文化生活。"①20 世纪 90 年代以后中国和平崛起的步伐令世界震撼，美国财政部前部长劳伦斯·萨默斯指出：如果说英国工业革命期间，一个人的生活水平在自己生命周期里翻了一倍的话，那么在中国当今这场现代化大潮中，一个中国人的生活水平在自己的生命周期内可翻 7 倍。②中国特色社会主义道路的拓展，中国共产党已经深刻地明白，民生就是人民的福祉，它不仅涉及人民群众的物质文化生活，而且还涵盖人民的生存能力、发展机会和生产生活环境等方面。改善民生已经成为事关共产党的执政基础，事关经济发展动力，事关社会安全运行，事关中国改革发展全局的战略性问题，全面深化改革必须要"以促进社会公平正义、增进人民福祉为出发点和落脚点。"③

（四）为其他社会主义国家和发展中国家加快发展提供了经验借鉴

社会主义作为一种新的社会实践，人们对其发展规律的掌握，是渐进和逐步深化的，不可能一步到位。社会主义在曲折中前行，在挫折中吸取力量，这是社会主义在经济文化落后国家发展的不可避免的现象。邓小平在苏东剧变后曾经深刻指出："一些国家出现严重曲折，社会主义好像被削弱了，但人民经受锻炼，从中吸收教训，将促使社

---

① 中央文献研究室编：《邓小平年谱》，中央文献出版社 1998 年版，第 288 页。

② 张维为：《中国震撼：一个"文明型国家"的崛起》，上海人民出版社 2011 年版，第 7 页。

③ 《习近平谈治国理政》第一卷，外文出版社 2018 年版，第 95 页。

会主义向着更加健康的方向发展。"①中国特色社会主义的成功实践鼓舞了世界社会主义运动的深入发展。目前，社会主义运动正在经历着历史的选择，真正销声匿迹的只是那些僵化的观念、理论、政策、模式和组织。除了包括中国在内的 5 个共产党执政的社会主义国家外，在非社会主义国家仍然有一个共产党即摩尔多瓦共产党人党在执政，另外还有 10 多个国家的共产党参政，如印度共产党（马克思主义）、巴西共产党、南非共产党等在国内都有相当大的影响力。尽管人们对实现社会主义的道路有不同看法，但至少都把社会主义看作人类社会的理想，看作比资本主义更好、更高的社会制度，看作是社会发展的必然趋势，特别是中国特色社会主义取得了成功，更加增强了人们对社会主义的信心。

改革开放 40 年来，中国的经济建设取得了巨大的成功，人民生活水平得到了极大的提高，中国特色社会主义已经引起世界的普遍关注，一些发展中国家试图从中国特色社会主义汲取成功的经验。2004 年，英国外交政策研究中心发表了雷默撰写的一份研究报告《"北京共识"：论中国实力的新物理学》。为了与"华盛顿共识"相区别，雷默将中国独特的发展道路称为"北京共识"，即"中国模式"。雷默指称的中国模式，实际上就是中国特色社会主义道路，他认为这体现了中国发展的新动力和物理学。中国模式具有不同甚至优于"华盛顿共识"的世界意义，因为"中国目前正在发生的情况，不只是中国的模式，而且已经开始在经济、社会以及政治方面改变整个国际发展格局……中国正在指引世界其他一些国家在有一个强大重心的世界上保护自己的生活方式和政治选择。这些国家不仅在设法弄清如何发展自己的国家，而且还想知道如何与国际秩序接轨，同时使它们能够真正实现独立"。②中国共产党领导

---

① 《邓小平文选》第三卷，人民出版社 1993 年版，第 383 页。

② 乔舒亚・库珀・雷默：《中国形象：外国学者眼里的中国》，社会科学文献出版社 2008 年版，第 47 页。

的中国特色社会主义建设事业，为其他社会主义国家和发展中国家加快发展提供了经验借鉴。

（五）独立自主的和平发展道路有利于维护世界和平

社会主义在本质上坚持人类的自由、平等和正义原则，这就决定了中国特色社会主义必然要走独立自主的和平发展之路。历史证明，搞霸权是不长久的，它只会引发动荡不安。早在十月革命胜利后不久，列宁为了争取一个和平的建设环境，就提出"和平共处"的思想。但是列宁逝世后，苏联在"世界革命"的旗号下推行大国沙文主义，后来还以"九国情报局"的名义公开领导、干预、指挥甚至控制其他国家的共产党。为了扩张势力，苏联完全不计经济效益地大搞援助，用尼克松的话说："帝国使克里姆林宫变穷而不是致富了。越南使苏联每年支出35亿美元以上，古巴49亿多美元，安哥拉、莫桑比克和埃塞俄比亚共30亿美元以上，尼加拉瓜10余亿美元。莫斯科的帝国领土使克里姆林宫每天耗资3500万美元以上。"[1] 与苏联的大国沙文主义不同，中国共产党领导的社会主义革命之所以能够胜利，胜利后又能保住成果，独立自主和艰苦奋斗是主要的和决定性的。

中国坚持走独立自主的和平发展道路，是中国共产党根据时代发展潮流和中国广大人民根本利益作出的战略抉择。从20世纪后期开始，世界形势发生明显变化，尽管还有局部动荡和局部战争，但和平与发展成为时代主题。社会主义无法超越历史条件的限制，只有顺应时代潮流和坚持发展，才能焕发蓬勃生机，不断走向成熟和趋向共产主义。因为过渡到共产主义必须通过创造高度发达的社会生产力来实现，马克思恩格斯在《德意志意识形态》中早就指出共产主义"不是应当确立的状况，不是现实应当与之相适应的理想"，而是"那种消灭现存状况的现实的

---

① 尼克松：《1999：不战而胜》，世界知识出版社1997年版，第30页。

运动，整个运动的条件是由现有的前提产生的".① 这里所谓现实的运动说的就是发展。中国始终坚持开放的发展、合作的发展、和平的发展、共赢的发展，通过争取和平国际环境发展自己，又以自身发展维护和促进世界和平。在长期的实践中，我们提出和坚持了和平共处五项原则，确立和奉行了独立自主的和平外交政策，向世界作出了永远不称霸、永远不搞扩张的庄严承诺，强调中国始终是维护世界和平的坚定力量。

---

① 《马克思恩格斯选集》第 1 卷，人民出版社 1995 年版，第 87 页。

第二篇
中国特色社会主义理论

第六章

中国特色社会主义理论的来源

　　列宁在其《马克思主义的三个来源和三个组成部分》一文中指出："马克思主义同'宗派主义'毫无相似之处，它绝不是离开世界文明发展大道而产生的一种固步自封、僵化不变的学说。恰恰相反，马克思的全部天才正是在于他回答了人类先进思想已经提出的种种问题。""马克思学说是人类在 19 世纪所创造的优秀成果——德国的哲学、英国的政治经济学和法国的社会主义的当然继承者。"①同理，中国特色社会主义理论作为一种新理论，也同"宗派主义"毫无相似之处，也绝不是离开世界文明发展大道而产生的一种固步自封、僵化不变的理论。与马克思主义一样，中国特色社会主义理论也有其重要的思想理论来源。

一、实践经验的总结

　　中国特色社会主义理论本质上是实践经验的总结。这是由人类认识的一般规律决定的。"全部社会生活在本质上是实践的。"实践是认识的源泉。正如毛泽东在《实践论》中指出的，"人的认识，主要地依赖于

---

　　① 《列宁专题文集（论马克思主义）》，人民出版社 2009 年版，第 66—67 页。

物质的生产活动，逐渐地了解自然的现象、自然的性质、自然的规律性、人和自然的关系；而且经过生产活动，也在各种不同程度上逐渐地认识了人和人的一定的相互关系。""判定认识或理论之是否真理，不是依主观上觉得如何而定，而是依客观上社会实践的结果如何而定。真理的标准只能是社会的实践。"①任何一种思想理论的检验都必须回到实践中来，通过实践结果来证明理论正确与否，而非不同理论的互相证明。这既是人类社会的一般认识规律，也是中国在建设社会主义的实践中应当坚持的基本原则。

（一）实践是理论的来源，是检验真理的唯一标准

在相当长的一段时间内，我们在建设社会主义的过程中，忽视了辩证唯物主义和历史唯物主义的基本认识规律，将个别论述或领导人的主观意志奉为真理，忽视了对实践经验的总结，更没有将一些宝贵的实践经验上升为理论认识，成为指导中国社会主义建设的理论原则。以至于，我国在早期的社会主义建设过程中脱离实际，过分强调主观意志。从 1957 年反右扩大化开始接连出现一系列失误。并最终酿成了"文化大革命"的历史悲剧。"文革"结束后一段时间里，思想上仍受到"两个凡是"错误的束缚。

经历长期曲折的探索和认真的反思，广大干部群众迫切希望思想解放，而思想解放首先从理论界发起。

1978 年 5 月 10 日，中央党校内部刊物《理论动态》刊发《实践是检验真理的唯一标准》一文，5 月 11 日，《光明日报》以"本报特约评论员"名义刊发此文，新华社在当天发表通稿。文章重申了实践是检验真理的唯一标准这一马克思主义基本原理，明确提出："社会主义对于我们来说，有许多地方还是未被认识的必然王国。我们要完成这个伟大的任务，

---

① 《三中全会以来重要文献选编》上，人民出版社 1982 年版，第 236 页。

面临着许多新的问题，需要我们去认识，去研究，躺在马列主义毛泽东思想的现成条文上，甚至拿现成的公式去限制、宰割、裁剪无限丰富的飞速发展的革命实践，这种态度是错误的。我们要有共产党人的责任心和胆略，勇于研究生动的实际生活，研究现实的确切事实，研究新的实践中提出的新问题。只有这样，才是对待马克思主义的正确态度，才能够逐步地由必然王国向自由王国前进，顺利地进行新的伟大的长征。"①

《实践是检验真理的唯一标准》一文发表后，虽然在一定范围遭到怀疑和抵制，但是多数同志认为其提出了一个意义重大的问题，应当展开讨论。理论界的一些重要单位率先参与到了讨论中来。邓小平等一批担任党和国家重要职务的老同志在各种场合纷纷表示支持开展关于真理标准的大讨论。6月2日，邓小平在全军政治工作会议上发表讲话指出，"我们也有一些同志天天讲毛泽东思想，却往往忘记、抛弃甚至反对毛泽东同志的实事求是、一切从实际出发、理论与实践相结合的这样一个马克思主义的根本观点，根本方法。不但如此，有的人还认为谁要是坚持实事求是，从实际出发，理论和实践相结合，谁就是犯了弥天大罪"。"马列主义、毛泽东思想的基本原则，我们任何时候都不能违背，这是毫无疑义的。但是，一定要和实际相结合，要分析研究实际情况，解决实际问题。按照实际情况决定工作方针，这是一切共产党员所必须牢牢记住的最基本的思想方法、工作方法。实事求是，是毛泽东思想的出发点、根本点。"②

1978年下半年，各地、各单位纷纷通过组织讨论会，发表文章等形式，参与到真理标准问题的大讨论中来。这场讨论为冲破"两个凡是"的严重束缚，重新确立马克思主义的思想路线、政治路线和组织路线奠定了理论基础，成为实现党和国家历史性伟大转折的思想先导。

---

① 《实践是检验真理的唯一标准》，《人民日报》1978年5月12日。
② 《邓小平文选》第二卷，人民出版社1994年版，第114页。

1978 年 12 月，邓小平在中央工作会议上作了题为《解放思想，实事求是，团结一致向前看》的重要讲话，对半年来党内外关于真理标准问题的讨论作了总结，批评了"两个凡是"和个人崇拜，着重强调了解放思想的迫切任务。指出："只有思想解放了，我们才能正确地以马列主义、毛泽东思想为指导，解决过去遗留的问题，解决新出现的一系列问题。"[①] 认为关于实践是检验真理的唯一标准问题的讨论，很有必要，意义很大。并强调："一个党，一个国家，一个民族，如果一切从本本出发，思想僵化，迷信盛行，那它就不能前进，它的生机就停止了，就要亡党亡国。这是毛泽东同志在整风运动中反复讲过的。只有解放思想，坚持实事求是，一切从实际出发，理论联系实际，我们的社会主义现代化建设才能顺利进行，我们党的马列主义、毛泽东思想的理论也才能顺利发展。从这个意义上说，关于真理标准问题的争论，的确是个思想路线问题，是个政治问题，是个关系到党和国家的前途和命运的问题。"[②] 这篇纲领性讲话，实际上成为中共十一届三中全会的主题报告。随后召开的中共十一届三中全会对关于真理标准问题的大讨论给予高度评价，认为这"对于促进全党同志和全国人民解放思想，端正思想路线，具有深远的历史意义"[③]。

真理标准的大讨论，使在指导思想方面关于"实践与理论"的认识再次回到正确轨道上来。告别改革开放前抽象地就理论谈理论，回到从立足实践检验理论、发展理论的正确轨道上来。

（二）在不断总结经验的过程中开创和发展中国特色社会主义理论

中国特色社会主义理论从根本上说来源于中国建设社会主义实践经

---

① 《邓小平文选》第二卷，人民出版社 1994 年版，第 141 页。
② 《邓小平文选》第二卷，人民出版社 1994 年版，第 143 页。
③ 《三中全会以来重要文献选编》上，中央文献出版社 2011 年版，第 10 页。

验的总结。正如邓小平指出的：“一个新的科学理论的提出，都是总结、概括实践经验的结果。没有前人或今人、中国人或外国人的实践经验，怎么能概括、提出新的理论？”[①] 在改革开放的实践中，中国共产党不断总结实践经验，提出新的理论。

1. 对公有制为主体、多种所有制经济共同发展的基本经济制度的探索

在完成生产资料的社会主义改造后，我国长期实行单一的公有制经济，并通过国家计划进行管理。这种经济制度在初期确实促进了国民经济的恢复和发展，但随着经济的发展，其弊端逐渐显现。加之政治上长期“左”的错误，特别是“文化大革命”的发生，导致国民经济在崩溃的边缘徘徊。“文革”结束后，虽然在法律和理论上仍然坚持单一的公有制经济，但是经济的严峻形势迫使我们在实践上做出改变。

1970 年代末 1600 多万下乡知识青年回城以及 1000 多万下放干部重新安排工作，城市出现了规模庞大的待业人口。社会面临巨大的就业压力，要求出现新的企业、单位。

1980 年 8 月，全国劳动就业会议提出“在国家统筹规划和指导下，实行劳动部门介绍就业、自愿组织起来就业和自谋职业相结合”的方针，并提出“大力发展城镇集体和个体经济”。1981 年 10 月，中共中央、国务院发布《关于广开门路，搞活经济，解决城镇就业问题的若干决定》，提出：“在所有制方面，限制集体，打击、取缔个体，城镇集体企业急于向单一的全民所有制过渡，既阻碍了经济建设的发展，又堵塞了劳动就业的多种渠道。”并提出鼓励待业人员集资兴办合作企业或个人创业。强调：“必须着重开辟在集体经济和个体经济中的就业渠道……

---

① 《邓小平文选》第二卷，人民出版社 1994 年版，第 57—58 页。

一定范围的劳动者个体经济是社会主义公有制经济的必要补充。"① 政策的放宽使得城镇个体经济得以快速发展,城镇个体劳动者从业人数也快速增长,1978 年到 1982 年分别为 15 万人,32 万人,81.4 万人,113.3万人,146.7 万人。② 这对于解决就业问题,缓解社会矛盾,发展经济发挥了重要作用。

中共十二大开始肯定"劳动者的个体经济是公有制经济必要的补充",并提出个体经济在国家规定的范围内和工商行政管理下适当发展。1982 年 12 月,全国人大五届五次会议通过的《中华人民共和国宪法》规定:在法律规定范围内的城乡劳动者个体经济,是社会主义公有制经济的补充。自 1983 年始,允许私人开办企业,生产市场上短缺的小商品。

1987 年中共十三大提出,私营经济"也是公有制经济必要和有益的补充"。1988 年 4 月全国人大七届一次会议通过宪法修正案,增加了"国家允许私营经济在法律规定的范围内存在和发展。私营经济是社会主义公有制经济的补充,国家保护私营经济的合法权利和利益,对私营经济实行引导、监督和管理"的条款,确定了私营经济的法律地位和经济地位。同年 6 月,国务院颁布了《中华人民共和国私营企业暂行条例》。

在一系列政策促进下,20 世纪 80 年代个体私营企业迅速发展。到1992 年,全国个体工商业达 1533.9 万户,从业人数 2467.7 万,注册资金 600.9 亿元,产值 926.2 亿元,营业额 2238.9 亿元。私营企业 13.9 万户,从业人数 231.9 万,注册资金 221.2 亿元,产值 205.1 亿元,营业额 113.6 亿元。个体私营经济年纳税额 203 亿元,占全国税收的 7.8%。③

---

① 《三中全会以来重要文献选编》下,中央文献出版社 2011 年版,第 295—296 页。

② 国家统计局:《中国统计年鉴(1990)》,中国统计出版社 1990 年版,第 126 页。

③ 中国民(私)营经济研究会、中华全国工商业联合会主编:《中国私营经济年鉴(2000—2001)》,中华工商联出版社 2003 年版,第 553—555 页。

良好的发展效果，促使在理论上进一步肯定了私营个体经济的地位和作用。

1992 年邓小平南方谈话破除了思想束缚，进一步推动了思想解放。中共十四大进一步肯定个体私营经济的地位和作用，并强调："加快我国经济发展，必须进一步解放思想，加快改革开放的步伐，不要被一些姓'社'姓'资'的抽象争论束缚自己的思想和手脚。"①

思想束缚的破除，使得私营个体经济的发展进一步加快速度。特别是私营经济没有了走资本主义道路这一政治风险，发展迎来一个爆发期。一些原来挂名在公有制经济下的私营企业开始独立经营。经过 20 世纪 90 年代的大发展，到 2000 年全国个体工商户达 2571.4 万，从业人数 5070 万，注册资金 3315.3 亿元，产值 7161.70 亿元，营业额 19855.54 亿元。私营企业达 176.2 万户，从业人数 2406.5 万，注册资金 13307.7 亿元，产值 10739.78 亿元，营业额达 9884.06 亿元。个体私营经济年纳税额达 1177 亿元，占全国税收的 9.28%。②个体私营经济成为国民经济的重要组成部分，推动着社会经济的发展。

在个体私营经济发展的同时，外资的利用也成为深刻改变我国经济面貌的又一因素。改革开放后，大规模经济建设使得国内资金难以满足需要，寻求外资成为解决资金紧缺的重要途径。

1979 年 1 月，邓小平在同几位工商界领导人的谈话中指出："现在搞建设，门路要多一点，可以利用外国的资金和技术，华侨、华裔也可以回来办工厂。"③陈云也指出："资金不够，可以借外债，这是打破闭关自守以后的新形势"，"今后在自力更生为主的条件下，还可以借些不吃

---

① 《十四大以来重要文献选编》上，中央文献出版社 2011 年版，第 15 页。
② 中国民（私）营经济研究会、中华全国工商业联合会主编：《中国私营经济年鉴（2000—2001）》，中华工商联出版社 2003 年版，第 553—555 页。
③ 《邓小平文选》第二卷，人民出版社 1994 年版，第 156 页。

亏的外债。"① 同时中国也开始与国际货币基金组织和世界银行等接触，商讨借低息自由外汇贷款。但借外债的数额非常有限，而且面临着种种障碍，因而吸引外商投资成为更重要的方式。

从 20 世纪 70 年代末开始，沿海地区先行对外开放，试点引进外资，发展中外合作、合资和外商独资企业。1979 年中共中央、国务院决定批准在广东、福建两省实行特殊政策和灵活措施。同年五届人大二次会议审议通过了《中华人民共和国中外合资经营企业法》。1980 年中央批准深圳、珠海、汕头、厦门建立经济特区，作为对外开放、引进外资的"窗口"，并在政策上给予外资企业相应的优惠。1982 年中央强调，我国的社会主义现代化建设要利用好国内和国外两种资源，打开国内和国外两种市场，学会组织国内建设和发展对外经济关系两套本领。并提出，在吸引直接投资，争取外国政府和国际金融组织提供的中长期、中低利贷款，一般商业贷款这三种主要利用外资的方式中，应以吸引直接投资为最重要的方式。

在 20 世纪 80 年代，我国的外资利用呈逐年上升趋势。1979—1983 年，我国实际利用外资达 144.38 亿美元，其中对外借款 117.55 亿美元，外商直接投资 18.02 亿美元，外商其他投资 8.81 亿美元。② 在全社会固定资产投资中，1981—1983 年分别利用外资达到 36.36 亿元，60.51 亿元，66.55 亿元，分别占全社会固定资产投资的 3.8%，4.9%，4.7%。③ 利用外资的良好经济效益，促使党和国家进一步肯定和发展外资企业。

1984 年 10 月，中共十二届三中全会通过了《关于经济体制改革的决定》，其中利用外资被列为对外开放的重要内容，指出："利用外资，吸引外商来我国举办合资经营企业、合作经营企业和独资企业，也是对

---

① 《三中全会以来重要文献选编》上，中央文献出版社 2011 年版，第 523 页。

② 数据来源：国家统计局，http://www.stats.gov.cn/tjsj/ndsj/zgnj/2000/Q13c.htm。

③ 数据来源：国家统计局，http://www.stats.gov.cn/yearbook2001/indexC.htm。

我国社会主义经济必要的有益的补充。"①1984 年 5 月，中共中央、国务院批转《沿海部分城市座谈会纪要》，决定进一步开放大连、秦皇岛、天津等 14 个沿海港口城市，给予外商优惠政策、扩大开放城市自主权。1985 年 2 月，中共中央、国务院批转了《长江三角洲、珠江三角洲和厦漳泉三角地区座谈会纪要》，决定推进长江三角洲、珠江三角洲和厦漳泉三角的对外开放，并为整个沿海地区的对外开放做准备。1987 年和 1988 年又相继批准海南建省办特区和开发开放上海浦东新区。1986 年和 1988 年我国又相继制定了《外资企业法》和《中外合作经营企业法》。这一系列措施，直接促使了外资企业大量发展，成为我国经济的重要组成部分，有力推进了我国所有制结构调整和基本经济制度的形成。

截至 2017 年 6 月，我国私营企业已达 2497 万户；非公有制经济对经济社会发展作出的贡献，可以用"56789"来概括，即税收贡献超过50%，国民生产总值、固定资产投资、对外直接投资均超过 60%，高新技术企业占比超过 70%，城镇就业超过 80%，对新增就业贡献率达到 90%。个体经济、私营经济、外资经济等非公有制成分的快速发展，及其对经济社会发展的重大作用也促使理论上的改变。

中共十三大提出"在初级阶段，尤其要在以公有制为主体的前提下发展多种经济成分"②。中共十四大根据实践的发展，进一步强调以公有制包括全民所有制和集体所有制经济为主体，个体经济、私营经济、外资经济为补充，多种经济成分长期共同发展，是一项长期方针，而非权宜之计。中共十四届三中全会提出"坚持以公有制为主体、多种经济成分共同发展的方针"。③ 中共十五大明确提出，以公有制为主体、多种所有制经济共同发展是我国社会主义初级阶段的一项基本经济制度。中共十五大后历次中共全国代表大会和中央全会都强调要坚持和完善以公

① 《十二大以来重要文献选编》中，人民出版社 2011 年版，第 66 页。

② 《十三大以来重要文献选编》上，人民出版社 1991 年版，第 14 页。

③ 《十四大以来重要文献选编》中，人民出版社 1997 年版，第 1495 页。

有制为主体、多种所有制经济共同发展的基本经济制度；强调必须毫不动摇地巩固和发展公有制经济，必须毫不动摇地鼓励、支持和引导非公有制经济的发展。

2. 对公有制实现形式的探索

多种所有制经济的共同发展和长期以来计划经济制度造成的经济停滞、效率低下、发展乏力等问题，促使我国从计划经济体制开始向市场经济体制转变。而国家经济运行方式的改变，也直接迫使公有制经济的实现形式发生改变。这在农村家庭联产承包责任制的实行和推广、国有企业改革和建立现代企业制度上有充分体现。

在农村家庭联产承包责任制的实行和推广方面。1978 年年底和1979 年年初，严峻的农业生产形势，迫使安徽、四川等省区的农民自发地采取"包产到户""包干到户"等生产责任制的方式进行农业生产。在实行了"包产到户""包干到户"的地区，农业生产形势很快好转，农民生活大幅度改善。四川、安徽等地的粮食产量也逐年增长。四川1978 年粮食总产量为 3000 万吨，之后三年分别为 3201 万吨，3436.5万吨，3465.5 万吨；安徽 1978 年粮食总产量为 1482 万吨，之后三年分别为 1609 万吨，1454 万吨，1787.5 万吨，虽受到自然灾害等因素的影响粮食总产量有所波动，但是生产力被极大地释放了出来。[①]

1980 年 9 月，中共中央印发了《关于进一步加强和完善农业生产责任制的几个问题》，继续强调了集体经济是农业现代化不可动摇的基础，以及巩固和发展集体经济的任务。而引起广泛争论的"包产到户""包干到户"是文件需要解决的一个主要问题。文件指出："在那些边远山区和贫困落后的地区，长期'吃粮靠返销，生产靠贷款，生活靠救济'的生产队，群众对集体丧失信心，因而要求包产到户的，应当支

---

① 数据来源：国家统计局：http://data.stats.gov.cn/easyquery.htm?cn=E0103。

持群众的要求，可以包产到户，也可以包干到户，并在一个较长的时间
内保持稳定。就这种地区的具体情况来看，实行包产到户，是联系群
众，发展生产，解决温饱问题的一种必要的措施。"① 虽然这时仍然认为
"包产到户""包干到户"的作用主要限于解决贫困落后地区的温饱问
题，是在一些集体农业没搞好的地区的一种补充措施，但事实上肯定了
"包产到户""包干到户"对于发展农业生产的积极作用，放松了限制。
到 1981 年年底我国农村已有 90%以上的生产队建立了不同形式的农业
生产责任制。这一措施的实施，极大地激发了农民的生产积极性，推
动我国农业总产值快速增长。1978 年到 1982 年我国农业总产值以年均
7.5%的速度快速增长，增速是 1978 年以前 26 年平均增速的 1.3 倍。主
要农副产品的产量均大幅提高，同 1978 年相比，1982 年我国的粮食增
长 16%，棉花增长 66%，油料增长 126%，糖料增长 83%，烤烟、桑
蚕茧、猪牛羊肉等都增长 50%以上。②

　　实践的发展促使理论上的转变。1982 年 1 月，中共中央转发了《全
国农村工作会议纪要》，对"包产到户"的社会主义性质作了肯定。同年，
中共十二大充分肯定了"包产到户"的积极作用。1983 年 1 月，中共
中央印发了政治局讨论通过的《当前农村经济政策的若干问题》，肯定
并积极推广家庭联产承包责任制的经验，认为在十一届三中全会以后，
我国农村的诸多重大变化中，"影响最深远的是，普遍实行了多种形式
的农业生产责任制，而联产承包制又越来越成为主要形式"。并认为这
将促使我国农业从传统到现代的转化，预示着我国农村经济的振兴将更
快到来；并强调："稳定和完善农业生产责任制，仍然是当前农村工作的
主要任务。"③1983 年的《政府工作报告》进一步高度评价："我国农民在
党的领导下创造了多种形式的家庭联产承包责任制，克服长期存在的生

---

① 《三中全会以来重要文献选编》上，中央文献出版社 2011 年版，第 474 页。

② 《十二大以来重要文献选编》上，中央文献出版社 2011 年版，第 273 页。

③ 《十二大以来重要文献选编》上，中央文献出版社 2011 年版，第 216、218 页。

产上的瞎指挥和分配上的平均主义，把小规模的分户经营与专业化、社会化生产结合起来，继承了合作化的积极成果，从而使集体所有制的优越性和家庭经营的积极性统一了起来，并且同时得到充分发挥，解决了我国社会主义农业中一个长期没有解决的根本性问题。"①

在整个改革开放的过程中，以家庭承包经营为基础、统分结合的双层经营体制不断完善，推动着我国农村经济的不断发展，并成为党在农村长期稳定的基本政策。

在国有企业改革和建立现代企业制度方面。在计划经济体制下，企业的生产、销售都需要通过计划指标，导致产销脱节，经济效益低下。1978 年四川省在重庆钢铁公司等六家企业率先探索扩大企业自主权的试点，之后多地试点企业扩大经营管理自主权。这一改革的效益很快显现出来，1979 年上半年四川省一百多个试点企业的工业产值比全省工业总产值的平均增长率水平高出 56.7%，利润增长幅度也很大。②1979年 7 月，国务院下达《关于扩大国有工业企业经营管理自主权的若干规定》等五个文件推动扩大企业经营管理自主权。到 1980 年年底，已经进行扩大自主权试点的企业达到六千多个，这些企业的总产值占了全部工业总产值的 60%左右。1981 年国务院决定开始推行经济责任制。采取确定利润留成、盈亏包干和以税代利、自负盈亏的经济责任制基本形式。到 1983 年，绝大部分国营工业企业和商业企业实行了各种形式的经营责任制。1984 年决定改变利润上缴形式，对国有企业实现利润开征所得税和调节税；并开始探索在全民所有制工业企业推行厂长（经理）责任制。1986 年 12 月，国务院发布了《关于深化企业改革增强企业活力的若干规定》，提出全民所有制大中型企业要实行多种形式的经营承包责任制。

---

① 《十二大以来重要文献选编》上，中央文献出版社 2011 年版，第 273 页。

② 《有步骤地改革现行经济管理体制　四川百个企业试行扩大自主权见成效》，《人民日报》1979 年 7 月 14 日。

这一系列改革措施，促使国有经济效益大幅提升。1978 年国有资产总量 4893.5 亿元，国有工业总产值 3289.2 亿元，国有经济上缴利税总额 459.4 亿元，国有企业利润总额 665.40 亿元，固定资产投资额 668.72 亿元，从业人员 7451 万人，国有单位就业人数占全国总就业人数的 78.43%。到 1987 年国有资产总量 9366.9 亿元，国有工业总产值 8250.1 亿元，国有经济上缴利税总额 140.9 亿元，国有企业利润总额 639.30 亿元，固定资产投资额 2448.80 亿元，从业人员 9654 万人，国有单位就业人数占全国总就业人数的 73.05%。[①]

公有制经济在实践中的发展变化，促使理论认识不断深化。1984 年，中共十二届三中全会通过了《中共中央关于经济体制改革的决定》，将增强企业活力作为经济体制改革的中心环节，突破了所有权与经营权相统一的观点，提出"所有权同经营权是可以适当分开的"。1987 年 12 月中共十三大提出在大力发展全民所有制、集体所有制的同时，"还应发展全民所有制和集体所有制联合建立的公有制企业，以及各地区、部门、企业相互参股等形式的公有制企业"[②]。在此后的改革实践中，公有制的实现形式不断创新，从扩大企业自主权到推行承包经营责任制，再到进行股份制试点。

1987 年，上海真空电子公司、深圳发展银行率先试点发行股票，之后上海真空电子器件股份有限公司又成为第一家以海外参股投资形式开办的中外合资企业。而上海、深圳等地股份制和股票发行的示范作用，也带动全国各地掀起试点股份制和股票发行的热潮。到 1991 年年底，全国各类股份制试点企业约 3220 家。[③]

---

① 数据来源：徐传谌、彭华岗等：《中国国有经济发展报告（1949—2002）》，经济科学出版社 2012 年版，第 50、56、58、61、68、71、73 页。

② 《十三大以来重要文献选编》上，中央文献出版社 2011 年版，第 27 页。

③ 徐传谌、彭华岗等：《中国国有经济发展报告（1949—2002）》，经济科学出版社 2012 年版，第 24 页。

20 世纪 90 年代，我国加快了推行股份制的步伐，理论上也不断突破。1992 年 10 月，中共十四大提出"通过理顺产权关系，实现政企分开，落实企业自主权，使企业真正成为自主经营、自负盈亏、自我发展、自我约束的法人实体和市场竞争主体，并承担国有资产保值增值的责任……股份制有利于促进政企分开、转换企业经营机制和集聚社会资金，要积极试点，总结经验，抓紧制定和落实有关法规，使之有秩序的健康发展"。①1993 年 11 月中共十四届三中全会通过《中共中央关于建立市场经济体制若干问题的决定》，提出"建立现代企业制度，是发展社会化大生产和市场经济的必然要求，是国有企业改革的方向"；"现代企业按照财产构成可以有多种组织形式"。②1997 年 10 月中共十五大进一步提出，"公有制实现形式可以而且应当多样化。一切反映社会化生产规律的经营方式和组织形式都可以大胆利用。要努力寻找能够极大促进生产力发展的公有制实现形式。股份制是现代企业的一种资本组织形式，有利于所有权和经营权的分离，有利于提高企业和资本的运作效率，资本主义可以用，社会主义也可以用"。③

进入新世纪，关于公有制的实现形式的理论进一步发展。2003 年 10 月中共十六届三中全会提出"推进公有制的多种有效实现形式""大力发展国有资本、集体资本和非公有资本等参股的混合所有制经济，实现投资主体多元化，使股份制成为公有制的主要实现形式"。④实现了社会主义经济理论的突破。2007 年 10 月中共十七大强调"深化国有企业公司制股份制改革，健全现代企业制度，优化国有经济布局和结构，增强国有经济活力、控制力、影响力"。"以现代产权制度为基础，发展混

① 《十四大以来重要文献选编》上，中央文献出版社 2011 年版，第 18 页。
② 《十四大以来重要文献选编》上，中央文献出版社 2011 年版，第 455、456 页。
③ 《十五大以来重要文献选编》上，中央文献出版社 2011 年版，第 18 页。
④ 《十六大以来重要文献选编》上，中央文献出版社 2011 年版，第 466 页。

合所有制经济。"①

理论的突破和政策的推动，促进国有经济进一步发展。到 2000 年国有资产总量达 57554.4 亿元，国有工业总产值 40554.5 亿元，国有经济上缴利税总额 2171 亿元，国有企业利润总额 2833.8 亿元，固定资产投资额 16504.4 亿元，从业人员 8102 万人，国有单位就业人数占全国总就业人数的 69.97%。② 到 2012 年国有资产总量 255089.2 亿元，国有经济上缴税金总额 15863.19 亿元，国有企业利润总额 15176.0 亿元，固定资产投资额 96220.20 亿元，从业人员 6839 万人，国有单位就业人数占全国总就业人数的 18.43%。③ 而国有经济发展的良好效益，促使在理论和政策上进一步肯定股份制等公有制实现形式。

2013 年中共十八届三中全会通过了《中共中央关于全面深化改革若干重大问题的决定》，《决定》要求"坚持和完善基本经济制度"，"完善产权保护制度"，"积极发展混合所有制经济"，指出"国有资本、集体资本、非公有资本等交叉持股、相互融合的混合所有制经济，是基本经济制度的重要实现形式，有利于国有资本放大功能、保值增值、提高竞争力，有利于各种所有制资本取长补短、相互促进、共同发展"。"允许更多国有经济和其他所有制经济发展成为混合所有制经济。国有资本投资项目允许非国有资本参股。允许混合所有制经济实行企业员工持股，形成资本所有者和劳动者利益共同体。"④

中国特色社会主义基本经济制度和公有制的实现形式是中国特色社会主义理论的重要内容，这些理论的发展都是通过对中国改革开放和社

---

① 《十七大以来重要文献选编》上，中央文献出版社 2009 年版，第 20 页。

② 数据来源：徐传谌、彭华岗等：《中国国有经济发展报告（1949—2002）》，经济科学出版社 2012 年版，第 50、56、58、61、68、71、73 页。

③ 数据来源：徐传谌、彭华岗等：《中国国有经济发展报告（2003—2012）》，经济科学出版社 2015 年版，第 76、84、87、93、95、97 页。

④ 《十八大以来重要文献选编》上，中央文献出版社 2014 年版，第 515 页。

会主义现代化建设实践经验的总结发展起来的。此外，诸如社会主义市场经济、社会主义民主政治、社会主义和谐社会、社会主义核心价值等理论都是在对实践经验的不断总结中发展起来的。

二、对社会主义的再认识

认识不但来源于实践，而且还是一个在实践基础上不断深化的发展过程。在这个过程中，人们所获得的认识总是具体的、历史的。所谓具体的认识，就是说主观认识总是同一定时间、地点、条件下的客观实践相符合的认识；所谓历史的认识，就是说主观认识总是同特定历史发展阶段的客观实践相符合的认识。由于客观实践是具体的、历史的，所以，主观认识也应当是具体的、历史的。每一个乃至每一代人，由于受到客观事物及其本质的显露程度，社会历史的发展水平，主观的条件以及生命的有限性等各方面的限制，他们的思维是非至上的，亦即是有限的和相对的。作为人类认识的一部分，人们关于社会主义的认识也是具体的、历史的，在一定历史条件下其真理性也是相对的。因而也必须随着实践的发展而不断发展。

（一）对社会主义认识的反复性

马克思恩格斯通过分析资本主义社会的弊端和资本主义发展中孕育着的新社会因素，从正反两个方面揭示了未来新社会的基本特征。但是在马克思、恩格斯的时代，社会主义并没有成为一种现实的社会制度，因而他们对社会主义的分析和预测还只能是对社会发展基本趋势的分析和对未来社会大致轮廓的预测，并且这种分析绝不是一成不变的教条。正如恩格斯指出的："我们对未来非资本主义社会区别于现代社会的特征的看法，是从历史事实和发展过程中得出的确切结论；不结合这些事实和过程去加以阐明，就没有任何理论价值和实际价值。"①

　　列宁在领导俄国革命和建设的实践中，提出了帝国主义论、无产阶级政党理论、殖民地国家民族解放运动理论、社会主义在一国或数国首先胜利的理论等一系列重要思想。列宁晚年领导的新经济政策的实践，初步探索了一条发展社会主义经济的正确途径，提出了一系列建设社会主义的正确思想，使得对社会主义的认识更加深刻，更加符合实际。但由于列宁的早逝，这种探索中断了。

　　斯大林时期苏联的社会主义建设一方面坚持了科学社会主义的基本原则，但是另一方面却又把经典作家关于未来社会一些基本特征的预测教条化。片面地认为实现公有制、实行计划经济体制是社会主义的本质特征，国家所有制的建立，是社会主义公有制的最高形式，并提出了"社会主义＝公有制＋计划经济"的公式。虽然斯大林晚年在《苏联社会主义经济问题》等著作中，提出了关于社会主义社会的矛盾、商品和价值规律等问题，但并没有从根本上突破对于社会主义的教条式理解。

　　在中国，随着社会主义实践的发展，中国共产党开始认识到苏联模式中不适合中国国情的一些问题。1956 年中国共产党开始从中国实际出发，探索一条符合中国国情的社会主义建设道路。也开始了对社会主义的再认识。毛泽东等人提出了关于社会主义社会的矛盾问题，关于社会主义发展阶段、走中国工业化道路，关于社会主义现代化建设的战略目标和步骤，关于所有制结构的调整，关于经济体制和运行机制改革等一系列思想，这些思想加深了我们对社会主义的认识，丰富和发展了科学社会主义理论，成为中国特色社会主义理论的重要思想来源。但是由于历史的局限和长期"左"的错误影响，这些有益的思想没有得到贯彻和发展，对于一些错误认识和实践的反思，不但没有得出正确的结论，反而走向了新的错误。例如，认识到了苏联社会主义改造的过快过急以

---

① 《马克思恩格斯文集》第 10 卷，人民出版社 2009 年版，第 548 页。

及单一公有制和高度集中的计划经济体制的问题，也对我国社会主义改造和公有制经济进行了一定程度的调整；但是没有认识到追求单一公有制和高度集中的计划经济本身是对社会主义的教条式理解，仍然将发展全民所有制作为目标和任务，并且很快提出"一大二公"和"跑步进入共产主义"的错误口号。认识到了苏联政治生活的不健康状态，但没认识到其根源在于缺乏社会主义民主和法制，没有批判盛行的个人崇拜；反而认为是苏联存在资产阶级法权，对于一些反映人类社会民主政治和法治建设普遍规律的做法大加批判和限制。这些都使我国社会主义建设长期偏离正确路线，没有形成对社会主义的正确认识。

（二）在不断探索"什么是社会主义"的过程中发展中国特色社会主义理论

改革开放后的伟大实践，为我们站在新的历史高度对于社会主义进行再认识提供了前所未有的历史条件。首先，中国社会主义建设的历程为社会主义再认识提供了实践基础。新中国成立后的社会主义建设，既有成功经验，也犯过严重错误。从 1957 年开始到 1978 年一直在"左"的错误和纠"左"的努力中徘徊，国家和人民遭受了严重损失。改革开放快速推进后这些曲折历程中为破除教条重新认识社会主义提供了丰富的实践经验。邓小平曾指出，"'四人帮'的所作所为，从反面使我们更加深刻地认识到，在无产阶级专政的条件下，不搞现代化，科学技术水平不提高，社会生产力不发达，国家的实力得不到加强，人民的物质文化生活得不到改善，那末，我们的社会主义政治制度和经济制度就不能充分巩固，我们国家的安全就没有可靠的保障。"[1] 其次，各个社会主义国家的建设和改革实践为社会主义再认识提供了重要借鉴。俄国十月革命后开启了社会主义建设的历程，第二次世界大战后社会主义实现了从

---

[1] 《邓小平文选》第二卷，人民出版社 1994 年版，第 86 页。

一国到多国的发展，苏联模式在多国推广。很快各国开始认识到苏联模式的弊端，从 20 世纪 50 年代初南斯拉夫实行工人自治开始，各社会主义国家逐渐掀起了改革的浪潮。然而由于种种原因，这些改革多归于失败，从 1989 年开始苏东社会主义国家相继发生剧变。这些都为我们重新认识社会主义提供了重要借鉴。最后，世界各国的发展为社会主义再认识提供了重要启示。第二次世界大战后，各主要资本主义国家在反思中通过一系列自我调节、改良和改善，并借鉴社会主义国家的一些做法，推动了经济的快速发展，在 20 世纪 50—70 年代迎来了黄金发展期。在中国周边的新加坡、韩国等与中国有着相似国情的发展中国家，也在积极的学习借鉴中实现了经济腾飞，为我们进行社会主义再认识提供了重要启示。

在新的历史条件下我国对社会主义再认识首先是对社会主义本质和我国社会主义发展阶段的再认识。

1. 对社会主义本质的再认识

在改革开放前，我们对社会主义的认识主要集中在阐述社会主义较之于资本主义的优越性，以及社会主义与资本主义以及其他社会形态的区别。因而主要侧重于对社会主义一些基本特征的概括。例如，将社会主义特征的内涵理解为主要是指公有制、计划经济和按劳分配等，认为社会主义与资本主义"具有决定意义的差别当然在于，在实现全部生产资料公有制（先是国家的）的基础上组织生产"①。并将马克思恩格斯所说的有计划的组织生产和"计划经济"相对应起来。

中共十一届三中全会之后，随着思想路线的拨乱反正，鉴于社会主义建设中的经验教训，中国共产党开始进一步深入思考社会主义的本质问题。邓小平在不同场合多次提出要搞清楚"什么是社会主义，怎样建

---

① 《马克思恩格斯选集》第 4 卷，人民出版社 2012 年版，第 601 页。

设社会主义"这个首要的基本问题。

邓小平在对比各国的发展中提出发挥社会主义优越性关键在于发展生产力。1979 年 10 月，邓小平强调，"经济工作是当前最大的政治，经济问题是压倒一切的政治问题"。并以美国、科威特、瑞士、瑞典等国的人均 GDP 为例强调我国经济发展水平不高，要制定符合国情的发展目标，搞好中国式的现代化。① 同年 11 月，邓小平在同外宾谈话的时候又指出，社会主义的优越性应当表现在比资本主义有更好的条件发展社会生产力，"但过去人们有不同的理解，于是我们发展社会生产力的进程推迟了，特别是耽误了十年。中国六十年代初期同世界上有差距，但不太大。六十年代末期到七十年代这十一二年，我们同世界的差距拉得太大了。"②1980 年 5 月，邓小平在谈到怎样才能发挥社会主义制度优越性时指出："社会主义是一个很好的名词，但是如果搞不好，不能正确理解，不能采取正确的政策，那就体现不出社会主义的本质。"③ 第一次提出了"社会主义本质"这个概念。1985 年 8 月，邓小平在一次会见外宾的谈话中提出，我们在建立社会主义经济基础之后，多年没有制定出为发展生产力创造良好条件的政策。社会生产力发展缓慢，人民的物质和文化生活水平得不到理想的改善，国家也无法摆脱贫穷落后的状态。并指出："对内搞活经济，是活了社会主义，没有伤害社会主义的本质。至于吸收外国资金，这是作为发展社会生产力的一个补充，不用担心它会冲击社会主义制度。"④1986 年 9 月，邓小平又一次强调，"社会主义财富属于人民，社会主义的致富是全民共同致富。社会主义原则，第一是发展生

---

① 《邓小平文选》第二卷，人民出版社 1994 年版，第 194 页。

② 《邓小平文选》第二卷，人民出版社 1994 年版，第 231—232 页。

③ 《邓小平文选》第二卷，人民出版社 1994 年版，第 313 页。

④ 《邓小平文选》第三卷，人民出版社 1993 年版，第 135 页。

产，第二是共同致富"。① 他在 1990 年 12 月同几位中央负责同志谈话时指出："社会主义最大的优越性就是共同富裕，这是体现社会主义本质的一个东西。"② 在南方谈话中，邓小平又提出："现在，周边一些国家和地区经济发展比我们快，如果我们不发展或发展得太慢，老百姓一比较就有问题了。"③

邓小平还在不同场合强调搞清楚社会主义本质的重要性。1985 年 4 月，邓小平指出："我们建立的社会主义制度是个好制度，必须坚持。我们马克思主义者过去闹革命，就是为社会主义、共产主义崇高理想而奋斗。现在我们搞经济改革，仍然要坚持社会主义道路，坚持共产主义的远大理想，年轻一代尤其要懂得这一点。但问题是什么是社会主义，如何建设社会主义。我们的经验教训有许多条，最重要的一条，就是要搞清楚这个问题。"④1991 年 8 月，他在总结改革开放以来的经验时说："我们搞改革开放，把工作重心放在经济建设上，没有丢马克思，没有丢列宁，也没有丢毛泽东。老祖宗不能丢啊！问题是要把什么叫社会主义搞清楚，把怎样建设和发展社会主义搞清楚。"⑤

经过十多年的社会主义实践和理论探索，邓小平在 1992 年南方谈话中对社会主义本质的内涵进行了科学概括，指出"社会主义的本质，是解放生产力，发展生产力，消灭剥削，消除两极分化，最终达到共同富裕"。⑥ 邓小平关于社会主义本质的概括，既包括了社会主义社会的生产力问题，又包括了以社会主义生产关系为基础的社会关系问题，是一个有机的整体。既突出强调了解放和发展生产力在社会主义发展

---

① 《邓小平文选》第三卷，人民出版社 1993 年版，第 172 页。
② 《邓小平文选》第三卷，人民出版社 1993 年版，第 364 页。
③ 《邓小平文选》第三卷，人民出版社 1993 年版，第 375 页。
④ 《邓小平文选》第三卷，人民出版社 1993 年版，第 116 页。
⑤ 《邓小平文选》第三卷，人民出版社 1993 年版，第 369 页。
⑥ 《邓小平文选》第三卷，人民出版社 1993 年版，第 373 页。

中的重要地位，还突出了消灭剥削，消除两极分化，最终达到共同富裕的发展目标。并用"解放""发展""消灭""消除""达到"五个动词，表明社会主义本质的体现是一个动态的历史过程，是目标与过程的统一。

随着理论和实践的发展，对社会主义本质的思考也进一步深入。江泽民在2001年"七一"讲话中指出共产主义社会，将是物质财富极大丰富，人民精神境界极大提高，每个人自由而全面发展的社会，社会主义社会是共产主义社会的低级阶段，因此，社会主义社会也要努力促进人的全面发展。指出："我们建设有中国特色社会主义的各项事业，我们进行的一切工作，既要着眼于人民现实的物质文化生活需要，同时又要着眼于促进人民素质的提高，也就是要努力促进人的全面发展。这是马克思主义关于建设社会主义新社会的本质要求。"①这就明确了社会主义与人的全面发展的关系，从而把我们对社会主义本质的认识提高到了新的境界。

中共十六大以后，提出了以人为本的科学发展观，强调坚持以人为本，促进人的全面发展。并提出了"社会和谐是中国特色社会主义的本质属性""公平正义是中国特色社会主义的内在要求""中国共产党的领导是中国特色社会主义最本质的特征"等一系列重要思想，对社会主义本质认识的进一步深化。

2. 对社会主义发展阶段的再认识

如何正确认识国情、正确判断我国社会主义所处历史方位的问题，也就是正确认识我国社会主义的发展阶段问题，是建设社会主义的一个重要前提。

马克思恩格斯在分析资本主义发展规律的基础上，提出未来社会大

---

① 《十五大以来重要文献选编》下，中央文献出版社2011年版，第170—171页。

体上要经历从资本主义社会到共产主义社会的革命转变时期、共产主义社会的第一阶段、共产主义社会的高级阶段。列宁在总结十月革命后俄国建设社会主义的实践时提出，"在剥夺了地主和资本家以后，只获得了建立社会主义那些最初级形式的可能"①，但仍未具体分析社会主义社会发展阶段问题。在 1936 年苏联确立了社会主义制度后不久，斯大林就提出了向共产主义过渡的设想。第二次世界大战后，经过一段时间恢复经济的努力，1952 年他又宣布党的主要任务是从社会主义过渡到共产主义。从而在关于社会主义的发展阶段问题上，一直表现出一种脱离社会主义发展实际，急于向更高阶段的共产主义过渡的倾向。这种倾向也给苏联和其他社会主义国家的建设带来了消极影响。

在我国社会主义制度确立后，毛泽东曾比较正确地提出了我国社会主义发展阶段的问题，他在 1956 年 1 月召开的知识分子问题会议上提出我国的社会主义已经进入、尚未完成的思想。20 世纪 50 年代末 60 年代初，在初步总结社会主义建设的经验教训后，毛泽东意识到了在中国建设社会主义的艰巨性、复杂性和长期性。在读苏联《政治经济学教科书》时提出了一个重要的观点，认为："社会主义这个阶段，又可能分为两个阶段，第一个阶段是不发达的社会主义，第二个阶段是比较发达的社会主义。后一阶段可能比前一阶段需要更长的时间。""在我们这样的国家，完成社会主义建设是一个艰巨任务，建成社会主义不要讲得过早了。"②

但是，关于社会主义发展阶段的思想没有能够得到坚持和进一步发展。以至于出现了"大跃进"和人民公社化运动等错误。在 1958 年的"大跃进"和人民公社化运动中，由于对社会主义发展阶段认识的偏差和对社会主义生产力发展速度做出严重错误的估计，又产生了"共产主义在

① 《列宁选集》第 4 卷，人民出版社 2012 年版，第 92 页。
② 《毛泽东文集》第八卷，人民出版社 1999 年版，第 116 页。

我国的实现，已经不是什么遥远将来的事情了"①的错误认识。并盲目追求经济的发展速度和所有制的公有化、生产关系的改造，提出"跑步进入共产主义"。这些都是脱离实际的错误认识。正如后来邓小平所说："从一九五七年下半年开始，我们就犯了'左'的错误。总的来说，就是对外封闭，对内以阶级斗争为纲，忽视发展生产力，制定的政策超越了社会主义的初级阶段。"②

中共十一届三中全会以后，随着全党全国的工作重心转入经济建设和改革开放的实践，搞清楚我国社会主义所处的发展阶段问题就更为迫切。

1979年10月，叶剑英在国庆30周年大会上的讲话中指出，我国的社会主义制度还处在幼年时期，还不成熟、不完善，在我国实现现代化，必然要有一个从初级到高级的过程。这就要求对我国社会主义发展所处的阶段问题进行深入的思考。1980年4月，邓小平在与阿尔及利亚代表团的谈话中，总结中华人民共和国成立30年的历史经验谈到："第一，不要离开现实和超越阶段采取一些'左'的办法，这样是搞不成社会主义的。我们过去就是吃'左'的亏。第二，不管你搞什么，一定要有利于发展生产力。"③

在邓小平这一思想的推动下，1981年中国共产党十一届六中全会通过了《关于建国以来党的若干历史问题的决议》，《决议》着重强调了一个基本前提，即我国进入了社会主义社会，但还是处于初级阶段。第一次明确提出了"我们的社会主义制度还是处于初级阶段"的科学命题。从此，"社会主义初级阶段"开始作为一个具有特定内涵的概念出现。1982年中共十二大报告提出了"我国的社会主义社会现在还处在初级发展阶段"这一重要论断。

---

① 《建国以来重要文献选编》第十一册，中央文献出版社1995年版，第450页。
② 《邓小平文选》第三卷，人民出版社1993年版，第269页。
③ 《邓小平文选》第二卷，人民出版社1994年版，第312页。

在中共十三大召开前夕，邓小平明确指出："我们党的十三大要阐述中国社会主义是处在一个什么阶段，就是处在初级阶段，是初级阶段的社会主义。社会主义本身是共产主义的初级阶段，而我们中国又处在社会主义的初级阶段，就是不发达的阶段。一切都要从这个实际出发，根据这个实际来制订规划。"① 第一次把社会主义初级阶段作为事关全局的基本国情加以把握，明确了这一问题是党制定路线、方针、政策的出发点和根本依据。在邓小平这一思想指导下，1987 年 10 月，中共十三大报告全面系统阐发了社会主义初级阶段理论。指出所谓社会主义的初级阶段，"它不是泛指任何国家进入社会主义都会经历的起始阶段，而是特指我国在生产力落后、商品经济不发达条件下建设社会主义必然要经历的特定阶段。我国从五十年代生产资料私有制的社会主义改造基本完成，到社会主义现代化的基本实现，至少需要上百年的时间，都属于社会主义初级阶段。"② 并且中共十三大报告阐述了社会主义初级阶段的两层含义：第一，我国已经是社会主义社会，我们必须坚持而不能离开社会主义。第二，我国社会主义还处在初级阶段，我们必须从初级阶段出发，而不能超越这个阶段。

1992 年中共十四大把"我国还处在社会主义初级阶段"的科学论断作为建设有中国特色社会主义的主要内容之一。1997 年中共十五大报告进一步强调了社会主义初级阶段问题，指出："面对改革攻坚和开创新局面的艰巨任务，我们解决种种矛盾，澄清种种疑惑，认识为什么必须实行现在这样的路线和政策，关键还在于对所处社会主义初级阶段的基本国情要有统一认识和准确把握。"③ 同时基于我国现在处于并将长期处于社会主义初级阶段这一基本认识，中共十五大全面阐述了社会主义初级阶段的基本路线和基本纲领。至此，形成了完整系统的社会主义

　　① 《邓小平文选》第三卷，人民出版社 1993 年版，第 252 页。

　　② 《十三大以来重要文献选编》上，中央文献出版社 2011 年版，第 11 页。

　　③ 《十五大以来重要文献选编》上，中央文献出版社 2011 年版，第 12 页。

初级阶段理论。

三、人类文明成果的借鉴

尽管在不同时期，中国社会对于外来文明的态度有所差异，但整体上中华民族对于与外来文化的交流借鉴是积极开放的。中国传统文化中有相当一部分是对外来文化的吸收和借鉴。到近代，由于中国的相对落后，中外文明的相互借鉴更主要体现为中国学习国外的先进文明，并且这是近代中国摆脱贫穷落后和被压迫命运的主要途径。因而，在整个中国近现代史上，都是在不断地学习世界先进文明成果，从学器物到学制度再到学思想文化。从学习日本到学习欧美各国，到学习俄国和苏联，再到改革开放后的全面的对外学习。正是在不断地学习和借鉴人类优秀文明成果中，中国走出了一条符合自己国情的革命、建设和改革道路。

（一）关于学习借鉴人类文明成果的思想

中华人民共和国成立后由于严峻的国际环境以及主观的思想僵化和固步自封，除了对苏联等少数国家的学习借鉴外，对于西方的发展经验和理念更多的是排斥和批判。随着改革开放带来的思想解放和改变贫穷落后局面的强烈愿望，中国开始更积极主动地学习外国的发展经验和理念。

当我国开始全面建设社会主义的时候，毛泽东又特别强调向外国学习的问题。他在《论十大关系》中指出："我们的方针是，一切民族、一切国家的长处都要学，政治、经济、科学、技术、文学、艺术的一切真正好的东西都要学。"[①]

邓小平格外重视对外开放和学习国外先进的东西，早在 1978 年 9

---

① 《毛泽东文集》第七卷，人民出版社 1999 年版，第 41 页。

月，邓小平在听取中共鞍山市委负责同志汇报时指出："引进先进技术设备后，一定要按照国际先进的管理方法、先进的经营方法、先进的定额来管理，也就是按照经济规律管理经济。"① 同年 10 月，在一次会见外宾时邓小平指出："要实现四个现代化，就要善于学习，大量取得国际上的帮助。要引进国际上的先进技术、先进设备，作为我们发展的起点。"② 在中共十二大上，邓小平再次强调："无论是革命还是建设，都要注意学习和借鉴外国经验。"③ 之后邓小平在不同场合反复强调对外开放，学习发达国家先进经验的重要性。他强调："对外开放具有重要意义，任何一个国家要发展，孤立起来，闭关自守是不可能的，不加强国际交往，不引进发达国家的先进经验、先进科学技术和资金，是不可能的。"④

在强调学习国外先进经验的同时，邓小平也强调要立足自身实际，不能照抄照搬，指出："我们要有计划、有选择地引进资本主义国家的先进技术和其他对我们有益的东西，但是我们决不学习和引进资本主义制度，决不学习和引进各种丑恶颓废的东西。"⑤"绝不允许把我们学习资本主义社会的某些技术和某些管理的经验，变成了崇拜资本主义外国，受资本主义腐蚀，丧失社会主义中国的民族自豪感和民族自信心。"⑥ 强调："从各国自己的条件出发。每个国家的基础不同，历史不同，所处的环境不同，左邻右舍不同，还有其他许多不同。别人的经验可以参考，但是不能照搬。过去我们中国照搬别人的，吃了很大苦头。中国只能搞中国的社会主义"。⑦

① 《邓小平文选》第二卷，人民出版社 1994 年版，第 129—130 页。
② 《邓小平文选》第二卷，人民出版社 1994 年版，第 133 页。
③ 《邓小平文选》第三卷，人民出版社 1993 年版，第 2 页。
④ 《邓小平文选》第三卷，人民出版社 1993 年版，第 117 页。
⑤ 《邓小平文选》第二卷，人民出版社 1994 年版，第 168 页。
⑥ 《邓小平文选》第二卷，人民出版社 1994 年版，第 262 页。
⑦ 《邓小平文选》第三卷，人民出版社 1993 年版，第 265 页。

1992 年在需要进一步破除改革中遇到的思想阻碍的时候，邓小平踏上南方之旅，在南方谈话中，邓小平再次强调："总之，社会主义要赢得与资本主义相比较的优势，就必须大胆吸收和借鉴人类社会创造的一切文明成果，吸收和借鉴当今世界各国包括资本主义发达国家的一切反映现代社会化生产规律的先进经营方式、管理方式。"①这就从吸收和借鉴人类社会创造的一切文明成果的高度强调了对外学习借鉴的重要性。

随着思想阻碍的破除，积极学习借鉴国外有益经验，成为我国社会主义建设和改革中的重要方法，在思想上对于学习借鉴国外经验的认识也不断成熟。中共十八届三中全会站在全面深化改革的高度强调："坚持解放思想、实事求是、与时俱进、求真务实，一切从实际出发，总结国内成功做法，借鉴国外有益经验，勇于推进理论和实践创新。"②

邓小平关于大胆吸收和借鉴人类社会创造的一切文明成果的思想，被江泽民、胡锦涛、习近平等领导人反复强调。

（二）在学习借鉴人类文明成果中发展中国特色社会主义理论

1. 社会主义市场经济理论的提出和发展

市场经济是通过市场机制的作用依据价值规律来配置社会资源的一种经济体制。在这一体制中，社会的生产和交换过程采取商品的形式，用市场形成的价值尺度评价生产者的经济活动，通过价值这种运动的形式在社会再生产过程中建立起生产者之间的经济联系。在市场经济体制下，一切经济活动都直接或间接地处于市场关系之中。市场是推动生产与要素流动和实现资源配置的主要方式；企业是市场的主体，具有独立

---

① 《邓小平文选》第三卷，人民出版社 1993 年版，第 373 页。
② 《十八大以来重要文献选编》上，中央文献出版社 2014 年版，第 514 页。

的经济利益，面向市场自主经营，依据产品和生产要素价格的变动，自行决定投资方向、投资规模以及调整所使用的各种要素的组合并自负盈亏。

现代意义上的市场经济是随着18世纪中叶资本主义经济的发展和资本主义制度的确定而形成。理论上，西方经济学强调市场的重要性，主张一切经济行为都要通过市场来完成。现代市场经济体制促进了资本主义社会生产力的发展，同时资本主义国家更多地对市场采取自由放任的态度，任由资本对劳动者的剥削，导致社会财富两极分化严重，产生了资本主义社会的一系列社会问题。因此，我们长期以来一直将市场经济与资本主义等同起来，认为市场经济是资本主义的东西，计划经济才是社会主义本质特征之一。

随着资本主义国家对社会问题的反思，资本主义国家开始从理论和实践上对传统的市场经济理论做出修正，开始注重效率和公平、自由和平等的协调，对市场不再采取自由放任的态度，加强了国家对经济的调控，在一些领域资本主义国家和大企业都使用计划手段，将其作为调节经济的一种辅助方法。同时增加了劳资双方的对话协商，一定程度上提高了劳动群体的收入，并通过建立较为完善的社会福利制度缓和社会矛盾。这一系列政策的实施使得市场经济在资本主义国家作为配置资源的一种方式得到发展和完善。而在20世纪50年代苏联和东欧各国兴起的社会主义改革事实上都一定程度上承认了市场的作用。

在改革开放过程中，随着对计划经济弊端的正视和对发展经验的总结，中国开始正视并学习借鉴西方的市场经济理论，逐渐突破了完全排除市场调节的大一统的计划经济体制，并最终确立了中国特色社会主义市场经济理论。

在中共十一届三中全会前夕，邓小平开始反思我国的计划经济体制，指出："现在我国的经济管理体制权力过于集中，应该有计划地大胆下放，否则不利于充分发挥国家、地方、企业和劳动者个人四个方面的积极性，也不利于实行现代化的经济管理和提高劳动生产率。"[①]1979年11月底，邓小平就提出了社会主义也可以搞市场经济，指出："市场经济不能说只是资本主义的。市场经济，在封建社会时期就有了萌芽。社会主义也可以搞市场经济。同样地，学习资本主义国家的某些好东西，包括经营管理方法，也不等于实行资本主义。这是社会主义利用这种方法来发展社会生产力。把这当作方法，不会影响整个社会主义，不会重新回到资本主义。"[②]

随着社会主义改革实践的发展，关于经济体制的理论也在逐渐发生转变。1981年中共十一届六中全会通过了《关于建国以来党的若干历史问题的决议》，提出"必须在公有制基础上实行计划经济，同时发挥市场调节的辅助作用"，确立了"计划经济为主，市场调节为辅"的方针。1982年中共十二大肯定了这一方针。1984年10月，中共十二届三中全会通过的《关于经济体制改革的决定》打破了把计划经济同商品经济对立起来的传统观念，指出："改革计划体制，首先要突破把计划经济同商品经济对立起来的传统观念，明确认识社会主义计划经济必须自觉依据和运用价值规律，是在公有制基础上的有计划的商品经济。商品经济的充分发展，是社会经济发展的不可逾越的阶段，是实现我国经济现代化的必要条件。"[③]1985年10月，邓小平在一次会见外宾的谈话中指出："社会主义和市场经济之间不存在根本矛盾。问题是用什么方法才能更有力地发展社会生产力。"[④]1987年中共十三大进一步阐述了有计划的商品经济理论，提出"社会主义有计划商品经济的体制，应该是计划与市场内在统一的体制""计划和市场的作用范围都是覆盖全社会的"，并指出："新的经济运行机制，总体上来说应该是'国家调节市场，市场

① 《邓小平文选》第二卷，人民出版社1994年版，第145页。
② 《邓小平文选》第二卷，人民出版社1994年版，第236页。
③ 《十二大以来重要文献选编》中，中央文献出版社2011年版，第56页。
④ 《邓小平文选》第三卷，人民出版社1993年版，第148页。

引导企业'"的机制。①

　　20 世纪 80 年代末，随着经济活动中市场调节比例的增大，以及社会发展中新出现的矛盾和困难的增多，加之国际上东欧剧变、苏联解体的严峻形势。国内关于市场调节经济的疑虑相当严重。1992 年，邓小平在南方谈话中针对这一问题明确指出："计划多一点还是市场多一点，不是社会主义与资本主义的本质区别。计划经济不等于社会主义，资本主义也有计划；市场经济不等于资本主义，社会主义也有市场。计划和市场都是手段。"②同年，中共十四大报告指出："实践的发展和认识的深化，要求我们明确提出，我国经济体制改革的目标是建立社会主义市场经济体制，以利于进一步解放和发展生产力。"③

　　在国内逐渐承认市场的积极作用的同时，中国也在逐步地融入世界市场。这一方面体现在中国逐步推动对外开放，大力发展对外贸易。另一方面体现在中国积极谋求加入世界贸易组织。1984 年中国获得关税及贸易总协定观察员地位，1986 年中国正式提出"复关"申请并开始"复关"谈判。1995 年世界贸易组织成立，取代关税及贸易总协定；中国成为世贸组织观察员，"复关"谈判转变为"入世"谈判。到 2001 年中国完成了同各世贸组织成员的谈判，2001 年 11 月 11 日在多哈签署了《中华人民共和国加入世界贸易组织议定书》，12 月 11 日《议定书》生效，中国正式加入了世界贸易组织。在漫长的"复关"和"入世"谈判中，中国也在不断地学习借鉴其他国家发展市场经济的经验和做法，推动着我国市场经济体制的建设。

　　中共十四大后我国经济体制改革沿着建立和完善社会主义市场经济体制的目标不断推进。中国特色社会主义市场经济理论也不断完善。1993 年中共十四届三中全会通过了《关于建立社会主义市场经济体制

---

①　《十三大以来重要文献选编》上，中央文献出版社 2011 年版，第 23 页。

②　《邓小平文选》第三卷，人民出版社 1993 年版，第 373 页。

③　《十四大以来重要文献选编》上，中央文献出版社 2011 年版，第 16 页。

若干问题的决定》，明确了建立社会主义市场经济体制的基本框架，包括：建立现代企业制度、培育和发展市场体系、建立健全宏观经济调控体系、建立合理的个人收入分配和社会保障制度等。20 世纪末，社会主义市场经济体制在我国基本建立。2003 年中共十六届三中全会对进一步完善社会主义市场经济体制作了全面部署。2012 年中共十八大提出要在更大程度和更大范围发挥市场在配置资源中的基础性作用。2013 年中共十八届三中全会明确提出，要使市场在资源配置中起决定性作用和更好发挥政府作用。2017 年中共十九大提出，要加快完善社会主义市场经济体制。经济体制改革必须以完善产权制度和要素市场化配置为重点，实现产权有效激励、要素自由流动、价格反应灵活、竞争公平有序、企业优胜劣汰。

2. 科学发展观和生态文明理论的形成

第一，借鉴当代西方发展理论，提出科学发展观。

第二次世界大战后西方国家开始更加重视社会发展问题，逐步形成了系统的发展理论。从第二次世界大战结束到 20 世纪 60 年代中期，西方的发展理论几乎把"发展"和经济增长等同起来，将国民经济和人均国民收入的增长作为发展的首要标准。60 年代后期，随着西方国家发展中内部社会矛盾层出不穷，特别是生态问题的突出，一些西方学者提出了"增长极限论"，认为由于生态环境的承受能力存在极限，也就使得经济增长存在一个极值，提出了"发展＝经济＋自然"的理论，将生态环境纳入了经济社会发展的分析之中。到 70 年代中期，西方一些经济学家发展了"增长极限论"，提出通过保护生态，使经济能够健康、持续地发展。形成了"发展＝经济＋自然＋社会"的可持续发展观。到 80 年代，西方开始更加注重人的价值，提出了包括经济、自然、社会、人在内的综合发展观。随着西方社会对自身问题反思的深入，进一步形成了"以人为中心"的发展观。在发展问题上彻底转换了视角，实现了从关注"物"的发展到关注"人"的发展。形成了当代西方的发展理论。尽管当代西方的发展理论仍有其局限性，但其实现从对物的关注到对人的关注，从单纯追求经济数量上的增长，到追求社会全面的发展，反映了现代社会的发展要求。成为中国特色社会主义建设过程中的有益借鉴。中国共产党通过总结我国社会发展经验，同时借鉴当代西方发展理论，提出了以人为本的科学发展观。

2003 年"非典"疫情的迅速蔓延，集中暴露出我国经济社会发展中存在的薄弱环节和突出问题。2003 年 7 月，胡锦涛在全面总结抗击"非典"斗争经验时首次提出全面、协调、可持续的发展观，指出："要更好地坚持全面发展、协调发展、可持续发展的发展观，更加自觉地坚持推动社会物质文明、政治文明和精神文明协调发展，坚持在经济社会发展的基础上促进人的全面发展，坚持促进人与自然的和谐。"① 中共十六届三中全会第一次正式提出"坚持以人为本，树立全面、协调、可持续的发展观，促进经济社会和人的全面发展"②。提出要统筹城乡发展，统筹区域发展，统筹经济社会发展，统筹人与自然和谐发展，统筹国内发展和对外开放。会上胡锦涛强调要"树立和落实全面发展、协调发展和可持续发展的科学发展观，对于我们更好地坚持发展才是硬道理的战略思想具有重大意义"③。2004 年 5 月，胡锦涛在江苏考察工作时强调："科学发展观对整个改革开放和现代化建设都具有重要指导意义。只有贯彻落实好科学发展观，才能确保率先全面建成小康社会、率先基本实现现代化。我们一定要增强贯彻落实科学发展观的自觉性和坚定性。"④

中共十七大全面阐述了科学发展观的内涵，指出："科学发展观，第一要义是发展，核心是以人为本，基本要求是全面协调可持续，根本

---

① 《十六大以来重要文献选编》上，中央文献出版社 2011 年班，第 396—397 页。

② 《十六大以来重要文献选编》上，中央文献出版社 2011 年版，第 465 页。

③ 《十六大以来重要文献选编》上，中央文献出版社 2011 年版，第 483 页。

④ 《十六大以来重要文献选编》中，中央文献出版社 2011 年版，第 61 页。

方法是统筹兼顾。"① 中共十七大将科学发展观写入了党章。中共十八大将科学发展观确立为党的指导思想,指出:"科学发展观是中国特色社会主义理论体系最新成果,是中国共产党集体智慧的结晶,是指导党和国家全部工作的强大思想武器。科学发展观同马克思列宁主义、毛泽东思想、邓小平理论、'三个代表'重要思想一道,是党必须长期坚持的指导思想。"②

第二,借鉴西方生态理论,构建生态文明理论。

随着资本主义工业化的发展,全球性的生态环境问题日益严重,迫使各国日益注重生态环境问题,在一些西方国家逐渐形成了内容丰富的生态理论。既有建立了政治组织的绿党生态理论,也有对资本主义持激烈批判的生态社会主义理论。尽管这些理论差异很大,但它们的共同点是:反对破坏生态环境和环境污染,要求防止生态危机、保护生活环境、注重人与自然关系的和谐,提倡保护环境、节约资源和可持续发展。随着中国社会发展过程中生态环境问题的日益突出,西方的生态理论也日益为我们所重视,并在学习借鉴的基础上提出了具有中国特色的社会主义生态文明思想。

2003 年中共十六届三中全会提出了科学发展观思想,强调要以人为本,全面、协调、可持续地发展,要求"统筹人与自然和谐发展"。2006 年中共十六届六中全会提出:"以解决危害群众健康和影响可持续发展的环境问题为重点,加快建设资源节约型、环境友好型社会。"③2007 年中共十七大报告将建设生态文明作为全面建设小康社会的重要目标之一,提出"建设生态文明,基本形成节约资源和保护生态环境的产业结构、增长方式、消费方式"④ 的发展目标。2012 年中共十八

---

① 《十七大以来重要文献选编》上,中央文献出版社 2009 年版,第 11—12 页。
② 《十八大以来重要文献选编》上,中央文献出版社 2014 年版,第 6 页。
③ 《十六大以来重要文献选编》下,中央文献出版社 2011 年版,第 656 页。
④ 《十七大以来重要文献选编》上,中央文献出版社 2009 年版,第 16 页。

大提出了建设美丽中国的目标，要求"把生态文明建设放在突出地位，融入经济建设、政治建设、文化建设、社会建设各方面和全过程，努力建设美丽中国，实现中华民族永续发展"[①]。2017年中共十九大提出，加快生态文明体制改革，建设美丽中国。强调，人与自然是生命共同体，人类必须尊重自然、顺应自然、保护自然。

四、中华优秀文化成果的继承

传统文化是中国国情最基本、最深厚、最具特色的部分。中华民族具有五千多年连绵不断的文明历史，创造了博大精深的中华文化，其中的优秀传统文化，积淀着中华民族最深沉的精神追求，代表着中华民族独特的精神标识，是中华民族生生不息、发展壮大的丰厚滋养，已经成为中华民族的基因，根植在中国人的内心，并潜移默化影响着每个中国人的思想方式和行为方式。"这些思想文化体现着中华民族世世代代在生产生活中形成和传承的世界观、人生观、价值观、审美观等，其中最核心的内容已经成为中华民族最基本的文化基因。这些最基本的文化基因，是中华民族和中国人民在修齐治平、尊时守位、知常达变、开物成务、建功立业过程中逐渐形成的有别于其他民族的独特标识。"[②] 因而中华传统文化具有最广泛的群众基础，是人民群众最为熟悉的思想和语言范式，以传统文化的形式阐述的内容最容易被广大人民群众所认知和理解。中华优秀传统文化的丰富哲学思想、人文精神、教化思想、道德理念等，可以为人们认识和改造世界提供有益启迪，可以为治国理政提供有益启示，也可以为道德建设提供有益启发。事实上，中华优秀传统文化一直以来都是中国特色社会主义理论最深厚的文化资源，中国特色社

---

① 《十八大以来重要文献选编》上，中央文献出版社2014年版，第30—31页。

② 习近平：《在纪念孔子诞辰2565周年国际学术研讨会暨国际儒学联合会第五届会员大会开幕上的讲话》，《人民日报》2014年9月25日第二版。

会主义理论也传承和发展了中华优秀传统文化。

（一）对传统文化认识评价的发展过程

中国共产党成立之初，受五四新文化运动激进的反传统思想和反封建的革命任务等因素的影响，对中国传统文化的否定居于主导地位。随着中国共产党逐渐走向成熟，到抗日战争时中国共产党对待传统文化的态度逐渐理性。1938 年 10 月，毛泽东在中共六届六中全会上发表讲话，提出"学习我们的历史遗产"的任务。他说："我们这个民族有数千年的历史，有它的特点，有它的许多珍贵品。对于这些，我们还是小学生。今天的中国是历史的中国的一个发展；我们是马克思主义的历史主义者，我们不应当割断历史。从孔夫子到孙中山，我们应当给以总结，承继这一份珍贵的遗产。"[1] 表现了对中国传统的尊重和肯定。当然这一时期中国共产党认为中国传统文化总体上是封建主义的，但有优秀成分，提出了批判地接受，"取其精华、去其糟粕"的方针。

中华人民共和国成立后，延安时期形成的"取其精华、去其糟粕"这一对待传统文化的基本方针延续了下来。但是由于中国共产党更多地延续了革命思维，因而反传统文化的一面长期占据着主导地位。从批判电影《武训传》开始，相继批判了俞平伯、胡适、梁漱溟等人的思想，虽然批判的矛头所指首当其冲的是资产阶级的思想，但对以儒家思想为核心的传统文化的批判也是极为激烈的。虽然在一些政治较为冷静的时期，也提出过"百花齐放，百家争鸣""古为今用，洋为中用"等正确思想，但对传统文化的理性看待和继承发展一直是小心翼翼。特别是阶级斗争理论的滥用，使得一切价值观、道德观都被贴上阶级的标签，对传统文化的继承和发展被政治压力所禁锢。而"文革"期间，传统文化更是遭到"横扫"，被扔进"历史的垃圾堆"。

---

[1] 《毛泽东选集》第二卷，人民出版社 1991 年版，第 533—534 页。

改革开放后，在反思极左政治倾向中对待传统文化的粗暴方式和激烈反封建过程中封建传统的沉渣泛起这两大问题的过程中，中国共产党和整个中国社会开始更为深入地思考关于反封建与对待传统文化的问题。一方面在多个场合中共领导人提及反封建思想，另一方面文化环境逐渐宽松。在 20 世纪 80 年代民间还兴起了一股"文化热"。随着经济社会的发展和思想的进一步解放，90 年代中国共产党对于传统文化持更为积极的态度。在庆祝建党七十周年的纪念大会上的讲话中，江泽民强调有中国特色社会主义的文化必须继承和发扬民族优秀传统文化。提出："中华民族是有悠久历史和优秀文化的伟大民族。我们的文化建设不能割断历史。对民族传统文化要取其精华、去其糟粕，并结合时代的特点加以发展，推陈出新，使它不断发扬光大。"①在 90 年代，党和国家领导人多次出席弘扬传统文化的活动，同时国家加大了对弘扬传统文化在政策、资金等方面的支持力度。

进入 21 世纪，中国共产党进一步肯定了传统文化的价值。在庆祝中国共产党成立八十周年大会上的讲话中，江泽民指出："中华民族的优秀文化传统，党和人民从五四运动以来形成的革命文化传统，人类社会创造的一切先进文明成果，我们都要积极继承和发扬。我国几千年历史留下了丰富的文化遗产，我们应该取其精华、去其糟粕，结合时代精神加以继承和发扬，做到古为今用。"②中共十六大报告强调要把"坚持弘扬和培育民族精神"作为文化建设的重要任务，指出："民族精神是一个民族赖以生存和发展的精神支撑。一个民族，没有振奋的精神和高尚的品格，不可能自立于世界民族之林。在五千多年的发展中，中华民族形成了以爱国主义为核心的团结统一、爱好和平、勤劳勇敢、自强不息的伟大民族精神。"③中共十七大提出"弘扬中华文化，建设中华民族

---

① 《十三大以来重要文献选编》下，中央文献出版社 2011 年版，第 181 页。

② 《十五大以来重要文献选编》下，中央文献出版社 2011 年版，第 156 页。

③ 《十六大以来重要文献选编》上，中央文献出版社 2011 年版，第 30 页。

共有精神家园"的任务，要求"全面认识祖国传统文化，取其精华，去其糟粕，使之与当代社会相适应、与现代文明相协调，保持民族性，体现时代性"。① 中共十七届六中全会高度评价传统文化，指出："源远流长、博大精深的中华文化，为中华民族发展壮大提供了强大精神力量，为人类文明进步作出了不可磨灭的重大贡献。"强调："中国共产党从成立之日起，就既是中华优秀传统文化的忠实传承者和弘扬者，又是中国先进文化的积极倡导者和发展者。"②

正是在上述时代和思想背景下，中共十八大后习近平在几次讲话中高度评价中华优秀传统文化。指出：博大精深的中华优秀传统文化是我们在世界文化激荡中站稳脚跟的根基，是中华民族最深厚的文化软实力。记载了中华民族自古以来在建设家园的奋斗中开展的精神活动、进行的理性思维、创造的文化成果，等等。③ 这样的高度评价在中国共产党历史上是未曾有过的。同时习近平提出："要加强对中华优秀传统文化的挖掘和阐发，努力实现中华传统美德的创造性转化、创新性发展，把跨越时空、超越国度、富有永恒魅力、具有当代价值的文化精神弘扬起来，把继承优秀传统文化又弘扬时代精神、立足本国又面向世界的当代中国文化创新成果传播出去。"④

对于传统文化，中国共产党从革命党思维方式下的激烈否定，逐渐过渡到执政党思维方式的理性看待，再到充分肯定、继承和发展，这是

---

① 《十七大以来重要文献选编》上，中央文献出版社 2009 年版，第 27 页。

② 《十七大以来重要文献选编》下，中央文献出版社 2013 年版，第 558 页。

③ 习近平：《完善和发展中国特色社会主义制度推进国家治理体系和治理能力现代化》，《人民日报》2014 年 2 月 18 日第一版；习近平：《把培育和弘扬社会主义核心价值观作为凝魂聚气强基固本的基础工程》，《人民日报》2014 年 2 月 26 日第一版；习近平：《青年要自觉践行社会主义核心价值观与祖国人民同行努力创造精彩人生》，《人民日报》2014 年 5 月 5 日第一版；习近平：《在纪念孔子诞辰 2565 周年国际学术研讨会暨国际儒学联合会第五届会员大会开幕会上的讲话》，《人民日报》2014 年 9 月 25 日第二版。

④ 习近平：《完善和发展中国特色社会主义制度　推进国家治理体系和治理能力现代化》，《人民日报》2014 年 2 月 18 日第一版。

随着社会的发展和历史环境的转变在思想认识上的与时俱进。在这一过程之中，中国传统文化也越来越多地被吸收和借鉴到中国特色社会主义的建设之中，成为中国特色社会主义理论的重要来源。

（二）在传承和发展中华优秀传统文化中发展中国特色社会主义理论

1."以人为本"的价值理念和民本思想

"以人为本"是中国特色社会主义的核心价值理念。"以人为本"理念的提出和发展，源于中国共产党的根本性质，源于中国共产党在革命、建设和改革的实践中对人民力量的认识，也源于马克思主义唯物史观；同时也无疑是对中华传统文化中民本思想的吸收和发展。

中国早在大禹时就曾有"民惟邦本"的训示，商周的帝王也提出过"重民""保民"的思想。春秋战国时期，动荡混乱的社会促使人们更深刻地认识到民众对于国家的重要性，民本思想也在这一时期大为发展。逐渐形成了内容丰富、影响深远的民本思想。主要包括：

第一，民贵君轻思想。"民为贵，社稷次之，君为轻。"(《孟子·尽心下》)"天之生民，非为君也，天之立君，以为民也。"(《荀子·大略》)。"贵以贱为本，高以下为基。是以侯王自谓孤、寡、不谷，此非以贱为本邪？非乎？"(《道德经·三十九章》)

第二，重民、爱民思想。"古之圣王，所以取明名广誉，厚功大业，显于天下，不忘于后世，非得人者，未之尝闻。"(《管子·五辅》)"善为国者，驭民如父母之爱子，如兄之爱弟，见其饥寒则为之忧，见其劳苦则为之悲，赏罚如加于身，赋敛如取己物，此爱民之道也。"(《六韬·文韬》)"乐民之乐者，民亦乐其乐；忧民之忧者，民亦忧其忧。乐以天下，忧以天下，然而不王者，未之有也。"(《孟子·梁惠王下》)

秦汉之后，儒、墨、道等各个流派的民本思想相互融合形成更为系统的民本思想，并更为统治者所重视。因此出现了汉初"休养生息"的文景之治。隋唐时期，民本思想进一步发展，故而有了魏征和李世民"载覆论"和贞观之治。到了明清时期，黄宗羲、顾炎武、王夫之等人进一步丰富和发展了民本思想。

在封建社会，民本思想在一定程度上对君权神授理论和君主专制形成了制约，对于抑制统治者的剥削和维护社会稳定，保护生产起到了积极的作用。而在当代，民本思想为"以人为本"理念的提出提供了重要思想因素。1995 年江泽民指出："历代统治阶级中较有见地、较有作为的统治者，大都是比较注意民心向背的。一旦忘记这一条，失去民心，腐败盛行，政权就保不住了。在这个问题上，历史为我们提供了许多盛衰兴亡的经验教训。"①1997 年在访美过程中，江泽民也多次谈到传统民本思想，指出："二千多年前，中国就有'民惟邦本'、'缘法而治'的朴素的民主、法治思想。今天，这些思想被赋予了新的时代内容。""我国古代先哲提出的'天地之间，莫贵于人'、'仁者莫大于爱人'的思想，在社会中有着深厚的影响。"②

改革开放以来，邓小平提出：全党要始终把人民拥护不拥护、人民赞成不赞成、人民高兴不高兴、人民答应不答应作为一切工作的出发点和归宿点。邓小平还多次强调"发展才是硬道理"，并将"最终达到共同富裕"总结为社会主义的本质内容。这都体现了邓小平以广大人民群众的利益为根本的思想。1992 年在南方谈话中，邓小平提出"三个有利于"的观点。同年召开的中共十四大进一步阐述了邓小平"三个有利于"的思想，提出："判断各方面工作的是非得失，归根到底，要以是否有利于发展社会主义社会的生产力，是否有利于增强社会主义国家的综合国力，是否有利于提高人民的生活水平为标准。"③

① 《十四大以来重要文献选编》中，中央文献出版社 2011 年版，第 214 页。
② 《十五大以来重要文献选编》中，中央文献出版社 2011 年版，第 54—56 页。
③ 《十四大以来重要文献选编》上，中央文献出版社 2011 年版，第 9—10 页。

2001 年 7 月 1 日，江泽民同志在纪念建党八十周年大会上全面阐发了"三个代表"重要思想，强调立党为公、执政为民，中国共产党要始终代表中国最广大人民的根本利益。并指出："党的理论、路线、纲领、方针、政策和各项工作，必须坚持把人民的根本利益作为出发点和归宿，充分发挥人民群众的积极性主动性创造性，在社会不断发展进步的基础上，使人民群众不断获得切实的经济、政治、文化利益。"[①]

2003 年在总结抗击"非典"疫情的过程中，温家宝指出："抗击非典斗争给我们最重要的启示，就是在全面建设小康社会和整个现代化进程中，必须坚持统筹兼顾，保持经济社会协调发展，城乡协调发展，区域协调发展；必须坚持以人为本，提高人民物质文化生活水平和健康水平；必须坚持人与自然和谐相处，实现可持续发展；必须坚持改革创新，推动社会主义物质文明、政治文明和精神文明共同进步。"[②]同年，中共十六届三中全会强调要"坚持以人为本，树立全面、协调、可持续的发展观，促进经济社会和人的全面发展"。[③]

中共十七大报告进一步明确指出，科学发展观的核心是"以人为本"，强调"必须坚持以人为本"。在新进中央委员会委员、候补委员学习贯彻党的十七大精神研讨班上，胡锦涛强调："我们提出以人为本的根本含义，就是坚持全心全意为人民服务，立党为公、执政为民，始终把最广大人民的根本利益作为党和国家工作的根本出发点和落脚点，坚持尊重社会发展规律与尊重人民历史主体地位的一致性，坚持为崇高理想奋斗与为最广大人民谋利益的一致性，坚持完成党的各项工作与实现人民利益的一致性，坚持发展为了人民、发展依靠人民、发展成果由人

---

①　《十五大以来重要文献选编》下，中央文献出版社 2011 年版，第 156 页。

②　温家宝：《在庆祝中华人民共和国成立五十四周年招待会上的讲话》，《人民日报》2003 年 10 月 1 日第一版。

③　《十六大以来重要文献选编》上，中央文献出版社 2011 年版，第 465 页。

民群众共享。"①

之后的中国共产党历次代表大会和中央全会均对"以人为本"这一理念有重要阐述，使之成为中国特色社会主义理论的一个核心价值理念。

2. 和谐社会与"和"文化

建设社会主义和谐社会是社会主义现代化建设"五位一体"总体布局的重要内容。随着经济社会的发展，社会中发展不平衡、不协调的问题变得突出，社会的不和谐因素增多。中国共产党逐渐形成社会主义和谐社会理论。

而中华传统文化中关于社会和谐的众多思想，成为社会主义和谐社会理论的重要借鉴。

关于人际关系和谐和社会安定的思想。孔子提出过"君子和而不同"等思想。《含文嘉》中提出："敬诸父兄，六纪道行，诸舅有义，族人有序，昆弟有亲，师长有尊，朋友有旧。"

关于人与自然和谐发展的思想。孔子曾对他的学生子贡说："天何言哉？四时行焉，百物生焉，天何言哉？"（《论语·阳货》）庄子提出："天地有大美而不言，四时有明法而不议，万物有成理而不说。圣人者，原天地之美而达万物之理，是故圣人无为，大圣不作，观于天地之谓也。"（《庄子·知北游》）

关于注重道德修养的思想。《大学》中提出"大学之道，在明明德，在亲民，在止于至善""格物，致知，诚意，正心，修身，齐家，治国，平天下"以及"自天子以至于庶人，壹是皆以修身为本"。

这些思想成为中国特色社会主义和谐社会的重要理论渊源。江泽民在美国哈佛大学的演讲中就提出，"天人合一"的宇宙观、四大发明以

---

① 《十七大以来重要文献选编》上，中央文献出版社 2009 年版，第 107 页。

及其他古代中国天文历法、地学、数学、农学、医学和人文学科等领域的杰出成果，"体现了人与自然协调发展、科学精神与道德理想相结合的理性光辉。"①2005 年在省部级主要领导干部提高构建社会主义和谐社会能力专题研讨班上，胡锦涛指出："我国历史上就产生过不少有关社会和谐的思想。比如，《论语》中说过'和为贵'；墨子提出了'兼相爱'、'爱无差等'的理想社会方案；孟子描绘了'老吾老以及人之老，幼吾幼以及人之幼'的社会状态；《礼记·礼运》中描绘了'大道之行也，天下为公，选贤与能，讲信修睦。故人不独亲其亲，不独子其子，使老有所终，壮有所用，幼有所长，矜、寡、孤、独、废、疾者皆有所养'这样一种理想社会；太平天国运动的领袖洪秀全提出要建立'务使天下共享'，'有田同耕，有饭同食，有衣同穿，有钱同使，无处不均匀，无人不饱暖'的社会；康有为在《大同书》中提出要建立一个'人人相亲，人人平等，天下为公'的理想社会。这些思想虽然带有不同时代和提出者阶级地位的烙印，但都在一定程度上反映了广大人民群众对美好生活的向往。"②

2004 年中共十六届四中全会提出了构建社会主义和谐社会的任务。2005 年 2 月，胡锦涛在省部级主要领导干部提高构建社会主义和谐社会能力专题研讨班上指出："构建社会主义和谐社会，同建设社会主义物质文明、政治文明、精神文明是有机统一的。……我们要通过发展社会主义社会的生产力来不断增强和谐社会建设的物质基础，通过发展社会主义民主政治来不断加强和谐社会建设的政治保障，通过发展社会主义先进文化来不断巩固和谐社会建设的精神支撑，同时又通过和谐社会建设来为社会主义物质文明、政治文明、精神文明建设创造有利的社会条件。"③

---

①　《十五大以来重要文献选编》下，中央文献出版社 2011 年版，第 61 页。

②　《十六大以来重要文献选编》中，中央文献出版社 2011 年版，第 701 页。

③　《十六大以来重要文献选编》中，中央文献出版社 2011 年版，第 707 页。

2006 年中共十六届六中全会通过了《中共中央关于构建社会主义和谐社会若干重大问题的决定》，全面阐述了和谐社会的总要求、基本特征、根本原则、目标和主要任务。《决定》指出："按照民主法治、公平正义、诚信友爱、充满活力、安定有序、人与自然和谐相处的总要求，以解决人民群众最关心、最直接、最现实的利益问题为重点，着力发展社会事业、促进社会公平正义、建设和谐文化、完善社会管理、增强社会创造活力，走共同富裕道路，推动社会建设与经济建设、政治建设、文化建设协调发展。"①2007 年中共十七大将建设社会主义和谐社会纳入了中国特色社会主义的总体布局中，使之成为中国特色社会主义建设的重要方面。

---

① 《十六大以来重要文献选编》下，中央文献出版社 2011 年版，第 650 页。

第七章

中国特色社会主义理论的发展历程

中国特色社会主义理论，是在中国改革开放和社会主义现代化建设的伟大实践中孕育形成和丰富发展起来的。其发展历程，既是一个解放思想、把马克思主义基本原理与中国实际相结合的历史过程，也是一个总结经验教训、不断研究解决新问题的实践过程。在一定意义上，它还是中国融入世界、全面参与全球化进程的过程。具体说来，中国特色社会主义理论的形成和发展大致经历了以下五个发展阶段。

一、第一阶段：中国特色社会主义理论的孕育

20 世纪 70 年代末到 80 年代初，是中国特色社会主义理论的孕育期。以 1978 年年底召开的中共十一届三中全会为起点，在这一时期，以邓小平为代表的中国共产党人集中反思了中国社会主义建设的历史经验，并逐步形成了一系列新的理论观点，如贫穷不是社会主义；发展太慢不是社会主义；社会主义的根本任务是发展生产力；生产资料的社会主义改造完成之后，我国社会的主要矛盾是人民日益增长的物质文化需要同落后的社会生产之间的矛盾；社会主义制度优越性的根本表现，就是能够允许社会生产力以旧社会所没有的速度迅速发展；无产阶级在夺

取政权之后，要把经济建设作为中心任务；再不实行改革开放，整个社会主义事业就会被葬送；要解放思想，大胆探索，从中国国情出发，走中国式现代化道路；等等，都是这一时期提出的。这一反思的结果，使邓小平在 1982 年中共十二大上，形成了"建设有中国特色社会主义"这一基本命题。

中国特色社会主义理论作为新的历史时期的产物，其产生与发展决不是偶然的，而是有着深刻时代背景和现实依据。从某种意义上说，它是为应对传统社会主义模式的危机和全球化的挑战而生。

（一）苏联模式：从照搬到"扬弃"

1949 年 10 月中华人民共和国成立后，中国共产党就领导中国人民努力探索适合中国国情的社会主义发展道路。在新中国成立初期，由于缺少经验，中国的社会主义建设基本照搬苏联的模式。最初几年我们也曾取得了巨大成就，然而，且不说苏联模式本身就是特殊历史条件下的产物，存在着明显问题，再照搬到中国其偏差就更大了。在 1956 年苏共二十大上，苏联社会主义建设的一些弊端被揭露出来，而此时中国的社会主义改造也刚刚基本完成，将要进入全面的大规模的社会主义建设时期。在这种情况下，探索自己的发展道路就势在必行。"不要再硬搬苏联的一切了，应该用自己的头脑思索了"。①1956 年 4 月，毛泽东在中共中央政治局扩大会议上发表了《论十大关系》的讲话，这对探索一条有中国特色的社会主义建设道路有深远的意义。毛泽东在讲话中初步总结了中国社会主义建设的经验，提出要以苏联的经验教训为借鉴、探索适合中国国情的社会主义建设道路的任务。1958 年 3 月 10 日，毛泽东在成都会议的讲话中说：1956 年提出十大关系，开始提出自己的建设路线，原则和苏联相同，但方法有所不同，有我们自己的一套内容。

---

① 毛泽东：《论十大关系》，《人民日报》1976 年 12 月 26 日。

1960 年 6 月 18 日，他在《十年总结》中又指出：前 8 年照抄外国的经验，但从 1956 年提出十大关系起，开始找出自己的一条适合中国的路线，开始反映中国的客观经济规律。1956 年 9 月召开的中国共产党第八次全国代表大会，在探索适合中国的社会主义建设道路方面取得了初步成果，如大会提出了党在今后的主要任务是发展生产力，作出了党和国家工作重心由革命转移到建设上来的重大战略决策。然而，正如邓小平后来总结的："八大的路线是正确的，但是，由于当时党对全面建设社会主义的思想准备不足，八大提出的路线和许多正确的意见后来没有能够在实践中坚持下去。八大之后，我们取得了社会主义建设的许多成就，同时也遭到了严重挫折。"① 毛泽东本人的思想后来也发生了重大变化，党在指导思想上出现了"左"倾错误，并最终导致了 1966 年"文化大革命"的爆发。这使得中国在 1958 年至 1978 年近 20 年的时间里，"实际上处于停滞和徘徊的状态，国家的经济和人民的生活没有得到多大的发展和提高。"② 正是挫折促使中国共产党人开始反思，"坦率地说，我们过去照搬苏联搞社会主义的模式，带来很多问题。我们很早就发现了，但没有解决好。"③"二十年的经验尤其是'文化大革命'的教训告诉我们，不改革不行，不制定新的政治的、经济的、社会的政策不行。"④正是基于对苏联模式的反思进而对之"扬弃"再而进行理论创新，中国特色社会主义理论应运而生。

当中国人还在"左"倾的弯路上历经磨难时，世界已然发生了变化。20 世纪五六十年代以来，蓬勃兴起的新科技革命推动世界经济以更快的速度向前发展，美欧日等国都经历了一个经济大发展、大提升的过程，而与此同时，全球化的进程也逐步向纵深发展。这使中国面临着巨

① 《邓小平文选》第三卷，人民出版社 1993 年版，第 2 页。
② 《邓小平文选》第三卷，人民出版社 1993 年版，第 237 页。
③ 《邓小平文选》第三卷，人民出版社 1993 年版，第 261 页。
④ 《邓小平文选》第三卷，人民出版社 1993 年版，第 266 页。

大的外部压力，一方面我们的经济实力、科技实力与国际先进水平的差距不仅没有缩小，反而进一步拉大了；另一方面，中国和世界同样意识到，在全球化的历史进程中，谁也离不开谁：中国要发展就不能孤立于世界之外。20 世纪 60 年代末 70 年代初，两极对峙和冷战的局面渐趋松动，中国先后与美日等主要资本主义国家实现了邦交正常化，和平与发展的新时代已悄然来临。这促使中国共产党人以新的眼光观察世界，并重新思考：我们怎么办？在全球化的浪潮中，一些社会主义国家改弦更张了，而中国共产党人始终坚信只有社会主义才能建设富强的中国，我们能以独特的姿态融入全球化进程从而发展自己，"我们不要资本主义，但是我们也不要贫穷的社会主义，我们要发达的、生产力发展的、使国家富强的社会主义。"[1] 由此，"摆脱贫穷落后状态，大力发展生产力，体现社会主义优于资本主义的特点"[2] 就成为中国共产党人进行理论创新并最终形成中国特色社会主义理论的现实依据。

（二）历史转折：拨乱反正

1976 年 10 月"文革"结束，中国进入了新的历史发展时期。经过两年的徘徊，1978 年 5 月到 12 月开展的真理标准大讨论，为拨乱反正做了必要的思想准备。1978 年 12 月召开的中共十一届三中全会，从思想路线、政治路线、组织路线上全面纠正了"文革"的错误。从此，结束了"以阶级斗争为纲"的错误路线，把工作重心转移到经济建设上来。在这一时期，随着中国社会主义改革进程的逐步展开，以邓小平为代表的中国共产党人围绕"什么是社会主义，怎样建设社会主义"这个中心命题，进行理论思考。"首先是解放思想。只有思想解放了，我们才能正确地以马列主义、毛泽东思想为指导，解决过去遗留的问题，解

---

[1] 《邓小平文选》第二卷，人民出版社 1994 年版，第 231 页。
[2] 《邓小平文选》第三卷，人民出版社 1993 年版，第 224 页。

决新出现的一系列问题，正确地改革同生产力迅速发展不相适应的生产关系和上层建筑，根据我国的实际情况，确定实现四个现代化的具体道路、方针、方法和措施。"① 中共十一届三中全会召开前夕，中共中央曾于 1978 年 11 月 10 日至 12 月 15 日在北京召开了为期 36 天的工作会议。邓小平在闭幕会上所作的《解放思想，实事求是，团结一致向前看》的讲话，后来实际上成为三中全会的主题报告，指明了党和国家的主要任务和前进方向。邓小平强调："不打破思想僵化，不大大解放干部和群众的思想，四个现代化就没有希望。""一个党，一个国家，一个民族，如果一切从本本出发，思想僵化，迷信盛行，那它就不能前进，它的生机就停止了，就要亡党亡国。""要向前看，就要及时地研究新情况和解决新问题，否则我们就不可能顺利前进"，"如果现在再不实行改革，我们的现代化事业和社会主义事业就会被葬送。""实现四个现代化是一场深刻的伟大的革命。在这场伟大的革命中，我们是在不断地解决新的矛盾中前进的。因此，全党同志一定要善于学习，善于重新学习。""学习什么？根本的是要学习马列主义、毛泽东思想，要努力把马克思主义的普遍原则同我国实现四个现代化的具体实践结合起来。"

1978 年 12 月 18 日至 22 日，中共十一届三中全会在北京召开。这次会议的主要任务，是确定把全党的工作重点转移到社会主义现代化建设上来。全会决定停止使用"以阶级斗争为纲""无产阶级专政下继续革命"等不适用于社会主义的错误口号，重申毛泽东 1957 年作出的中国"大规模的急风暴雨式的群众阶级斗争已经基本结束"的正确论断，决定从 1979 年起把全党的工作重点转移到社会主义现代化建设上来。中共十一届三中全会是新中国成立以来中共历史上具有深远意义的伟大转折，它第一次明确解决了从 1957 年以来一直未能解决好的工作重点转移问题，并着重开展了农村经济体制的改革，从而使党和国家走上了

---

① 《邓小平文选》第二卷，人民出版社 1994 年版，第 141 页。

正确的发展轨道。从 1978 年开始，中共十一届三中全会所形成的路线逐步发展成为后来的"一个中心、两个基本点"的基本路线。

三中全会后，拨乱反正工作全面展开。在 1979 年 1—4 月召开的中共中央理论务虚会上，邓小平提出，要在中国实现四个现代化，就必须要在思想政治上坚持四项基本原则，即必须坚持社会主义道路，必须坚持无产阶级专政，必须坚持共产党的领导，必须坚持马列主义、毛泽东思想。同时，重申民主和集中不可偏废的原理，并指出剥削阶级作为阶级已经消灭，但阶级斗争仍在一定范围内继续存在的基本事实。1980 年的中央政治局会议，提出反对资产阶级思想侵蚀和肃清政治思想上的封建余毒的历史性任务。同年 12 月的中央政治局会议，决定加强党的思想政治工作，加强社会主义精神文明建设。在 1980 年 2 月召开的中共十一届五中全会上通过了《关于党内政治生活的若干准则》，以加强党纪，切实搞好党风建设。在 1980 年 8 月的中央政治局会议上，邓小平提出要废除干部领导职务实际上存在的终身制，要改变权力过分集中的状况，要在坚持革命化的前提下逐步实现各级领导人的年轻化、知识化和专业化。他还提出了改革党和国家领导制度的六项措施。邓小平的这个讲话成为中国政治体制改革的纲领性文件。

拨乱反正的任务不仅止于国内。面对全球化的世界，马克思主义政党尤其需要正确地把握时代主题，并以之作为制定正确的路线、方针和政策的基础。在以往一个相当长的时期内，中国人一度认为战争迫在眉睫。而邓小平敏锐地察觉到了国际形势的变化，1977 年年底他提出"可以争取延缓战争的爆发"的判断。1985 年 3 月 4 日，在会见日本商工会议所访华团时的谈话中，他作出了"和平和发展是当代世界的两大问题"的明确结论。这一论断为中国集中精力进行社会主义建设提供了理论依据。正如邓小平后来所说的，"1978 年我们制定一心一意搞建设的方针，就是建立在这样一个判断上的。"

（三）确立新路：“建设有中国特色的社会主义”

为了贯彻中共十一届三中全会确立的正确路线，全面总结历史经验，1981年6月召开了中共十一届六中全会。会议审议和通过了《关于建国以来党的若干历史问题的决议》，在对新中国成立以来的历史作出总结的同时，把中共十一届三中全会以来党逐步确立的“一条适合我国情况的社会主义现代化建设的正确道路”概括为十个“主要点”，即在社会主义改造基本完成以后，我国所要解决的主要矛盾，是人民日益增长的物质文化需要同落后的社会生产之间的矛盾；社会主义经济建设必须从我国国情出发，量力而行，积极奋斗，有步骤分阶段地实现现代化的目标；社会主义生产关系的变革和完善必须适应于生产力的状况，有利于生产的发展；在剥削阶级作为阶级消灭以后，阶级斗争已经不是主要矛盾；逐步建设高度民主的社会主义政治制度，是社会主义革命的根本任务之一；社会主义必须有高度的精神文明；改善和发展社会主义的民族关系，加强民族团结，这对于我们这个多民族国家具有重大意义；在战争危险依然存在的国际条件下，必须加强现代化的国防建设；在对外关系上，必须继续坚持反对帝国主义、霸权主义、殖民主义和种族主义，维护世界和平；根据“文化大革命”的教训和党的现状，必须把我们党建设成为具有健全的民主集中制的党。《决议》还首次提出了“我们的社会主义制度还是处于初级的阶段”的论断，并强调：“我们的社会主义制度由比较不完善到比较完善，必然要经历一个长久的过程。”[①]从上述历史经验总结中可以看出，中国特色社会主义理论已初具雏形并呼之欲出。

1982年9月1日，中共第十二次全国代表大会在北京召开。邓小平在开幕词中强调：“我们的现代化建设，必须从中国的实际出发，把

---

① 《关于建国以来党的若干历史问题的决议》，人民出版社1985年版，第61—62页。

马克思主义的普遍真理同我国的具体实际结合起来，走自己的路，建设有中国特色的社会主义，这就是我们长期历史经验得出的基本结论。"①"建设有中国特色的社会主义"这一概念的提出，标志着中国共产党人对"什么是社会主义，怎样建设社会主义"问题有了更为深刻的认识，不仅为中国的社会主义建设事业确立了指导思想和根本原则，从此也使中国特色社会主义成为凝聚全国各族人民进行改革开放和现代化建设的伟大旗帜。

二、第二阶段：中国特色社会主义理论的形成

20 世纪 80 年代中后期，是中国特色社会主义理论的形成时期。这一时期，以邓小平为代表的中国共产党人在总结中国社会主义建设历史经验的基础上，初步总结了改革开放和现代化建设的新鲜经验，提出了一系列新的理论观点。主要有：关于社会主义经济是有计划的商品经济的理论；关于社会主义改革开放的理论；关于社会主义原则一是发展生产，二是共同富裕的概括；关于时代主题论；关于社会主义初级阶段理论以及党在社会主义初级阶段的基本路线等。1987 年召开的中共十三大，第一次明确提出了"建设有中国特色的社会主义理论"这个总题目，并对这一理论的基本轮廓作了初步概括，列举了在对社会主义再认识过程中发挥和发展的十二个理论观点。

（一）经济体制改革："有计划的商品经济"

中共第十二次全国代表大会是在实现了历史性转变的新形势下召开的，它标志着拨乱反正任务的基本完成和全面开创社会主义现代化建设和改革开放新局面的开始。中国的事情要按照中国的情况来办，要依靠

---

① 《邓小平文选》第三卷，人民出版社 1993 年版，第 2—3 页。

中国人自己的力量来办。独立自主，自力更生，始终是我们的立足点。加快社会主义现代化建设，是中国人民的核心任务。胡耀邦代表第十一届中央委员会向大会作了题为《全面开创社会主义现代化建设的新局面》的报告，提出党在新时期的总任务是：团结全国各族人民，自力更生，艰苦奋斗，逐步实现工业、农业、国防和科学技术现代化，把我国建设成为高度文明、高度民主的社会主义国家。围绕这个总任务，报告还制定了行动纲领，确立了到 20 世纪末的经济建设、精神文明建设、民主法制建设的奋斗目标和一系列重大方针政策。报告指出，在全面开创新局面的各项任务中，首要的任务是把社会主义现代化经济建设继续推向前进。为此，报告确定了从 1981 年到 20 世纪末，中国经济建设总的奋斗目标是，在不断提高经济效益的前提下，力争使全国工农业的年产值翻两番。为实现这二十年的奋斗目标，在战略部署上要分两步走：前十年主要是打好基础，积蓄力量，创造条件，后十年要进入一个新的经济振兴时期。

中共十二大之后，中国的改革实践逐步深入，经济体制改革的重点也由农村转向城市。随后，城市经济体制改革的步伐开始加快，整个改革形势酝酿着一次战略性的突破。在这样的改革形势下，1984 年 10 月 20 日中共中央召开了十二届三中全会，讨论通过了《中共中央关于经济体制改革的决定》。《决定》分析了我国当前的经济和政治形势，总结了我国社会主义建设正反两方面的经验，特别是这几年城乡经济体制改革的经验，提出必须按照把马克思主义基本原理同中国实际结合起来，建设有中国特色的社会主义的总要求，进一步贯彻执行对内搞活经济、对外实行开放的方针，加快以城市为重点的整个经济体制改革的步伐，以利于更好地开创社会主义现代化建设的新局面。《决定》规定了改革的方向、性质、任务和基本蓝图，着重指出我们改革的基本任务，就是从根本上改变束缚生产力发展的经济体制，进一步解放思想，走自己的路，建立起具有中国特色的、充满生机和活力的社会主义经济体制。《决定》尤其强调，改革计划体制，首先要突破把计划经济同商品经济对立起来的传统观念，明确认识社会主义计划经济必须自觉依据和运用价值规律，是在公有制基础上的有计划的商品经济。商品经济的充分发展，是社会经济发展的不可逾越的阶段，是实现我国经济现代化的必要条件。这里，《决定》创造性地提出了"社会主义商品经济""有计划的商品经济"的概念，突破了长期以来的理论禁锢，为深化经济体制改革、大力发展社会主义商品经济提供了理论和政策依据。它实际上已经蕴含了市场经济的取向，是社会主义经济理论上的重大突破。《决定》的通过也实现了邓小平会前的设想，"这个文件将对全党起巨大的作用"，他后来曾高度评价说，《决定》"写出了一个政治经济学的初稿，是马克思主义基本原理和中国社会主义实践相结合的政治经济学"[1]。

（二）"两手抓，两手都要硬"：社会主义精神文明建设

中共十二届三中全会后，城市的经济体制改革全面展开。与此同时，对外开放也进一步扩大。而随着改革开放的深入，社会上开始出现大量新的问题和矛盾，思想领域也出现一些不同声音。对此，邓小平已有所预料。1985 年 3 月 28 日，邓小平在会见日本自由民主党副总裁二阶堂进时就谈到，"现在我们正在做的改革这件事是够大胆的"，但"改革是中国的第二次革命。这是一件很重要的必须做的事，尽管是有风险的事"，"我们在确定做这件事的时候，就意识到会有这样的风险"，这"没有什么了不起"，"我们自己心里是踏实的。"[2] 这个"踏实"在于，中国共产党明确提出了"两手抓，两手都要硬"的方针。邓小平明确讲道："我们现在搞两个文明建设，一是物质文明，一是精神文明。实行开放政策必然会带来一些坏的东西，影响我们的人民。要说有风险，这

---

① 《邓小平文选》第三卷，人民出版社 1993 年版，第 83 页。
② 《邓小平文选》第三卷，人民出版社 1993 年版，第 113 页。

是最大的风险。我们用法律和教育这两个手段来解决这个问题。"① 在改革开放的过程中，中国共产党对社会主义精神文明建设问题也不断探索。1986 年 9 月召开的中共十二届六中全会作出的《中共中央关于社会主义精神文明建设指导方针的决议》是一份标志性的文件，它表明中共关于社会主义精神文明建设的理论已经进入一个系统化的阶段。作为我们党制定的第一个关于社会主义精神文明建设的纲领性文件，《决议》从我国社会主义现代化建设总体布局的高度，提出社会主义精神文明建设，是关系社会主义兴衰成败的大事。社会主义精神文明建设必须是推动社会主义现代化建设的精神文明建设，必须是促进全面改革和实行对外开放的精神文明建设，必须是坚持四项基本原则的精神文明建设。它的根本任务，是适应社会主义现代化建设的需要，培育有理想、有道德、有文化、有纪律的社会主义公民，提高整个中华民族的思想道德素质和科学文化素质。

（三）历史定位："社会主义初级阶段"

"建设有中国特色的社会主义"，其前提是要确定当代中国社会主义的历史方位。虽然在《关于建国以来党的若干历史问题的决议》中提出了"我们的社会主义制度还是处于初级的阶段"的论断，但文件强调的重点是"毫无疑问，我国已经建立了社会主义制度，进入了社会主义社会"②，而不是"初级阶段"的发展水平。1987 年 10 月 25 日至 11 月 1 日召开了中国共产党第十三次全国代表大会，在题为《沿着有中国特色的社会主义道路前进》的大会报告中系统阐述了社会主义初级阶段理论和党在社会主义初级阶段的基本路线。报告强调："正确认识我国社会现在所处的历史阶段，是建设有中国特色的社会主义的首要问题，是我

① 《邓小平文选》第三卷，人民出版社 1993 年版，第 156 页。
② 《关于建国以来党的若干历史问题的决议》，人民出版社 1985 年版，第 62 页。

们制定和执行正确的路线和政策的根本依据。"而"对这个问题，我们党已经有了明确的回答：我国正处在社会主义的初级阶段"。报告全面系统地分析了社会主义初级阶段的含义、特征、主要矛盾和主要任务，指出："我们在现阶段所面临的主要矛盾，是人民日益增长的物质文化需要同落后的社会生产之间的矛盾。"而"为了解决现阶段的主要矛盾，就必须大力发展商品经济，提高劳动生产率，逐步实现工业、农业、国防和科学技术的现代化，并且为此而改革生产关系和上层建筑中不适应生产力发展的部分"。因此，我们党建设有中国特色的社会主义的基本路线就是："领导和团结全国各族人民，以经济建设为中心，坚持四项基本原则，坚持改革开放，自力更生，艰苦创业，为把我国建设成为富强、民主、文明的社会主义现代化国家而奋斗。"基本路线的核心内容是：以经济建设为中心，坚持四项基本原则，坚持改革开放，即"一个中心、两个基本点"。报告强调，从社会主义初级阶段的实际出发，我们必须集中力量进行现代化建设；必须坚持全面改革；必须坚持对外开放；必须以公有制为主体，大力发展有计划的商品经济；必须以安定团结为前提，努力建设民主政治；必须以马克思主义为指导，努力建设精神文明——这些是"具有长远意义的指导方针"。

中共十三大报告强调："我国的经济建设，肩负着既要着重推进传统产业革命，又要迎头赶上世界新技术革命的双重任务。完成这个任务，必须经过长期的有步骤分阶段的努力奋斗。"[①] 根据邓小平的设想，报告确定："我国经济建设的战略部署大体分三步走。第一步，实现国民生产总值比一九八〇年翻一番，解决人民的温饱问题。这个任务已经基本实现。第二步，到本世纪末，使国民生产总值再增长一倍，人民生活达到小康水平。第三步，到下个世纪中叶，人均国民生产总值达到中等发达国家水平，人民生活比较富裕，基本实现现代化。然后，在这个

---

① 《十三大以来重要文献选编》上，人民出版社 1991 年版，第 16 页。

基础上继续前进。"① 同时，报告还对中共十二届三中全会提出的"公有制基础上的有计划的商品经济"进行了系统阐述，强调："社会主义有计划商品经济的体制，应该是计划与市场内在统一的体制。"②

中共十三大报告还指出："经济体制改革的展开和深入，对政治体制改革提出了愈益紧迫的要求。发展社会主义商品经济的过程，应该是建设社会主义民主政治的过程。不进行政治体制改革，经济体制改革不可能最终取得成功。"③ 由此，报告提出了政治体制改革的长远目标和近期目标：改革的长远目标，是建立高度民主、法制完备、富有效率、充满活力的社会主义政治体制。改革的近期目标，是建立有利于提高效率、增强活力和调动各方面积极性的领导体制。报告强调，各项改革措施，都要紧紧围绕这个目标，具体改革内容包括：实行党政分开，进一步下放权力，改革政府工作机构，改革干部人事制度，建立社会协商对话制度，完善社会主义民主政治的若干制度，加强社会主义法制建设。报告尤其强调，政治体制改革"是一项艰巨复杂的任务，必须采取坚决、审慎的方针，有领导有秩序地逐步展开，尽可能平稳地推进"④。

（四）总结"对社会主义的再认识"：理论轮廓初显

中共十三大报告对十一届三中全会以来，我们党"对社会主义再认识的过程"进行了总结性的概括，指出中国共产党人把马克思主义与我国实践相结合，在哲学、政治经济学和科学社会主义等方面，发挥和发展了一系列科学理论观点。而这些观点，"构成了建设有中国特色的社会主义理论的轮廓，初步回答了我国社会主义建设的阶段、任务、动力、条件、布局和国际环境等基本问题，规划了我们前进的科学

---

① 《十三大以来重要文献选编》上，人民出版社 1991 年版，第 16 页。
② 《十三大以来重要文献选编》上，人民出版社 1991 年版，第 26 页。
③ 《十三大以来重要文献选编》上，人民出版社 1991 年版，第 34 页。
④ 《十三大以来重要文献选编》上，人民出版社 1991 年版，第 47 页。

轨道"①。这包括：关于解放思想，实事求是，以实践作为检验真理的唯一标准的观点；关于建设社会主义必须根据本国国情，走自己的路的观点；关于在经济文化落后的条件下，建设社会主义必须有一个很长的初级阶段的观点；关于社会主义社会的根本任务是发展生产力，集中力量实现现代化的观点；关于社会主义经济是有计划商品经济的观点；关于改革是社会主义社会发展的重要动力，对外开放是实现社会主义现代化的必要条件的观点；关于社会主义民主政治和社会主义精神文明是社会主义重要特征的观点；关于坚持四项基本原则同坚持改革开放的总方针这两个基本点相互结合、缺一不可的观点；关于用"一个国家、两种制度"来实现国家统一的观点；关于执政党的党风关系到党的生死存亡的观点；关于按照独立自主、完全平等、互相尊重、互不干涉内部事务的原则，发展同外国共产党和其他政党的关系的观点；关于和平与发展是当代世界的主题的观点；等等。

总之，从中共十二大到十三大，伴随着改革开放和现代化建设新局面的开创，中国共产党对中国特色社会主义的理论探索日益深入，中国特色社会主义理论的轮廓亦渐趋清晰并最终成型。

三、第三阶段：中国特色社会主义理论的系统阐发

20 世纪 90 年代初期，是中国特色社会主义理论的系统阐发时期。1992 年年初，邓小平经过几年的深入观察和思考，在南方谈话中，把自己对社会主义建设经验的理论总结和对中国特色社会主义基本问题的思考以及对深化改革扩大开放加快发展的建议，进行了集中阐发。中共十四大报告使用了邓小平"建设有中国特色社会主义的理论"这个提法，提出了用这个理论武装全党的战略任务，并对这个理论作了这样一个评

---

① 《十三大以来重要文献选编》上，人民出版社 1991 年版，第 57 页。

价：第一次比较系统地初步回答了中国这样经济文化比较落后的国家如何建设社会主义、如何巩固和发展社会主义的一系列基本问题。同时，把建设有中国特色社会主义理论的主要内容概括为九个方面：中国特色社会主义发展道路、发展阶段、根本任务、发展动力、外部条件、政治保证、战略步骤、领导力量和"一国两制"。这表明，中国特色社会主义理论已经得到比较系统的阐发。

（一）邓小平南方谈话：理论创新与阐发

随着全球化进程的加速，20 世纪 80 年代末 90 年代初国际风云骤变，而中国的改革开放和社会主义现代化建设在取得巨大成就的同时也面临越来越多的困难。国内的不安定因素增加，一些人对改革开放的性质和方向产生了疑虑。在这样的背景下，1992 年年初邓小平在南方谈话中，对一系列困扰和束缚人们思想的重大理论问题创造性地作出了回答。

关于如何看待中共十一届三中全会以来的路线方针政策。邓小平明确提出，"我们的一些基本提法，从发展战略到方针政策，包括改革开放，都是对的。要说不够，就是改革开放得还不够。"[①] 革命是解放生产力，改革也是解放生产力。"要坚持党的十一届三中全会以来的路线、方针、政策，关键是坚持'一个中心、两个基本点'。不坚持社会主义，不改革开放，不发展经济，不改善人民生活，只能是死路一条。基本路线要管一百年，动摇不得。只有坚持这条路线，人民才会相信你，拥护你。"[②]

关于如何看待姓"资"还是姓"社"的问题。邓小平强调："判断的标准，应该主要看是否有利于发展社会主义社会的生产力，是否有利于增强社会主义国家的综合国力，是否有利于提高人民的生活水

---

① 《邓小平文选》第三卷，人民出版社 1993 年版，第 306 页。
② 《邓小平文选》第三卷，人民出版社 1993 年版，第 370—371 页。

平。"①"社会主义的本质，是解放生产力，发展生产力，消灭剥削，消除两极分化，最终达到共同富裕。"②

关于如何看待"计划"与"市场"之争。邓小平指出："计划多一点还是市场多一点，不是社会主义与资本主义的本质区别。计划经济不等于社会主义，资本主义也有计划；市场经济不等于资本主义，社会主义也有市场。计划和市场都是经济手段。"而"社会主义要赢得与资本主义相比较的优势，就必须大胆吸收和借鉴人类社会创造的一切文明成果，吸收和借鉴当今世界各国包括资本主义发达国家的一切反映现代社会化生产规律的先进经营方式、管理方法"。③

关于如何看待改革开放进程中出现的不同意见。邓小平认为："对改革开放，一开始就有不同意见，这是正常的。""我们的政策就是允许看"，"我们推行三中全会以来的路线、方针、政策，不搞强迫，不搞运动，愿意干就干，干多少是多少，这样慢慢就跟上来了"，"不争论，大胆地试，大胆地闯。农村改革是如此，城市改革也应如此。""现在，有右的东西影响我们，也有'左'的东西影响我们，但根深蒂固的还是'左'的东西"，"我们必须保持清醒的头脑，这样就不会犯大错误，出现问题也容易纠正和改正。"④

关于如何抓住时机，发展经济。邓小平强调，"我国的经济发展，总要力争隔几年上一个台阶"，"发展才是硬道理"。而"经济发展得快一点，必须依靠科技和教育"，"科学技术是第一生产力"。⑤

关于坚持"两手抓，两手都要硬"的问题。邓小平指出，两个文明建设都要搞好，"这才是有中国特色的社会主义。""事实证明，共产党

---

① 《邓小平文选》第三卷，人民出版社 1993 年版，第 372 页。
② 《邓小平文选》第三卷，人民出版社 1993 年版，第 373 页。
③ 《邓小平文选》第三卷，人民出版社 1993 年版，第 373 页。
④ 《邓小平文选》第三卷，人民出版社 1993 年版，第 374—375 页。
⑤ 《邓小平文选》第三卷，人民出版社 1993 年版，第 375—377 页。

能够消灭丑恶的东西。在整个改革开放过程中都要反对腐败。对干部和共产党员来说，廉政建设要作为大事来抓。还是要靠法制，搞法制靠得住些。"①

关于如何保证正确的政治路线问题。邓小平强调，"在整个改革开放的过程中，必须始终注意坚持四项基本原则"，而"正确的政治路线要靠正确的组织路线来保证"。"中国的事情能不能办好，社会主义和改革开放能不能坚持，经济能不能快一点发展起来，国家能不能长治久安，从一定意义上说，关键在人。""中国要出问题，还是出在共产党内部。对这个问题要清醒，要注意培养人，要按照'革命化、年轻化、知识化、专业化'的标准，选拔德才兼备的人进班子。我们说党的基本路线要管一百年，要长治久安，就要靠这一条。真正关系到大局的是这个事。"

邓小平的南方谈话，是对中共十一届三中全会以来基本实践的理论总结，亦对"什么是社会主义，怎样建设社会主义"这个根本问题作出了新回答，实现了理论上的新突破，标志着中国的改革开放和现代化建设进入了一个新的历史阶段。

（二）中共十四大：理论的系统阐述

1992 年 10 月 12 日至 18 日，中国共产党召开第十四次全国代表大会。在邓小平南方谈话精神的指导下，中共十四大对中国特色社会主义理论进行了新的概括和系统阐述。

在这次大会上，江泽民作了题为《加快改革开放和现代化建设步伐，夺取有中国特色社会主义事业的更大胜利》的报告。报告总结了十一届三中全会以来党领导人民进行的伟大实践，认为"就其引起社会变革的广度和深度来说，是开始了一场新的革命"②。这十四年是真正集中力量

---

① 《邓小平文选》第三卷，人民出版社 1993 年版，第 378—379 页。

② 《改革开放三十年重要文献选编》上，人民出版社 2008 年版，第 650 页。

进行社会主义现代化建设的十四年，是人民生活水平提高最快的十四年，开创了历史的新局面。而我们党所以能够取得这样的胜利，"根本原因是在十四年的伟大实践中，坚持把马克思主义基本原理同中国具体实际相结合，逐步形成和发展了建设有中国特色社会主义的理论。"①这个理论，第一次比较系统地初步回答了中国这样的经济文化比较落后的国家如何建设社会主义、如何巩固和发展社会主义的一系列基本问题，用新的思想、观点，继承和发展了马克思主义。其主要内容包括：在社会主义的发展道路问题上，强调走自己的路，以马克思主义为指导，以实践作为检验真理的唯一标准，建设有中国特色的社会主义；在社会主义的发展阶段问题上，作出了我国还处在社会主义初级阶段的科学论断，强调制定一切方针政策都必须以这个基本国情为依据；在社会主义的根本任务问题上，指出社会主义的本质是解放生产力，发展生产力，消灭剥削，消除两极分化，最终达到共同富裕；在社会主义的发展动力问题上，强调改革也是一场革命，也是解放生产力，是中国现代化的必由之路；在社会主义建设的外部条件问题上，指出和平与发展是当代世界两大主题，必须坚持独立自主的和平外交政策，为我国现代化建设争取有利的国际环境；在社会主义建设的政治保证问题上，强调坚持社会主义道路、坚持人民民主专政、坚持中国共产党的领导、坚持马克思列宁主义毛泽东思想；在社会主义建设的战略步骤问题上，提出基本实现现代化分三步走；在社会主义的领导力量和依靠力量问题上，强调作为工人阶级先锋队的共产党是社会主义事业的领导核心，党必须适应改革开放和现代化建设的需要，不断改善和加强自身建设；在祖国统一的问题上，提出"一个国家、两种制度"的创造性构想。报告尤其指出，建设有中国特色社会主义的理论，"是在和平与发展成为时代主题的历史条件下，在我国改革开放和社会主义现代化建设的实践过程中，在总结

---

① 《改革开放三十年重要文献选编》上，人民出版社 2008 年版，第 654 页。

我国社会主义胜利和挫折的历史经验并借鉴其他国家社会主义兴衰成败历史经验的基础上，逐步形成和发展起来的。它是马克思列宁主义基本原理与当代中国实际和时代特征相结合的产物，是毛泽东思想的继承和发展，是全党全国人民集体智慧的结晶，是中国共产党和中国人民最可珍贵的精神财富。"①

（三）坚持基本路线：确立社会主义市场经济体制目标

中共十四大报告指出："十四年伟大实践的经验，集中到一点，就是要毫不动摇地坚持以建设有中国特色社会主义理论为指导的党的基本路线。"② 我们要把有中国特色社会主义的伟大事业推向前进，最根本的还是坚持党的基本路线。而坚持党的基本路线不动摇，关键是坚持以经济建设为中心不动摇。报告明确提出，我国经济体制改革的目标是建立社会主义市场经济体制。这个体制"是同社会主义基本制度结合在一起的。在所有制结构上，以公有制包括全民所有制和集体所有制经济为主体，个体经济、私营经济、外资经济为补充，多种经济成分长期共同发展，不同经济成分还可以自愿实行多种形式的联合经营"③。应当说，社会主义市场经济目标模式的确立，打开了在社会主义条件下发展市场经济的思路，它既是改革开放实践不断深化的必然结果，也是中国共产党人认识不断深化的必然结果。

（四）战略任务：用中国特色社会主义理论武装全党

中共十四大报告指出："党的基本路线要毫不动摇地长期坚持下去，社会主义的改革开放和现代化建设要搞得更好更快，国家要长治久安和繁荣富强，关键在于我们党，在于坚持用邓小平同志建设有中国特色社

---

① 《改革开放三十年重要文献选编》上，人民出版社 2008 年版，第 656 页。

② 《改革开放三十年重要文献选编》上，人民出版社 2008 年版，第 656—657 页。

③ 《改革开放三十年重要文献选编》上，人民出版社 2008 年版，第 660 页。

会主义的理论武装全党。"报告分析了党的执政地位和领导作用,强调:"在新的历史时期,党所处的环境和肩负的任务有了很大变化,党的思想、政治、组织、作风建设都面临许多新情况和新问题。我们一定要结合新的实际,遵循党的基本路线,坚持党要管党和从严治党,加强和改进党的建设,努力提高党的执政水平和领导水平,使我们这个久经考验的马克思主义的党,在建设有中国特色社会主义的伟大事业中更好地发挥领导核心作用。"①而这需要认真学习建设有中国特色社会主义的理论,增强贯彻执行党的基本路线的自觉性和坚定性。在经过中共十四大修改后的《中国共产党章程》中,写入了建设有中国特色社会主义的理论和党的基本路线的内容。1993 年 6 月,江泽民在纪念中国共产党成立七十二周年座谈会上的讲话中强调:"十四大提出用建设有中国特色社会主义的理论武装全党,是加强和改进党的建设的一项根本性工作,是党的建设的一项长期战略任务,要贯穿于社会主义现代化建设的全过程。"②1993 年 11 月,《邓小平文选》第三卷出版发行,成为学习建设有中国特色社会主义的理论的基本教材。为此,中共中央作出了学习《邓小平文选》第三卷的决定。1995 年,中共中央还发布了《关于印发〈邓小平建设有中国特色社会主义理论学习纲要〉的通知》。

中国特色社会主义理论成为党领导改革开放和现代化建设的重要指导思想。正如江泽民所说:"从十一届三中全会开始,经过十二大、十三大到十四大,我们党又郑重地把邓小平建设有中国特色社会主义的理论写到了自己的旗帜上。"这"是我们发展社会主义事业的伟大旗帜,是我们民族振兴和发展的强大精神支柱"。③

---

① 《改革开放三十年重要文献选编》上,人民出版社 2008 年版,第 671 页。
② 《十四大以来重要文献选编》上,人民出版社 1996 年版,第 330 页。
③ 《十四大以来重要文献选编》上,人民出版社 1996 年版,第 445 页。

四、第四阶段：中国特色社会主义理论的丰富和拓展

从 1992 年中共十四大到 2012 年中共十八大，是中国特色社会主义理论在实践中的丰富和拓展时期。在邓小平探索的基础上，以江泽民和胡锦涛为主要代表的中国共产党人继续推进对中国特色社会主义理论的探索。这一时期，最重要的理论成果，主要有五个方面：一是提出了中国社会主义初级阶段的基本经济制度，即公有制为主体、多种所有制经济共同发展。二是提出我国政治体制改革的目标之一是建设社会主义法治国家。中共十五大报告首次明确提出"建设社会主义法治国家"的目标，中共十六大报告强调要把坚持党的领导、人民当家作主和依法治国有机统一起来。三是"三个代表"重要思想的提出和阐发。四是中共十六大以来，以胡锦涛为主要代表的中国共产党人深刻认识和回答了新形势下实现什么样的发展、怎样发展等重大战略问题，形成了以人为本、全面协调可持续的科学发展观。五是提出构建社会主义和谐社会以及加强生态文明建设，丰富和拓展了中国特色社会主义事业的总体布局。

（一）社会主义初级阶段基本经济制度

中共十四大确立了社会主义市场经济体制的发展目标后，我国的经济体制由计划经济向市场经济转变。1993 年全国人大八届一次会议将《宪法》第十五条修改为"国家实行社会主义市场经济"，以法律形式予以确认。而为了"更好地组织和推进经济体制改革"，还需要"对于社会主义市场经济体制有一个比较完整和系统的说法"。为此，1993 年 11 月，中共十四届三中全会审议并通过了《中共中央关于建立社会主义市场经济体制若干问题的决定》，对经济体制改革的目标和基本原则加以具体化，对有关的重大问题作出了明确的原则性规定，勾画出社会主义

市场经济体制的基本框架。《决定》指出，建立社会主义市场经济体制"这是建设有中国特色社会主义理论的重要组成部分，对于我国现代化建设事业具有重大而深远的意义"①。

《决定》再次强调，"社会主义市场经济体制是同社会主义基本制度结合在一起的"，"建立社会主义市场经济体制，就是要使市场在国家宏观调控下对资源配置起基础性作用。"而为实现这个目标，"必须坚持以公有制为主体、多种经济成分共同发展的方针"。1995 年 9 月，江泽民在中共十四届五中全会闭幕时的讲话中着重指出："坚持公有制的主体地位，是社会主义的一条根本原则，也是我国社会主义市场经济的基本标志。在整个改革开放和现代化建设过程中，我们都要坚持这条原则。只有确保公有制经济的主体地位，才能防止两极分化，实现共同富裕。任何动摇、放弃公有制主体地位的做法，都会脱离社会主义的方向。"②

直至 1997 年 9 月，中共十五大明确提出："公有制为主体、多种所有制经济共同发展，是我国社会主义初级阶段的一项基本经济制度。这一制度的确立，是由社会主义性质和初级阶段国情决定的：第一，我国是社会主义国家，必须坚持公有制作为社会主义经济制度的基础；第二，我国处在社会主义初级阶段，需要在公有制为主体的条件下发展多种所有制经济；第三，一切符合'三个有利于'的所有制形式都可以而且应该用来为社会主义服务。"③

对于"基本经济制度"的具体组成，中共十五大报告一方面强调，"要全面认识公有制经济的含义"，"只要坚持公有制为主体，国家控制国民经济命脉，国有经济的控制力和竞争力得到增强，在这个前提下，国有经济比重减少一些，不会影响我国的社会主义性质"，"公有制实现形式可以而且应当多样化"，比如股份制，"是现代企业的一种资本组织

---

① 《改革开放三十年重要文献选编》上，人民出版社 2008 年版，第 732 页。
② 《十四大以来重要文献选编》中，人民出版社 1997 年版，第 1469 页。
③ 《改革开放三十年重要文献选编》下，人民出版社 2008 年版，第 900 页。

形式，有利于所有权和经营权的分离，有利于提高企业和资本的运作效率，资本主义可以用，社会主义也可以用。"另一方面也指出："非公有制经济是我国社会主义市场经济的重要组成部分。对个体、私营等非公有制经济要继续鼓励、引导，使之健康发展。这对满足人们多样化的需要，增加就业，促进国民经济的发展有重要作用。"中共十六大报告对上述两个方面作了进一步强调，"必须毫不动摇地巩固和发展公有制经济"，"必须毫不动摇地鼓励、支持和引导非公有制经济发展。"同时还提出，要把"坚持公有制为主体，促进非公有制经济发展，统一于社会主义现代化建设的进程中"①，不能把这两者对立起来。各种所有制经济完全可以在市场竞争中发挥各自优势，相互促进，共同发展。

总之，从中共十四大到十五大再到十六大，我国社会主义初级阶段的基本经济制度逐步得到完善。

（二）建设社会主义法治国家

在某种意义上看，市场经济就是法治经济，市场的运行需要法律来保障和规范。随着社会主义市场经济的推进，党的领导集体对国家治理方式的认识也不断深入。1996 年，江泽民在中共中央举办的法制讲座上提出，"加强社会主义法制建设，依法治国，是邓小平同志建设中国特色社会主义理论的重要组成部分，是我们党和政府管理国家和社会事务的重要方针"，"实行和坚持依法治国，对于推动经济持续快速健康发展和社会全面进步，保障国家的长治久安，具有十分重要的意义。"② 随后，全国人大八届四次会议把"依法治国，建设社会主义法治国家"作为基本方针，写入《国民经济和社会发展"九五"计划和 2010 年远景目标纲要》。

---

① 参见《改革开放三十年重要文献选编》下，人民出版社 2008 年版，第 900—1253 页。
② 《江泽民论有中国特色社会主义（专题摘编）》，中央文献出版社 2002 年版，第326 页。

中共十五大，依据十四大之后"我国经济体制改革的深入和社会主义现代化建设跨越世纪的发展"的要求，明确提出了"健全社会主义法制，依法治国，建设社会主义法治国家"的目标，并强调："依法治国，是党领导人民治理国家的基本方略，是发展社会主义市场经济的客观需要，是社会文明进步的重要标志，是国家长治久安的重要保障。"①

中共十五大报告论述了"依法治国"的含义，"依法治国，就是广大人民群众在党的领导下，依照宪法和法律规定，通过各种途径和形式管理国家事务，管理经济文化事业，管理社会事务，保证国家各项工作都依法进行，逐步实现社会主义民主的制度化、法律化，使这种制度和法律不因领导人的改变而改变，不因领导人看法和注意力的改变而改变。"也就是说，要"维护宪法和法律的尊严，坚持法律面前人人平等，任何人、任何组织都没有超越法律的特权。一切政府机关都必须依法行政，切实保障公民权利，实行执法责任制和评议考核制"。②

中共十五大报告尤其指出，"党领导人民制定宪法和法律，并在宪法和法律范围内活动"。依法治国是把坚持党的领导、发扬人民民主和严格依法办事统一起来，从制度和法律上保证党的基本路线和基本方针的贯彻实施，保证党始终发挥总揽全局、协调各方的领导核心作用。中共十六大报告进一步提出，发展社会主义民主政治，最根本的是要把坚持党的领导、人民当家作主和依法治国有机统一起来，这是社会主义民主政治的一项基本原则。

"依法治国"基本方略提出后，2001 年 1 月，江泽民在与出席全国宣传部长会议的同志座谈时又正式系统阐述了"以德治国"的思想，并强调："我们在建设有中国特色社会主义，发展社会主义市场经济的过程中，要坚持不懈地加强社会主义法制建设，依法治国，同时也要坚持

---

① 《江泽民论有中国特色社会主义（专题摘编）》，中央文献出版社 2002 年版，第327 页。

② 《改革开放三十年重要文献选编》下，人民出版社 2008 年版，第 906、908 页。

不懈地加强社会主义道德建设，以德治国。对一个国家的治理来说，法治德治，从来都是相辅相成、相互促进的，二者缺一不可，也不可偏废。"①"以德治国"思想的提出，进一步丰富了中国共产党的治国理论，对于建设社会主义法治国家具有重要意义。

（三）"三个代表"重要思想

20 世纪 90 年代前后，中国的国内外形势均发生了巨大变化。从国际方面看，苏东剧变使共产主义运动遭受严重挫折；从国内方面看，随着改革开放的不断深入，经济和社会生活中的各种深层次矛盾日益显现；从党内方面看，"经过八十年的发展，我们的党员队伍，党所处的地位和环境，党所肩负的任务，都发生了重大变化。"②而上述"世情""国情""党情"的新变化，对执政党的自身建设提出了新的要求。正是紧紧围绕建设一个什么样的党和怎样建设党这个根本问题，以江泽民为代表的中国共产党人积极进行理论探索，提出了"三个代表"重要思想。

1994 年，中共十四届四中全会集中讨论了党的建设问题，并作出了《中共中央关于加强党的建设几个重大问题的决定》。《决定》指出，"我们党作为执政党，肩负着历史的重任，经受着时代的考验，必须加强自身建设，不断提高领导水平和执政水平"，"党必须善于在改革开放的新形势下认识自己、加强自己、提高自己，认真研究和解决在自身建设中出现的新矛盾新问题"。《决定》明确提出了党的建设新的伟大工程的总目标和总任务，即："在当代世界风云变幻的条件下，在当代中国改革开放和现代化建设的伟大变革中，把党建设成为用建设有中国特色社会主义理论武装起来、全心全意为人民服务、思想上政治上组织上完全巩

① 江泽民：《论"三个代表"》，中央文献出版社 2001 年版，第 134 页。
② 《江泽民文选》第三卷，人民出版社 2006 年版，第 282 页。

固、能够经受住各种风险、始终走在时代前列的马克思主义政党。"① 中共十五大总结了党的建设的新经验,提出全党要按照新的伟大工程的总目标,从思想上、组织上、作风上全面加强党的建设。2000 年 2 月,江泽民在广州主持召开党建工作座谈会时,把"始终走在时代前列的马克思主义政党"这一目标概况为"三个代表":"总结我们党七十多年的历史,可以得出一个重要的结论,这就是:我们党所以赢得人民的拥护,是因为我们党在革命、建设、改革的各个历史时期,总是代表着中国先进生产力的发展要求,代表着中国先进文化的前进方向,代表着中国最广大人民的根本利益,并通过制定正确的路线方针政策,为实现国家和人民的根本利益而不懈奋斗。"②

2001 年 7 月 1 日,江泽民在庆祝中国共产党成立 80 周年大会上所作的讲话中,对"三个代表"重要思想进行了系统阐述。他指出,总结八十年的奋斗历程和基本经验,展望新世纪的艰巨任务和光明前途,我们党要继续站在时代前列,带领人民胜利前进,归结起来,就是必须始终代表中国先进生产力的发展要求,代表中国先进文化的前进方向,代表中国最广大人民的根本利益。而在新的世纪,继续推进现代化建设,完成祖国统一大业,维护世界和平与促进共同发展,是我们党肩负的重大历史任务。面对国内外形势的深刻变化,我们党要紧跟世界进步的潮流,团结和带领全国各族人民抓住机遇、迎接挑战,胜利完成这三大历史任务,必须坚定不移地贯彻落实"三个代表"要求。

2002 年 11 月召开的中共十六大,进一步阐述了"三个代表"重要思想的时代背景、实践基础、科学内涵精神实质和历史地位,阐明了贯彻"三个代表"重要思想的根本要求,从而确立了"三个代表"重要思想在全党的指导地位。中共十六大报告指出,始终做到"三个代表",

---

① 《十四大以来重要文献选编》中,人民出版社 1997 年版,第 954、957、1112 页。

② 《十五大以来重要文献选编》中,人民出版社 2001 年版,第 1139 页。

是我们党的立党之本、执政之基、力量之源。报告还强调，"三个代表"重要思想是发展的、前进的。全党必须在思想上不断有新解放，理论上不断有新发展，实践上不断有新创造，把"三个代表"重要思想贯彻到社会主义现代化建设的各个领域，体现在党的建设的各个方面，使我们党始终与时代发展同步伐，与人民群众共命运。中共十六大还修改通过了《中国共产党章程》，其中把"三个代表"重要思想与马克思列宁主义、毛泽东思想、邓小平理论一起确立为"自己的行动指南"。

总之，"三个代表"重要思想的提出和发展，表明中国共产党紧紧围绕中国特色社会主义这个主题，紧密结合实践，对自身执政规律的认识达到了新的高度，从而进一步丰富和拓展了中国特色社会主义理论。

（四）科学发展观

中共十六大以来，中国经济继续持续高速增长，但 2003 年突如其来的"非典"暴露了我国社会发展的"短板"，引起了中央领导层的高度重视。以胡锦涛为代表的中国共产党人对此进行了认真反思，在总结实践经验的基础上，围绕新形势下实现什么样的发展、怎样发展等重大战略问题不断做出新的理论概括，最终形成了以人为本、全面协调可持续发展的科学发展观。

2003 年 7 月，胡锦涛在总结抗击"非典"斗争经验时，对发展概念进行了明确界定，他指出，"这里的发展绝不只是指经济增长，而是要坚持以经济建设为中心，在经济发展的基础上实现社会全面发展"。他提出，要"坚持全面发展、协调发展、可持续发展的发展观"[①]。2003年 10 月，中共十六届三中全会审议通过的《中共中央关于完善社会主义市场经济体制若干问题的决定》，正式阐述了科学发展观的有关思想。《决定》指出，要"坚持以人为本，树立全面、协调、可持续的发展观，

[①] 《胡锦涛文选》第二卷，人民出版社 2016 年版，第 67 页。

促进经济社会和人的全面发展",并强调"按照统筹城乡发展、统筹区域发展、统筹经济社会发展、统筹人与自然和谐发展、统筹国内发展和对外开放的要求"[①],有重点、有步骤地推进改革。这里,"以人为本"第一次出现在党的正式文献中并与"全面、协调、可持续发展"等概念紧密联系在一起,成为科学发展观不可分割的重要内容。2004 年 3 月,胡锦涛在中央人口资源环境座谈会上的讲话中对科学发展观的内涵和精神实质进行了概括。他指出,"科学发展观,是用来指导发展的,不能离开发展这个主题",而"坚持以人为本是科学发展观的本质要求",突出了以人为本在科学发展观中的重要意义。2005 年 10 月,中共十六届五中全会审议通过了《中共中央关于制定国民经济和社会发展第十一个五年规划的建议》,以科学发展观为指导,制定了我国 2006 年到 2010 年经济社会发展的宏伟蓝图。

2007 年 10 月,中共十七大对科学发展观作了全面、系统的阐述,并对深入贯彻落实科学发展观提出明确要求。中共十七大报告指出,科学发展观,第一要义是发展,核心是以人为本,基本要求是全面协调可持续,根本方法是统筹兼顾。它是立足社会主义初级阶段基本国情,总结我国发展实践,借鉴国外发展经验,适应新的发展要求提出来的;是对党的三代中央领导集体关于发展的重要思想的继承和发展,是马克思主义关于发展的世界观和方法论的集中体现,是同马克思列宁主义、毛泽东思想、邓小平理论和"三个代表"重要思想既一脉相承又与时俱进的科学理论,是我国经济社会发展的重要指导方针,是发展中国特色社会主义必须坚持和贯彻的重大战略思想。

中共十七大以来,科学发展观的内涵和外延不断得到丰富和发展。它着眼于实现经济社会又好又快发展,深刻回答了我国社会主义经济建设、政治建设、文化建设、社会建设、生态文明建设和党的建设一系列

---

① 《改革开放三十年重要文献选编》下,人民出版社 2008 年版,第 1348、1349 页。

重大问题，对于发展中国特色社会主义具有长远的指导意义。胡锦涛在庆祝建党 90 周年大会上强调指出："在当代中国，坚持发展是硬道理的本质要求就是坚持科学发展。"①2012 年，中共十八大报告再次强调，科学发展观是中国特色社会主义理论体系最新成果，是中国共产党集体智慧的结晶，是指导党和国家全部工作的强大思想武器。科学发展观同马克思列宁主义、毛泽东思想、邓小平理论、"三个代表"重要思想一道，是党必须长期坚持的指导思想。

（五）构建社会主义和谐社会

进入 21 世纪以来，中国"发展起来以后的问题"也开始越来越多地出现。这既表现在经济体制和其他方面的管理体制还不完善，民主法制建设和思想道德建设等方面还存在一些不容忽视的问题，更表现在我国生产力和科技、教育还比较落后，城乡、区域发展不平衡，就业和社会保障压力增大，生态环境、自然资源和经济社会发展的矛盾日益突出。特别是由此引发的人民内部矛盾、包括群体性事件也开始比较集中地显现出来，已经成为影响社会稳定的一个突出问题。为此，中共十六大报告在论述全面建设小康社会的奋斗目标时，明确把"社会更加和谐"作为小康社会的一项重要指标。此后，在贯彻十六大精神、全面建设小康社会的实践中，党根据形势的发展，将这一命题继续向前推进。2004年 9 月，中共十六届四中全会通过了《中共中央关于加强党的执政能力建设的决定》，明确提出"社会主义和谐社会"概念，并把不断提高构建社会主义和谐社会的能力作为"加强党的执政能力建设的主要任务"之一。

2006 年 10 月，中共十六届六中全会通过了《中共中央关于构建社会主义和谐社会若干重大问题的决定》，提出，"社会和谐是中国特色社

---

① 《胡锦涛文选》第三卷，人民出版社 2016 年版，第 628 页。

会主义的本质属性，是国家富强、民族振兴、人民幸福的重要保证"①，并全面阐述了构建社会主义和谐社会的重要性和紧迫性，构建社会主义和谐社会的指导思想、目标任务和原则，构建社会主义和谐社会的具体措施以及党的领导在构建社会主义和谐社会中的核心作用，形成了系统的构建社会主义和谐社会理论。

中共十七大报告对科学发展观与社会和谐、贯彻落实科学发展观与构建社会主义和谐社会之间的辩证关系进行了深刻论述，强调指出："深入贯彻落实科学发展观，要求我们积极构建社会主义和谐社会。社会和谐是中国特色社会主义的本质属性。科学发展和社会和谐是内在统一的。没有科学发展就没有社会和谐，没有社会和谐也难以实现科学发展。构建社会主义和谐社会是贯穿中国特色社会主义事业全过程的长期历史任务，是在发展的基础上正确处理各种社会矛盾的历史过程和社会结果。"②

概言之，构建社会主义和谐社会理论正是中国共产党以科学发展观为指导，适应全面建设小康社会的要求，针对全面建设小康社会实践中出现的新情况新问题而提出来的。它的提出，丰富了马克思主义关于社会主义社会建设的理论，亦成为指导中国特色社会主义建设的重大战略思想。

需要指出的是，同构建社会主义和谐社会一样，建设生态文明也是践行科学发展观的题中应有之义。中共十六届三中全会提出科学发展观时就强调，要统筹人与自然的和谐发展。应当说，生态文明的核心问题就是正确处理人与自然的关系。中共十七大把"建设生态文明"作为实现全面建设小康社会的五大目标之一，并首次将人与自然和谐，建设资源节约型、环境友好型社会写入党章。2012 年中共十八大则把"生态

---

① 《胡锦涛文选》第二卷，人民出版社 2016 年版，第 539 页。
② 《胡锦涛文选》第二卷，人民出版社 2016 年版，第 625 页。

文明建设"纳入中国特色社会主义事业"五位一体"总体布局，系统阐述了加强生态文明建设的总体要求、重点任务和正确路径，为我国实现人与自然、环境与经济、人与社会和谐发展提供了坚实理论基础。自然，也进一步丰富了中国特色社会主义理论。

五、第五阶段：中国特色社会主义理论进入新的发展阶段

2012 年中共十八大开启了中国改革和发展的新时期，也使中国特色社会主义理论进入了一个新的发展阶段。自中共十八大以来，国内外形势变化和我国社会的发展，给我们提出了一个重大时代课题：即建设一个什么样的中国特色社会主义？怎样建设中国特色社会主义？围绕这一重大课题，以习近平为代表的中国共产党人进行了艰辛的理论探索，取得了重大理论成果，中共十九大将其概括为"习近平新时代中国特色社会主义思想"。这一思想的形成，标志着中国共产党在指导思想上的又一次与时俱进，这是马克思主义中国化的最新成果，是对中国特色社会主义理论的丰富和发展，对于我国的社会主义现代化建设具有重大现实意义和深远历史意义。

（一）新认识：中国特色社会主义进入了新时代

2017 年，中共十九大作出中国特色社会主义进入了新时代这样一个战略判断，这是对当今中国社会发展历史方位的新认识。这意味着中国特色社会主义进入了一个新的发展时期，中国的改革开放和社会主义现代化建设进入了一个新的发展阶段，中国共产党的建设和发展进入了一个新的时代。

一方面，自中共十八大以来，以习近平同志为核心的党中央科学把握国内外发展大势，顺应人民的愿望和时代发展要求，以巨大的政治勇气和彻底唯物主义者大无畏的气概，迎难而上，攻坚克难，开拓进取，

推动党和国家事业发生了历史性变革。这些变革之大，影响之深远，效果之显著，在中国共产党的历史上，在新中国的发展历史上都是少见的。这一系列深刻变革表明，我国发展又站到了一个新的历史起点上，中国特色社会主义进入了新的发展阶段。另一方面，当今世界正处于大发展大变革大调整时期，我国发展既有着良好机遇，也面临严峻挑战。我国正处在从大国走向强国的关键时期，外部环境更加复杂，一些国家和国际势力对我国的忧虑、阻遏、施压有所增大，世界不稳定因素增加，地区热点此起彼伏，各种力量正在重组，这都需要我们沉着应对，不断调适，以争取在国际格局调整中处于主动地位。作出中国特色社会主义进入了新时代这一判断，也综合考量了国际局势和周边环境发生的新变化。

中共十九大报告指出，中国特色社会主义进入新时代，"意味着科学社会主义在二十一世纪的中国焕发了强大生机活力，在世界上高高举起了中国特色社会主义伟大旗帜；意味着中国特色社会主义道路、理论、制度、文化不断发展，拓展了发展中国家走向现代化的途径，给世界上那些既希望加快发展又希望保持自身独立性的国家和民族提供了全新选择，为解决人类问题贡献了中国智慧和中国方案"[①]。

（二）新概括：我国现阶段社会主要矛盾已经转化为人民日益增长的美好生活需要和不平衡不充分发展之间的矛盾

中共十九大提出，我国社会主要矛盾已经转化为人民日益增长的美好生活需要和不平衡不充分发展之间的矛盾。这是对当前我国社会主要矛盾的崭新概括，是对中国特色社会主义理论的丰富和发展，是对马克思主义关于社会矛盾学说的丰富和发展。经过 40 年的快速发展，我国

---

① 习近平：《决胜全面建成小康社会　夺取新时代中国特色社会主义伟大胜利——在中国共产党第十九次全国代表大会上的报告》，人民出版社 2017 年版，第 10 页。

社会生产力水平迅速提升，全国人民总体上达到小康水平，不少方面进入世界前列，不久将全面建成小康社会，人民美好生活需要日益广泛，不仅对物质文化生活提出了更高要求，而且在民主、法治、公平、正义、安全、环境等方面的要求日益增长。当前存在的突出问题是发展不平衡不充分。所谓不平衡，主要是指各区域各领域各方面发展不够平衡，制约全国发展水平的提升，比如地区差别、贫富差别、城乡差别还比较突出。所谓不充分，主要是指一些地区、一些领域、一些方面还存在发展不足的问题，发展任务仍然很艰巨。这就要求我们要继续坚定不移地贯彻执行党在社会主义初期阶段的基本路线，坚持以经济建设为中心，坚持把发展作为解决我国一切问题的关键和基础，在继续致力于推进发展的基础上，着力解决好发展不平衡不充分问题，大力提升发展质量和效益，提供更多优质的公共产品，更好满足人民在经济、政治、文化、社会、生态等方面日益增长的需要，增进社会发展的人文关怀，更好推动人的全面发展和社会的全面进步。

当然，我国社会主要矛盾的变化，并没有改变我们对我国社会主义所处历史阶段的判断，我国仍处于并将长期处于社会主义的初级阶段的国情没有变，我国是世界上最大的发展中国家的国际地位没有变。必须牢牢把握社会主义初级阶段这个基本国情，立足社会主义初级阶段这个最大的实际，坚持党的基本路线不动摇，坚持以经济建设为中心不动摇，坚持把发展作为解决我国一切问题的关键不动摇。

（三）新思想：习近平新时代中国特色社会主义思想

中共十九大提出习近平新时代中国特色社会主义思想这一新命题，并将其作为党的指导思想写入党章，丰富和发展了中国特色社会主义理论的内涵，实现了党的指导思想的又一次与时俱进。深入学习、认真贯彻习近平新时代中国特色社会主义思想，对于凝聚全党全国各族人民的共识和力量，对于顺利推进改革开放和中国特色社会主义建设事业具有重大现实意义和深远历史意义。

其一，习近平新时代中国特色社会主义思想系统地回答了新时代面临的新课题，即明确坚持和发展中国特色社会主义，总任务是实现社会主义现代化和中华民族伟大复兴，在全面建成小康社会的基础上，分两步走在本世纪中叶建成富强民主文明和谐美丽的社会主义现代化强国；明确新时代我国社会主要矛盾是人民日益增长的美好生活需要和不平衡不充分的发展之间的矛盾，必须坚持以人民为中心的发展思想，不断促进人的全面发展、全体人民共同富裕；明确中国特色社会主义事业总体布局是"五位一体"、战略布局是"四个全面"，强调坚定道路自信、理论自信、制度自信、文化自信；明确全面深化改革总目标是完善和发展中国特色社会主义制度、推进国家治理体系和治理能力现代化；明确全面推进依法治国总目标是建设中国特色社会主义法治体系、建设社会主义法治国家；明确党在新时代的强军目标是建设一支听党指挥、能打胜仗、作风优良的人民军队，把人民军队建设成为世界一流军队；明确中国特色大国外交要推动构建新型国际关系，推动构建人类命运共同体；明确中国特色社会主义最本质的特征是中国共产党领导，中国特色社会主义制度的最大优势是中国共产党领导，党是最高政治领导力量，提出新时代党的建设总要求，突出政治建设在党的建设中的重要地位。这一系列新观念，丰富和拓展了中国特色社会主义理论。

其二，习近平新时代中国特色社会主义思想提出了坚持和发展中国特色社会主义的基本方略。即：坚持党对一切工作的指导；坚持以人民为中心；坚持全面深化改革；坚持新发展理念；坚持人民当家作主；坚持全面依法治国；坚持社会主义核心价值体系；坚持在发展中保障和改善民生；坚持人与自然和谐共生；坚持总体国家安全观；坚持党对人民军队的绝对领导；坚持"一国两制"和推进祖国统一；坚持推动构建人类命运共同体；坚持全面从严治党。

综合这十四条坚持和发展中国特色社会主义的基本方略，基本上涵盖了中共十八大以来习近平治国理政的理论与实践，是以习近平同志为核心的党中央治国理政思想的概括和提炼，是中国共产党在新时期治国理政所遵循的基本理念。其核心要义主要有五点：一是坚持共产党的全面领导；二是以人民为中心；三是向全面深化改革要动力；四是深入贯彻新发展理念；五是全面从严治党。其中：

关于全面深化改革。2013 年 11 月，中共十八届三中全会通过了《中共中央关于全面深化改革若干重大问题的决定》。《决定》的发表，表明当代中国改革进入了一个新的发展阶段，即以强化制度建设为核心的全面深化改革阶段；《决定》明确提出，"到二○二○年，在重要领域和关键环节改革上取得决定性成果，完成本决定提出的改革任务，形成系统完备、科学规范、运行有效的制度体系，使各方面制度更加成熟更加定型。"① 在制度建设上，明确提出时间表，这在党的文献中尚属首次。《决定》还指出："全面深化改革的总目标是完善和发展中国特色社会主义制度，推进国家治理体系和治理能力现代化。必须更加注重改革的系统性、整体性、协同性，加快发展社会主义市场经济、民主政治、先进文化、和谐社会、生态文明，让一切劳动、知识、技术、管理、资本的活力竞相迸发，让一切创造社会财富的源泉充分涌流，让发展成果更多更公平惠及全体人民。"② 这与之前对改革目标的认识相比，明显更加全面、更加深入了，为全面深化改革指明了方向。尤为重要的是，《决定》在有关改革的重大理论问题上作出了新的论断。对市场在社会主义条件下的作用有了新的认识。《决定》提出，经济体制改革的核心问题是处理好政府和市场的关系，"使市场在资源配置中起决定性作用和更好发挥政府作用。"在社会主义所有制理论方面有突破。

关于全面从严治党。中共十九大报告第一次把党的政治建设纳入党

---

① 《十八大以来重要文献选编》上，中央文献出版社 2014 年版，第 514 页。
② 《十八大以来重要文献选编》上，中央文献出版社 2014 年版，第 512 页。

的建设总体布局，并强调政治建设是党的根本性建设。强调"以党的政治建设为统领"，把党的政治建设摆在首位，凸显党的政治建设的极端重要性。这是对马克思主义党建理论的丰富和发展。中共十九大报告指出，要坚持和加强党的全面领导，坚持党要管党、全面从严治党，以加强党的长期执政能力、先进性和纯洁性建设为主线，以党的政治建设为统领，以坚定理想信念宗旨为根基，以调动全党积极性、主动性、创造性为着力点，全面推进党的政治建设、思想建设、组织建设、作风建设、纪律建设，把制度建设贯穿其中，深入推进反腐败斗争，不断提高党的建设质量，不断增强党的自我净化、自我完善、自我革新、自我提高的能力，始终保持党同人民群众的血肉关系，把党建设成为始终走在时代前列、人民衷心拥护、勇于自我革命、经得起各种风浪考验、朝气蓬勃的马克思主义政党。中共十九大报告还指出，要用习近平新时代中国特色社会主义思想武装全党。以县处级以上领导干部为重点，在全党开展"不忘初心，牢记使命"主题教育。深化国家监督体制改革，实现对所有行使公权力的公职人员监察全覆盖等。

中国特色社会主义基本方略的概括，丰富和拓展了中国特色社会主义的内涵，为中国特色社会主义理论增加了一个新范畴，进一步丰富和发展了中国特色社会主义理论，为全党和全国各族人民提供了基本遵循。

（四）新战略：建设富强民主文明和谐美丽的社会主义现代化强国

21世纪初，在中共十六大上，党中央郑重提出，从2000年到2020年用20年左右的时间全面建成小康社会。经过全国人民的努力奋斗，再过两三年，全面小康社会将建成。中共十九大综合分析国际国内形势与我国发展条件，对从2020年到本世纪中叶这30年左右的时间，作出如下战略安排：第一个阶段，从2020年到2035年，在全面小康社会的

基础上，再奋斗 15 年，基本实现社会主义现代化。到那时，我国经济
实力、科技实力将大幅跃升，跻身创新型国家前列。第二个阶段，从
2035 年到本世纪中叶，在基本实现现代化的基础上，再奋斗 15 年，把
我国建成富强民主文明和谐美丽的社会主义现代化强国。到那时，我国
物质文明、政治文明、精神文明、社会文明、生态文明将全面提升，实
现国家治理现代化，成为综合国力和国际影响力领先的国家，全体人民
共同富裕基本实现，我国人民将享有更加富裕安康的生活，中华民族将
以更加昂扬的姿态屹立于世界民族之林。这样，中国特色社会主义现代
化战略就从"三步走"70 年基本实现代化扩展为"五步走"70 年建成
社会主义现代化强国的战略构想，从而丰富和发展了中国特色社会主义
现代化发展战略。

在新的战略构想中，中国特色社会主义现代化的建设目标也有新的
变化。2006 年，中共十六届六中全会首次把"和谐"与"富强、民主、
文明"并列一起作为社会主义现代化建设的奋斗目标。在中共十九大报
告中进一步明确指出，在本世纪中叶建成富强民主文明和谐美丽的社会
主义现代化强国，增加了"美丽"一词。这一变化意义深刻，一是回应
了"人民对美好生活的向往就是党的奋斗目标"，进一步强化了党坚持
"以人民为中心"的"立党为公、执政为民"的执政理念，体现了党"全
心全意为人民服务"的根本宗旨；二是对接了"经济建设、政治建设、
文化建设、社会建设、生态建设"的中国特色社会主义事业"五位一体"
总体布局，进一步强化了生态文明建设的重要性和时代价值，彰显了党
坚持协调发展、绿色发展的坚定理念。

综观中共十八大、十九大以来的理论和实践，归结为一句话，就是
继续坚持和发展中国特色社会主义，同时，在实践的基础上，继续丰富
和发展中国特色社会主义理论。

第八章

中国特色社会主义理论的基本轮廓

中国特色社会主义理论——从邓小平理论到习近平新时代中国特色社会主义思想，以社会主义初级阶段为立论基础，以新的时代主题为依据，不断深入探索和解答了经济文化落后的中国如何建设社会主义的问题，提出了一系列相互联系、相互贯通的理论观点，并形成了一个比较完整的理论体系。这一理论的形成，体现着我们党对人类社会发展规律、社会主义建设规律、执政党建设规律的认识达到一个新的水平。

一、一条主线：经济文化落后的中国如何建设社会主义

在经济文化比较落后的中国，如何建设社会主义、实现国家的现代化，这是中国特色社会主义理论探索和解答的一个首要问题，也是贯穿邓小平理论、"三个代表"重要思想、科学发展观以及习近平新时代中国特色社会主义思想的一条主线。正是围绕这样一个基本问题进行不断探索和解答，有这样一条主线贯通，这些理论成果的基本思想、基本观点才有了内在的联系。

（一）社会主义进程中的新课题

社会主义是人类社会的共同追求和必然走向。早在马克思恩格斯创立科学社会主义之前，欧洲社会已经存在着各种各样的社会主义思潮和流派。在中国共产党人提出用社会主义拯救中国之前，社会主义思想已经在这个世界上传播了300余年。进入20世纪，对社会主义的追求逐步成为一种世界性的历史潮流。但走上了社会主义道路的东方国家，几乎都是资本主义不发达、经济文化比较落后的国家。社会主义制度的建立，为这些国家加快发展、改变贫穷落后面貌开辟了新的途径，奠定了新的制度基础，但由此也带来了一个新的课题，这就是：经济文化比较落后的国家如何巩固、建设和发展社会主义。对于经济文化比较落后的国家来说，走上社会主义道路、建立起社会主义制度，不是一件容易的事情，而巩固、建设和发展社会主义也必然会遇到许多新的难题。经济文化落后，生产力不发达，使现实的社会主义带有"先天不足"的弱点，这也就使社会主义社会成了带着沉重历史负担的社会，伴随着很多苦难的社会。社会主义发展的坎坷、艰辛、曲折，在很大程度上是来自这里。社会主义国家的政党和人民，不仅要面对落后的物质文化基础，还要在十分复杂的国际环境下为自身的生存和发展创造条件，要在帝国主义的经济封锁和军事威胁下开拓自己的事业。

在经济文化比较落后的国家，如何巩固、建设和发展社会主义，这种实践探索首先是从列宁开始的。列宁的探索也经历了一个曲折的过程。在推行"战时共产主义"失败之后，他才找到了通过实行新经济政策来建设社会主义的新思路，并初步形成了一些关于社会主义建设的新看法。新经济政策的实施过程，实际上也是列宁探索经济文化比较落后的国家建设社会主义新途径、新思路的过程。列宁曾说过："通过新的途径来建设社会主义经济已经绝对必要了。……我们还没有找到建设社会主义经济、建立社会主义经济基础的真正途径，但我们有找到这种途径的唯一办法，这就是实行新经济政策。"① 新经济政策的实施，使列宁开始对在经济文化比较落后的国家里怎样建设社会主义有了许多新的认识，对社会主义本身也有了一些新的感悟。令人遗憾的是，因列宁的早逝，他的探索未能形成系统的理论，他提出的一些新的思想观点并没有深入人心。但是，列宁的探索及提出的新经济政策等社会主义建设新思路，为后人留下了深刻的启迪。邓小平曾经对列宁的探索作过这样的评价："列宁的思路比较好，搞了个新经济政策，但是后来苏联的模式僵化了。"②

在列宁之后，斯大林继续进行这种探索。但他对新经济政策缺乏深刻的理解，仅仅把它看作是权宜之计，是恢复和发展经济的临时性措施。斯大林根据自己对社会主义的理解及对当时国际形势的判断，转换了列宁的思路，提出并确定了优先发展重工业、高速推进工业化、全盘实现农业集体化的方针，用高度集中的方式来建设社会主义，并由此形成高度集中的社会主义体制。斯大林终止了新经济政策，也就中断了列宁晚年探索的社会主义建设的新思路。在社会主义由一国向多国发展的过程中，斯大林创立的这种体制也一度成为社会主义的样板。用高度集中的体制推进社会主义事业，具有一定的历史必然性和合理性。在特定的历史条件下，这种体制对巩固社会主义制度也发挥了很大的作用。但是，这种体制也隐含着一些严重的弊端，如经济上抑制市场，政治上缺少民主，思想文化上没有自由，社会生活中没有法制。这些弊端在短期内不一定表现得那么明显，在长期的发展过程中却都逐步显露出来。它们会扭曲社会主义的本质和价值目标，影响社会主义制度优越性的发挥，压制人们的积极性和创造性，也容易造成主观主义、教条主义和官僚主义的畅行，成为社会主义社会进一步发展的障碍。

---

① 《列宁选集》第4卷，人民出版社2012年版，第660页。
② 《邓小平文选》第三卷，人民出版社1993年版，第39页。

从 20 世纪中后期开始，这种高度集中的管理体制对社会主义各国的经济社会发展造成了严重的制约。经济发展缓慢，社会没有活力，人民生活贫困，使社会主义的发展普遍出现危机。面对体制上的种种问题，有的盲目自信，继续走老路；更多的是寻求改革，探索新路。改革必然要着眼于摆脱僵化的计划经济体制，建立社会主义市场经济体制，同时也要发展社会主义民主，恢复社会主义思想文化上应有的自由。但是，苏东一些国家的改革一直局限在原有体制上的修修补补，长期没有实现体制上的更新。到后来，经济发展日趋缓慢，甚至出现滑坡，人民群众没有从改革中得到应有实惠和利益。而高度集权的政治体制又使官僚主义滋生膨胀，导致特权和腐败现象出现并日益严重，以致积弊愈重、危机日深。到 20 世纪 80 年代末，苏东一些国家相继走上了极端，政治上放弃共产党的领导，照搬西方政治模式，经济上急速转向私有化，思想文化上取消了马克思主义的指导地位，改革由此变成了"改向"。这种改向使苏东一些国家付出了沉重的代价，导致了国家分裂，社会倒退，有的还引发了内战，留下许多难以消除的创伤和隐患。而继续走老路的国家，与时代潮流渐行渐远，长期停留在经济短缺、社会没有活力、民主法治不健全的状态，经济社会发展遇到了许多难以克服的困难。

（二）毛泽东的探索及其经验教训

社会主义制度建立以后，以毛泽东为代表的中国共产党人开始集中思考和探索的问题，就是如何巩固、建设和发展社会主义的问题。在中国这样一个经济文化比较落后的国家，怎样才能走出一条既符合社会发展规律又适合中国国情的社会主义建设道路，这对中国共产党来说，是一个崭新的课题。为实现马克思主义与中国社会主义建设实际相结合，找到一条适合中国国情的社会主义建设道路，中国共产党进行了长期的艰辛探索。这是中国共产党人探索适合中国国情的社会主义建设道路的重要阶段，是积累经验和形成初步认识的阶段。对这一时期的探索，中共十八大报告作了这样一个明确判断，即"为新的历史时期开创中国特色社会主义提供了宝贵经验、理论准备、物质基础"①。这表明，这一时期的探索是有益的，有成绩，同时也表明，这一时期的探索没有取得成功。

毛泽东在运用马克思主义解决中国革命问题过程中，已经有了一种深刻的认识，这就是解决中国问题，必须把马克思主义同中国实际相结合，走自己的路，别国经验再好，都不能简单地照抄照搬。对毛泽东来说，这种认识已成为思考和解决中国问题的一个基本的思想准则。他曾深有感触地说："照抄照搬别国的经验是要吃亏的，照抄是一定会上当的。这是一条重要的国际经验。"②所以，面对中华人民共和国成立初期在没有建设经验的情况下不得不照抄了苏联的一些办法，毛泽东"总觉不满意，心情不舒畅"③。尤其是毛泽东看到苏联建设社会主义过程中已经暴露出的一些缺点和错误，特别强调了我们不能再走别人走过的弯路。他指出："过去我们就是鉴于他们的经验教训，少走了一些弯路，现在更要引以为戒。"④因此，他明确强调："我们要根据马列主义普遍真理，结合本国的具体情况来办事"，不能照抄照搬苏联经验，"硬搬苏联经验是错误的"。⑤

为摆脱苏联模式的影响，找到一条适合中国国情的社会主义建设道路，形成社会主义建设的理论，毛泽东领导我们党进行了长期的不懈探索。这一探索从1956年社会主义改造完成算起，到他去世，前后有二十年的时间。应该肯定地说，毛泽东的探索起步是正确的，方向是

---

① 《十八大以来重要文献选编》上，中央文献出版社 2014 年版，第 8 页。
② 《毛泽东文集》第七卷，人民出版社 1999 年版，第 64 页。
③ 《毛泽东文集》第八卷，人民出版社 1999 年版，第 117 页。
④ 《毛泽东文集》第七卷，人民出版社 1999 年版，第 23 页。
⑤ 《毛泽东文集》第七卷，人民出版社 1999 年版，第 178、176 页。

明确的。1956 年他所作的《论十大关系》的讲话和中共八大文献，以及 1957 年发表的《关于正确处理人民内部矛盾的问题》等著作，是毛泽东和我们党开始从我国实际出发，独立自主地探索适合我国国情的社会主义建设道路的重要标志。这期间，毛泽东和我们党带领全国人民，在严峻复杂的国际环境下，在贫穷落后的基础上，通过艰苦创业逐步建立了独立的、比较完整的工业体系和国民经济体系，积累了进行社会主义建设的重要经验。在不断总结苏联和我们自己社会主义建设经验的基础上，毛泽东围绕着巩固、建设和发展社会主义问题，提出了很多重要思想，形成了许多新的理论观点。如：要处理好社会主义建设的各种关系，坚持统筹兼顾、各得其所的方针，充分调动一切积极因素，为社会主义事业服务；要正确认识和把握社会主义社会的各种矛盾，严格区分两类性质不同的矛盾，用民主的方法解决人民内部矛盾问题；要发展社会主义的商品生产，不能把商品生产等同于资本主义，同社会主义制度相联系的商品生产是社会主义的商品生产；要独立自主地搞建设，把立足点放在依靠自己力量的基础上，争取外援也是为了增强自力更生的能力；要实行"百花齐放、百家争鸣"的方针，促进社会主义文化繁荣和科学进步，既要继承祖国优秀文化遗产，还要注意吸收世界优秀文化成果；要按照"长期并存、相互监督"的方针，处理共产党与民主党派的关系；要建立一定的制度来保障群众路线和集体领导的贯彻实施，避免产生脱离群众的官僚主义，减少脱离实际的主观主义；要维护世界和平，坚持反对帝国主义、霸权主义、殖民主义和种族主义，用和平的方式解决国与国之间的问题，争取较长的和平时间发展自己。这些重要思想理论成果，是毛泽东思想的重要组成部分，是我们不断深化对社会主义和社会主义建设规律认识的思想基础，也是中国特色社会主义理论的重要思想来源。

由于历史条件和认识上的局限，毛泽东对中国社会主义建设道路的探索没有取得成功。这其中的原因是多方面的，但主要原因有两个：一个是毛泽东在思考和认识社会主义建设问题过程中，始终没有摆脱计划经济思维的局限，很多时候是用计划经济的方式去解决计划经济体制中的问题；还有一个就是毛泽东在观察和思考国内外形势的时候，在思考巩固社会主义制度过程中，始终没有摆脱阶级斗争思维的局限，很多时候仍然用阶级斗争的眼光去观察社会主义社会的各种矛盾，还沿用革命时期的一些做法和手段去解决新的历史条件下的问题。之所以说是主要原因，是因为长期以来计划经济被视为社会主义的本质特征，阶级斗争被视为马克思主义的精髓。理论上有了这样的思维定式，实践上必然产生难以摆脱的局限。计划经济思维的存在和阶级斗争观念的不断强化，使他对社会主义的认识受到了很大的局限，使他的社会主义建设思想在整体上产生了缺陷。由于有这两个问题的影响，毛泽东一直想突破苏联模式的努力没有获得成功，在一些问题上却又重蹈了苏联模式的覆辙，他提出的许多正确思想也没有能够一以贯之地坚持下去、发展起来。在计划经济思维框架内考虑社会主义建设，不可能打破高度集中的体制，这就不可避免产生经济上排斥市场、政治上缺乏民主、文化上没有自由等问题。沿用阶级斗争观念去观察和思考社会问题，尤其是意识形态领域的问题，很容易把一些思想认识上的是非问题看成是阶级斗争的反映，从而导致阶级斗争扩大化。也正是由于毛泽东在阶级斗争问题上产生越来越大的迷误，最终形成了"无产阶级专政条件下继续革命"的理论，产生了"以阶级斗争为纲"的基本路线，致使毛泽东的探索走向了歧途，最终导致了"文化大革命"的灾难。开创一条适合中国国情的社会主义发展道路，创造出能够指导中国社会主义建设和发展的科学理论，这是毛泽东进行了艰辛探索而又未能完成的历史课题。正是因为有这样一个没有完成的历史任务存在，才有了后来我们党开创中国特色社会主义道路、创立中国特色社会主义理论的客观历史要求。

（三）以邓小平为代表的中国共产党人的持续探索

进入新时期以后，以邓小平为代表的中国共产党人围绕在经济文化落后的中国如何建设社会主义这个基本问题继续进行探索。面对历史转折后的中国，邓小平和我们党有两点清醒的认识：一是老路不能走，要走出一条新路来；二是"老祖宗"不能丢，还要讲新话。这走新路、讲新话，说到底，还是要把马克思主义同当代中国实际相结合，解决中国问题。把马克思主义同当代中国实际相结合，是我们党的一贯主张，为什么在一个时期里结合得不是很好？对这个问题，邓小平作过这样的分析，他说："社会主义是什么，马克思主义是什么，过去我们并没有完全搞清楚。"[①]"我们的经验教训有许多条，最重要的一条，就是要搞清楚这个问题。"[②] 这就有了对马克思主义、社会主义问题进行再认识的需要。解放思想、实事求是思想路线的重新确立，为我们党进行新的探索奠定了思想基础。对马克思主义和社会主义问题进行重新认识，也就成为我们党在理论上需要着重回答的首要的基本问题。"建设有中国特色的社会主义"这一崭新命题的提出，集中反映了邓小平和我们党对在中国这样一个经济文化比较落后的国家如何建设用社会主义而作出的新思考。

邓小平明确强调，走自己的路，建设中国特色社会主义，"这是我们总结长期历史经验得出的基本结论"[③]。科学地总结历史经验，有助于正确地认识和把握现实。社会主义在经济文化比较落后的国家成为一种社会实践，为这些国家加快发展，改变贫穷落后面貌，追赶发达资本主义国家，提供了一种新的途径。但同时，在经济文化比较落后的国家如何推进社会主义建设，也成为一个历史性的课题。在社会主义建设初

---

① 《邓小平文选》第三卷，人民出版社 1993 年版，第 137 页。
② 《邓小平文选》第三卷，人民出版社 1993 年版，第 116 页。
③ 《邓小平文选》第三卷，人民出版社 1993 年版，第 3 页。

期，很多国家都仿效了苏联的做法，也都遇到了与本国国情不适应的问题。这个问题也一直困扰着中国共产党人。邓小平对这个问题的解答，是以社会主义历史经验为依据的。他提出的基本思路，得出的基本结论，继承了前人，也突破了常规。在总结社会主义历史经验过程中，邓小平坚持和发展了毛泽东的思想观点，强调了无论是革命还是建设照抄照搬别国经验、别国模式，是不能得到成功的。他指出："各国必须根据自己的条件建设社会主义。固定的模式是没有的，也不可能有。墨守成规的观点只能导致落后，甚至失败。"① 由于历史条件不同、文化背景不同，各个国家的社会主义革命和建设必然要有不同的路径。"各国建设社会主义的方法，一定要根据自己的实际情况，要多种形式，各有自己的特点。各国只能根据本国的实际情况来制定自己的发展战略和与之相适应的方法、方式，制定适合自己具体实际的政策。社会主义国家之间的经验相互可以参考、借鉴，但绝不能照搬。都是一个模式不行。"②

建设有中国特色社会主义这个新命题的提出，表明以邓小平为代表的中国共产党人对如何建设社会主义这一问题已经有了更加清醒的认识。无论从社会主义历史进程来说，还是从中国特色社会主义道路开创来看，这都是一个重大的突破。同时，这个新命题的提出，也把对"文化大革命"的反思引向了深入，使这种反思没有停留在对个人责任的追究和谴责上，而是提升到对中国社会主义和整个社会主义历史经验教训的总结上。邓小平坚持用马克思主义的基本观点来认识社会主义的建设和发展问题，强调了生产力的发展在社会发展中的决定作用，指出社会主义的根本任务是解放和发展生产力，没有生产力的发展，就不能建成合格的社会主义。根据这个基本思想，他反复重申了贫穷不是社会主义，发展太慢不是社会主义，平均主义不是社会主义，两极分化不是社

---

① 《邓小平文选》第三卷，人民出版社1993年版，第292页。
② 《邓小平年谱（1975—1997）》下，中央文献出版社2004年版，第1254页。

会主义，没有人民生活水平的提高不是社会主义等思想观点，最终形成了关于社会主义本质的高度概括，即解放生产力，发展生产力，消灭剥削，消除两极分化，最终达到共同富裕。邓小平对社会主义的认识，破除了以往的传统观念，把对社会主义的认识提高到了一个新水平，同时也为后人对社会主义的思考和认识留下了广阔的空间。他对这个问题的解答，为进一步认识中国特色社会主义奠定了重要思想基础，提供了基本依据。从生产力发展进步的角度去认识中国社会主义产生的历史条件和发展程度，我们一下子就对中国的社会主义处在什么样的发展阶段上，中国的社会主义要解决的主要问题是什么有了清醒的认识，社会主义初级阶段论和社会主义根本任务论也就由此而生。尤其是把中国的社会主义置于初级阶段的基础上，使我们对中国社会主义的看法发生了根本的改变，对社会主义建设方式也产生了全新的认识。

在邓小平探索的基础上，以江泽民为代表的中国共产党人继续进行了深入的探索和解答，使这个问题进一步深入到什么是初级阶段的社会主义、在初级阶段怎样建设社会主义的层面上。江泽民明确指出，社会主义初级阶段是整个建设有中国特色社会主义的很长历史过程中的初始阶段，这个阶段的发展也需要经历若干个具体的发展阶段，我们党的一切理论建构和方针政策的制定，都必须以这个基本国情为依据，不能脱离实际，也不能超越阶段。根据初级阶段的基本国情，在邓小平规划的现代化"三步走"战略基础上，他集中全党的智慧，提出了全面建设小康社会的目标，把中国特色社会主义建设和发展同人们的愿望和要求更加紧密地联系在一起。江泽民强调了中国特色社会主义是改革中前进的，强调了改革是全面的，改革的实质是体制创新，并使我国的改革实现了历史性突破，由计划经济体制转向市场经济体制。把社会主义与市场经济紧密结合，改变了社会主义建设方式，也促使我们对社会主义的认识不断深化，开创了中国特色社会主义建设的崭新局面。在明确提出建立社会主义市场经济体制的同时，他进一步提出了公有制为主体、多种所有制经济共同发展是我国社会主义初级阶段的基本经济制度，确立了劳动、资本、技术和管理等生产要素按贡献参与分配的原则，提出公有制实现形式可以而且应当多样化，明确了通过扩大中等收入者的比重走向共同富裕的思路，还提出了要建设与社会主义市场经济相适应、与社会主义法律规范相协调、与中华民族传统美德相承接的社会主义思想道德体系，建设社会主义法治国家，建设社会主义先进文化，引导宗教与社会主义相适应，等等。这些新的认识、新的思想，使建设中国特色社会主义的思路更加具体，使中国特色社会主义的发展前景更加明确。

在推进中国特色社会主义事业过程中，以胡锦涛为代表的中国共产党人提出的一系列新的思想观点，使已有的理论得到了进一步的丰富和发展。以人为本的提出，进一步揭示了社会主义的核心价值理念，明确建设和发展中国特色社会主义的内在要求。构建社会主义和谐社会的提出，进一步揭示中国特色社会主义的本质属性，丰富了中国特色社会主义的目标追求，使社会矛盾的化解有了新的思路和要求；社会主义核心价值观的提出，进一步揭示了社会主义意识形态的本质，明确中国特色社会主义在思想价值层面的基本规定；社会主义新农村建设的提出，进一步揭示全面建设小康社会、加快实现社会主义现代化建设的重点和难点所在，明确解决农业、农村和农民问题的新途径；建设创新型国家的提出，进一步揭示了建设和发展中国特色社会主义动力支持的持续性，明确了全面建设小康社会和社会主义现代化建设的支撑点；构建和谐社会的提出，进一步揭示了中国特色社会主义发展的全面性，扩展和完善了中国特色社会主义事业的总体布局；走和平发展道路的提出，进一步揭示了中国特色社会主义基本特征，明确了中国特色社会主义要既通过争取和平的国际环境来发展自己，又以自身的发展来促进世界和平；建设和谐世界的提出，改变了那种简单对立、你死我活的斗争思维，强调了中国特色社会主义尊重人类历史发展的客观规律，也尊重社会制度和发展道路上的自主选择，在超越社会制度和意识形态的基础上实现与世界各国和谐共处，在求同存异、互相比较借鉴的基础上实现共同发展。这些重要思想观点，进一步丰富和发展了中国特色社会主义理论。

中共十八大以来，围绕坚持和发展中国特色社会主义这个重大课题，以习近平同志为核心的党中央，坚持运用马克思主义解答当代中国及当今世界发展面临的新问题，总结中国特色社会主义实践经验，提出了一系列新的思想和新的战略。这些新思想和新战略对坚持和发展中国特色社会主义的深刻阐释，对坚定中国特色社会主义自信的明确要求，对中国特色社会主义面临的新问题新挑战的深刻分析，以及为推进"两个一百年"奋斗目标的科学规划和部署，进一步拓展了中国特色社会主义视野，深化了我们党对中国特色社会主义的认识。习近平指出："我们对社会主义的认识，对中国特色社会主义规律的把握，已经达到了一个前所未有的新的高度，这一点不容置疑。同时，也要看到，我国社会主义还处在初级阶段，我们还面临很多没有弄清楚的问题和待解的难题，对许多重大问题的认识和处理都还处在不断深化的过程之中，这一点也不容置疑。"① 有问题、有矛盾以及待解的难题存在，就必须要有解决问题、破解难题的新思路新举措。他指出："坚持和发展中国特色社会主义是一篇大文章，邓小平同志为它确定了基本思路和基本原则，以江泽民同志为核心的党的第三代中央领导集体、以胡锦涛同志为总书记的党中央在这篇大文章上都写下了精彩的篇章。现在，我们这一代共产党人的任务，就是继续把这篇大文章写下去。"② 他强调，坚持马克思主义，坚持社会主义，一定要有发展的观点。我们的事业越前进、越发展，新情况新问题就会越多，面临的风险和挑战就会越多，面对的不可

① 《十八大以来重要文献选编》上，中央文献出版社2014年版，第114页。
② 《习近平谈治国理政》第一卷，外文出版社2018年版，第23页。

预料的事情就会越多。在继续推进中国特色社会主义中，必须增强忧患意识，做到居安思危，增强信心，不断开创中国特色社会主义事业发展的新局面。

二、两个理论基石：社会主义初级阶段论与时代主题论

在创立中国特色社会主义理论过程中，以邓小平为代表的中国共产党人科学地分析国情和世情，作出了两个重要判断：一个是中国正处于并将长期处于社会主义初级阶段；一个是和平与发展是当今时代的主题。这两个科学判断，解决了马克思主义同中国实际和时代发展相结合的关键性问题，为我们党纠正对社会主义的一些错误认识，解决社会主义建设中脱离实际的一些错误倾向，提供了理论基础，也成为支持中国特色社会主义理论大厦的重要基石。

（一）我国正处于并将长期处于社会主义初级阶段

我国正处于并将长期处于社会主义初级阶段，这是以邓小平为代表的中国共产党人对当代中国基本国情作出的科学判断。这一基本国情，就是中国实际的集中概括。把马克思主义同中国实际相结合，从实际出发建设社会主义，必须要立足于社会主义初级阶段这个实际。

对于中国这样一个从半殖民地半封建社会通过新民主主义革命走上社会主义道路的国家，应该怎样认识和判断它的基本国情，这是一个长期没有解决好的问题。毛泽东对此做过一些有益的探索，但总的来说一直处于不完全清醒的状态。由于这个问题没有解决好，社会主义实践中产生了许多失误。邓小平多次指出，过去社会主义建设中的不少失误就在于离开了现实，提出的一些任务和政策超越了阶段。所以，他强调，"不要离开现实和超越阶段采取一些'左'的办法，这样是搞不成社会

主义的"①。1981 年《关于建国以来党的若干历史问题的决议》，第一次
提出我国社会主义制度还处于初级阶段。在中共十三大召开前夕，邓小
平在会见外国客人时说："社会主义本身是共产主义的初级阶段，而我
们中国又处在社会主义的初级阶段，就是不发达的阶段。一切都要从这
个实际出发，根据这个实际来制定规划。"② 邓小平这一论述，鲜明地把
社会主义初级阶段作为事关全局的基本国情加以把握，明确了社会主义
初级阶段是制定路线、方针、政策的出发点和根本依据。随后召开的中
共十三大，第一次对社会主义初级阶段作了系统阐述。由此，中国共产
党在中国社会主义发展阶段的认识上产生了一次飞跃。

我们党作出中国正处于并将长期处于社会主义初级阶段这个判断，
解决了两个根本性的问题：第一，中国是社会主义社会，考虑和解决中
国问题必须坚持而不能离开社会主义的本质要求；第二，中国还处在社
会主义初级阶段，考虑和解决中国问题必须从初级阶段的实际出发而不
能脱离这个实际。这两点的结合，是制定一切方针政策的基本依据，也
是抵制各种错误倾向的根基。正是以社会主义初级阶段为立足点，中国
特色社会主义才能突破陈规，既不迷失方向，又不脱离实际。

社会主义初级阶段，是在经济文化比较落后的中国建设社会主义现
代化不可逾越的历史阶段，需要上百年的时间。中国的社会主义"是脱
胎于半殖民地半封建社会，生产力水平远远落后于发达的资本主义国
家，这就决定我们必须经历一个很长的初级阶段，去实现别的许多国家
在资本主义条件下实现的工业化和生产的商品化、社会化、现代化"③。
生产力不发达，生产关系不完善，上层建筑不成熟，是中国社会主义在
初级阶段的突出表现。中国特色社会主义道路，必然要以实现社会主义
现代化为总任务，以完善社会主义制度为总目标。"社会主义的本质，

---

① 《邓小平文选》第二卷，人民出版社 1994 年版，第 312 页。
② 《邓小平文选》第三卷，人民出版社 1993 年版，第 252 页。
③ 《十三大以来重要文献选编》上，人民出版社 1991 年版，第 10 页。

是解放生产力，发展生产力，消灭剥削，消除两极分化，最终达到共同富裕。"① 在社会主义初级阶段，社会主要矛盾是人民日益增长的物质文化需要同落后的社会生产之间的矛盾。这就决定了"社会主义初级阶段的最根本任务就是发展生产力"，"在发展生产力的基础上不断改善人民的物质文化生活"。② 把解放和发展社会生产力，上升到大政方针上，必然要坚持以经济建设为中心，并以此来带动和促进社会主义事业的全面发展、全面进步。解放和发展生产力，坚持以经济建设为中心，必须实行改革开放，同时也要坚持四项基本原则。改革开放是中国社会主义发展的强大动力，四项基本原则是中国特色社会主义的应有之义，这两者同时也成为中国特色社会主义道路的显著特征。

中共十三大在对社会主义初级阶段作出科学阐释的同时，还正式提出了社会主义初级阶段的基本路线，这就是："领导和团结全国各族人民，以经济建设为中心，坚持四项基本原则，坚持改革开放，自力更生，艰苦创业，为把我国建设成为富强、民主、文明的社会主义现代化国家而奋斗。"③ 这个基本路线反映了中国社会主义现代化建设的基本规律，规定了中国特色社会主义道路的基本走向和核心内容，是中国特色社会主义道路的根本遵循。邓小平强调指出："要坚持党的十一届三中全会以来的路线、方针、政策，关键是坚持'一个中心、两个基本点'。不坚持社会主义，不改革开放，不发展经济，不改善人民生活，只能是死路一条。基本路线要管一百年，动摇不得。"④ 他还说："我们搞社会主义才几十年，还处在初级阶段。巩固和发展社会主义制度，还需要一个很长的历史阶段，需要我们几代人、十几代人，甚至几十代人坚持不懈

---

① 《邓小平文选》第三卷，人民出版社 1993 年版，第 373 页。
② 《邓小平文选》第三卷，人民出版社 1993 年版，第 63 页。
③ 《十三大以来重要文献选编》上，人民出版社 1991 年版，第 15 页。
④ 《邓小平文选》第三卷，人民出版社 1993 年版，第 370—371 页。

地努力奋斗，决不能掉以轻心。"① 这些教诲，既是坚持中国特色社会主义的基本要求，也是发展中国特色社会主义必须始终遵循的原则。

（二）和平与发展是当今时代的主题

和平与发展是当今时代的主题，这是中国共产党对世情作出的基本判断。世界局势的变化，时代潮流的走向，对一个国家的发展战略及其一系列内外政策的制定有着至关重要的影响。在正确认识世界形势、准确把握时代潮流的基础上，我们党作出了和平与发展是当今时代主题的判断。这一判断，是把马克思主义同时代相结合并赋予马克思主义以鲜明时代特色的重要依据，也是中国特色社会主义理论立论的基本依据。中国特色社会主义所坚持的一系列对外战略，都是以这样一个基本判断为依据的。

在中华人民共和国成立之初，以毛泽东为代表的中国共产党人对世界形势做过客观分析，也为争取一个和平的建设环境做过诸多努力。由于美国一直对中国采取敌视态度和侵略行为，后来的中苏关系恶化又对中国造成了新的地缘压力，再加上指导思想上出现了越来越"左"的倾向，20 世纪 60 年代以后我们党改变了原来对战争与和平的基本估计，越来越强调世界战争的不可避免，并从"战争不可避免"逐步上升到"战争威胁迫在眉睫"。对世界战争爆发的危险性和紧迫性作出了过高估计，直接影响到了我们国家发展战略和建设方针的确定。邓小平后来指出："过去我们的观点一直是战争不可避免，而且迫在眉睫。我们好多的决策，包括一、二、三线的建设布局，'山、散、洞'的方针在内，都是从这个观点出发的。"②

20 世纪 70 年代中期以后，世界各种力量出现新的分化和组合，世

---

① 《邓小平文选》第三卷，人民出版社 1993 年版，第 379—380 页。

② 《邓小平文选》第三卷，人民出版社 1993 年版，第 126—127 页。

界格局呈现出多极化的趋势，国际形势总体趋向缓和，而谋求和平、追求发展又成为世界各国的普遍愿望和共同要求。世界局势的这种新变化，给中国的发展提供了新的契机。邓小平敏锐地把握了世界发展的态势，并指出："现在世界从对抗转向对话、由紧张转向缓和的趋势是明显的，至少在今后三十年五十年内这一趋势还会发展。"① 与此同时，邓小平作出了"和平与发展是当代世界的两大问题"的重要判断。他指出："现在世界上真正大的问题，带有全球性的战略问题，一个是和平问题，一个是经济问题或者说发展问题。"② 他认为，国际社会在维护世界和平的同时，还必须要关注和解决人类的发展问题。他还明确提出，维护世界和平，促进共同发展，"这不仅是符合中国人民的利益，也是符合世界人民利益的一件大事。"③ 和平与发展这两大战略性问题的提出，抓住了世界发展的内在要求，明确了世界各国共同努力的目标。这样的判断，不仅反映了中国共产党对世界局势看法的转变，同时也为中国集中精力搞建设、一心一意谋发展提供了可靠的世情依据。正是依据这个判断，中国对外政策发生了重大转变，争取世界和平成为其主要目标。

在此期间，新科技革命的兴起，推动世界经济以更快的速度向前发展，使许多国家的经济实力、科技实力迅速增强，中国周边一些国家和地区也出现了经济持续多年的高速增长。这种情况，也给中国的社会主义发展带来巨大的压力。邓小平用独特鲜明的语言道出了这种压力的严重性。他说："过去我们比上不足、比下有余，现在比下也有问题了。"④他还强调："现在世界突飞猛进地发展，科技领域更是如此"，"我们要赶上时代"⑤。由此可以看出，邓小平强调建设中国特色社会主义，开创

① 《邓小平思想年编》(1975—1997)，中央文献出版社 2011 年版，第 655 页。

② 《邓小平文选》第三卷，人民出版社 1993 年版，第 105 页。

③ 《邓小平文选》第二卷，人民出版社 1994 年版，第 241 页。

④ 《邓小平文选》第三卷，人民出版社 1993 年版，第 369 页。

⑤ 《邓小平文选》第三卷，人民出版社 1993 年版，第 242 页。

中国特色社会主义道路，就是要把握机遇，追赶时代潮流，应对外部挑战，加快自身发展。

自中共十三大开始，和平与发展便成为我们党对当今世界发展态势的基本判断。中共十五大把这一认识上升为时代主题的高度，进一步提出"和平与发展是当今时代的主题"。尽管此后世界一直存在许多尖锐的矛盾和不稳定因素，也不断发生了一些局部性的战争，中国共产党始终坚持这一基本判断。在这个判断的基础上，我们党对中国发展与世界发展的关系有了更加深刻的认识，对世界多极化和经济全球化发展趋势的理解有了更加开阔的视野。顺应和平与发展的时代潮流，坚持改革开放，加快社会主义现代化建设，通过维护世界和平发展自己，以自身的发展促进世界和平，由此，时代主题论成为中国特色社会主义的理论基石。

三、相互贯通的理论观点

中国特色社会主义理论内涵丰富，包含一系列相互联系、相互贯通的思想理论观点。在中国特色社会主义理论形成过程中，从中共十三大开始，中国共产党就不断地对这个理论的主要观点进行概括和总结，揭示了这一理论体系的基本点。如：中共十三大从十二个方面阐述了建设中国特色社会主义的理论轮廓；中共十四大从九个方面阐述了中国特色社会主义理论的基本内容；中共十五大深刻论述了邓小平理论、概括了其十个方面的内涵；中共十六大深刻论述了"三个代表"重要思想、从十个方面总结了建设中国特色社会主义必须坚持的基本经验；中共十七大深刻论述了科学发展观、概括了改革开放"十个结合"的宝贵经验；中共十八大阐述了建设和发展中国特色社会主义必须牢牢把握的八个基本要求。这些概括和总结，为我们正确认识和把握中国特色社会主义理论的框架结构和基本观点提供了重要遵循。中国特色社会主义理论十分丰富，包含多方面多层次的内容，择其要点，可以概括为以下这样几个方面：

1. 社会主义本质论。人的解放和人的自由全面发展，是社会主义的最高价值追求。生产力是一切社会发展的根本动因，也是人类社会文明进步程度的重要标志。社会主义本质就是，解放生产力，发展生产力，消灭剥削，消除两极分化，最终达到共同富裕。解放和发展社会生产力，是社会主义的根本任务。在生产力不断发展的基础上，逐步实现全体人民的共同富裕，是社会主义的根本目的。不断满足人们的物质文化需要，提高人的素质和能力，促进人的全面发展，是社会主义的本质要求。

2. 社会主义初级阶段论。社会主义是一个长期的发展过程，也是一个逐步成熟和完善的过程。巩固和发展社会主义制度，还需要一个很长的历史阶段，需要几代人、十几代人，甚至几十代人坚持不懈地努力奋斗。我国正处于并将长期处于社会主义初级阶段。社会主义初级阶段，是我国逐步摆脱不发达状态、基本实现现代化的特定历史阶段，是中国特色社会主义很长历史过程的初始阶段。人民日益增长的物质文化需要同落后的社会生产之间的矛盾，是我国社会主义初级阶段的主要矛盾。社会主义初级阶段，是建设中国特色社会主义的总依据。在任何情况下都要牢牢把握社会主义初级阶段这个最大国情，推进任何方面的改革发展都要牢牢立足社会主义初级阶段这个最大实际。全面建成小康社会，实现社会主义现代化和中华民族的伟大复兴，是建设中国特色社会主义的阶段性目标。在社会主义初级阶段，必须坚持党的"一个中心、两个基本点"的基本路线不动摇，要把以经济建设为中心同四项基本原则、改革开放这两个基本点统一于中国特色社会主义实践中。

3. 社会主义核心价值论。社会主义核心价值是社会主义价值体系的高度凝练，体现着社会主义社会的根本性质和基本特征。我们党明确提出，富强、民主、文明、和谐，自由、平等、公正、法治，爱国、敬业、诚信、友善，是我们积极培育和践行的社会主义核心价值观。"富强、民主、文明、和谐"，是我国社会主义现代化国家的建设目标，也是从价值目标层面对社会主义核心价值的凝练，在社会主义核心价值观中居于最高层次，对其他层次的价值理念具有统领作用。"自由、平等、公正、法治"，是对美好社会生活的生动表述，也是从社会层面对社会主义核心价值的凝练。它反映了中国特色社会主义的基本属性，是我们党矢志不渝、长期追求的理想状态。"爱国、敬业、诚信、友善"，是公民基本道德规范，是从个人行为层面对社会主义核心价值的概括。它覆盖社会道德生活的各个领域，是公民必须恪守的基本道德准则，也是评价公民道德行为选择的基本价值标准。

4. 人民主体论。人民群众是中国特色社会主义的主体力量，中国特色社会主义事业必须依靠人民群众来推进、来发展。人民群众是一个历史范畴，在社会发展的不同时期，有不同的内容，可以包括不同阶级、阶层和社会集团。在我国现阶段，一切赞成、拥护和参加中国特色社会主义建设的阶层和群体，包括各民族的工人、农民、知识分子，以及新产生的社会阶层、拥护社会主义的爱国者和拥护祖国统一的爱国者，都属于人民的范畴，都是中国特色社会主义的依靠力量。建设和发展中国特色社会主义，必须发挥好各个群体、各个阶层的创造活力。工人、农民和知识分子是中国特色社会主义的基本依靠力量。新的社会阶层的产生，是社会进步的重要体现。在改革开放中产生的新的社会阶层，包括民营科技企业的创业人员和技术人员、受聘于外资企业的管理技术人员、个体户、私营企业主、中介组织的从业人员、自由职业人员等，是中国特色社会主义事业的建设者，是推进改革开放和社会主义现代化建设的重要力量。在建设和发展中国特色社会主义过程中，要充分发挥爱国统一战线的重要作用和独特优势。坚持以人民为主体，要切实保障人民的权利，把实现和维护人民利益放在首位，顺应人民的愿望和要求；要尊重人民主体地位，发挥人民首创精神，不断激发人民的积极性、创造性；要关心人的价值、权益和自由，不断满足人们的多样性需要，不断为人的生存创造良好的社会条件和环境，满足人民大众的新期待。

5. 科学发展论。发展是当代中国的主题，也是党执政兴国的第一要务，是解决中国一切问题的关键所在。要毫不动摇地坚持发展是硬道理的战略思想，用发展的办法去解决前进中的问题。要坚持以经济建设为中心，促进社会的全面发展和进步。以经济建设为中心是兴国之要，是实现国家兴旺发达和长治久安的根本要求。要以科学发展为主题，不断创新发展理念，破解发展难题。坚持科学发展是坚持发展是硬道理的本质要求，要把握"五位一体"的总体布局，全面推进经济建设、政治建设、文化建设、社会建设、生态文明建设，实现以人为本、全面协调可持续的科学发展。要深入实施科教兴国战略、人才强国战略、可持续发展战略，提高自主创新能力，建设创新型国家。要坚持走中国特色新型工业化道路，推进社会主义新农村建设，实现城乡一体化发展。

6. 社会主义改革开放论。改革开放是决定当代中国命运的关键抉择，是社会主义社会发展进步的基本途径，是坚持和发展中国特色社会主义、实现中华民族伟大复兴的必由之路。改革开放的实质和目的就是要改变高度集权、对外封闭、缺乏效率的苏联模式，建立起充满生机活力、富有效率、开放包容、高度民主、法制完备的社会主义政治经济体制，解放和发展生产力，推动社会进步。中国特色社会主义是在改革开放中前进的，僵化停滞没有出路。社会主义社会是全面的，改革开放也是全面的。要坚定不移地全面推进经济体制改革、政治体制改革、文化体制改革、社会体制改革、生态文明体制改革以及党的建设体制改革。坚定不移地实行对外开放的基本国策，积极推进全方位、多层次、宽领域的对外开放。改革开放贯穿于社会主义现代化建设的全过程，也贯穿于建设和发展中国特色社会主义的全过程。

7. 社会主义市场经济论。发展社会主义市场经济，是建设和发展中国特色社会主义的必然选择。建立社会主义市场经济体制，是我国经济体制改革的目标，也是我国经济体制的根本性创新。既是对计划经济体制的扬弃，也是对市场经济本身的超越。要围绕使市场在资源配置中起决定性作用深化经济体制改革，处理好政府和市场的关系。公有制为主体、多种所有制经济共同发展的基本经济制度，是中国特色社会主义制度的重要支柱，也是社会主义市场经济体制的根基。公有制经济和非公有制经济都是社会主义市场经济的重要组成部分，都是我国经济社会发展的重要基础。必须毫不动摇地巩固和发展公有制经济，坚持公有制主体地位，发挥国有经济主导作用，不断增强国有经济活力、控制力、影响力。必须毫不动摇地鼓励、支持、引导非公有制经济发展，激发非公有制经济活力和创造力。要坚持和完善按劳分配为主体、多种分配方式并存的分配制度，健全劳动、资本、技术、管理等生产要素按贡献参与分配的制度。初次分配和再分配都要处理好效率和公平的关系，再分配更加注重公平。逐步提高居民收入在国民收入分配中的比重，提高劳动报酬在初次分配中的比重。

8.社会主义民主法治论。没有民主就没有社会主义，人民民主是社会主义的生命。发展社会主义民主政治，建设社会主义政治文明，是建设和发展中国特色社会主义的重要目标。坚持中国特色社会主义政治发展道路，必须坚持党的领导、人民当家作主、依法治国有机统一，坚持和完善人民代表大会制度、中国共产党领导的多党合作和政治协商制度、民族区域自治制度以及基层群众自治制度，不断推进社会主义政治制度自我完善和发展。党的领导、人民当家作主和依法治国的有机统一，体现着中国特色社会主义民主政治的本质内涵，也是中国特色社会主义民主政治建设的根本。要围绕坚持党的领导、人民当家作主、依法治国有机统一深化政治体制改革，加快推进社会主义民主政治制度化、规范化、程序化，建设社会主义法治国家，发展更加广泛、更加充分、更加健全的人民民主。要完善制约和监督机制，保证人民赋予的权力始终用来为人民谋利益。

9. 社会主义文化建设论。社会主义文化建设的作用，在于塑造社会主义社会的集体人格，明确社会主义社会的价值导向和行为规范。建设社会主义文化，要以社会主义核心价值观为引领，发展民族的科学的大众的社会主义文化，提高国家文化软实力，建设中华民族共有精神家园，建设社会主义文化强国。社会主义核心价值体系是社会主义意识形态的本质体现，是社会主义文化的灵魂。坚持用中国特色社会主义理论体系武装全党、教育人民，用中国特色社会主义共同理想凝聚力量，用以爱国主义为核心的民族精神和以改革创新为核心的时代精神鼓舞斗志，用社会主义荣辱观引领风尚，是建设和发展中国特色社会主义的必然要求。要围绕建设社会主义核心价值体系、社会主义文化强国深化文化体制改革，加快完善文化管理体制和文化生产经营机制，建立健全现代公共文化服务体系、现代文化市场体系，增强文化发展活力，保障好人民基本文化权益，使社会文化生活更加丰富多彩。

10. 社会主义和谐社会论。社会和谐是中国特色社会主义的本质属性。要按照构建社会主义和谐社会的总要求和共同建设、共同享有的原则，以保障和改善民生为重点，加快发展各项社会事业，建立健全基本公共服务体系，着力解决好人民最关心最直接最现实的利益问题，努力使全体人民学有所教、劳有所得、病有所医、老有所养、住有所居，使改革发展成果更多更公平惠及全体人民，保证人民过上更好生活。要围绕更好保障和改善民生、促进社会公平正义深化社会体制改革，改革收入分配制度，促进共同富裕，推进社会领域制度创新，推进基本公共服务均等化，加快形成科学有效的社会治理体制，努力形成全体人民各尽其能、各得其所而又和谐相处的局面。

11. 社会主义生态文明论。生态文明是中国特色社会主义发展进步的重要标志，生态环境建设是中国特色社会主义事业总体布局的重要组成部分。良好的生态环境是经济社会持续发展和人们生活质量不断提高的重要基础，要把生态文明建设的理念、原则、目标等深刻融入和全面贯穿到我国经济、政治、文化、社会建设的各方面和全过程。要坚持节约资源和保护环境的基本国策，着力推进绿色发展、循环发展、低碳发展，为人民创造良好生产生活环境。要牢固树立生态文明观念，坚持走生产发展、生活富裕、生态良好的文明发展道路，形成节约能源资源和保护生态环境的产业结构、增长方式、消费模式。要围绕建设美丽中国深化生态文明体制改革，加快建立生态文明制度，健全国土空间开发、资源节约利用、生态环境保护的体制机制，推动形成人与自然和谐发展现代化建设新格局。

12. 社会主义现代化发展战略论。实现社会主义现代化，是建设中国特色社会主义的根本任务。以邓小平为代表的中国共产党人，根据中国的国情制定了实现现代化的"三步走"战略，即第一步，从 1981 年到 1990 年国民生产总值翻一番，实现温饱；第二步，从 1991 年到 20 世纪末再翻一番，达到小康；第三步，到 21 世纪中叶再翻两番，达到中等发达国家水平。邓小平提出"三步走"战略，把现代化的进程具体化为切实可行的步骤，同时也表明了中国人民的雄心壮志，决心用一百年左右的时间走完发达国家几百年走过的路程，是激励全国人民共同奋斗的行动纲领。中共十五大根据邓小平"三步走"战略，在制定新世纪中国发展规划时提出了在中国共产党成立一百年时全面建成小康社会，在新中国成立一百年时建成富强民主文明和谐的社会主义现代化国家的奋斗目标。中共十八大再次重申了这"两个一百年"的奋斗目标，并明确强调：到 2020 年，即中国共产党成立一百年时，国内生产总值和城乡居民人均收入在 2010 年的基础上翻一番，全面建成惠及十几亿人口的小康社会；到本世纪中叶，即中华人民共和国成立一百年时，建成富强民主文明和谐的社会主义现代化国家。中共十九大综合分析了国际国内形势和我国发展条件，把从 2020 年到本世纪中叶这 30 年的时间，进一步划分为两个发展阶段：第一个阶段，从 2020 年到 2035 年，在全面小康社会的基础上，再奋斗 15 年，基本实现现代化。第二个阶段，从

2035 年到本世纪中叶，在基本实现现代化的基础上，再奋斗 15 年，把我国建设成为富强民主文明和谐美丽的社会主义现代化强国。到那时，我国人民将享有更加幸福安康的生活，中华民族将以更加昂扬的姿态屹立于世界民族之林。

13. 和平发展论。中国特色社会主义是以发展为主题的社会主义，也是在和平中发展的社会主义。坚持走和平发展道路，这是中国特色社会主义基于中国国情的必然选择，是基于中国历史文化传统的必然选择，也是基于当今世界发展潮流的必然选择。走和平发展道路，既要争取和平的国际环境来发展自己，又要以自身的发展来维护世界和平、促进共同发展。当代中国同世界关系已经发生了历史性的变化，中国的发展离不开世界，世界繁荣稳定也离不开中国。中国的发展日益紧密地同世界的发展联系在一起，中国的前途命运日益紧密地同世界的前途命运联系在一起。面对这种新的变化，必须以更加宽广的眼光看待世界的变化，审视中国和世界的发展问题，思考和制定中国的发展战略，要始终站在国际大局与国内大局相互联系的高度；在追求自身发展的同时，努力实现与他国发展的良性互动，坚持自身利益与人类共同利益的一致性，促进世界各国共同发展。

14. 国家安全论。国家安全和社会稳定是改革发展的前提。只有国家安全和社会稳定，改革发展才能不断推进。要坚持总体国家安全观，走出一条中国特色国家安全道路。在新的历史条件下，我国国家安全和社会安定面临的威胁和挑战增多，特别是各种威胁和挑战联动效应明显，各种可以预见和难以预见的风险因素明显增多。我们必须保持清醒头脑、强化底线思维，有效防范、管理、处理国家安全风险，有力应对、处置、化解社会安定挑战。暴力恐怖活动漠视基本人权、践踏人道正义，挑战的是人类文明共同的底线，既不是民族问题，也不是宗教问题，而是各族人民的共同敌人。要建立健全反恐工作格局，完善反恐工作体系，加强反恐力量建设，坚决有力打击各种暴力恐怖犯罪活动，维护国家安全和社会稳定。维护国家安全，必须做好维护社会和谐稳定工作，做好预防化解社会矛盾工作，从制度、机制、政策、工作上积极推动社会矛盾预防化解工作。

15. 国防与军队建设论。人民军队是中国特色社会主义的保卫者，也是建设和发展中国特色社会主义的重要力量。要坚持党对军队的绝对领导，坚持人民军队的根本宗旨，坚持科技强军，坚持依法治军、从严治军，全面加强军队革命化、现代化、正规化建设，建设一支听党指挥、能打胜仗、作风优良的人民军队，在全面建成小康社会进程中实现富国和强军的统一。新形势下的强军目标，要着力解决制约国防和军队建设发展的突出矛盾和问题，创新发展军事理论，加强军事战略指导，完善新时期军事战略方针，构建中国特色现代军事力量体系。稳固的国防是维护国家统一安全和社会主义现代化建设重要保障，要统筹经济建设和国防建设，增强全民国防观念，完善国防动员体系。

16. 社会主义民族宗教论。坚持和发展中国特色的社会主义，必须要维护和加强各民族的团结。我国是一个多民族的国家，巩固和发展平等、团结、互助、和谐的社会主义民族关系，体现了中华民族大家庭的根本利益，是中国特色社会主义事业成功的重要保证。必须牢牢把握各民族共同团结奋斗、共同繁荣发展这个主题，保障少数民族合法权益，巩固和发展平等团结互助和谐的社会主义民族关系。共同团结奋斗，就是要把全国各族人民的智慧和力量凝聚到全面建成小康社会上来，凝聚到实现社会主义现代化和中华民族的伟大复兴上来。共同繁荣发展，就是要切实抓好发展这个党执政兴国的第一要务，千方百计加快少数民族和民族地区经济社会发展，不断提高各族群众的生活水平。我国不仅是一个多民族国家，还是一个有着多种宗教的国家。信教群众也是党的群众基础，也是建设中国特色社会主义的积极力量。必须正确认识和处理宗教问题，切实做好宗教工作。要全面正确地贯彻宗教信仰自由政策，坚持依法管理宗教事务，积极引导宗教与社会主义社会相适应。

17."一国两制"论。按照"一国两制"推进祖国和平统一，是尊重历史的选择，符合中华民族的根本利益。反对分裂，坚持统一，是中华民族自古以来就有的传统。实现祖国完全统一，维护国家主权和领土完整，是中国人民的共同愿望和坚定决心，也是中国共产党的一贯立场。和平统一祖国的方针和"一个国家，两种制度"的构想，顺应了历史的潮流，代表了人民的心声，是创造性地对马克思主义的运用和发展。"一国两制"，就是在一个中国的前提下，大陆实行社会主义制度，同时在台湾、香港、澳门保持原有的资本主义制度和生活方式长期不变。香港和澳门的顺利回归，以及回归后持续繁荣发展，为"一国两制"的实施起到重要的示范作用。要坚定不移地贯彻"一国两制"、"港人治港"、"澳人治澳"、高度自治的方针，严格按照特别行政区基本法办事。要遵循"和平统一""一国两制"的方针和现阶段发展两岸关系、推进祖国和平统一进程的八项主张，牢牢把握两岸关系和平发展的主题，真诚为两岸同胞谋福祉、为台海地区谋和平。坚决维护国家主权和领土完整，维护中华民族根本利益。

18. 中国特色社会主义领导核心论。中国共产党是中国特色社会主义事业的领导力量。坚持中国共产党的领导是中国特色社会主义的本质特征，也是建设和发展中国特色社会主义的根本保证。中国共产党的领导地位是历史形成的，坚持党的领导是不可动摇的原则。解决中国问题，办好中国事情，关键在党。中国共产党作为执政党，具有鲜明独特的政治优势。马克思主义中国化最新成果的形成，使中国共产党有了更加丰厚的理论资源。维护人民利益，与人民血脉相连，不仅使中国共产党拥有深厚的社会根基，而且具有巨大的影响力和号召力。在领导革命、建设和改革的实践过程中，中国共产党自身也不断发展和壮大，并形成了覆盖全国的网络式的组织结构。这是当今世界任何政党都不可能具有的优势。坚持党的领导必须改善党的领导，搞好党的自身建设，不断提高领导水平和执政水平，提高建设本领和治国本领。在新历史条件下，党所处的环境和肩负的任务有了很大变化，党的思想、政治、组织和作风建设都面临许多新情况新问题。要结合新的实际，以改革创新精神加强党的建设。要围绕提高科学执政、民主执政、依法执政水平深化党的建设制度改革，加强民主集中制建设，完善党的领导体制和执政方式，保持党的先进性和纯洁性，为改革开放和社会主义现代化建设提供坚强政治保证。

中国特色社会主义理论，从本质上说，就是加快中国发展、富民强国的理论。中国特色社会主义理论的核心观念，就是发展，就是通过发展实现国家现代化，概括起来，就是富民强国。具体而言，就是抓住时机，加快发展，尽快实现国家富强和人民幸福。这是核心理念，是贯穿中国特色社会主义理论始终的核心观点，是中国特色社会主义理论之魂。学习和研究中国特色社会主义理论，一定要抓住这一精神实质。

第九章

中国特色社会主义基本理念

在中国特色社会主义道路形成和发展过程中，它所立足的价值基础、所追求的价值目标也越来越清晰、越来越明确，我们将其称为"中国特色社会主义基本理念"。中国特色社会主义基本理念，是从哲学高度对中国特色社会主义道路、理论、制度中蕴含的价值观念的高度抽象，是中国特色社会主义的精华。中国特色社会主义基本理念，是以科学社会主义基本原则为理论基础，在深入总结中国特色社会主义实践经验并充分吸收中华优秀文明成果的基础上形成的，是中国特色社会主义理论的重要组成部分。

大体来讲，我们可以把中国特色社会主义基本理念概括为七个方面，即：以人为本、公平正义、共同富裕、人民民主、文化包容、社会和谐、民族复兴。其中，"以人为本"是中国特色社会主义的核心理念，"公平正义"反映了中国特色社会主义的本质要求，"共同富裕""人民民主""文化包容""社会和谐"分别从经济、政治、文化、社会等方面体现了中国特色社会主义的基本原则，"民族复兴"则是对中国特色社会主义共同理想和历史使命的高度概括。

一、以人为本

中共十六届三中全会正式提出"以人为本"，并把它作为科学发展观的核心。中共十七大报告进一步明确指出："必须坚持以人为本。全心全意为人民服务是党的根本宗旨，党的一切奋斗和工作都是为了造福人民。要始终把实现好、维护好、发展好最广大人民的根本利益作为党和国家一切工作的出发点和落脚点，尊重人民主体地位，发挥人民首创精神，保障人民各项权益，走共同富裕道路，促进人的全面发展，做到发展为了人民、发展依靠人民、发展成果由人民共享。"① 中共十八大报告要求更加自觉地把"以人为本"作为核心立场，并指出，"为人民服务是党的根本宗旨，以人为本、执政为民是检验党一切执政活动的最高标准"。② 中共十九大报告提出了新时代坚持和发展中国特色社会主义的基本方略，其中也强调"坚持以人民为中心。人民是历史的创造者，是决定党和国家前途命运的根本力量"。③

（一）"以人为本"的基本内涵

探讨"以人为本"理念的基本内涵，应从"人"与"本"两个方面加以剖析。

首先，"以人为本"中的"人"，既区别于中国传统政治思想中"民为邦本"之"民"，又区别于西方近代以来所谓"人道主义"之"人"。

在中国传统政治思想中，就初始概念而言，"人"和"民"是有区别的两个概念："人"通常是指贵族，"民"通常是指"平民"。之于君

---

① 胡锦涛：《在中国共产党第十七次全国代表大会上的报告》，人民出版社 2007 年版，第 15 页。

② 《中国共产党第十八次全国代表大会文件汇编》，人民出版社 2012 年版，第 47 页。

③ 《中国共产党第十九次全国代表大会文件汇编》，人民出版社 2017 年版，第 17 页。

或臣，"民"都只是统治的对象，处于被动的附属的地位。今天我们所说的"人"可与"民"合称"人民"，是由个体构成的集体概念。而"人"，首先是个体概念，指构成人民的每个"个人"；从政治和道德意义上讲，"人"意味着平等，每个人都不再有高低贵贱之分；并且，正是这种在政治和道德上具有平等人格的每个个体的意志和需求，构成了国家权力的正当性来源。中国传统政治哲学中的"民为邦本"，只是要求君主注重民心民意，为民做主，代民谋利，而民众并不具备任何政治资格，更遑论权力源自民众。而"以人为本"，则要求正视作为平等独立个体的每个人的政治资格，承认公民个体权利相对于公共政治权力的优先性。对于"全面自由发展"这一崇高命题，马克思常使用"人的""个人""每个人""各个人"等几种不同的定语，但其内涵和指向是一致的，均是指处于社会关系中的个人，是"一切人"中的"每个人"或"各个人"，突出了社会发展的价值指向，以及个人发展与其他人、所有人发展互为手段和目的的紧密社会联系。

与西方近代以来所谓"人文精神"或"人道主义"相比，"以人为本"的"人"最大的不同在于，它指的是具体的而非抽象的"人"。西方文艺复兴与启蒙运动高扬"人"的精神，使"人"从宗教和神权的统治下解放出来，致力于恢复古典的人文主义精神，打造了近代以来西方社会的主流话语。然而，西方人文学者与启蒙思想家们更多只是在抽象意义上理解人的本质，一直到康德哲学思想达到顶峰，提出道德意义上的人具有最高价值，人只能作为目的本身而存在。马克思主义则认为，只有在具体的历史的社会条件中去认识人、理解人，才更有可能贴近对人本质的科学把握。一旦抛开客观存在的社会语境去谈论"人"，就很容易陷入形而上学的窠臼，所得出的任何结论，也都不足以解释关于人的问题。只有把人视为具体的、客观的社会存在才是正确的，因为现实的人总是多样的，其权益也总是多样化的，到底要以什么人为本、以人的哪方面的权益为本，并无一成不变的标准，而是始终随着社会发展而发生相应变化。

　　再者，从学理上讲，对于"本"的认识包含了本体论与价值论的统一。人是本体论意义上的"本"。马克思哲学革命的矛头一开始就指向本体论，把对世界终极本质的追问回归到人及其实践中。人又是价值论意义上的"本"。"以人为本"的价值论意义，即指人本身的尊贵，要求本着人的价值和需求来决策和行事。人还是终极追求意义上的"本"。"本"有终极追求之意，"以人为本"与人的全面自由发展这一理想目标相吻合，而人的全面发展和自由个性是马克思人学思想追求的最终目的。因此，"以人为本"的"本"所表现出的基本价值倾向是非常明确的，即在社会发展中凸显人的价值。

　　基于以上对"人"和"本"的理解，中国共产党提出的"以人为本"理念，核心要义就是"发展为了人民、发展依靠人民、发展成果由人民共享"，体现了"为人民服务"的根本宗旨。它实际上蕴含着以下重要思想：社会发展的主体是人民群众，建设中国特色社会主义是亿万人民群众广泛参与的事业，必须依靠人民群众的力量；社会发展的动力是人民群众对美好生活的需要；社会进步的标准是人民的需要得到满足的程度，人民群众是全部工作价值的最高裁决者；社会发展的本质是最大限度地满足人民群众日益增长的美好生活需要，实现共同富裕；社会发展的终极目的是为了人的全面自由发展。

（二）"以人为本"的思想渊源

　　"以人为本"理念凝结了几代中国共产党人带领人民不懈探索的心血，是党的集体智慧的凝聚和升华。它深深植根于马克思主义唯物史观和中华优秀传统文化的精髓之中，有着深刻的理论基础和思想渊源。在马克思主义唯物史观中，马克思主义群众观、人的全面发展学说、人本思想直接构成了中国特色社会主义"以人为本"理念的思想渊源。同时，"以人为本"理念又凝聚着中华优秀传统文化的精华，是继承和超越传统民本思想的结果。

马克思主义群众观是历史唯物主义的理论基石,也是马克思主义及其政党的核心理念,中国特色社会主义"以人为本"基本理念即源于其中。马克思明确指出,人是生产力中最活跃、最革命的因素。在人类历史发展的进程中,人既是物质生产的基础,也是其他各种生产的基础,是物质生产和精神生产的主体和承载者。人民群众既是实践的主体,又是认识的主体,自然也成为社会实践和社会发展的主体,是推动社会变革和历史进步的决定性力量。真理源于并检验于人民群众的认识和实践活动,人民群众的思想观念、认知水平、觉悟程度直接决定整个社会的文明程度。人类历史既是人民群众实践活动的历史,又是人民群众的利益、意愿和要求不断得到满足和实现的历史,是人们的个体不断自我完善和丰富发展的历史。

人的自由全面发展是马克思主义的核心观点,也是马克思考察社会发展状况的一个重要标尺,是中国特色社会主义"以人为本"理念的又一来源。人的自由全面发展是指每个人充分自由的发展,是人自身发展的理想状态。马克思主义从现实的人出发,直接面向人的社会实践和现实生活,强调通过实践来充分发挥人的能动性和创造性,促进人的自由全面发展,实现人类解放。这是"以人为本"的最高价值目标和理想境界,也是历史发展进步的根本标志。人只有全面发展,才能"以一种全面的方式,也就是说,作为一个完整的人,占有自己的全面的本质"①。社会发展的目的正是为了实现人的自由全面发展,而其动力源于人自身,方向则是自由人联合体的共产主义理想社会形态,是"以每个人的全面而自由的发展为基本原则的社会形式"。②

马克思主义的人本思想,是中国特色社会主义"以人为本"理念的

---

① 《马克思恩格斯全集》第 42 卷,人民出版社 1979 年版,第 123 页。
② 《马克思恩格斯全集》第 23 卷,人民出版社 1972 年版,第 649 页。

又一来源。这一思想是在扬弃西方近代人本主义，特别是费尔巴哈自然人本主义的基础上创建的。与西方古代及近代人本思想相比，马克思主义人本思想的革命性变革，主要体现在以下四个方面：一是从抽象的人到现实的人；二是从生物的人到社会的人；三是从被剥削者到市民或公民；四是从少数人到多数人。

"以人为本"理念，还蕴含着传统民本思想的精华。在中国传统文化语境中，"以人为本"是一种治国理念和治国方略，历史上延续下来的民本思想，为中国特色社会主义"以人为本"理念的形成提供了社会心理基础。一般认为，周代的价值观即已萌生了初步的民本思想。例如《尚书·皋陶谟》云："天聪明，自我民聪明。天明威，自我民明威。"传统民本思想主要体现在两个方面：一是重民得民。古代思想家认为，民是维系国家生存、社会安定的基本力量。《尚书·五子之歌》云："民惟邦本，本固邦宁"。老子《道德经》云："圣人无常心，以百姓心为心。"二是利民爱民。既然民心向背决定国家治乱和朝代兴衰，为政者就应反映民意，体察民情，推行利民、兴民、裕民、安民、保民等政策措施。《周易·节》云："节以制度，不伤财，不害民。"孔子曰："节用而爱人，使民以时。"（《论语·学而》）这些思想为"以人为本"理念的形成提供了思想资料。

（三）"以人为本"的实践要求

"以人为本"是中国特色社会主义的核心理念。从邓小平理论、"三个代表"重要思想到科学发展观再到习近平新时代中国特色社会主义思想，"以人为本"思想是一脉相承的。必须把"以人为本"放在战略规划和实践发展的核心位置，确保其成为全部工作的出发点、落脚点和评价标准。

一是要充分发挥人民群众的主体作用。中国共产党始终把人民群众作为一切工作的主体，最广泛地调动人民群众的积极性、主动性、创造性。二是要始终保持与人民群众的血肉联系。始终保持党同人民群众的血肉联系，是中国共产党的最大政治优势，也是中国共产党区别于其他政党的显著标志之一。三是要努力满足人民群众的正当利益诉求。中共十八大报告强调，"要多谋民生之利，多解民生之忧，解决好人民最关心最直接最现实的利益问题"。① 中共十九大报告也指出："保障和改善民生要抓住人民最关心最直接最现实的利益问题"②。四是要认真倾听群众的意见和呼声。中国共产党始终强调并坚持做人民群众的学生，尊重群众的意见和愿望。五是要全心全意为人民服务。中共十八大报告强调，要"始终把人民放在心中最高位置"，"任何时候都要把人民利益放在第一位"。③ 中共十九大报告则强调："全党必须牢记，为什么人的问题，是检验一个政党、一个政权性质的试金石。带领人民创造美好生活，是我们党始终不渝的奋斗目标。"④

二、公平正义

公平正义是人类社会发展的重要目标，也是中国特色社会主义的本质要求。在一定意义上，公平正义是社会主义的代名词，没有公平正义的价值追求就没有社会主义。建设中国特色社会主义，就是在大力发展生产力和不断完善社会主义基本制度的基础上，实现社会的公平正义，建立各尽其能、各得其所而又和谐相处的社会主义社会，促进人的全面发展和社会的共同富裕。中共十九大报告指出："人民美好生活需要日益广泛，不仅对物质文化生活提出了更高要求，而且在民

① 《中国共产党第十八次全国代表大会文件汇编》，人民出版社 2012 年版，第 31 页。

② 《中国共产党第十九次全国代表大会文件汇编》，人民出版社 2017 年版，第 36 页。

③ 《中国共产党第十八次全国代表大会文件汇编》，人民出版社 2012 年版，第 47、52 页。

④ 《中国共产党第十九次全国代表大会文件汇编》，人民出版社 2017 年版，第 36 页。

主、法治、公平、正义、安全、环境等方面的要求日益增长。"① 又强调，"必须多谋民生之利、多解民生之忧，在发展中补齐民生短板、促进公平正义"。②

（一）"公平正义"的基本内涵

唯物史观告诉我们，公平正义是历史的范畴，必须结合具体的历史的实际情况来认识和讨论。它所反映的，是在现有的生产力所决定和容许的范围内，对于获取自由平等的经济政治文化权利、社会地位与发展机会的价值诉求。在不同的社会形态和社会发展阶段，公平正义的内涵和要求也会不同。正确把握中国特色社会主义公平正义的基本内涵，必须坚持"三个基本原则"，即人民立场、共同富裕和消灭剥削。

第一，人民立场是中国特色社会主义公平正义理念的出发点和归宿。群众路线历来就是中国共产党的基本观点，革命战争年代如此，建设改革时代更是如此。当前，更要强化发展为了人民、发展依靠人民、发展成果由全体人民共享的理念。正如习近平所说，中国梦是人民的梦，必须紧紧依靠人民来实现，必须不断为人民造福。

第二，共同富裕是中国特色社会主义公平正义理念的本质特征和价值基础。共同富裕是建立在社会利益最大化基础上的价值追求，是社会主义的本质特征，也是社会主义最具持久吸引力的价值基础。社会主义为共同富裕奠定了制度基础，没有社会主义就没有共同富裕。

第三，消灭剥削是实现中国特色社会主义公平正义理念的手段和途径。无产阶级的平等要求不同于以往一切阶级的地方，就在于它不是要求阶级的特权，而是要消灭一切阶级特权。马克思恩格斯认为，这种消灭阶级和消灭剥削首先并不是一种道义上的要求，而是生产力自身发展

---

① 《中国共产党第十九次全国代表大会文件汇编》，人民出版社 2017 年版，第 9 页。

② 《中国共产党第十九次全国代表大会文件汇编》，人民出版社 2017 年版，第 19 页。

的客观要求，是既有的生产方式阻碍了生产力的发展从而予以变革的结果。当前，我国实行社会主义市场经济体制，剥削现象不可能在短时间内消除。但我们要懂得，在同一生产力水平上，社会主义体现的是使剥削等不公平现象最小化的一种制度约束力，而且时刻都在为防止两极分化、消灭剥削创造条件。

（二）"公平正义"的重要意义

首先，公平正义是社会主义的题中应有之义。邓小平指出："我们为社会主义奋斗，不但是因为社会主义有条件比资本主义更快地发展生产力，而且因为只有社会主义才能消除资本主义和其他剥削制度所必然产生的种种贪婪、腐败和不公正现象。"①在改革开放初期，重点是克服违背"公平正义"的平均主义，于是提出了"让一部分人、一部分地区先富起来"的主张，但即使在当时，共同富裕作为社会主义的根本价值目标依然是十分明确的。

其次，"公平正义"有助于维系和增强中国特色社会主义在道义上的吸引力和感召力。中国的文化传统和民族心理就特别强调道义的力量。在民主革命时期，革命者就是依靠道义的力量，相信"得道多助，失道寡助"的古训，凭借道义上的优势，才逐步积累力量，取得革命胜利。今天我们所追求的中国特色社会主义共同理想本身就具有很强的道义性，而"公平正义"正是它的道义性之关键所在。

再次，"公平正义"是中国特色社会主义核心价值观的重要内容，有益于凝聚民心，推进改革深化和全面发展。将"公平正义"这一日渐凸显的社会诉求纳入社会主义核心价值观，有益于凝聚民心。它把民生和民权提到了重要位置，并要求对各种不同社会群体之间的关系作出比较具体的制度安排，有助于改变那种将"改革"等同于"市场化"、将"发

---

① 《邓小平文选》第三卷，人民出版社1993年版，第143页。

展"等同于"GDP 增长"的观念，进一步确立经济、政治、文化、社会、生态"五位一体"的全面的发展观。

（三）"公平正义"的实践要求

"实现社会公平正义是中国共产党人的一贯主张，是发展中国特色社会主义的重大任务。"① 坚持中国特色社会主义"公平正义"理念，是一个涉及很多方面的系统工程。从最基础的方面讲，必须坚持以公有制为主体、多种所有制经济共同发展的基本经济制度。没有公有制这个主体，要想在分配方面进而在各方面做到公平正义是不可能的。在坚持以公有制为主体发展社会主义经济的同时，还要处理好三对关系，即在价值理念上要处理好自由和平等的关系，在收入分配问题上要处理好"做蛋糕"和"分蛋糕"的关系，在民主政治和执政党建设上要处理好权力与责任的关系。

一是要处理好自由与平等的关系，倡导追求公平正义的价值理念。自由与平等是人类追求的基本理念和价值理想，二者之间存在着一定张力，公平正义就是自由和平等的调节器，通过公正可以实现二者的相对平衡。换言之，在处理自由和平等的关系时，我们要以公正为指导，做到公正至上。我们每个人只能做公正所允许的最大限度的自由，社会应在公正所要求的限度内达到最大的平等，公正对自由和平等的追求起着支配作用。在中国特色社会主义建设中，平等体现为两个方面：一方面体现为机会平等、规则平等；另一方面，平等还要体现为加大社会保障力度，逐步实现形式平等与实质平等的有机统一。同时，要树立正确的自由观。自由在于尊重别人的平等权利，在于做法律允许的事情。

---

① 胡锦涛：《高举中国特色社会主义伟大旗帜　为夺取全面建设小康社会新胜利而奋斗——在中国共产党第十七次全国代表大会上的报告》，《人民日报》2007 年 10 月 25 日。

二是要处理好效率和公平的关系，构建维护公平正义的收入分配制度。效率提高会使整个社会的财富增加，但其自身不会带来分配方面的公平。分配公正需要靠制度内的体制设计，效率和公平是制度设计的两个维度，公正的制度必然是效率和公平统筹兼顾的制度。当前，我们在社会主义制度下发展市场经济，必须用公正的精神来把握效率与公平的关系，不仅要为社会发展提供坚实的物质基础，而且要把社会差别限制在公正的范围内。构建维护社会公正的收入分配制度，要通过制度安排，完善初次分配机制，促进中低收入职工工资的合理增长，要不断理顺收入分配关系，建立健全促进农民收入较快增长的长效机制，着力破除影响社会公正的"二元结构"，推动形成公开透明、公正合理的收入分配秩序。

三是要处理好权力和责任的关系，完善保障公平正义的权力运行和监督机制。遏制腐败现象，保障社会公正，必须规范权力的行使，建立健全权力运行制约和监督机制。坚持用制度管权管事管人，保障人民知情权、参与权、表达权、监督权，是权力正确运行的重要保证。一是要确保决策权、执行权、监督权既相互制约又相互协调，确保国家机关按照法定权限和程序行使权力。二是要坚持科学决策、民主决策、依法决策，健全决策机制和程序，建立决策问责和纠错制度。三是要推进权力运行公开化、规范化，让权力在阳光下运行，让人民群众最大限度地体会到中国特色社会主义的公平正义。

三、共同富裕

改革开放的目的是为了加快中国的发展，这种发展具有很明确的方向与目的。正如邓小平所说："社会主义的目的就是要全国人民共同富裕，不是两极分化。如果我们的政策导致两极分化，我们就失败了；如果产生了什么新的资产阶级，那我们就真是走了邪路了。总之，一个公有制占主体，一个共同富裕，这是我们所必须坚持的社会主义的根本原则。"① 中共十八大报告强调"必须坚持走共同富裕道路"，指出"共同富裕是中国特色社会主义的根本原则"，要求"逐步实现全体人民的共同富裕"。② 中共十九大报告指出，中国特色社会主义所进入的新时代"是全国各族人民团结奋斗、不断创造美好生活、逐步实现全体人民共同富裕的时代"。③

（一）"共同富裕"的基本内涵

所谓"共同富裕"，是指在社会生产力不断发展的基础上，全体人民在特定历史条件下，按照公平正义的原则来共同分享发展的成果。这是自马克思主义诞生以来人们关于社会主义的共同理想，也是社会主义追求的核心目标。

改革开放以来，邓小平总结新中国成立后社会主义建设中正反两方面的经验，一再提出，社会主义的根本任务是解放和发展生产力。同时又强调，我们发展社会生产力，是为了最终达到共同富裕，所以要防止两极分化。1990 年，他语重心长地说："共同致富，我们从改革一开始就讲，将来总有一天要成为中心课题。社会主义不是少数人富起来、大多数人穷，不是那个样子。社会主义最大的优越性就是共同富裕，这是体现社会主义本质的一个东西。如果搞两极分化，情况就不同了，民族矛盾、区域间矛盾、阶级矛盾都会发展，相应地中央和地方的矛盾也会发展，就可能出乱子。"④ 在 1992 年的南方谈话中，邓小平明确指出，"社会主义的本质，是解放生产力，发展生产力，消灭剥削，消除两极分

---

① 《邓小平年谱（1975—1997）》下，中央文献出版社 2004 年版，第 1032 页。
② 《中国共产党第十八次全国代表大会文件汇编》，人民出版社 2012 年版，第 14 页。
③ 《中国共产党第十九次全国代表大会文件汇编》，人民出版社 2017 年版，第 9 页。
④ 《邓小平文选》第三卷，人民出版社 1993 年版，第 364 页。

化，最终达到共同富裕"。① 可见，"共同富裕"是邓小平用通俗语言表达的对社会主义本质的理解，指出了中国特色社会主义的发展方向。

第一，共同富裕是社会主义的根本目的和本质要求。邓小平指出："社会主义最大的优越性就是共同富裕，这是体现社会主义本质的一个东西。"② 共同富裕是社会主义与资本主义的本质区别，它自然也就成为判断社会主义改革是否偏离方向的根本标准。

第二，实现共同富裕，必须要解放和发展生产力。没有生产力的发展，片面强调生产关系的先进性，只能损害人民群众的根本利益。邓小平指出："我们坚持走社会主义道路，根本目标是实现共同富裕，然而平均发展是不可能的。过去搞平均主义，吃'大锅饭'，实际上是共同落后，共同贫穷。"③

第三，实现共同富裕需要一个过程。共同富裕既不是平均富裕也不是同时富裕，实现共同富裕要让一部分地区、一部分人先富起来，通过"先富带后富"的方式，最终实现共同富裕。邓小平由此提出了"两个大局"的思想，即东部沿海地区要充分利用有利的地理条件和经济基础率先发展起来，其他地区要顾全这个大局；当东部沿海地区发展到一定程度的时候，要拿出更多的力量帮助其他地区共同发展，东部沿海地区也要顾全这个大局。

第四，实现共同富裕，必须坚持和改善中国共产党的领导。共同富裕是社会主义的本质要求，在中国，只有中国共产党才会坚持共同富裕方向，只有中国共产党执政才能确保共同富裕落到实处。在新的历史条件下，全体共产党员要保持党的优良传统，保持党的先进性和纯洁性，始终站在历史的制高点，牢牢掌握带领人民实现共同富裕的主动权。

---

① 《邓小平文选》第三卷，人民出版社 1993 年版，第 373 页。
② 《邓小平文选》第三卷，人民出版社 1993 年版，第 364 页。
③ 《邓小平文选》第三卷，人民出版社 1993 年版，第 155 页。

（二）"共同富裕"的思想渊源

首先，走共同富裕道路是坚持和发展马克思主义的内在要求。马克思恩格斯尽管没有明确提出"共同富裕"的概念，但无论是在对历史规律的阐述中，还是在对资本主义的批判和对未来共产主义社会的构想中，都表达了对共同富裕的向往和追求。从字面上讲，共同富裕包括了两个不可分割的方面，即共同和富裕。共同就是反对独占、独享。马克思恩格斯认为，有产阶级对生产资料的独占迫使劳动者与生产资料分离，从而形成了有产阶级在产品分配中的特权，由此造成和扩大了人们在经济生活中的不平等。生产资料私有制既不是人类社会自古以来就有的，也必将在社会发展过程中被新型所有制关系所取代。富裕则是反对贫乏、贫困。马克思所设想的未来共产主义，是对资本主义的全面超越，这既包括对资本主义社会所创造的人类文明成果的继承，又包括对资本主义社会中一切不合理现象的克服，全面超越资本主义，能够比资本主义更好地解放和发展生产力，能够造就比资本主义更好的社会关系。

其次，实现全体人民的共同富裕也是毛泽东思想的价值追求。实现共同富裕是中国共产党人选择社会主义道路的原因，是用以解决中国革命问题的钥匙。毛泽东从俄国革命中看到了希望，认为从十月革命中可以看到中国革命是"山穷水尽诸路皆走不通了的一个变计"。[①] 新民主主义革命时期，农民问题是最为根本的问题。农民最为关心的问题，就是土地问题。变地主阶级土地所有制为"耕者有其田"，让农民成为生产资料的主人，就是为了实现农村的"共同富裕"。在社会主义建设道路的探索过程中，党的第一代领导集体已经开始注意到，要将共同富裕与生产力发展结合起来。在《论十大关系》中，毛泽东同志将"优先发

---

① 《毛泽东书信选集》，人民出版社 2003 年版，第 4 页。

展"与"协调发展"结合起来，还进一步提出要从全体人民出发，做好"统筹兼顾、适当安排"。

（三）"共同富裕"的实践要求

一是追求共同富裕的物质基础是国民经济又好又快的发展。"又好又快的发展"，除了处理好人与自然的平衡外，重点是实现发展与公正的统一。所谓"好的"发展，在中国的国情下，需要解决好以下几个问题：消除贫困，是实现共同富裕的基本前提；实现更充分的就业，是实现共同富裕的必要条件；提高国民收入分配的公平性，是实现共同富裕的重要途径。

二是要加快进行保障共同富裕的社会主义和谐社会建设。社会建设体现为国民收入的再分配方式及其实现形式，反映了公民社会权利的实现程度，以及能否获得基本有保障的生活而免除社会风险和享有普遍均等的公共服务而获得大致平等的发展机会。在社会建设中，需要重点解决以下几个问题：完善国民收入的再分配和公共财政体系；实现公民享有均等的公共服务；建立和完善覆盖城乡的社会保障体系。

三是要加快推进实现共同富裕与社会和谐的文化建设。要在经济建设和社会建设中追求社会公正，必须依赖于文化建设，特别是社会主义核心价值建构。社会主义核心价值体系的一个重要内容是中国特色社会主义共同理想，而共同富裕正是这种理想的重要体现。建立社会主义市场经济和构建社会主义和谐社会，就是要用共同富裕作为社会主义的共同理想来对人们的经济行为进行引导，使人们在经济发展的过程中更为自觉地接受社会公正的原则，承担社会的责任。

四是要加快推进实现共同富裕所依赖的社会主义民主政治建设。社会主义民主政治建设是实现共同富裕的政治保证。发展社会主义民主，不仅因为这是我们党始终坚持不渝的奋斗目标，而且也是在目前社会深刻变动、利益高度分化条件下，为协调不同阶层和利益集团的利益，确保发展的公平性、分配的公正性、公共服务提供的公平性和有效性以及社会保障的公平性的必然途径。

四、人民民主

在中共十七大上，中国共产党提出"人民民主是社会主义的生命"这一科学论断，体现了对社会主义本质认识的进一步深化，标志着对中国特色社会主义民主的认识达到新的高度，向国内外宣示了进一步坚持和实现人民民主、发展中国特色社会主义民主政治的坚定决心。中共十九大报告指出："我国社会主义民主是维护人民根本利益的最广泛、最真实、最管用的民主。发展社会主义民主政治就是要体现人民意志、保障人民权益、激发人民创造活力，用制度体系保证人民当家作主。"①

（一）"人民民主"的丰富内涵

民主作为一种国家制度和政治权利，总是历史的、具体的。我们党领导人民建设和发展的社会主义人民民主，始终坚持把马克思主义基本原理与中国具体实际相结合，积极借鉴人类政治文明的有益成果，吸收中国传统文化和制度文明中的民主性因素，深深根植于中国的土壤。"人民民主是社会主义的生命"这一科学论断，集中体现了中国特色社会主义民主的本质特征和丰富内涵，体现了推进社会主义民主政治建设的根本要求。人民民主的丰富内涵，主要体现在以下几个方面。

第一，坚持中国共产党的领导、人民当家作主和依法治国相统一，保证我国社会主义民主始终沿着正确的方向发展。人民当家作主是中国特色社会主义民主的本质和目标。在我国发展社会主义民主的一切行动和目的，都是为了实现人民当家作主。中国共产党的领导是人民当家作

---

① 《中国共产党第十九次全国代表大会文件汇编》，人民出版社 2017 年版，第 29 页。

主的根本保证。只有在党的领导下，人民群众才能形成自觉的意识，采取有效的行动，成为掌握国家、社会和自己命运的主人。依法治国是人民当家作主的重要途径和手段。只有坚持依法治国这一基本方略，人民群众才能通过法定途径切实行使当家作主的权力，才能保护自身民主权利不受侵犯。将三者有机结合起来，是中国特色社会主义民主政治建设的基本原则，是我国社会主义民主循序渐进、健康发展的内在要求。

第二，坚持人民代表大会制度、中国共产党领导的多党合作和政治协商制度、民族区域自治制度和基层群众自治制度相统一，为我国社会主义民主发展提供制度保障。民主权利只有在民主制度的保障下才能从抽象变为具体、从理论成为现实。人民代表大会制度、中国共产党领导的多党合作和政治协商制度、民族区域自治制度、基层群众自治制度，构成了我国社会主义民主政治的基本制度框架，既包含着民主政治的一般原则，又体现了中国特色和社会主义性质。人民代表大会制度是我国的根本政治制度，是人民掌握国家政权、行使权力的根本途径；中国共产党领导的多党合作和政治协商制度，是中国特色社会主义的政党制度，既有利于实现社会各界广泛的民主参与，又有利于集中统一，统筹兼顾各方利益；民族区域自治制度，是富有中国特色的实现民族平等、保障少数民族权利的一项基本政治制度；基层群众自治制度，是广大人民群众在城乡基层单位和组织中依法直接行使民主选举、民主决策、民主管理和民主监督权利的民主制度。作为我国民主制度的"末梢神经"，基层群众自治制度与普通民众关系最为紧密，最能彰显中国特色社会主义民主的质量，直接关系到我国民主政治发展的大局。这些政治制度是中国共产党带领人民群众长期奋斗的重要成果，符合我国的基本国情，体现社会主义民主的内在本质，从制度层面保证了广大人民群众行使当家作主的民主权利。

第三，坚持党内民主、党际民主、群众民主相统一，推动社会主义民主的全面发展。我国社会主义民主从构成来看，主要包括中国共产党党内民主、共产党与民主党派的党际民主以及群众民主。党内民主是关键。我们党始终坚持从党的生命的高度积极发展党内民主，保障党员民主权利，完善党内民主制度，对社会主义民主发挥了重要的导向作用。党际民主是我国民主体系中独具特色的重要方面。中国共产党对作为参政党的各民主党派，坚持采取团结合作的方式，既实施政治原则、政治方向和重大方针政策的领导，又保证其独立自主地开展活动，不包办代替其内部事务，创造了团结稳定、活跃奋进的良好局面和民主氛围。群众民主是根本，是我国社会主义民主最普遍、最广泛、最一般的内容，也是发展党内民主和党际民主的最终归宿。实践证明，发展社会主义民主政治，需要将党内民主、党际民主和群众民主三者有机统一起来，相互促进、共同发展，使中国特色社会主义民主的优势得到充分发挥。

第四，坚持选举民主、协商民主、自治民主、监督民主等形式相统一，确保人民群众的民主权利得到最大限度的实现。民主的实质要有相应的形式加以实现。没有必要的、合适的实现形式，民主就会落空。中华人民共和国成立以来，我们党探索和形成了选举、协商、自治和监督等多种社会主义民主的实现形式，努力把人民群众各方面的合理愿望和民主权利落到实处。选举民主，即人民群众通过选举、投票行使权利，是表达人民群众意愿、调整利益关系的有效途径，也是发扬中国特色社会主义民主的一个基本形式。协商民主，即人民群众内部各方面在重大决策之前进行充分协商，尽可能就共同性问题取得一致意见，既有利于使多数人的意愿和要求得以落实和满足，又有利于使少数人的合理意愿和要求得到充分表达和兼顾。自治民主，即由人民群众实行自我管理、自我教育、自我服务，是人民群众行使民主权利的重要方面。这种自治既包括民族区域自治，又包括村民自治、城市居民自治和企事业单位民主管理等基层群众自治。自治作为人民群众身边的民主，能够有效地保障人民群众最关心、最直接、最现实的利益，是中国特色社会主义民主最具体和最生动的体现。监督民主，即人民群众对公共权力和公共事务拥有监督权，防止公共权力和公共事务被滥用，是人民群众维护自身利益和民主权利的必要方式。这些民主实现形式相互补充、相得益彰，有力地保障了人民群众的主人翁地位，使广大人民群众能够真正运用属于自己的各项民主权利去维护和实现自己的利益。

（二）"人民民主"的重要意义

首先，人民民主的价值和制度代表着人类历史前进方向。马克思主义承认资本主义民主价值观相对封建等级制的历史进步性，但也充分认识到资产阶级民主制度的历史局限性。列宁一针见血地指出："资产阶级害怕充分自由和充分民主，因为它知道，觉悟的即社会主义的无产阶级会利用自由来反对资本的统治。"① 不仅早期资本主义不能实现充分的民主，当代所谓晚期资本主义同样不能实现充分的民主。另外，不平等的国际秩序反过来使西方资本主义国家国内的民主成色也大为下降。只有超越资本主义民主的社会主义人民民主，才代表人类政治文明发展的方向。

其次，人民民主一直是中国共产党人倡导的价值观。早在中华人民共和国成立前，毛泽东就明确指出，"没有广大人民的民主，就没有人民当家作主的国家"。在中国共产党的领导下，经过 28 年的人民民主革命，实现了国家独立和民族解放，建立了人民民主专政的国家政权，为人民民主的实现提供了政治前提；通过社会主义改造，建立了社会主义制度，实现了人民的经济平等，为人民民主的实现奠定了制度基础。改革开放以来，我们总结发展社会主义民主正反两方面经验，强调没有民主就没有社会主义，人民民主是社会主义的生命，坚持国家一切权力属于人民，不断推进政治体制改革，开辟和坚持了中国特色社会主义政治

---

① 列宁：《革命的官样文章和革命事业》，《列宁全集》第 12 卷，人民出版社 2017 年版，第 112 页。

发展道路，为实现最广泛的人民民主确立了正确方向。

最后，中国特色社会主义道路的成功得益于人民民主的不断扩大。民主是一个历史性的概念，在当代，民主并不是西方资本主义的专利，社会主义同样有民主，而且是更高级形态的民主。不能因为资本主义国家谈论民主，我们就回避甚至否定民主的价值。资本主义国家谈论的民主是资产阶级的民主，我们完全可以谈无产阶级的民主，即人民民主。中国特色社会主义道路的成功，得益于人民民主的不断扩大。可以说，"发扬和保证党内民主，发扬和保证人民民主"是社会主义基本价值取向。尽管由于历史和现实原因，我们的民主制度还有许多不完善的地方，中国特色社会主义民主仍有很大可以改进的空间，但决不能因此否认我们的民主探索和民主实践。

（三）"人民民主"的实践要求

"社会主义愈发展，民主也愈发展。在发展中国特色社会主义的历史进程中，中国共产党人和中国人民一定能够不断发展具有强大生命力的社会主义民主政治。"① 这不仅体现了我们党对发展社会主义民主充满自信，同时也指明了努力的方向和目标。

第一，以党内民主带动人民民主，使人民民主更具活力。我们要以尊重党员主体地位、保障党员民主权利为核心，进一步丰富党员了解和参与党内事务的内容与形式，营造党内民主环境；以完善党的代表大会制度和党内其他各项民主制度为重点，推动实行党的代表大会代表任期制和常任制，改革党内选举制度，改进提名方式，扩大差额选举的范围和比例，探索党内民主的多种实现形式；以严格实行民主集中制、建立健全党内监督机制为关键，进一步完善党的地方各级全委会、常委会工作机制，健全集体领导与个人分工负责相结合的制度，加大上级对下

---

① 《十七大以来重要文献选编》上，中央文献出版社 2009 年版，第 26 页。

级、下级对上级和同级相互之间的监督力度，确保权力在阳光下运行。

第二，不断健全社会主义民主政治制度，使人民民主更加有效。要切实保障人民代表大会依法履行职能，密切人大代表同人民群众的联系，搞好人大代表选举工作，逐步实行城乡按相同人口比例选举人大代表，保证立法和决策更好地体现人民群众的意志；坚持"长期共存、互相监督、肝胆相照、荣辱与共"的方针，支持民主党派和无党派人士更好地履行职能、发挥作用，把政治协商纳入决策程序，完善民主监督机制，提高参政议政实效；坚持各民族共同团结奋斗、共同繁荣发展的主题，全面落实民族区域自治法，保证民族自治地方依法行使自治权，保证各族群众都能享受充分的民主权利；健全基层群众自治机制，扩大群众自治范围，不断完善村民自治、社区居民自治和企事业单位民主管理制度，把城乡社区建设成为管理有序、服务完善、文明祥和的社会生活共同体，确保人民群众在我国经济、政治、文化和其他社会事务中真正当家作主。

第三，进一步扩大公民有序的政治参与，使人民民主更加广泛。要努力营造公民政治参与的氛围，拓宽公民政治参与的途径，保障公民的知情权、参与权、表达权和监督权。在互联网迅速发展的今天，要善于利用网络政治参与形式，为广大群众表达意见提供新的载体，使党和政府能够更好地了解民情、倾听民声、集中民智。统一战线是党加强同各方面群众联系，充分反映社情民意的重要方面，是扩大有序的政治参与的重要途径。要充分发挥统一战线这一优势和作用，通过政治协商、参政议政、民主监督，就国家经济社会发展和事关国计民生的重大问题，广泛听取党外人士的意见和建议，确保社会各方面的愿望和正当要求得到最充分的反映、表达和实现，确保社会主义民主健康有序发展。

第四，切实加强社会主义民主法治建设，使人民民主更有保障。适应社会主义市场经济发展和全面参与经济全球化的新形势，从人民群众反映最突出的问题着手，进一步完善中国特色社会主义法律体系，推动政府按照体现党的主张和人民意志的法律法规履行职责，建立公正高效权威的社会主义司法制度，更好地保障在全社会实现公平和正义。要在全社会弘扬法治精神，形成自觉学法守法用法的社会氛围，引导人民群众在宪法和法律范围内规范政治参与的行为，以合法的程序和方式表达利益诉求，正确行使和维护民主权利，使我国社会主义民主在系统完备的法治保障中显示出更加蓬勃的生机和旺盛的活力。

五、文化包容

中华文化具有包容性的特点，它之所以能够在空间上不断向外扩展，在时间上一直绵延数千年，很大程度上就与其有容乃大的性格有关。在中华文化的影响下，中国特色社会主义本身也具有包容性，是融会贯通古今中西人类优秀文明成果的结晶。文化包容，正是中国特色社会主义在文化方面表现出的突出特点，也是中国特色社会主义在文化方面要坚持的基本原则。中共十九大报告指出："发展中国特色社会主义文化，就是以马克思主义为指导，坚守中华文化立场，立足当代中国现实，结合当今时代条件，发展面向现代化、面向世界、面向未来的，民族的科学的大众的社会主义文化，推动社会主义精神文明和物质文明协调发展。"[①]搞好中国特色社会主义文化建设，就需要贯彻文化包容的理念与原则，既以马克思主义为指导，又结合我国客观实际；既汲取中华传统文化的精髓，又吸收世界其他国家的优秀文化。

（一）"文化包容"的基本内涵

中国特色社会主义"文化包容"理念，主要表现在中国特色社会主义文化是以科学的思想理论为指导，群众基础广泛，资源配置合理，产

---

① 《中国共产党第十九次全国代表大会文件汇编》，人民出版社 2017 年版，第 33 页。

品富有凝聚力、感召力和创造力，并且富有与时俱进的开放精神，能够不断实现自我发展、自我完善、自我超越。正是因其具有包容性，中国特色社会主义文化在根本上也具有先进性。具体来讲，"文化包容"主要体现在中国特色社会主义文化所具有的鲜明的科学性、民族性、群众性、时代性、开放性、建设性等方面的特点。

中国特色社会主义文化坚持以马克思主义为指导，具有鲜明的科学性。文化建设的指导思想是该文化系统的核心和灵魂，决定着文化的性质和方向。从马克思列宁主义到毛泽东思想再到中国特色社会主义理论体系，是一套历史地发展起来并与中国实际相结合的科学理论体系。这一科学理论体系不仅为中国特色社会主义文化提供了科学的世界观方法论指导，同时也阐明了中国特色社会主义文化建设的基本内容和原则，指明了社会主义文化建设的前进方向。

中国特色社会主义文化坚持涵养民族精神，具有鲜明的民族性。民族性是文化的天然属性。中国特色社会主义文化以中华优秀传统文化为母体，是涵养民族精神、凝聚各族人民意志和力量的积极健康向上的文化。它深深扎根于中华沃土，凝结着中华民族五千年传统文化的精华，鲜明地体现着中华民族的思维方式、生活方式、个性特征、进取精神、道德情操以及风俗习惯，具有鲜明的民族风格、中国气派和强大的生命力。同时，中国特色社会主义文化作为中华文化的精粹，也是世界文化一个不可或缺的重要组成部分，具有世界性意义。中国特色社会主义文化，正是在这种民族性与世界性相融合的过程中，日益显示出民族特色和在世界文化中的地位。

中国特色社会主义文化坚持面向大众、服务人民、为广大群众喜闻乐见，具有鲜明的群众性。人民大众作为推动历史进步的主体，是社会物质财富和精神财富的创造者和享有者。站在人民大众的立场上，坚持为人民服务、为社会主义服务的方向，是社会主义思想文化与封建主义、资本主义思想文化的本质区别，也是其包容性的根本体现。中国特色社会主义文化不是只为少数人垄断的精神奢侈品，而是来自于人民、发展于人民、服务于人民，由人民共建共享的思想文化，其最深厚的根源就在广大人民群众之中。着眼培育有理想、有道德、有文化、有纪律的一代新人，不断满足人民群众日益增长的多样化多层次多方面精神文化需求，促进人的自由全面发展，是发展中国特色社会主义文化的根本目的和内在要求。

中国特色社会主义文化坚持立足改革开放和社会主义现代化建设实践，具有鲜明的时代性。各个国家、各个民族文化的形成和发展，为该社会所处发展阶段的物质生产和交换方式并由此产生的社会结构等因素所决定，无不打上时代的烙印。我国仍处于并将长期处于社会主义初级阶段，改革开放和社会主义现代化建设成为时代最强音。彰显时代精神、赋予时代内容、突出时代要求、注入时代活力，是中国特色社会主义文化时代性的突出表现。它深深根植于改革开放和社会主义现代化建设实践，站在时代前列，紧扣时代脉搏，关注社会生活实际，把握变动的思想流向，塑造出反映时代的理论观点与精神产品，满足人们的精神文化需求，占领并支配变动时代的思想阵地。

中国特色社会主义文化坚持面向现代化、面向世界、面向未来，具有鲜明的开放性。当今世界，文化多样化发展呈现出相互开放、相互借鉴、相互影响、相互融合、共同繁荣的局面。开放性的文化，能消解文化壁垒，汲取国外先进文明成果和有益的公共精神产品，克服自身的封闭性、片面性和局限性，使民族思想文化的发展在世界舞台上具有广阔的天地。中国特色社会主义文化就是一种不断与世界多种文化进行交流、碰撞，并在不断吸收其他一切优秀文化成果基础上发展起来的开放型文化。这种文化是一个具有开放胸襟和广阔视野，融会中西文化，通过取长补短不断发展和完善自身，具有中国特色的开放体系。

中国特色社会主义文化坚持批判基础上的吸收、借鉴和超越，具有鲜明的建设性。中国特色社会主义文化包容性的彰显，既要发挥其批判性功能，更要富于建设性。就其批判性而言，就是要以自身的科学性和开放性反击资本主义意识形态侵略，消解各种异质性文化，改造落后和腐朽文化，发展先进和健康文化，捍卫马克思主义的主导地位。就其建设性而言，就是要以立为主、重在建设，以海纳百川的胸怀，兼容各种文化的有益成分，吸收其积极合理的文明成果，在批判中建构社会主义文化高地。

（二）"文化包容"的思想渊源

文化是一个民族的灵魂与根本所在，文化的生命力在其包容性，在于能够吸收外来文化精华，并与本土文化进行很好的融合。中国特色社会主义文化是马克思主义文化观念与中国自身传统文化结构融合后不断发展进步的体现，而无论是马克思主义这种外来文化，还是中国传统文化自身，都具有很强的包容性。

马克思主义经典作家认为，文化是由一定的历史进程决定的，同时对一定的历史进程产生巨大的反作用。一个民族的文化不仅与其立于其上的经济基础相互作用，还与经济基础之上的一定的政治、法律、宗教、哲学等因素相互作用。因此，在这种相互作用下，一个民族的文化必定随其历史进程的改变而不断发展和进步，这就注定此文化要具有很强的包容性，能够对一切文明成果进行融合与吸收。与此同时，文化还要对历史进程的发展产生能动的推进作用，这也需要它具备巨大的包容性，通过创新与丰富自己的理论来有力地指导实践。马克思主义文化是我国主流的意识形态，其本质就要求自身随着时代的发展与进步而不断完善与创新，并吸取人类文明之精华来充实自身，具有包容的品性。马克思主义的核心思想是实现人类的解放，最终走向共产主义。共产主义社会不仅是社会生产力高度发展的一种文明形态，更是每个人的思想境界都极度提升的一种现实追求，届时对人与人之间的宽容度必定提出更高的要求，既要尊重差异、包容多样，又能充分发挥个人的积极性与创造性。一言以蔽之，中国特色社会主义文化在坚持马克思主义意识形态的主导地位时，已经潜移默化地将包容的品性融入了自身肌体。

中华传统文化是中国特色社会主义的根，而中华传统文化之所以源远流长，一个很重要的原因就在于其自身具有很强的包容性，能够吸取精华，展现多元。和合文化在中华民族发展中有着几千年的传统，其实质就是强调包容与接纳。孔子说"君子和而不同"，就是强调人与人之间要有很强的包容性，不强求一律，可以求同存异。这种文化的包容性在民族精神上也有着很好的体现：一方面，中华民族是 56 个民族的融合体，具有不同风俗、语言、性情、信仰的各族人民之所以能够和平共处、共生共长，并形成一个团结的有机整体，就在于这些民族能够不以自身独有文化自居，保持多样性，并相互融合；另一方面，佛教文化很好地传入中国并成为中华文化的一部分，也体现出中华文化所具有的包容性特征。近代中国遭遇西方基督教工业文明，同样也体现出这种包容性，只是最终要像对待佛教那样把西方文明也化为自身一部分，必然需要较长的历史时期。

（三）"文化包容"的实践要求

推动中国特色社会主义文化的发展和繁荣，就是要坚持以马克思主义为指导，坚持社会主义先进文化前进方向，坚持以人为本，坚持把社会效益放在首位，坚持改革开放，发展面向现代化、面向世界、面向未来的，民族的科学的大众的社会主义文化，培养高度的文化自觉和文化自信，提高全民族文明素质，增强国家文化软实力，弘扬中华文化，努力建设社会主义文化强国，奋力开创社会主义文化建设新局面。

一是以建设社会主义核心价值体系为根本任务，保证社会主义文化发展的正确方向。"社会主义核心价值体系是兴国之魂，是社会主义先进文化的精髓，决定着中国特色社会主义发展方向。"① 中国特色社会主义的"文化包容"并不意味着没有原则的"包容"，更不是要失去价值指导和前进方向。这就要求在加强引导、营造氛围中扩大社会认同，在尊重差异、包容多样中有效引领社会思潮，在建设积累、持之以恒中壮大主流意识形态。

二是以满足人民精神文化需求为出发点和落脚点，把握社会主义文化发展的根本目的。中国特色社会主义文化是人民大众的文化，人民群众共建共享是其内在要求。推动中国特色社会主义文化发展，必须以满足人民群众精神文化需求为出发点和落脚点，准确把握人民群众对丰富精神文化生活的新期待，在走进群众、服务群众中实现文化的新创造。这就要求深入研究当前人民精神文化需求的现状及发展态势，为人民提供更好更多的精神文化产品和服务，加强对人民精神文化需求的积极引导。

三是以改革创新为动力，增强社会主义文化发展的活力。"文化引领时代风气之先，是最需要创新的领域。"② 面对当前制约我国文化发展的深层次矛盾和问题，只有大力推动文化体制机制、内容形式、传播手段创新和科技创新，焕发创造激情，增强改革创新能力，才能进一步解放和发展文化生产力，增强我国文化发展的生机和活力。这就要求打好文化体制改革攻坚战，不断创新文化内容形式和方法手段，营造鼓励改革创新的良好社会环境。

四是以对外交流为平台，扩大社会主义文化的国际影响力。对外文化交流，是不断增进同各国人民的理解和友谊，扩大我国文化国际影响力和竞争力，提升自身比较优势的重要平台。推进中国特色社会主义文化发展，必须坚持以开放的胸怀看世界，统筹国内国际两个大局，在国

---

① 《十七大以来重要文献选编》下，中央文献出版社 2013 年版，第 538—539 页。

② 《十七大以来重要文献选编》下，中央文献出版社 2013 年版，第 545 页。

际大格局中确定文化发展战略，大力加强对外文化交流与合作，努力为中华民族的伟大复兴创造新的文化辉煌。

六、社会和谐

中共十六大在规划全面建设小康社会的奋斗目标时，把"社会更加和谐"作为全面建设更高水平的小康社会的一个重要目标。中共十六届六中全会通过的《关于构建社会主义和谐社会若干重大问题的决定》明确指出："社会和谐是中国特色社会主义的本质属性，是国家富强、民族振兴、人民幸福的重要保证。"[①] 中共十九大报告指出："新时代中国特色社会主义思想，明确坚持和发展中国特色社会主义，总任务是实现社会主义现代化和中华民族伟大复兴，在全面建成小康社会的基础上，分两步走在本世纪中叶建成富强民主文明和谐美丽的社会主义现代化强国。"[②]"和谐"也是社会主义现代化强国所具有的基本特征之一。

（一）"社会和谐"的基本内涵

"社会和谐"是中国特色社会主义的本质属性，这个重大判断体现了中国共产党立党为公、执政为民的本质要求，符合我国社会主义国家政权的性质。在我国，人民群众的利益在根本上是一致的，我国社会的基本矛盾是非对抗性的，我们具有不断促进社会和谐、最终建成社会主义和谐社会的根本政治前提和社会制度保证。

社会主义和谐社会，是经济建设、政治建设、文化建设、社会建设、生态文明建设协调发展的社会，是人与人、人与社会、人与自然整

---

① 《十六大以来重要文献选编》下，人民出版社 2008 年版，第 648 页。
② 《中国共产党第十九次全国代表大会文件汇编》，人民出版社 2017 年版，第 15 页。

体和谐的社会。我们既要从"大社会"着眼，把和谐社会建设落实到党和国家全部工作之中，又要从"小社会"着手，以解决人民群众最关心最直接最现实的利益问题为重点，着力发展社会事业、促进社会公平正义、建设和谐文化、完善社会管理、增强社会创造活力，走共同富裕道路，推动社会建设与经济建设、政治建设、文化建设、生态文明建设协调发展。

和谐社会不是特定的社会形态，也不是某一社会形态发展的特定阶段，它是社会存在和发展的一种状态。我们要构建的社会主义和谐社会，是在中国特色社会主义道路上进行的，是中国特色社会主义的本质属性。它只能从中国的国情出发，从社会主义初级阶段的实际出发，只能是中国特色社会主义的和谐社会。

根据马克思主义基本原理和我国社会主义建设的实践经验，根据新世纪新阶段我国经济社会发展的新要求和我国社会出现的新趋势新特点，我们所要建设的社会主义和谐社会，应该是民主法治、公平正义、诚信友爱、充满活力、安定有序、人与自然和谐相处的社会。民主法治，就是社会主义民主得到充分发扬，依法治国基本方略得到切实落实，各方面积极因素得到广泛调动；公平正义，就是社会各方面的利益关系得到妥善协调，人民内部矛盾和其他社会矛盾得到正确处理，社会公平和正义得到切实维护和实现；诚信友爱，就是全社会互帮互助、诚实守信，全体人民平等友爱、融洽相处；充满活力，就是能够使一切有利于社会进步的创造愿望得到尊重，创造活动得到支持，创造才能得到发挥，创造成果得到肯定；安定有序，就是社会组织机制健全，社会管理完善，社会秩序良好，人民群众安居乐业，社会保持安定团结；人与自然和谐相处，就是生产发展，生活富裕，生态良好。这些基本特征是相互联系、相互作用的，需要在全面建成小康社会和推动社会主义现代化事业的进程中全面把握和体现。

（二）"社会和谐"的重要意义

构建社会主义和谐社会，符合马克思主义关于社会主义社会的科学预测。实现社会和谐，建设美好社会，始终是人类孜孜以求的一个社会理想，也是包括中国共产党在内的马克思主义政党不懈追求的一个社会理想。马克思恩格斯在批判地继承空想社会主义思想成果的时候，就曾明确指出"提倡社会和谐"是"它们关于未来社会的积极的主张"。按照马克思恩格斯的设想，未来社会将在打碎旧的国家机器、消灭私有制的基础上，逐步消除阶级之间、城乡之间、脑力劳动和体力劳动之间的对立和差别，"代替那存在着阶级和阶级对立的资产阶级旧社会的，将是这样一个联合体，在那里，每个人的自由发展是一切人的自由发展的条件。"① 到那时，"人终于成为自己的社会结合的主人，从而也就成为自然界的主人，成为自身的主人——自由的人。"② 我们党在领导革命、建设和改革的长期实践中，不断探索和发展具有中国特色的社会主义社会建设理论。我们党明确提出构建社会主义和谐社会，就是对马克思主义关于社会主义社会建设理论的丰富和发展，为开创中国特色社会主义事业新局面提供了新的理论指导。

构建社会主义和谐社会，既是对我国改革开放和现代化建设经验的科学总结，也是在新形势下更好地推进我国经济社会发展的战略举措。经过中华人民共和国成立以来特别是改革开放以来的不断发展，我国社会生产力水平明显提高，综合国力显著增强，人民生活总体上达到小康水平，可以为缩小社会差距、促进社会公平、完善社会保障、发展社会事业、加强社会建设和管理等提供更充分的物质保证。同时我们也要看到，我国仍处于并将长期处于社会主义初级阶段，生产力发展水平、教

---

① 《马克思恩格斯选集》第 4 卷，人民出版社 2012 年版，第 647 页。

② 《马克思恩格斯选集》第 3 卷，人民出版社 2012 年版，第 817 页。

育科技文化等发展水平还不高，建成社会主义和谐社会任重道远。特别要看到，目前我国社会正经历着深刻的变化，改革发展正处于一个关键时期。工业化、城镇化和经济结构的调整加速，社会组织形式、就业结构、社会结构的变革加快，人民群众的经济政治文化需求更趋多样，社会利益关系更趋复杂，人们思想活动的独立性、选择性、多变性、差异性明显增强，我们正面临着并将长期面对一些复杂、突出的矛盾和问题。要抓住和用好战略机遇期，实现全面建成小康社会宏伟目标，就必须正确应对这些矛盾和问题，花更大气力妥善协调各方面利益关系，正确处理各种社会矛盾，大力促进社会和谐。

构建社会主义和谐社会是我们党立党为公、执政为民的必然要求。马克思认为："人们奋斗所争取的一切，都同他们的利益相关"[①]，"'思想'一旦离开'利益'，就会使自己出丑"[②]。利益关系是社会生活中普遍存在的一种根本关系，现实生活中，利益矛盾是一切社会矛盾的根源，是影响社会和谐的重要因素。它主要包括经济利益矛盾、政治利益分化和文化价值冲突等等。针对上述可能出现的利益矛盾，我们党要在化解利益矛盾中促进社会和谐，要更加积极主动地正视矛盾、化解矛盾，最大限度地增加和谐因素，最大限度地减少不和谐因素，不断促进社会和谐。

（三）"社会和谐"的实践要求

第一，提高认识，把构建社会主义和谐社会摆在更加突出的地位。我国发展已站在一个新的历史起点上，我们面临的发展机遇前所未有，面对的挑战也前所未有。我们在看到难得的历史机遇的同时，更要增强忧患意识，清醒地看到面临的严峻挑战。如果我们不重视、不抓紧应对

---

① 《马克思恩格斯全集》第 1 卷，人民出版社 1956 年版，第 82 页。
② 《马克思恩格斯全集》第 2 卷，人民出版社 1956 年版，第 103 页。

这些挑战，不仅经济社会发展会受到干扰和制约，而且社会稳定也会受到影响。我们党要带领人民抓住机遇、应对挑战，把中国特色社会主义伟大事业推向前进，必须坚持以经济建设为中心，把构建社会主义和谐社会摆在更加突出的地位。全党都要提高对构建社会主义和谐社会重大意义的认识，把思想和行动统一到中央的决策部署上来，增强自觉性和主动性，提高使命感和责任感，努力做好各项工作。

第二，突出重点，着力解决好人民群众最关心、最直接、最现实的利益问题。构建社会主义和谐社会是一个复杂的社会系统工程，必须统筹兼顾、突出重点，坚持把群众利益放在首位，力求在解决突出矛盾和关键问题上不断取得实实在在的成效。要认真查找影响本地区本部门社会和谐的突出矛盾，找准群众普遍关心的现实问题，在深入调查研究的基础上，提出切实有效的政策措施，一个一个加以解决，使构建社会主义和谐社会的成效真正体现到为群众排忧解难上来，体现到实现和维护群众的切身利益上来。

第三，深化改革，建立健全促进社会和谐的制度保障。制度更带有根本性、全局性、稳定性和长期性。完善的体制机制和制度体系，是促进社会和谐、实现社会公平正义的重要保证。我们既要立足当前、着力解决影响社会和谐的突出矛盾和问题，又要着眼长远、在制度建设和创新上多下功夫。要适应社会发展要求，根据构建社会主义和谐社会的需要，继续推进经济体制、政治体制、文化体制、生态文明体制改革和创新，尤其要不失时机地推进社会体制改革和创新，努力在保障人民权益、促进经济社会协调发展、强化政府社会管理和公共服务职能、推进社区建设、健全社会组织、完善人民内部矛盾处理机制、加强社会治安防控体系等方面取得新的进展。

第四，加强领导，有重点分步骤地持续推进社会主义和谐社会建设。构建社会主义和谐社会，关键在党。必须充分发挥党的领导核心作用，为构建社会主义和谐社会提供坚强有力的政治保证。各级党委要把和谐社会建设摆上重要议事日程，努力使思想观念、工作部署、工作方式更加适应构建社会主义和谐社会的要求。要完善领导机制和工作机制，加强综合协调、宏观指导和督促检查，建立健全工作责任制，确保和谐社会建设的各项任务落到实处。构建社会主义和谐社会是一项长期的历史任务，要坚持从实际出发，分清轻重缓急，从当前办得到的事情做起，量力而行，尽力而为。构建社会主义和谐社会是人民群众自己的事业，必须尊重人民群众的主体地位和首创精神，团结一切可以团结的力量，调动一切积极因素，汇聚起促进社会和谐的强大合力，形成促进和谐人人有责、和谐社会人人共享的生动局面。

七、民族复兴

中共十八大报告的一个核心思想，就是坚持和发展中国特色社会主义。历史和现实都表明，这条道路卓有成效地解决了在中国这样一个经济文化相对落后的国家实现民族复兴的历史性课题。只有坚定不移走中国特色社会主义道路，我们才能全面建成小康社会，加快推进中国的社会主义现代化，完成中华民族伟大复兴的历史重任。习近平更加形象地把实现中华民族伟大复兴称为"中国梦"，这也正是中国特色社会主义的共同理想。中共十九大报告进一步强调："实现中华民族伟大复兴是近代以来中华民族最伟大的梦想。中国共产党一经成立，就把实现共产主义作为党的最高理想和最终目标，义无反顾肩负起实现中华民族伟大复兴的历史使命……"①

（一）"民族复兴"的基本内涵

"民族复兴"理念在推动中国深化改革、加快发展的基础上，创造

---

① 《中国共产党第十九次全国代表大会文件汇编》，人民出版社 2017 年版，第 11 页。

性地回答了"实现什么样的民族复兴，怎么样实现民族复兴"等时代问题，进一步丰富和发展了中国特色社会主义。

关于实现什么样的民族复兴。习近平对"实现什么样的民族复兴"的回答，包括两个方面：一是中华民族伟大复兴是国家、民族、人民三位一体的目标追求，鲜明地体现了立足民族现实诉求，关注民族未来发展的责任伦理；二是社会主义核心价值观是国家、社会、公民三位一体的价值追求，体现了对中华民族社会发展具有终极意义的价值伦理。二者都从不同的层面回答了民族复兴的本质内涵与共同理想。

关于怎么样实现民族复兴。习近平指出，实现中华民族伟大复兴，必须坚持中国道路、弘扬中国精神、凝聚中国力量。这为我们实现中华民族伟大复兴指明了现实路径和指向，也为我们奋力开拓中国特色社会主义伟大事业提供了前进的动力和力量源泉。当然，这只是为我们实现历史使命提供大致方向，具体还要依靠实干，依靠锲而不舍的努力，依靠全体中华儿女的辛勤劳动。

（二）"民族复兴"的重要意义

"民族复兴"作为中国特色社会主义的一个基本理念，体现的是具有整体性的战略思想，反映了中国人民的共同理想。它从思想理论、价值观念、改革实践等多个方面，完善和发展了中国特色社会主义。

首先，进一步推动了马克思主义中国化、时代化和大众化。完善和发展中国特色社会主义旨在解决"中国问题"，否则这一"主义"将逐渐失去生命力。中共十八大以来，习近平本着坚持和发展中国特色社会主义事业的伟大使命，在坚持全面深化改革的基础上，坚持以破解"中国问题"、为人民群众谋利益为出发点和落脚点，认真总结了社会主义思想的形成和发展史，尤其是将马克思主义与鸦片战争以来中国近现代历史进行深度结合，与中国特色社会主义的生动实践相结合，与中华传统的优秀文化相结合，不断地丰富和发展了中国特色社会主义，创造性地回答了"实现什么样的民族复兴，怎么样实现民族复兴"这一时代课题，提出了耳熟能详的"中国梦"等崭新理念，将中国特色社会主义理论体系看作是科学社会主义理论逻辑与中国社会发展历史逻辑的辩证统一，在新的历史起点上进一步推动了马克思主义中国化、时代化和大众化的历程。

其次，为实现中国特色社会主义现代化提供了新的理论支撑。习近平关于中华民族伟大复兴的思想，明确了中国特色社会主义现代化的内涵与目标，进一步丰富与发展了中国特色社会主义，为中国特色社会主义现代化提供了重要的思想支撑。同时，习近平关于到中国共产党成立一百年时全面建成小康社会的目标一定能实现，到新中国成立一百年时建成富强民主文明和谐美丽的社会主义现代化强国的目标一定能实现，中华民族伟大复兴的梦想一定能实现的思想，为我们指明了奋斗方向，更加坚定了自信。

最后，丰富和完善了当代中国特色的话语体系。中华民族的伟大复兴最终一定要体现为中华文化的伟大复兴，而打造具有中国特色的话语体系就是文化复兴的内在意蕴。马克思主义的话语体系内在地包含着革命话语和建设话语两个部分，其建设话语体系，关注未来社会的建构，寻求更符合人类生存和发展的社会形式以及实现这种社会形式的现实途径。中华民族伟大复兴的思想，为马克思主义的建设话语之展开提供了新的发展空间。创造基于当代中国实践且为了破解"中国问题"的崭新话语，从而初步实现传统文化的现代转型，自觉建构中国化的马克思主义话语体系，为解释中国现代性、掌握国际话语权作出了新贡献。

(三) "民族复兴" 的实践要求

一是要解答理论困惑，弄清毛泽东思想与中国特色社会主义理论体系的关系。习近平在《关于中国特色社会主义理论体系的几点学习体会和认识》一文中对毛泽东思想的基本内容进行了科学的界定，即"毛泽东思想作为一个科学体系，既包括毛泽东同志关于新民主主义的正确思想，也包括毛泽东关于社会主义建设的正确思想"。[①] 在此基础上，他主要从以下四个方面进行详细分析：从时间上讲，中国特色社会主义理论体系是改革开放新时期我们党的理论创新成果；从思想渊源上看，中国特色社会主义理论体系也是对毛泽东同志艰辛探索社会主义建设规律重要思想成果的继承和发展；从二者的联系上看，坚持解放思想、实事求是、与时俱进，坚持党的群众路线，坚持独立自主地走自己的路是它们的共同点；从二者的关系上看，中国特色社会主义理论体系坚持和发展了毛泽东思想。中华人民共和国成立后至中共十一届三中全会召开之前，我们党对社会主义的艰辛探索应属于毛泽东社会主义建设思想范围之内。中国特色社会主义理论体系虽然不包括毛泽东社会主义建设思想，但它是对毛泽东社会主义建设思想的丰富和发展。

二是要明确实践路径，推进全面深化改革与国家治理现代化。改革开放是实现"两个一百年"奋斗目标的关键。习近平在中共十八大后第一次到地方调研，就选择了改革开放中得风气之先的广东，他在调研中突出强调，要坚定不移推进改革开放。中共十八届三中全会对全面深化改革进行总体部署，提出了国家治理能力与治理体系现代化的新目标，吹响了改革开放新的进军号，开启了全面深化改革的新征程，为实现民族复兴明确了实践路径和阶段性目标。一是改革开放只有进行时没有完成时；二是把握全面深化改革的总要求，即要坚持社会主义市场经济改革方向，坚持以促进社会公平正义、增进人民福祉为出发点和落脚点，坚持紧紧依靠人民推动改革；三是准确理解全面深化改革的总目标，即"坚持完善和发展中国特色社会主义制度，推进国家治理体系和治理能力现代化"是由前后两个半句组成的完整的一句话，不能割裂开来；四是处理好全面深化改革中的重大关系，即处理好解放思想和实事求是的

---

① 《十七大以来重要文献选编》上，中央文献出版社 2009 年版，第 253 页。

关系，整体推进和重点突破的关系，顶层设计和摸着石头过河的关系，胆子要大和步子要稳的关系，改革发展稳定的关系等。

三是要延续精神追求，弘扬中华优秀传统文化。以习近平同志为核心的党中央，非常重视中华优秀传统文化。2014 年 9 月 25 日在纪念孔子诞辰 2565 周年国际学术研讨会暨国际儒学联合会第五届会员大会开幕会上，习近平就延续中华优秀文化与推进各文明体之间的交流问题进行演讲。他认为，中华文化是我们民族的"根"和"魂"，要对传统文化进行创造性转化、创新性发展。这一观点简明扼要地概括了中华文化对中华民族复兴的重要性，阐述了中国人与中国文化的关系，以及对待优秀传统文化的正确态度。中华优秀传统文化是中华民族的突出优势，中华民族伟大复兴需要以中华文化发展繁荣为条件。中华文化积淀着中华民族最深沉的精神追求，代表着中华民族精神标识，是中华民族发展壮大的丰厚滋养。

四是要健全法治保障，建设社会主义法治国家。法治就是指按照法律的规定来治理国家。改革开放以来，我们逐渐形成了依法治国的良好局面，提出了坚持依法治国、依法执政、依法行政共同推进，坚持法治国家、法治政府、法治社会一体建设的具体部署。中共十一届三中全会提出了有法可依、有法必依、执法必严、违法必究的方针，到中共十五大正式提出依法治国的基本方略。中共十六大把依法治国的落实列为全面建设小康社会的奋斗目标之一，中共十七大强调要建设社会主义法治国家，中共十八大又将法治明确列为治国理政的基本方式。而中共十八届四中全会以依法治国为主题，提出了全面推进依法治国的总目标是建设中国特色社会主义法治体系，建设社会主义法治国家，从而凸显了中国共产党对法治的高度重视，为实现民族复兴提供了法治的基础和保障。

第十章

中国特色社会主义理论的历史地位

中国特色社会主义是科学社会主义在中国的实现形式和具体体现，是科学社会主义理论逻辑和中国社会发展历史逻辑的辩证统一，是根植于中国大地、反映人民意愿、适应中国国情和时代发展要求的科学社会主义。中国特色社会主义不仅使中华民族迎来伟大复兴的光明前景，彰显社会主义制度的优越性，而且为世界和平发展和人类文明进步作出了重大贡献。

中国特色社会主义理论体系是包括邓小平理论、"三个代表"重要思想、科学发展观和习近平新时代中国特色社会主义思想在内的科学理论体系，是马克思列宁主义基本原理与中国实际和时代特征相结合的产物，是对马克思列宁主义、毛泽东思想的坚持和发展。中国特色社会主义理论凝结了几代中国共产党人带领中国人民在革命、建设和改革实践中不懈探索的智慧和心血，是党最宝贵的政治和精神财富，是全国各族人民团结奋斗的共同思想基础，是实现中华民族伟大复兴中国梦的行动指南。

正如习近平指出的："邓小平理论、'三个代表'重要思想以及科学发展观等重大战略思想，都坚持从实际出发，注重总结改革开放不同时期、不同阶段的新鲜经验，注重探索和回答不同时期、不同阶段遇到的新矛盾、新问题，在理论创新和理论发展上都作出了各自的独特贡献。它们既相互贯通又层层递进，体现了新时期以来我们党理论创新成果的科学性体系、阶段性成果和发展性要求的内在统一。"①

一、当代中国的马克思主义

马克思主义是中国特色社会主义理论的思想根基。中国特色社会主义理论的形成，体现了马克思主义在当代中国的科学运用和发展，是马克思主义中国化的最新成果，是当代中国的马克思主义，是对马克思主义的坚持和发展。

（一）马克思主义是不断发展的科学理论

习近平在 2015 年年底召开的全国党校工作会议上的讲话中指出："中国特色社会主义理论体系归根到底是以马克思主义基本理论为指导的，是把这些基本理论同中国具体实际相结合的结果。马克思主义就是我们共产党人的'真经'，不了解、不熟悉马克思主义基本原理，就不可能真正了解和掌握中国特色社会主义理论体系。"②

马克思主义是在解答人类历史问题过程中形成的，也是在解答人类历史问题过程中不断发展的。马克思主义回应的首先是时代的主题，即资本主义社会的基本矛盾及其提供相应的解决方案。由于马克思主义理论深深扎根于现实的土壤之中，所以，它从诞生之日起，就是一种富有科学性和生命力的理论。

马克思主义的科学性在于，马克思主义是以客观现实为依据，是对客观规律的认识和把握。正如恩格斯在《社会主义从空想到科学的发

---

① 《十七大以来重要文献选编》上，中央文献出版社 2009 年版，第 244—245 页。
② 习近平：《在全国党校工作会议上的讲话》，人民出版社 2016 年版，第 15 页。

展》一文中开宗明义地说："现代社会主义，就其内容来说，首先是对现代社会中普遍存在的有财产者和无财产者之间、资本家和雇佣工人之间的阶级对立以及生产中普遍存在的无政府状态这两个方面进行考察的结果。"① 在此基础上，马克思主义深刻地分析了资本主义基本矛盾运动及其规律性，由此得出资本主义必然灭亡，社会主义必然胜利的历史结论。正如马克思恩格斯在 1882 年《共产党宣言》俄文版序言里指出的那样："《共产党宣言》的任务，是宣告现代资产阶级所有制必然灭亡。"②

马克思主义的生命力在于，马克思主义是随着时代的进步和实践的发展而不断发展的。与时俱进是马克思主义的理论品质，坚持在实践中不断丰富和发展，是马克思主义的本质要求。马克思恩格斯多次强调："贯穿《宣言》的基本思想：每一历史时代的经济生产以及必然由此产生的社会结构，是该时代政治的和精神的历史的基础"。③ 这既是历史唯物论的基本原理，也是马克思主义理论不断发展和丰富的根源。毛泽东思想和中国特色社会主义是马克思主义在中国的实践形式和具体体现，是科学社会主义理论逻辑和中国社会发展历史逻辑的辩证统一，是根植于中国大地、反映人民意愿、适应中国国情和时代发展要求的马克思主义。

马克思主义理论包括马克思主义的立场、观点和方法，主要是辩证唯物主义、历史唯物主义和科学社会主义，也包括基本范畴和基本原理，也就是反映历史要求和社会发展规律的一系列相互联系的理论观点。中国共产党在马克思主义理论指导下，取得了中国革命的胜利和社会主义建设的成就，可见，马克思主义是中国共产党人认识世界和改造世界的强大思想武器。因此，我们必须坚持马克思主义。同时，马克思主义是科学，而不是教条。在坚持马克思主义基本原理的基础上，根据

① 《马克思恩格斯文集》第 3 卷，人民出版社 2009 年版，第 523 页。
② 《马克思恩格斯全集》第 25 卷，人民出版社 2001 年版，第 548 页。
③ 《马克思恩格斯文集》第 2 卷，人民出版社 2009 年版，第 9 页。

时代特征和本国国情，找到适合自己的发展道路，是一个马克思主义政党的理论能力和执政能力的重要体现。所以，只有在现实中发展马克思主义，而不是把马克思主义当作教条去生搬硬套，才是真正坚持马克思主义。正如恩格斯在 1895 年强调的那样："马克思的整个世界观不是教条，而是方法。它提供的不是现成的教义，而是进一步研究的出发点和供这种研究使用的方法。"①

坚持和发展马克思主义是中国共产党从中国革命和建设的历史经验中得出的重要结论。我们为什么要坚持马克思主义，因为马克思主义是中国共产党的安身立命之处；我们为什么要发展马克思主义，因为理论与实践相结合才是理论的生命所在。中国共产党领导中国人民在长期实践中获得了马克思主义化两大成果。

（二）马克思主义中国化的两次飞跃

推进马克思主义中国化，用发展着的马克思主义指导新的实践，这是我们党坚持和发展马克思主义的基本经验，也是我们党坚持和发展马克思主义的具体体现。这个基本经验来之不易，是我们党在教条化对待马克思主义之后经历的多次失败中逐渐认识到的。在中国革命和建设的实践中，我们党面对新情况，研究新问题，探索新道路，总结新经验，提出新思想，把马克思主义与中国实际相结合，形成了两次飞跃，产生了两大理论成果，即毛泽东思想和中国特色社会主义理论。

毛泽东思想是马克思主义中国化的第一次飞跃产生的理论成果。以毛泽东为主要代表的中国共产党人，把马克思列宁主义的基本原理同中国革命的具体实践结合起来，创立了毛泽东思想。毛泽东思想是马克思列宁主义在中国的运用和发展，是被实践证明了的关于中国革命和建设的正确的理论原则和经验总结，是中国共产党集体智慧的结晶。在毛泽

---

① 《马克思恩格斯选集》第 4 卷，人民出版社 2012 年版，第 664 页。

东思想指引下，中国共产党领导全国各族人民，经过长期的反对帝国主义、封建主义、官僚资本主义的革命斗争，取得了新民主主义革命的胜利，建立了人民民主专政的中华人民共和国；中华人民共和国成立以后，顺利地进行了社会主义改造，完成了从新民主主义到社会主义的过渡，确立了社会主义基本制度，发展了社会主义的经济、政治和文化，为当代中国一切发展进步奠定了根本政治前提和制度基础。

毛泽东思想的活的灵魂是"实事求是"，即理论联系实际。以毛泽东为主要代表的中国共产党人，在马克思主义指导下，创造性地解决了中国民主革命的方向和路径问题，以农村包围城市的革命道路，取得了新民主主义革命的胜利，实现了中华民族百年夙愿，建立了新中国。新中国成立后，我们党根据科学社会主义基本原则，对旧中国进行了社会主义改造，确立了社会主义基本制度，成功实现了中国历史上最深刻最伟大的社会变革，为此后中国的发展进步奠定了政治前提。

中国特色社会主义理论是马克思主义中国化的第二次飞跃产生的最新成果。中国特色社会主义理论是中国共产党在改革开放的过程中不断探索和总结经验的过程中逐步形成的。

中共十一届三中全会以来，以邓小平为主要代表的中国共产党人，总结中华人民共和国成立以来正反两方面的经验，解放思想，实事求是，实现全党工作重心向经济建设的转移，实行改革开放，开辟了社会主义事业发展的新时期，逐步形成了建设中国特色社会主义的路线、方针、政策，阐明了在中国建设社会主义、巩固和发展社会主义的基本问题，创立了邓小平理论。

中共十三届四中全会以来，以江泽民为主要代表的中国共产党人，在建设中国特色社会主义的实践中，加深了对什么是社会主义、怎样建设社会主义和建设什么样的党、怎样建设党的认识，积累了治党治国新的宝贵经验，形成了"三个代表"重要思想。

中共十六大以来，以胡锦涛为主要代表的中国共产党人，坚持以邓小平理论和"三个代表"重要思想为指导，根据新的发展要求，深刻认识和回答了新形势下实现什么样的发展、怎样发展等重大问题，形成了以人为本、全面协调可持续发展的科学发展观。

中共十八大以来，以习近平为主要代表的中国共产党人，坚持解放思想，实事求是，与时俱进，求真务实，紧密结合新的时代条件和实践要求，深入探讨坚持什么样的中国特色社会主义、怎样坚持和发展中国特色社会主义这一时代课题，形成了习近平新时代中国特色社会主义思想。邓小平理论、"三个代表"重要思想、科学发展观、习近平新时代中国特色社会主义思想既表明了中国特色社会主义理论的形成过程，也反映出我们党对社会主义认识的不断深化。中国特色社会主义在改革开放的探索中，把马克思主义基本理论与中国改革开放的实际问题相结合，依次回答了什么是社会主义和如何建设社会主义，建设什么样的党和怎样建设党，实现什么样的发展和怎样发展以及坚持和发展什么样的中国特色社会主义、怎样坚持和发展中国特色社会主义的四大实践问题。在毛泽东思想和中国特色社会主义理论的指导下，今天的中国已经巍然耸立于世界东方。

马克思主义中国化的两次飞跃所形成的两大成果——毛泽东思想和中国特色社会主义理论，正是在这两大理论成果的指导下，中国从一个饱受西方国家欺辱、封建落后的农耕国家，仅用了半个多世纪的时间，就变成了一个初步繁荣富强的社会主义国家。可见，马克思主义中国化两大成果的关系是相互贯通、相互连接，而又各有不同的历史任务和实现路径。

在社会主义改造完成之后，中国共产党在一穷二白的中国大地上进行社会主义建设的最初探索。其中有过失败，也经历了严重挫折，但中国共产党在社会主义建设中取得的独创性理论成果和巨大成就，为新的历史时期开创中国特色社会主义提供了宝贵经验、理论准备、物质基础。

中国特色社会主义理论体系是对毛泽东思想的继承和发展。邓小平曾经深刻阐明了中共十一届三中全会以来我们党所从事的事业与毛泽东的关系。他指出："从许多方面来说，现在我们还是把毛泽东同志已经提出、但是没有做的事情做起来，把他反对错了的改正过来，把他没有做好的事情做好。今后相当长的时期，还是做这件事。当然，我们也有发展，而且还要继续发展。"①因此，中国特色社会主义理论作为马克思主义中国化的最新成果，既继承了毛泽东探索社会主义建设规律留给我们的重要思想成果，又以改革开放新的实践为基础发展了这些重要思想成果。2013 年年初，习近平在《在新进中央委员会的委员、候补委员学习贯彻党的十八大精神研讨班上的讲话》中指出："我们党领导人民进行社会主义建设，有改革开放前和改革开放后两个历史时期，这是两个相互联系又有重大区别的时期，但本质上都是我们党领导人民进行社会主义建设的实践探索。中国特色社会主义是在改革开放历史新时期开创的，但也是在新中国已经建立起社会主义基本制度并进行了 20 多年建设的基础上开创的。"因此，"对改革开放前的历史时期要正确评价，不能用改革开放后的历史时期否定改革开放前的历史时期，也不能用改革开放前的历史时期否定改革开放后的历史时期。改革开放前的社会主义实践探索为改革开放后的社会主义实践探索积累了条件，改革开放后的社会主义实践探索是对前一个时期的坚持、改革、发展。"②

可见，中国特色社会主义理论与毛泽东思想有着深厚的思想渊源，体现了对毛泽东思想的继承和发展。它继承了毛泽东探索社会主义建设道路留给我们的重要思想成果，又以改革开放新的实践为基础发展了这

---

① 《邓小平文选》第二卷，人民出版社 1994 年版，第 300 页。

② 《习近平谈治国理政》第一卷，外文出版社 2018 年版，第 22 页。

些重要思想成果，是同毛泽东思想既一脉相承又与时俱进的科学理论体系。把两者对立起来，或者割裂开来，都是错误的。

（三）坚持和发展马克思主义的时代典范

在不同国家的不同时代，马克思主义必然表现出不同的形式和不同的特点。中国特色社会主义理论，是马克思主义在当代中国的具体运用，是对马克思主义的丰富和发展。

中国共产党自诞生以来，就以马克思主义为指导，对中国革命的基本问题，即革命的性质和前途不断地进行理论思考和实践探索。根据中国半殖民地半封建的社会性质，以毛泽东同志为主要代表的中国共产党人提出了新民主主义论，确定了中国革命的性质和前途，取得了中国革命的伟大胜利。

中华人民共和国成立后，我们党顺利完成了过渡时期的各项任务，开始了社会主义建设。毛泽东在 1956 年 4 月 4 日召开的中央书记处会议上指出："现在我们有了自己的初步实践，又有了苏联的经验教训，应当更加强调从中国的国情出发，强调开动脑筋，强调创造性，在结合上下功夫，努力找出在中国这块大地上建设社会主义的具体道路。"[1] 这是我们党的领导人第一次提出"中国道路"的思想。虽然这种探索在其后的实践中遭受了挫折，但开启了探索中国特色社会主义道路的先河。

中共十一届三中全会以来，我们党开始了在改革开放的实践中探索中国特色社会主义道路的伟大征程。在 1982 年召开的中共第十二次全国代表大会的开幕式上，邓小平指出："把马克思主义的普遍真理同我国的具体实际结合起来，走自己的道路，建设有中国特色的社会主义。"[2] 随后，"有中国特色的社会主义"这一概念被广泛使用。

---

① 吴冷西：《十年内战》，中央文献出版社 2014 年版，第 15 页。
② 《邓小平文选》第三卷，人民出版社 1993 年版，第 3 页。

中共十八大以来，以习近平同志为核心的党中央，提出并形成了一系列治国理政的新理念新思想新战略，制定了实现"两个一百年"奋斗目标和中华民族伟大复兴中国梦的宏伟蓝图。正像习近平所说的那样："实现中国梦必须走中国道路，这就是中国特色社会主义道路。"这条中国特色社会主义现代化道路，既不是教条的，也不是苏联模式的；既不是外来的，更不是西化的，而是我们创建的中国道路。"找到一条好的道路不容易，走好这条道路更不容易。过去，我们照搬过本本，也模仿过别人，有过迷茫，也有过挫折，一次次碰壁、一次次觉醒、一次次实践、一次次突破，最终走出了一条中国特色社会主义成功之路。"[①]

中国共产党在将近百年的历史中，带领中国人民已经完成和正在完成三大历史任务，即 1949 年建立起中华人民共和国，完成了中华民族救亡图存的历史任务；新中国成立以来 60 多年的社会主义建设，基本完成了绝大多数中国人民吃饱穿暖和建立起基本完整的工业体系的历史任务；现在，中国人民正在以习近平同志为核心的中国共产党的带领下，努力实现"两个一百年"的奋斗目标，即全面建成小康社会，把我国建设成为社会主义现代化强国，实现中华民族伟大复兴中国梦。中国特色社会主义就是实现这一宏伟目标的理论指导。

中国特色社会主义理论坚持了辩证唯物主义和历史唯物主义的世界观、方法论，并在运用中赋予马克思主义以生动的表述、鲜活的内容；坚持了马克思主义一切为了人民、一切依靠人民的政治立场，贯彻了马克思主义的群众观点，对人民群众的实践经验不断进行理论上的总结和升华；坚持了马克思主义的基本原理，创造性地运用它们分析当今世界的发展趋势，解答当代中国的新问题，作出了一系列新的理论概括。中国特色社会主义理论反映了马克思主义在当代中国运用和发展的历史必

---

① 中共中央宣传部：《习近平总书记系列重要讲话读本（2016 年版）》，学习出版社、人民出版社 2016 年版，第 30 页。

然和逻辑必然。

中国特色社会主义的理论本质是马克思主义的，但它又是符合中国实际、体现时代要求的，所以，它是坚持和发展马克思主义的典范。在当代中国，坚持中国特色社会主义理论，就是真正坚持马克思主义。

二、实现中华民族伟大复兴的行动指南

《中国共产党章程》规定："中国共产党以马克思列宁主义、毛泽东思想、邓小平理论、'三个代表'重要思想、科学发展观、习近平新时代中国特色社会主义思想作为自己的行动指南。"中国特色社会主义理论在内容上涵盖了邓小平理论、"三个代表"重要思想、科学发展观、习近平新时代中国特色社会主义思想，在精神上蕴含着整个民族的梦想和追求，体现着全体人民的共同愿望，是指引中华民族走向复兴的行动指南。

（一）近代以来中华民族的百年梦想

现代化是近代以来人类社会发展的总趋势，也逐步成为一个世界性的历史进程。正如孙中山先生说的那样："世界潮流，浩浩荡荡。顺之者昌，逆之者亡。"因此，实现国家现代化，实现中华民族伟大复兴，已经成为中华民族的百年梦想和强烈追求。

只有创造过辉煌的民族，才会对复兴充满渴望；只有历经过苦难的民族，才会对梦想执着追求。近代以后，中华民族遭受西方列强的掠夺和欺辱，其苦难之重、牺牲之大，在世界历史上都是罕见的。但是，中华民族是一个不屈的民族，在中国共产党领导下浴血奋战，建立了中华人民共和国。从此，中国自立于世界民族之林，开始了建设自己国家的伟大进程。

中共十八大刚刚闭幕不久的 2012 年 11 月 29 日，习近平率中共中

央政治局常委和中央书记处的同志来到国家博物馆，参观《复兴之路》展览。习近平在参观中指出："实现中华民族伟大复兴，就是中华民族近代以来最伟大的梦想。这个梦想，凝聚了几代中国人的夙愿，体现了中华民族和中国人民的整体利益，是每一个中华儿女的共同期盼。"①

习近平充满信心地说："我坚信，到中国共产党成立 100 年时全面建成小康社会的目标一定能实现，到新中国成立 100 年时建成富强民主文明和谐的社会主义现代化国家的目标一定能实现，中华民族伟大复兴的梦想一定能实现。"②此后，他又在十二届全国人大一次会议闭幕会上，在同全国劳动模范代表、各界优秀青年代表座谈时，在出访和接受国外媒体采访等很多重要场合，对中国梦进行了深刻阐述。

中华民族伟大复兴中国梦提出后，立即得到了广大民众的认同和响应，也受到国际社会的广泛关注。其原因在于，中国梦的深厚源泉在于人民，中国梦的根本归宿也在于人民。中国梦的本质是国家富强、民族振兴、人民幸福。"家是最小国，国是千万家。"国泰则民安，民安则民富，民富则国强。中国梦的最大特点，就是把国家、民族和个人作为一个命运共同体，把国家利益、民族利益和每个人的具体利益紧紧联系在一起，体现了中华民族固有的"家国天下"的情怀。中国梦昭示的是中华民族"为有牺牲多壮志，敢教日月换新天"的一种血气、一种骨气、一种志气！

近代以来，中华民族的梦想是从鸦片战争开始的。封建落后的清王朝故步自封，愚昧无知，妄自尊大，完全不理解西欧国家已经进入工业社会的发展阶段及蕴藏其中的巨大优势。从 1840 年以来，鸦片战争、第二次鸦片战争、中法战争、中日甲午战争、八国联军侵华，是一场场强加给中华民族的灾难。近百年来世界上几乎所有的资本主义国家都对

---

① 《习近平谈治国理政》第一卷，外文出版社 2018 年版，第 36 页。

② 《习近平谈治国理政》第一卷，外文出版社 2018 年版，第 36 页。

中国发动过一次甚至多次侵略战争。帝国主义列强推行的殖民主义，引起中国社会政治、经济、文化的剧烈动荡，中国逐渐沦为半殖民地半封建社会。从此，中国人民为摆脱外国资本主义和本国封建主义的压迫，进行了长时期的、不屈不挠的斗争。在中华民族危难之际，一代民族精英梦想通过他们的努力能够重振辉煌。林则徐、魏源主张"师夷之长技以制夷"；张之洞提出"中体西用说"；甚至连清王朝封建统治者也向西方派留学生，办学堂，造船厂，建海军，以为依靠"洋务运动"，就可以达到实业救国的结果。清王朝以为学一些物质的皮毛，就可以实现封建强国梦。在西方工业列强面前，清王朝的统治者除了逃跑、割地赔款、丧权辱国之外，无能为力，梦碎一地。

中华民族的优秀代表和伟大的革命先行者孙中山先生在民族存亡的危急时刻，挺身而出，领导国民革命，推翻了封建清王朝，模仿西方的多党制、议会制，创立了中华民国。中华民国建立之后，共注册了300多个政党，你方唱罢我登台，各种势力粉墨登场，并没有给中国人民带来安康幸福。但是，这是一次勇敢的尝试，是一次满怀强国梦想的尝试！一个强大的"三民主义"的中国始终让孙中山先生魂牵梦绕，直至生命的终结，中华民国仍然没有实现孙中山先生和中国人民的独立自主强国梦。

五四新文化运动开启了中华民族文化强国的再一次梦想。很多仁人志士以大无畏的反传统精神，拥抱西方文化，批判中国传统文化，甚至提出要废除汉字，改用西文，梦想借此追赶上西方文明的脚步，使中华民族再度强盛。在日本侵华战争的铁蹄下，一些知识分子建立"全盘西化"的新文化以挽救中华民族的努力，成为黄粱一梦。

毛泽东在1949年6月发表的《论人民民主专政》一文中，详细地描述了这个过程："自从一八四〇年鸦片战争失败那时起，先进的中国人，经过千辛万苦，向西方国家寻找真理。洪秀全、康有为、严复和孙中山，代表了在中国共产党出世以前向西方寻找真理的一派人物。那时，求进步的中国人，只要是西方的新道理，什么书也看。向日本、英国、美国、法国、德国派遣留学生之多，达到了惊人的程度。国内废科举，兴学校，好像雨后春笋，努力学习西方。我自己在青年时期，学的也是这些东西。这些是西方资产阶级民主主义的文化，即所谓新学，包括那时的社会学说和自然科学，和中国封建主义的文化即所谓旧学是对立的。学了这些新学的人们，在很长的时期内产生了一种信心，认为这些很可以救中国，除了旧学派，新学派自己表示怀疑的很少。要救国，只有维新，要维新，只有学外国。那时的外国只有西方资本主义国家是进步的，它们成功地建设了资产阶级的现代国家。日本人向西方学习有成效，中国人也想向日本人学。在那时的中国人看来，俄国是落后的，很少人想学俄国。这就是十九世纪四十年代至二十世纪初期中国人学习外国的情形。帝国主义的侵略打破了中国人学西方的迷梦。很奇怪，为什么先生总是侵略学生呢？中国人向西方学得很不少，但是行不通，理想总是不能实现。"①

历史告诉我们，盲目地、简单地模仿西方道路是行不通的。现实也是如此。那些或被武力强加或因"颜色革命"而实行西方模式的国家，其社会乱象和民众流离失所的景象，已经让西方道路的普世性价值大打折扣。历史的经验必须牢记。

如何才能实现中华民族伟大复兴中国梦呢？习近平说："实现中国梦必须走中国道路。这就是中国特色社会主义道路。这条道路来之不易，它是在改革开放 30 多年的伟大实践中走出来的，是在中华人民共和国成立 60 多年的持续探索中走出来的，是在对近代以来 170 多年中华民族发展历程的深刻总结中走出来的，是在对中华民族 5000 多年悠久文明的传承中走出来的，具有深厚的历史渊源和广泛的现实基础。"②

---

① 《毛泽东选集》第四卷，人民出版社 1991 年版，第 1469—1470 页。

② 《习近平谈治国理政》第一卷，外文出版社 2018 年版，第 39—40 页。

独特的文化传统，独特的历史使命，独特的基本国情，注定了我们必然要走适合自己特点的发展道路。中国特色社会主义道路，是扎根于中国大地上的，是中国共产党带领全国各族人民在不懈探索和艰苦奋斗中一步一个脚印踏出来的，因而是得到中国人民衷心拥护的。今天中国人民取得的伟大成就充分证明，这是一条通往复兴梦想的康庄大道、人间正道。

中国的梦想，不仅关乎中国的命运，也关系世界的命运，成为国际社会对中国梦的主流认识。对此，习近平总书记多次宣示：中国梦是和平、发展、合作、共赢的梦，与世界各国人民的美好梦想相通。在俄罗斯、在非洲、在拉美、在美国、在东南亚、在欧洲，他一再重申这一重要理念，把中国人民期待和平与发展的美好愿景传递给各国人民，把中国发展带来的机遇展示给全世界。可见，中国梦不仅造福中国人民，而且造福世界各国人民。中国实现中华民族伟大复兴中国梦的过程，本质上就是实现社会公平正义和不断推动人权事业发展的进程。习近平还多次指出，中国希望与世界各国人民共同"构建人类命运共同体"。2013年，习近平首次提出"一带一路"倡议。"一带一路"倡议的内容和目标表明，中国将与世界人民一道，通过道路连接和基础设施建设，实现互利共赢，共享中国改革开放的成果，努力践行和贯彻落实"人类命运共同体"新理念。"穷则独善其身，达则兼济天下。"这是中华民族始终崇尚的品德和胸怀。

习近平说："勿忘昨天的苦难辉煌，无愧今天的使命担当，不负明天的伟大梦想。"[①] 这就是中国梦，也是 13 亿中国人民的心声。中国特色社会主义理论的全部实践意义，就在于完成建设社会主义现代化的历史任务。

---

① 习近平：《在纪念毛泽东同志诞辰 120 周年座谈会上的讲话》，人民出版社 2013 年版，第 25 页。

（二）以科学理论引领民族复兴

中国近代历史表明，只有社会主义才能救中国，走社会主义道路是中国人民在中国共产党的领导下，上下求索得出的基本结论；走向现代化、实现民族复兴，是中国人民的愿望和中国社会发展的历史趋势。人民的选择和世界潮流的重合，决定中国的发展道路必定是建设社会主义现代化国家、实现中华民族伟大复兴。这是我们党对历史、对人民作出的庄严承诺。

道路关乎党的命脉，关乎国家前途、民族命运、人民幸福。在中国这样一个经济文化十分落后的国家探索民族复兴道路，是极为艰巨的任务。90 多年来，我们党紧紧依靠人民，把马克思主义基本原理同中国实际和时代特征结合起来，独立自主走自己的路，历经千辛万苦，付出各种代价，取得革命建设改革伟大胜利，开创和发展了中国特色社会主义，从根本上改变了中国人民和中华民族的前途命运。

建设中国特色社会主义的总依据是社会主义初级阶段，总前提是中国基本国情，总布局是"五位一体"，总任务是实现社会主义现代化和中华民族伟大复兴。中国特色社会主义，既坚持了科学社会主义基本原则，又根据时代条件赋予其鲜明的中国特色，以全新的视野深化了对社会主义的认识，从理论和实践的结合上系统回答了在中国这样人口多底子薄的东方大国建设什么样的社会主义、怎样建设社会主义这个根本问题，使我们国家快速发展起来，使我国人民生活水平快速提高起来。实践充分证明，中国特色社会主义是当代中国发展进步的根本方向，只有中国特色社会主义才能发展中国。中国特色社会主义理论是中国特色社会主义全部内容的理论表述。

中国特色社会主义理论坚持马克思主义的基本原理，把社会主义的根本任务集中概括为以经济建设为中心，解放和发展社会生产力。解放和发展社会生产力是中国特色社会主义的根本任务。要坚持以经济建设为中心，以科学发展为主题，以全面推进经济建设、政治建设、文化建设、社会建设、生态文明建设，实现以人为本、全面协调可持续的科学发展。

中国特色社会主义理论坚持马克思主义的基本方法，把社会主义发展的阶段性具体化为立足于社会主义初级阶段，确立了从摆脱贫困、解决温饱到初步达到小康，到全面建成小康社会，再到基本实现现代化，直至实现民族复兴建设现代化强国的一系列具体目标。每一个具体目标都表现为一个发展阶段，每一个阶段都是前一个阶段的发展结果，从而体现出社会的进步。

中国特色社会主义理论坚持马克思主义的基本要求，把中国特色社会主义的本质归结为以人为本，坚持人民主体地位。中国特色社会主义是亿万人民自己的事业。要发挥人民群众的积极性和创造精神，坚持依法治国这个党领导人民治理国家的基本方略，最广泛地动员和组织人民依法管理国家事务、管理经济和文化事业、积极投身社会主义现代化建设，保障人民权益，保障人民当家作主。

中国特色社会主义理论坚持马克思主义的基本原则，把中国特色社会主义的基本原则具体化为共同富裕。共同富裕是中国特色社会主义的根本原则。要坚持社会主义基本经济制度和分配制度，调整国民收入分配格局，加大再分配调节力度，着力解决收入分配差距较大问题，使发展成果更多更公平惠及全体人民，朝共同富裕方向稳步前进。

中国特色社会主义理论坚持马克思主义的基本原则，把社会主义的普遍性与中国基本国情相结合，坚持共产党的领导。中国共产党是中国特色社会主义事业的领导核心，坚持党的领导是中国特色社会主义最本质特征。坚持立党为公、执政为民，加强和改善党的领导，坚持党总揽全局、协调各方的领导核心作用，保持党的先进性和纯洁性，增强党的创造力、凝聚力、战斗力，提高党的科学执政、民主执政、依法执政水平。

40 年改革开放的历史告诉我们，发展中国特色社会主义是一项长期的艰巨的历史任务，必须准备进行具有许多新的历史特点的伟大斗争。我们一定要毫不动摇地坚持、与时俱进地发展中国特色社会主义道路，不断丰富和发展中国特色社会主义理论，不断完善中国特色社会主义制度。

20 世纪的重要特征之一是社会主义以制度形式在一批民族国家内进行了伟大实践。与人类社会的任何伟大进步都不会是一帆风顺的一样，社会主义的发展也遇到了重大挫折。社会主义实践的经验教训告诉我们，不能把鲜活的马克思主义理论当作僵化的教条，不能把基本原理到处生搬硬套，不能把苏联社会主义建设经验当作社会主义的唯一标准。在社会主义建设的成就、挫折和教训中，中国共产党对社会主义的认识不断深化。其中一个重要的认识就是：社会主义道路具有多样性的特征。邓小平在改革开放初期就曾指出："各国必须根据自己的条件建设社会主义。固定的模式是没有的，也不可能有。""每个国家的基础不同，历史不同，所处的环境不同，左邻右舍不同，还有其他许多不同。别人的经验可以参考，但是不能照搬。"①

中国特色社会主义始终坚持社会主义发展道路的多样性，强调每一个社会主义国家和准备走社会主义道路的国家，都要根据自己的国情、历史文化传统和时代主题而选择适合本民族发展的社会主义发展道路，这样就给社会主义发展注入了强大生机和活力。

在人类社会漫长的文明发展史中，西方近现代文明只是人类文明发展的一个阶段，其形式既不是永恒的，也不是唯一的。将西方资本主义现代化模式和发展道路视为人类文明的"唯一模式"和现代化道路的"普世样板"，是欧洲中心主义的典型特征。近代以来，西方工业化现代化道路取得了巨大的成功，但是，西方却把自己的成功加以无限神化，制

---

① 《邓小平文选》第三卷，人民出版社 1993 年版，第 292、265 页。

造出"西方道路是走向现代化的唯一途径"的舆论，误导各国人民。特别是在欧洲中心主义的政治正确的话语霸权下，凡是不同于西方模式、西方道路的价值取向和制度安排都被指责为"野蛮""专制"和"落后"。随着国际金融危机的爆发和中国和平发展，曾经提出风靡一时的"历史终结论"的美国学者弗朗西斯·福山也不得不修正了自己的观点。他在2009年接受日本《中央公论》杂志采访时也承认："客观事实证明，西方自由民主可能并非人类历史进化的终点。随着中国崛起，所谓'历史终结论'有待进一步推敲和完善，人类思想宝库需为中国传统留有一席之地。"①

以毛泽东为主要代表的中国共产党人，把马克思列宁主义的基本原理同中国革命的具体实践结合起来，创立了毛泽东思想。毛泽东思想是马克思列宁主义在中国的运用和发展，是被实践证明了的关于中国革命和建设的正确的理论原则和经验总结，是中国共产党集体智慧的结晶。在毛泽东思想指引下，中国共产党领导全国各族人民，经过长期的反对帝国主义、封建主义、官僚资本主义的革命斗争，取得了新民主主义革命的胜利，建立了人民民主专政的中华人民共和国；中华人民共和国成立以后，顺利地进行了社会主义改造，完成了从新民主主义到社会主义的过渡，确立了社会主义基本制度，发展了社会主义的经济、政治和文化。

中共十一届三中全会以来，以邓小平为主要代表的中国共产党人，总结中华人民共和国成立以来正反两方面的经验，解放思想，实事求是，实现全党工作中心向经济建设的转移，实行改革开放，开辟了社会主义事业发展的新时期，逐步形成了建设中国特色社会主义的路线、方针、政策，阐明了在中国建设社会主义、巩固和发展社会主义的基本问题，创立了邓小平理论。邓小平理论是马克思列宁主义的基本原理同当

---

① 《日本要直面中国世纪》，[日]《中央公论》2009年9月号。

代中国实践和时代特征相结合的产物，是对毛泽东思想在新的历史条件下的继承和发展，是马克思主义在中国发展的新阶段，是当代中国的马克思主义，是中国共产党集体智慧的结晶，引导着我国社会主义现代化事业不断前进。

中共十三届四中全会以来，以江泽民为主要代表的中国共产党人，在建设中国特色社会主义的实践中，加深了对什么是社会主义、怎样建设社会主义和建设什么样的党、怎样建设党的认识，积累了治党治国新的宝贵经验，形成了"三个代表"重要思想。"三个代表"重要思想是对马克思列宁主义、毛泽东思想、邓小平理论的继承和发展，反映了当代世界和中国的发展变化对党和国家工作的新要求，是加强和改进党的建设、推进我国社会主义自我完善和发展的强大思想武器，是中国共产党集体智慧的结晶，是党必须长期坚持的指导思想。始终做到"三个代表"，是我们党的立党之本、执政之基、力量之源。

中共十六大以来，以胡锦涛为主要代表的中国共产党人，坚持以邓小平理论和"三个代表"重要思想为指导，根据新的发展要求，深刻认识和回答了新形势下实现什么样的发展、怎样发展等重大问题，形成了以人为本、全面协调可持续发展的科学发展观。科学发展观，是同马克思列宁主义、毛泽东思想、邓小平理论、"三个代表"重要思想既一脉相承又与时俱进的科学理论，是马克思主义关于发展的世界观和方法论的集中体现，是马克思主义中国化最新成果，是中国共产党集体智慧的结晶，是发展中国特色社会主义必须坚持和贯彻的指导思想。

这些就是中国特色社会主义理论的形成和发展过程，也是几代中国共产党人的智慧结晶，是马克思主义中国化的最新成果。

中共十八大以来，围绕坚持和发展什么样的中国特色社会主义，怎样坚持和发展中国特色社会主义这一时代课题，进行了新的探索，形成了习近平新时代中国特色社会主义思想，这是党的指导思想的又一次与时俱进，进一步丰富和发展了中国特色社会主义理论。当前，中国人民正在以习近平同志为核心的党中央的坚强领导下，为实现中华民族伟大复兴中国梦而奋斗。

中国特色社会主义理论体系既体现了民族性，又彰显了世界性。中国特色社会主义理论体系的民族性，即特殊性表现为，立足于当代中国的国情，体现中国作风、中国气派和中国风格。比如，"以人为本""社会公正""共同富裕""和谐社会""'三个有利于'标准""社会主义市场经济""小康社会""一国两制""合作发展""共享共赢"等重要判断和发展理念。

中国特色社会主义理论体系属于中国，也属于世界。中国特色社会主义理论体系的世界性，即普遍性不仅表现为其形成发展过程中吸收和借鉴了人类创造的文明成果，更突出地表现为其影响所具有的世界意义。它在苏东剧变，世界社会主义运动陷入低潮时，坚持高举社会主义伟大旗帜；它在挫折中，坚持中国共产党的领导，经济快速发展，在短短的 30 年时间内，消除了 7 亿人口的贫困，成为世界第二大经济体，对世界社会主义的振兴产生了巨大而深远的影响；它在对社会主义的当代探索中，坚持把马克思主义基本原理与中国实际相结合，不断开创马克思主义中国化的新境界，从而为马克思主义的理论宝库增添了新的内容，为丰富世界思想理论宝库作出了重大贡献。邓小平在谈到中国改革的意义时曾经指出："我们的改革不仅在中国，而且在国际范围内也是一种试验，我们相信会成功。如果成功了，可以对世界上的社会主义事业和不发达国家的发展提供某些经验。"①

中国特色社会主义理论是坚持和发展社会主义的新理论，也是推进中华民族伟大复兴的战略部署。正是有了对科学社会主义基本原则的坚持，中国特色社会主义才能在避免社会产生剧烈动荡和两极分化的前提

---

① 《邓小平文选》第三卷，人民出版社 1993 年版，第 135 页。

下加快中国现代化建设的步伐；正是以实现社会主义现代化和中华民族伟大复兴中国梦为明确目标，中国特色社会主义理论才充分反映了社会发展的客观要求，充分反映了人民群众的迫切愿望，才能不断凝聚起民族力量，不断增强人们对坚持和发展中国特色社会主义的理论自觉和道路自信。

三、党和人民团结奋斗的共同思想基础

中国特色社会主义理论是我们党宝贵的政治和精神财富，是全党和全国各族人民团结奋斗、实现中华民族伟大复兴的共同思想基础。

（一）共同的事业需要共同思想基础

中国特色社会主义是实现中华民族伟大复兴的根本道路。实现中华民族伟大复兴不仅寄托着无数仁人志士、革命先烈的理想和夙愿，也是全国人民和海外华人的共同理想。因此，中国特色社会主义理论成为凝聚民心、党心的共同的思想基础。

理论在一个国家实现的程度，取决于该理论满足这个国家需要的程度。马克思主义作为我国社会主义现代化建设的指导思想，并不是自发形成的，而是历史和人民的选择。中国特色社会主义理论作为我国改革开放和现代化建设时期的指导思想也因其强烈的时代特征和符合中国实际的思想力量，而获得广大人民群众的普遍认同，成为全国各族人民团结奋斗的精神力量。在世界现代化发展的历史潮流中，国家、民族和人民作为现代化建设的历史主体，只有形成共同的信念、统一的意志、共同的思想基础，才能步调一致、协同合作、共创伟业。毫无疑问，实现中华民族伟大复兴中国梦是海内外所有中华儿女的共同梦想和追求，谁不希望自己的祖国强大，谁不向往自己的家乡富饶，谁不梦想明天的世界会更美好！所有中华儿女的期盼都是中国特色社会主义理论的任务和

目标。所以，中国特色社会主义理论表达并代表了全国人民和全体海外华人的共同愿望和共同意志。

但是，天上不会掉馅饼。在长期艰苦卓绝的奋斗中，我们党紧紧依靠人民，付出了巨大牺牲，书写了感天动地的壮丽史诗，不可逆转地结束了近代以来中国内忧外患、积贫积弱的悲惨命运，不可逆转地开启了中华民族不断发展壮大、走向伟大复兴的历史进程，使具有五千多年文明历史的中华民族以崭新的姿态屹立于世界民族之林。在新的征程上，我们的责任更大、担子更重，必须以更加坚定的信念、更加顽强的努力，继续实现推进现代化建设、完成祖国统一、维护世界和平与促进共同发展这三大历史任务。中国特色社会主义事业需要全体中华儿女万众一心、团结奋斗。团结就是大局，团结就是力量。在中国共产党的坚强领导下，只要13亿多中国人民和5000万的海外华人团结一心，我们就什么困难也不怕，我们就能重铸历史辉煌、实现中华民族伟大复兴！

（二）用中国特色社会主义理论武装全党

习近平多次提出，解决中国问题，"关键在党"。人民群众是历史发展的真正动力，但站在历史潮头的领头人是人民利益的代表者。因此，他们不仅责任重大，还要勇于牺牲和奉献。面对人民的信任和重托，面对新的历史条件和考验，全党必须增强忧患意识，谦虚谨慎，戒骄戒躁，始终保持清醒头脑；必须增强创新意识，坚持真理，修正错误，始终保持奋发有为的精神状态；必须增强宗旨意识，相信群众，依靠群众，始终把人民放在心中最高位置；必须增强使命意识，求真务实，艰苦奋斗，始终保持共产党人的政治本色。

1945年，毛泽东在中共七大报告中说："成千成万的先烈，为着人民的利益，在我们的前头英勇地牺牲了，让我们高举起他们的旗帜，踏着他们的血迹前进吧！"① 这个"成千成万"是多少呢？根据战争时期有限的统计数据，虽然很不完全，但是有登记在册的统计，"成千成万"奋斗牺牲的共产党员有370多万。如果从1921年建党算起，到1949年中华人民共和国成立的28年，大约有1万天，那么，这370万牺牲的党员，就是平均每天有370名共产党人为了新中国、为了中华民族而牺牲了自己最宝贵的生命。

"为有牺牲多壮志，敢教日月换新天"。这个"壮志"就是实现共产主义的理想信念！至今，我们无法查到准确的数字，在建党之后，有多少中国共产党人为中华民族伟大理想奋斗牺牲，我们能够在史册上记述的只有到新中国成立时的370多万党员烈士。但是无疑，新中国是无数共产党人和几千万革命群众的鲜血和生命筑成的。

毛泽东在中共七大报告中总结了党的历史经验，得出的结论是："三次革命的经验，尤其是抗日战争的经验，给了我们和中国人民这样一种信心：没有中国共产党的努力，没有中国共产党人做中国人民的中流砥柱，中国的独立和解放是不可能的，中国的工业化和农业近代化也是不可能的。"②60年前的这个判断，为今天的中国所证实。2014年9月5日，在庆祝全国人民代表大会成立60周年大会上的讲话中，习近平总书记再一次强调：中国共产党领导是中国特色社会主义的最本质特征。

中国共产党具有这种强大引领力量的源泉在于，我们党有马克思主义、毛泽东思想和中国特色社会主义理论的思想指引。正如习近平在2015年年底全国党校工作会议上的讲话中指出的那样："我们党是高度集中统一的马克思主义政党，思想上的统一、政治上的团结、行动上的一致是党的事业不断发展壮大的根本所在。"③

①　《毛泽东选集》第三卷，人民出版社1991年版，第1098页。
②　《毛泽东选集》第三卷，人民出版社1991年版，第1097—1098页。
③　《习近平谈治国理政》第二卷，外文出版社2017年版，第157页。

怎样才能做到"思想上的统一、政治上的团结、行动上的一致"呢？重要的一点是全党同志要有"看齐意识"。习近平解释过这个比喻，"毛主席在党的七大预备会议上讲过一段名言：'要知道，一个队伍经常是不大整齐的，所以就要常常喊看齐，向左看齐，向右看齐，向中看齐。我们要向中央基准看齐，向大会基准看齐。看齐是原则，有偏差是实际生活，有了偏差，就喊看齐。'毛主席说，看齐是原则，有偏差是实际生活。这是很深刻的道理。"①正是这种看齐意识，才能保证我们党在各项工作中保持"思想上的统一、政治上的团结、行动上的一致"，才能形成强大的战斗力。而"思想上的统一"就是用中国特色社会主义理论武装全党，只有"思想上的统一"，才能做到"政治上的团结、行动上的一致"。团结一致就是力量。

靠着这种"思想上的统一、政治上的团结、行动上的一致"形成的坚强力量，中国共产党带领中国人民迎来了中华人民共和国的成立和改革开放的成就，并已经发展成为拥有 8900 多万党员的世界第一大党。现在，我国进入了全面建成小康社会的决胜阶段，我们党正在进行具有许多新的历史特点的伟大斗争，形势环境变化之快、改革发展稳定任务之重、矛盾风险挑战之多、对我们党治国理政考验之大都是前所未有的。我们党要团结带领全国各族人民抓住机遇、战胜挑战，把"四个全面"战略布局落到实处，把创新、协调、绿色、开放、共享的发展理念落到实处，将改革开放进行到底，实现第一个百年奋斗目标、全面建成小康社会，进而实现第二个百年奋斗目标、实现中华民族伟大复兴的中国梦。可见，培养造就一支具有铁一般信仰、铁一般信念、铁一般纪律、铁一般担当的党员队伍，是实现中华民族伟大复兴中国梦的关键之所在。

同时，我们还应在实践的基础上，不断推进中国特色社会主义理论

---

① 《习近平谈治国理政》第二卷，外文出版社 2017 年版，第 157 页。

创新，用创新的理论武装全党，是我们党坚持先进性、增强创造力的决定性因素。在理论创新的基础上不断加强理论武装，是中国共产党在世界形势深刻变化的历史背景下始终走在时代前列，积极应对国内外各种风险和考验，不断取得社会主义革命和建设事业成功的关键。只有坚持以中国特色社会主义理论为行动指南，用中国特色社会主义理论武装全党，才能全面、正确地理解和贯彻党的基本理论、基本路线、基本方略和各项方针政策，巩固党和人民团结奋斗的共同思想基础，从而最大限度地凝聚不同社会阶层、不同利益群体的智慧和共识，抵制各种错误思潮的干扰，不断增强建设和发展中国特色社会主义的自觉性和坚定性。

理论来源于实践并对实践具有指导作用。实践性，既是马克思主义的理论品质，也是中国特色社会主义理论的本质特征。在新的历史条件下夺取中国特色社会主义新胜利，必须把科学的理论转化为亿万人民群众的创造性实践活动。

任何一种理论都可以选择自己的存在形式。我们党的理论基础从来就不仅仅是书斋里的学问，而是人民群众实践经验的科学总结。它汇聚了人民群众的智慧，反映着人民群众的力量。中国特色社会主义理论不仅要深入人心，还要转化为人们的具体实践活动。人民群众对中国特色社会主义有更好的理解和掌握，就能转化为巨大的物质力量，在实践中发挥巨大的作用。

理论一经掌握群众就会变成强大的物质力量。切实用中国特色社会主义理论武装全党，教育人民，就会不断增强人民群众对中国特色社会主义的思想认同和感情认同，进一步激发人民群众的创造力，进一步凝聚建设和发展中国特色社会主义的强大力量。

第三篇
中国特色社会主义制度

第十一章

中国特色社会主义制度的创立

　　一个国家实行什么样的制度，是由这个国家的性质、基本国情和具体历史文化条件决定的。中国特色社会主义制度在中国的建立和发展，是历史的选择、人民的选择，凝聚着几代中国共产党人带领人民艰辛探索的智慧和心血。土地革命战争时期苏维埃政权的探索；抗日战争时期边区民主政权的建设；中华人民共和国成立初建立的人民当家作主的人民政权；改革开放以来中国特色社会主义制度的形成和完善，这一系列的探索表明，在中国共产党带领全国各族人民的不懈努力下，我国已经在各个领域形成一整套相互衔接、相互联系的制度体系。在纪念中国共产党成立九十周年的时候，时任总书记胡锦涛将中国特色社会主义制度与中国特色社会主义道路、中国特色社会主义理论体系并列为建党九十年创造和积累的三大成就。十八大进一步论述了中国特色社会主义制度、道路、理论体系之间的关系。习近平在十八届中共中央政治局第一次集体学习时强调："我们要坚持以实践基础上的理论创新推动制度创新，坚持和完善现有制度，从实际出发，及时制定一些新的制度，构建系统完备、科学规范、运行有效的制度体系，使各方面制度更加成熟更加定型，为夺取中国特色社会主义新胜利提供更加有效的制度保障。"①2017 年 10 月，习近平在十九大报告中明确提出，全面深化改革的总目标是完善和发展中国特色社会主义制度，推进国家治理体系和治理能力现代化。"制度现代化"被称为"第五种现代化"。

面向未来，面对风云变幻的国际形势，面对艰巨繁重的国内改革发展稳定任务，一方面，我们要坚持和完善中国特色社会主义的制度，另一方面，我们还需要大胆进行制度创新。

一、新民主主义时期的探索

成长于五四新文化运动中的中国共产党人，在其成立伊始就提出了要建立一个新政权、建设一个新社会的主张。在中国共产党第二次代表大会召开时，在分析中国社会政治经济形势的基础上，二大提出了一份共产党的建国构想②。此时，中国共产党对未来国家基本制度的认识还没有结合中国国情的深刻认识，其理念更多是带有浓厚的苏俄经验成分。如在国家形式上采用联邦制的观点，离实际国情相差甚远。大革命的失败，从根本上改变了中国共产党人的国家建构的最初设想，集中体现在中国共产党人在新民主主义革命时期对新型国家制度建设的初步探索上，尽管是局部执政，但也积累了丰富的实践经验和理论成果，为中国社会主义制度的形成奠定了基础性资源。

（一）土地革命战争时期苏维埃模式制度化的初步探索

1927 年，国共合作的第一次大革命失败后，以毛泽东为代表的中国共产党人，逐步地把工作重点由城市转入农村，秋收起义后，毛泽东在井冈山建立第一块由中国共产党领导的革命根据地，自此以后，几十

---

① 《习近平谈治国理政》第一卷，外文出版社 2018 年版，第 10 页。

② 中央档案馆编：《中共中央文件选集》第 1 册，中共中央党校出版社 1989 年版，第 115—116 页。

块大小不一的革命根据地陆续在全国建立。先后建立的有：江西省苏维埃政府、福建省苏维埃政府、湘赣省苏维埃政府、闽浙赣省苏维埃政府、湘鄂赣省苏维埃政府、闽赣省苏维埃政府、粤赣省苏维埃政府、湘鄂川黔省革命委员会、陕北省苏维埃政府、陕甘省苏维埃政府、东江苏维埃政府、右江苏维埃政府、左江革命委员会、琼崖苏维埃政府及闽东苏维埃政府等。从这时候起中国共产党人就开始探索符合无产阶级专政原则的中国式政权。

中共中央对苏维埃政权制度较为详细的规划与设计在这一时期主要有三次。第一次是 1928 年 3 月 10 日通过的第 37 号《关于没收土地和建立苏维埃》的中央通告；第二次是 1928 年在莫斯科召开的中共六大通过的《苏维埃政权组织问题决议案》；第三次是 1930 年对地方性苏维埃的运行所作的补充规定。根据通告和《苏维埃政权组织问题决议案》，各地建立苏维埃政权的基本模式是由党组织发起召开工农兵代表大会，通过大会宣言，通过大会决议案，选举以主席为首的政府成员[①]。

1931 年 11 月 7 日至 20 日，各苏区选派的代表共 600 多人会聚江西瑞金，召开了中华工农兵苏维埃第一次全国代表大会，宣告成立了工农民主专政的政权——中华苏维埃共和国临时中央政府，并建立了相应的工农兵代表大会等政治制度。工农民主政权的性质是属于无产阶级领导的反帝反封建的新民主主义的人民民主专政，在资产阶级退出革命阵营的情况下，它"是工人、农民和城市小资产阶级联盟的政府"[②]。工农民主政权的基本任务就是要在中国共产党领导下，实行彻底的民主革命纲领，"包括对外推翻帝国主义，求得彻底的民族解放；对内肃清买办阶级的在城市的势力，完成土地革命，消灭乡村的封建关系，推翻军阀

---

① 何俊志：《从苏维埃到人民代表大会——中国共产党关于现代代议制的构想与实践》，复旦大学出版社 2011 年版，第 39 页。

② 《毛泽东选集》第一卷，人民出版社 1991 年版，第 156 页。

政府。"① 以创造必要的条件，最终实现社会主义。

在选举制度上，中华苏维埃执行委员会制订了《中华苏维埃共和国选举细则》，1933 年又颁布了修改后的《苏维埃暂行选举法》。这些法条对选举权和被选举权的要求做了详细设定。并在选举权上给予无产阶级以特别的权利，增多无产阶级代表的比例名额，体现了政权的阶级性质。随着革命斗争实践的发展，苏维埃政权建设越来越具有包容性。1935 年，临时中央政府西北办事处宣布：允许苏区内外正当的大小资本家来投资各种工业，鼓励私营工商业的发展。1937 年公布的《陕甘宁边区选举条例》规定：除汉奸、罪犯和精神病患者外，"年满16 岁的，无男女、宗教、民族、财产、文化上的区别都有选举和被选举权"。② 这些政策改变了此前经济上对私营资本经济、政治上对工商业资本家的不恰当做法，为新民主主义社会理论的形成提供了难得的实验。

从总体上看，当时建立的这些根据地，政治上都相应地建立了工农民主政权、经济上以土地革命为核心进行社会变革，文化上推行马克思主义思想传播教育，逐步形成了一种完全不同于半殖民地半封建社会的社会形态。这种社会形态已初步具备了毛泽东在《新民主主义论》中提出的新民主主义社会的基本特征，但由于此时大多数革命根据地还不巩固，所以它们只是新民主主义社会的雏形。

（二）抗日战争时期参议会制度模式的实践探索

九一八事变以后，为适应中日民族矛盾开始上升为国内主要矛盾的新的斗争形势，中国共产党调整了国家建设的取向，扩大政权利益的包容程度，把工农共和国改为人民共和国。进而在 1936 年 8 月又将"人

---

① 《毛泽东选集》第一卷，人民出版社 1991 年版，第 77 页。

② 转引自李占才主编：《中国新民主主义经济史》，安徽教育出版社 1990 年版，第146 页。

民共和国"改为"民主共和国"以争取一切赞成抗日、赞成民主的阶级、阶层和社会团体（不仅包括工人阶级、农民阶级、小资产阶级，而且也包括中小地主，甚至部分大地主、大资产阶级）加入到抗日政权中来。根据地普遍实行了抗日民族统一战线性质的联合政府——抗日民主政权。对此，毛泽东在理论上分析说："我们的政府不但是代表工农的，而且是代表民族的"[①]。抗战时期在延安局部执政的中国共产党，关于人民共和国的国家建设的一系列制度实践，为以后建立以人民民主为基础的人民共和国奠定了重要的政治和社会基础。

这一时期，在政权的组织形式上，中国共产党主要进行了参议会制度模式的实践探索，政治上以"三三制"为原则实行无产阶级领导的各革命阶级的联合专政，即共产党员、非党左派进步分子、中间派各占三分之一；经济上减租减息，兼顾农民和地主两方面的利益，同时以"公私兼顾"为原则发展生产；文化上在不断加强马克思主义权威的同时，兼收并蓄，发展民族的、科学的、大众的文化。这一系列措施使得当时的抗日根据地已具有明显的新民主主义社会的特征，新民主主义社会初步形成。

1940 年，毛泽东在《新民主主义论》中系统地阐述了共产党在中国建设新国家制度体系的构想。在这篇文章中，毛泽东创造性地提出："一切殖民地半殖民地国家的革命，在一定历史时期中所采取的国家形式，只能是第三种形式，这就是所谓新民主主义共和国，这是一定历史时期的形式，因而是过渡的形式，但是不可移易的必要的形式。"[②]在这里，毛泽东明确地提出新民主主义革命胜利后要建立一个新民主主义共和国，中国将从一个半殖民地半封建社会迈向新民主主义社会。"在这个新社会和新国家中，不但有新政治、新经济，而且有新

---

① 《毛泽东选集》第一卷，人民出版社 1991 年版，第 158 页。
② 《毛泽东选集》第二卷，人民出版社 1991 年版，第 675 页。

文化"。① 这个新国家的基本政治制度格局是"国体——各革命阶级联合专政。政体——民主集中制"②。对于新型国家的基本经济制度格局，毛泽东认为"在中国建立这样的共和国，在经济上也必须是新民主主义的"③。这是毛泽东第一次在全国人民面前描绘了未来新社会的基本蓝图。

体现无产阶级领导的各革命阶级联合专政的"三三制"民主政权到1944 年已经领导着全国 19 个解放区、近 1 亿人口；经济上"公私兼顾"使得根据地公营经济领导下的多种经济成分均获得良好发展，发展由公营经济、合作社经济、个体经济和私营经济组成的新民主主义经济；文化上建设反帝反封建的新民主主义文化，不但"大大加强马克思主义的研究"，而且团结"各派学者和理论家们"，"帮助和奖励这一切自由研究活动"，体现了新民主主义文化的包容性。

值得指出的是，这一时期实行的参议会制度相对苏维埃制度而言有许多突破，其取得的成果大部分都融入了中国特色社会主义制度体系之中。比如，由于实行了"三三制"原则，参议会议员的选举与构成发生了非常大的变化，不仅在理论上扩大了享有选举权与被选举权的主体，而且在政府内部构成中，也向其他社会阶级敞开了空间，使代议机构阶级成分更为多元化；而且，"三三制"的实行，也意味着中共在边区执政的方式发生了变化，处理好中共与非党员、非工农群众的议员和官员的关系成为现实问题。这预示着协商作为一种工作方式现实地摆在执政过程中。这些探索成果一直影响着中国共产党此后的国家基本制度建设实践，并在中华人民共和国成立后，伴随着社会主义建设和改革实践不断得以完善。

---

① 《毛泽东选集》第二卷，人民出版社 1991 年版，第 663 页。

② 《毛泽东选集》第二卷，人民出版社 1991 年版，第 677 页。

③ 《毛泽东选集》第二卷，人民出版社 1991 年版，第 678 页。

（三）解放战争时期参议会向人民代表会议的转变及《共同纲领》的制定

抗战胜利后，中国人民同以蒋介石为代表的国民党反动派的矛盾上升为国内的主要矛盾，因此，党在各解放区建立的政权便由抗日民主政权转变为一切赞成民主、赞成土地改革的各个阶级、阶层和社会团体共同参加的人民民主统一战线的政权。这个政权的基本任务，就是要发展和巩固人民民主统一战线，实现民主改革，建立一个独立、自由、民主和富强的新中国。

1945 年 4 月，中国共产党第七次全国代表大会在延安召开，毛泽东代表大会作了《论联合政府》政治报告。在这个报告中，毛泽东旗帜鲜明地提出："我们主张在彻底地打败日本侵略者之后，建立一个以全国绝对大多数人民为基础而在工人阶级领导之下的统一战线的民主联盟的国家制度，我们把这样的国家制度称之为新民主主义的国家制度。"毛泽东接着具体论述了共产党的这个基本纲领。在政治上，"是建立一个联合一切民主阶级的统一战线的政治制度。"[①]这个政治纲领在政权组织上，应实行采用民主集中制的人民代表大会，并由之选举政府，管理国家。在经济上，毛泽东主张实行"耕者有其田""节制资本"的新民主主义的经济。在文化上，毛泽东重申了《新民主主义论》中的观点，他讲："新民主主义的文化，同样应该是'为一般平民所共有'的，即是说，民族的、科学的、大众的文化，决不应该是'少数人所得而私'的文化。"[②]在具体纲领上，毛泽东讲我们的口号就是"联合政府"，这个具体纲领就是中国人民在目前的现实的要求。这些要求有："动员一切力量，配合同盟国，彻底打败日本侵略者，并建立国际和平；要求废

---

① 《毛泽东选集》第三卷，人民出版社 1991 年版，第 1056 页。

② 《毛泽东选集》第三卷，人民出版社 1991 年版，第 1058 页。

止国民党一党专政，建立民主的联合政府和联合统帅部……"① 并提出一系列要求全面抗日、各党派政治和解、要求人民自由权利、人民生活改善等涉及当前的政治、经济、文化、军事各个方面的主要要求或政策。

党的七大之后，随着革命的胜利进程，中国共产党对于到底建设一个什么样的新民主主义国家这一问题进行了深入的探讨。从党的十二月会议到七届二中全会、毛泽东《论人民民主专政》的发表直至第一届全国政协会议通过《共同纲领》和中华人民共和国成立之初的新民主主义建设思想就是这个探索的成果，新民主主义社会论由此而得到了丰富和发展。毛泽东在党的七届二中全会上明确指出，我们不采取资产阶级共和国的国会制度，而采取无产阶级共和国的苏维埃制度，但"在内容上我们和苏联的无产阶级专政的苏维埃是有区别的，我们是以工农联盟为基础的人民苏维埃"②。这就是说，人民代表大会制度既不是资产阶级的议会制，也不同于苏联的苏维埃制，而是完全符合中国具体实际的独特而科学的根本政治制度，是实现中国人民当家作主的重要途径和最高形式，体现了中国社会主义民主政治的鲜明特点。

这一时期，人民民主政权在组织形式上，由抗日民主政权的参议会制逐渐转变为人民代表会议制。这种新型代表会议模式的探索，在1948 年召开成立的华北临时人民代表大会上得到了集中体现。这次大会的召开，为后来各区召开代表会议提供了样板。首先，华北临时人民代表会议模式确立了代表选举的基本规则和中国共产党对于代表构成的一些基本政策。在代表选举的基本规则上，确立了区域代表、妇女代表、职工会代表、军队代表、社会贤达代表、商会代表等 10 种类型的代表产生模式。在党派构成上，确立了中共党员在各级人民代表大会中

① 《毛泽东选集》第三卷，人民出版社 1991 年版，第 1063 页。

② 《建党以来重要文献选编（1921—1949）》第二十五册，中央文献出版社 2011 年版，第 200 页。

约占三分之二的传统。其次，初步探索了中共的组织结构如何在代议机构中运行的程序和方式。华北临时人民代表大会的召开及其在区县一级的扩展，不但在华北结束了原有的参议会模式，建立起了新的代表会议模式，而且对解放初期其他地方代表会议的召开和政权建设产生了直接影响，是中共探索根本政治制度建构历程中的重大成果。

1947 年 7 月，人民解放战争由战略防御转入战略进攻，国内形势的迅猛发展，使全国人民及各民主党派都把希望寄托在中国共产党身上，建立人民民主专政的全国政权提上了日程。1948 年 4 月 30 日，中共中央根据毛泽东的提议，发布了具有历史意义的《纪念"五一"劳动节口号》，其中提出"各民主党派、各人民团体、各社会贤达迅速召开政治协商会议，讨论并实现召集人民代表大会，成立民主联合政府"[①]。中共在发出"五一口号"时，也对即将召开的新政治协商会议作了规划。1948 年 11 月 25 日，中共和各民主党派达成了《关于召开新的政治协商会议诸问题的协议》，筹备以新政协会议筹建新中国的各项事宜。1949 年 1 月 22 日，李济深、沈钧儒等 55 人在解放区发表了《我们对于时局的意见》，表示"在人民解放战争进行中，愿在中共领导下，追求独立、自由、和平、幸福的新中国之早日实现"。[②]这个《意见》的发表意味着中国共产党与民主党派的党际合作关系已经由平等伙伴关系开始向领导与被领导关系转变。

1949 年 6 月，毛泽东发表了《论人民民主专政》一文，运用辩证唯物主义观点，根据马克思主义国家学说，阐述了即将建立的新中国的国家性质以及各阶级在国家中的地位和相互关系，论述了对人民的民主方面和对敌人的专政方面的关系及人民民主专政的基本任务，从而完整地阐明了人民民主专政的一系列根本问题，奠定了我国人民民主专政的

---

① 《十七大以来重要文献选编》中，中央文献出版社 2011 年版，第 201 页。

② 中央统战部：《中共中央解放战争时期统一战线文件选编》，档案出版社 1988 年版，第 319 页。

理论基础。

"人民民主专政"作为一个完整的概念，最早出现在 1948 年 6 月 1 日中央宣传部根据毛泽东指示为重印列宁《共产主义运动中的"左派"幼稚病》一书第二章所撰写的前言中。该前言指出："人民民主专政是无产阶级领导的、人民大众的、反帝反封建反官僚资本的新民主主义革命，这种革命的社会性质，不是推翻一般资本主义，而是建立新民主主义的社会与建立各个革命阶级联合专政的国家；而无产阶级专政则是推翻资本主义，建设社会主义。"[①] 显然，这一理论表述是毛泽东在《新民主主义论》中所提出的"各个革命阶级联合专政"的国家形态和政权形态的合理延伸。

在新民主主义理论指导下，1949 年 6 月 15 日至 19 日，在中国共产党的领导下于北平成立并召开了新政治协商会议筹备会。参加会议的有中国共产党、各民主党派、各人民团体、各界民主人士、国内少数民族、海外华侨等 23 个单位共 134 人。会议一致认为，召开新的政治协商会议成立民主联合政府的一切条件均已成熟。

1949 年 9 月 21 日至 30 日，中国人民政治协商会议第一届全体会议在北平隆重召开。参加会议的有 600 多名代表，包括了中国共产党、各民主党派、各人民团体、人民解放军、各地区、各民族和国外华侨等各方面人士。这次会议代行着全国人民代表大会的职权，是一次具有重要意义的历史性盛会，体现了中国人民从未有过的民主协商、当家作主的精神。经过 10 天的协商讨论，会议一致通过了起临时宪法作用的《中国人民政治协商会议共同纲领》。毛泽东在《论人民民主专政》一文中论述的基本原则，成为制定《共同纲领》的指导思想。

从内容上看，《共同纲领》一是规定了我国国体的性质是工人阶级领导的、以工农联盟为基础的人民民主专政。规定了中华人民共和国的

---

① 《人民日报》1948 年 6 月 16 日。

国家政权属于人民，人民行使国家政权的机关是各级人民代表大会，在人民代表大会召开之前，由地方各界人民代表会议逐步代行人大的职权。二是规定了我国实行中国共产党领导的多党合作和政治协商制度。明确了人民政协会议是中国人民的爱国统一战线组织，在全国人民代表大会召开之前，作为人民民主专政的政权组织形式代行其职权。三是规定了在少数民族聚居的地区应实行民族区域自治。民族区域自治制度，即在国家统一领导下，各少数民族聚居的地方设立自治机关，行使自治权，实行区域自治。这项制度不同于苏联式的联邦制度，而是根据我国历史发展、文化特点、民族关系和民族分布等具体情况作出的制度安排，符合各族人民的共同利益和发展要求。而这与后来的基层群众自治制度一起共同构成了我国制度建设的基本制度。以宪法为指导制定颁布了政治、经济、文化以及党的建设等领域的相关法律法规，初步形成了我国社会主义法律体系。

总体上，新民主主义时期中国共产党人对国家政权建设的探索成果主要集中表现在《共同纲领》的颁布和实施上，《共同纲领》中规定的国家制度原则成为日后我国社会主义制度体系中的根本的不可动摇的制度形式。

从整体上看，中华人民共和国成立初期的政治制度尚处于初创阶段，这一时期的政治制度具有明显的不健全、不稳定性。它同当时新生的共和国经济制度的变革相适应。如：《共同纲领》把新中国成立初的人民民主专政解释为人民民主统一战线的政权，或理解为各革命阶级的联合专政，而不把它理解为无产阶级专政，是既符合当时历史情况，又不会引起误解的提法。当时，中国民族资产阶级还没有经过社会主义改造，他们还没有接受社会主义，当然，也就难以接受无产阶级专政的提法。

这一时期，中国共产党以外的中国各民主党派作为参加共和国奠基并参与执政的政党和政治派别在国家政权中占有重要地位。当时的政治格局，反映了四个阶级联合专政的新民主主义国家政权的特色，充分地体现了共产党领导下与各民主党派和无党派民主人士长期合作共事的精神。从第一届中国人民政治协商会议的组成上来看，共 45 个单位 662 人，其中共产党员约占 44%，无党派人士占 26%，民主党派人士占 30%，在选出的第一届政协全国委员会的 6 位正副主席中，有 4 名是民主党派和无党派民主人士。[①] 政协会议产生的中央人民政府的 6 位副主席中，有 3 位是民主党派和无党派民主人士，在 56 名政府委员中，有 27 人是民主党派和无党派民主人士。[②] 在政务院的 4 位副总理中，民主党派和无党派民主人士占 2 名；政务院 21 名委员中，民主党派和无党派民主人士有 11 名；政务院下属 30 个机构的 93 名负责人中，民主党派和无党派民主人士有 42 名。[③] 在地方人民代表会议及其选出的地方人民政府中，民主党派和无党派民主人士都占有一定比例。这都充分反映了这一时期政治结构上的新民主主义性质。

政治上的这种结构是与新民主主义的经济结构相适应的。到 1952 年年底，我国重工业中，国营经济约占 80%，轻工业中约占 40%，铁路由国家经营，航运业 60% 是国营的，国家还掌握着银行和绝大部分对外贸易。[④] 国营工业产值在全国现代工业总产值中的比重达 56%。[⑤] 国营经济掌握着国家的经济命脉。而从 1949 年到 1952 年，民族资本主义经济的增长速度从相对数字来说虽低于国营经济的增速，但绝对数字却有很大增长，私营工业总产值 1952 年比 1949 年增长 54%。[⑥] 特别是 1951 年同 1950 年相比。全国私营工业总产值增加达 30%，私营商业零

---

① 《中华人民共和国国史通鉴》，红旗出版社 1993 年版，第 56 页。
② 《中华人民共和国国史通鉴》，红旗出版社 1993 年版，第 61 页。
③ 《中华人民共和国国史通鉴》，红旗出版社 1993 年版，第 61 页。
④ 《中华人民共和国国史通鉴》，红旗出版社 1993 年版，第 62 页。
⑤ 《中华人民共和国国史通鉴》，红旗出版社 1993 年版，第 27 页。
⑥ 《中华人民共和国国史通鉴》，红旗出版社 1993 年版，第 24 页。

售额增加达 **36.6%**。这一年，民族资产阶级获得的利润超过国民党统治的二十二年的任何一年。[①]1952 年年底，中国形成典型的新民主主义经济结构。"共参国政、长期合作"的党派关系和"分工合作、各得其所"的经济格局的确立，标志着我国基本形成了新民主主义的社会制度。

总的看，我国新民主主义国家政体的组织形式具有两大特点：一是民主集中制的组织原则；二是由选民选举产生人民代表大会是新民主主义政体中的最高权力机构。这一原则规定不仅是新民主主义国家政权的基本组织原则，也是今天中国特色社会主义国家制度体系规定的基本原则，其基本精神的彰显和体现形式的完善是发展中国特色社会主义制度的重要基础。

二、社会主义基本制度的确立

实际上，在落后国家建设社会主义，都存在着一个选择什么道路、以什么方式快速实现国家工业化的任务问题。无论是苏联，还是中国，都存在着围绕这个问题产生的分歧。是由上而下，通过国家政权的强大组织力量，尽快地实现对个体经济和私人资本主义经济的社会主义改造，把它们纳入社会主义轨道，走社会主义道路，还是在国家扶持下，通过自下而上地，由"无形的手"调节，以渐进方式实现向社会主义的过渡？中华人民共和国成立前后党在探索建设新民主主义的同时，也一直在构想，如何由新民主主义社会转变到社会主义社会。

按照党的新民主主义理论，新民主主义社会向社会主义社会过渡是必然的趋势，但是因为经济文化落后，这个过渡需要经历一个相当长的新民主主义建设阶段。在《共同纲领》的起草过程中，当有民主党派的人士主张写入实现社会主义的目标时，中国共产党则认为，虽然《共同

---

① 《中华人民共和国国史通鉴》，红旗出版社 1993 年版，第 33 页。

纲领》已经保证了向社会主义方向的迈进，但是《共同纲领》是属于国家政权在现阶段的施政纲领，是从客观实际出发、为现实需要而制定的，它不应去描述现阶段尚不能实现的理想；如果过早写入，就很容易混淆现阶段的实际步骤和将来的理想。最好经过新民主主义这一过渡阶段的实践，等到大家的思想成熟、认识提高后再提社会主义。[①] 这说明，我们党是准备长期建设新民主主义社会的。

但是，由于国内外各种因素的影响，新民主主义的基本纲领尽管得到了全面贯彻落实，却没有像先前设想的那样经历过一个相当长的时期，而仅仅三年多就提出并实施向社会主义的过渡。由于新民主主义社会的历程过于短暂，我国没有经历资本主义的充分发展，社会主义制度的物质基础先天不足，使得我国社会主义初级阶段必然要经历一个长期的发展过程。

（一）1956 年三大改造的完成标志着新民主主义社会制度的结束

从国际角度看，第二次世界大战后形成了两大阵营。当时的资本主义阵营处于衰败状态，而社会主义阵营则充满了发展的活力，尤其是苏联依靠社会主义制度实现了由农业国到工业国的转变，创造了落后国家走向工业化的奇迹，又依靠已建立的社会主义基础，赢得了反击法西斯战争的胜利，充分体现了社会主义制度的优越性，这为苏联社会主义赢得了声望。苏联社会主义模式对包括中国在内的所有无产阶级取得政权的国家都产生了重大影响。对于中国人民来说，已经强大起来的苏联无疑是制度选择的楷模。

从国内情况看，到 1952 年，我国的国民经济得到了恢复并有一定程度的发展，国家政权得以初步巩固，尤其是国民经济结构发生了深刻变化：一方面，工业产值在工农业总产值中的比重有了上升，即从 1949

---

① 《胡乔木回忆毛泽东》，人民出版社 1994 年版，第 564 页。

年的 30% 上升为 41.5%；另一方面，社会主义半社会主义性质的经济有了迅速的增长，在国民经济中的比重不断增大，并占了绝对优势。这表明我们已经获得了有计划进行经济建设的条件。与此同时，无产阶级与资产阶级的矛盾、公私矛盾等新情况、新矛盾也开始大量出现。

上述新情况、新矛盾，要求中国共产党明确回答新民主主义如何向社会主义过渡的问题。过渡时期总路线就是顺应这种形势的发展要求提出的。

实际上，毛泽东酝酿中国的社会主义改造，是征求了苏联领导人斯大林的意见的，并获得苏方的支持。1952 年 10 月，刘少奇率中共代表团赴苏参加苏共十九大。毛泽东委托刘少奇向斯大林通报中共关于向社会主义过渡的设想和方针政策。斯大林于 10 月 24 日接见中共代表团时表示了两点意见：(1) 中共应在 1954 年搞宪法和选举，由现在的联合政府改变为一党政府。(2) 中共搞社会主义改造的想法是对的。当无产阶级掌握政权以后，过渡到社会主义应该采取逐步的办法。你们对中国资产阶级采取的态度是正确的。① 苏联的经验和苏联的支持坚定了毛泽东马上搞社会主义改造的决心。1953 年 6 月 15 日，毛泽东在中共中央政治局会议上发表了重要讲话，他说："党在过渡时期的总路线和总任务，是要在十年到十五年或者更多一些时间内，基本上完成国家工业化和对农业、手工业、资本主义工商业的社会主义改造。"② 从而第一次明确提出了党在过渡时期的总路线。同年 12 月 28 日，中共中央批准并转发经毛泽东两次修改过的，由中央宣传部编写的《为动员一切力量把我国建设成为一个伟大的社会主义国家而斗争——关于党在过渡时期总路线的学习和宣传提纲》，其中对过渡时期总路线作出准确表述："从中华人民共和国成立，到社会主义改造基本完成，这是一个过渡时期。党在

---

① 师哲：《在历史巨人身边》，中央文献出版社 1991 年版，第 530 页。

② 《毛泽东文集》第六卷，人民出版社 1999 年版，第 316 页。

这个过渡时期的总路线和总任务，是要在一个相当长的时期内，逐步实现国家的社会主义工业化，并逐步实现国家对农业、对手工业和对资本主义工商业的社会主义改造。这条总路线是照耀我们各项工作的灯塔，各项工作离开它，就要犯右倾或'左'倾的错误。"① 这条总路线1954年2月被党的七届四中全会正式批准。这条总路线一个鲜明的特点是，在经济上强调对资本主义经济必须全面实行利用、限制和改造的方针，在对其利用、限制的同时必须逐步地进行社会主义改造，并指出党和群众在工作实践中所创造的一系列国家资本主义的形式，是对资本主义经济实施社会主义改造，逐步将它引上社会主义的最佳方针和必经之路。这就改变了对资本主义先利用、限制，后改造，在条件成熟时由国家发布一道国有化命令，对其一举消灭，用突变的形式完成过渡的认识。指出我国农业集体化的途径是经过具有社会主义萌芽的互助组，半社会主义性质的初级农业合作社，最后达到完全社会主义性质的高级农业生产合作社，在没有大农业机械的情况下，也能够逐步实现合作化。这就改变了先有国家的工业化，等工业为农业提供了大量农业机械时，才可以实现农业集体化的预计。这实际上发出了向计划经济转变的明确信号。

从1953年开始，全党和全国人民的主要任务就是实施党在过渡时期的总路线和发展国民经济的第一个五年计划，到1956年年底，在我国基本完成了对农业、手工业和资本主义工商业的社会主义改造的任务，同时提前完成了发展国民经济第一个五年计划。

当然，整个来说，对生产资料私有制的社会主义改造，是这一时期重心。到1956年，通过社会主义改造，过渡时期正式结束。在过渡时期我国在各方面取得了很大的成就。

第一，解放和发展了我国的社会生产力。据统计，1957年全国工

① 中共中央文献研究室：《关于建国以来党的若干历史问题的决议》，人民出版社1993年版，第10页。

业总产值（按 1952 年不变价格计算）达到 783.9 亿元，比 1952 年增长 128.3%，平均每年增长 18%。其中，生产资料的生产比 1952 年增长 210%，平均每年增长 25.4%，消费资料的生产比 1952 年增长 83%，平均每年增长 12.9%。1957 年农业产值达 604 亿元（按 1952 年不变价格计算），比 1952 年增长 25%，平均每年增长 4.5%。粮食产量达 19505 万吨，比 1952 年增长 19%，平均每年增长 3.7%；棉花产量达 164 万吨，比 1952 年增长 26%，平均每年增长 4.7%。[1] 我国工农业生产的这种增长速度不仅是旧中国望尘莫及的，而且也远远超过同期资本主义国家以及周边一些国家和地区的发展速度。

第二，完成了新民主主义社会理论的根本任务。其一，体现在社会经济结构的根本变化上。社会主义改造前，资本主义私有制和个体私有制经济占我国经济的绝对优势。经过生产资料的社会主义改造，在国民经济总收入中，国营经济所占比重由 1952 年的 19.1% 上升到 1956 年的 32.2%，合作社经济由 1.5% 上升到 53.4%，公私合营经济由 0.7% 上升到 7.3%，三者相加，公有制经济已占 92.9%。[2] 其二，体现在阶级关系的重要变化上，广大劳动人民从此彻底摆脱了受压迫、受剥削的地位，成了掌握生产资料的主人，以工人阶级为领导、工农联盟为基础的人民民主专政的国家政权得到巩固。

在三大改造中，农产品统购统销制度确立起来，对手工业的改造已经完成，资本主义工商业全行业公私合营已经确立，在经济运行制度层面，逐渐由以市场为基础、与市场相结合的计划转向了完全的计划经济。在经济管理上，逐渐形成了以政府和部门管理为主的经济管理体制，1954 年政务院改为国务院后，所属部、委、局的设置有所变化，

---

① 以上数字引于《〈中国人权发展 50 年〉白皮书》，http//www.peopel.com.cn/iem/rqbph/01.html。

② 以上数字引于《〈中国人权发展 50 年〉白皮书》，http//www.peopel.com.cn/iem/rqbph/01.html。

与 1953 年的政务院相比，机构净增 24 个，增加幅度为 52%，经济管理部门增加了 14 个，增长 66%。[①] 在行政层级上，1954 年撤销了几个行政大区委员会，实行中央对各省市的更直接领导，这主要是出于中央部委直接管理经济和企业的需要。与此同时，自上而下的计划经济体系和分配制度也基本形成。

但在社会主义改造过程中也出现了一些偏差和失误。毛泽东曾经正确地认识到："在一九五五年夏季以后，农业合作化以及对手工业和个体商业的改造要求过急，工作过粗，改变过快，形式也过于简单划一，以致在长期遗留了一些问题"[②]。但从后来的实践看，这些问题并没有得到及时解决，从而为后来制度建设的曲折发展埋下了伏笔。

1954 年第一届全国人民代表大会把总路线的内容作为国家的总任务写进了第一部宪法，标志着我国由以新民主主义为立国基础转向以社会主义作为国家的政治基础，标志着新民主主义时期的结束。坚持社会主义道路，从此成为中华人民共和国遵循的一项基本原则。

（二）《中华人民共和国宪法》的颁布标志着社会主义基本制度的正式确立

1954 年 9 月，第一届全国人民代表大会第一次会议通过的《中华人民共和国宪法》，是在《共同纲领》基础上的进一步发展，它从宪法层面对我国社会主义制度作出了系统全面的规定。1956 年，我国完成对个体农业、手工业和资本主义工商业社会主义改造的任务，确立了社会主义经济制度。由此，毛泽东关于新中国政治经济制度的科学构想由抽象变为具体，由原则成为制度，由蓝图化为现实。主要表现在：

第一，以国家根本大法的形式把人民民主专政的根本原则明确规定

---

① 国家行政学院编著：《中华人民共和国政府机构五十年（1949—1999）》，国家行政学院出版社 1999 年版，第 172 页。

② 《三中全会以来重要文献选编》下，人民出版社 1982 年版，第 800—801 页。

下来。

中华人民共和国的成立，标志着"革命根据地的人民民主专政……变成了全国的人民民主专政"①。人民民主专政不再只是一种科学构想和局部实践，而是变为具体现实并在全国实践。人民民主专政在实质上是无产阶级专政，它和资产阶级专政在性质上是完全不同的。在资本主义国家，无论怎样标榜民主和自由，终究只是占人口极少数的资产阶级居于统治地位，人民民主专政则使人民真正成为国家的主人。同时它又具有极其鲜明的中国特色，无论在语言表述还是在内容上，都明确地把民主和专政两个方面及其相互关系表达出来，有利于促进社会主义民主政治的发展。第一届全国人民代表大会第一次会议通过的《中华人民共和国宪法》，用国家根本大法的形式把人民民主专政的根本原则明确规定下来，保证了中国人民经过新民主主义革命长期浴血奋斗所取得的民主成果。

第二，在宪法体制上正式确立了人民代表大会制度。

1954 年，《中华人民共和国宪法》及《中华人民共和国全国人民代表大会组织法》《中华人民共和国地方各级人民代表大会和地方各级人民委员会组织法》的颁布，标志着人民代表大会制度在宪法体制上的正式确立。它不仅为国家的政治民主化进程确定了一种新型政权组织形式和民主程序，更重要的是确立了人民代表大会这一同人民民主专政的国体相适应的根本政治制度，为实现人民当家作主提供了根本的制度保证。

第三，以法律的形式明确了中国共产党领导的多党合作制度。

1954 年通过的《中华人民共和国宪法》，对我国的政党问题作了明确规定："我国人民在建立中华人民共和国的伟大斗争中已经结成以中国共产党为领导的各民主阶级、各民主党派、各人民团体的广泛的人民

---

① 《建国以来毛泽东文稿》第六册，中央文献出版社 1992 年版，第 141 页。

民主统一战线。今后在动员和团结全国人民完成国家过渡时期总任务和反对内外敌人的斗争中,我国的人民民主统一战线将继续发挥它的作用。"① 这就用根本大法的形式,确立了中国共产党领导的多党合作与政治协商制度。1956 年 6 月 25 日,李维汉在第一届全国人大三次会议上作《巩固和扩大人民民主统一战线》的发言,这篇发言稿原来引用了毛泽东"两个万岁"的思想,送请胡乔木帮助修改后,正式表述为"长期共存,互相监督",并经毛泽东、邓小平审阅同意。李维汉在发言中指出:"共产党和各民主党派长期共同存在,互相监督,首先是对共产党起监督作用的方针。"并强调指出:"这个方针的提出,同时就是再一次地宣告,同党外人士实行民主合作,是共产党的一条'固定不移'和'永远不变'的原则。""我们应当宣传长期共存和互相监督的方针。"发言结束后,李维汉走过毛泽东身边时,毛泽东对他鼓掌称赞。9 月,中共八大报告正式宣布共产党同民主党派关系的基本方针,即"长期共存,互相监督"。

第四,明确了民族区域自治的法律地位。

1954 年宪法对民族区域自治作了更为全面细致的规定,标志着民族区域自治制度迈出了关键性的一步。随后,国务院又根据《共同纲领》精神和《中华人民共和国宪法》,于 1955 年 12 月发出《国务院关于更改相当于区的民族自治区的指示》《国务院关于建立民族乡若干问题的指示》和《国务院关于改变地方民族民主联合政府的指示》,到 1956 年我国基本形成全国统一的民族自治体制,基本确立了民族区域自治制度的框架。到 1958 年我国已成立四个自治区、29 个自治州和 54 个自治县。西藏也成立了自治区筹备委员会。1965 年 9 月,西藏自治区成立。至此,民族区域自治真正成为中国处理民族问题的基本制度。

第五,社会主义法制初步确立。

① 《建国以来重要文献选编》第五册,中央文献出版社 1993 年版,第 521 页。

1949 年中华人民共和国成立后，为适应新的社会政治经济的发展和维护全新的社会关系与社会秩序的要求，开始展开大规模的法律创制活动。《共同纲领》明确规定："废除国民党反动政府一切压迫人民的法律、法令和司法制度，制定保护人民的法律、法令，建立人民司法制度。"[①] 根据《共同纲领》，建立了中央国家机关和地方各级人民政府，开展了全国范围内的法制建设，先后制定了地方各级人民政府和司法机关的组织通则，制定了工会法、婚姻法、土地改革法以及有关劳动保护、民族区域自治和公私企业管理等法律、法令。在 1954 年 9 月召开的第一届全国人民代表大会第一次会议通过《中华人民共和国宪法》后，又据此重新制定了一些有关国家机关和国家制度的各项重要法律法令。[②]1956 年中共八大召开前，我国经济立法取得显著成效，民法立法框架已经基本形成，刑事立法初步展开，诉讼立法也开始启动，逐步形成了以宪法为核心的我国社会主义的法律框架。这些法律的制定和执行对社会关系领域的变革、调整、维持和巩固起到重要作用，为新生政权和社会主义制度的巩固和发展创造了条件，对中国特色社会主义法律体系的形成具有奠基意义。

到 1956 年年底，生产资料私有制的社会主义改造取得了决定性的胜利，社会主义性质的国营经济、合作社集体经济和公私合营经济占到了国民经济的 92.9%；农村基本上实现了土地公有，96.3% 的农户加入了农业生产合作社，建立起社会主义集体经济；绝大多数的手工业者也加入了手工业集体经济组织；以国营经济和集体经济为主体的社会主义经济制度基本确立。高度集中的计划体制的建立，要求在制度上做重大调整以适应这种经济体制，调整的方向是集权，在现实生活中，逐渐形成了高度集权的政治体制。

---

① 《建国以来重要文献选编》第一册，中央文献出版社 1992 年版，第 5 页。

② 《董必武法学文集》，法律出版社 2001 年版，第 341—342 页。

1954 年《宪法》在序言中首先将"一化三改"规定为"国家在过渡时期的总任务"，[1] 同时，对《共同纲领》作了两项重大修改：(1) 否定了新中国成立后先搞一段新民主主义制度再转入社会主义阶段，而是强调"从中华人民共和国成立到社会主义改造基本完成，这是一个过渡时期"。[2] (2) 否定了公私经济共同发展，实现国家"工业化和民主化"的新民主主义阶段的总任务，代之以"一化"尤其是"三改"的总任务。与之相对应的是国家政治制度的重大变更。首先是权力机关由政协会议变为人大会议。但原政协会议仍予保留以安置各民主党派人员，该会议的任务主要是"向党委和国务院提意见并加以协商"[3]，再就是"在自愿基础上，学习马克思列宁主义和努力进行思想改造"。[4] 其次是原以中共为主各民主党派联合执政的政府转变成了共产党领导下的多党参政的政府。国家最高决策层中，非中共人士悉数退了出来。国家主席副主席，国务院总理副总理全部由共产党人担任了。国务院的部长中，非中共人士亦下降到三分之一左右。以致民主党派人士发出这样的感叹："建国之初政务院副总理 4 人，有 2 位是民主党派人士，而现在国务院副总理 12 人，竟无 1 人是民主党派人士了"。[5] 再次，经济任务中的发展民族资本主义经济、保存富农经济、鼓励农民致富的政策由社会主义改造所取代。

（三）对中国特色社会主义制度的初步探索

苏联的社会主义制度模式是中国社会主义制度的蓝本。从 20 世纪

---

① 陈荷夫编：《中国宪法类编》，中国社会科学出版社 1980 年版，第 213 页。

② 陈荷夫编：《中国宪法类编》，中国社会科学出版社 1980 年版，第 213 页。

③ 转引自刘建平：《苏共与中国共产党人民民主专政理论的确立》，《历史研究》1998 年第 1 期。

④ 《周恩来统一战线文选》，人民出版社 1984 年版，第 259 页。

⑤ 《人民日报》1957 年 6 月 2 日储安平发言。

50 年代中期开始，毛泽东对苏联模式的弊端就有所察觉，总觉得不满意。1956 年，毛泽东发表《论十大关系》的重要讲话，正式提出了"以苏为鉴，走自己的路"①的思想。在这一思想的指导下，中国共产党和毛泽东对经济体制、政治体制和其他方面体制进行了探索性的改革，这种改革尽管很快就停止了，但亦可看作是对中国特色社会主义制度的初步探索。

1956 年，在国际共产主义运动史上可称之为"多事之秋"，这年 2 月赫鲁晓夫在苏共二十大上作了一个揭露斯大林个人崇拜的秘密报告，同年夏天发生了"波兰事件"和"匈牙利事件"，这一连串的事件不仅在社会主义阵营内部造成了混乱，而且给帝国主义煽动反共反人民的世界性风潮提供了可乘之机。从国内看，随着社会主义改造的迅速推进，整个社会经济结构和阶级关系状况正在发生着深刻的变化。面对这一深刻的社会变革，不同的阶级、阶层和社会集团的人们自然表现出各种不同的反应。广大人民群众对新的社会制度热烈拥护，并表现出极大的热情。但也有一些人不能很快适应这种变化。这些情况使我们党认识到搞社会主义必须从本国实际出发，必须探索一条适合本国情况的社会主义建设道路的重要性和迫切性。在这种背景下，毛泽东和党的其他领导人以积极谨慎的态度，进行了中华人民共和国成立以来第一次大规模的关于如何在中国建设社会主义的实践探索，这其中包括制度改革。

在 1956 年 3 月 12 日召开的中共中央政治局会议上，毛泽东就提出应该自己开动脑筋，解决本国革命和建设问题。在 3 月 23 日召开的中共中央书记处扩大会议上，毛泽东提出，把马克思列宁主义的基本原理同我国革命和建设的具体实际结合起来，探索在我们国家里建设社会主义的道路。4 月 4 日，他明确提出第二次结合的命题："最重要的是要独

---

① 《毛泽东文集》第七卷，人民出版社 1999 年版，第 23 页。

立思考，把马列主义的基本原理同中国革命和建设的具体实际相结合。
民主革命时期我们在吃了大亏之后才成功地实现了这种结合，取得了中
国新民主主义革命的胜利。现在是社会主义革命和建设时期，我们要进
行第二次结合，找出在中国怎样建设社会主义的道路。……我们应从各
方面考虑如何按照中国的情况办事……现在更要努力找到中国建设社会
主义的具体道路。"[①] 正是在这样的理论思考之下，毛泽东鲜明地指出，
中国必须以苏为戒、以苏为鉴，独立自主地探索适合中国国情、具有中
国特点的社会主义建设道路。

　　从 1956 年 4 月毛泽东《论十大关系》的讲话到同年 9 月党的八大，
直至 1957 年 2 月毛泽东《关于正确处理人民内部矛盾的问题》的重要
讲话，都紧紧围绕社会主义建设这一主题，较全面地阐述了中国共产党
的基本理论观点和实际工作的基本指导原则，既借鉴了其他社会主义国
家建设的经验，又总结了我国自身的社会主义革命和建设的经验，充分
肯定了社会主义社会仍然存在着矛盾，提出了要把正确处理人民内部矛
盾作为国家政治生活的主体的思想。在《论十大关系》的讲话中，他告
诫人们："最近苏联方面暴露了他们在建设社会主义过程中的一些缺点
和错误，他们走过的弯路，你还想走？过去我们就是鉴于他们的经验教
训，少走了一些弯路，现在当然更要引以为戒。"[②] 在修改党的八大政治
报告时，他写道："我国是一个东方国家，又是一个大国。因此，我国
不但在民主革命过程中有自己的许多特点，在社会主义改造和社会主义
建设的过程中也带有自己的许多特点，而且在将来建成社会主义社会以
后还会继续存在自己的许多特点。"[③] 在研读苏联《政治经济学教科书》
时，对于书中关于每一个国家都应该"具有自己特别的具体的社会主义

---

　　① 吴冷西：《忆毛主席——我亲身经历的若干重大历史事件片断》，新华出版社 1995 年
版，第 9—10 页。

　　② 《毛泽东文集》第七卷，人民出版社 1999 年版，第 23 页。

　　③ 《建国以来毛泽东文稿》第六册，中央文献出版社 1992 年版，第 143 页。

建设的形式和方法"的提法，他极为赞同，表示必须"把普遍规律和具体特点相结合"。[①] 提出实现马克思主义普遍真理同中国实际的第二次结合，走自己的路，探索适合中国国情、具有中国特点的社会主义建设道路，这是毛泽东对中国社会主义建设的重大理论贡献。

由于党坚持了马克思主义的实事求是的科学态度，提出了正确的路线和工作指导方针，继续倡导和发扬了党内民主和人民民主，从而使整个国家的建设事业呈现出一派生机勃勃的景象，社会主义的政治制度得到了初步的巩固和发展。

首先，毛泽东在《论十大关系》中，针对苏联模式的弊端，提出经济体制改革的思想。他对社会主义公有制经济占优势的前提下，允许非公有制经济成分存在的问题进行了探讨，指出要实行"新经济政策"，"可以搞国营，也可以搞私营。可以消灭了资本主义，又搞资本主义。……现在国营、合营企业不能满足社会需要，如果有原料，国家投资又有困难，社会有需要，私人可以开厂。"[②] 在分配方面，提出国家、集体和个人三者兼顾的原则。毛泽东在领导纠正"大跃进"和人民公社化运动中急躁冒进错误的过程中，还提出不能剥夺农民，不能超越阶段，要发展商品生产，遵循价值规律。刘少奇在党的八大的政治报告中也指出："我们应当改进现行的市场管理办法，取消过严过死的限制；并且应当在统一的社会主义市场的一定范围内，允许国家领导下的自由市场的存在和一定程度的发展，作为国家市场的补充。"[③] 陈云提出"三个主体、三个补充"思想，即国家、集体经济是主体，一定数量的个体经济是补充；计划生产是主体，在计划许可范围内按市场变化的自由生产是补充；国家市场是主体，一定范围内的自由市场是补充。这些思想观点，是对高度集中的计划经济体制的突破。

[①]　《毛泽东文集》第八卷，人民出版社 1999 年版，第 116 页。

[②]　《毛泽东文集》第七卷，人民出版社 1999 年版，第 170 页。

[③]　《建国以来重要文献选编》第九册，中央文献出版社 1994 年版，第 76 页。

其次，这一时期对管理体制改革也进行了探索。八大以后，陈云主持体制改革工作，在充分调查研究的基础上，为国务院起草了《关于改进工业管理体制的规定》《关于改进商业管理体制的规定》和《关于改进财政管理体制的规定》等文件，明确提出关于工业管理的两个"适当扩大"，即"适当扩大省、自治区、直辖市管理工业的权限"①和"适当扩大企业主管人员对企业内部的管理权限"。1960年3月，毛泽东在对中共鞍山市委《关于工业战线上的技术革新和技术革命运动开展情况的报告》的批示中，提出"两参一改三结合"的思想；邓小平在1961年8月给毛泽东和中央政治局常委的信中，提出适当扩大企业自主权，加强企业管理，实行生产责任制思想；邓子恢在1962年5月写给党中央和毛泽东的《关于当前农村人民公社若干政策问题的意见》和7月在高级党校的关于农业问题的讲话的报告和意见中，进一步提出和阐述他在1954年提出的在农村实行生产责任制的观点。

最后，针对政治体制，毛泽东认为我国的基本政治制度是好的，是适合中国国情的，但仍需要不断完善。提出政治体制改革的目标就是要"造成一个又有集中又有民主，又有纪律又有自由，又有统一意志、又有个人心情舒畅、生动活泼，那样一种政治局面"②。

其一，扩大社会主义民主。毛泽东认为："没有民主，就不可能正确地总结经验。没有民主，意见不是从群众中来，就不可能制定出好的路线、方针、政策和办法。……没有民主，不了解下情，情况不明，不充分搜集各方面的意见，不使上下通气，只由上级领导机关凭着片面的或者不真实的材料决定问题，那就难免不是主观主义的"③。他提出加强社会主义民主的主要途径：一是加强集体领导。中央和各级党委必须坚持集体领导的原则，反对个人独裁和分散主义两种偏向，必须懂得集体

---

① 《陈云文选》第三卷，人民出版社1995年版，第88页。

② 《建国以来毛泽东文稿》第六册，中央文献出版社1992年版，第543页。

③ 《建国以来毛泽东文稿》第十册，中央文献出版社1996年版，第21—22页。

领导和个人负责这样两个方面，不是互相对立的，而是互相结合的。二是建立党代会常任制。邓小平在中共"八大"《关于修改党的章程的报告》中提出："代表大会常任制的最大好处，是使代表大会可以成为党的充分有效的最高决策机关和最高监督机关"。三是废除领导干部终身制。1957 年 4 月，毛泽东与民主人士和无党派人士的谈话中，向党外人士透露不当国家主席的意愿，他说："瑞士有七人委员会，总统是轮流当的。我们几年轮一次总可以，采取逐步脱身政策。"① 四是加强党的监督。没有监督，就没有民主。毛泽东认为，主要监督共产党的是劳动人民和党员群众以及民主党派。

其二，改变中央高度集权。毛泽东指出，现在中央集中太多，要给地方更多一些权力，给地方更多的独立性。要有中央和地方两个积极性，比只有一个积极性好得多。"处理好中央和地方的关系，这对于我们这样的大国大党是一个十分重要的问题。这个问题，有些资本主义国家也是很注意的。它们的制度和我们的制度根本不同，但是它们发展的经验，还是值得我们研究。"②

其三，反对官僚主义，精简机构。毛泽东对官僚主义作风一贯深恶痛绝。毛泽东特别强调，机构庞大、部门重叠是官僚主义滋生的条件。因此，他指出："在一不死人二不废事的条件下，我建议党政机构进行大精简，砍掉它三分之二。"③ 后来又指出，国家机构庞大，部门很多，很多人蹲在机关里头没有事做，这个问题要解决。第一条，必须减人；第二条，对准备减的人，必须做出适当安排，使他们都有切实的归宿。党、政、军都要这样做。"精简机关，下放干部，使相当大的一批干部

①　逄先知、金冲及主编：《毛泽东传》（1949—1976）上卷，中央文献出版社 2003 年版，第 672—673 页。

②　《建国以来毛泽东文稿》第六册，中央文献出版社 1992 年版，第 91—92 页。

③　《建国以来毛泽东文稿》第六册，中央文献出版社 1992 年版，第 96 页。

回到生产中去"①。

其四，完善人民代表大会制度、中国共产党领导的多党合作和政治协商制度、民族区域自治制度。1954年以后，毛泽东积极探索人民代表大会制度建设，从而在政治实践中发展了人民代表大会制度。比如，赋予地方人大立法权。毛泽东指出："我们的宪法规定，立法权集中在中央。但是在不违背中央方针的条件下，按照情况和工作需要，地方可以搞章程、条例、办法，宪法并没有约束。我们要统一，也要特殊。"②这一设想在实践中得到了贯彻。关于多党合作制，毛泽东提出，处理好中国共产党同各民主党派的关系，要坚持"长期共存，互相监督"的方针，对中国共产党领导的多党合作制度的完善具有重要的指导意义，被民主党派称为"思想上的大解放""民主党派新生命的开始"③。

其五，进一步完善关于民族区域自治制度，毛泽东提出不仅要坚持反对大汉族主义和地方民族主义，加强民族团结，还要求"在少数民族地区，经济管理体制和财政体制，究竟怎样才适合，要好好研究一下"。④毛泽东对我国社会主义政治经济体制改革的探索，是基于对苏联模式的深刻反思，也是从我国社会主义基本制度建立后的实际出发所作的探索。

毛泽东关于政治经济体制改革的思考和探索，是具有中国特点的社会主义建设道路内容的重要组成部分。虽然这一探索是初步的，有许多思想并没有在以后的实践中贯彻和实施，但是，这些探索的成果无疑为新时期中国特色社会主义制度的确立和发展，提供了重要思路。

党的"八大"以后，党内围绕调整经济关系和搞活经济、实行农业生产责任制、以简政放权为内容改革国家行政和经济管理体制、党

① 《毛泽东文集》第七卷，人民出版社1999年版，第240页。
② 《建国以来毛泽东文稿》第六册，中央文献出版社1992年版，第92页。
③ 李维汉：《回忆与研究》下，中央党史资料出版社1986年版，第820页。
④ 《建国以来毛泽东文稿》第六册，中央文献出版社1992年版，第94页。

的代表大会实行常任制等问题，在实践中作了进一步的探索。1954 年、1959 年、1964 年召开了三届全国人民代表大会，人民民主得到了较好发展，国家根本政治制度健康运行。中国共产党同各民主党派长期共存，相互监督，民主党派和各界人士积极参政议政，政治协商制度顺利发展。继内蒙古自治区之后，1955 年到 1965 年间，又先后成立了新疆维吾尔自治区、广西壮族自治区、宁夏回族自治区和西藏自治区，民族区域自治制度得到进一步完善。

然而由于 1957 年反右派斗争的开展以及"左"的错误的滋长，使党的指导方针逐渐偏离了正确轨道。从 1957 年夏到 1966 年"文革"前，由于一个接一个的政治运动的大规模进行，使各级政府不能发挥正常的作用，变成了党的决策的执行机构。更由于强调党的一元化领导，不仅形成了以党代政，而且造成党内个人专断，从而破坏了党的民主集中制原则。在这种状况下，国家各项政治制度无法发挥其应有的作用，人民代表大会制度趋于削弱；中国共产党与各民主党派"长期共存，互相监督"的方针难以执行；政治协商会议制度虽然一直在坚持，但更多时候不能真正发挥其作用；民族区域自治制度同样没有严格按照党的民族平等团结的原则认真慎重地贯彻落实。就整个十年中政治制度的发展情况看，总的趋势是虽然有一定的发展，但很不健全，很不巩固。在极左路线的支配下，中国共产党领导的多党合作和政治协商制度，实际上名存实亡，各民主党派的领导人、许多政协委员和各界爱国人士同大批党和国家的领导干部一样，遭到打击和迫害，造成大批冤假错案。民族区域自治制度也遭到严重破坏，长期以来党在民族工作中的一系列正确的理论和政策受到批判，代之以"左"倾理论和政策，致使我国各民族间，主要是少数民族与汉族之间产生了不应有的矛盾。干部制度和司法制度都遭到严重破坏，国家的民主和法制遭到无情践踏，给整个社会主义事业造成至深且巨的危害。这一历史悲剧，从反面为我们国家的政治制度建设提供了极其深刻的经验教训。

总体上，中华人民共和国成立后，以毛泽东为代表的中国共产党人创建并不断完善社会主义经济制度以及与之相适应的政治制度，领导了大规模的社会主义经济、政治和文化建设，奠定了中国特色社会主义的制度前提、思想保证、物质基础，创造了社会主义建设的有利外部环境。在这个过程中，毛泽东提出了一系列独创性的关于中国社会主义建设的理论成果，提出实现马克思主义普遍真理同中国实际的第二次结合，走自己的路，探索适合中国国情、具有中国特点的社会主义建设道路，这是毛泽东对中国社会主义建设的重大理论贡献，为实现马克思主义中国化第二次历史性飞跃做了充分的思想酝酿与理论准备，不仅是中国特色社会主义理论、道路、制度形成的历史和逻辑的起点，而且也是中国革命、建设和改革的一条指导原则。毛泽东在探索中既留下了成功的经验，也留下了失误的教训，这两方面都为当今中国特色社会主义制度建设积累了宝贵经验和重要启示。因此，不论是从历史实践上还是从理论逻辑上说，毛泽东都是中国特色社会主义事业的奠基者、探索者和先行者。

三、中国特色社会主义制度的形成和完善

20 世纪 50 年代，毛泽东虽然正确提出"以苏为鉴，走自己的路"的正确思路，但并未完全付诸实践，在总体上，我国社会主义的制度建设并没能真正突破苏联模式的窠臼。政治上的权力高度集中、经济上的高度计划、社会管理上的高度控制是苏联社会主义制度模式的主要弊端。中国改革开放后，在制度建设上主要从这三个方面对于传统体制进行了全面的改革探索。1980 年，邓小平的"8·18"讲话针对权力过分集中问题，对党和国家领导体制的改革进行了深刻的分析，成为新时期中国社会主义民主政治建设的宣言书；1992 年，邓小平的南方谈话突破了"社会主义"与"市场经济"认识上的误区，从经济制度层面将市场

经济的制度安排纳入到社会主义框架之中；对社会的放权和基层民主的勃兴，从根本上改变了国家政府与社会的关系和格局。邓小平时代的开放改革并不断发展，全面开启了扬弃苏联模式的进程，中国特色的社会主义制度逐步形成和完善。

（一）从破坏中逐步恢复

1978 年 12 月召开的中共十一届三中全会作出了把党和国家的工作重点转移到社会主义现代化建设上来的伟大战略决策，这次会议成为共和国成立以来党和国家历史上的一个伟大转折，由此开始，我国社会进入了改革开放、社会主义现代化建设突飞猛进的新时代，中国社会主义制度也迎来了恢复、发展、改革和创新的新机遇。

"文革"十年，民主法制遭到严重破坏，制度建设亟待恢复。

其一是人民代表大会制度的恢复。1978 年 2 月至 3 月召开了全国人民代表大会五届一次会议，会议通过的新宪法恢复了 1954 年宪法的基本原则，重新确认了全国人民代表大会是国家的最高权力机关；增加了"国家坚持社会主义原则，保障人民参加管理国家，管理各项经济事业和文化事业，监督国家机关和工作人员"的规定；还增加了有关健全全国人民代表大会的选举制度、加强各级人民代表大会的职能等方面的一些具体规定；选举了国家领导人。此外，还重新设立了检察机关，将检察机关与公安部门分离，恢复了"文革"以前的公、检、法的格局。与此同时，地方各级人民代表大会也陆续召开会议，开展正常化的工作。此后，五届人大二次会议又通过了新的《中华人民共和国代表大会和地方各级人民代表大会选举法》《中华人民共和国地方各级人民代表大会和各级人民政府组织法》，有力地推动了人民代表大会制度的恢复。在此基础上，1982 年全国人大五届五次会议根据新的形势，修改通过了新宪法以及各级人民代表选举法、代表法、人民政府组织法等，对国家制度作了许多新的规定。这样，我国人民代表大会制度不仅得到了全面恢复，而且进一步得到加强，并走上了日益完善和健全的道路。

其二是中国共产党领导的多党合作和政治协商制度的恢复和发展。邓小平根据我国社会阶级关系的基本状况，明确指出："各民主党派和工商联同我们党有过长期合作，共同战斗的历史，是我们党的亲密朋友。在争取新民主主义革命胜利和建立中华人民共和国的斗争中，各民主党派都发挥了重要的作用。新中国成立以后，各民主党派和工商联推动和帮助各自的成员以及所联系的人们，接受社会主义改造，参加社会主义建设，参加反对国内外敌人的斗争，也都作出了宝贵的贡献。""现在，各民主党派和工商联已经成为各自联系的一部分社会主义劳动者和拥护社会主义的爱国者的政治联盟和人民团体，成为进一步为社会主义服务的政治力量。"①这就为新时期中国共产党领导的多党合作制度的发展打下了坚实的理论基础。1977年12月，各民主党派分别宣布恢复活动。1978年2月，中国人民政治协商会议召开了五届一次会议，通过了新的政协章程，选出了以邓小平为主席的新的领导机构，从此，人民政协工作结束了长期瘫痪的局面。1982年党的十二大总结了我国多党合作制度的历史经验和教训，把"长期共存，互相监督"的"八字方针"发展为"长期共存，互相监督，肝胆相照，荣辱与共""十六字方针"，在这一方针指导下，我国多党合作制度获得了前所未有的发展，各民主党派不仅纷纷建立了基层组织，扩大了成员，而且参政、议政的热情空前高涨。1982年颁布的新宪法对新时期政治协商会议的性质、地位和作用都作了明确的肯定，使政治协商制度得到巩固并走向制度化、经常化的轨道。

这一时期，我国司法制度、干部人事制度、民族区域自治制度等各项制度都得到了恢复和加强，特别是在实现国家统一的问题上，提出了

---

① 《邓小平文选》第二卷，人民出版社1994年版，第203—204页。

"一个国家，两种制度"的构想，并逐步发展成为我国的一项重要的政治制度。

（二）中国特色社会主义制度建设的新成就

中国共产党十一届三中全会重新确立党的思想路线、政治路线、组织路线，批判了以"阶级斗争为纲"的错误方针，在拨乱反正、正本清源的基础上，开启了改革开放的步伐，使中国特色社会主义制度建设站在新的历史起点上。1982 年党的第十二次代表大会召开，邓小平在开幕词中第一次提出"建设有中国特色社会主义"这一时代主题，从此中国的社会主义就定名为中国特色社会主义，中国现代化建设的道路定名为中国特色社会主义道路，这就为中国特色社会主义制度建设作了重要的理论准备，自那时以来，随着改革开放各项成就的取得，中国特色社会主义制度建设也不断取得新成就。

成就之一：形成了比较完善的中国特色社会主义政党制度。以 1989 年中共中央出台的《中共中央关于坚持和完善中国共产党领导的多党合作和政治协商制度的意见》为标志，中国特色社会主义政党制度不断得到完善。2005 年 2 月，党中央再次出台《关于进一步加强中国共产党领导的多党合作和政治协商制度建设的意见》，这标志着我国社会主义政党制度随着实践的发展而不断发展。《意见》第一次提出"社会主义政党制度"和"参政党"等新概念；丰富发展了"八字方针"和"十六字方针"，为中国特色政党制度的发展指明了方向；《意见》对民主党派的性质作了新的概括，调动了各民主党派成员的积极性和创造性；阐明了执政党和参政党的内在关系，促进了双方的团结合作；明确了多党合作与政治协商必须坚持的政治准则，推动了政治协商的两种方式的有效实践。

成就之二：确立了基层群众自治制度。基层群众自治制度萌芽于 20 世纪 80 年代后期的城市社区建设。1982 年 8 月，中共中央 36 号文件第一次提出有计划地进行建立农村（或乡民）委员会试点的要求，1982年宪法明确规定了村民委员会的群众自治组织的性质。至此，村民委员会和自治得以合法化，并开始在全国广泛推行，村民自治走向法治化的轨道。2000年11月中央颁发了推进城市社区建设的文件，在全国范围内全面推进社区民主建设，社区民主自治取得了可喜的成果。集中表现是：其一，建立健全基层政权、基层自治组织、企事业单位的民主选举、民主决策、民主管理、民主监督制度和推行了"三公开"制度，群众有了选举权、知情权、政务参与权和监督权等。其二，建立实施了反映民意、集中民智、珍惜民利决策机制，形成表达利益、平衡利益、调整利益的协调机制，推行党组织领导的基层群众自治机制，把城乡社区建设成为管理有序、服务完善、文明和谐的基层群众活动的共同体。其三，推进政府科学管理与基层群众自治有效连接和良性互动，人民民主与群众自治的有机结合，积极发挥社会组织在扩大群众参与、反映群众诉求方面的积极作用。

成就之三：社会主义市场经济制度的诞生。中国社会主义市场经济制度的诞生，是在总结"一大二公三纯"为特征的公有制建设的经验教训基础上形成的。1984年，党的十二届三中全会作出了《中共中央关于经济体制改革的决定》，第一次提出社会主义经济"是公有制基础上的有计划的商品经济"的新论断，在社会主义生产关系中第一次融入"商品经济"的概念。1992年党的十四大明确提出了"我国经济体制改革的目标是建立社会主义市场经济体制"。这个目标的确定经过了14年的认识和探索，为社会主义经济制度的确立奠定了坚实的理论基础。为此党的十四届四中全会通过了《关于建立社会主义市场经济体制若干问题的决定》，进一步阐明了市场经济机制的基本框架。1997年党的十五大在总结探索的基础上，第一次对我国现阶段的基本经济制度作了新的概括。指出："公有制为主体、多种所有制经济共同发展，是我国社会主义初级阶段的一项基本经济制度。"这标志着我国社会主义市场经济制度的确立。

成就之四：建设和完善社会主义法律体系。1982 年，全国人大制定了改革开放后第一部现行宪法，为适应国家政治、经济、文化和社会发展进步的要求，先后于 1988 年、1993 年、1999 年、2004 年通过了四个宪法修正案，这不仅是中国特色社会主义在民主政治建设领域取得的最新成果，而且是依法治国基本方略标志性的成就。1997 年党的十五大在总结近 20 年民主法治建设经验的基础上，明确提出了立法工作未来发展的战略目标——2010 年形成中国特色社会主义法律体系。2002 年党的十六大再次提到这个战略任务时，提出到 2020 年社会主义法制更加完备，依法治国方略得到全面落实的法治建设目标。2007 年党的十七大报告则进一步强调，要全面落实依法治国的基本方略、加快建设社会主义法治国家，坚持科学立法、民主立法，完善中国特色社会主义法律体系。2014 年党的十八届四中全会作出《中共中央关于全面依法治国若干重大问题的决定》，将依法治国上升为国家战略。

（三）全面深化改革，推进国家治理体系和治理能力现代化目标的提出，标志着中国特色社会主义制度建设进入了新阶段

改革开放 40 年来，我国的经济现代化取得了举世瞩目的成就，为现代化的阶段转换提供了条件。同时，在经济发展中也积累了不少社会问题，需要通过国家治理现代化加以解决。2013 年 11 月 12 日中国共产党第十八届中央委员会第三次全体会议通过的《中共中央关于全面深化改革若干重大问题的决定》，明确提出推进国家治理体系和治理能力现代化是全面深化改革的总目标；《决定》有两个关键词：改革（137 次）与制度（183 次）。《决定》以全面深化改革为抓手，着力于完善和发展中国特色社会主义经济、政治、文化、社会、生态、国防与党建各个方面的规章制度，不断推进国家治理体系和治理能力现代化。2017 年 10 月，习近平在党的十九大报告中进一步明确指出：全面深化改革总目标

是完善和发展中国特色社会主义制度、推进国家治理体系和治理能力现代化。围绕这一改革总目标，报告对重点领域和关键环节作出部署，传递出诸多改革着力点。

而且，从我们要实现的宏伟目标看，实现中国现代化和中华民族的伟大复兴，必须构建系统完备、科学规范、运行有效的制度体系。可以说，全面深化改革，推进国家治理体系和治理能力现代化这一战略目标的确立是中国特色社会主义制度建设进入新阶段的重要标志。

所谓国家治理体系就是使社会的权力运用具有一定的规范性，使公共秩序等一系列制度、程序得到维护；治理能力则是利用制度来管理国家的能力。习近平指出："国家治理体系和治理能力是一个国家制度和制度执行能力的集中体现。国家治理体系是在党领导下管理国家的制度体系，包括经济、政治、文化、社会、生态文明和党的建设等各领域体制机制、法律法规安排，也就是一整套紧密相连、相互协调的国家制度；国家治理能力则是运用国家制度管理社会各方面事务的能力，包括改革发展稳定、内政外交国防、治党治国治军等各个方面。国家治理体系和治理能力是一个有机整体，相辅相成，有了好的国家治理体系才能提高治理能力，提高国家治理能力才能充分发挥国家治理体系的效能。"①

全面深化改革，就是要把制度建设贯穿于改革的始终。习近平指出："改革开放是坚持和发展中国特色社会主义的必由之路，所以必须始终把改革创新精神贯彻到治国理政各个环节，不断推进我国社会主义制度自我完善和发展。"②"我们要坚持以实践基础上的理论创新推动制度创新，坚持和完善现有制度，从实际出发，及时制定一些新的制度，构建系统完备、科学规范、运行有效的制度体系，使各方面制度

---

① 《习近平谈治国理政》第一卷，外文出版社 2018 年版，第 91 页。

② 《习近平谈治国理政》第一卷，外文出版社 2018 年版，第 13 页。

更加成熟更加定型，为夺取中国特色社会主义新胜利提供更加有效的制度保障。① 同时，习近平还强调："制度建设要可执行、可监督、可检查、可追究、可问责，还要体现法治思维、改革思维和系统思维。执行规章纪律，规章不能失之于宽、失之于软，使规章制度成为'稻草人'，要维护制度的严肃性和权威性，坚持制度面前人人平等，执行制度没有例外。"② 要坚决维护制度的刚性约束力，坚决杜绝"破窗效应"，"制度一经形成，就要严格遵守，坚持制度面前人人平等、执行制度没有例外"。③

在习近平关于制度建设的一系列重要论述指导下，我国明显加快了建章立制的步伐，涉及改革发展稳定、内政外交国防和治党治国治军方面的一系列法律法规相继颁布实施。

党的十八届三中全会通过的《中共中央关于全面深化改革若干重大问题的决定》，勾勒出全面深化改革的制度蓝图，涉及经济、政治、文化、社会、生态和党建 6 个方面。集中体现在《决定》的总论（第 2 条）中，在表述围绕全面改革的重大领域任务时，连续使用了 6 个"紧紧围绕"。

关于深化经济体制的改革，《决定》指出，紧紧围绕使市场在资源配置中起决定性作用深化经济体制改革，坚持和完善基本经济制度，加快完善现代市场体系、宏观调控体系、开放型经济体系，加快转变经济发展方式，加快建设创新型国家，推动经济更有效率、更加公平、更可持续发展。这就告诉我们，深化经济体制改革必须围绕如何发挥市场在资源配置中的决定性作用来推进。这是《决定》的一个重大理论创新。

关于深化政治体制改革，《决定》指出，紧紧围绕坚持党的领导、

---

①　《习近平谈治国理政》第一卷，外文出版社 2018 年版，第 10 页。

②　《中共中央政治局常委到第一批党的群众路线教育实践活动联系点出席指导专题民主生活会》，《人民日报》2013 年 10 月 3 日。

③　《习近平谈治国理政》第一卷，外文出版社 2018 年版，第 379 页。

人民当家作主、依法治国有机统一深化政治体制改革，加快推进社会主义民主政治制度化、规范化、程序化，建设社会主义法治国家，发展更加广泛、更加充分、更加健全的人民民主。《决定》从三个方面提出和部署了政治体制改革的任务：一是加强社会主义民主政治制度建设，提出必须以保证人民当家作主为根本，更加注重健全民主制度、丰富民主形式，从各层次各领域扩大公民有序政治参与；提出的主要举措包括：推动人民代表大会制度与时俱进，推进协商民主广泛多层次制度化发展，发展基层民主。二是推进法治中国建设，提出必须坚持依法治国、依法执政、依法行政共同推进，坚持法治国家、法治政府、法治社会一体建设；提出的主要举措包括：维护宪法法律权威，深化行政执法体制改革，确保依法独立公正行使审判权检察权，健全司法权力运行机制，完善人权司法保障制度。三是强化权力运行制约和监督体系，提出坚持用制度管权管事管人，构建决策科学、执行坚决、监督有力的权力运行体系，健全惩治和预防腐败体系；提出的主要举措包括：形成科学有效的权力制约和协调机制，加强反腐败体制机制创新和制度保障，健全改进作风常态化制度。

关于深化文化体制改革，《决定》指出，紧紧围绕建设社会主义核心价值体系、社会主义文化强国深化文化体制改革，加快完善文化管理体制和文化生产经营机制，建立健全现代公共文化服务体系、现代文化市场体系，推动社会主义文化大发展大繁荣。这为今后一个时期深化文化体制改革指明了方向。《决定》对深化文化体制改革进行了重点部署，提出必须坚持社会主义先进文化前进方向，以激发全民族文化创造活力为中心环节，推进文化体制机制创新；并从完善文化管理体制、建立健全现代文化市场体系、构建现代公共文化服务体系、提高文化开放水平等方面提出了重要改革举措和要求。

关于深化社会体制改革，《决定》指出，紧紧围绕更好保障和改善民生、促进社会公平正义深化社会体制改革，改革收入分配制度，促进共同富裕，推进社会领域制度创新，推进基本公共服务均等化，健全社会保障体系，加快形成科学有效的社会治理体制，确保社会既充满活力又和谐有序。《决定》主要从两个方面对深化社会体制改革作了阐述和部署：一是推进社会事业改革创新，提出必须解决好人民最关心最直接最现实的利益问题，努力为社会提供多样化服务，更好满足人民需求；二是创新社会治理体制，提出必须着眼于维护最广大人民根本利益，最大限度增加和谐因素，增强社会发展活力，提高社会治理水平；提出的主要举措包括：改进社会治理方式，激发社会组织活力，创新有效预防和化解社会矛盾体制，健全公共安全体系。

关于深化生态文明体制改革，《决定》指出，紧紧围绕建设美丽中国，深化生态文明体制改革，加快建立生态文明制度，健全国土空间开发、资源节约利用、生态环境保护的体制机制，推动形成人与自然和谐发展现代化建设新格局。《决定》对深化生态文明体制改革作出了重点部署，提出建立系统完整的生态文明制度体系，实行最严格的源头保护制度、损害赔偿制度、责任追究制度，完善环境治理和生态修复制度，用制度保护生态环境。并从健全自然资源资产产权制度和用途管制制度、划定生态保护红线、实行资源有偿使用制度和生态补偿制度、改革生态环境保护管理体制等方面提出了一些重大改革举措。

关于深化党的建设制度改革，《决定》指出，紧紧围绕提高科学执政、民主执政、依法执政水平深化党的建设制度改革，加强民主集中制建设，完善党的领导体制和执政方式，保持党的先进性和纯洁性，为改革开放和社会主义现代化建设提供坚强政治保证。《决定》强调，全面深化改革必须加强和改善党的领导，充分发挥党总揽全局、协调各方的领导核心作用，建设学习型、服务型、创新型的马克思主义执政党，提高党的领导水平和执政能力，确保改革取得成功。并从三个方面提出了要求和措施：一是全党同志要把思想和行动统一到中央关于全面深化改革重大决策部署上来，正确处理中央和地方、全局和局部、当前和长远的关系，正确对待利益格局调整，充分发扬党内民主，坚决维护中央权威，保证政令畅通，坚定不移实现中央改革决策部署。并宣布中央成立全面深化改革领导小组，负责改革总体设计、统筹协调、整体推进、督促落实。二是坚持党管干部原则，深化干部人事制度改革，构建有效管用、简便易行的选人用人机制，使各方面优秀干部充分涌现；建立集聚人才体制机制，聚天下英才而用之。三是坚持党的群众路线，建立社会参与机制，充分发挥人民群众的积极性、主动性、创造性，齐心协力推进改革；鼓励地方、基层和群众大胆探索，加强重大改革试点工作，及时总结经验，宽容改革失误，加强宣传和舆论引导，为全面深化改革营造良好社会环境。

党的十九大召开后，在十九大精神的指引下，我国加快了制度创新步伐。在行政体制改革方面，在省市县对职能相近的党政机关探索合并或合署办公。党政机关探索合并设立或合署办公，有助于破解基层党政机构重合雷同、分工不清、冗员过多等问题。在深化国家监察体制改革方面，国家监察委员会的设立，是改革开放 40 年来政治体制改革的重大成果。2018 年春，党和国家机构全面启动，这是一场创新性、整体性、重构性的重大体制变革，涉及的中央和国家机关部门、直属单位超过 80 个，既横向统筹党政军群，又纵向统筹中央地方，力度规模之大，涉及范围之广，触及利益之深前所未有。

把全面深化改革的总目标定位在完善和发展中国特色社会主义制度，推进国家治理体系和治理能力现代化方面，深刻昭示了在中国特色社会主义制度条件下，中国共产党长期执政的强大动力和有力保障，揭示了发挥中国特色社会主义制度优势的具体路径，宣示了党领导人民科学、民主、依法和有效治理国家的关键选择。

总之，中国特色社会主义制度是与社会主义初级阶段的中国国情相适应的制度。这个阶段的主要任务，就是努力去实现许多国家在资本主义条件下实现的现代化。因此，中国特色社会主义就是既坚持社会主义根本方向，又不受各种具体体制、模式、手段的束缚，一切从中国实际出发，大胆探索创新。正如习近平所强调的，我们今天的社会制度和各项具体管理制度，是在我国历史传承、文化传统、经济社会发展的基础上长期发展、渐进改善、内生性演化的结果。今天，我们要继续坚持和完善中国特色社会主义制度，必须增强政治定力，增强制度自信。"我们要虚心学习借鉴人类社会创造的一切文明成果，但我们不能数典忘祖，不能照抄照搬别国的发展模式，也绝不会接受任何外国颐指气使的说教。"①

当然，中国特色社会主义制度所具有的特点和优势并不会自动显现，而是需要通过继续深化改革，完善各方面体制机制，减少制度漏洞、克服制度弊端，不断提高制度建设的科学化水平。邓小平曾经设想，到建党 100 周年时，争取在各方面形成一套比较成熟、比较定型的制度。同这一目标相比，我们依然任重道远。我们相信，随着中国特色社会主义事业不断发展，随着我国制度建设的不断推进，中国特色社会主义制度必将越来越成熟、越来越定型，我国社会主义制度的优越性必将进一步显现。

---

① 《习近平谈治国理政》第一卷，外文出版社 2018 年版，第 30 页。

第十二章

中国特色社会主义政治制度

政治制度是国家产生以后占统治地位的阶级通过组织政权以实现其政治统治和社会治理的原则和规则的总和。它包括国家政权的组织形式、国家结构形式、政党制度等。习近平在纪念人民代表大会制度建立60周年大会上的讲话中指出："一个国家的政治制度决定于这个国家的经济社会基础，同时又反作用于这个国家的经济社会基础，乃至于起到决定性作用。在一个国家的各种制度中，政治制度处于关键环节。"① 可见，政治制度在国家建设中具有非常重要的地位和作用。中国特色社会主义政治制度既吸收了人类政治文明发展的优秀成果，又具有鲜明的中国特点和独特优势，其本质是实现和维护最广大人民群众的根本利益，保障人民当家作主，维护国家长期稳定和健康发展。中国特色社会主义政治制度是符合中国国情的有利于人民群众当家作主的政治制度。

一、中国共产党的领导

中国特色社会主义政治制度是在中国共产党的领导下运行的，这是

① 《习近平谈治国理政》第二卷，外文出版社 2017 年版，第 288 页。

中国的政治制度与西方一些国家在政治制度上的主要区别，也是中国特色社会主义政治制度的突出特点。

在当代中国，坚持党的领导、人民当家作主和依法治国的有机统一是中国特色社会主义政治发展道路的根本原则，当然也是中国特色社会主义政治制度设置和运行的根本前提。党的领导是人民当家作主和依法治国的根本保证，无论是发展民主还是推进法治，都不能离开党的政治领导、思想领导和组织领导。人民当家作主是社会主义民主政治的本质要求和核心所在，人民依照法律规定通过各种形式和途径管理国家事务和社会事务，管理经济和文化事业，才能真正成为国家、社会和自己命运的主人。在社会主义国家，人民群众在政治上当家作主不是自发无序地进行的，只有在党的领导下有组织、有计划、有秩序地推进，民主才能在健康的轨道上运行。依法治国是社会主义政治建设的基本方略。无论是党的领导还是人民民主都必须在法治的轨道上运行，实现民主的规范化、程序化、制度化、法律化，人民当家作主才能切实得到有力保障。同样，在社会主义国家法治建设也不是自发无序地进行的，只有在党的领导下，从国情实际出发，实事求是地确定法治建设的目标，构建符合国情的法治体系，才能为充分有效地实现人民民主提供法律保障。所以，坚持党的领导、人民民主和依法治国的有机统一，是中国社会主义政治建设优越性的根本体现。

中国共产党的领导地位不是自封的，也不是从天上掉下来的，是近代以来中国历史发展的必然结果和广大人民群众的自觉选择。1840 年鸦片战争后，西方列强用坚船利炮打开了中国的大门，中国逐步沦为半殖民地半封建社会。为了国家的富强和民族的独立，无数先进的中国人前赴后继，流血牺牲，展开了持久不懈的斗争。然而在中国共产党诞生以前，不论是太平天国运动、洋务运动、维新变法，还是孙中山领导的辛亥革命都未能使中国人民摆脱列强的蹂躏，获得真正的自由和解放，一次又一次的斗争都以失败告终。毛泽东说过，中国有了中国共产党，这是开天辟地的大事变。1921 年中国共产党诞生后，把马克思主义的普遍真理同中国革命的具体实践相结合，走出了一条农村包围城市武装夺取政权的道路，中国的面貌才开始发生重大而深刻的变化。正是在中国共产党的领导下，中国人民经过 28 年艰苦卓绝的革命斗争，推翻了帝国主义、封建主义和官僚资本主义的统治，赢得了中华民族的独立和解放。1949 年 10 月，在新民主主义革命胜利的基础上建立了中华人民共和国，中国共产党自然成为执政党。中华人民共和国成立后，中国共产党领导人民走上了社会主义道路，建构了中国特色社会主义制度体系。在政治制度建设上，中国共产党领导人民建立了人民代表大会制度、共产党领导的多党合作和政治协商制度、民族区域自治制度和基层群众自治制度。在中国，政治制度建设的历史逻辑是：先有了一个按照科学理论组织起来的先进的中国共产党，而后在中国共产党领导下，通过武装斗争建立了中华人民共和国，进而在新中国的人民政权中成为执政党，领导人民建立了社会主义政治制度。因此，中国共产党的领导地位和执政地位是历史形成的，是中国人民的历史选择，已经载入了中国宪法，这一点同西方政党产生的历史过程存在巨大差异。在西方国家，整个资产阶级革命过程是由资产阶级和劳动人民一起自发地进行的，没有出现政党的领导。资产阶级革命胜利以后建立了资本主义的政治制度，后来由于政治发展的需要在政治制度的框架内产生了政党。因此，西方政党从建立伊始就在宪法和法律规定的框架下活动和运作。不论是实行两党制还是多党制，政党要想获得组建政府的机会，必须遵守制度规则，通过竞争获得执政地位。先有制度，后有政党，这是西方国家政治建设的历史逻辑，与社会主义中国有着重大区别。

"文化大革命"结束后，中国共产党在认真总结正反两个方面的历史经验的基础上，客观面对社会主义现实，冷静观察世界形势，引导中国走上了改革开放的强国富民道路。改革开放 40 年来，在经济不断发展的基础上，中国共产党领导人民适时启动了政治体制改革。改革开放以来，党领导人民恢复和发展了"文化大革命"中断的人民代表大会制度和共产党领导的多党合作政治协商制度，巩固和发展了民族区域自治制度，确立了基层群众自治制度。在 40 年的政治体制改革进程中，中国特色社会主义政治制度日益发展和完善，为人民群众在政治上当家作主提供了有效平台和宽阔的空间。历史告诉人们，在中国，只有中国共产党勇于开拓进取，领导人民启动了经济体制改革和政治体制改革，以促进社会主义的经济政治和文化的发展；也只有中国共产党善于从客观实际出发，在经济发展的基础上，积极稳妥地领导人民推进政治体制改革，不断地完善和发展社会主义政治制度。因此，中国共产党在中国特色社会主义政治制度运行中居于领导地位，不仅具有宪法规定的法律合法性；更具有绝大多数人民群众认同和接受的政治合法性。

坚持中国共产党的领导地位是中国现实政治生活的客观要求。现代政治都是政党政治。政党对于国家政权的控制和影响，已成为世界政治发展的普遍趋势。中国要走向现代化，当然也要适应这种历史的趋势。从政党政治的一般规律看，执政党代表本阶级的利益和意志支配社会公共权力，通过控制和影响代议机构使代表本阶级的意志通过法定程序转化为国家权力，已经成为普遍的法则。同样，走向社会主义现代化的中国政治生活，也必然要顺应这种法则。在现代中国的国家政治生活中，集中表现人民意志的国家权威的确立及其运行，没有一个强大的代表人民意志的政党的支撑和保障是不可想象的。

首先，作为我国政体的人民代表大会制度本身就包含和要求中国共产党的领导。民主是一种利益磨合机制。在一定意义上说，我国的人民代表大会制度的本质，就是人民内部各个阶级和阶层的利益要求通过协商和少数服从多数的原则进行表达和集中的过程。政治活动是最为复杂的活动。在我国人民代表大会的运行活动中，社会各个阶级、阶层、团体都有着自己的个别利益要求表达和实现。如果没有一个能够协调各个方面、代表绝大多数人民利益的政治核心在中间起着决定性的作用，人民代表大会制度不可能顺利健康地发展。在中国，这个政治核心就是中国共产党。中国共产党的工人阶级先锋队和中华民族先锋队的性质与全心全意为人民服务的宗旨，客观地决定她应当是始终代表中国社会先进生产力发展要求的、始终代表中国先进文化前进方向的、始终代表广大人民群众根本利益的先进政党。中国共产党的性质和宗旨，决定了她在当代中国政治活动中的核心地位。只有中国共产党能够代表广大人民群众的利益，而且能够凝聚全国各族人民群众的力量，保证国家政治生活健康有序地进行。

其次，中国是一个幅员辽阔、人口众多、由 56 个民族组成的国家。在这样一个历史漫长悠久、现实情况错综复杂的国度里进行社会主义现代化建设，没有一个能够代表广大人民利益、善于总揽全局、有效协调各方的政治核心作为社会生活的中坚力量，社会的稳定发展和不断进步是不可能的。特别是在目前的历史条件下，中国社会正在从原有的计划经济体制向新型的社会主义市场经济体制转型，这种转型是一场深刻的社会变革。在这场变革中，各种深层次矛盾同时存在，社会问题层出不穷。如果没有一个能够得到全国各族人民、各个阶级、各种社会阶层和各种政治力量普遍拥护和一致认可的政治领导核心，社会就难以平稳、顺利地转换和过渡。中国共产党由于她历史的贡献和现实能力，就是这样一个得到全国各族人民认可的政治核心。维护中国共产党这个政治核心，坚持中国共产党对中国社会生活的领导，对于维护各民族的团结，保持国家的统一和稳定，推动社会的发展，具有至关重要的地位和作用。因此，从中国社会生活的客观实际需要上看，也必须坚持中国共产党对中国政治建设的领导。

二、人民代表大会制度

人民民主专政是中国的国体。国体即国家的性质。人民民主专政，是中国共产党把马克思主义无产阶级专政学说同中国具体实际相结合的伟大创造，奠定了当代中国社会发展进步的根本政治前提和制度基础。中国现阶段的人民民主专政实质上就是无产阶级专政，是新型民主和新型专政的结合。国体是通过政体来体现的，人民代表大会制度就是我国的政体形式。

我国人民代表大会制度的建立和发展与马克思主义民主理论中的议行合一、普选制思想有着直接的渊源，但又有所创新。1891年，恩格斯在为《法兰西内战》写的导言中指出："工人阶级一旦取得统治权，就不能继续运用旧的国家机器来进行管理；工人阶级为了不致失去刚刚争得的统治，一方面应当铲除全部旧的、一直被利用来反对它的压迫机器，另一方面还应当保证本身能够防范自己的代表和官吏，即宣布他们毫无例外地可以随时撤换。"[1]针对巴黎公社废除了资产阶级代议制方面的措施，马克思说："公社是一个实干的而不是议会式的机构，它既是行政机关，同时也是立法机关"[2]。马克思恩格斯对巴黎公社实行的普选制给予了很高的评价。认为公社实行的普选制彻底清除了国家等级制，以随时可以罢免的勤务员来代替骑在人民头上作威作福的老爷们，以真正的负责制来代替虚伪的负责制，因为这些勤务员经常是在公众监督之下进行工作的。恩格斯也明确地把人民的自由普选权和随时罢免权看作是人民群众管理和监督国家事务的重要手段。他说："为了防止国家和国家机关由社会公仆变为社会主人"，巴黎公社"把行政、司法和国民教育方面的一切职位交给由普选选出的人担任，而且规定选举者可以随时撤换被选举者"[3]。马克思恩格斯关于无产阶级取得政权后政权建设学说和要建立人民代表机关的理论，揭示了社会主义国家人民在政治上当家作主、管理国家的具体形式。马克思主

---

① 《马克思恩格斯选集》第3卷，人民出版社2012年版，第54页。
② 《马克思恩格斯选集》第3卷，人民出版社2012年版，第98页。
③ 《马克思恩格斯选集》第3卷，人民出版社2012年版，第55页。

义经典作家对无产阶级取得政权后民主政治制度建设的概括和思考，为我国人民代表大会制度提供了理论基础。在中国革命和建设的历程中，以毛泽东为代表的中国共产党人既坚持又发展了马克思主义关于无产阶级国家政权建设的学说和代表制理论的本质所在，又结合我国的历史和政权建设实践，在人民民主专政和民主集中制的基础上，形成了人民代表大会制度理论。人民代表大会制度充分体现了马克思主义民主理论的"人民当家作主"本质，又赋予了鲜明的中国特点和具体形式。

人民代表大会制度是中国的根本政治制度，是人民当家作主的政权组织形式。民主集中制是人民代表大会的组织原则。人民行使权力的机关是全国人民代表大会和地方各级人民代表大会，它们都由民主选举产生，对人民负责，受人民监督；国家行政机关、审判机关、检查机关都是由人民代表大会产生，对它负责，受它监督。

在任何国家，根本政治制度都是社会制度体系的基础和核心。人民代表大会制度作为我的根本政治制度，是动员和组织人民投身国家建设，维护国家统一和民族团结，维护广大人民的共同意志和根本利益的根本途径；也是国家政权充分发扬民主、贯彻群众路线的较好形式。人民代表大会制度坚持国家的一切权力属于人民，人民依照法律规定享有通过各种途径和形式管理国家事务和社会事务、管理经济和文化事业的权利。人民代表大会制度根据一切权力属于人民的原则，在最基层的普选基础上逐次选举产生各级人大代表，组成国家权力机关，由国家权力机关产生其他国家机关，实现了人民当家作主，为社会主义制度奠定了坚实的政治基础。全国人民代表大会和地方各级人民代表大会都由民主选举产生，对人民负责，受人民监督。各级人民代表大会真正代表人民的利益，按照人民的意志制定法律法规、决定重大事项、选举和任免国家机构领导人员、监督国家行政机关、审判机关和检察机关的工作，从根本上保证人民在国家生活中的主人翁地位。人民代表大会制度为国家机构协调高效运转确立了规范的政权架构。在中央统一领导下，合理划分中央和地方的职权，充分发挥中央和地方两个积极性，是符合中国国情和实际的好制度，具有强大的生命力和巨大的优越性。这一制度既能充分反映广大人民的意愿，又有利于形成全体人民的统一意志，是人民当家作主的根本途径和最高实现形式。我国的人民代表大会制度与西方的议会制有着很大不同。西方的议会主要体现为立法机构，人民代表大会则是体现国家一切权力属于人民的国家权力机关。西方的议员是职业政客，我们的人民代表则是来自人民群众的各个阶级、阶层的优秀分子，能够更好地代表和维护人民的利益。人民代表大会制度坚持以民主集中制为根本组织原则和活动方式，在充分民主的基础上正确集中各方意见，协调不同利益，集体行使权力，合理作出决策，保证人民意志和利益的实现，维护社会公平正义。它既尊重多数、保护少数，反对把个人意志凌驾于集体之上，同官僚专制主义根本不同；又反对把民主和法治相割裂，同无政府主义和极端民主化划清原则界限。

坚持人民代表大会制度还需要不断发展人民代表大会制度。中共十八大报告、十八届三中全会《决定》和中共十九大报告都强调，要完善和发展人民代表大会制度，推动人民代表大会制度与时俱进。根据中共十八届三中全会精神，在立法方面，要健全起草、论证、协调、审议机制，提高立法质量，防止地方保护和部门利益法制化。要健全"一府两院"由人大产生、对人大负责、受人大监督制度。在重大事项决定方面，要求健全人大讨论、决定重大事项制度，各级政府重大决策出台前向本级人大报告。要求加强人大预算决算审查监督、国有资产监督职能。要求落实税收法定原则；加强人大常委会同人大代表的联系，充分发挥代表作用；通过建立健全代表联络机构、网络平台等形式密切代表同人民群众联系；完善人大工作机制；等等。

三、中国共产党领导的多党合作和政治协商制度

中国共产党领导的多党合作和政治协商制度是中国特色社会主义的政党制度，也是中国的一项基本政治制度。中国共产党的领导是多党合作和政治协商的前提和基础，多党合作是中国共产党领导的多党合作和政治协商制度的核心内容，政治协商是这项制度的重要形式，宪法和法律是各政党活动的基本准则。中国人民政治协商会议是中国共产党领导的多党合作和政治协商机构，是中国人民爱国统一战线组织。它既不是苏联和东欧那种一党制，也不是西方的两党制和多党制。这种政党制度既有利于发扬民主、活跃国家政治生活，又有利于加强、改善共产党的领导和充分发挥民主党派的参政党作用，从而实现统一领导与广泛民主、富有效率与充满活力的有机统一。

中国共产党领导的多党合作和政治协商制度的建立和发展与马克思主义民主理论中的多党合作思想也有着密切联系。马克思和恩格斯在《共产党宣言》中说："共产党人为工人阶级的最近的目的和利益而斗争，但是他们在当前的运动中同时代表运动的未来"[1]。同时，"共产党人到处都努力争取全世界民主政党之间的团结和协调"[2]。尽管马克思、恩格斯受时代和历史条件的限制，一度认为多党合作具有策略性特点，但是毕竟为社会主义建立之后如何处理共产党与其他党派的关系提供了有益思考。中国共产党领导的多党合作和政治协商制度是马克思主义民主理论中政党合作思想和统一战线学说与中国的实际相结合的产物。中国共产党根据本国国情和时代特征建立了中国共产党领导的多党合作和政治协商制度。这项制度是实现人民民主的重要形式，这一制度在中国长期的

---

① 《马克思恩格斯选集》第 1 卷，人民出版社 2012 年版，第 434 页。
② 《马克思恩格斯选集》第 1 卷，人民出版社 2012 年版，第 435 页。

革命、建设、改革实践中形成和发展起来，是适合中国国情的一项基本政治制度，是具有中国特色的社会主义政党制度，是中国社会主义民主政治的重要组成部分。中国人民政治协商会议是中国人民爱国统一战线的组织，是中国共产党领导的多党合作和政治协商的重要机构，是我国政治生活中推行社会主义协商民主的重要形式。中国人民政治协商会议是中国共产党把马克思列宁主义统一战线理论、政党理论、社会主义民主政治理论同中国具体实践相结合的有益创造。"长期共存，互相监督"的方针，是以毛泽东为代表的中国共产党人对马克思主义关于政党合作理论的创造性运用，科学地解决了我国社会主义政党制度基础性理论问题，实现和丰富了马克思主义的政党理论。

协商民主是中国特色社会主义民主政治建设的重要形式，是党的群众路线的重要体现，也是共产党领导的多党合作和政治协商制度运行的重要内容。根据中共十八届三中全会精神，要推进协商民主广泛多层制度化发展。在党的领导下，以经济社会发展重大问题和涉及群众切身利益的实际问题为内容，在全社会开展广泛协商，坚持协商于决策之前和决策实施之中。要构建程序合理、环节完整的协商民主体系，拓宽国家政权机关、政协组织、党派团体、基层组织、社会组织的协商渠道。深入开展立法协商、行政协商、民主协商、参政协商、社会协商。此外，还要发挥统一战线在协商民主中的重要作用，完善中国共产党同各民主党派的政治协商，认真听取各民主党派和无党派人士意见。贯彻党的民族政策，保障少数民族合法权益，巩固和发展平等团结互助和谐的社会主义民族关系。发挥人民政协作为协商民主重要渠道作用。重点推进政治协商、民主监督、参政议政制度化、规范化、程序化。拓展协商民主形式，更加活跃有序地组织专题协商、对口协商、界别协商、提案办理协商，增加协商密度，提高协商成效。在政协健全委员联络机构，完善委员联络制度等。

四、民族区域自治制度

民族区域自治制度是我国又一项基本政治制度。这个制度是根据我国的历史发展、文化特点、民族关系和民族分布等具体情况作出的制度安排，符合我国各民族人民的共同利益和发展要求。它既实行单一制的国家形式，维护了国家的统一；又在少数民族聚居地方实行相对自治，有效地处理了民族平等关系，体现了民族民主自治。

民族区域自治制度作为中国的一项基本政治制度。它是在国家的统一领导下，以少数民族聚居区为基础，建立相应的民族自治地方，设立民族自治机关，行使宪法和法律规定的自治权的制度。这一制度是中国共产党运用马克思主义民族理论解决中国民族问题的一大创造，体现了国家尊重和保障少数民族自主管理本民族内部事务的权利，体现了民族平等、民族团结、各民族共同繁荣发展的原则，体现了民族因素与区域因素、政治因素与经济因素、历史因素与现实因素的统一。

民族区域自治制度的建立和发展同样与马克思主义的民族自治思想有着直接联系。马克思主义创始人最早提出了民族区域自治的思想。马克思主义认为，民族区域自治是多民族国家实现民主的重要条件，民族自治也要与国家统一结合起来。1850 年，马克思和恩格斯针对德国处于长期封建割据和分裂状态等严重阻碍社会发展的情况，在《中央委员会告共产主义者同盟书》中，提出德国无产阶级"不仅要力求建立统一而不可分割的德意志共和国，而且还要极其坚决地把这个共和国的权力集中在国家政权手中"①。恩格斯也在 1891 年批判"哥达纲领"时，针对"纲领"中主张建立分散的德意志国家形式，认为无产阶级应该"采

---

① 《马克思恩格斯选集》第 1 卷，人民出版社 2012 年版，第 562 页。

取单一的不可分割的共和国的形式"。与此同时，马克思还郑重地指出："奴役其他民族的民族是在为自己锻造镣铐。"恩格斯也指出："一个民族当它还在压迫其他民族的时候，是不可能获得自由的。"中国共产党根据马克思主义关于在民族地区建立民族区域自治的理论原则，积极主张并具体实践了民族区域自治制度，并取得了较好的社会效果。民族区域自治制度是马克思主义民主理论中民族自治思想同中国实际相结合的产物。

民族区域自治是中国共产党应用马克思主义基本原理与中国实际相结合解决我国民族问题的基本政策和基本政治制度。在国家的统一领导下，各民族聚居地方依照法律实行区域自治，设立自治机关，行使自治权是这项制度的基本内容。实行民族区域自治制度有利于维护国家的统一；有利于保障少数民族在政治上的平等地位和权利；有利于保障少数民族当家作主的自治权利和主人翁地位；有利于各民族共同繁荣发展；有利于增进民族团结，加强边防建设，巩固国家安全，维护祖国统一。中华人民共和国成立后，特别是中共十一届三中全会以来，在国家和全国人民的支持帮助下，经过少数民族地方人民群众的自力更生、艰苦奋斗，极大地推动了民族自治地方经济、社会、文化事业的蓬勃发展，取得了巨大的成就。实践证明，中国的民族区域自治制度符合全国各民族人民的根本利益，具有强大的生命力。

在新的历史条件下，进一步坚持和完善民族区域自治制度同样是我国政治建设面临的重要任务。要在国家的集中统一领导下，切实保障民族自治地方自治机关依法行使自治权；同时，民族自治地方必须发扬自力更生、艰苦奋斗的精神，在国家帮助支持下，努力发展本地区的经济文化事业。

要全面贯彻落实民族区域自治法。《中华人民共和国民族区域自治法》及其修订案以基本法的形式把民族区域自治政策固定下来，标志着民族区域自治的基本政策进入了法治化建设的新阶段。全面贯彻落实民族区域自治法，是当前坚持和完善民族区域自治制度的中心环节。一是要善于贯彻落实民族区域自治法与自觉遵循社会主义市场经济的客观规律统一起来；二是要善于把贯彻落实民族区域自治法与进一步巩固祖国统一、构建和谐社会统一起来；三是要进一步加强民族地区法治建设；四是要广泛深入地开展民族区域自治法的宣传教育。

加强少数民族干部队伍建设和人才资源开发。民族地区的汉族干部和少数民族干部都是党和政府联系少数民族群众的纽带和桥梁，是做好民族工作的骨干力量，而各行各业的人才是加快民族地区经济社会发展的决定因素。当前，尤其要加强少数民族干部队伍建设和人才资源开发，其重大意义在于：一是坚持和完善民族区域自治制度的必然要求；二是增强民族团结，保持社会稳定、维护祖国统一的重要保证；三是实施科技兴国、人才强国和西部大开发战略，加速少数民族和民族地区社会经济发展的关键。只要各族人民团结一致、同心同德，我国民族区域自治制度一定会焕发出更大的活力。

五、基层群众自治制度

基层群众自治制度是中国的一项基本政治制度。它是依照宪法和法律的规定，由居民（村民）选举的成员组成居民（村民）委员会，实行自我管理、自我教育、自我服务、自我监督的制度。基层群众自治是人民依法直接行使民主权利的制度保障，是人民当家作主最有效、最广泛的途径。基层民主是我国改革开放以来党和人民在实践中的伟大创造，也是基层群众直接行使民主权利的有效渠道。

基层群众自治制度的建立与发展更是与马克思主义民主理论中的人民自治思想息息相关。在总结巴黎公社经验时，马克思就曾设想："只要公社制度在巴黎以及次一级的各中心城市确立起来，那么，在外省，旧的集权政府就也得让位给生产者的自治政府。"①马克思认为："公社的存在本身自然而然会带来地方自治，但这种地方自治已经不是用来牵制现在已被取代的国家政权的东西了。"②而是无产阶级取得政权后"通过人民自己实现的人民管理制"即通过自治制来实现人民的当家作主。恩格斯在1886年2月4日写给荷兰的纽文胡斯的信中也表达过同样的思想。

以马克思主义民主理论为指导的中国共产党自成立以来就十分重视基层民主的发展。我国的基层群众制度发端于城市，中华人民共和国成立初期，为了巩固新生政权，在城市，建立了具有政治组织性质的居民委员会。在一些城市的国营企业里，各种民主管理的形式就不断涌现。改革开放以来。农村的村民自治制度、城市居民区的居民自治制度和企业中的职工代表大会制度不断发展和完善。这种群众性自治组织既是基层政权的基础，又是党和国家联系人民群众的桥梁和纽带。中国的基层群众自治制度是马克思主义民主自治理论与我国城乡实际相结合的产物，是马克思主义民主理论在我国基层社会生活中的重要体现。

中共十七大首次把基层群众自治制度纳入中国特色政治制度范畴，这是我们党不断推进社会主义政治制度自我完善和发展的重要体现。基层群众自治制度，就是广大群众依法直接行使民主权利，管理基层公共事务和公益事业，实行自我管理、自我服务、自我教育、自我监督。它是人民当家作主最有效、最广泛的途径。西方国家的有识之士也倡导在基层社会发展民主，譬如社群民主、协商民主等。但是，他们并没有将基层民主列为政治制度。将基层民主列入政治制度层面，坚持民主内容和形式的统一，在坚持社会主义根本政治制度的同时，实行基层群众自治，充分体现了社会主义国家保障城乡基层广大人民的直接民主权利。

---

① 《马克思恩格斯选集》第3卷，人民出版社2012年版，第99页。

② 《马克思恩格斯选集》第3卷，人民出版社2012年版，第101页。

中共十八届三中全会提出要畅通民主渠道，健全基层选举、议事、公开、述职、问责等机制。开展形式多样的基层民主协商，推进基层协商制度化，建立健全居民、村民监督机制，促进群众在城乡社区治理、基层公共事务和公益事业中依法自我管理、自我服务、自我教育、自我监督。健全以职工代表大会为基本形式的企事业单位民主管理制度，加强社会组织民主机制建设，保障职工参与管理和监督的民主权利。

六、坚持和发展中国特色社会主义政治制度

中国特色社会主义事业在不断发展中，中国特色社会主义的政治制度也同样在不断发展和完善中。在新的历史起点上加强中国特色社会主义政治制度建设，首要的是增强对于中国特色社会主义政治制度的自信心。只有认清中国特色社会主义政治制度的正当性与合理性，才能矢志不渝地坚持和发展中国特色社会主义政治制度，更好地发挥这些制度的独有优势和内在功能。

中共十八大以来，习近平一直强调对于中国特色社会主义事业要增强道路自信、理论自信、制度自信和文化自信。在庆祝人民代表大会制度建立 65 周年大会上，习近平指出："设计和发展国家政治制度，必须注重历史和现实、理论和实践、形式和内容有机统一。要坚持从国情出发、从实际出发，既要把握长期形成的历史传承，又要把握走过的发展道路、积累的政治经验、形成的政治原则，还要把握现实要求、着眼解决现实问题，不能割断历史，不能想象突然就搬来一座政治制度上的'飞来峰'。政治制度是用来调节政治关系、建立政治秩序、推动国家发展、维护国家稳定的，不可能脱离特定社会政治条件来抽象评判，不可能千篇一律、归于一尊。在政治制度上，看到别的国家有而我们没有就简单认为有欠缺，要搬过来；或者，看到我们有而别的国家没有就简单认为是多余的，要去除掉。这两种观点都是简单化的、片面的，因而都

是不正确的。"① 在庆祝中国共产党成立 95 周年大会上的讲话中他还指出："我们要坚信，中国特色社会主义制度是当代中国发展进步的根本制度保障，是具有鲜明中国特色、明显制度优势、强大自我完善能力的先进制度。"②

世界上绝大多数国家的政治制度都是在体现人类政治文明的共同要求的同时打上了深深的国情烙印。习近平指出："世界上不存在完全相同的政治制度，也不存在适用于一切国家的政治制度模式。'物之不齐，物之情也。'各国国情不同，每个国家的政治制度都是独特的，都是由这个国家的人民决定的，都是在这个国家历史传承、文化传统、经济社会发展的基础上长期发展、渐次改进、内生性演化的结果。"③ 纵观人类社会的历史，不同的国家由于对社会价值目标追求不同，历史文化传统和国情不同而其政治制度也明显不同。仅以西方近现代为例，西方资产阶级革命胜利虽然普遍实行代议制民主政体，英国就是君主立宪制而大多数国家则是民主共和制。同样是民主共和制，美国就是三权分立下的总统制，法国就是半总统半内阁制。之所以出现这种情况绝不是偶然的，都是由于每个国家的政治历史传统和当时客观情况使然。

中国特色社会主义政治制度，是同中国国情紧密地联系在一起。正如习近平指出的那样："中国特色社会主义政治制度之所以行得通、有生命力、有效率，就是因为它是从中国的社会土壤中生长起来的。中国特色社会主义政治制度过去和现在一直生长在中国的社会土壤之中，未来要继续茁壮成长，也必须深深扎根于中国的社会土壤。"④ 鸦片战争以来中国社会发展的客观进程，以及中国历史上以人为本的传统政治文化，是中国特色社会主义政治制度建立的基础。在当代中国，坚持党的

---

① 《习近平谈治国理政》第二卷，外文出版社 2017 年版，第 285—286 页。

② 《习近平谈治国理政》第二卷，外文出版社 2017 年版，第 36 页。

③ 《习近平谈治国理政》第二卷，外文出版社 2017 年版，第 286 页。

④ 《习近平谈治国理政》第二卷，外文出版社 2017 年版，第 286—287 页。

领导、人民当家作主和依法治国有机统一是中国特色社会主义政治发展道路的根本原则，也是中国特色社会主义制度体系构建和发展的核心要求。中国特色社会主义政治制度体系为充分实现党的领导、人民民主和依法治国的有机统一提供了具体途径。中国特色社会主义根本政治制度、基本政治制度、法律体系，是由宪法规定的而必须坚持的，体现了社会主义主权在民和社会主义法治的价值追求，具有自己独有的优势和特点。

经过 40 年的改革开放实践，通过积极稳妥地推进政治体制改革，促进了社会主义政治制度的自我完善和发展。经过长期努力，我们在政治体制改革问题上取得了重要进展。我们废除了实际上存在的领导干部职务终身制，普遍实行领导干部任期制度，实现了国家机关和领导层的有序更替。我们不断扩大人民有序政治参与，人民实现了内容广泛、层次丰富的当家作主。我们坚持发展最广泛的爱国统一战线，发展独具特色的社会主义协商民主，有效凝聚了各党派、各团体、各民族、各阶层、各界人士的智慧和力量。我们努力建设了解民情、反映民意、集中民智、珍惜民力的决策机制，增强决策透明度和公众参与度，保证了决策符合人民利益和愿望。我们积极发展广纳群贤、充满活力的选人用人机制，广泛把各方面优秀人才集聚到党和国家各项事业中来。我们坚持依法治国、依法执政、依法行政共同推进，坚持法治国家、法治政府、法治社会一体建设，全社会法治水平不断提高。我们建立健全多层次监督体系，完善各类公开办事制度，保证党和国家领导机关和人员按照法定权限和程序行使权力。

中国特色社会主义政治制度所体现出的生命力和优越性表明，中国不仅已经形成了自身独特的政治制度，并且这种制度已经形成了可以长期发生规范、激励和保障效应的制度机制。中国特色社会主义政治制度符合我国国情，顺应时代潮流，有利于保持党和国家活力、调动广大人民群众和社会各方面的积极性、主动性、创造性；有利于解放和发展社会生产力、推动经济社会全面发展；有利于维护和促进社会公平正义、实现全体人民共同富裕，有利于集中力量办大事、有效应对前进道路上的各种风险挑战，有利于维护民族团结、社会稳定、国家统一。因此，坚定中国特色社会主义政治制度自信，是我们坚持和发展中国特色社会主义政治制度的前提，坚持中国特色社会主义政治制度，还必须不断地通过政治体制改革完善和发展这些制度。

习近平强调："中国特色社会主义民主是个新事物，也是个好事物。当然，这并不是说，中国政治制度就完美无缺了，就不需要完善和发展了。制度自信不是自视清高、自我满足，更不是裹足不前、固步自封，而是要把坚定制度自信和不断改革创新统一起来，在坚持根本政治制度、基本政治制度的基础上，不断推进制度体系完善和发展。我们一直认为，我们的民主法治建设同扩大人民民主和经济社会发展的要求还不完全适应，社会主义民主政治的体制、机制、程序、规范以及具体运行上还存在不完善的地方，在保障人民民主权利、发挥人民创造精神方面也还存在一些不足，必须继续加以完善。在全面深化改革进程中，我们要积极稳妥推进政治体制改革，以保证人民当家作主为根本，以增强党和国家活力、调动人民积极性为目标，不断建设社会主义政治文明。"[①]

中国特色社会主义制度不仅表现为根本政治制度、基本政治制度，还包括建立在根本政治制度、基本政治制度基础上的政治体制。中国特色社会主义政治体制是中国根本政治制度、基本政治制度的具体实现形式和运行机制。中国特色社会主义的具体制度即体制机制是基本制度的具体化，是根本政治制度和基本政治制度的表现方式和实现方式。若是没有政治体制机制发挥作用，根本政治制度、基本政治制度就会悬空，其维护社会关系、社会性质、社会秩序的目的便无法实现；若是政治体

①　《习近平谈治国理政》第二卷，外文出版社 2017 年版，第 289 页。

制机制不恰当不适宜，其中的具体制度不完全正确、不具体全面和不相互配套，也会影响根本政治制度和基本政治制度的贯彻落实。所以，政治体制机制与根本政治制度、基本政治制度之间更加需要适应和吻合。根本政治制度、基本政治制度不文明、不合理，体制机制再好也没有意义；但是，政治体制机制不好，根本政治制度、基本政治制度的优势和功能也难以发挥。所以，根本政治制度、基本政治制度和政治体制机制必须一致和统一。从价值追求和法律设计上看，中国特色社会主义根本制度和基本制度符合社会主义本质要求，具有自己的独特的优势。改革开放以来我国经济社会快速发展、社会生产力和人民生活水平不断提高的事实便是证明。但是也必须看到，我们现行的政治体制机制还存在不少问题和弊端，影响了根本制度与基本制度优势和功能的发挥。所以，通过改革调整原有的政治体制机制以适应完善和发展中国特色社会主义政治制度的需要，是推进国家治理体系现代化的必由之路。

早在 1978 年中共十一届三中全会上，中国共产党在提出经济体制改革的同时，就提出了政治体制改革的任务。1980 年，邓小平在《党和国家领导制度的改革》中就明确提出了党和国家领导制度的改革设想。此后历届党的代表大会特别是中共十三大、十五大、十六大、十七大、十八大都对政治体制改革进行了规划和部署。中国特色社会主义政治制度的确立，为我国政治建设提供了一个基本的制度框架，使我们在社会主义政治建设方面迈出了至关重要的一步。但制度的确立并不等于制度的定型。对此，我们必须要有清醒的认识。邓小平在 20 世纪 90 年代初曾经指出：恐怕再有三十年的时间，我们才会在各方面形成一整套更加成熟、更加定型的制度。必须看到，中国特色社会主义政治制度依然处在不断发展和完善的过程之中。在社会主义政治建设实践过程中，通过积极稳妥地推进政治体制改革，我们会不断完善和发展社会主义政治制度，营造良好的制度环境，为中国特色社会主义政治建设提供科学、健康、规范、进步的制度保障。可以相信也可以预料，在中国共产党的正确领导下，通过改革不断完善和发展我们的政治制度，中国特色社会主义制度将日益显示出自己的优势，在人类政治文明的舞台上显示出更加强大的生命力。

第十三章

中国特色社会主义法治体系

中国特色社会主义法治体制是中国特色社会主义制度的重要组成部分，也是人类法治建设发展的新阶段。它诞生于新中国发展的历史进程中，借鉴了世界其他国家法治发展的成果，在新的历史时期，结合中国国情，形成了中国特色社会主义法治体系的基本原则和主要特点，构建了具有中国特色的社会主义法治体系。

一、中国特色社会主义法治建设的历程

中华人民共和国成立之后，中国在国家治理方式问题上经历了一个探索的过程。

中国共产党曾经依据现代民主法治原理，高度重视制宪立国、走立宪法治之路。1949 年 9 月，中国共产党联合各民主党派召开中国人民政治协商第一次会议，制定《中国人民政治协商会议共同纲领》。这是一个临时宪法性文件。根据这一临时宪法，会议选举产生中央人民政府。从此开始了中国共产党执政、各民主党派参政的全新政治格局。1954 年，中国共产党领导制定了《中华人民共和国宪法》(1954)，这是新中国第一部宪法。一直到 1956 年之前，中国共产党主要是在

两个宪法文件的规范、约束下行使执政权力。

但是，由于社会主义理论中关于国家治理理论尚未成熟，由于新中国成立不久以致有限的国家治理的政治实践尚不足以为执政党提供足够的经验，由于斯大林主政时代的苏联不重视法治建设的政治实践对同时代的其他社会主义国家（包括对中国）产生负面示范效应，由于中国传统农耕文明时代的国家权力不受约束的惯性思维的强大作用力，再加上上个世纪50—60年代特定的国际国内复杂形势导致的主要领导人对时代、时局任务的判断出现失误，这些因素的综合作用导致中国共产党的主要领导人从1957年开始走上了一条重视群众运动而不重视法律的治国理政之路。这使得新中国的国家治理走了一段非同寻常的弯路——从1957年反右运动到1958年"大跃进"运动、人民公社化运动，从"四清"、农村社会主义教育运动到1966年开始的10年"文化大革命"，这些运动表明，中国当时处于离开宪法、无视法律的非常态治理状态。粉碎"四人帮"之后，以中国共产党十一届三中全会决议形成为标志，中华人民共和国才回到正常治理的轨道上来。

以邓小平同志为核心的第二代中央领导集体在确定改革开放路线的同时，也高度重视民主法制建设。邓小平在总结国际、国内社会主义运动的经验教训的基础上，在我党最先表述了依法治国的思想。邓小平指出："为了保障人民民主，必须加强法制。必须使民主制度化、法律化，使这种制度和法律不因领导人的改变而改变，不因领导人的看法和注意力的改变而改变。"①中共十二大报告提出："社会主义民主的建设必须同社会主义法制的建设紧密地结合起来，使社会主义民主制度化、法律

---

① 《邓小平文选》第二卷，人民出版社1994年版，第146页。

化。"① 这些论断表明中共在上个世纪 80 年代初已经认识到，民主、法治建设对于共和国家治理的重要性。

1997 年，中共十五大报告在我们党的文件中首次提出，依法治国，是党领导人民治理国家的基本方略。2002 年，中共十六大报告在阐述"政治建设和政治体制改革"问题时指出，要把坚持党的领导、人民当家作主和依法治国有机统一起来。②2007 年，中共十七大报告在阐述"坚定不移发展社会主义民主政治"时，进一步提出，"全面落实依法治国方略，加快建设社会主义法治国家"③。2012 年，中共十八大报告在"全面建成小康社会和全面深化改革开放的目标"中提出五项要求，其中第二项要求中包括，"依法治国基本方略全面落实，法治政府基本建成，司法公信力不断提高，人权得到切实尊重和保障"④。中共十八届四中全会围绕全面推进依法治国若干重大问题作出《决定》，该《决定》对全面推进依法治国、加快建设社会主义法治国家具有战略意义。以上表明，中国共产党对法治的认识渐趋成熟。

对法治的认识的进步在实践中就表现为中国特色社会主义法治建设的进步和成就。

中国特色社会主义法治建设的成就首先表现为一个立足中国国情

---

① 胡耀邦：《全面开创社会主义现代化建设的新局面》（中国共产党第十二次全国代表大会的报告——一九八二年九月一日），载《中共中央文件选编》，中共中央党校出版社 1992 年版，第 232 页。

② 江泽民：《全面建设小康社会，开创中国特色社会主义事业新局面——在中国共产党第十六次全国代表大会上的报告》（2002 年 11 月 8 日），载《中国共产党第十六次全国代表大会文件汇编》，人民出版社 2002 年版，第 31 页。

③ 胡锦涛：《高举中国特色社会主义伟大旗帜 为夺取全面建设小康社会新胜利而奋斗——在中国共产党第十七次全国代表大会上的报告》，载《中国共产党第十七次全国代表大会文件汇编》，人民出版社 2007 年版，第 30 页。

④ 胡锦涛：《坚定不移沿着中国特色社会主义道路前进 为全面建成小康社会而奋斗——在中国共产党第十八次全国代表大会上的报告》（2012 年 11 月 8 日），人民出版社 2012 年版，第 17 页。

和实际、适应改革开放和社会主义现代化建设需要、集中体现党和人民意志的，以宪法为统帅，以宪法相关法、民法商法等多个法律部门的法律为主干，由法律、行政法规、地方性法规等多个层次的法律规范构成的中国特色社会主义法律体系已经形成。国家经济建设、政治建设、文化建设、社会建设以及生态文明建设的各个方面实现了有法可依。

中国特色社会主义法治建设的成就也表现为依法行政取得了重要进展。通过有关规范行政主体和公务员的法律制度的制定和落实、规范行政行为的法律制度的制定和落实、规范行政监督、行政救济的法律制度的制定和落实，中国各级人民政府的行政权力已逐步走向法治化轨道，规范政府权力取得和运行的法律制度基本形成。

中国特色社会主义法治建设的成就还表现在司法体系的建立以及通过司法体制改革推进司法公正。

此外，在推进社会主义法治建设中，中国共产党的依法执政理念正在树立，人权的法制保障正在得到强化，促进经济发展与社会和谐的法治环境正在不断改善，对权力的制约和监督得到加强，以社会主义法治理念为核心的法治文化逐渐深入人心。

中共十八届四中全会《决定》在总结我们党领导下的社会主义法治建设取得的成就的基础上，也指出当前法治建设所存在的问题，其中主要包括：立法质量不高，行政不依法不执法现象比较严重，司法不公和腐败现象仍然存在，部分社会成员和领导干部中尊法、守法意识不强，等等。因此，《决定》强调要全面推进依法治国、加快建设社会主义法治国家。

二、中国特色社会主义法治的基本原则

中共十八届四中全会《决定》提出全面推进依法治国的总目标是建

设中国特色社会主义法治体系，建设社会主义法治国家。① 该《决定》
指出实现这个总目标必须坚持五大原则：坚持中国共产党的领导；坚持
人民主体地位；坚持法律面前人人平等；坚持依法治国和以德治国相结
合；坚持从中国实际出发。五大原则各自包含丰富的内容，它们对全面
推进依法治国实践具有重要的引领、指导作用。

（一）坚持中国共产党的领导②

中国特色社会主义法治是中国特色社会主义建设的组成部分。中国
特色社会主义建设的历史过程始终要坚持中国共产党的领导，同样，中
国特色社会主义法治建设也要坚持中国共产党的领导。

---

① "全面推进依法治国，总目标是建设中国特色社会主义法治体系，建设社会主义法
治国家。这就是，在中国共产党领导下，坚持中国特色社会主义制度，贯彻中国特色社会主
义法治理论，形成完备的法律规范体系、高效的法治实施体系、严密的法治监督体系、有力
的法治保障体系，形成完善的党内法规体系，坚持依法治国、依法执政、依法行政共同推进，
坚持法治国家、法治政府、法治社会一体建设，实现科学立法、严格执法、公正司法、全民
守法，促进国家治理体系和治理能力现代化。"——《中共中央关于全面推进依法治国若干重
大问题的决定》，载《十八大以来重要文献选编》中，中央文献出版社 2016 年版，第 157 页。

② "坚持中国共产党的领导。党的领导是中国特色社会主义最本质的特征，是社会主
义法治最根本的保证。把党的领导贯彻到依法治国全过程和各方面，是我国社会主义法治建
设的一条基本经验。我国宪法确立了中国共产党的领导地位。坚持党的领导，是社会主义法
治的根本要求，是党和国家的根本所在、命脉所在，是全国各族人民的利益所系、幸福所系，
是全面推进依法治国的题中应有之义。党的领导和社会主义法治是一致的，社会主义法治必
须坚持党的领导，党的领导必须依靠社会主义法治。只有在党的领导下依法治国、厉行法治，
人民当家作主才能充分实现，国家和社会生活法治化才能有序推进。依法执政，既要求党依
据宪法法律治国理政，也要求党依据党内法规管党治党。必须坚持党领导立法、保证执法、
支持司法、带头守法，把依法治国基本方略同依法执政基本方式统一起来，把党总揽全局、
协调各方同人大、政府、政协、审判机关、检察机关依法依章程履行职能、开展工作统一起
来，把党领导人民制定和实施宪法法律同党坚持在宪法法律范围内活动统一起来，善于使党
的主张通过法定程序成为国家意志，善于使党组织推荐的人选通过法定程序成为国家政权机
关的领导人员，善于通过国家政权机关实施党对国家和社会的领导，善于运用民主集中制原
则维护中央权威、维护全党全国团结统一。"《中共中央关于全面推进依法治国若干重大问题
的决定》，载《十八大以来重要文献选编》中，中央文献出版社 2016 年版，第 157—158 页。

　　中国共产党领导依法治国在实践中是通过领导立法、保证执法、支持司法、带头守法来实现其领导依法治国使命。中国共产党领导依法治国要坚持"三个统一"原则，即，把依法治国基本方略同依法执政基本方式统一起来，把党总揽全局、协调各方同人大、政府、政协、审判机关、检察机关依法依章程履行职能、开展工作统一起来，把党领导人民制定和实施宪法法律同党坚持在宪法法律范围内活动统一起来。中国共产党领导依法治国要善于把握"四个要点"，即：善于使党的主张通过法定程序成为国家意志，善于使党组织推荐的人选通过法定程序成为国家政权机关的领导人员，善于通过国家政权机关实施党对国家和社会的领导，善于运用民主集中制原则维护中央权威、维护全党全国团结统一。

　　中国共产党执政理念的贯彻，党的执政功能的实现，党的执政方式的改进，都要依靠党所选拔、任用的各级党政干部，尤其是主要领导干部。全面推进依法治国，主要依靠各级党政干部的自觉地推进法治的行动。各级党政领导干部要重点学习宪法，学习与自己所担负的领导工作密切相关的法律法规。要通过宪法和相关法律学习，明确自己的权力职责定位，明确自己的权力范围和边界，明确自己的权力行使程序和规范，等等。各级党政领导干部要带头遵守法律、执行法律，带头营造办事依法、遇事找法、解决问题用法、化解矛盾靠法的法治环境和氛围。要用法治的思维谋划工作，用法治的方式处理问题，做到在法治之下，而不是法治之外，更不是法治之上想问题、作决策、办事情。

　　地方各级党政机关、各级领导干部必须明白，强调党在依法治国中的领导作用，主要是强调党中央在全国范围对依法治国的领导。地方各级党委、政府组织，各级党政领导干部的首要职责是服从和遵守宪法和法律，绝不能法外行权，绝不能把党的领导作为个人以言代法、以权压法、徇私枉法的挡箭牌。

（二）坚持人民主体地位[①]

人民主体地位是指人民是国家治理的主人，人民在依法治国中处于主体地位，起主要作用。人民通过法治的方式实现当家作主，人民以法治的方式治理国家，人民也在法治中自我约束、遵法守制。

在依法治国中坚持人民的主体地位原则，这是由人民在国家中的主人地位、由我国宪法规定的根本政治制度、由法的意志本源所决定的。

首先，由于人民拥有国家主权，人民是国家的主人，所以，人民是治理国家的主体。近现代法治国家是伴随着近现代民主政治形成和发展起来的。近现代民主政治建基于对关于"国家权力归属于谁"这一问题的回答：国家权力属于组成这一国家的全体成员，即，人民拥有国家主权。这一判断带有公理性质。它是不容置疑的。与之相应，其他任何关于国家权力属于君主、国家权力属于某个机构、国家权力属于某个组织或某个政党之类的判断都是错误的。人民拥有国家主权意味着人民是国家的主人，所以，人民也是治理国家、处理国家事务的主人。这就是本源意义上的民主。在这一意义上，人民必然是治国理政的主体。依法治国作为体现现代民主和文明的治国理政的一种特定方式，也必然要以人民为主体。

其次，中国特色社会主义制度中根本性制度——人民代表大会制度——决定了人民是依法治国的主体。我国作为社会主义国家，承认所

---

① "坚持人民主体地位。人民是依法治国的主体和力量源泉，人民代表大会制度是保证人民当家作主的根本政治制度。必须坚持法治建设为了人民、依靠人民、造福人民、保护人民，以保障人民根本权益为出发点和落脚点，保证人民依法享有广泛的权利和自由、承担应尽的义务，维护社会公平正义，促进共同富裕。必须保证人民在党的领导下，依照法律规定，通过各种途径和形式管理国家事务，管理经济文化事业，管理社会事务。必须使人民认识到法律既是保障自身权利的有力武器，也是必须遵守的行为规范，增强全社会学法尊法守法用法意识，使法律为人民所掌握、所遵守、所运用。"《中共中央关于全面推进依法治国若干重大问题的决定》，载《十八大以来重要文献选编》中，中央文献出版社 2016 年版，第 158 页。

有的社会成员主体资格平等、社会地位平等，所有的社会成员都属于人民的范畴，都是国家的主人。但是，在实践中，由于时间、人力、物力等成本代价的限制，若是由人民中的所有成员都直接行使国家管理权却是不现实的。人类社会的政治实践证明了这样一个事实，在地域广袤、人口众多的国家中，无论民众的民主意识多么强烈，也不可能由所有的社会成员都行使国家管理权力，不可能由所有的社会成员都担任执掌公共权力的各机构的领导职务，不可能由所有的社会成员都从事国家事务的决策和处理。所以，这就需要探索一个既能够保证体现人民当家作主治国理政、又能够大幅度地减少在这种治国理政中的时间人力物力的成本代价、以至在现实中切实可行的国家制度形式。中国人民在中国共产党领导下探索自己的文明发展道路，创建了具有中国特色的社会主义制度体系。这一制度体系中的一项根本性政治制度就是人民代表大会制度。人民代表大会制度的基本构成原则是，人民选举代表组成人民代表大会，并赋予其立法权、重大人事任免权、重大事项决定权和监督权，人民政府、人民法院、人民检察院由人民代表大会产生、向人民代表大会负责、受人民代表大会监督。在这一制度中，人民代表大会是国家权力机构。由其代表人民全体行使上述四大权力，体现人民当家作主、处理国家重大政务、事务。我国当代所要全面推进的依法治国是在坚持中国特色社会主义制度基础上、尤其是坚持人民代表大会制度的基础上的依法治国，这就必然要求也必然体现人民在依法治国中的主体地位。

最后，法来自人民、体现人民共同意志，所以，人民是依法治国的主体。在全面推进依法治国中，国家治理所依据的法，并非来自人民之外的某个机构、组织的命令、强制，而是源自人民自己的意志。在坚持人民代表大会制度的基础上，人民代表大会行使立法权。由于人民代表大会的组成成员是人民选举产生的人民代表，人民代表们通过特定的程序、规则对未来的各种事务加以讨论、协商所形成的对未来事务加以处理的共同的意见、方案，代表着全体人民对这些未来事务处理的意志、意愿。这些意见、方案就是未来人们处理政务、事务的依据、根据，就是法。这种作为治国理政的根据、依据的法来自于人民的共同意志，所以，人民理所当然地在依法治国中处于主体地位。

在依法治国中如何坚持和体现人民的主体地位？

首先，人民通过代表大会立法，通过有序参与立法，表现自己管理国家的意志，体现主体地位。要确保人民在依法治国中的主体地位，就必须确保人民代表大会履行立法职能，加强人大对立法工作的组织协调功能，健全立法起草、论证、协调、审议机制，使人民代表大会在立法中确实起主导作用。在发挥人民代表大会作为会议性机构的整体职能的同时，还必须发挥人民代表们个人在参与立法起草和修改法律中的作用。这要通过建立在立法中征求人大代表意见制度，增加人大代表列席人大常委会会议人数等方式加以保证。

立法是要体现人民对未来政务、事务处理的意见、意志。在充分发挥人民代表大会的主导作用的同时，在立法过程中越是广泛地吸收人民群众参与，就使最终被制定出来的法律越能充分地体现人民的意见、意志。所以，中共十八届四中全会《决定》提出，要健全立法机关主导、社会各方有序参与立法的途径和方式；健全立法机关和社会公众沟通机制，开展立法协商，充分发挥政协委员、民主党派、工商联、无党派人士、人民团体、社会组织在立法协商中的作用，探索建立有关国家机关、社会团体、专家学者等对立法中涉及的重大利益调整论证咨询机制；拓宽公民有序参与立法途径，健全法律法规规章草案公开征求意见和公众意见采纳情况反馈机制，广泛凝聚社会共识。

其次，人民通过人民代表大会加强重点领域立法、保障公民的各项权利，体现人民主体地位。确保人民在依法治国中的主体地位，必须坚持法治建设为了人民、保护人民、造福人民的人本主义价值观。这就要在一些重点领域的立法中加强对公民基本权利的保护。一是要完善社会主义市场经济法律制度，健全以公平为核心原则的产权保护制度，加强对各种所有制经济组织和自然人财产权的保护。二是要推进社会主义民主政治法治化，在坚持和完善中国特色社会主义基本政治制度的同时，加强社会主义协商民主制度建设，完善和发展基层民主制度，完善国家机构组织法，完善选举制度和工作机制，加快推进反腐败国家立法，等等。三是要加快保障和改善民生方面的法律制度建设，依法加强和规范公共服务，使人民在教育、就业、收入分配、社会保障、医疗卫生、食品安全、扶贫、慈善、社会救助方面享受平等权利和利益，使妇女儿童、老年人、残疾人合法权益得到充分的法律保障。四是要强化对生态环境的法律保护制度，使人民在持续的经济发展中能够享受清洁的空气、纯净的用水、安全的食品、绿色的能源，等等。

再次，人民通过人民代表大会、人民代表行使监督权，通过舆论监督，通过行使检举权，通过行政诉讼行为等方式，对政府的行政执法行为、司法机关的司法行为加以监督，体现主体地位。国家的主人要监督国务、政务。坚持人民在依法治国中的主体地位，就要确保人民充分行使对政府处理各种事务的监督权。人民代表大会、人民代表行使法定监督权，是人民监督政府、司法机关的主渠道，此外，还必须保障媒体的舆论监督权、保障公民的检举权、提起行政诉讼权、人民陪审员和人民监督员的司法监督权等，确保人民在依法治国中的主体地位。

最后，人民通过在基层社会组织中直接参与民主协商，参与自治，参与制订市民约定、乡规民约等体现主体地位。坚持人民在依法治国中的主体地位，要在法治社会建设中倡导、促进人民群众的自我约束、自我治理。依法治国中的基层社会生活，需要充分的自由空间。人民群众、各类社会主体在基层社会生活中通过制订市民公约、乡规民约、行业规章、团体章程等社会规范实现自我约束、自我管理、自我服务，人民群众通过参与立约、监督践约、自我守约，有利于每个社会个体的道德人格成长、发育、完善。基层社会的立约、守约实践，会使人民群众形成自我是社会的主人从而对社会秩序的维护承担着责任的意识，会使人民群众加深对主人翁的自我道德义务乃至法律义务的认识，深化关于义务的履行是自我权利成立的依据之认识，提升关于权利的获得、权利的享有离不开规则、离不开法律的观念，从而，在发生利益矛盾、冲突时，形成依法维权、依法寻求保护和救济的理性行为习惯。

（三）坚持法律面前人人平等[①]

坚持法律面前人人平等原则，是由社会主义国家的社会主义性质和人民成员个体作为国家主人的平等地位所决定的。

社会主义与资本主义的最大不同在于更加重视"平等"这一价值。同样，社会主义法治也高度重视平等价值的实现。社会主义理论认为社会主义国家的人民作为共同体而共同拥有国家主权，其中每一位成员作为国家主人与其他成员相比都是平等的。尽管客观上，个体与个体之间因遗传因素决定存在智力、体力上的差异，因机遇、环境等因素的影响存在所处的社会地位、富裕程度不同的差异，但他们每一个个人作为国家主人之一的法律人格都是平等的。所以，社会主义国家通过社会主义法律来体现自己的追求平等理念。社会主义法律将所有的人一视同仁地看待，赋予所有的人平等的义务和权利，不允许任何人享有超越他人的特权地位。所以，"法律面前人人平等"是社会主义法治国家追求平等价值实现的表现。

"法律面前人人平等"原则的重点是反对特权。尤其是防范社会主

[①] "坚持法律面前人人平等。平等是社会主义法律的基本属性。任何组织和个人都必须尊重宪法法律权威，都必须在宪法法律范围内活动，都必须依照宪法法律行使权力或权利、履行职责或义务，都不得有超越宪法法律的特权。必须维护国家法制统一、尊严、权威，切实保证宪法法律有效实施，绝不允许任何人以任何借口任何形式以言代法、以权压法、徇私枉法。必须以规范和约束公权力为重点，加大监督力度，做到有权必有责、用权受监督、违法必追责，坚决纠正有法不依、执法不严、违法不究行为。"《中共中央关于全面推进依法治国若干重大问题的决定》，载《十八大以来重要文献选编》中，中央文献出版社 2016 年版，第 159 页。

义国家的执政者群体中的部分成员追求特权，凌驾于宪法、法律之上。

自人类有国家组织以来，实际掌握、行使国家权力的执政者天然地具有追求特权、凌驾于社会普通成员之上的倾向，天然地具有用所掌握、行使的公共权力为自身谋利的倾向。社会主义国家政治同样面临着这样的问题。从理论上说，社会主义国家的权力属于人民，但实际上，不可能由所有的人民群众直接从事国家事务的决策和管理，而只能由受人民信任、委托的政党从事国家事务的决策和管理，而政党又是通过从自身成员中选拔的干部从事对国家事务的决策、管理。在一个政党长期执政的情况下，由政党产生的干部群体很自然地形成一个职业性的、专职性的从事国家事务决策和管理的群体。在社会主义民主、法治不完善、不健全的情况下，这个职业性地执掌国家权力的干部群体的成员由于反复地体验着"运用权力——发布命令——群众服从"的过程，会有一部分人很容易、很自然地将自己视为国家的主人，专横跋扈地对待人民群众，利用手中的权力为自己及其亲友谋利。这就会滋生党内腐败，严重破坏执政党的形象，损害党群关系，瓦解党的执政基础。邓小平同志在1983年就曾对这种情况加以透彻地分析，严肃地指出其巨大危害。① 所以，在社会主义建设中我们党强调反对和防止腐败、强化党和人民群众的血肉联系就凸现了其重要意义。

防止干部腐败，防止干部群体成员滥用国家权力、侵害人民群众利益，确保党的执政地位和履行执政职能，从根本上说，还是要靠社会主义法治。社会主义法治通过宪法、法律设定权力、规范权力、制约权

---

① 邓小平同志对这种情况加以总结："'文化大革命'中，林彪、'四人帮'大搞特权，给群众造成很大灾难。当前，也还有一些干部，不把自己看作是人民的公仆，而把自己看作是人民的主人，搞特权、特殊化，引起群众的强烈不满，损害党的威信，如不坚决改正，势必使我们的干部队伍发生腐化。我们今天所反对的特权，就是政治上、经济上在法律和制度之外的权利。搞特权，这是封建主义残余影响尚未肃清的表现。"《邓小平文选》第二卷，人民出版社1994年版，第332页。

力、监督权力，将权力关在笼子里，使权力在法治的轨道上行使，从而造福于人民。依靠法治的领导，才是党的正确领导。

在全面推进依法治国中坚持"法律面前人人平等"原则的实践要点就是，不允许任何组织实体、个人做出违反宪法、法律的行为，如果出现违反宪法、法律的行为，任何组织实体、个人都要接受按照既定法律程序所启动的责任追究。为确保"法律面前人人平等"，必须重点规范、约束、监督行使公权力的机构或实际上行使着公权力的组织机构，对其践踏宪法、无视法律的行为加以惩处。

为了使"法律面前人人平等"原则真正成为中国法治的现实，就必须使所有的组织实体、个人成为司法上可以被诉讼的主体，也就是说，所有的组织实体、个人都可能因其违反宪法、法律而成为被告，因其违反宪法和法律而接受司法机关的裁判。

为了使"法律面前人人平等"原则真正成为中国法治的现实，就必须大力推进司法改革、使司法裁判机关能够独立地行使裁判权，而不受任何组织机构、个人的干涉。

（四）坚持依法治国和以德治国相结合^①

"依法治国和以德治国相结合"是中共十八届四中全会《决定》提出的、为实现全面推进依法治国总目标而必须坚持的又一个原则。

第一，什么是道德？

我们通常所说的道德，广义上是指一种社会现象，其中包含着三种

---

① "坚持依法治国和以德治国相结合。国家和社会治理需要法律和道德共同发挥作用。必须坚持一手抓法治、一手抓德治，大力弘扬社会主义核心价值观，弘扬中华传统美德，培育社会公德、职业道德、家庭美德、个人品德，既重视发挥法律的规范作用，又重视发挥道德的教化作用，以法治体现道德理念、强化法律对道德建设的促进作用，以道德滋养法治精神、强化道德对法治文化的支撑作用，实现法律和道德相辅相成、法治和德治相得益彰。"《十八大以来重要文献选编》中，中央文献出版社 2016 年版，第 159 页。

不同的、又相互关联的道德现象：道德心理、道德行为和道德规则。狭义上的道德就是道德规则体系。

道德心理是指由人的怜悯心、恻隐心、爱心、悔过心等构成的复合的心理状态。这种心理状态人们不能直接加以观察，但每个人可以对它做内省式的体验。并且，这种心理状态可以通过人们的行为、感情得到外释式的表达、表现：人们会对弱者表示同情，对同类表示亲爱，对以往做过的损害他人的恶行表示后悔，对他人所做的损害别人的行为表示愤恨、憎恶、厌恶、反感的情绪，等等。

道德行为是人们在道德心理支配下或遵循道德规则的要求所做出的有利于他人或最起码不损害他人的行为。这是外化、外显以至可以被人们观察到的道德现象。

道德规则（或道德规范）是人们在社会生活中自发形成的、以语言或行为示范的方式来表达的、对人们的行为提出约束性要求的信息。这是主要以语言、示范性行为为载体的信息存在。在日常的语言信息交流中，我们所说的"道德"在绝大多数情况下是专指"道德规则"。我们所说的国家治理意义上的"德治"中的"德"，主要就是指道德规则体系。

道德规则作为一种规则体系，它由低到高，对人们提出四个层面的要求。[1]

第一个层面的要求是禁止损害他人的要求。譬如：不得[2]杀人、不得盗窃、不得抢劫、不得诈骗，不得撒谎，等等。

第二个层面的要求是倡导做有利于他人的行为的要求。譬如，你应当救济穷人；你应当帮助残疾人；你应当救助落水儿童；等等。

第三个层面的要求是劝告人们自我行为完善的要求。譬如，你要少

---

[1]　参见张恒山：《法理要论》，北京大学出版社 2002 年版，第 34 页。

[2]　在汉语中，在这样的道德规则用语中还包括"不应当""禁止""不准""不要"等。它们同"不得"一语表达着同样的反对的信息内容，可以互换使用。

喝酒；你应当戒烟；你应当早睡早起；你不应当沉迷于打麻将；等等。

第四个层面的要求是引导人的自我精神完善的要求。譬如，你要保持宁静平和的心境；你要淡泊名利；你应当宽容待人；你应当普爱众生；等等。

道德对人的最强烈的要求是第一个层面的要求——禁止损害别人。道德表达着这样一种社会性认识：你可以不是一个精神高尚的人，你可以不是一个行为完美的人，你甚至也可以不是一个助人为乐的人，但是，你必须是一个不做损害他人行为的人。这是社会通过道德对人们提出的底线要求。这就是所谓的底线道德。

第二，道德和法律有什么样的联系？

道德规则本身不能保证每个人必然遵守底线规则，同时，既然底线规则对人类的共同生活来说又是那样重要，人们就要想出保证底线规则被遵守的办法。人类想出的解决这一问题的办法是，在底线规则的后面加上对违反规则要求的行为的惩罚规定，同时由国家这种社会权威组织负责执行这种预定的惩罚。这样一来，道德的底线规则就摇身一变成为法律规则。简单地说，法律规则就是在道德的底线规则之外，再加上惩罚规定，并以国家的强制力来实施惩罚规定。

法律来自于道德的底线要求，是将道德的绝大多数不损害别人的要求纳入自己的规则范围。所以，法律规则和道德的底线规则基本上是重合的。这样，就形成表达法律和道德的相互联系的两个命题。

一方面，道德的底线规则虽然变成法律规则，并不等于说，这种被改造过的底线道德规则就不再是道德规则。应当说，变成为法律规则的底线道德规则仍然是道德规则的组成部分。另一方面，法律规则虽然将道德的规则加上惩罚规定变为法律，但这并不意味着它就完全摆脱了道德。法律规则本身仍然有道德的性质。所以，我们决不能把道德和法律看作两种截然不同、在性质上毫无联系的东西。

正由于法律规则和道德的底线规则要求基本上相重合，所以，法律和道德可以形成相互支持。

第三，法治国家的根基是人们信守道德义务。

当我们以建设法治国家作为自己的政治文明建设的重要追求目标时，必须明白，法治本身要有赖于道德的支撑。法治的前提是人们信守道德。如果没有人们对道德的普遍的信奉和坚守，法治就没有自己的根基。

法治社会最重要的基础就是绝大多数人的诚实、守信。法治国家需要绝大多数人以一种绝对义务的观念去看待自己所承诺同意过的法律。

公元前 399 年，雅典哲人苏格拉底被指控腐蚀青年人，经公民陪审法庭投票判决死刑。这种判决并不公正，以致许多人建议苏格拉底逃亡海外。苏格拉底以"服从法律"这一更深层的道德义务为由，拒绝逃亡，慨然赴死。两千多年来，苏格拉底的死给人们留下了深深的遗憾。但苏格拉底以自己的死向后世展现了一种辉煌的精神：服从自己所同意的法律制度是人的基本道德义务；尽管这一法律制度在具体运用时因人们的愚昧而犯错误、对自己作了不公正的判决，自己也不能为反对这一特定的判决而否定、违反自己的更一般的、更普遍的、更基本的道德义务。

宏观的国家结构方式的道德性，是人们绝对地遵守法律的前提条件。法律必须体现人民的意志，那种在专制统治制度下制定的、体现着统治者的专横意志的法律并不是真正的法律；对这样的法律人民非但没有遵守它的道德义务，相反，人们还有打破这种法律、推翻专制统治的道德义务。就这一意义而言，宣扬法是统治阶级意志的体现，同样不能给要求人民守法提供理由。但是，在一个实行民主制度的国家里，对那些经民主程序制定出来的法律，人们有遵守的义务。在这样的国家里，官方也有充分的理由要求人们遵守法律。

微观意义上个人的自由意志是人们绝对地遵守法律的更深层的理由。在民主国家经民主程序制定的法律实际上是人们相互之间的协议、约定。这种协议、约定是人们在自己的自由意志的支配下对众多而复杂的行为规则表示的一致同意。而每个个人所表示的同意，不仅仅表达着自己对这些规则的赞成，而且表达着自己对所在社会的其他成员的一种承诺：我将遵守这些规则。个人对所制定的规则的同意和承诺是要求个人承担绝对地遵守法律规则的义务的终极理由。法国思想家卢梭提出，国家成员之间联系的基础是义务，个人义务的基础是人们相互之间的约定。不附带任何条件地信守自己的承诺，承担自设的义务，这是遵守法律的真正的道德基础。

可以说，法治社会的形成主要地并不是依赖于国家的武力，而是依赖人们信守诺言和遵守规则这一小小的、无形的观念。

第四，在"治国"意义上，法律和道德的分工不同。

治国，是治理国家、社会的操作性的工程，其中主要包括两大要务：处理国家政务、事务，培育、发展人的精神。前者是"理政"，后者是"育人"。在"理政"——处理国家政务、事务方面，主要应依赖法律。法律规定具有明确性，这使得国家机关可以依据这种信息表达明确的规范规定去处理具体的政务、事务；同时，法律规则本身包含着关于对违反规则的行为的惩处的规定，这使得国家机关可以依据此种规定对违反规则的行为加以惩处，可以强制人们遵守规则。而道德规则不具有这种明确性特征，其自身也不包括惩罚规定，所以，道德规则不适宜作为处理政务、事务意义上治国的依据。但是，治国者还有一个更高的责任和追求，即：培育出一个具有高尚情操、优良素质的公民群体。就"育人"意义上的治国而言，主要依靠道德。通过反复地宣讲、通过言传身教，可以在受教育者心中固化、张扬良心情感，使人自觉地遵守道德规则，并且在日积月累中形成习惯，形成良心的固化思维，并外化于个人的日常行为中，使人的行为始终不违背道德规则，以致形成高素质、高品尚的人。

第五，道德育人的主要手段就是教育。

从我国封建社会历史上来看，所谓"德治"，就其在操作、运用的层面而言，主要就是进行道德的宣传教育。这种宣传教育一方面体现为对儿童直至成年的教育来实现，通过体现着道德信条的故事、课本、历史典籍等使儿童乃至成年人在学习文化的同时在品质上受到道德的潜移默化的熏陶；另一方面，体现为对遵守道德规则的突出的人物进行表彰，譬如，对遵守道德规则的典范人物作官方褒奖、树碑立传、建立牌坊、载入县志等。从现在来看，所谓德治，也主要体现在大中小学教育、舆论的宣传、各机关、企事业单位的政治学习中，以及体现在树立典型人物、表彰先进事迹等方式上。简单地说，道德治国的手段主要是表彰型的，正面倡导、引导型的。

现代意义上的"法治"与"德治"相结合，实质上就是"依法治国"与"以德育人"相结合。

（五）坚持从中国实际出发①

"从中国实际出发"是中共十八届四中全会决定提出的实现全面推进依法治国总目标所要坚持的又一个重要原则。

法治是人类社会在商工文明时代发明的一种不同于农耕文明时代的国家治理的方式。法治作为针对、解决农耕文明时代国家政治的缺陷和弊病而形成的全新的国家治理方式、方法，其技术性原理、原则是共同的。譬如，依据人民主权原理设计宪法，依据宪法建构国家机构，只有获得宪法明文授权的国家机构有权处理被授权范围内的事务，将不同的

---

① "坚持从中国实际出发。中国特色社会主义道路、理论体系、制度是全面推进依法治国的根本遵循。必须从我国基本国情出发，同改革开放不断深化相适应，总结和运用党领导人民实行法治的成功经验，围绕社会主义法治建设重大理论和实践问题，推进法治理论创新，发展符合中国实际、具有中国特色、体现社会发展规律的社会主义法治理论，为依法治国提供理论指导和学理支撑。汲取中华法律文化精华，借鉴国外法治有益经验，但决不照搬外国法治理念和模式。"《十八大以来重要文献选编》中，中央文献出版社2016年版，第159页。

公共职能分配给不同的国家机构去履行而不允许任何个人或机构、组织总揽国家所有的公共职能权力，只有民选代表组成的会议性机构拥有立法权，行政机构必须依照立法机构所制定的法律处理国家政务、事务，只有法院有权依据法律裁决各种社会矛盾和纠纷并为此而享有独立的地位，等等。拒绝上述原理、原则就不可能体现法治，就会回复到农耕文明时代以君主个人意志独断性地处理国家事务为基本特征的国家治理的老路上去了。

在认识到法治共性的同时，也必须认识到当代中国法治的特殊性，从而重视"从中国实际出发"全面推进依法治国。法治是一种治国理政的实践活动。中国的法治是对中国国家事务、社会事务加以治理、处理的实践活动。中国在特定历史时期所要面对、处理的国家事务、社会事务的特殊性，决定了中国的法治的特殊性。当代中国的实际是，一部分地区已经完成了向先进的商工文明的转型，另一部分地区基本上仍处于农耕文明的生产和生活方式中；一小部分人已经拥有巨量的财富，大部分人只拥有超过温饱之需的少量财产；少部分人接受过高等教育、对民主有急迫的要求，大多数人更重视发财机会的获得和增加财富量；少部分人对现代法治有较透彻的认识并积极倡导法治，大多数人虽然口头上认可法治但并不愿意自己在法治中接受约束；在上层国家机构主导的适应市场经济要求进行法律制度建构时越来越趋向于适应市场经济的规律要求，但在中下层国家机构主导的法律制度的执行中基本上无视市场经济的规律性要求、按照农耕文明的惯性思维随意处置事务；等等。面对中国当代社会的复杂现实，简单地照搬他国的经验、模式，并不能解决中国的国家治理所面对的问题。在当代中国推进法治建设，只有在充分认识到当代中国现实的特殊性的基础上，才能将法治的普遍性原理、原则与中国的现实情况相结合，探索围绕着解决中国现实的国家、社会治理问题为指向的法治理论，在其指导下减少法治实践的盲目性。

三、中国特色社会主义法治的主要特点

法治是人类在商工文明时代发明的一种全新的国家治理方式，它不同于农耕文明时代的国家治理方式。中国特色社会主义法治首先是法治，所以，它同世界其他选择法治道路的国家的法治有共同点。

关于法治的共同特征，在不同的学者的认识中、不同的法律文件上面有着不同的阐释。从英国革命中走出来的洛克所主张的法治主要体现为两大要素：最高权力机关以公开的、长效的法律统治，法官负责司法裁判。[①] 法国的《人权与公民权宣言》围绕法治理想所作原则性的规定主要有：(1) 法律面前人人平等；(2) 未经审判不为罪，法律不得溯及既往；(3) 未经正当程序不得剥夺任何人的权利和自由，宪法所未列举的权利应为人民保留；(4) 国家机关不得行使法律所未授予的职权；(5) 司法独立；(6) 宪法是国家的最高法律，任何法律、法令都不得与宪法相抵触；(7) 国家机关之间应严格实行分权。戴雪总结的 19 世纪后期英国的法治，主要包括三大特征：法律至上[②]；法律面前人人平等[③]；宪法建基于保护个人权利的普通法律[④]。哈耶克认为法治的主要特征就是政府行为都受到先行确定的规则的约束从而最大限度给个人以追求自身目

---

① "立法或最高权力机关不能揽有权力，以临时的专断命令来进行统治，而是必须以颁布过的经常有效的法律并由有资格的法官来执行司法和判断臣民的权利。"载 [英] 洛克：《政府论》下册，叶启芳、瞿菊农译，商务印书馆 1964 年版，第 84 页。

② "四境之内，大凡一切独裁、特权，以至宽大的裁夺威权，均被摒除。英吉利人民受法律治理，惟独受法律治理。一人犯法，此人既被法律惩戒；但除法律之外，再无别物可将此人治罪。"载 [英] 戴雪：《英宪精义》，雷宾南译，中国法制出版社 2001 年版，第 244 页。

③ [英] 戴雪：《英宪精义》，雷宾南译，中国法制出版社 2001 年版，第 245 页。

④ "在英国，人民之基本权利乃是司法判决的结果，且成为英宪的来源……是故，法院判决之结果乃是英宪成立的坚实基础。戴雪强调指出，英宪的不成文特性之足以保障英国人民的基本权利，完全依赖全国的普通法院尊奉法治，累积判例构成一个法治国家。"戚渊：《中文再版序文》，载[英]戴雪：《英宪精义》，雷宾南译，中国法制出版社 2001 年版，第 8 页。

的的自由。① 1959 年国际法律学家大会发表的《德里宣言》所阐释的法治可以被概括为三项内容：（1）立法机关的职能在于创设旨在维护各项人权的立法；（2）行政机关要在接受法律约束、不滥用行政权力的同时，有效地维护社会秩序、保证经济发展；（3）公正的司法程序、独立的司法机关、自由的职业律师群相结合确保司法公正。② 拉兹认为法治这一现象至少应包括八项原则：（1）所有的法律都应当可预期、公开且明确；（2）法律应相对稳定；（3）特别法的制定应受公开、稳定、明确的一般规则指导；（4）司法独立得到保证；（5）遵守自然正义原则；（6）法院应对于其他原则的执行握有审查权，即审查议会和行政立法等；（7）法庭应易于接近：省时省钱；（8）预防犯罪的机构在行使裁量权时不得滥用法律。③

在这些多样化的法治特征的表述中包含着一些共性要素，我们可以把这些共性要素概括为以下几点：

1. 由人民绝大多数同意的宪法规定国家各职能机构的职能权限以及公民应当享有的权利、应当承担的义务；

2. 由民选代表依据合理程序、秉承公平正义理念主导立法；

---

① "撇开所有技术细节不论，法治的意思就是指政府在一切行动中都受到事前规定并宣布的规则的约束——这种规则使得一个人有可能十分肯定地预见到当局在某一情况中会怎样使用它的强制权力，和根据对此的了解计划它自己的个人事务。虽然因为立法者以及那些受委托执行法律的人都是不可能不犯错误的凡人，从而这个理想永远也不可能达到尽善尽美的地步，但是法治的基本点是很清楚的，即留给执掌强制权力的执行机构的行动自由，应当减少到最低限度。虽则每一条法律，通过变动人们可能用以追求其目的的手段在一定程度上限制了个人自由，但是在法治之下，却防止了政府采取特别的行动来破坏个人的努力。在已知的竞赛规则之内，个人可以自由地追求他私人的目的和愿望，肯定不会有人有意识地利用政府权力来阻挠他的行动。"载［英］弗里德里希·奥古斯特·哈耶克：《自由宪章》，杨玉生、冯兴元、陈茅等译，杨玉生、陆衡、伊虹统校，中国社会科学出版社 2012 年版，第 73—74 页。

② 参见燃亚：《国际法律学家会议发表德里宣言》（摘译自印度《亚洲报道》1959 年 1 月 17—23 日），载《国外社会科学文摘》1959 年第 5 期。

③ ［英］约瑟夫·拉兹：《法律的权威法律与道德论文集》，朱峰译，法律出版社 2005 年版，第 187—190 页。

3.政府处理政务、事务必须依据宪法、法律；

4.司法机构独立、依法对公民之间以及公民与国家机构之间的矛盾加以裁判；

5.公民、社会团体、组织普遍地在履行宪法、法定义务的前提下行使合法权利。

作为一种全新的、代表进步和文明的国家治理方式，中国特色社会主义法治的最终成熟状态也必须具备上述法治的共性特征。

同时，中国特色社会主义法治是在中国本土践行的法治，是对中国国家事务、社会事务加以治理处理的实践活动，中国特殊的历史条件、外部环境、本土文化等因素构成了对中国法治发展的制约因素。

首先，当代中国是一个正在摆脱落后的农耕文明状态、向先进的商工文明状态转型的文明体。中国近现代发展的历史条件因素、中国的地理环境条件因素、市场经济规律决定的区域梯次发展因素等共同决定了中国的不平衡发展状态：一部分地区在生产交换方式、生活方式、基础建设等方面已经完成了向先进的商工文明的转型，另外一部分地区基本上仍处于农耕文明生产、生活状态。这种不平衡发展决定了这些不同地区的群体的利益要求、价值追求差别非常大，在许多领域难以形成共识。其次，中国作为文明转型滞后、经济发展起步较晚的国家在后发型的经济发展过程中处于技术、资金、经营理念、管理方式、战略构思、规则制定等方面严重落后，从而面临着在上述领域处于优势的世界发达国家、表面上超越国界的跨国公司、贸易组织的竞争压力。为应对这种竞争压力，中国经济发展不可能走完全开放的自由市场之路，而是需要强大的国家力量对新生的民族经济、国内市场加以保护，对经济发展加以规划、引导。最后，中国近代以来面临外敌入侵、亡国灭种的危险，以至大量的时间、主要的精力用于救亡图存的奋斗中，几乎没有时间和精力投入到文化的转型和建设中。由此决定，作为现代国家法治化治理所要求的法治文化严重缺失，大多数人不具备现代法治意识、法治观念。这些特点决定了中国当代的国家治理必然会呈现出不同于其他国家的特点。这些因素决定了当代中国特色社会主义法治在其发展过程中具有不同于世界其他国家法治的特点。

首先，中国特色社会主义法治是中国共产党领导和推进的法治。社会主义法治并不是一个既定的、已经存在的社会现象，而是一个有赖人为地建设、推进才能形成的国家治理状态。在中国这样一个文明转型滞后、有着崇尚人治的浓厚封建文化传统的国度，若非人为地推进法治国家建设，而是依赖社会自发地演变进入法治状态，那将是一个极其缓慢的过程。中国所处的历史环境条件不允许我们等待法治国家慢慢地自发形成，而是要在理性主导下人为地大力推进。在中国，有能力较快地推进法治国家形成的力量只有中国共产党。中国共产党自身的先进性特点使其适宜于担当这样的领导角色。中国共产党从一开始建立，就以建设一个强大的现代文明国家为目标，以坚持正义原则和全心全意地谋求全中国最广大人民群众的根本利益为己任。中国共产党在长期的政治实践中形成了成熟的组织结构、严密的组织纪律，并不断清除腐败追求自身队伍的纯洁。由中国共产党领导、推动中国社会主义法治建设，通过中国共产党领导立法、并通过党的各级组织、干部率先垂范尊法、执法、守法，可以带动整个社会尊法、守法，加快社会主义法治国家的形成。

其次，中国特色社会主义法治是以人民代表大会制度为基本制度依托的法治。任何国家的法治都要依托一定形式的政治制度。当代世界各国的法治实践表明，同样实行法治，各国的政体却大不相同。美国是在坚持"三权分立"的政体原则下实行总统制政体践行法治。英国却一直是在君主立宪政体下践行法治。德国在第二次世界大战之后实行议会共和制政体，法国、俄罗斯实行半总统制政体，瑞士创立委员会制政体，各自同样推进法治。中国人民在长期的政治实践中探索形成的人民代表大会制度，不同于当代世界一些主要大国的政体，是中国特色社会主义法治的基本制度依托。在这一制度中，由人民代表组成的国家和地方性权力机构并不仅仅是立法机构，而是享有立法权、重大人事任免权、重大事项决定权、监督权的地位至上的权力机构。人民政府、人民法院、人民检察院都由人民代表大会产生，向人民代表大会负责，受人民代表大会监督。这一组织构建形式从理论上讲，比较充分地体现中国人民当家作主的理念：人民通过自己的代表们制定法律、表达自己的意志；人民通过自己的代表们选举产生国家其他职能机构的主要负责人；人民通过自己的代表对国家重大事项作出决定并交政府或其他职能机构执行；人民通过自己的代表监督人民政府、人民法院、人民检察院的工作，确保其各自依法履行职责。这种政体形式可以使人民意志得到比较充分的表达，使人民意志得到比较充分的贯彻、执行。而法律就是人民的意志表现。表达、贯彻、执行人民的意志就是中国特色社会主义法治的精髓。

再次，中国特色社会主义法治是在保有政府巨大权力的同时对政府权力加以必要约束限制的法治。世界各国法治形成的过程都是以对政府权力严加约束限制为开端的。从英国 1689 年《权利法案》规定国王未经国会同意不得停止法律或停止法律之实施开始，就开启了民选代表立法、国王代表的行政机关依法行政的法治原则。此后，美国 1787 年宪法、法国 1791 年宪法都非常突出地限制政府的行政权力。这一时期——从 17 世纪至 19 世纪中期——人们普遍认为君主尤其是专制君主行使权力倾向于任性，而君主任性必然给人民带来灾难，因此，对君主权力必须加以限制。限制君主权力的具体措施包括：1.剥夺其传统的立法权，将立法权交给民选的代表们行使；2.剥夺其干预司法的权力，确保司法独立；3.以宪法或立法的方式明确规定君主领导的政府的权力事项，禁止政府越权行政；4.要求君主及其领导的行政系统在行使法定权力、具体处理政务时也必须严格地依据民选代表们的立法行政。即使在 19 世纪中期许多国家仿效英国建立君主立宪制度，以至君主实际上并不行使行政权力的情况下，人们对君主的防范措施仍然被延续用来对付政府，哪怕这一政府首脑是民选产生的。在权力事项方面一般只授予政府维护国家安全、维护社会治安的权力。通常人们把政府视为给人民看家护院的守夜人，通常不允许政府干预经济、社会事务。但是，随着工业化进程的展开，贫富差距急剧拉大，以工人和雇主的矛盾为主的社会矛盾迅速激化，以至各国政府再也不能对这些矛盾视若无睹、袖手旁观了。从19世纪后期开始，德国、英国政府承担起引导国会立法、有限干预经济社会事务、平抑社会矛盾的任务，美国、法国政府也随后跟进。从19世纪后期至20世纪70年代，以西欧和北美为代表的先行完成工业化的地区各国，纷纷出现政府权力扩张现象。这种权力扩张是伴随着政府职责权限的扩大而展开的。这些政府的职责包括规定最低工资、监督雇主改善劳动条件和工厂卫生条件、发展失业救济、伤残和养老保险事业、开展义务教育、提供医疗保障和住房保障等，再后来进一步扩展到保护妇女、儿童、残疾人特殊利益，通过税收、汇率、利息、经济政策等调节市场，发展政府所有权的公益性企业、事业组织等。但无论政府权力如何扩张都是有限的，而且必须有法律依据。而法律制定的权力总是牢牢地握在民选的代表们组成的议会手中。即使政府的权力扩张也包括获得委任立法权和细节立法权，其前提是不得违背宪法和议会立法。

与上述先行完成法治化转型的各国政府权力演进由严格受限到保持限制前提下的有限扩张的路径不同，中国特色社会主义法治的起步是从政府拥有巨大而广泛的权力开始的。中国的法治建设的根基——市场经济制度体系——是在否定数十年的计划经济制度体系的前提下开始重建的。计划经济时代的中国政府拥有的权力是巨大而广泛的。政府统揽一切物质资源、人力资源、资金资源，对整个经济活动各个环节从生产、交换到分配、消费作统一的计划、规定，对各个经济领域、各个经济部门、各个生产单位作统一的资金、物质、人力的调配。与之相应的，教育、文化、科研、医疗卫生、民生救济等部门的运行也被纳入政府的统一计划安排之中。一切都在政府的掌控之中。政府的计划工作不受任何法律约束，因为政府的计划本身就是法律。而政府的工作方式就是发布政令、命令，要求下级严格执行。所以，在计划经济体制下不可能出现权力受到约束、限制的政府。

当中国尝试从计划经济体制向社会主义市场经济体制转型时，按照历史上法治建设的应有逻辑应当是从约束、限制政府权力开始。但是，中国从一个落后的后发型发展中国家，不能慢慢等待市场自发的资金积累、自发的人才流动、自发的规则形成去实现向发达国家状态的转型。中国急需赶超式的发展。这种赶超式的发展首先需要政府启动市场经济基本制度的制订，靠政府的力量去除、废除、淡化计划经济的体制、制度，为市场经济发展开辟道路。其次，这种赶超式的发展需要政府调配人力、物力、资金优先发展对市场活动具有基础性作用的公路、铁路、桥梁、港口、航空设施，如无政府主导、只是等待私人资本投资，这些基础性设施建设将是非常缓慢的。再次，这种赶超式的发展需要政府适度地保护国内市场，通过产业政策的制定、关税的确定、汇率的调控、利息的调整、货币的发行、价格的限制、市场准入的审批、技术壁垒的设定、环境保护标准的设立等，政府可以保护国内弱势企业、产业，使其有一个成长、发展的环境，免得起步中的技术、管理、理念等都处于落后状态的民族工业、企业尚未成熟就被国外的企业、跨国公司压垮、挤垮。最后，这种赶超式发展会同时引发社会矛盾迅速发展、激化，以至需要政府干预市场的分配，调节社会矛盾，发展社会教育、卫生、福利、保险事业，维护社会治安等，从而为赶超式发展提供一个分配相对均衡、安全、稳定、有序的社会环境条件。中国的这种赶超式、跨越式发展决定了中国政府尚未经历欧美国家政府在 19 世纪中期以前的严格的权力约束限制时代，即尚未学会有限用权，就因为被赋予巨大的经济发展职能、广泛的社会稳定责任而获得巨大而广泛的权力。于是，对于当代中国的法治来说，面对的最大问题就是，在政府被赋予主导经济发展、维护社会稳定职能的巨大责任以至拥有巨大而广泛的权力的同时，如何对政府的权力加以控制、约束。为解决这一问题，形成了当代中国特色社会主义法治的一个重要特点就是在保有政府巨大权力的同时又要寻找有效对策对政府权力加以必要约束限制。这种约束限制既要确保政府权力不至于失控、滥用，又要使得政府能够继续在承担着人民对它的巨大期望、期待的情况下有效履职。

中共十八届三中全会《中共中央关于全面深化改革若干重大问题的决定》对政府的职能有全新的定位。该《决定》要求政府提高宏观调控能力，改革投资体制，完善成果考评体系，减少行政审批事项，加强发展战略、规划、政策、标准等制定和实施，加强市场活动监管，提供各类公共服务，等等。政府在承担这些职责的同时，必须切实转变政府职能，深化行政体制改革，建设法治政府和服务型政府。[①] 中共十八届四中全会《决定》进一步强调"要加快建设职能科学、权责法定、执法严明、公开公正、廉洁高效、守法诚信的法治政府"[②]。

最后，中国特色社会主义法治是在同中国传统法文化决裂的过程中不断走向成熟的法治。

法文化是指与既有的法律制度相对的，被现实中的社会主体所接受、认可的，影响着社会主体对法律制度的认知和主导其实践中作出具体行为选择的法律理论、价值理念和行动准则。中国特色社会主义法治是在缺乏法治文化准备的情况下起步的。

近代以来，从清政府的"中学为体，西学为用"式的洋务运动开始，直至北洋政府、国民政府统治，都没有重视过中国现代法治文化的建构问题。以至在国民政府时代，即使形成了较为系统的、追随西欧大陆法系制度体系的《六法全书》，在绝大多数民众、官吏的头脑中，仍然秉

---

① 《中共中央关于全面深化改革若干重大问题的决定》(2013 年 11 月 12 日中国共产党第十八届中央委员会第三次会议通过)，人民出版社 2013 年版，第 16—19 页。

② 《十八大以来重要文献选编》中，中央文献出版社 2016 年版，第 150 页。

持着中国传统农耕文明时代的法文化观念。

中国农耕文明的法文化的基础是三大要素：以个体家庭为主从事分散的农业耕作，以血缘亲属聚居组成村社化的基层组织与管理，以专制君主制度作为国家政体形式。中国农耕文明法律文化是适应着上述生产生活方式、管理方式、国家组织形式的关于法律、义务、权利、权力的认识、观念和态度。这些认识、观念和态度的要点在于：法律是高高在上的君主用以威吓、制裁民众从而维护统治秩序的工具；国家是上天赐予君主的私有物，其中包括国家成员的生命、财产等；只要能够维护统治秩序，君主并不必然要遵守法律；以农民为主的社会成员认为国家的法律——王法——完全是外在权威以武力强加给自己的，只要能够逃避惩罚就不必遵守法律。在此基础上形成的中国农耕文明法文化观念主要体现为三大观念：亲情至上的义务观、等级划分的秩序观、权力不受约束的政治观。

亲情至上的义务观使得人们普遍认为，有亲情就有义务——为亲人谋私利的义务；无亲情就无义务——对没有亲情关系的人不承担任何义务；亲情大于王法——当亲情和国家法律发生冲突时优先服从亲情要求。

等级划分的秩序观使得人们普遍认为，人天生地具有上下贵贱之分，所以现实中的人理所当然地分为上下尊卑不同等级，上位者与下位者的基本关系是上位者命令——下位者服从之关系。

权力不受约束的政治观使得人们普遍认为，权力至上，法律源自掌握权力者的意志，权力大于法律，拥有最高权力者在政治领域可以随心所欲，不受法律约束。

在中国进入文明转型之前，这种农耕文明法文化观念伴随着三大要素的形成、发展而形成、固化，同时这种法文化观念一旦形成就成为一种相对独立的精神现象，它甚至可以不断地自我复制，以至使其自身存在不再依赖于三大要素的存在。即使君主制早已废除，农民已经变成市民或工人，以血缘亲属为基础形成的传统村社已经因为移居、打工而支离破碎，以亲情义务观、等级秩序观、权力至上观为主要内容的法文化观念仍然顽强地左右着人们的精神，主导人们的行为。

由于上述观念的存在，中国特色社会主义法治面临着巨大的文化挑战。一方面，以中国共产党上层领导和知识界的大部分学者为代表的中国精英分子们力求建构一套体现现代商工文明精神的法律制度体系，另一方面，大多数干部、绝大多数民众因缺乏现代法学理论、法治观念的学习和熏陶，从而秉持着传统的农耕文明法文化观念，以致在实践中将纸面上的先进的法律制度加以扭曲、变形，使得理想中的法治在实践中变得面目全非。所以，中国特色社会主义法治的一个重要特点就是在其建构、形成的过程中伴随着艰难的社会主义法治文化建设工作。

社会主义法治文化建设是一个长期的、艰苦的工作。它不可能通过一场运动、几次学习、领导人的几次讲话就变成人们的普遍认识、观念。国家对此工作必须有一个长期的规划、有计划地加以推进，必须通过各种教育机构、宣传系统、传媒途径宣扬现代法治理念、法治理论、法治观念、法治原则等等，弘扬现代的人民主权、人人平等、宪法法律至上、权力受限等观念以及支撑这些观念的现代法学理论，彻底批判、摈弃中国传统农耕文明的法文化观念，以求中国特色社会主义法治能够在与中国传统法文化决裂的过程中获得自身的文化根基从而不断地走向成熟。

第十四章

中国特色社会主义经济制度

我国社会主义初级阶段的基本经济制度、分配制度和社会主义市场经济体制共同构成了中国特色社会主义经济制度。基本经济制度是中国特色社会主义制度体系的经济基础，是构建这一制度体系的基石。基本经济制度决定着我国的社会性质，是必须长期坚持的经济制度。坚持和完善按劳分配为主体、多种分配方式并存的分配制度，既体现了马克思主义的分配理念也体现了社会主义初级阶段的国情特点。社会主义市场经济体制是中国特色社会主义经济制度的重要内容。建立社会主义市场经济体制，就是要使市场在资源配置中起决定性作用和更好发挥政府作用。

一、公有制为主体，多种所有制经济共同发展

公有制为主体、多种所有制经济共同发展的基本经济制度，是中国特色社会主义制度的基础，也是社会主义市场经济体制的根基。公有制经济和非公有制经济都是社会主义市场经济的重要组成部分，都是我国经济社会发展的重要依托，集中体现了社会主义生产关系的实质，也是社会主义生产关系的实现形式。

（一）社会主义生产关系及其实现形式

公有制为主体，多种所有制经济共同发展，是我国社会主义初级阶段的一项基本经济制度，也是适合中国国情、适应生产力发展水平的社会主义生产关系的实现形式。这一基本经济制度的确立，反映了社会主义生产关系的基本要求，是社会主义生产资料公有制的重要实现形式。

1. 社会主义生产关系的基础

生产资料的公有制是社会主义生产关系的基础。在《共产党宣言》中，马克思恩格斯把共产党人的理论概括为一句话，即消灭私有制。他们强调，共产主义的特征不是要废除一般的所有制，而是要废除资产阶级所有制。因此，在他们看来，社会主义与资本主义的根本区别，就在于社会主义在生产资料公有制基础上组织社会生产。因此，在马克思恩格斯看来，生产资料的公有制是社会主义经济制度的基础。

生产资料公有制是历史发展的趋势，是社会化大生产的客观要求。在人类社会的历史长河中，私有制并非从来就有，它是和阶级的存在以及一定的生产力发展水平相适应的，因此历史上的私有制也在推动生产力发展上起了积极作用。但是，私有制也有其固有的弊端。而资本主义制度把这种弊端推向了极致。资本主义条件下的两极分化以及由此产生的阶级对立、社会冲突以及人的异化等现象，其根源就在于生产资料的私有制。因此，人类社会不会永远允许由少数人占有生产资料和劳动成果，并以此来奴役多数人。消灭私有制，意味着生产资料归全社会共同占有，剥夺某一特殊社会阶级或集团由于对生产资料的垄断而产生的对国家政权和社会生产的垄断。只有随着生产力的巨大增长，才会为私有制本身的消灭创造充分和必要的前提。只有消灭私有制，才能实现工人阶级和全人类的解放。资本主义之所以必然被社会主义所取代，就是因为它的所有制形式与它所创造的社会化大生产不相容。生产资料的社会化使用要求由社会而不是由私人占有生产资料；生产过程的社会化要求整个社会生产必须按照社会成员的需要加以组织和调节，而不能仅仅为了满足资产阶级的个人私利；劳动产品的社会化要求根据社会成员的需要或他们的劳动量进行分配。因此，只有在废除生产资料的资本主义私有制、建立社会主义公有制的前提下，才能实现生产的社会化与占有形式的有机统一。也只有在做到这一点后，资本主义生产方式的固有矛盾才能得到根本解决，生产的无政府状态才能最终得以消除，生产力才能得到解放和发展。社会主义的目标就是实现人们有计划地、有效地利用资源，组织社会生产，把生产力发展到能满足所有人需要的规模，从而结束个人利益与社会利益的对立，结束通过牺牲多数人的利益实现少数人利益的现象，最终消除旧有的分工，消灭阶级和阶级差别。

2. 生产资料公有制的实现形式

生产资料公有制的实现形式包括两方面的内容，一是生产资料公有制的形成过程，二是生产资料公有制的载体。

关于生产资料公有制的形成过程，马克思恩格斯的基本思路是，生产资料将经过国家所有制过渡到社会所有制。无产阶级夺取政权后首先利用国家政权的力量剥夺资产阶级的生产资料，以社会的名义占有生产资料，形成国家所有制。这样一来，也就消灭了社会划分为剥削阶级和被剥削阶级的经济前提；阶级的消灭又使作为阶级统治工具的国家失去了存在的条件，成了多余的事情，因此，"国家政权对社会关系的干预在各个领域中将先后成为多余的事情而自行停止下来"①。随着国家的自行消亡，生产资料的公有制也就从国家所有转变成社会所有，与自由人联合体的社会形态相适应。因此，国家所有制是生产资料从私人占有到社会占有的一个中间环节或过渡形态。从马克思所划分的社会主义发展

---

① 《马克思恩格斯选集》第 3 卷，人民出版社 1995 年版，第 755 页。

阶段来看，它仅存在于从资本主义向共产主义的革命转变时期，也就是"过渡时期"之中。社会主义条件下生产资料公有制是社会占有。

关于生产资料公有制的载体，由于马克思恩格斯没有亲身经历社会主义建设的实践，因此也就不能对国家所有或社会占有的具体形式做出详细的描述。事实上，他们也不愿意这样去做。他们认为，科学社会主义原理的实际运用，革命措施的选择，随时随地都要以当时的历史条件为转移。这就给共产党人领导社会主义革命和建设提供了广阔的思维空间和实践余地。

20 世纪产生的社会主义国家，在生产关系方面都是以生产资料公有制的两种形式为基础的。和马克思恩格斯的设想不同，20 纪的社会主义革命大都发生在经济文化相对落后的农业国度。因此，社会主义革命的任务就不仅要改造资本主义的私有制，而且要改造个体农民的小私有制，引导农民走上社会主义的发展道路。就前者而言，取得政权的共产党人，或者用暴力剥夺（苏联），或者用和平赎买（中国）方式完成了生产资料所有制的社会主义改造，在此基础上形成了国有经济，从而奠定了社会主义制度和无产阶级专政国家政权的经济基础。就后者而言，共产党人最初的出发点也是要实现农业领域生产资料的国家所有。但是苏联的"战时共产主义"政策和中国的"人民公社化"运动在实践中都没有奏效，因此不得不退而求其次，最终使农村的所有制形式落脚在"集体所有制"上。苏联集体所有制的载体是集体农庄，它是计划经济体制下由国家严密监视和控制的生产单位。中国的人民公社则长期实行"三级所有、队为基础""政社合一"的体制。其他社会主义国家虽各具特点，但大同小异。这就是现实社会主义"两种公有制"的来历。

"两种公有制"的确立是社会主义经济制度建立的标志，也是社会主义发展的起点。但由于忽视了具体国情，教条式地对待马克思主义，许多社会主义国家都把单一的"生产资料的全民所有制"作为社会主义的现实目标和发展导向，因此，造成生产资料所有制和生产力发展水平的不协调。为了摆脱这一问题，中国在社会主义改革实践的不断探索中，逐步形成了独具特色的社会主义基本经济制度。

3. 社会主义初级阶段的生产力和生产关系

生产力是一定社会的人们控制和改造自然、生产和创造财富的一种能力。把生产力作为历史唯物主义的出发点，来说明生产力发展水平与人类社会历史发展的关系，是马克思主义研究人类历史发展的关键，所以，生产力概念是贯穿马克思主义理论大厦的最重要范畴。而生产关系则是马克思主义的一个独具特色的范畴，它是马克思从研究物质利益关系开始，在批判黑格尔和费尔巴哈的关于人的本质学说的过程中形成的。马克思指出，人的本质"是一切社会关系的总和"①。在此基础上，马克思又从一切社会关系中分离出生产关系，认为它是决定其他关系的基本的原始的关系。生产关系是在生产过程中结成的人与人之间的关系。马克思在《〈政治经济学批判〉导言》中，分析了人们在物质资料生产过程中结成的生产、分配、交换和消费的关系，并指出"它们构成一个总体的各个环节，一个统一体内部的差别"②。生产力和生产关系范畴贯穿了马克思主义理论体系，二者从不同方面，即人和自然、人和社会两个角度说明了人类社会生产活动的本质。生产力和生产关系是人类社会物质生产活动不可分割的两个方面，二者构成人类社会的基本矛盾。它们的辩证关系和矛盾运动，是推动人类社会发展的最原始、最基本的动力。

在生产力和生产关系的矛盾运动中，生产力决定生产关系，生产力的发展水平决定生产关系的性质；生产关系只有在适应生产力发展水平的情况下，才能促进生产力的发展，所以生产力是社会前行的决定力量，是"全部历史的基础"。人们在发展生产力的同时也在发展一定的

---

① 《马克思恩格斯选集》第 1 卷，人民出版社 2012 年版，第 139 页。
② 《马克思恩格斯选集》第 2 卷，人民出版社 2012 年版，第 699 页。

社会关系和生产关系。在人类历史进程中，私有制的出现，阶级的产生，剥削与压迫现象的存在及变化，国家和暴力机器的形成和消亡，都是和生产力的发展紧密联系在一起的。这些产物和现象，即是生产力发展的成果，也将随着生产力的高度发展而逐渐失去存在条件。马克思恩格斯正是从生产力和生产关系的基本矛盾出发，论证并指出了资本主义的阶段性和社会主义的必然性。

社会主义从理论走向现实的路径并没有完全按照马克思恩格斯的设想，在生产力较为发达的西欧资本主义国家实现，而是在经济文化比较落后的东方国家首先成为现实。其中中国是在半殖民地半封建基础上走上社会主义道路的，较为低下的生产力基础上却建立了较为高级的生产关系，如何认识和把握二者的关系一直是对执政者的艰巨考验。

实践证明，生产力的发展是一个自然历史过程，迄今为止，人类社会大致经历了三代生产力。第一代是以手工工具为标志的古代生产力；第二代是以普通机器为标志的近代生产力；第三代是以智能机器为标志的现代生产力。由于存在生产力发展水平的不平衡性，在一个社会里往往会出现不同时代的生产力和不同层次的生产关系并存的情况，形成一个复杂的生产力系统。如果用三代生产力标准衡量中国，我们可以清晰地看到，在中华人民共和国成立时，社会主要生产力仍然处于古代生产力水平，1956年社会主义改造完成后，近代生产力也没有成为我国生产力的主体，其中部分较为先进地区的生产力发展水平也极为不平衡，主要集中在东部沿海。经过四十多年的建设，社会生产力有了很大的发展，但是，由于人口基数大，地域辽阔，发展不平衡，使得三代生产力并存的状况并没有得到彻底改善。这也是我国实行公有制为主体，多种所有制经济共同发展的基本经济制度的主要原因。

在改革开放前，虽然我国的生产力状况较为复杂，但是生产关系却较为简单，即只有全民所有制和集体所有制两个类型。改革开放后，我国对不适应生产力发展的生产关系进行了改革和调整。首先，对应农村普遍存在的手工劳动生产力，普遍采用了家庭联产承包责任制这种生产关系。农村联产承包责任制的实行，极大地调动了农民的生产积极性，促进了农业生产的发展，农民收入提高，生活得到了明显改善。这种生产关系调整，适合我国农村生产力发展水平，受到广大农民的衷心拥护，极大地推动了生产力的发展。其次，在国有经济实行全民所有制的基础上采取所有权和经营权相分离的各种形式。国有经济是我国社会主义经济的支柱，是社会生产力和技术进步的主导力量。在服从国家宏观管理的前提下，国有企业有权在国家允许的范围内进行改革，实现所有权与经营权相分离，使企业成为真正的经济实体，使其适应市场经济的要求，这种改革并没有改变其国家所有的属性。最后，将非公有制生产关系作为社会主义生产关系的必要补充。在坚持公有制经济主体地位的前提下，允许非公有制生产关系的存在和发展，这是社会主义初级阶段生产关系的一个重要特征。非公有制生产关系主要有个体经济、私营经济和外商投资经济等。

（二）中国特色社会主义基本经济制度的内涵

在公有制为主体、多种所有制经济共同发展的基本经济制度框架中，公有制为主体是社会主义的制度特征，多种所有制形式的共同发展体现现阶段的中国特色。

1. 中国特色社会主义经济以公有制为基础

我国是社会主义国家，必须把公有制作为社会主义经济制度的基础。我国《宪法》第六条规定："中华人民共和国的社会主义经济制度的基础是生产资料的社会主义公有制，即全民所有制和劳动群众集体所有制。"[①]《宪法》第六条第二款又说明了我国社会主义初级阶段的基本经济

[①]《十五大以来重要文献选编》上，中央文献出版社 2011 年版，第 711 页。

制度的内容：国家在社会主义初级阶段坚持公有制为主体、多种所有制共同发展的基本经济制度，坚持按劳分配为主体、多种分配方式并存的分配制度。这表明，社会主义初级阶段的基本经济制度反映初级阶段的特点，除包括作为主体的公有制外，还包括私营、个体经济等非公有制经济。而且初级阶段经济制度的内容不仅包括所有制的内容还应该把分配制度也包括在内。从这些表述中我们可以看出，无论是"社会主义经济制度"还是"社会主义初级阶段的基本经济制度"的核心都是公有制，只是在不同时期，公有制的占比和发挥的作用有所不同。中共十八届三中全会报告指出："必须毫不动摇巩固和发展公有制经济，坚持公有制主体地位，发挥国有经济主导作用，不断增强国有经济活力、控制力、影响力。""坚持公有制的主体地位，是社会主义的一项根本原则，也是我国社会主义市场经济的基本标志。"[①] 中共十九大报告指出："必须坚持和完善我国社会主义基本经济制度和分配制度，毫不动摇巩固和发展公有制经济，毫不动摇鼓励、支持、引导非公有制经济发展。"[②]

公有制为主体是基本经济制度的重要内容。其内涵包括：第一，公有制经济不等于传统的单一公有制，公有制经济不仅包括国有经济和集体经济，还包括混合所有制经济中的国有成分和集体成分。第二，要用质和量辩证统一的视角分析和衡量公有制的主体地位。第三，当前公有制的主体地位主要体现在，"公有资产在社会总资产中占优势，国有经济控制国民经济命脉，对经济发展起主导作用"[③]。从全国范围来看，由于各地复杂的发展状况，公有制的主导作用体现在不同行业、不同地区可以有所差别。公有经济的主体地位，主要体现在控制力和影响力上。在战略上主导国民经济健康有序发展，在关系国民经济命脉的重要行业和关键领域，国有经济必须占支配地位，在其他领域，可以通过资产重

---

① 《江泽民文选》第一卷，人民出版社 2006 年版，第 468 页。

② 《中国共产党第十九次全国代表大会文件汇编》，人民出版社 2017 年版，第 17 页。

③ 靳辉明主编：《中国特色社会主义理论体系研究》，海南出版社 1998 年版，第 210 页。

组和结构优化，以加强重点，提高国有资产的整体质量。第四，公有制的实现形式可以多样化。公有制不等于公有制的实现形式，公有制的内涵是确定的，而其实现形式可以是多样的。公有制可以采取独资企业、股份合作制、合作制、股份公司等多种实现形式。一切反映社会化生产规律的经营方式和组织形式都可以利用。要积极探索和创新公有制的有效实现形式，大胆利用一切反映社会化生产规律的经营方式和组织形式，才能够真正解放和发展公有制经济的生产力，提高公有制经济的活力和效率。

2. 充分发挥非公有制经济的有益补充作用

中共十九大报告指出，毫不动摇鼓励、支持、引导非公有制经济发展。非公有制经济是我国社会主义市场经济的重要组成部分。在我国，非公有制经济主要有个体经济、私营经济和外资经济等。非公有制经济的发展对于充分调动社会各方面的积极性，加快生产力的发展具有重要作用。

个体经济是一种古老的经济形式，是一种前资本主义经济。它的特点是生产资料和劳动产品归个人或家庭所有，依靠自己或家庭的劳动力从事生产或经营。它具有分散性、灵活性、多样性和传统性的特点，在增加社会财富，活跃市场，安排就业，传承和发展民间手工艺，满足社会个性需求等方面有不可替代的作用，可以弥补由于公有制大生产办不到、办不好而产生的一些生产和需求漏洞。这种古老的经营形式在人类社会生产发展史上只是短暂地占据过主导地位，进入阶级社会后，它一直是各种占统治地位的生产形式的补充。在社会主义社会，它的这种依附性质依然没有变。因此，个体劳动生存方式的存在，与社会制度并没有必然的联系。在社会主义阶段，它与社会主义公有制和社会化大生产相联系，成为公有制经济的必要的辅助形式和补充。从人类生产形式的复杂性看，只要存在依靠手工工具从事生产活动的情况，个体所有制经济的存在就有其客观的必然性。如果不从这个角度看待个体经济的存在，仅仅按照社会发展阶段的主导生产形式的发展阶段看问题，机械地或过早地取消个体所有制这种经济形式，会产生许多问题。因此，在社会主义初级阶段，在坚持公有制的主体地位，在巩固和发展社会主义公有制的同时，不应排斥和限制个体经济的发展，而应该鼓励它们在国家允许的范围内发展。

私营经济是以私人占有生产资料和雇佣劳动为基础的经济形式。它与个体经济相比既有相似之点，也有不同之处。二者都是非公有经济，都是生产资料私有制的表现形式，但个体经济不剥削他人，而私营经济雇佣工人，存在对他人的剥削。在社会主义阶段，私营经济仍然存在着剥削，但是它与社会主义公有制相联系，在无产阶级国家政权的领导下，实际上是依附于或附属于社会主义公有制的一种生产形式。个体经济的发展必然会形成资金积累，发展到一定程度，它为了获得更多收益，必然会利用生产资料市场和劳动力，形成雇佣劳动，进而发展为私营经济。所以，在社会主义初级阶段，私营经济与个体经济具有的相似作用，使其成为社会主义公有制的有益补充，在鼓励一部分人先富起来的过程中，发挥着一定的作用，但是，对其消极作用也要有深刻认识。国家要通过经济的、法律的和行政的手段对其加以引导和管理，使其得到更好的发展并为社会主义和谐社会建设服务。

外资企业在改革开放中，发挥了引进国外资金，弥补国内建设资金不足，引进先进技术和管理方式，提高我国企业技术装备和管理水平的作用。

混合所有制经济，是由不同所有制经济按照一定的原则实行联合生产或经营的所有制形式，在我国具有广泛而深厚的社会经济基础和广阔的发展空间。大力发展混合所有制经济，有利于多种所有制经济在市场经济竞争中发挥各自优势，相互促进，共同发展。

我国是社会主义国家而且仍处于并将长期处于社会主义初级阶段的

基本国情，生产力发展水平的多层次性，人们日益增长的物质文化需要同落后的社会生产之间的矛盾，决定了我国必须长期坚持和完善基本经济制度，关键是要把握好公有制为主体与多种所有制经济共同发展的关系。目前。我国以公有制为主体，多种经济成分共同发展的所有制结构已经基本形成，并将在社会主义初级阶段得到不断发展。在这种所有制形式中，其结构体系的具体表现目前仍处于实践完善过程中，一些具体问题仍处于探索中，如公有制的主体地位在实际中如何得以体现和保证？类似的问题仍需理论上不断研究和探讨，实践上不断探索和完善。

（三）中国特色社会主义基本经济制度的发展和完善

中国特色社会主义经济制度是中国生产力发展的必然产物。从社会性质看，中国是社会主义国家，走社会主义发展道路是历史的选择和人民的选择。中国又是一个人口多、底子薄、人均资源少、现代化起步晚的农业大国，生产力发展很不平衡，因此，必须通过不断解放和发展生产力逐步实现人民的共同富裕，保持社会的稳定。在这样的历史条件下，如果以私有制为基础，走资本主义道路，可能会使某些局部地区、某些人更快地富裕起来，形成一个新的资产阶级，但是大多数人不可能摆脱贫困，社会不可能稳定。因此，从绝大多数人的根本利益出发，将主要资源集中在国家和集体的手中是必要的，也是必需的。只有通过这种途径才能调动广大人民的积极性，推动生产力的发展。因此，生产资料公有制就成了中国社会主义经济制度的基础。但是，坚持生产资料公有制不等于在现阶段要消灭一切非公有制经济。生产力发展水平不平衡的现实，使多种经济成分并存和非公有制经济的长期发展在中国不可避免。

多种经济成分并存和非公有制经济的发展，有利于促进生产，活跃市场，扩大就业以及更好地满足人民群众多方面的需求。这不仅不会影响公有制经济的主体地位，而且有利于发展社会主义国家的生产力，增强国家的综合国力和提高人民群众的生活水平。所以，中共十六大报告指出，必须毫不动摇地巩固和发展包括集体经济在内的公有制经济，它的发展壮大对发挥社会主义制度的优越性，增强我国的经济实力、国防实力和民族凝聚力，具有关键作用；必须毫不动摇地鼓励、支持和引导非公有制经济发展，个体、私营等各种形式的非公有制经济是社会主义市场经济的重要组成部分，对充分调动社会各方面的积极性、加快生产力发展具有重要作用；坚持公有制为主体，促进非公有制发展，统一于社会主义现代化建设的进程中，不能把二者对立起来，要使它们在市场竞争中发挥各自优势，相互促进，共同发展。

坚持公有制为主体、多种所有制经济共同发展的基本经济制度，关键要正确认识公有制经济的内涵。公有制经济不仅包括国有经济和集体经济，还包括混合所有制中的国有成分和集体成分。公有制的主体地位主要表现在，公有资产在社会总资产中占优势，国有经济控制国民经济命脉，对经济发展起主导作用。公有制占主体地位是就全国而言，在有的地方、有的产业由于情况不同可以有所差别。国有经济的主导作用主要体现在控制力上。只要坚持公有制为主体，国家控制国民经济命脉，国有经济的控制力和竞争力得到加强，在这个前提下，国有经济减少一些，不会影响社会主义的性质。公有制的实现形式可以而且应该多样化。一切反映社会化生产的经营方式和组织形式都可以大胆利用。社会主义改革的一个重要目的，就是努力寻找能够极大促进生产力发展的公有制实现形式。《中共中央关于完善社会主义市场经济体制若干问题的决定》又进一步指出，要适应经济市场化不断发展的趋势，进一步增强公有制经济的活力，大力发展国有资本、集体资本和非公有资本等参股的混合所有制，实现投资主体多元化，使股份制成为公有制的主要实现形式。

改革开放以来，在社会主义基本经济制度的发展和完善方面，中国共产党解放思想、实事求是，与时俱进，不断进行艰辛探索、发展创新。中共十一届三中全会提出，要依据我国社会主义建设的具体实际，改革同生产力发展不相适应的生产关系和上层建筑，并指出非公有制经济是社会主义经济的必要补充。中共十二大指出："鼓励劳动者个体经济在国家规定的范围内和工商行政管理下适当发展，作为公有制经济的必要的、有益的补充。"中共十三大提出："在公有制为主体的前提下继续发展多种所有制经济。"[①]1992年邓小平南方谈话指出："一切符合'三个有利于'的所有制形式都可以而且应该用来为社会主义服务。"[②]中共十四大确立了社会主义市场经济体制的目标，中共十四届三中全会进一步提出，必须坚持以公有制为主体、多种经济成分共同发展的方针。中共十五大将"公有制为主体，多种所有制经济共同发展"作为社会主义基本经济制度肯定下来。中共十六大强调"两个毫不动摇"和"一个统一"。中共十七大进一步提出"坚持平等保护物权，形成各种所有制经济平等竞争、相互促进新格局"[③]。中共十八大明确提出："要加快完善社会主义市场经济体制，完善公有制为主体、多种所有制经济共同发展的基本经济制度。毫不动摇鼓励、支持、引导非公有制经济发展，保证各种所有制经济依法平等使用生产要素、公平参与市场竞争、同等受到法律保护。"[④]非公有制经济的权益进一步得到保障，地位进一步明确。中共十九大指出："使市场在资源配置中起决定性作用，更好发挥政府作用，推动新型工业化、信息化、城镇化、农业现代化同步发展，主动参与和推动经济全球化进程，发展更高层次的开放型经济，不断壮大我国经济实力和综合国力。"[⑤]这样，我们党对社会主义初级阶段基本经济制

①　《改革开放三十年重要文献选编》上，人民出版社2008年版，第270、487页。

②　《改革开放三十年重要文献选编》下，人民出版社2008年版，第900页。

③　《改革开放三十年重要文献选编》下，人民出版社2008年版，第1725页。

④　《十八大以来重要文献选编》上，中央文献出版社2014年版，第14—16页。

⑤　习近平：《决胜全面建成小康社会　夺取新时代中国特色社会主义伟大胜利——在中国共产党第十九次全国代表大会上的报告》，人民出版社2017年版，第21—22页。

度的探索，经历了由"必要补充"到"基本方针"，由"基本方针"明确为"基本经济制度"，进而强调要"两个毫不动摇"和"两个平等"以及"市场起决定性作用，更好发挥政府作用"的发展历程。确立公有制为主体、多种所有制经济共同发展的基本经济制度，是社会主义初级阶段必须长期坚持的经济制度。

公有制与市场经济相结合曾经被认为是难以破解的世界性难题，公有制经济与非公有制经济，曾经被认为是水火难容的矛盾，存在着无法逾越的鸿沟。正是中国共产党长期不懈地坚持探索和创新，确立了公有制为主体、多种所有制经济共同发展的基本经济制度，不仅破解了难题、化解了矛盾、跨越了鸿沟，不断丰富和发展了马克思主义所有制理论，而且极大地解放和发展了生产力。

二、按劳分配与按生产要素相结合

改革开放以来，我国的收入分配制度改革也经历了一个深入探索和不断创新的过程，但是，无论怎样创新，收入分配制度始终同基本经济制度紧密地结合在一起。由于多种所有制经济的存在，在公有制经济中我们除了继续实行按劳分配以外，也承认多种生产要素参与分配的合理性，确立按生产要素贡献参与分配的原则。"必须坚持和完善社会主义公有制为主体、多种所有制经济共同发展的基本经济制度，这就要求坚持和完善按劳分配为主体、多种分配方式并存的分配制度。"[①] 这既体现了马克思主义的分配理念，也体现了社会主义初级阶段的国情和特点。

（一）马克思主义的分配学说

马克思认为，"分配关系的历史性质就是生产关系的历史性质，分

---

① 《江泽民文选》第二卷，人民出版社2006年版，第561页。

配关系不过表现生产关系的一个方面"①。"消费资料的任何一种分配，都不过是生产条件本身分配的结果；而生产条件的分配，则表现为生产方式本身的性质。"② 马克思主义的分配学说和生产资料所有制理论以及社会主义发展阶段理论是一个有机的整体。在马克思看来，消费资料的分配取决于生产条件本身的分配，即生产资料所有制的性质。马克思关于未来社会的分配理论就是在这个思想基础上建立的。按劳分配原则是社会主义实行生产资料公有制的必然结果。在马克思主义理论的形成过程中，空想社会主义的按需分配思想产生过深刻的影响。但是，在生产力水平极其低下的条件下，空想社会主义的按需分配只能表现为平均主义或禁欲主义。因此，马克思关于分配问题论述的可贵之处，就在于他把物质生活资料分配原则建立在生产力的发展和社会主义发展不同阶段的基础之上。

资本主义条件下的分配是按"资"分配，因此，剥削、两极分化、不平等等社会现象产生于生产资料的资本主义私人占有，产生于资本家凭借雇佣劳动制度对工人阶级创造的剩余价值的无偿占有。所以，为了从根本上改善工人阶级的生活状况，马克思毕生致力于消灭资本主义的私有制。在代替现存资本主义社会的未来社会中，劳动者不能获得"不折不扣的劳动所得"，要从中做必要的扣除，但生产资料的全社会共同占有已使这些"扣除"失去了"剩余价值"的属性。这些"扣除"已不再归资本家，而是归属于全体社会成员。社会用这些扣除支付一般管理费用、满足共同需要的费用以及社会保障费用。在共产主义的第一阶段，由于在经济、道德和精神方面还带有旧社会的痕迹，"每一个生产者，在作了各项扣除以后，从社会领回的，正好是他给予社会的。他给予社会的，就是他个人的劳动量"③。这就是"等量劳动领取等量报酬"，

---

① 《马克思恩格斯选集》第 2 卷，人民出版社 2012 年版，第 653 页。

② 《马克思恩格斯选集》第 3 卷，人民出版社 2012 年版，第 365 页。

③ 《马克思恩格斯选集》第 3 卷，人民出版社 2012 年版，第 363 页。

这个原则被后人概括为"各尽所能，按劳分配"。虽然按劳分配仍然会导致事实上的不平等，"但是这些弊病，在经过长久阵痛刚刚从资本主义社会产生出来的共产主义社会第一阶段，是不可避免的。权利决不能超出社会的经济结构以及由经济结构制约的社会的文化发展"①。

"在共产主义社会高级阶段，在迫使个人奴隶般地服从分工的情形已经消失，从而脑力劳动和体力劳动的对立也随之消失之后；在劳动已经不仅仅是谋生的手段，而且本身成了生活的第一需要之后；在随着个人的全面发展，他们的生产力也增长起来，而集体财富的一切源泉都充分涌流之后，——只有在那个时候，才能完全超出资产阶级权利的狭隘眼界，社会才能在自己的旗帜上写上：各尽所能，按需分配！"②

（二）我国分配制度的基本原则

分配方式是由生产方式决定的，有什么样的生产方式，就有什么样的分配方式。同样，分配方式的合理安排也会促进生产方式的完善。以公有制为主体、多种所有制共同发展的基本经济制度决定了我国在收入分配领域实行以按劳分配为主、多种分配方式并存的收入分配制度。按劳分配是社会主义公有制在分配方面的体现，只有坚持按劳分配的主体地位，才能体现公有制的主体地位和基本经济制度的社会主义性质。按劳分配以外的多种分配方式，实际上就是按生产要素的贡献参与分配，这是由社会主义初级阶段的多种所有制结构决定的，符合我国现阶段生产力发展要求。

20 世纪的社会主义国家，无论在理论上还是在实践上，都把"各尽所能、按劳分配"作为社会主义的分配原则。但在对"劳"的判断和实施按劳分配的实现途径上出现了一些问题。这其中最关键的问题是按

---

① 《马克思恩格斯选集》第 3 卷，人民出版社 2012 年版，第 364 页。
② 《马克思恩格斯选集》第 3 卷，人民出版社 2012 年版，第 364—365 页。

劳分配如何实现，怎样去衡量"劳"。在我国实行计划经济的条件下，由国家或政府负责制定分配政策和标准，确定了八级工资制、记工分等主要分配形式，这种主观性极强的分配模式在实践中逐渐演变成了按等级分配的平均主义"大锅饭"，逐渐背离了按劳分配的本意。另外，由于人们用理想主义的眼光看待社会主义，因此在实践中又进一步把"按劳分配"带来的事实上的不平等作为"资产阶级法权"加以限制。这就更加助长了平均主义的泛滥。其结果不是广大劳动者积极性和主动性的提高和生产力的发展，而是懒汉习气的滋长蔓延和劳动生产率的下降。因此，我国农村自发兴起的改革实践一开始就是在"分配"问题上做文章，用农民的话说，就是"交足国家的，留足集体的，剩下全是自己的"。对"自己的"这部分剩余产品，农民当然愿意在市场上获得较高回报。因此，经济体制改革便有了市场导向。随着经济体制改革的深化，人们又进一步认识到，平均主义"大锅饭"的分配机制是单一公有制结构的必然产物。因此，要解放和发展生产力，就必须逐步消除由于所有制结构不合理对生产力发展造成的羁绊，确立生产资料公有制为主体、多种经济成分共同发展的社会主义初级阶段的基本经济制度。所有制结构和经济体制的变化，必然导致分配方式的变革，使供求关系、价值规律和生产要素在分配过程中发挥应有的作用。因此，按劳分配和按要素分配相结合的分配制度就成为我国现阶的段分配制度。

（三）中国特色的社会主义分配制度

中国特色社会主义的分配制度是以按劳分配为主体，多种分配方式并存。在这种分配制度下，劳动、资本、技术和管理等生产要素按贡献参与分配。其目标是调整和规范国家、企业和个人的分配关系。

历史经验表明，平均主义不利于解放和发展生产力，但两极分化也同样会挫伤劳动者的积极性，甚至会引发社会冲突，不管这种"分化"的原因如何。因此，在社会主义社会，一个理想的分配制度是，既要适当拉开距离，承认按劳分配导致的事实上的不平等，又不能使收入差距过大，危及社会稳定。这就需要找到一个合适的"度"。改革的目的实际上就是要在分配问题上寻找这样的"度"。但是确立这个"度"的基础性工程，不应该是政府的指令，而应该是市场调节和竞争，国家和政府在其中发挥宏观方向性作用。因此，这个"度"的形成，对"劳"的判断，说到底，要靠供求双方的利益磨合，这有赖于市场机制的发育、成熟和完善。对此，中共十六大指出，初次分配注重效率，发挥市场的作用，鼓励一部分人通过诚实劳动、合法经营先富起来；但是，市场经济的发展势必会引起社会成员之间和地区之间收入差距的拉大，尤其在市场经济体制确立之初，这个问题会显得非常突出。另外，我国现阶段出现的"分化"问题还不完全是市场作用的结果。许多市场机制以外的因素恰恰妨碍了市场机制作用的正常发挥，成为导致分配不公、社会收入差距拉大和形形色色消极腐败现象的重要原因。市场机制本身对此无能为力，即使可以发挥调节作用也需要相当长的过程。这些问题不加以解决，也会引发社会冲突和动荡，这就为执政党的政治领导、党员先锋模范作用的发挥、政府的行政管理和宏观调控提供了广阔的空间。所以，中共十六大指出，再次分配注重公平，加强政府对收入分配的调节职能，调节差距过大的收入。规范分配秩序，合理调节少数垄断性行业的过高收入，取缔非法收入。党和政府的作用就是要依法治国，维护广大人民群众的根本利益。这也是社会主义优越性的集中体现。就解决收入差距问题而言，首要的任务是规范市场经济秩序和人们的致富行为。同时要通过税收政策等经济杠杆调节收入差距，避免社会矛盾的激化和社会冲突的发生。按照邓小平的想法，要允许一部分地区、一部分企业、一部分工人和农民，由于辛勤努力成绩大而收入先高一些，先富起来。市场经济完善了，法制健全了，国家政权才能真正"保卫"按劳分配的实施。在这个前提下，社会上的"分化"现象，就只能说是"按劳分配和按要素分配"相结合的分配制度所产生的结果了，而且"要素"

也成了"劳"的凝结。这是在社会主义初级阶段不可避免产生的现象。因为只有这样才能调动起广大劳动者的积极性，其结果不会是两极分化，而是随生产力的发展逐步达到共同富裕。

共同富裕是社会主义的本质要求和中国共产党始终不渝的奋斗目标。中共十八大强调，共同富裕是中国特色社会主义的根本原则，必须坚持走共同富裕道路，使发展成果更多惠及全体人民，朝着共同富裕的方向前进。随着改革开放和社会主义市场经济的深入发展，在人们生活水平普遍提高的同时，分配中的一些新问题也逐步显现：城乡之间、地区之间、行业之间收入差距较大，发展很不平衡；居民收入差距扩大趋势尚未得到根本扭转；社会保障体系还不健全，部分群众生活比较困难；收入分配格局不尽合理，居民收入在国民总收入中的比重、劳动报酬在初次分配中的比重呈下降趋势；收入分配秩序不规范，人民群众对灰色收入、隐性收入的不满也在增加。这些问题的出现与我国正处于社会主义初级阶段，国家发展的全面性协调性普惠性不够有关，也与收入分配制度不完善、相关领域的改革不到位有关。应当看到，这些问题不仅严重影响了共同富裕的实现，而且制约着政治、经济和社会发展，也容易引发社会矛盾，影响社会和谐稳定。所有这些，都阻碍着社会主义优越性的发挥，影响着人们对中国特色社会主义的认同。

中国共产党带领人民走社会主义道路，就是要逐步实现共同富裕。如果在收入分配中出现两极分化的局面，就会与共同富裕的目标渐行渐远，也就背离了党的宗旨和社会主义的本质要求，违背了全体人民的共同意愿，社会主义现代化建设就会难以为继。缩小收入分配差距、逐步实现共同富裕，已经成为事关现代化建设全局和中国特色社会主义长远发展的重大现实课题。共同富裕只有在生产力高度发达的基础上才能充分实现。只有紧紧抓住经济建设这个中心不动摇，不断解放和发展生产力，才能满足人民日益增长的物质文化需要，逐步实现共同富裕。走共同富裕道路就要坚持和完善公有制为主体，多种所有制经济共同发展的基本经济制度，坚持和完善按劳分配为主体多种分配方式并存的分配制度，正确处理好效率与公平的关系。中共十八大提出"初次分配和再次分配都要兼顾效率和公平，再次分配更加注重公平"的基本原则，为我们正确处理两者关系提供了遵循。2013 年 2 月，《关于深化收入分配制度改革的若干意见》颁布，《意见》要求，继续完善劳动、资本、技术、管理等要素按贡献参与分配的初次分配机制，推动各种所有制经济依法平等使用生产要素、公平参与市场竞争、同等受到法律保护，合理调整国民收入分配格局；更好地发挥政府对收入分配的调控作用，加快健全以税收、社会保障、转移支付为主要手段的再分配调节机制，促进收入分配公平；大力整顿和规范收入分配秩序，保护合法收入，增加低收入者收入，调节过高收入，规范隐性收入，取缔非法收入，努力形成公开透明、公正合理的收入分配秩序。中共十九大指出，坚持按劳分配原则，完善按要素分配的体制机制，促进收入分配更合理、更有序。鼓励勤劳守法致富，扩大中等收入群体，增加低收入者收入，调节过高收入，取缔非法收入。坚持在经济增长的同时实现居民收入同步增长，在劳动生产率提高的同时实现劳动报酬同步提高。

实现共同富裕是一个长期的历史过程，我国正处于并将长期处于社会主义初级阶段，必须立足现实、着眼长远，多措并举、综合施策，着力解决收入分配中的突出问题，朝着共同富裕方向迈进，才能真正体现中国特色社会主义的根本原则。

三、社会主义市场经济体制

社会主义市场经济体制是中国特色社会主义经济制度的重要内容。建立社会主义市场经济体制，就是要使市场在资源配置中起决定性作用和更好发挥政府作用。

（一）计划经济的发展历程与基本特征

计划经济是社会主义国家选择的一种经济体制。经济体制是一个国家的经济结构和组织经济管理活动的方式方法、组织形式、组织机构的总称。社会主义国家长期实行高度集中的计划经济体制，有它的理论根源和现实必然性。

从理论上看，计划经济体制是马克思根据资本主义社会的基本矛盾及其发展趋势而作出的一种科学预测。人类走出资本主义时代后，将进入一个自由人联合体时期。联合体内的社会生产将是自由人的联合劳动，整个社会将有计划地组织生产，以代替社会生产的无政府状态，按劳分配将代替按资分配。在这个联合体内，随着阶级和阶级差别的消失，国家对社会生活各个领域的干预逐渐停止，并将最终走向消亡。这一生产模式与马克思所设想的共产主义高级阶段实行的各尽所能、按需分配的分配制度高度契合。可以说，马克思设想的未来社会的经济体制是一个商品已经消失的产品经济模式，而商品经济也被马克思看作是资本主义社会的本质属性之一，计划经济则长期被看作是社会主义的本质属性和基本特征。而且，马克思设想的这种计划经济体制是在生产力已经获得高度发展的资本主义社会爆发社会主义革命后，所建立的社会主义国家的经济体制，是对一个成熟的社会主义社会经济体制的理论抽象。由于社会主义革命实践的发展不同于马克思的设想，并不是在生产力高度发达的主要资本主义国家爆发革命，而是在经济文化比较落后的国家首先建立了社会主义制度。这些新生的国家的社会主义建设需要社会主义理论的指导，所以马克思关于未来社会经济体制的思想在这些国家的社会主义建设中就不可或缺。

从当时的现实看，世界上第一个社会主义国家苏联实行计划经济体制既是源于马克思主义理论的指导，也是特定历史条件下的必然选择。其一，列宁认同马克思恩格斯关于计划经济是社会主义基本特征的思想，在他关于社会主义国家的设想中，社会主义实行生产资料公有制，国家将有计划地组织和管理生产。其二，十月革命胜利后，在国外武装干涉和国内战争时期，实行了"战时共产主义"政策，内外压力减缓后，又实行了新经济政策。在这期间，虽然列宁对商品生产和计划经济的认识也有较大变化，但是，在整个社会生产的组织和管理上，他仍然认为必须实行计划经济。尤其是面临着巩固新生政权的艰巨任务，为了加强国防，优先发展重工业，在实行第一个和第二个五年计划期间，苏联形成了以高度集中为特征的计划经济体制，这种体制在苏联工业化初期和国家建设中发挥了重要作用。此阶段正处于 20 世纪二三十年代，也是资本主义世界爆发全面的、严重的经济危机时期。鲜明的对比使得计划经济的优越性更加突出，由此，计划经济体制就作为社会主义的经济特征和基本原则被肯定下来，并在第二次世界大战后为新生的各个社会主义国家所采用。

计划经济是对生产、资源分配以及产品消费事先进行计划的经济体制。其目的是有组织、有计划地发展经济，尽量避免市场经济的盲目性、不确定性对社会经济发展造成的危害。其基本特征是生产组织和资源产品分配的高度集中和指令性计划。这主要体现在：第一，社会资源配置行政化。社会资源主要按照行政指令、指标的分解、调拨由政府来分配，企业按照政府的指令性计划进行生产。第二，政企不分。生产计划的制定、物资的供应和产品的分配几乎由各级政府承包下来，政府直接管理企业，企业缺乏自主权，成为政府的附属物。第三，市场作用弱化。产品之间的交换不是通过市场，而是通过政府"调拨"实现的。计划经济在社会主义国家初创时期曾经发挥过积极作用。它有效地调动和使用了有限的人力、物力和财力，使得共产党能够领导人民群众在物质条件十分艰苦的情况下开展大规模的社会主义建设，由此奠定了社会主义制度和共产党执政的必要的物质基础，造就了一代新型的产业工人和具有现代科学文化素质的知识分子，给后人留下了一个初具规模的国民经济体系。但是，计划经济毕竟是特殊历史条件下的产物，它适应的是"战争与革命"的时代主题，以及资本主义与社会主义尖锐对立、国际形势比较紧张的历史环境。因此，它的积极作用发挥的时空也就非常有限。从 20 世纪 50 年代到 80 年代，时代主题逐步发生了变化，和平与发展成了世界两大主题。尤其是新科技革命的兴起，综合国力竞争日趋激烈，对各国的现实经济体制提出了新的挑战和要求。在新的时代和新的环境下，计划经济的弊端逐步暴露出来，由于没有及时地改革和调整，使其成为社会主义发展道路上的旧体制障碍。通过改革，找到一个适应时代主题和基本国情、适应科学技术革命要求，能够继续解放和发展生产力的社会主义新经济体制的任务，就摆在了领导社会主义建设的共产党人面前。正是在这样的历史背景下，中国通过改革开放这一战略，选择了社会主义市场经济的发展模式。

（二）社会主义市场经济的持续探索和基本特性

市场经济作为一种经济运行机制，它与计划经济相对应。它是商品经济的产物，因为商品经济首先是在私有制社会产生和发展起来的，尤其是在资本主义制度下，市场经济得到了长足的发展。因此，传统观点都把市场经济看成是私有制的产物，是资本主义制度特有的范畴。

列宁首先将市场引入了社会主义建设的实践。十月革命胜利后，列宁在推行"战时共产主义"政策遭遇挫折的情况下，实行了新经济政策。在计划经济条件下，承认商品货币关系，引入市场调节机制，利用市场机制发展社会主义经济。由于在市场问题上斯大林的认识与列宁的认识存在偏差，斯大林未能坚持和发展列宁把计划与市场结合起来的思想，在 1928 年改变了新经济政策，转向排斥商品生产和贸易自由的传统计划经济。即使如此，在其著名的《苏联社会主义经济问题》一书中，斯大林仍然肯定价值规律在计划经济框架内、在社会主义经济中发挥的必然作用，认为社会主义社会在一定范围内还存在商品生产和流通。布哈林也提出了"通过市场关系走向社会主义"的思想。他在 1929 年 4 月的俄共（布）中央全会上，阐述了社会主义制度下市场关系的意义："市场联系的形式，在我们这里还要继续很多年，我甚至要说，市场联系形式将长期地是经济联系的决定形式。"① 这是布哈林对列宁新经济政策的继承和发展，但是由于种种原因，他的思想并不被那个时代所接受。作为新中国的缔造者和社会主义建设的探索者，毛泽东明确提出了"社会主义商品经济"② 的概念，并在经济管理体制上进行了调整和改革的尝试。但是，由于毛泽东的探索总体上没有脱离计划经济的框架，这些可贵的思想并未真正付诸实践。邓小平在中共十一届三中全会后，恢复了实事求是的马克思主义思想路线，提出了经济体制改革的思路。

在苏联和中国等社会主义国家努力探索社会主义制度与市场经济体制融合可能性的同时，西方一些左翼学者和东欧一些经济学家也在进行不懈求索，其结果就是"市场社会主义"理论的兴起。美国经济学家格雷戈里和斯图尔特认为："市场社会主义是以生产资料公有制为特征的经济体制，决策采取分权制，用市场机制加以调节。兼用物质鼓励和精神鼓励来推动参与者实现这一体制的目标。"③ 市场社会主义理论的代表观点主要有米勒的"合作制的市场社会主义"理论、罗默的"证券的市场社会主义"理论、斯韦卡特的"经济民主的市场社会主义"理论等。波兰的经济学家奥斯卡·兰格提出了"兰格模式"。

在 20 世纪 50—80 年代，南斯拉夫、匈牙利等国家先后突破苏联计划经济的社会主义模式，开始进行以市场为取向的经济体制改革，被看作是市场社会主义理论的东欧实验。总的看来，这场东欧国家的市场社会主义实验取得了一些成就，积累了一些经验，但是，也积聚了不少矛盾和问题，潜伏着危机和不安定因素。苏东剧变后，社会主义一度陷入

① 聂运麟：《通过市场关系走向社会主义》，华中师范大学出版社 1998 年版，第 106 页。

② 陈湘舸：《毛泽东哲学与经济学思想》，华中理工大学出版社 1993 年版，第 142 页。

③ 余文烈：《当代国外社会主义流派》，安徽人民出版社 2000 年版，第 28 页。

"危机"。能否构建一种新的经济制度，使其能够在效率、公平和民主等方面都比现代资本主义有优势，又能避免苏联模式的弊端？这使得社会主义与市场经济的结合再次成为理论探讨和实践突破的焦点。突破问题的核心集中在如何认识市场经济的社会制度属性方面，中国共产党人勇敢地承担起了这一历史使命。

市场经济是人类社会经济发展的必经阶段，市场经济本身没有制度属性。但是，市场经济毕竟要建立在特定的社会制度基础上，要和一定的生产关系结合在一起，因而也就有了"资本主义条件下的市场经济"和"社会主义条件下的市场经济"之分，也就有了市场经济的普遍性和特殊性的体现。

所谓市场经济的普遍性是指市场经济的共性。根据当今世界各国建立和发展市场经济体制的经验来看，其共性主要有以下几个方面：第一，市场主体的独立性和平等性。市场的生产经营单位必须是独立和平等的主体。作为市场参与主体的个人和企业具有独立性和平等的关系，其经济决策以及决策的经济风险由市场主体独立自主地作出并独立承担。第二，资源配置的市场原则。社会中各种要素的流动、社会资源的优化配置，包括商品及劳务的价格的形成，商品及生产要素的流动，均由市场机制决定，市场对资源配置起基础性作用。第三，有效的宏观经济调控机制。政府不得直接干预企业生产经营等微观经济活动，但是政府必须对社会经济发展实行宏观的、间接的调控，以弥补市场经济本身的弱点和缺陷。第四，健全的市场法规体系。市场中的经营活动，是由相应的市场法规来规范的，市场经济本质上是一种法治经济。它要求建立和完善经济法规，使经济运行法治化，市场经济越发达，要求市场法规越健全。第五，国际交往的规则性。市场经济主体在国际经济交往中应遵守国际通行的规则和惯例。社会主义市场经济首先是市场经济，它与其他制度下的市场经济在运行机制、运作方式上存在共同之处，也应具有这些市场经济的共性和普遍性。中共十四大报告指出："我们要建立的社会主义市场经济体制，就是要使市场在社会主义国家宏观调控下对资源配置起基础性作用，使经济活动遵循价值规律的要求，适应供求关系的变化；通过价格杠杆和竞争机制的功能，把资源配置到效益较好的环节中去，并给企业以压力和动力，实现优胜劣汰；运用市场对各种经济信号反应比较灵敏的优点，促进生产和需求的及时协调。"①这个论述实际上也指出了市场经济解放和发展生产力的内在必然联系。

所谓市场经济的特殊性，是指市场经济在社会主义条件下所具有的特性。社会主义市场经济是市场经济同社会主义制度相结合的一种新型的现代市场经济。这种结合，必然会产生不同于其他社会形态下的市场经济的特征，必然会使这种市场经济出现资本主义条件下所不具备的特点。这主要表现在：从所有制结构上看，社会主义市场经济是建立在生产资料公有制为主体、多种所有制经济共同发展这个基本经济制度基础之上的。在中国，多种所有制经济长期共同发展，不同经济成分实行多种形式的联合经营，国有企业、集体企业成为市场经济的组成部分，并通过竞争发挥主导作用，成为社会主义市场经济突出特点。从分配制度上看，社会主义市场经济的发展和共同富裕的价值追求是一致的。市场经济体制在资本主义发展初期导致严重的两极分化，引起了激烈的社会冲突和阶级斗争。但是，即便如此，随着市场经济体制的完善，生产力的发展，阶级矛盾也已大为缓解，工人阶级和劳动人民的生活水平也都有了显著的提高。在社会主义条件下，市场经济的发展必然会极大地解放和发展生产力，提高劳动生产率，从而为共同富裕目标的实现创造前提。因此，恰恰在解放和发展生产力这个问题上，市场经济和社会主义找到了结合点。从国家与生产的关系看，社会主义国家能够把人民的当前利益与长远利益、局部利益与整体利益结合起来，更好地发挥计划和市场两种手段的长处。国家计划是宏观调控的手段之一。但是，在市场

---

① 《十四大以来重要文献选编》上，人民出版社1996年版，第19页。

经济条件下，国家计划的重点是确定国民经济和社会发展的战略目标，搞好经济发展预测、总量控制、重大结构与生产力布局规划，集中必要的财力物力进行重点建设，综合运用经济杠杆，促进经济更好更快地发展。这说明，在社会主义条件下，市场经济虽然对资源配置和市场组织起基础性的作用，但并不是说国家可以对市场采取放任的态度，而是要通过经济杠杆、法律法规甚至必要的行政手段，对市场加以调节和引导，最大限度地克服市场经济自身的盲目性和缺陷。

市场经济体制普遍性和特殊性的统一，决定了中国的经济体制改革要坚持和发挥自己的优势，重视自己创造的经验，积极吸收发达国家在这方面的积极成果，使社会主义制度的优越性和市场经济在资源配置中的长处都得到发挥。在社会主义条件下搞市场经济，市场经济与社会主义的有机结合，对中国共产党人来说是一个全新的课题。在改革实践中，中国共产党对"社会主义市场经济"的本质和特征的认识在不断深化，理论成果不断涌现，实践中也取得了令人瞩目的成就。

（三）中国特色社会主义市场经济体制的确立和完善

"社会主义市场经济体制是同社会主义基本制度结合在一起的。"[①]在新的历史条件下，中国选择什么样的经济体制，直接关系到社会主义现代化的全局和未来。从计划经济向市场经济的转变，中国也经历了一个探索的过程。这既是理论创新和实践探索的过程，也是思想解放和观念更新的过程。关于社会主义的传统观念认为，市场经济是资本主义的本质体现，计划经济是社会主义的基本特征，建立新的经济体制就必须破除这一传统观念。中共十一届三中全会后，随着改革的深入，人们逐渐摆脱了那些传统观念，形成了新的认识。中共十二大提出了计划经济为主，市场调节为辅；中共十二届三中全会指出，商品经济是社会发展

---

① 《江泽民文选》第一卷，人民出版社 2006 年版，第 355 页。

不可逾越的阶段，我国社会主义经济是公有制基础上有计划的商品经济；中共十三大提出社会主义有计划的商品经济应该是计划与市场的内在统一的体制；中共十三届四中全会后，提出建立适应有计划的商品经济发展的计划经济与市场调节相结合的经济体制和运行机制。尤其是邓小平1992年的南方谈话，对计划和市场的认识提升到一个新水平。他指出，计划多一点还是市场多一点，不是社会主义与资本主义的本质区别，计划经济不等于社会主义，资本主义也有计划；市场经济不等于资本主义，资本主义也有市场，计划和市场都是经济手段。这个论述的重大意义在于，它成功地将社会制度与经济体制区分和剥离开来，将资本主义的制度和人类社会的文明成果区分和剥离开来，从而为确立市场经济体制的改革目标打下了坚实的理论基础。1992年10月召开的中共十四大在这个问题上达成了共识，明确提出，我国经济体制改革的目标是建立社会主义市场经济体制，以利于进一步解放和发展生产力。中共十四届三中全会进一步明确了社会主义市场经济的若干问题，中共十五大确立了社会主义基本经济制度，中共十六大宣告，我国社会主义市场经济体制初步建立。中共十六届三中全会通过了《中共中央关于完善社会主义市场经济体制若干问题的决定》，标志着中国经济体制改革进入完善社会主义市场经济体制的新时期。中共十七大报告提出，要在加快转变经济发展方式、完善社会主义市场经济体制方面取得重大进展。中共十八大以来，经济体制改革的思路更加明确和清晰，在全面建成小康社会、全面深化改革、全面推进依法治国、全面从严治党的战略布局和治国方略中，全面深化改革是实现全面建成小康社会目标的一个根本动力，而全面深化改革的重点又是经济体制改革，经济体制改革的核心问题确定为处理好政府和市场关系。中共十八届三中全会指出，"使市场在资源配置中起决定性作用和更好发挥政府作用。"中共十九大指出："加快完善社会主义市场经济体制。经济体制改革必须以完善产权制度和要素市场化配置为重点，实现产权有效激励、要素自由流动、价格反应灵活、竞争公平有序、企业优胜劣汰。"这层层递进的逻辑关系，非常清晰地阐明了在新的历史起点上完善我国社会主义市场经济体制的总体思路。

经济制度在中国特色社会主义制度体系中居于重要的位置，它的发展必然对中国特色社会主义制度体系的成熟和完善起到重要推动作用。只有不断完善经济制度，才会进一步推动中国特色社会主义制度体系的建设和发展，最终形成适合我国社会主义初级阶段特点的、成熟完备的中国特色社会主义制度体系。

第十五章

中国特色社会主义文化体制

改革开放以来，我们党把文化建设放在党和国家全局工作重要战略地位，"加强党对意识形态工作的领导，党的理论创新全面推进，马克思主义在意识形态领域的指导地位更加鲜明，中国特色社会主义和中国梦深入人心，社会主义核心价值观和中华优秀传统文化广泛弘扬，群众性精神文明创建活动扎实开展"。"主旋律更加响亮，正能量更加强劲，文化自信得到彰显，国家文化软实力和中华文化影响力大幅提升，全党全社会思想上的团结统一更加巩固。"①

一、以马克思主义为指导的意识形态

以马克思主义为指导的意识形态，是中国特色社会主义文化的核心内容，也是中国特色社会主义文化体制的本质规定。在当代中国，坚持和完善中国特色社会主义文化体制，首要的一点，就是坚持以马克思主义为指导的意识形态。正如中共十九大报告强调的，"必须坚持马

---

① 习近平：《决胜全面建成小康社会　夺取新时代中国特色社会主义伟大胜利——在中国共产党第十九次全国代表大会上的报告》，人民出版社 2017 年版，第 4—5 页。

克思主义，牢固树立共产主义远大理想和中国特色社会主义共同理想，培育和践行社会主义核心价值观，不断增强意识形态领域主导权和话语权。"[①]

（一）以马克思主义为指导的意识形态是中国特色社会主义文化体制的本质规定

诞生于 19 世纪 40 年代的马克思主义，是人类文化的精华，是科学的理论成果。它是由马克思主义哲学、政治经济学和科学社会主义三个部分组成的科学体系。马克思主义哲学是其理论基础，是科学的世界观和方法论；政治经济学是其主要内容；科学社会主义是其理论核心。马克思主义是工人阶级及其政党的思想武器和行动指南，是社会主义意识形态的最重要组成部分，是指导我们党制定正确路线、方针、政策的理论依据。

马克思主义从根本上深刻揭示了自然、人类社会和思维发展的客观规律，是我们认识世界、改造世界的强大思想武器，是我们党的根本指导思想。马克思主义是社会主义社会占统治地位的思想体系，社会主义意识形态必须坚持以马克思主义为指导。

马克思主义是与时俱进、不断发展的科学理论。《共产党宣言》发表 170 年以来，人类社会发生了剧烈而又深刻的变动。面对新情况新任务，迫切要求我们党的思想理论不断与时俱进、开拓创新。只有发展马克思主义，才是更好地坚持马克思主义；只有用发展着的马克思主义指导新的实践，才能不断地从胜利走向胜利。马克思主义基本原理同中国革命和建设实际相结合，产生了毛泽东思想、邓小平理论、"三个代表"重要思想、科学发展观和习近平新时代中国特色社会主义思想，它们是

---

① 习近平：《决胜全面建成小康社会　夺取新时代中国特色社会主义伟大胜利——在中国共产党第十九次全国代表大会上的报告》，人民出版社 2017 年版，第 23 页。

马克思主义中国化的重大理论成果。毛泽东思想是马克思主义在中国的运用和发展，是被实践证明了的关于中国革命和建设的正确的理论原则和经验总结，是中国共产党集体智慧的结晶和宝贵的精神财富。由邓小平理论、"三个代表"重要思想、科学发展观和习近平新时代中国特色社会主义思想组成的中国特色社会主义理论体系，是把马克思主义基本原理同当代中国实际和时代特征相结合的产物，是对毛泽东思想的继承和发展，是当代中国的马克思主义，是我们党在新的历史时期各项工作的根本指针和中华民族振兴的强大精神支柱。马克思主义、毛泽东思想和中国特色社会主义理论体系是一脉相承的统一的科学理论体系。在当代中国，坚持以马克思主义、毛泽东思想和中国特色社会主义理论为指导，最重要的就是坚持以马克思主义中国化的最新成果即中国特色社会主义理论为根本指针。

90 多年来，我们党之所以不断发展壮大，我国社会主义革命和建设之所以取得巨大成功，根本原因就在于坚持马克思主义、毛泽东思想、邓小平理论、"三个代表"重要思想、科学发展观和习近平新时代中国特色社会主义思想为指导。马克思主义、毛泽东思想、邓小平理论、"三个代表"重要思想、科学发展观和习近平新时代中国特色社会主义思想是一脉相承的统一的科学体系。在当代中国，坚持以马克思主义、毛泽东思想、邓小平理论、"三个代表"重要思想、科学发展观和习近平新时代中国特色社会主义思想为指导，最核心的是坚持以中国特色社会主义理论为根本指针。在实现我们党确定的"两个一百年"奋斗目标的第一个百年奋斗目标，全面建成小康社会的决胜阶段，必须坚持用邓小平理论、"三个代表"重要思想、科学发展观和习近平新时代中国特色社会主义思想武装全党、教育人民，用社会主义核心价值观凝聚共识、汇聚力量。

坚持和完善中国特色社会主义文化体制，之所以必须坚持以马克思主义为指导的意识形态，是因为：

第一，马克思主义是社会主义文化的一个重要组成部分，而且是它的理论基础，决定着社会主义文化建设的性质和方向。社会主义文化之所以称为社会主义文化，最根本的就是因为它以马克思主义为指导，这是它与资本主义文化的最主要区别。社会主义文化建设中的思想建设，就是指马克思主义，本身就包括无产阶级的世界观、人生观、价值观、理想、信念、革命的立场和原则、人与人之间的同志关系等等。这些内容是社会主义文化所独有的，而且居于社会主义文化的核心地位，它规定和影响着社会主义文化建设其他内容的性质和方向。离开马克思主义的指导，社会主义文化建设就会偏离社会主义的轨道。我们讲发展先进文化，先进文化就是以马克思主义为指导的社会主义文化，就是面向现代化、面向世界、面向未来的，民族的科学的大众的社会主义文化。

第二，马克思主义为社会主义文化建设提供了科学的世界观和方法论。社会主义文化建设离不开科学的世界观和方法论的指导，马克思主义为社会主义文化建设提供了唯一科学的世界观和方法论。马克思主义的辩证唯物主义和历史唯物主义，正确地揭示了自然界和人类社会的发展规律，是我们认识世界和改造世界的锐利武器，也是我们进行社会主义文化建设的科学的世界观和方法论，它使我们能够正确认识文化的本质和发展规律，把握文化与经济、政治的内在联系，按照社会主义文化建设的内在规律推动中国特色社会主义的文化建设。

第三，马克思主义是我们在复杂的国际国内环境中抵御各种错误思潮和拜金主义、享乐主义、极端个人主义影响的有力武器。我国社会主义文化建设是在复杂的国内外环境中进行的。国内实行改革开放，发展社会主义市场经济；国际上世界格局发生大转折，世界范围内各种思想文化相互激荡。历史的急剧转折强烈地影响到人们的精神领域和文化领域。这种影响既有积极的方面，也有消极的方面。"一切向钱看"的拜金主义思潮、贪图个人物质享受的享乐主义思潮和一切以个人特殊利益为核心的极端个人主义思潮，以及西方资产阶级的各种腐朽思想，必然会通过不同的渠道影响我们的人民。要说有风险，这是最大的风险。处在这样一种复杂的思想文化环境中，我们用什么来抵制各种错误思潮和资产阶级腐朽思想的影响呢？只能用马克思主义。只有以马克思主义为指导，才能从总体上把握局势，处理好各种关系，制定正确的方针政策，既防止"左"又警惕右，使社会主义文化建设沿着正确的方向前进。

第四，以马克思主义为指导，才能正确认识和处理发展社会主义市场经济与文化建设的关系，才能正确认识和解决社会主义文化建设所出现的各种新情况新问题，形成适应社会主义市场经济要求的中国特色社会主义的文化。市场是配置资源的手段和方法，它既可以同资本主义制度结合，也可以同社会主义制度结合。同社会主义制度结合的市场经济，必然与社会主义文化内在地联系在一起。只有一靠法治，二靠教育，坚持一整套"两手抓，两手都要硬"的方针，市场经济本身对社会主义文化建设的负面影响才能减少到最低程度。

马克思主义是人类思想文化史上最伟大的成果，是中国特色社会主义文化的灵魂，是确保中国特色社会主义文化沿着正确方向健康发展的根本。综观中国革命、建设和改革的奋斗历程，正是有了马克思主义，中华文化注入了先进的思想内涵，中国人民获得了科学的思想武器，焕发出创造新的历史、推动社会进步的精神力量。我们党坚持把马克思主义基本原理同中国具体实际相结合，不断推进马克思主义中国化，形成了毛泽东思想和包括邓小平理论、"三个代表"重要思想、科学发展观和习近平新时代中国特色社会主义思想等重大战略思想在内的中国特色社会主义理论体系这两大理论成果，为中国文化的发展进步提供了根本指针。必须坚持用发展着的马克思主义指导文化建设，不断巩固马克思主义在思想文化领域的指导地位，巩固全党全国人民团结奋斗的共同思想基础。

（二）中国特色社会主义文化体制内在地规定了文化建设的方针和原则

文化是民族的血脉，是人民的精神家园。全面建成小康社会，实现中华民族伟大复兴，必须推动社会主义文化的发展，建设社会主义文化强国，提高国家文化软实力，发挥文化引领风尚、教育人民、服务社会、推动发展的作用。这就必须坚持为人民服务、为社会主义服务的方向，坚持百花齐放、百家争鸣的方针，坚持贴近实际、贴近生活、贴近群众的原则，推动社会主义精神文明和物质文明全面发展，建设面向现代化、面向世界、面向未来的，民族的科学的大众的社会主义文化。

第一，坚持重在建设

重在建设的方针，是我们党总结过去轻视教育科学文化建设和极端夸大意识形态领域阶级斗争的严重教训，在实现全党工作重点战略转移时提出来的。从 20 世纪 50 年代后期开始，在思想文化领域里搞"大批判开路"，"横扫一切"，"全面专政"，强调"破字当头""破就是一切，破就是立"，结果造成了一场巨大的灾难。中共十一届三中全会以后，我们党认真总结了这一经验教训。中共十二届六中全会决议强调："加强精神文明建设，就要牢记历史教训，正确处理社会主义社会的各种矛盾，坚持对思想性质的问题采取讨论的方法、说理的方法、批评和自我批评的方法，就是说，用教育和疏导的方法去解决；坚持一切着眼于建设，把注意力集中到团结人民、充分发挥人民的社会主义积极性和创造精神上来，集中到满足人民的文化和精神需要上来，归根到底，集中到促进社会生产力的发展上来。"[①] 中共十四大进一步明确提出了"精神文明重在建设"。中共十四届六中全会强调，

---

① 《改革开放三十年重要文献选编》上，人民出版社 2008 年版，第 432 页。

精神文明要坚持重在建设的方针。中共十五大把这一方针作为建设中国特色社会主义文化的一项基本政策，写进了党在社会主义初级阶段的基本纲领。

重在建设，就是文化建设在服从和服务于经济建设这个中心、推动改革开放和现代化建设的过程中，要一切着眼于建设，把建设作为自己工作的出发点和落脚点，不断满足人民群众日益增长的精神文化需求，促进全民族的思想道德素质和科学文化水平的提高，培育一代又一代有理想、有道德、有文化、有纪律的社会主义公民。重在建设，反映了社会主义现代化建设的客观要求和文化建设长期性艰巨性的要求，体现了中国特色社会主义文化发展的内在规律，是中国特色社会主义文化建设必须长期遵循的重要指导方针。

坚持重在建设的方针，最重要、最核心的就是要坚持不懈地用中国特色社会主义理论体系武装全党，教育干部和人民。必须团结鼓劲，正面教育，积极引导，不搞"大批判"，不搞无谓争论。要大力加强艰苦奋斗的优良传统教育，倡导敬业创业精神。要大力加强道德建设和爱国主义、集体主义、社会主义思想教育，近代史、现代史教育和国情教育，增强民族自尊、自信和自强精神，抵御资本主义和封建主义腐朽思想的侵蚀，树立正确的世界观、人生观和价值观。要继承和弘扬中华民族的优良思想道德文化，吸收和借鉴世界文明的一切优秀成果。要大力推进教育科学文化建设，全面提高整个中华民族的科学文化素质。要依靠社会各界的共同努力和支持配合。

第二，坚持为人民服务和为社会主义服务的方向

为人民服务、为社会主义服务，这是社会主义文化建设的根本方向，是社会主义文化建设必须遵循的一项重要原则。

1942 年毛泽东在延安文艺座谈会上的讲话中指出："为什么人的问

题，是一个根本的问题，原则的问题。"① 他明确提出，我们的文艺不是
为剥削者压迫者的，而是为人民的。毛泽东为文艺建设指明了正确的方
向。中共十一届三中全会后，我们党提出文艺"为人民服务、为社会主
义服务"。中共十三届四中全会以后，江泽民把"二为"作为整个文化
建设的方向提了出来。他指出："我们的文化必须坚持为人民服务、为
社会主义服务。"② 我们的文化是社会主义文化，社会主义文化事业是人
民群众的文化事业。这一性质决定了我们的文化必须为人民服务、为社
会主义服务。文化为人民服务和为社会主义服务是统一的，不能把它们
割裂开来，更不能把它们对立起来。为人民服务强调的是社会主义文化
与人民群众之间的血肉联系，从为什么人服务的角度指出了我国文化建
设的方向。为社会主义服务强调的是社会主义文化与人民群众血肉联系
的时代内容，划清了我国的文化建设与西方资本主义国家文化事业的
界限。

　　坚持为人民服务、为社会主义服务的方针。首先，要求各种文化
活动必须时时处处、全心全意地把广大人民群众作为服务对象，要真
正意识到自己的创作、演出等所有的工作都应该而且必须是为广大人
民群众服务的，努力做到广大人民群众所喜闻乐见，真正满足人民群
众的精神文化需求，真正做到为人民群众而创作，为人民群众而演
出，为人民群众而工作，想人民群众之所想，思人民群众之所思。其
次，要求各种文化活动必须反映人民群众的愿望和他们所从事的社会
主义事业的历史要求，包括直接表现我国社会主义的时代生活和时代
精神，各种文艺创作和文化活动都应该给人民以力量，有助于人们坚
定社会主义信念，帮助人民群众精神振奋地投入到社会主义现代化建
设中去。

---

① 《毛泽东选集》第 3 卷，人民出版社 1991 年版，第 875 页。

② 《十三大以来重要文献选编》下，人民出版社 1993 年版，第 1645 页。

第三，坚持"百花齐放、百家争鸣"

"百花齐放、百家争鸣"，是毛泽东在 20 世纪 50 年代首先提出和倡导的，是中国共产党和国家关于社会主义文化建设的基本方针。1957年，毛泽东在《关于正确处理人民内部矛盾的问题》中指出，根据中国的具体情况，根据社会主义社会仍然存在各种矛盾这一事实，根据国家需要迅速发展经济和文化的迫切要求，我们有必要实行百花齐放、百家争鸣的方针。"百花齐放、百家争鸣的方针，是促进艺术发展和科学进步的方针，是促进我国的社会主义文化繁荣的方针。"[①] 中共十一届三中全会以后，我们党重新肯定了"百花齐放、百家争鸣"是我国社会主义文化建设的基本方针。中共十二届六中全会和十四届六中全会通过的两个关于加强精神文明建设的决议都强调，要坚定地贯彻"百花齐放、百家争鸣"的方针。

"百花齐放、百家争鸣"的方针，体现了理论、科学技术、文学艺术等精神生产的客观规律。推进社会主义文化建设，必须认真贯彻执行"百花齐放、百家争鸣"的方针。在中国特色社会主义实践中，关于现代化建设、改革开放和发展社会主义市场经济，关于建设中国特色社会主义的经济、政治和文化等方面，还有许多未知领域，理论上和工作中的不同意见是会经常发生的。学术领域中出现不同观点、不同学派之间，文艺创作上出现不同形式、风格和流派之间的争论，不仅是正常的而且是有益的。我们必须在坚持为人民服务、为社会主义服务的前提下，继续坚持"百花齐放、百家争鸣"的方针，鼓励和支持不同学术观点、不同学术派别的相互切磋和自由争论，使各种不同意见都能够充分表达，使思想文化活跃起来，使各项决策建立在更加民主和科学的基础之上。只有这样，才能更好更快地发展和繁荣中国特色社会主义文化。

---

① 《毛泽东著作选读》下，人民出版社 1986 年版，第 783 页。

第四，坚持贴近实际、贴近生活、贴近群众

中国特色社会主义文化是人民共建共享的文化，人民是推动社会主义文化发展繁荣最深厚的力量源泉。坚持这一点，是我国社会主义制度的本质要求，也是中国共产党立党为公、执政为民理念的重要体现。因此，发展中国特色社会主义文化，必须坚持贴近实际、贴近生活、贴近群众，发挥人民在文化建设中的主体作用，坚持文化发展为了人民、文化发展依靠人民、文化发展成果由人民共享，促进人的全面发展，培育有理想、有道德、有文化、有纪律的社会主义公民。

推动社会主义文化发展繁荣，必须坚持以人为本，以满足人民精神文化需求、促进人的全面发展为根本目的，不断提高全民族思想道德素质和科学文化素质，培育有理想、有道德、有文化、有纪律的社会主义公民；必须贯彻党的群众路线，尊重人民主体地位和首创精神，使全社会文化创造活力竞相迸发；必须坚持以人民为中心的创作导向，关心人民命运，体察人民愿望，反映人民心声，在人民伟大创造中汲取营养，把最好的精神食粮奉献给人民；必须坚持面向基层、面向群众，把满足人民基本文化需求作为社会主义文化建设的基本任务，鼓励创作生产更多受到群众欢迎的文化产品，让文化发展成果惠及全体人民。

第五，坚持正确的舆论导向

坚持正确的舆论导向，就是要造成有利于进一步改革开放，建立社会主义市场经济体制，发展社会生产力的舆论；有利于加强社会主义精神文明建设和民主法治建设的舆论；有利于鼓舞和激励人们为国家富强、人民幸福和社会进步而艰苦创业、开拓创新的舆论；有利于人们分清是非，坚持真善美，抵制假恶丑的舆论；有利于国家统一、民族团结、人民心情舒畅、社会政治稳定的舆论。

正确地把握舆论导向，是社会主义文化建设的重要任务。中国共产

党历来十分重视新闻舆论工作，把它看成是党和人民的喉舌，事关党和国家的全局。大量事实表明，舆论工作做好了，对各项工作都有积极作用；舆论引导失误，后果则非常严重。坚持正确舆论导向的目的，就是要通过发挥正确舆论在社会生活中的主导作用，为改革开放、经济发展、社会稳定和全面进步提供良好的舆论环境，把党的理论、路线、方针和政策化为人民群众的自觉行动，从而最大限度地动员、鼓舞和激励人民群众为建设中国特色社会主义、实现自己的根本利益和长远利益而努力奋斗，促进既有集中又有民主、既有纪律又有自由、既有统一意志又有个人心情舒畅、生动活泼的政治局面的形成和发展。

坚持正确的舆论导向，用正确的舆论导向人，最根本的是动员全党同志和全国各族人民为实现我们党确定的"两个一百年"奋斗目标的第一个百年奋斗目标，在"十三五"时期全面建成小康社会而奋斗，为实现人民群众的根本利益而奋斗，坚定不移地推进建设中国特色社会主义事业。重要的是把握形势，增强全局观念，坚持宣传好党的路线、方针、政策，坚定不移地在政治上与党中央保持一致。要始终围绕经济建设这个中心开展工作，把群众的积极性、创造性引导到深化改革、扩大开放、促进社会主义市场经济发展上来，引导到实现现代化建设的各项任务上来。具体地讲，坚持正确的舆论导向，必须坚持新闻工作的党性原则，坚持对党负责和对人民负责的一致性；必须坚持主旋律与多样性的统一，正确处理思想性和可读性的关系，唱响主旋律，以高质量、高格调的精神产品给人们以教育和启发，给人们娱乐和美的享受；必须坚持团结、稳定、鼓劲，正面宣传为主的方针，坚持唯物辩证法，防止片面性，坚持党的宣传工作纪律。

第六，坚持把社会效益放在首位、社会效益和经济效益相统一

在社会主义市场经济条件下，大多数精神文化产品都具有社会效益和经济效益双重属性。社会效益和经济效益之间，既有统一的一面，也有相背离的一面。当社会效益与经济效益相背离时，精神文化产品必须把社会效益放在首位。正如邓小平明确指出的："思想文化教育卫生部门，都要以社会效益为一切活动的唯一准则，它们所属的企业也要以社会效益为最高准则。"①文化工作者应该"认真严肃地考虑自己作品的社会效果，力求把最好的精神食粮贡献给人民"。②

　　社会主义文化事业是"五位一体"的中国特色社会主义事业总体布局的一个重要组成部分，它是从事精神生产的，是塑造人的灵魂的，它对于满足人民群众精神文化生活多方面的需要、对于培养"四有"社会主义新人、对于提高整个社会的思想道德文化水平，都负有不可替代的重要责任。社会主义文化的功能和地位，决定了精神文化产品必须以社会效益为最高准则，决不能忽视社会效益去片面地追求经济效益，决不能见利忘义。社会主义文化工作者是"人类灵魂的工程师"，文化工作者必须始终不渝地面向人民，对人民负责，在艺术上精益求精，把最好的精神产品贡献给人民。

　　当然，我们强调精神文化产品要把社会效益放在首位，并不意味着在精神文化产品生产中可以忽视经济效益，恰恰相反，在社会主义市场经济条件下，必须在重视社会效益、把社会效益放在首位的前提下，尊重经济规律，讲求经济效益，努力实现社会效益与经济效益的统一。一个总的原则，就是要始终把社会效益放在首位，同时努力实现社会效益与经济效益的统一，在社会效益与经济效益发生矛盾时，经济效益要无条件地服从社会效益。

　　发展公益性文化事业是实现人民基本文化权益的主要途径。发展文化产业是社会主义市场经济条件下满足人民多样化精神文化需求的重要途径。二者相辅相成，缺一不可。针对人民群众日益增长的多样化、多

---

　　①　《邓小平文选》第3卷，人民出版社1993年版，第145页。

　　②　《邓小平文选》第2卷，人民出版社1994年版，第211页。

层次、多方面精神文化需求，我们要继续坚持"两手抓、两加强"，大力发展公益性文化事业和经营性文化产业。按照公益性、基本性、均等性、便利性的要求，以政府为主导、以公共财政为支撑、以农村基层和中西部为重点，努力建成覆盖城乡、结构合理、功能健全、实用高效的公共文化服务体系。同时，不断完善政策，搭建技术、信息、人才、展示交易和投融资平台，鼓励和引导非公有制经济进入，优化文化产业结构，发展新型文化业态，增强多样化供给能力，推动文化产业与相关产业的融合，增加文化创意附加值，努力推动文化产业成为国民经济支柱性产业。加强对文化市场的培育和引导，充分发挥市场在资源配置中的积极作用。

第七，继承和发扬一切优秀的历史文化传统

文化的发展不能割断历史，不能离开民族的传统，社会主义文化的发展也不例外。建设中国特色社会主义的新文化，必须继承和发扬一切优秀的历史文化传统，"推动中华优秀传统文化创造性转化、创新性发展，继承革命文化，发展社会主义先进文化"[1]。我国传统文化源远流长、博大精深、丰富多彩。我国文化五千年绵延不绝，是世界文明史上唯一没有中断过的文化，被誉为人类文化史上的奇迹，充分体现了我国文化强劲的传承力和非凡的凝聚力。在漫长的历史进程中，中华民族创造了具有强大生命力的灿烂文化。无论在政治、经济、文化、军事、教育等方面，还是在哲学、史学、文学、伦理道德等方面，都积累了许多优秀的文化成果。这是中华民族屹立于世界民族之林的坚固基石，是中华民族得以绵延昌盛的宝贵财富，也是中华民族走向现代化的重要精神支柱。当然，传统文化中也有不少糟粕。对传统文化要作科学的分析，

---

[1] 习近平：《决胜全面建成小康社会　夺取新时代中国特色社会主义伟大胜利——在中国共产党第十九次全国代表大会上的报告》，人民出版社 2017 年版，第 23 页。

加以批判地继承。继承传统文化并不是向古人的简单回归，更不是抱残守缺，搞历史复古主义，而是要实现传统文化精华与时代精神的对接和契合，也就是说，传统文化必须根据时代发展的要求，注入新的内容，展现新的时代风采。正如毛泽东所指出的："中国的长期封建社会中，创造了灿烂的古代文化。清理古代文化的发展过程，剔除其封建性的糟粕，吸收其民主性的精华，是发展民族新文化提高民族自信心的必要条件；但是决不能无批判地兼收并蓄。必须将古代封建统治阶级的一切腐朽的东西和古代优秀的人民文化即多少带有民主性和革命性的东西区别开来。"①

继承和发扬一切优秀的历史文化传统，当然包括继承和发扬我国五四运动以来所形成的革命文化传统。五四运动以来，特别是中国共产党成立以来，在文化革命中已经形成了以马克思主义为指导的民族的、科学的、大众的新文化，创造了中国历史上前所未有的革命文化传统和革命精神。邓小平曾经对这些革命传统作了高度的概括，这就是："发扬革命和拼命精神，严守纪律和自我牺牲精神，大公无私和先人后己精神，压倒一切敌人、压倒一切困难的精神，坚持革命乐观主义、排除万难去争取胜利的精神。"邓小平还明确要求，要"把这些精神推广到全体人民、全体青少年中间去，使之成为中华人民共和国的精神文明的主要支柱，为世界上一切要求革命、要求进步的人们所向往，也为世界上许多精神空虚、思想苦闷的人们所羡慕"②。

第八，借鉴和吸收外国文化的有益成果

建设中国特色社会主义文化，必须借鉴和吸收世界上一切有益的文化成果。列宁指出："无产阶级文化应当是人类在资本主义社会、地主

---

①　《毛泽东选集》第 2 卷，人民出版社 1991 年版，第 707—708 页。

②　《邓小平文选》第 2 卷，人民出版社 1994 年版，第 368 页。

社会和官僚社会压迫下创造出来的全部知识合乎规律的发展。""只有确切地了解人类全部发展过程所创造的文化，只有对这种文化加以改造，才能建设无产阶级的文化。"① 邓小平也强调："社会主义要赢得与资本主义相比较的优势，就必须大胆吸收和借鉴人类社会创造的一切文明成果，吸收和借鉴当今世界各国包括资本主义发达国家的一切反映现代社会化生产规律的先进经营方式、管理方法。"② 在人类历史的不同发展阶段，不同的民族、不同的国家都曾经创造过光辉灿烂的文化。资本主义也有了几百年的历史，在资本主义这个历史阶段所发展起来的科学技术，所积累起来的各种有益的知识和经验，也是我们必须吸收和学习的。

当然，在借鉴和吸收外国文化有益成果的同时，我们应该保持清醒的头脑。西方资本主义发达国家的文化中也有各种腐朽丑恶、消极颓废的东西，特别是以个人主义为核心的资产阶级意识形态已经衍生出诸如拜金主义、享乐主义、极端个人主义等现代精神瘟疫。这些腐朽的思想和生活方式，即使在西方世界，也为正直的人士所不齿，为公正的舆论所谴责。对于这些精神渣滓和文化垃圾，我们必须坚决抵制和批判。"属于文化领域的东西，一定要用马克思主义对它们的思想内容和表现方法进行分析、鉴别和批判。"③

借鉴和吸收外国文化的有益成果，要坚持以我为主、为我所用的原则。坚持这一原则，就要反对来自两个方面的错误倾向。一是要反对否定民族文化的民族虚无主义和崇洋媚外思想。认为一切都是外国的好，对自己民族的文化妄自菲薄，这是完全错误的。二是要反对不分香花毒草、一概搬来的做法。为我所用是指学习外国文化中那些有用的东西，而不是那些消极颓废和腐朽的文化糟粕。要坚决抵制外国各种腐朽思想

　① 《列宁选集》第4卷，人民出版社2012年版，第285页。

　② 《邓小平文选》第3卷，人民出版社1993年版，第373页。

　③ 《邓小平文选》第3卷，人民出版社1993年版，第44页。

道德文化的侵蚀，摒弃一切封建的、资本主义的文化糟粕和文化垃圾，要注意防止把腐朽当神奇、把痈疽当宝贝。

二、构建和培育社会主义核心价值观

我们党依据社会主义的本质和社会主义发展的现实要求，明确提出了社会主义核心价值观。其主要内容是：富强、民主、文明、和谐，自由、平等、公正、法治，爱国、敬业、诚信、友善。"社会主义核心价值观是当代中国精神的集中体现，凝结着全体人民共同的价值追求。"[①]大力培育和践行社会主义核心价值观，是建设和发展中国特色社会主义的必然要求。

（一）社会主义核心价值观的基本内涵

中共十八大报告强调指出："倡导富强、民主、文明、和谐，倡导自由、平等、公正、法治，倡导爱国、敬业、诚信、友善，积极培育和践行社会主义核心价值观。"富强、民主、文明、和谐是国家层面的价值目标，自由、平等、公正、法治是社会层面的价值取向，爱国、敬业、诚信、友善是公民个人层面的价值准则，这 24 个字是社会主义核心价值观的基本内容。这一论述，阐明了社会主义核心价值观的基本内涵和和具体内容。

"富强、民主、文明、和谐"，是我国社会主义现代化国家的建设目标，也是从价值目标层面对社会主义核心价值观基本理念的凝练，在社会主义核心价值观中居于最高层次，对其他层次的价值理念具有统领作用。富强即国富民强，是社会主义现代化国家经济建设的应然状态，是

---

① 习近平：《决胜全面建成小康社会　夺取新时代中国特色社会主义伟大胜利——在中国共产党第十九次全国代表大会上的报告》，人民出版社 2017 年版，第 42 页。

中华民族梦寐以求的美好夙愿，也是国家繁荣昌盛、人民幸福安康的物质基础。民主是人类社会的美好诉求。我们追求的民主是人民民主，其实质和核心是人民当家作主。它是社会主义的生命，也是创造人民美好幸福生活的政治保障。文明是社会进步的重要标志，也是社会主义现代化国家的重要特征。它是社会主义现代化国家文化建设的应有状态，是对面向现代化、面向世界、面向未来的，民族的科学的大众的社会主义文化的概括，是实现中华民族伟大复兴的重要支撑。和谐是中国传统文化的基本理念，集中体现了学有所教、劳有所得、病有所医、老有所养、住有所居的生动局面。它是社会主义现代化国家在社会建设领域的价值追求，是经济社会和谐稳定、持续健康发展的重要保证。

"自由、平等、公正、法治"，是对美好社会的生动表述，也是从社会层面对社会主义核心价值观基本理念的凝练。它反映了中国特色社会主义的基本属性，是我们党矢志不渝、长期实践的核心价值理念。自由是指人的意志自由、存在和发展的自由，是人类社会的美好向往，也是马克思主义追求的社会价值目标。平等指的是公民在法律面前的一律平等，其价值取向是不断实现实质平等。它要求尊重和保障人权，人人依法享有平等参与、平等发展的权利。公正即社会公平和正义，它以人的解放、人的自由平等权利的获得为前提，是国家、社会应然的根本价值理念。法治是治国理政的基本方式，依法治国是社会主义民主政治的基本要求。它通过法治建设来维护和保障公民的根本利益，是实现自由平等、公平正义的制度保证。

"爱国、敬业、诚信、友善"，是公民基本道德规范，是从个人行为层面对社会主义核心价值观基本理念的凝练。它覆盖社会道德生活的各个领域，是公民必须恪守的基本道德准则，也是评价公民道德行为的基本价值标准。爱国是基于个人对自己祖国依赖关系的深厚情感，也是调节个人与祖国关系的行为准则。它同社会主义紧密结合在一起，要求人们以振兴中华为己任，促进民族团结、维护祖国统一、自觉报效祖国。

敬业是对公民职业行为准则的价值评价，要求公民忠于职守，克己奉公，服务人民，服务社会，充分体现了社会主义职业精神。诚信即诚实守信，是人类社会千百年传承下来的道德传统，也是社会主义道德建设的重点内容，它强调诚实劳动、信守承诺、诚恳待人。友善强调公民之间应互相尊重、互相关心、互相帮助，和睦友好，努力形成社会主义的新型人际关系。

"马克思主义指导思想，中国特色社会主义共同理想，以爱国主义为核心的民族精神和以改革创新为核心的时代精神，社会主义荣辱观，构成社会主义核心价值体系的基本内容。"[①] 社会主义核心价值体系是"兴国之魂"，建设社会主义核心价值体系是推动文化发展繁荣的根本任务。社会主义核心价值观是社会主义核心价值体系的内核，体现社会主义核心价值体系的根本性质和基本特征，反映社会主义核心价值体系的丰富内涵和实践要求，是社会主义核心价值体系的高度凝练和集中表达。提炼和概括出简明扼要、便于传播践行的社会主义核心价值观，对于建设社会主义核心价值体系具有重要意义。

（二）培育和践行社会主义核心价值观

面对世界范围思想文化交流交融交锋形势下价值观较量的新态势，面对改革开放和发展社会主义市场经济条件下思想意识多元多样多变的新特点，积极培育和践行社会主义核心价值观，对于巩固马克思主义在意识形态领域的指导地位、巩固全党全国人民团结奋斗的共同思想基础，对于促进人的全面发展、引领社会全面进步，对于集聚全面建成小康社会、实现中华民族伟大复兴中国梦的强大正能量，具有重要现实意义和深远历史意义。培育和践行社会主义核心价值观，是一个长期的过程，不可能毕其功于一役。"要以培养担当民族复兴大任的时代新人为

---

① 《改革开放三十年重要文献选编》下，人民出版社 2008 年版，第 1651 页。

着眼点，强化教育引导、实践养成、制度保障，发挥社会主义核心价值观对国民教育、精神文明创建、精神文化产品创作生产传播的引领作用，把社会主义核心价值观融入社会发展各方面，转化为人们的情感认同和行为习惯。"①

要加强社会主义核心价值观宣传普及，增强认知认同。要用社会主义核心价值观引领社会思潮、凝聚社会共识。新闻媒体要发挥传播社会主流价值的主渠道作用。坚持团结稳定鼓劲、正面宣传为主，牢牢把握正确舆论导向，把社会主义核心价值观贯穿到日常形势宣传、成就宣传、主题宣传、典型宣传、热点引导和舆论监督中，弘扬主旋律，传播正能量，不断巩固壮大积极健康向上的主流思想舆论。要建设社会主义核心价值观的网上传播阵地。适应互联网快速发展形势，善于运用网络传播规律，把社会主义核心价值观体现到网络宣传、网络文化、网络服务中，用正面声音和先进文化占领网络阵地。一切文化产品、文化服务和文化活动，都要弘扬社会主义核心价值观，传递积极人生追求、高尚思想境界和健康生活情趣。

要把培育和践行社会主义核心价值观融入国民教育全过程。培育和践行社会主义核心价值观要从小抓起、从学校抓起。坚持育人为本、德育为先，围绕立德树人的根本任务，把社会主义核心价值观纳入国民教育总体规划，贯穿于基础教育、高等教育、职业技术教育、成人教育各领域，落实到教育教学和管理服务各环节，覆盖到所有学校和受教育者，形成课堂教学、社会实践、校园文化多位一体的育人平台，不断完善中华优秀传统文化教育，形成爱学习、爱劳动、爱祖国活动的有效形式和长效机制，努力培养德智体美全面发展的社会主义建设者和接班人。要拓展青少年培育和践行社会主义核心价值观的有效途径。注重发

---

① 习近平：《决胜全面建成小康社会　夺取新时代中国特色社会主义伟大胜利——在中国共产党第十九次全国代表大会上的报告》，人民出版社 2017 年版，第 42 页。

挥社会实践的养成作用，完善实践教育教学体系，开发实践课程和活动课程，加强实践育人基地建设，打造大学生校外实践教育基地、高职实训基地、青少年社会实践活动基地，组织青少年参加力所能及的生产劳动和爱心公益活动、益德益智的科研发明和创新创造活动、形式多样的志愿服务和勤工俭学活动。注重发挥校园文化的熏陶作用，加强学校报刊、广播电视、网络建设，完善校园文化活动设施，重视校园人文环境培育和周边环境整治，建设体现社会主义特点、时代特征、学校特色的校园文化。

要把培育和践行社会主义核心价值观落实到经济发展实践和社会治理中。确立经济发展目标和发展规划，出台经济社会政策和重大改革措施，开展各项生产经营活动，要遵循社会主义核心价值观要求，做到讲社会责任、讲社会效益，讲守法经营、讲公平竞争、讲诚信守约，形成有利于弘扬社会主义核心价值观的良好政策导向、利益机制和社会环境。与人们生产生活和现实利益密切相关的具体政策措施，要注重经济行为和价值导向有机统一，经济效益和社会效益有机统一，实现市场经济和道德建设良性互动。建立完善相应的政策评估和纠偏机制，防止出现具体政策措施与社会主义核心价值观相背离的现象。

要把践行社会主义核心价值观作为社会治理的重要内容，融入制度建设和治理工作中，形成科学有效的诉求表达机制、利益协调机制、矛盾调处机制、权益保障机制，最大限度增进社会和谐。创新社会治理，完善激励机制，褒奖善行义举，实现治理效能与道德提升相互促进，形成好人好报、恩将德报的正向效应。完善市民公约、村规民约、学生守则、行业规范，强化规章制度实施力度，在日常治理中鲜明彰显社会主流价值，使正确行为得到鼓励、错误行为受到谴责。

要用法律的权威来增强人们培育和践行社会主义核心价值观的自觉性。法律法规是推广社会主流价值的重要保证。要把社会主义核心价值观贯彻到依法治国、依法执政、依法行政实践中，落实到立法、执法、司法、普法和依法治理各个方面，用法律的权威来增强人们培育和践行社会主义核心价值观的自觉性。厉行法治，严格执法，公正司法，捍卫宪法和法律尊严，维护社会公平正义。加强法制宣传教育，培育社会主义法治文化，弘扬社会主义法治精神，增强全社会学法尊法守法用法意识。注重把社会主义核心价值观相关要求上升为具体法律规定，充分发挥法律的规范、引导、保障、促进作用，形成有利于培育和践行社会主义核心价值观的良好法治环境。

要坚持重在实践，广泛开展道德实践活动。以诚信建设为重点，加强社会公德、职业道德、家庭美德、个人品德教育，形成修身律己、崇德向善、礼让宽容的道德风尚。大力宣传先进典型，评选表彰道德模范，形成学习先进、争当先进的浓厚风气。把开展道德实践活动与培育廉洁价值理念相结合，营造崇尚廉洁、鄙弃贪腐的良好社会风尚。要深化学雷锋志愿服务活动。大力弘扬雷锋精神，广泛开展形式多样的学雷锋实践活动，采取措施推动学雷锋活动常态化。以城乡社区为重点，以相互关爱、服务社会为主题，围绕扶贫济困、应急救援、大型活动、环境保护等方面，围绕空巢老人、留守妇女儿童、困难职工、残疾人等群体，组织开展各类形式的志愿服务活动，形成我为人人、人人为我的社会风气。要深化群众性精神文明创建活动。各类精神文明创建活动要在突出社会主义核心价值观的思想内涵上求实效。推进文明城市、文明村镇、文明单位、文明家庭等创建活动，开展全民阅读活动，不断提升公民文明素质和社会文明程度。

三、不断推进文化体制的改革与创新

文化体制改革是不断解放和发展文化生产力，增强文化发展活力，推动文化创新的根本出路。正如中共十八大报告强调的："建设社会主义文化强国，关键是增强全民族文化创造活力。要深化文化体制改革，解放和发展文化生产力，发扬学术民主、艺术民主，为人民提供广阔文化舞台，让一切文化创造源泉充分涌流，开创全民族文化创造活力持续迸发、社会文化生活更加丰富多彩、人民基本文化权益得到更好保障、人民思想道德素质和科学文化素质全面提高、中华文化国际影响力不断增强的新局面。"[①] 中共十九大报告进一步强调："要深化文化体制改革，完善文化管理体制，加快构建把社会效益放在首位、社会效益和经济效益相统一的体制机制。"[②]

（一）推进文化体制改革创新的重要意义

当今世界，文化与经济政治相互交融，在综合国力竞争中的地位和作用越来越突出。在全面建成小康社会、实现中华民族伟大复兴的历史进程中，繁荣和发展社会主义先进文化具有全局性战略性的地位和作用。必须从全面建成小康社会、实现中华民族伟大复兴的中国梦的战略高度，从巩固马克思主义在意识形态领域指导地位的战略高度，从加强党的执政能力建设的战略高度，充分认识文化体制改革的重要性和紧迫性，增强责任感和使命感，抓住机遇，深化改革，加快发展，为建设社会主义先进文化注入强大动力。

中共十八大以来，宣传文化领域认真贯彻邓小平理论、"三个代表"重要思想、科学发展观和习近平新时代中国特色社会主义思想，不断深化改革，加快自身发展，文化建设的体制环境发生了明显变化。但是，文化建设在改革发展中还面临着一些迫切需要解决的问题。文化体制改革相对滞后于经济体制改革，不能完全适应社会主义市场经济的发展要求。文化事业、文化产业总体实力不强，结构不合理，机制不健全，市场分割、地方保护，不少文化企事业单位缺乏活力和市场竞争力。随着

---

① 《十八大以来重要文献选编》上，中央文献出版社 2014 年版，第 24 页。

② 习近平：《决胜全面建成小康社会　夺取新时代中国特色社会主义伟大胜利——在中国共产党第十九次全国代表大会上的报告》，人民出版社 2017 年版，第 44 页。

社会主义市场经济体制的建立和完善，随着我国深度融入世界经济和对外开放的进一步扩大，文化领域的一些深层次问题和体制性障碍日益突出。解决这些长期积累的问题，必须加快文化体制改革的步伐，努力在解决制约文化事业、文化产业发展的重点难点问题上寻求新的突破，在破除制约文化事业和文化产业发展的体制机制障碍上探索新的路子，为发展中国特色社会主义先进文化提供体制保障。

社会主义先进文化是马克思主义政党精神上的旗帜，文化建设是中国特色社会主义事业总体布局的重要组成部分。没有文化的积极引领，没有人民精神世界的极大丰富，没有全民族精神力量的充分发挥，一个国家、一个民族不可能屹立于世界民族之林。物质贫乏不是社会主义，精神空虚也不是社会主义。没有社会主义文化繁荣发展，就没有社会主义现代化。在新的历史起点上深化文化体制改革、推动社会主义文化发展繁荣，关系实现全面建成小康社会奋斗目标，关系坚持和发展中国特色社会主义，关系实现中华民族伟大复兴。我们要准确把握我国经济社会发展新要求，准确把握当今时代文化发展新趋势，准确把握各族人民精神文化生活新期待，增强责任感和紧迫感，解放思想，转变观念，抓住机遇，乘势而上，在全面建成小康社会进程中、在科学发展道路上奋力开创社会主义文化建设新局面。

（二）文化体制改革的目标和任务

改革是发展的强大动力。必须按照完善和发展中国特色社会主义制度、推进国家治理体系和治理能力现代化的总目标，健全使市场在资源配置中起决定性作用和更好发挥政府作用的制度体系，加快完善文化发展的体制机制，破除一切不利于中国特色社会主义文化发展的体制机制障碍，为发展提供持续动力。

文化体制改革必须以马克思主义和中国特色社会主义理论为指导，深入贯彻中共十八大和十八届三中、四中、五中全会精神，围绕中心、服务大局，解放思想、实事求是、与时俱进，牢牢把握先进文化的前进方向，遵循社会主义文化建设的特点和规律，适应社会主义市场经济发展的要求，全面推进体制机制创新，解放和发展文化生产力，调动广大文化工作者的积极性和创造性，繁荣社会主义文化，不断满足人民群众日益增长的精神文化需求，提高全民族的科学文化素质，培育有理想、有道德、有文化、有纪律的社会主义公民，促进人的全面发展。

文化体制改革必须坚持的原则要求，是坚持社会主义先进文化的前进方向；坚持马克思主义在意识形态领域的指导地位，确保国家文化安全；坚持勇于实践、大胆创新，树立新的文化发展观；坚持把社会效益放在首位，努力实现社会效益和经济效益的统一；坚持文化事业和文化产业协调发展；坚持区别对待、分类指导，循序渐进、逐步推开。

文化体制改革的目标任务，是以发展为主题，以改革为动力，以体制机制创新为重点，形成科学有效的宏观文化管理体制、富有效率的文化生产和服务的微观运行机制、以公有制为主体、多种所有制经济共同发展的文化产业格局和统一、开放、竞争、有序的现代文化市场体系；要形成完善的文化创新体系，形成以民族文化为主体、吸收外来有益文化，推动中华文化走向世界的文化开放格局。通过深化文化体制改革，完善公共文化服务体系、文化产业体系、文化市场体系；推动基本公共文化服务标准化、均等化发展，引导文化资源向城乡基层倾斜，创新公共文化服务方式，保障人民基本文化权益；推动文化产业结构优化升级，发展骨干文化企业和创意文化产业，培育新型文化业态，扩大和引导文化消费。

要深化国有文化单位改革。以建立现代企业制度为重点，加快推进经营性文化单位改革，培育合格市场主体。科学界定文化单位性质和功能，区别对待、分类指导，循序渐进、逐步推开，推进一般国有文艺院团、非时政类报刊社、新闻网站转企改制，拓展出版、发行、影视企业改革成果，加快公司制股份制改造，完善法人治理结构，形成符合现代企业制度要求、体现文化企业特点的资产组织形式和经营管理模式。创新投融资体制，支持国有文化企业面向资本市场融资，支持其吸引社会资本进行股份制改造。着眼于突出公益属性、强化服务功能、增强发展活力，全面推进文化事业单位人事、收入分配、社会保障制度改革，明确服务规范，加强绩效评估考核。创新公共文化服务设施运行机制，吸纳有代表性的社会人士、专业人士、基层群众参与管理。推动党报党刊、电台电视台进一步完善管理和运行机制。推动一般时政类报刊社、公益性出版社、代表民族特色和国家水准的文艺院团等事业单位实行企业化管理，增强面向市场、面向群众提供服务能力。

要健全现代文化市场体系。促进文化产品和要素在全国范围内合理流动，必须构建统一开放竞争有序的现代文化市场体系。要重点发展图书报刊、电子音像制品、演出娱乐、影视剧、动漫游戏等产品市场，进一步完善中国国际文化产业博览交易会等综合交易平台。发展连锁经营、物流配送、电子商务等现代流通组织和流通形式，加快建设大型文化流通企业和文化产品物流基地，构建以大城市为中心、中小城市相配套、贯通城乡的文化产品流通网络。加快培育产权、版权、技术、信息等要素市场，办好重点文化产权交易所，规范文化资产和艺术品交易。加强行业组织建设，健全中介机构。

要创新文化管理体制。深化文化行政管理体制改革，加快政府职能转变，强化政策调节、市场监管、社会管理、公共服务职能，推动政企分开、政事分开，理顺政府和文化企事业单位关系。完善管人管事管资产管导向相结合的国有文化资产管理体制。健全文化市场综合行政执法机构，推动副省级以下城市完善综合文化行政责任主体。加快文化立法，制定和完善公共文化服务保障、文化产业振兴、文化市场管理等方面法律法规，提高文化建设法制化水平。坚持主管主办制度，落实谁主管谁负责和属地管理原则，严格执行文化资本、文化企业、文化产品市场准入和退出政策，综合运用法律、行政、经济、科技等手段提高管理效能。深入开展"扫黄打非"，完善文化市场管理，坚决扫除毒害人们心灵的腐朽文化垃圾，切实营造确保国家文化安全的市场秩序。

要完善政策保障机制。保证公共财政对文化建设投入的增长幅度高于财政经常性收入增长幅度，提高文化支出占财政支出比例。扩大公共财政覆盖范围，完善投入方式，加强资金管理，提高资金使用效益，保障公共文化服务体系建设和运行。落实和完善文化经济政策，支持社会组织、机构、个人捐赠和兴办公益性文化事业，引导文化非营利机构提供公共文化产品和服务。加大财政、税收、金融、用地等方面对文化产业的政策扶持力度，鼓励文化企业和社会资本对接，对文化内容创意生产、非物质文化遗产项目经营实行税收优惠。设立国家文化发展基金，扩大有关文化基金和专项资金规模，提高各级彩票公益金用于文化事业比重。

要切实加强党对文化体制改革的组织领导，建立健全党委统一领导、党政齐抓共管、宣传部门组织协调、有关部门分工负责、社会力量积极参与的工作体制和工作格局，形成文化建设强大合力。文化领域各部门各单位要自觉贯彻中央决策部署，落实文化改革发展目标任务，发挥文化建设主力军作用。支持人大、政协履行职能，调动各部门积极性，支持民主党派、无党派人士和人民团体发挥作用，共同推进文化改革发展。推动文联、作协、记协等文化领域人民团体创新管理体制、组织形式、活动方式，履行好联络协调服务职能，加强行业自律，依法维护文化工作者权益。要高度重视人才队伍建设，按照政治强、业务精、作风正的要求，着力培养文化领域的领军人物和专业人才、掌握现代传媒技术的专门人才、懂经营善管理的复合型人才。要积极稳妥地推进文化体制改革，把深化改革与加快发展结合起来，把加强宏观管理与增强微观活力结合起来，把加强思想政治工作与解决实际问题结合起来。同时，要完善配套政策，使文化体制改革与劳动、人事、分配、社会保障、行政管理等各方面的改革相衔接。

第十六章

中国特色社会主义社会体制

改革开放以来，尤其是中共十八大以来的六年时间里，在中国特色社会主义建设进程中，我国在社会体制建设方面着力甚多，社会制度渐成体系。未来，如何在既有的基础上，构建出一个具有鲜明中国特色的现代社会体制，是发展和完善中国特色社会主义制度亟待解决的重大命题。

一、社会体制及其形成过程

（一）社会体制的内涵

2013 年，中国共产党十八届三中全会《决定》提出："锐意推进经济体制、政治体制、文化体制、社会体制、生态文明体制和党的建设制度改革。"[1] 也就是说，我国体制改革的基本框架应包括上述六大方面。可见，在中央正式的划分中，社会体制是一种狭义的社会概念，是在经济、政治、文化、生态和党建之外的社会领域内的制度体系的总称。

---

[1] 《十八大以来重要文献选编》上，中央文献出版社 2014 年版，第 511 页。

社会体制主要包括以下几个层面的内容。

价值取向。这是社会体制的深层价值。价值是制度中所蕴含着的深层理念，是制度制定和执行的指导思想，也是衡量一个制度优劣的根本标准。任何一个社会的社会体制背后都隐喻着一定的价值取向，这个价值取向与这个社会中的民族特性、历史渊源、人民现实诉求以及执政党的价值理念等直接相关。如我国的社会体制改革追求的是社会公平正义，这既是对历史传统的继承，也是对广大人民群众呼声的回应，更是中国共产党执政的重要目标。

社会制度。这是社会体制的主体内容。一般而言，社会制度是为了满足人类基本的社会生活需求，在各个社会中具有普遍性、稳定性的社会规范总称。在不同的语境中，人们会从不同的角度来理解社会制度。在宏观层面上，社会制度指一种社会形态中制度的集合体，如资本主义制度、中国特色社会主义制度等；在中观层面上，社会制度指一个社会中属于社会领域的各项制度，如人口制度、教育制度、分配制度、社会治理制度等；在微观层面上，社会制度指一种具体的行为规范和办事程序，如考勤制度、审批制度等。我国体制改革中所指的社会体制是在中层意义上来讨论社会制度，主要是民生类和社会治理类的各种制度安排，它涉及人们的日常生活领域，如教育、就业、收入分配、社会保障、医疗卫生、住房、人口和社会治理等内容。以下将分门别类进行简述。

保障机制。这是保障社会体制得以正常运转的机制。社会体制建设需要相关的法理支撑、政策支持以及一定的组织机构加以执行。比如充分的法律与政策依据；从中央到地方各级政府部门中设立相关的机构去落实执行；人员和资金配备，相应的运行管理制度的细化；等等。同时，还要有社会组织、基层社区、人民团体等其他的社会体制建设的主体的参与。

（二）社会体制的形成过程

从整体上看，社会体制是人类社会中既古老又年轻的体制。说它古老，是因为人类最早形成的家庭制度就是一种典型的社会制度。说它年轻，是因为相较于经济体制、政治体制、文化体制而言，社会体制自成体系是较晚的事情。也就是说，至现代社会后，各项社会制度才大量出现、日益完善，并共同形成了结构合理、功能齐备、相互促进、相互补充的制度体系。如果从 1601 年英国颁布《济贫法》起计算，现代的社会制度建设起步并不太晚，但较为系统的现代社会体制的建设却要推迟至 19 世纪后期的德国。在当时首相俾斯麦的主导下，德国于 1883 年制定了世界第一部《疾病保险法》，1884 年通过了《工人赔偿法》，1889 年实行了《伤残和养老保险法》，构建了现代社会第一个比较完整的社会保障制度体系。20 世纪 30 年代，在罗斯福新政时期，美国建立联邦紧急救济署，成立全国劳工关系委员会，通过《全国劳工关系法》，加强社会保障措施，保障工人的基本权利，形成了一个比较系统的现代社会体制。1942 年，英国的《贝弗里奇报告》提出建立"社会权利"新制度后，英国等西方发达国家逐步形成了以"从摇篮到坟墓"为特征的现代社会制度体系。20 世纪 80 年代以来的近 40 年里，面对自身的社会制度体系欠公平、不可持续等问题，西方国家不断进行福利制度改革，标志着各国开始对自身的现代社会制度体系进行系统的调适和更新，使之更好地适应经济社会发展的需求。

相较于西方而言，我国的社会体制建设要晚一些。中华人民共和国成立之前，中华民国虽然也提"社会建设"，并且有一些社会制度建设，但都不系统。中华人民共和国成立后，主流观点一直不认为新中国存在任何社会问题，以前常用的"社会建设"一词甚至包括社会学、人口学等相关学科都被取消。此后的 20 多年里，我国的社会制度建设虽然仍然开展，但并非独立进行，如人口制度和教育制度是归为文化制度体系，收入分配制度归为经济制度体系，社会管理制度归为政治制度体系，因此也就谈不上自成体系。

改革开放以来，我国的社会制度建设取得历史性进步，各项制度都在日益完善，并且各项制度间开始融为一体，社会体制开始成形。其中，在1979年至2002年间，政府和社会最关注的是经济建设，配置的民生政策和社会管理政策都是不系统、不连贯的。譬如，在当时的国有企业改革、集体企业私营化、公立医院改革、高校产业化改革，以及农民工长期被农民化等过程中，国有集体企业职工、农民、农民工以及其他一些中下社会阶层的收入、工作、看病和上学等还没有得到系统的由国家提供的保障。但是，由于经济社会高速发展，这一时期的人民生活水平迅速提高，民生在快速改善。而后的2003年至2012年这10年是社会制度的集中建设和发展时期。国家重拾孙中山先生提出的"社会建设"概念，而且赋予了社会主义的独特内涵，大量现行的社会制度都在这一时期集中出台并且日渐完善，改善民生和社会治理在国家政策体系中从从属地位上升为主体地位。

从实践来看，近年来中共中央出台的社会制度及其价值取向、保障机制都表明，国家的社会体制建设实践已经进入了一个新的发展阶段。2012年，中共十八大报告指出，加强社会建设，必须加快推进社会体制改革。这是首次在中共中央文件中出现"社会体制改革"的提法，标志着社会体制改革作为一个整体正式成为未来全面深化改革的主要议题。2013年，中共十八届三中全会进一步指出，要紧紧围绕更好保障和改善民生，促进社会公平正义深化社会体制改革。2014年，中共十八届四中全会提出，要推进社会治理体制创新法律制度建设，提高社会治理法治化水平。2015年，习近平进一步提出，改革要让广大人民群众有更多的"获得感"，更加简明扼要地提出了社会体制建设的目标。2017年，中共十九大报告指出，人民对物质文化生活提出了更高要求，未来要更好地满足人民日益增长的美好生活需求。要加强社会治理制度建设，完善党委领导、政府负责、社会协同、公众参与、法治保障的社会治理体制，提高社会治理社会化、法治化、智能化、专业化水平。可以说，经过最近几年的理论探索和实践，中国已经初步形成了一个较为系统的社会体制建设框架。

二、中国特色社会主义社会体制改革的基本内容

（一）既有的社会制度体系初现中国特色

从表面上看，社会制度最不具有"主义"的色彩。因为从历史脉络来看，无论是社会主义还是资本主义对社会体制建设的热心都是一致的，制度几乎是雷同的。但深究一下，无论是从价值取向还是从次级制度来看，当代中国所形成的社会体制已经初具"中国特色"。

我国的社会制度体系在价值取向上有了自身特色。一是我国的社会体制有系统的理论基础。西方国家的社会制度建设的理论依据，来自宗教传统的人道主义、社会科学中的自由主义、新公共管理理论等。我国的社会制度建设虽然也借鉴这些理论，但却有更清晰的理论支撑。譬如，提出社会主义和谐社会理论，指明了社会制度建设的总体目标；提出共享发展理念和全面建成小康社会理论，指明了近期社会制度建设基本方向；提出社会主义新农村建设、中国特色新型城镇化道路、普惠性等概念和理念，直接指导具体层面的社会制度建设等。二是我国的社会体制全面诠释了坚持以人民为中心的基本准则。以人民为中心，这里的人不是抽象的人，也不是某个人、某些人，而是广大人民群众。让广大人民群众过上好日子不仅仅是执政手段，更是社会主义社会制度建设的基本准则，是执政的最终目标。为此，中共十八大以来，党中央反复强调，人民对美好生活的向往，就是我们的奋斗目标。必须始终把人民利益摆在至高无上的地位，人民生活幸福安康是发展的根本目的，所有其他改革发展工作都以人民利益为出发点和落脚点。社会建设尤其是社会

体制建设就是坚持以人民为中心的发展思想的集中体现。

不仅如此，当前我国的社会制度已经初成体系，每个层次上的次级制度也都或多或少地带有中国自身的特色。一方面，把社会制度体系划分为两个基本的社会制度体系，即民生制度体系和社会治理制度体系，明显比西方常用的"福利制度体系"的说法更加具体明了，但又比西方常用的"公共服务"的说法更加抽象而有概括力；另一方面，基本社会制度之下的二级制度，如改善民生制度下的人口制度、就业制度、收入分配制度、社会保障制度等，社会治理制度下的社区自治制度、社会组织制度、公共安全制度等，这些表面上与西方发达国家相比没有什么特色，但在具体操作过程中都有明显的差异，如在人口制度下形成了以"一胎化""单独二孩"和"全面二胎化"等为特征的计划生育制度；在社会保障制度下形成了以"国未富民先老"为特征的养老金制度和城乡居民的"低保"制度，在就业制度下形成了各项"大众创业　万众创新"制度，等等。

（二）中国特色社会主义社会体制改革的基本内容

应当承认，与西方发达国家的社会体制建设相比，我国的社会体制建设时间比较短，还有许多不太成熟之处。与未来建设富强民主文明和谐美丽的社会主义现代化国家的需求相比，我国的社会体制还需要进一步完善。未来相当长的一段时期内，我们必须进一步推进社会体制改革，努力建设并形成中国特色社会主义社会体制。

从总体上讲，中国特色社会主义社会体制改革的基本内容主要包括以下几个方面。

社会体制改革的基本价值取向是维护社会公平正义。公平正义是社会主义核心价值观，是社会主义和谐社会建设的基本价值取向，更是直接指导社会体制改革的基本原则。2012年中共十八大明确提出，公平正义是中国特色社会主义的内在要求，要在全体人民共同奋斗、经济社会发展的基础上，加紧建设对保障社会公平正义具有重大作用的制度，逐步建立以权利公平、机会公平、规则公平为主要内容的社会公平保障体系，努力营造公平的社会环境，保证人民平等参与、平等发展权利。中共十八届三中全会通过的《决定》强调，全面深化改革必须以促进社会公平正义、增进人民福祉为出发点和落脚点。这是坚持我们党全心全意为人民服务根本宗旨的必然要求。全面深化改革必须着眼创造更加公平正义的社会环境，不断克服各种有违公平正义的现象，使改革发展成果更多更公平惠及全体人民。如果不能给老百姓带来实实在在的利益，如果不能创造更加公平的社会环境，甚至导致更多不公平，改革就失去意义，也不可能持续。2017年，中共十九大报告进一步指出，增进民生福祉是发展的根本目的。必须多谋民生之利、多解民生之忧，在发展中补齐民生短板、促进社会公平正义。要不断满足人民日益增长的美好生活需要，不断促进社会公平正义，形成有效的社会治理、良好的社会秩序，使人民获得感、幸福感、安全感更加充实、更有保障、更可持续。

社会体制改革的出发点和落脚点是保障和改善民生。保障和改善民生，落实好人民群众的生存权和发展权，是社会有效治理的根本基础。中共十八大提出，要以改善民生为重点加强社会建设，对社会事业发展进行了一系列的系统部署。中共十八届三中全会通过的《决定》进一步提出，要紧紧围绕更好保障和改善民生、促进社会公平正义深化社会体制改革；实现发展成果更多更公平惠及全体人民，必须加快社会事业改革，解决好人民最关心最直接最现实的利益问题，努力为社会提供多样化服务，更好满足人民需求。2017年，中共十九大报告指出，要坚持在发展中保障和改善民生，在幼有所育、学有所教、劳有所得、病有所医、老有所养、住有所居、弱有所扶上不断取得新进展，深入开展脱贫攻坚，不断促进人的全面发展、全体人民共同富裕。

社会体制改革的关键在于协调好各种利益关系。现代社会是一个利益群体不断涌现、利益分配日益多元化的时代。在社会利益体系中，具有相同的利益地位、共同的利害与需求、共同的境遇与命运的人群会聚集在一起，形成各种利益群体。如果不对利益群体的关系进行有效的引导和协调，就有可能会出现利益群体关系的异常演化倾向。为此，在社会体制改革过程中，要加快形成系统科学的利益协调机制。一是公平的利益分配机制，包括推动实现更高质量的就业，千方百计增加居民收入，促进人口长期均衡发展。二是公正的利益调节机制，具体包括办好人民满意的教育，统筹推进城乡社会保障体系建设，提高人民健康水平，推进保障性住房建设。三是畅通的利益表达机制，即社会成员的利益诉求渠道应当是畅通的、广泛的和充分的，要发展现代社会组织，等等。四是形成完善的冲突应对机制，包括源头治理、动态管理、应急处置相结合，完善国家安全战略，让社会矛盾化解在萌芽状态，化解在基层；对爆发的社会冲突进行充分及时有效的应对。

社会体制改革的实现途径是推进基本公共服务均等化。中共十八大提出，要加快形成政府主导、覆盖城乡、可持续的基本公共服务体系，到 2020 年总体实现基本公共服务均等化。一方面，要加快实现城乡基本公共服务均等化。加强城乡基本公共服务均等化的规划，加快推进城乡基本公共服务制度衔接，加快以外出农民工为主体的流动人口基本公共服务制度建设。另一方面，要加快实现区域基本公共服务均等化。对限制开发和禁止开发地区加大财政转移支付力度和财政投入力度，加强对弱势地区基本公共服务的支持，建立健全区域基本公共服务均等化的协调机制。2017 年，中共十九大报告指出，要履行好政府再分配调节职能，加快推进基本公共服务均等化，缩小收入分配差距；建立全国统一的社会保险公共服务平台；统筹城乡社会救助体系，完善最低生活保障制度。

社会体制改革的根本保障在于创新社会治理体制。在中国特色社会主义新时代，要打造共建共治共享的社会治理格局，建设平安中国，维护社会和谐稳定，确保国家长治久安、人民安居乐业。在社会治理体制上，加强党委领导，发挥政府主导作用，鼓励和支持社会各方面参与，实现政府治理和社会自我调节、居民自治良性互动；在社会治理机制上，多方着力，不断创新各种社会治理方式；在社会组织体制上，加快实施政社分开，推进社会组织明确权责、依法自治、发挥作用，激发社会组织参与社会治理的活力。中共十九大报告还指出，加强社区治理体系建设，推动社会治理重心向基层下移。

社会体制改革的主要目标是让整个社会既充满活力又和谐有序。中共十八届三中全会通过的《决定》明确规定，社会体制改革的目标是"确保社会既充满活力又和谐有序"。具体而言就是，通过着力形成科学有效的社会治理体制，使整个社会"活力"与"有序"兼具，并且社会活力与社会秩序之间能够良性互动。可以说，这是一个很高的目标要求，因为秩序与活力之间的均衡度一直是世界各国治理者最为头疼的难题。为实现这一目标，中共十八届三中、四中和五中全会以及中共十九大对于社会治理创新的方式、着力点和法治保障等问题都进行了明确阐述，为未来的社会治理创新实践的发展提供了指导。譬如，中共十八届三中全会通过的《决定》从改进社会治理方式、激发社会组织活力、创新有效预防和化解社会矛盾体制、健全公共安全体系等五个方面，对社会治理体制创新进行了系统安排，力图借此推动社会治理现代化。可以说，中共十八大以来的六年间，中国特色社会主义社会制度更加完善，国家治理体系和治理能力现代化水平明显提高，全社会发展活力和创新活力明显增强。

社会体制改革是我国继经济体制改革之后又一项影响深远的社会变革。通过深化改革，建立起充满活力、富有效率、更加公平的社会体制，有利于实现经济社会全面协调可持续发展，有利于促进社会建设，有利于提升人民福祉和推动社会进步。可以说，通过系统性的社会体制变革来推动社会进步，正是中国特色社会发展理论与发展道路的独特内涵之一。

三、通过改善民生推进社会体制建设

改善民生是古今中外所有政权的共同命题。对于代表广大人民群众根本利益的中国共产党而言，保障和改善民生是发展的根本目的，是一切工作的出发点和落脚点。民生类社会制度是中国特色社会主义制度的主要构成部分，是体现社会体制价值取向的重要载体。未来，要继续通过进一步保障和改善民生，推进中国特色社会主义社会体制建设。中共十九大提出，要坚持在发展中保障和改善民生，并且明确了未来我国民生事业发展的历史方位、指导思想、长远规划、基本原则及制度创新等基本问题，必将有力地助推全面建成小康社会、进而建成富强民主文明和谐美丽的社会主义现代化强国。

（一）我国进一步保障和改善民生的基本趋向

从理论上讲，当前和未来相当长时期内，我国保障和改善民生应当在以下四个方面不断努力。

一是在民生建设的性质定位上，从最初的"负担论"经过"并列论"，最终彻底转向"互动论"。即在民生的自发改善阶段，一般认为经济积累用于再生产的多，经济发展就快；反之用于消费尤其是民生类集体消费多，就会拖累经济发展，为了保持经济快速发展就要牺牲一部分人的利益，这是典型的负担论。2004年以来的10年间，让人民过上好日子成为执政的主要目标之一，改善民生在国家体系中的地位日益上升，至今有些地区已经把经济发展和社会和谐放在并列的地位，这是并列论，是历史性的进步。但这种进步还不够，因为它认识经济社会是简单的并列关系。事实上，民生不仅是发展目标，还是发展的手段，在今天这个内需不足成为经济发展最大阻力的现实中，我们的这种意识更加强烈。

与此同时，不顾及经济承担能力过度改善民生的倾向也在逐步显现。于是，我们对民生建设的性质的认识更进一步，2013 年，习近平在天津考察时指出，要实现经济发展与改善民生的良性循环。此后，良性循环论成为民生建设性质的最新定位。①

二是在民生建设的方向上，从过去的"从无到有"转向"从有到好"。过去我们民生建设常提的一句话是制度要"广覆盖"，后来提的是"全覆盖"，现在很多民生制度如全民医疗甚至是全民养老、应保尽保等目标都已经实现或即将实现，从无到有的目标已经成为现实，关键是未来的发展方向是"从少到多"，还是"从有到好"。当然，后者更符合中国的国情，所以现在我们更重视的是民生建设的公平性问题，关心民生建设是否可持续性问题，等等。中共十九大对 2020—2050 年间的民生事业发展方向和目标进行了细化。第一个阶段，从 2020 年到 2035 年，在全面建成小康社会的基础上，再奋斗 15 年，基本实现社会主义现代化。到那时，人民生活更为宽裕，中等收入群体比例明显提高，城乡区域发展差距和居民生活水平差距显著缩小，基本公共服务均等化基本实现，向全体人民共同富裕迈出坚实步伐。第二个阶段，从 2035 年到 2050 年，在基本实现现代化的基础上，再奋斗 15 年，把我国建成富强民主文明和谐美丽的社会主义现代化强国。这些都是民生质量提升问题，是未来我国民生建设应当努力的主要方向。

三是在民生制度的建设重心上，从过去的增量改革走向存量改革。在赶超式发展阶段，民生建设以简单的制度铺盖为主，这种建设不直接伤及强势群体的利益却能改善弱势群体的生存状态，因此广受好评。但由于福利制度具有明显的不可削减这一制度刚性，福利资源的供给能力也无法长期无尽地提升，因此，民生建设必然涉及对现有资源的再次公平配置。比如，教育改革早期主要是"普九"、高校扩招等，而现在却

① 《习近平总书记系列重要讲话读本》，学习出版社、人民出版社 2014 年版，第 109 页。

是优秀教育资源的公平分配、建设无择校城市、异地高考等改革，是在突破利益固化，防止社会流动缓慢化，因此阻力之大可想而知。其他方面如和谐劳动，解决好劳资矛盾问题；研究开征房地产税、遗产税，调节过高收入；社会保障资源进行统筹，研究渐进式延退，实现社会保障的可持续发展，以及改变以药养医现状等等，都是必须开展的存量改革。

四是从民生建设的深度来看，民生建设已经从浅层的制度创新进入价值深层的变革。存量改革的推行，需要对以前的民生建设理念进行清理和更新。这时的民生建设已经从资源、制度、体制改革，深入价值取向的改革。我们需要建立许多新理念，如要从过去的道义式民生改善转向义务式民生改善。在存量式改革时期要树立的新的价值理念就是社会合作理念，既要让强势群体意识到，现在的改善民生，共同富裕，短期内可能会削减强者的福利，甚至可能会出现"劫富济贫"现象，但长期却是有利于所有人的行为；也要让弱势群体意识到，福利过快增长只是短期现象不可持续，未来还要靠自己的双手吃饭。只有不同社会阶层、利益群体都有这种社会层面的合作理念，真正的利益共赢共生局面才能出现。

从实践政策取向来讲，当前和未来相当长时期内，我国保障和改善民生应当在以下两个方面不断努力。

一是社会政策要充分发挥托底作用。国以民为本，民以食为天。充分发挥社会政策的托底作用是现实国情的必然要求。新中国成立60多年里，尤其是改革开放40年来，老百姓的生活发生了翻天覆地的变化，与过去完全不能同日而语了。但是应当清醒地认识到，现在我们仍然是世界上最大的发展中国家，仍然有很大一部分群众生活比较困难。到2017年年底，按照人均年收入2010年不变价2300元的国家扶贫标准，全国农村扶贫对象还有3000万人，农村地区有5000万人、城镇地区有1200万人在吃"低保"，边远地区、民族地区以及革命老区等还有不少群众刚刚解决温饱。习近平指出，对各类困难群众，要格外关注、关爱、关心，时刻把他们的安危冷暖放在心上，关心他们的疾苦，千方百计帮助他们排忧解难。也就是说，一定要织好社会安全网，社会政策需发挥托底作用，让社会底层永不绝望。

二是实现经济发展和民生改善良性循环。习近平指出，宏观微观经济政策和社会政策是一个整体，要用社会政策托底经济政策。[①] 可以说，发挥社会政策的托底作用是实现经济社会同步发展的必然选择。中共十九大强调，要在"发展中"保障和改善民生，即要实现经济社会发展的良性互动。人们常常形容经济、民生是两条腿，必须相互协调，才能步伐统一。不能出现"经济这条腿长、社会这条腿短"的现象；还需要警惕"社会这条腿长、经济这条腿短"的现象，因为发展是前提，如果经济不发展，改善民生就成为无源之水。西方一些福利国家和拉美一些发展中国家现在就陷入了"经济发展越来越慢—老百姓需求越来越高—政客们过度承诺民生福利—经济发展更慢"的怪圈。另外，还需要警惕第三种现象，即"经济社会这两条腿一样长，但步伐不协调"的现象，即虽然改善民生是适度的，也没有影响经济长远发展，但改善民生的一系列制度安排却并没有转化为经济发展的动力，而经济发展的成果也无法让更多的人民有更多的获得感。可以说，只有不断改善民生，让改革成果更多更公平地惠及大多数人，不断解决人民群众关心的突出问题，才能营造出共同富裕的社会氛围，凝聚共识，形成合力，推动经济持续健康发展。

（二）完善民生制度的实现途径

在实现途径上，习近平就如何进一步保障和改善民生提出了一些新思路，明确了未来我国社会建设的重点方向。2013 年 12 月，习近平在

---

① 《习近平总书记系列重要讲话读本》，学习出版社、人民出版社 2014 年版，第 110 页。

中央经济工作会议上的讲话上指出，未来我们要多谋民生之利，多解民生之忧，"要继续按照守住底线、突出重点、完善制度、引导舆论的思路，统筹教育、就业、收入分配、社会保障、医药卫生、住房、食品安全、安全生产等各方面，切实做好改善民生各项工作。要根据经济发展和财力状况逐步提高人民生活水平，政府主要是保基本，不要做过多过高的承诺，多做雪中送炭的重点民生工作，引导和鼓励广大群众通过勤劳致富改善生活，政府不能包打天下。"① 此后的历次中央经济工作会议都重申了这一基本思路。2015 年，中共十八届五中全会通过的"十三五"规划建议进一步提出，要按照"人人参与、人人尽力、人人享有的要求，坚守底线、突出重点、完善制度、引导预期，注重机会公平，保障基本民生，实现全体人民共同迈入全面小康社会"②，为"十三五"期间我国民生事业发展提供了明确的实现途径。

改善民生重在"坚守底线"。这个底线主要体现为要着力"保基本"，即实行以保障基本生活为主的社会保障，对最为弱势的群体要实现应保尽保，做到横向到边、纵向到底、一个也不能少。正如习近平指出的，在我们社会主义国家，决不能发生旧社会那种"朱门酒肉臭，路有冻死骨"的现象。未来我们对各类困难群众，要格外关注、关爱、关心，时刻把他们的安危冷暖放在心上，关心他们的疾苦，千方百计帮助他们排忧解难。也就是说，一定要织好社会安全网，社会政策需发挥托底作用，让社会底层永不绝望。中共十八大以来的五年，脱贫攻坚战取得决定性进展，6800 万贫困人口稳定脱贫。中共十九大报告指出，未来要继续加强社会保障体系建设。按照兜底线、织密网、建机制的要求，全面建成覆盖全民、城乡统筹、权责清晰、保障适度、可持续的多层次社会保障体系。全面实施全民参保计划。

---

① 《习近平关于全面建成小康社会论述摘编》，中央文献出版社 2016 年版，第 136—137 页。

② 《十八大以来重要文献选编》中，中央文献出版社 2016 年版，第 811 页。

改善民生还应"突出重点"。一方面，要突出基本民生。民生概念不能过于泛化，应当强调以扶贫、教育、就业、收入分配、社会保障、医药卫生和人口等主要内容的基本民生。在改善民生的过程中尤其要突出重点地区、重点人群、重点民生制度。另一方面，还要突出机会公平。习近平指出，要把下一代的教育工作做好，特别是要注重山区贫困地区下一代的成长，下一代要过上好生活，首先要有文化，这样将来他们的发展就完全不同，义务教育一定要搞好，让孩子们受到好的教育，不要让孩子们输在起跑线上。

改善民生仍需"完善制度"。与 2020 年全面建成小康社会的目标相比，我国的民生事业制度建设也存在较大的改革空间：一是制度的碎片化。由于城乡、区域和所有制等方面的区隔，不同人群在教育、就业、社会保障、医疗等方面适用完全不同的制度，而且不同制度的完善程度不一。二是制度的欠公平。目前我国仍然存在着较严重的城乡、区域、群体间的民生资源供给不均现象，基本民生呈现出歧视性供给的倾向，其基本特征为歧视农村地区居民，歧视体制外就业群体，歧视低收入社会群体，歧视不发达地区居民。三是制度的不可持续性。当前，日益扩大的公共服务供应规模已经对各级政府的供给能力构成挑战；从发展趋势来看，民生事业改革发展所需的长期保障体制机制仍然缺乏，如历史欠账如何弥补、如何推进制度的一体化和均等化、如何协调社会福利与发展动力的关系，都是急待解决的难题。

改善民生急需"引导预期"。这是在民生建设进入新阶段的一种新提法。"十三五"规划建议提出，共享发展式的民生建设需要人人参与、人人尽力、人人享有，使全体人民在共建共享发展中有更多获得感。中共十九大报告再次强调，社会建设需要人人尽责、人人共享。习近平也指出，引导群众树立通过勤劳致富改善生活的信念，从而使改善民生既是党和政府工作的方向，又成为广大人民群众自身奋斗的目标。努力让人民过上更好生活是党和政府工作的方向，不等于党和国家要大包大揽，"知屋漏者在宇下"，政府改善民生既要尽力而为，更要量力而行。①
更重要的是，幸福不会从天而降，要引导人们通过辛勤劳动来创造更多
社会财富。"一勤天下无难事"，要通过各种途径不断进行宣传，要让全
体人民都意识到，劳动是财富的源泉，也是幸福的源泉，从而牢固树立
劳动最光荣、劳动最崇高、劳动最伟大、劳动最美丽的观念，进一步焕
发劳动热情、释放创造潜能，通过辛勤劳动、诚实劳动、创造性劳动创
造更加美好的生活。

（三）主要的民生制度及其改革重点

中共十九大对教育、就业、收入分配、社会保障、脱贫攻坚、医药
卫生等领域内的民生制度创新方向进行了明确规定，为未来民生事业改
革指明了关键点和着力点。

一是优先发展教育事业。教育是国家发展的基石，事关民族兴旺、
人民福祉和国家未来。只有一流教育，才能培养一流人才，建设一流
国家。中共十八大以来我国教育事业大发展，中西部教育和农村教育
明显加强。2013 年 9 月 25 日，习近平在联合国"教育第一"全球倡议
行动一周年纪念活动上发表视频贺词指出，"中国有 2.6 亿名在校学生
和 1500 万名教师，发展教育任务繁重。中国将坚定实施科教兴国战略，
始终把教育摆在优先发展的战略位置，不断扩大投入，努力发展全民教
育、终身教育，建设学习型社会，努力让每个孩子享有受教育的机会，
努力让 13 亿人民享有更好更公平的教育，获得发展自身、奉献社会、
造福人民的能力。"② 按照中共十八大以来中央精神尤其是中共十九大的
部署，未来，建设教育强国是中华民族伟大复兴的基础工程，要把教育
事业放在优先位置，做到习近平所说的"再穷不能穷教育、再苦不能苦

---

① 《习近平总书记系列重要讲话读本》，学习出版社、人民出版社 2014 年版，第 110—
111 页。

② 《习近平谈治国理政》第一卷，外文出版社 2018 年版，第 191 页。

孩子"。在教育公平上，要在推进德智体美等全面发展的基础上，着重破解当前教育事业发展迅速但教育公平性不足这一最大难题。要推动城乡义务教育一体化发展，高度重视农村义务教育，普及高中阶段教育，努力让每个孩子都能享有公平而有质量的教育。在教育质量上，要继续完善职业教育和培训体系，加快一流大学和一流学科建设，实现高等教育内涵式发展。

二是提高就业质量。就业是民生之本，是撬动人民幸福的杠杆和支点。习近平指出，就业是最大的民生，要不断提高就业质量。按照中共十九大精神，要坚持就业优先战略和积极就业政策，着力在充分就业、和谐就业和体面就业等方面共同着力，实现更高质量的就业。在充分就业方面，要建立经济发展和扩大就业的联动机制，健全政府促进就业责任制度。完善创业扶持政策，形成政府激励创业、社会支持创业、劳动者勇于创业新机制，促进高校毕业生等青年群体、农民工多渠道就业创业。完善就业服务，完善城乡均等的公共就业创业服务体系，构建劳动者终身职业培训体系，增强失业保险制度预防失业、促进就业功能。在和谐就业方面，要破除妨碍劳动力、人才社会性流动的体制机制弊端，使人人都有通过辛勤劳动实现自身发展的机会。完善政府、工会、企业共同参与协商协调机制，畅通职工表达合理诉求渠道，构建和谐劳动关系。在体面就业方面，提倡劳模精神和工匠精神，使人人最终都能从事一份有尊严的工作。

三是提高人民收入水平。收入分配是民生之源，是改善民生、实现发展成果由人民共享的最直接的方式。按照中共十八大以来中央精神和中共十九大安排，要促进收入分配更合理、更有序，就要坚持在经济增长的同时实现居民收入同步增长，在劳动生产率提高的同时实现劳动报酬同步提高。在初步分配方面，着重保护劳动所得，努力实现劳动报酬增长和劳动生产率同步提高，提高劳动报酬在初次分配中的比重；健全工资决定和正常增长机制，完善最低工资和工资支付保障制度，完善企业工资集体协商制度；健全资本、知识、技术、管理等由要素市场决定的报酬机制；多渠道增加居民财产性收入。在再分配方面，完善以税收、社会保障、转移支付为主要手段的再分配调节机制，加大税收调节力度。在规范收入分配秩序方面，建立个人收入和财产信息系统，保护合法收入，调节过高收入，清理规范隐性收入，取缔非法收入，增加低收入者收入，扩大中等收入群体规模，努力缩小城乡、区域、行业收入分配差距，逐步形成橄榄型分配格局。

四是加强社会保障体系建设。社会保障是民生之盾，是促进社会和谐稳定的"安全阀""调节器"。中共十八大以来，覆盖城乡居民的社会保障体系基本建立。中共十九大指出，要全面建成覆盖全民、城乡统筹、权责清晰、保障适度、可持续的多层次社会保障体系。社会保障制度改革的关键在"更加公平"和"可持续"这两个方面。在公平性方面，要坚持统筹原则，建立全国统一社会保险公共服务平台，同时整合城乡居民基本养老保险制度，完善统一的城乡居民基本医疗保险制度和大病保险制度；推进城乡最低生活保障制度统筹发展；完善社会保险关系转移接续政策，扩大参保缴费覆盖面，适时适当降低社会保险费率；健全农村留守儿童、妇女、老年人关爱服务体系，健全残疾人权益保障、困境儿童分类保障制度。在可持续方面，要完善个人账户制度，健全多缴多得激励机制，确保参保人权益，尽快实现养老保险全国统筹；研究制定渐进式延迟退休年龄政策；加快发展企业年金、职业年金、商业保险，构建多层次社会保障体系；加快建立社会养老服务体系和发展老年服务产业；还要健全社会保障财政投入制度，完善社会保障预算制度，推进社会保险基金市场化、多元化投资运营。

在社会保障制度中，住房保障尤其关键，这是因为住宅是民生之依，是人的安身立命之所，古人云："宅者，人之本。人因宅而立，宅因人得存。"如何真正实现杜甫所说的"安得广厦千万间，大庇天下寒士俱欢颜"，是一个全党全国人民都非常关心的重大现实问题。习近平指出，要探索适合国情、符合发展阶段性特征的住房模式。从我国国情看，总的方向是构建以政府为主提供基本保障、以市场为主满足多层次需求的住房供应体系。一方面，市场要"占好位"，大力发展房地产业，在推动房地产价格合理回归的基础上，让中高收入群体通过市场解决住房问题；另一方面，政府要"补好位"，加大廉租住房、公共租赁住房等保障性住房建设和供给，做好棚户区改造，对买不起住房的低收入群体进行全覆盖。2017 年，中共十九大报告指出，要坚持房子是用来住的、不是用来炒的定位，加快建立多主体供给、多渠道保障、租购并举的住房制度，让全体人民住有所居。

五是坚决打赢脱贫攻坚战。脱贫攻坚是全面建成小康社会的标志性工程，是党中央对全体人民的坚定承诺。按照国际扶贫标准，1978 年以来我国累计减贫 7 亿人，是世界上减贫人口最多的国家，脱贫人数超过世界人口大国美、俄、日、德 4 国人口的总和。根据联合国的统计，最近 30 多年来，中国对世界减贫的贡献率超过 70%。中共十八大以来，脱贫攻坚战取得辉煌成就，5 年间贫困发生率从 10.2% 下降到 3.1% 左右。中共十九大指出，未来三年是脱贫攻坚的冲刺期，最后一战一定要打好。第一，进一步明确脱贫攻坚的重点：脱真贫。为此，要进一步完善脱贫攻坚体制，要动员全党全国全社会力量，坚持精准扶贫、精准脱贫，强化党政一把手负总责的责任制，坚持大扶贫格局。也就是要发挥好"集中力量办大事"的全部优势，避免其中的不足。要重点攻克深度贫困地区任务。越往后难度越大。因为现在亟须脱贫的对象，大都是条件较差、基础较弱、贫困程度较深的地区和群众，都是需要下大力解决的"硬骨头"。第二，进一步明确脱贫攻坚的目标：真脱贫。真脱贫重点是要解决要农村发展的内生动力问题及相关的脱贫后返贫问题等，也就是说不仅要完善"输血"机制，还要形成"造血"机制。在基本生存之外，真脱贫的关键是对具有稀缺性的生产要素进行再配置。具体而言，未来一段时期，农村土地的资产化、农民资本的持有与增值，以及对包括管理、技术在内的贫困人口人力资本进行提升，是真脱贫的关键所在。

六是实施健康中国战略。健康是民生之需，是促进人的全面发展的必然要求，人民健康是民族昌盛和国家富强的重要标志。习近平指出，中国政府坚持以人为本、执政为民，把维护人民健康权益放在重要位置。中共十八大以来，我国人民健康和医疗卫生水平大幅提高。中共十九大指出，要实施健康中国战略，完善国民健康政策，为人民群众提供全方位全周期健康服务。要深化医药卫生体制改革，统筹推进医疗保障、医疗服务、公共卫生、药品供应、监管体制综合改革。在医疗保障方面，要深化基层医疗卫生机构综合改革，健全网络化城乡基层医疗卫生服务运行机制；加快公立医院改革，落实政府责任。在医疗服务方面，要完善合理分级诊疗模式，建立社区医生和居民契约服务关系；充分利用信息化手段，促进优质医疗资源纵向流动。在药品供应方面，要全面取消以药养医，理顺医药价格，建立科学补偿机制；在医保体制方面，要健全全民医保体系，加快健全重特大疾病医疗保险和救助制度，鼓励社会办医。要实施食品安全战略，让人民吃得放心。在人口计划生育方面，要逐步调整完善生育政策，促进人口长期均衡发展。要积极应对人口老龄化，构建养老、孝老、敬老政策体系和社会环境。

七是创新民生事业供给模式。基本民生供给是改善民生的基本保障。当前在这方面存在的比较突出的问题是，政府责任不到位和包揽过多同时并存，发挥市场机制、社会资本和民间组织的作用不够，调动各方面积极性的体制机制不健全，社会事业发展的活力不足。中共十八大以来党中央一直强调，要正确处理政府和社会关系，要激发社会组织活力，适合由社会组织提供的公共服务和解决的事项，交由社会组织承担。也就是说，要把应该由社会和市场发挥作用的事情真正交给社会和市场：一是在实践证明有效的领域积极推行政府购买、特许经营、合同委托、服务外包、土地出让协议配建等提供基本公共服务的方式。二是扩大基本公共服务面向社会资本开放的领域，鼓励社会资本以多种方式参与基本公共服务的提供。相应地，在这个过程中政府要在维护社会事业的公益性、保障人民群众基本公共服务需求方面加强管理服务。

四、通过创新社会治理推进社会体制建设

人心稳，百业兴。社会不稳，一切都是空谈。人类社会发展史反复证明，一个稳定和安全的发展环境，是社会生产力发展进步、经济发达、文化繁荣、科技昌明最不可缺少的基础性条件。习近平指出，当前我国改革进入攻坚期和深水区，社会稳定进入风险期。在全面深化改革的新阶段，没有稳定的社会政治环境，一切改革发展都无从谈起，再好的规划和方案都难以实现，已经取得的成果也会失去。未来，需要在加强和创新社会治理的过程中，不断创新社会治理体制，促使整个社会既充满活力又和谐有序，让社会治理成为国家治理体系和治理能力现代化的重要组成部分。

（一）从社会管理到社会治理

中国自古以来就有"治理"的提法。如《荀子·君道》："明分职，序事业，材技官能，莫不治理。"《孔子家语·贤君》："吾欲使官府治理，为之奈何？"新中国成立后，中国共产党坚持群众观点、群众路线，坚持依靠群众、发动群众来实施社会管理。改革开放后，社会协同、公众参与的理念逐渐深入人心，国家先后提出"社会治安综合治理""社会管理综合治理"。2006年的中央1号文件提出构建"乡村治理新机制"，已经突出了社会管理主体的多样化，体现了社会治理的理念。

从2011年开始，党中央把社会管理提升到国家发展战略高度来审视。当年2月，党中央在中央党校举办了省部级主要领导干部"社会管理及其创新"专题研讨班。3月，全国人大通过《全国"十二五"规划

纲要》，社会管理以专篇的形式载入纲要。7 月，《中共中央国务院关于加强和创新社会管理的意见》发布，明确了加强和创新社会管理的指导思想、基本原则、目标任务和主要措施，随后中央社会治安综合治理委员会更名为"中央社会管理综合治理委员会"。2012 年 11 月，中共十八大指出，必须从维护最广大人民根本利益的高度，围绕构建中国特色社会主义管理体系，加强和创新社会管理，推动社会主义和谐社会建设。

从 2013 年以来，党中央将"社会管理"改为"社会治理"，使社会治理成为国家治理体系和治理能力现代化这一全面深化改革总目标的重要组成部分。中共十八届三中全会通过的《决定》指出，在社会领域，要加快形成科学有效的社会治理体制。《决定》从改进社会治理方式、激发社会组织活力、创新有效预防和化解社会矛盾体制、健全公共安全体系等五个方面，对社会治理体制创新进行了系统安排，为未来的社会治理体制创新指明了方向。

从"社会管理"到"社会治理"虽然是一字之差，却是中国共产党在社会领域内执政理念和政策思路的一次重大转换。在 21 世纪初叶这一新时期，在社会主义和谐社会理论中提出"创新社会治理"这一新的历史性命题，是党和国家适应社会结构变迁而作出的重大战略决策。

（二）创新社会治理需要形成一种全新思路

习近平指出，社会治理是一门科学，要讲究辩证法，管得太死，一潭死水不行；管得太松，波涛汹涌也不行。实践中不能简单依靠打压管控、硬性维稳，还要重视疏导化解、柔性维稳。在实践过程中，要处理好维稳和维权的关系，维权是维稳的基础，维稳的实质是维权。为此，要把人民群众的事当作自己的事，把人民群众的小事当作自己的大事，从让人民群众满意的事情做起，从人民群众不满意的问题改起，把好事办好、实事办实，使群众由衷感到问题能反映、矛盾能化解、权益有保障。

实现从管理向治理理念的转变。虽然我国当前所提的社会治理与西方国家所提倡的"治理""善治"等在理念内涵上有很大的差异之处，但治理理念与管理理念的区别却是非常明显的，未来至少应当在三个方面实现理念转换。一是在行动理念上，实现从管理到服务的转换。正如习近平指出的，社会管理主要是对人的服务和管理。一切社会管理部门都是为群众服务的部门，一切社会管理工作都是为群众谋利益的工作。二是在行动主体上，实现从"绝对一元"到"一主多元"的转换。正如习近平所指出的，在社会治理创新中，要加强党委领导，发挥政府主导作用，同时更要注重动员组织社会力量共同参与，发动全社会一起来做好维护社会稳定工作，实现政府治理和社会自我调节、居民自治良性互动。三是在行动取向上，实现从管控、专断到协商、合作的转换。要提高党和国家机关、企事业单位、人民团体、社会组织的工作能力，促进国家治理体制和治理能力现代化。

处理好一些基本的社会治理关系。一是要处理好社会活力与社会秩序的关系，以社会治理方式创新维护社会和谐稳定。正确的方法是成功的一半，坚持系统治理、依法治理、综合治理、源头治理，发动全社会一起来做好维护社会稳定工作。二是要处理好维稳与维权的关系，标本兼治多管齐下化解社会矛盾。习近平强调，维权是维稳的基础，维稳的实质是维权。一方面，要处理好政府和群众利益关系，从源头上预防和减少社会矛盾。各级党委政府要把群众合理合法的利益诉求解决好，完善对维护群众切身利益具有重大作用的制度，强化法律在化解矛盾中的权威地位，把人民群众的事当作自己的事，把人民群众的小事当作自己的大事，从让人民群众满意的事情做起，从人民群众不满意的问题改起。另一方面，要健全重大决策社会稳定风险评估机制，建立畅通有序的诉求表达、心理干预、矛盾调处、权益保障机制，完善人民调解、行政调解、司法调解联动工作体系，建立调解矛盾纠纷综合机制，改革信访工作制度，使群众由衷感到问题能反映、矛盾能化解、权益有保障。三是要处理好发展与平安的关系，健全公共安全体系保障社会和谐稳定。习近平提出，平安是老百姓解决温饱后的第一需求，是极为重要的民生，也是最基本的发展环境。在食品药品安全上，建立最严格的覆盖全过程的监管制度，建立食品原产地可追溯制度和质量标识制度。在安全生产上，坚持发展决不能以牺牲人的生命为代价这条不可逾越的红线，建立隐患排查治理体系和安全预防控制体系，遏制重特大安全事故，健全防灾减灾救灾体制。在社会治安上，创新立体化社会治安防控体系，依法严密防范和惩治各类违法犯罪活动。在互联网管理上，加大依法管理网络力度，加快完善互联网管理领导体制。在国家安全上，设立国家安全委员会，完善国家安全体制和国家安全战略。

（三）创新社会治理的基本方式

正是基于这些理论研究成果和中国的现实国情，中共十九大对社会治理的体制和方式作了一系列新的重要论述，为进一步完善社会治理的基本方式提供了基本遵循。

通过系统化的治理，明确社会治理主体的角色定位。系统治理要求党委、政府、社会、居民等各司其职，分工明确，合作有力。总体而言，在社会治理体制上，加强党委领导，发挥政府负责作用，鼓励和支持社会各方面参与，实现政府治理和社会自我调节、居民自治良性互动；在社会治理机制上，多方着力，不断创新各种社会治理方式；在社会组织体制上，加快实施政社分开，推进社会组织明确权责、依法自治、发挥作用，激发社会组织参与社会治理的活力。但具体而言，在现实的社会治理体制中，基层自治组织、人民团体和社会组织参与治理的能力和实际参与程度至今仍然明显不足。未来应当着力做的有：一是夯实社会治理的社区基础，寓管理于服务之中。二是积极鼓励人民团体参与社会治理，如在联系草根组织、促进和谐就业等方面发挥更大的作用。三是直面社会组织兴起的现实，正确认识和充分发挥社会组织的功能。

提高社会治理的社会化水平，从根基上着力筑牢社会和谐稳定的基石。源头治理要求重在治本，以网格化管理、社会化服务为方向，及时反映和协调人民群众各方面各层次利益诉求。一方面，要处理好政府和群众利益关系，从源头上预防和减少社会矛盾。要把群众合理合法的利益诉求解决好，完善对维护群众切身利益具有重大作用的制度，强化法律在化解矛盾中的权威地位。另一方面，要健全重大决策社会稳定风险评估机制，建立畅通有序的诉求表达、心理干预、矛盾调处、权益保障机制，完善人民调解、行政调解、司法调解联动工作体系，建立调解矛盾纠纷综合机制，改革信访工作制度，使群众由衷感到问题能反映、矛盾能化解、权益有保障。

提高社会治理的法治化水平，进一步增强社会治理的法治保障。对于创新社会治理，中共十八大和十八届五中全会都特别强调要有"法治保障"，十八届三中全会对依法治理提出新要求，即要求在社会治理中加强法治保障，运用法治思维和法治方式化解社会矛盾。中共十八大以来，民主法治建设迈出重大步伐，中国特色社会主义法治体系日益完善，全社会法治观念明显增强。未来应当做的有：一是以法治理念引导社会治理创新，牢固树立依法治理的理念，加强社会治理领域立法、执法工作，强化"尊重和保障人权"意识，从法律上、制度上、政策上努力营造公平的社会环境，切实保障人们在政治、法律、机会、权利和分配上的平等地位；二是引导全社会尊崇法律，通过真正做到有法可依、有法必依、执法必严、违法必究，在人民群众心中树立起法律的权威地位。通过强化监督救济，对于社会治理创新过程中可能出现的违法违规行为和做法，通过事前审查、事中检查和事后评估等多种监督手段及时发现并加以制止、纠正，防止危害结果的扩大；三是完善公民权利保障的法律体系，立法要特别关注收入分配、住房、教育、医疗制度改革中出现的新问题以及农村土地征占、城市房屋拆迁、劳动合同签订、农民工权益保护等问题。

提高社会治理的智能化和专业化水平，形成维护社会和谐稳定的综合应对体系。综合治理要求强化道德约束，规范社会行为，调节利益关系，协调社会关系，解决社会问题。在食品药品安全上，建立最严格的覆盖全过程的监管制度，建立食品原产地可追溯制度和质量标识制度。在安全生产上，坚持发展决不能以牺牲人的生命为代价这条不可逾越的红线，建立隐患排查治理体系和安全预防控制体系，遏制重特大安全事故，健全防灾减灾救灾体制。在社会治安上，依托科技手段，如大数据、人工智能、物联网等，创新立体化社会治安防控体系，依法严密防范和惩治各类违法犯罪活动。在互联网管理上，加大依法管理网络力度，加快完善互联网管理领导体制。在国家安全上，设立国家安全委员会，完善国家安全体制和国家安全战略。

通过以上各种社会治理方式创新的共同努力，社会治理体制机制将会不断得到创新，群体利益关系也会得到较好的协调，不同的社会群体将会各得其所、各安其位，一个人民生活幸福安康、社会既安定有序又充满活力的生动局面将会呈现在世人面前。

第十七章

中国特色社会主义制度的特点与优势

习近平指出："中国特色社会主义制度，坚持把根本政治制度、基本政治制度同基本经济制度以及各方面体制机制等具体制度有机结合起来，坚持把国家层面民主制度同基层民主制度有机结合起来，坚持把党的领导、人民当家作主、依法治国有机结合起来，符合我国国情，集中体现了中国特色社会主义的特点和优势，是中国发展进步的根本制度保障。"[①] 当然，中国特色社会主义制度并不是尽善尽美的，还需要进一步发展和完善。从这个意义上说，科学认识和把握中国特色社会主义制度的特点与优势，明确完善中国特色社会主义制度的目标与路径，对于顺利推进中国特色社会主义事业，实现中华民族伟大复兴具有重要意义。

一、中国特色社会主义制度的特点

经过几十年的发展，中国特色社会主义已经形成一套具有显著特征的制度体系。随着中国特色社会主义事业的不断进步，中国特色社会主

---

① 《习近平总书记系列重要讲话读本》，学习出版社、人民出版社 2014 年版，第 12—13 页。

义制度越来越成为国内外学术界关注的热门话题。应该看到，中国特色社会主义制度是从历史中走来的，既创造性地运用了马克思主义的基本原理，又具有鲜明的中国特色和国情特征；中国特色社会主义制度也是从实践中走来的，是不断总结社会主义建设成败两方面的经验而取得的，是大浪淘沙、去芜存菁的结果。在与各种制度模式的横向纵向比较的过程中，我们认为中国特色社会主义的显著特征主要表现为以下几个方面。

（一）以马克思主义为指导

中国特色社会主义是马克思主义基本原理同当代中国实际相结合的结晶，是科学社会主义在当代中国的发展与创新。这就决定了中国特色社会主义制度必须要体现马克思主义基本原理，必须要符合科学社会主义基本原则。

中共十八大报告第一次完整地提出了中国特色社会主义制度的内涵。"中国特色社会主义制度，就是人民代表大会制度的根本政治制度，中国共产党领导的多党合作和政治协商制度、民族区域自治制度以及基层群众自治制度等基本政治制度，中国特色社会主义法律体系，公有制为主体、多种所有制经济共同发展的基本经济制度，以及建立在这些制度基础上的经济体制、政治体制、文化体制、社会体制等各项具体制度。"[①] 也就是说，中国特色社会主义制度是由一个根本政治制度、三个基本政治制度、一个基本经济制度和若干体制机制构成的制度体系。这套复杂制度体系之所以能够确保中国特色社会主义道路越走越宽广，其主要原因就是始终坚持科学理论为指导。

马克思主义基本原理为中国特色社会主义制度提供了基本原则与价值导向。恩格斯曾经说过："我们党有个很大的优点，就是有一个新的

---

① 《十八大报告辅导读本》，人民出版社 2012 年版，第 13 页。

科学的观点作为理论的基础"①。中国共产党正是以马克思主义为理论武装的新型政党，中国共产党领导的中国特色社会主义事业必然要遵循马克思主义基本原理。马克思主义基本原理内容十分丰富，为我们认识世界和改造世界提供了科学的世界观和方法论，是确立和发展中国特色社会主义制度的理论宝藏。

邓小平指出："搞社会主义一定要遵循马克思主义的辩证唯物主义和历史唯物主义"。②辩证唯物主义认为，世界在本质上是物质的，物质决定意识。如恩格斯在马克思墓前的讲话中所言，"人们首先必须吃、喝、住、穿，然后才能从事政治、科学、艺术、宗教等等；所以，直接的物质的生活资料的生产，从而一个民族或一个时代的一定的经济发展阶段，便构成基础，人们的国家设施、法的观点、艺术以至宗教观念，就是从这个基础上发展起来的"。③这就要求中国特色社会主义制度要尊重客观规律，一切从实际出发，注重解决人民群众的基本需求和主要关切。历史唯物主义告诉我们，人民群众是历史的创造者。因此，我们在改革中要注重发挥人民群众的首创精神，改革成果要由人民群众共享，并且在实际工作中要树立群众观点，深入群众开展调查研究。

在具体制度方面，马克思认为，社会主义制度与资本主义制度"具有决定意义的差别"在于生产资料的公有制。④但是，马克思并不是要求简单地废除私有制，而是在根据社会生产的发展阶段来思考所有制问题。恩格斯在《共产主义原理》一文中回答"能不能一下子就把私有制废除"这个问题时就明确指出："不，不能，正像不能一下子就把现有的生产力扩大到为实行财产公有所必要的程度一样。因此，很可能就要来临的无产阶级革命，只能逐步改造现社会，只有创造了所必需的大

---

① 《马克思恩格斯选集》第 2 卷，人民出版社 2012 年版，第 10 页。
② 《邓小平文选》第三卷，人民出版社 1993 年版，第 118 页。
③ 《马克思恩格斯文集》第 3 卷，人民出版社 2009 年版，第 601 页。
④ 《马克思恩格斯选集》第 4 卷，人民出版社 1995 年版，第 693 页。

量生产资料之后，才能废除私有制。"① 因此，中国特色社会主义所确立的基本经济制度既强调公有制的主体地位，又强调发展多种所有制经济的重要性。在民主政治领域，马克思主义认为，社会民主要高于政治民主。政治解放使人们在政治领域获得了平等的政治权利，实现了政治民主。但是如果人们的平等仅仅限于政治领域，并没有在经济领域，即市民生活领域实现，结果政治领域内的民主就不可避免地会陷入理论和实践的尖锐矛盾和冲突。正如习近平所言："人民只有投票的权利而没有广泛参与的权利，人民只有在投票时被唤醒、投票后就进入休眠期，这样的民主是形式主义的。"② 所以，中国特色社会主义的民主制度要以人民民主为理念，切实保障人民享有更为广泛、更为具体的民主权利，实行比资本主义更高级的民主政治。如此等等，不一而足。

（二）以中国国情为依据

社会主义制度除了要遵循马克思主义基本原则之外，还要与具体国家具体国情相适应。马克思主义经典作家历来反对教条化地套用马克思主义，认为这实际上是对马克思主义的歪曲。1872 年，马克思恩格斯在《共产党宣言》的德文版序言中指出："这些原理的实际运用，正如《宣言》中所说的，随时随地都要以当时的历史条件为转移"。③ 列宁在其著作中也一直强调马克思恩格斯的一个著名观点，"我们的学说不是教条，而是行动的指南。"④ 也就是说，对于马克思主义基本原理的运用必须要面向实践，依据实践的需要作出调整性变化，以适应变化了的社会条件。这种具有实践性特征的马克思主义才能够指导实践。在此方面，列宁将实践性概括为马克思主义本质特征之一，他说："马克思

---

① 《马克思恩格斯选集》第 1 卷，人民出版社 1995 年版，第 239 页。
② 《习近平谈治国理政》第二卷，外文出版社 2017 年版，第 293 页。
③ 《马克思恩格斯选集》第 1 卷，人民出版社 1995 年版，第 248 页。
④ 《列宁专题文集　论马克思主义》，人民出版社 2009 年版，第 300 页。

主义的全部精神，它的整个体系，要求人们对每一个原理都要（α）历史地，（β）都要同其他原理联系起来，（γ）都要同具体的历史经验联系起来加以考察。"① 在实践领域，马克思主义为我们的行动提供了总的指导思想、根本原则与根本方法，但并没有提供解决问题的现成答案，这需要各国马克思主义者在社会主义实践中予以探索，没有统一的模式可言，"具体地说，在英国不同于法国，在法国不同于德国，在德国又不同于俄国。"② 这也是科学对待马克思主义的基本态度。

马克思主义的蓬勃生命力就蕴含在对于马克思主义基本原理的继承与发展上。中国共产党的历史经验已经表明，马克思主义基本原理与中国实际相结合是确保革命、建设、改革取得胜利的重要保障。在理论创新方面，必须要坚持实事求是、与时俱进的科学态度，推进马克思主义中国化；而在制度建设方面，则要在遵循基本价值原则的基础上，从制度所面临的具体社会条件出发，追求制度的适应性与有效性。可以说，中国特色社会主义制度的确立与发展离不开对于我国现实国情的判断。毫无疑问，作为中国特色社会主义三位一体重要内容的中国特色社会主义制度也必然要以社会主义初级阶段为总依据。

需要指出的是，在中国社会主义制度发展初期，曾经有过一段照抄照搬苏联模式的历史。这种脱离中国现实国情和发展实际的社会主义制度给我国的社会主义事业带来了极大危害，既阻碍了生产力的发展，又破坏了社会主义民主法制。中共十一届三中全会之后，我们开启了改革中国特色社会主义制度的历史新时期。邓小平意识到："中国社会主义是处在一个什么阶段，就是处在初级阶段，是初级阶段的社会主义。社会主义本身是共产主义的初级阶段，而我们中国又处在社会主义的初级阶段，就是不发达的阶段。一切都要从这个实际出发，根据这个实际来

---

① 《列宁专题文集　论马克思主义》，人民出版社 2009 年版，第 163 页。

② 《列宁专题文集　论马克思主义》，人民出版社 2009 年版，第 96 页。

制定规划。"① 正确认识我国社会现在所处的历史阶段，是确立和发展中国特色社会主义制度的首要问题。在此基础之上，我们认识到中国特色社会主义的基本经济制度既要体现公有制的主体地位，又要调动各方面的积极性，鼓励多种所有制经济的发展为经济建设服务；中国特色社会主义的政治制度既要遵循议行合一原则，实行人民代表大会制度，又要在社会各方面充分发扬民主；在民族地区，"解决民族问题，中国采取的不是民族共和国联邦的制度，而是民族区域自治的制度。我们认为这个制度比较好，适合中国的情况。我们有很多优越的东西，这是我们社会制度的优势，不能放弃。"② 等等。中共十九大强调，"中国特色社会主义进入新时代，我国社会主要矛盾已经转化为人民日益增长的美好生活需要和不平衡不充分的发展之间的矛盾"③，这一重要论述表明，社会主义初级阶段社会主要矛盾的变化为中国特色社会主义制度的发展提出了新的要求。由此可见，中国特色社会主义制度不是抽象的，而是具体的、历史的，是在我国历史传承、文化传统、经济社会发展的基础上长期发展、渐进改进、内生性演化的结果。

（三）以共产党的领导为政治保障

习近平指出："我们治国理政的根本，就是中国共产党的领导和社会主义制度。"④ 在我们国家，东西南北中，工农商学兵，党是领导一切的。中国特色社会主义的最本质特征就是党的领导。这就决定了，中国特色社会主义制度离不开党的领导，必须以党的领导作为根本政治保障。

---

① 《邓小平文选》第三卷，人民出版社 1993 年版，第 252 页。

② 《邓小平文选》第三卷，人民出版社 1993 年版，第 257 页。

③ 《党的十九大报告辅导读本》，人民出版社 2018 年版，第 331 页。

④ 转引自王岐山《坚持党的领导　依规管党治党　为全面推进依法治国提供根本保证》，《人民日报》2014 年 11 月 3 日。

自中国被西方列强强行纳入国际体系之后，如何从制度入手救亡图存就成为近代中国各政治力量与知识分子的共同思考。君主立宪制、复辟帝制、议会制、多党制、总统制等各种制度方案竞相登台，但是都没有摆脱失败的历史命运。究其原因，其中重要的一条就是这些制度所赖以运行的领导力量具有阶级局限性，代表的是处于社会上层的精英群体的利益，因而无法带领和团结广大人民群众为救亡图存而奋斗。"挽救中国近代以来全面危局之根本，即在建立具有高度组织性、代表性和行动力的新团体，它不仅能够完成对于一切社会资源的有效整合，更要提供一种传统中国所匮乏的集体生活。"① 这种新型政治力量就是中国共产党，这也是中国共产党执政合法性的重要来源。

中华人民共和国成立之后，中国共产党在探索如何建设社会主义的基础上逐渐确立了中国特色社会主义制度。历史也证明，中国特色社会主义制度的发展离不开中国共产党的领导。首先，中国共产党是无产阶级的先锋队，也是中华民族的先锋队，以马克思主义的科学理论为指导。中国共产党的先进性决定了中国共产党所确立的各项制度能够顺应历史的发展方向，代表国家、民族和人民的根本利益，从而获得最为广泛的价值认同与社会支持。其次，中国共产党的长期执政可以保证社会主义建设事业能够得到一以贯之地贯彻执行，确保方针政策的延续性和可预期性；同时，中国共产党根据形势发展的变化不断调整各项制度，使其具备必要的灵活性和针对性。最后，中国共产党能够在民主集中制的基础上吸收全党全民族的聪明智慧，在协商民主的基础上汲取全社会的智力资源，群策群力，使得社会主义制度不断在发展中完善。

---

① 鄢一龙、白钢、章永乐等：《大道之行：中国共产党与中国社会主义》，中国人民大学出版社 2015 年版，第 30 页。

坚持中国共产党的领导，对于发展中国特色社会主义而言，既是历史的选择，也是现实的需要。一方面，中国特色社会主义制度的发展方向与价值目标，是由其创立者中国共产党的性质决定的，体现着中国共产党的政党意志和政治主体性地位。另一方面，任何制度体系的发展都离不开一个稳定的政治环境，否则制度体系就在朝令夕改的变动中流于形式。从此方面讲，中国共产党的领导实际上满足了制度体系对于政治环境的稳定需求。另外，中国社会主义政党体制的特殊性，如强大的政治动员能力、社会整合能力与组织纪律性等，这些有利条件都切实保证了中国特色社会主义制度的有效运行。中共十九大把"坚持党对一切工作的领导"作为新时代中国特色社会主义的基本方略，高度概括了党的领导对于坚持和发展中国特色社会主义的政治保障地位，确保中国特色社会主义事业的稳定健康发展。

（四）坚持以人民为中心的原则

作为一个政治概念，"人民"一词在社会主义中国具有重要含义。中国共产党是依靠人民组织起来的政党，中国特色社会主义是全体人民的伟大事业，这就决定了中国特色社会主义制度必须体现人民性。

"人民"并不是一个抽象的笼统概念，而是现实生活中成千上万的普通群众。因此，中国特色社会主义制度必须体现和发展人民群众的广泛利益，而不是某些特殊团体的狭隘利益，这是中国特色社会主义制度区别于其他社会制度的根本性特征。脱离了人民群众，违背了人民群众的利益，中国特色社会主义制度就会成为无源之水，就会丧失活力。

人民群众是确立和发展中国特色社会主义制度的力量源泉。在中国特色社会主义制度确立和发展的每一个重要阶段，人民群众的探索都发挥了重要作用。正如邓小平所言："改革中的许许多多的东西，都是由群众在实践中提出来的……绝不是一个人的脑筋就可以钻出新东西来，是群众的智慧，集体的智慧。"① 另一方面，中国特色社会主义制度也是人民主体地位的制度保障，为发挥人民主体性提供了广阔空间。我国实行的人民代表大会制度，从本质上看就是要体现和保障人民当家作主的政治地位，充分发扬人民民主，具有广泛的代表性，充分体现了权为民所赋的政治理念。公有制为主体、多种所有制经济共同发展的基本经济制度和按劳分配为主体、多种分配方式并存的分配制度，既能调动各方面积极性、激发社会创造活力，又有利于全体人民共享改革发展成果，逐步实现共同富裕。各种形式的基层群众自治制度——居民委员会、村民委员会、企业职工代表大会和其他民主形式——使得人民群众的民主选举、民主决策、民主管理以及民主监督权利得到切实保障。人民主体思想也同样贯穿于相互联系的其他各项具体制度之中，人民群众享受依法管理国家事务、管理经济与文化事业、管理社会事务的充分权利。由此可见，中国特色社会主义制度从本质上看是以人民为本，维护和实现最广大人民的根本利益的制度体系。

当前，中国特色社会主义制度还存在一个如何发展与完善的问题。在此方面，是否坚持以人民为中心至关重要。我们要清醒地认识到："社会主义现代化建设的极其艰巨复杂的任务摆在我们的面前。很多旧问题需要继续解决，新问题更是层出不穷。党只有紧紧地依靠群众，密切地联系群众，随时听取群众的呼声，了解群众的情绪，代表群众的利益，才能形成强大的力量，顺利地完成自己的各项任务。"② 以人民为中心是中国特色社会主义制度的生命线和发展动力，中国特色社会主义制度必须要回应人民群众的需求，致力于发展人民群众的根本利益。中共十九大报告指出："必须坚持人民主体地位，坚持立党为公、执政为民，践行全心全意为人民服务的根本宗旨，把党的群众路线贯彻到治国理政

---

① 《邓小平建设有中国特色社会主义论述专题摘编》，中央文献出版社 1995 年版，第 30—31 页。

② 《邓小平文选》第二卷，人民出版社 1994 年版，第 342 页。

全部活动之中，把人民对美好生活的向往作为奋斗目标，依靠人民创造历史伟业。"① 人民满意不满意、赞成不赞成、拥护不拥护是衡量中国特色社会主义制度成效的重要标准，唯有如此才能确保中国特色社会主义制度的发展不偏离方向。

（五）以国家治理现代化为导向

除了性质上的显著特点外，中国特色社会主义制度还强调要以实现治理现代化为客观目标。中共十八届三中全会明确提出，全面深化改革的总目标是完善和发展中国特色社会主义制度，推进国家治理体系和治理能力现代化。我们党意识到，制度执行力、社会治理能力已经成为我国社会主义制度优势充分发挥、党和国家事业顺利发展的重要因素。中共十九大进一步明确，推进国家治理体系和治理能力现代化在社会主义现代化强国建设中的重要地位。我们党提出全面深化改革的总目标问题，将国家治理现代化确定为完善和发展中国特色社会主义制度的目标导向。在这里，治理现代化包括两层含义：一是国家治理制度体系的现代化，二是国家治理能力效果的现代化。所谓国家治理体系，就是党领导人民管理国家的制度体系，包括经济、政治、文化、社会、生态文明和党的建设等各领域的体制、机制和法律法规安排，也就是一整套紧密相连、相互协调的国家制度。虽然经过几十年的探索，中国特色社会主义制度基本确立，但是仍然存在不适应实践发展要求的体制机制性因素，这就需要依据科学、民主、依法、有效的现代化原则来除旧布新，实现党、国家、社会各项事务治理制度化、规范化、程序化。所谓国家治理能力，就是运用国家制度管理社会各方面事务的能力，包括改革发展稳定、内政外交国防、治党治国治军等各个方面的能力。国家治理能力的现代化要求各治理主体依据现代化的治理原则，着重推进各项制度

---

① 《党的十九大报告辅导读本》，人民出版社 2018 年版，第 21 页。

的执行能力建设，确保治理目标的有效实现。

自 20 世纪 80 年代以来，治理理论的发展已经成为一种被世界各国广泛认可的趋势。在关于治理的认知中，治理被定义为一种新型的国家与社会模式，认为现代化的治理不应仅仅强调政府的作用，而是要发挥包括社会组织、利益团体、公民等主体的参与作用，鼓励国家与社会之间的相互合作与协同，而非单向的来自政府的管理与控制。也就是说，治理理论既强调政府的责任性，也强调公民支持与参与的重要性，因此是一种合作模式。应该说，治理理论的出现在一定程度上是适应多元化利益社会诉求的需要，是一种现代化的价值理念与行动实践。中国共产党根据社会主义市场经济条件下社会利益格局的变化，在国家与社会关系上从强调"管理"发展为"治理"，强调治理现代化对于发展中国特色社会主义制度的指向作用，是一种符合历史发展潮流的重大转变。

需要指出，中国特色社会主义制度的治理现代化导向与西方制度模式的治理理念存在重要差异。西方的"治理"概念具有"社会中心主义"和"泛中心主义"的取向，主张限制国家和政府的作用，鼓励多元利益主体的竞争与社会参与。而中国共产党更强调"国家治理"这一概念，将党和政府的引导作用与全社会的有效参与相结合，鼓励发挥各方优势。所以，我们强调建立党委领导、政府负责、社会协同、公众参与、法治保障的社会治理格局，而非取消国家权威性的泛化治理格局。另外，推进国家治理体系和治理能力现代化的出发点和落脚点，是完善和发展中国特色社会主义制度。也就是说，我们党所强调的"治理现代化"是有方向的，这个方向就是中国特色社会主义道路，而不是其他什么道路。

二、中国特色社会主义制度的优势

制度模式的比较是一个无法回避的问题。相对于其他制度而言，中国特色社会主义制度有没有优势？如果有，这些优势又体现在哪些地方？对于这些问题的回答必须要从比较的视野出发，结合中国特色社会主义的实践来分析认识。这首先涉及一个比较标准的问题，而且这个比较标准必须是客观的。在这一方面，邓小平曾指出："我们评价一个国家的政治体制、政治结构和政策是否正确，关键看三条：第一是看国家的政局是否稳定；第二是看能否增进人民的团结，改善人民的生活；第三是看生产力能否得到持续发展。"①这三条标准构成了我们思考中国特色社会主义制度优势的重要出发点。

2011 年 7 月 1 日，胡锦涛在中国共产党成立一百周年大会上的讲话中，把中国特色社会主义制度的优势集中概括为"五个有利于"，即中国特色社会主义制度"有利于保持党和国家活力、调动广大人民群众和社会各方面的积极性、主动性、创造性，有利于解放和发展社会生产力、推动经济社会全面发展，有利于维护和促进社会公平正义、实现全体人民共同富裕，有利于集中力量办大事、有效应对前进道路上的各种风险挑战，有利于维护民族团结、社会稳定、国家统一"②。根据我们的理解，中国特色社会主义制度的比较优势主要表现在以下几个方面。

（一）有利于解放和发展生产力

马克思主义认为，社会主义制度的优越性首先表现在解放和发展生产力上，因为一方面社会主义社会对资本主义社会的替代，继承了资本主义社会所积累的生产力基础，另一方面社会主义制度解决了资本主义制度所无法解决的社会化大生产与私人占有之间的固有矛盾，能够调动人民群众的生产积极性，更快地促进社会生产力的发展。所以，马克思恩格斯强调，无产阶级取得政权之后，要"利用自己的政治统

---

① 《邓小平文选》第三卷，人民出版社 1993 年版，第 213 页。
② 《胡锦涛文选》第三卷，人民出版社 2016 年版，第 527 页。

治，一步一步地夺取资产阶级的全部资本，把一切生产工具集中在国家即组织成为统治阶级的无产阶级手里，并且尽可能快地增加生产力的总量"①。然而，自从社会主义制度在经济文化落后的国家建立以来，社会主义制度如何解放和发展生产力就成了一个十分重要的"现实社会主义"问题。

毛泽东曾自信地指出："我国现在的社会制度比较旧时代的社会制度要优胜得多。如果不优胜，旧制度就不会被推翻，新制度就不可能建立。所谓社会主义生产关系比较旧时代生产关系更能够适合生产力发展的性质，就是指能够容许生产力以旧社会所没有的速度迅速发展，因而生产不断扩大，因而使人民不断增长的需要能够逐步得到满足的这样一种情况。"② 面对"文化大革命"所导致的国民经济濒于崩溃的现实，邓小平指出："搞社会主义，一定要使生产力发达，贫穷不是社会主义。我们坚持社会主义，要建设对资本主义具有优越性的社会主义，首先必须摆脱贫穷。"③ 他还强调："社会主义阶段的最根本任务就是发展生产力，社会主义的优越性归根到底要体现在它的生产力比资本主义发展得更快一些、更高一些，并且在发展生产力的基础上不断改善人民的物质文化生活。"④ 也就是说，解放和发展生产力是成为社会主义制度优越性的具体体现，失去了这一点，社会主义的优越性就无从谈起。

改革开放以来，中国特色社会主义制度创造性地将社会主义与市场经济相结合，在公有制占主体地位的基础上大力发展多种所有制经济，实行按劳分配为主体多种分配方式并存的分配制度，综合利用政府宏观调控与市场机制"两只手"等，这一系列的制度安排促进了经济的持续繁荣发展，被西方国家认为是不可思议的"中国奇迹"，中国的发展模

---

① 《马克思恩格斯文集》第2卷，人民出版社2009年版，第52页。
② 《毛泽东文集》第七卷，人民出版社1999年版，第214页。
③ 《邓小平文选》第三卷，人民出版社1993年版，第225页。
④ 《邓小平文选》第三卷，人民出版社1993年版，第63页。

式也被视为"中国模式"而广受推崇。更为重要的是，与西方发达国家陷入金融危机而难以自拔、一些发展中国家经济长期萎靡不振相比，中国特色社会主义表现出来的经济活力与增长潜力独树一帜。就连提出"历史的终结"观点的福山也不得不承认："中国在金融危机中的表现比美国、欧洲及其他发展中国家都要好得多。中国的模式依赖于政治上的威权主义和经济的自由开放。这个体制的优势是中国政府可以比民主国家的政府更快地作出重大决定，在投资和基础设施领域，这种优势表现得尤其明显。与美国相比，这种优势使中国能够突破一些瓶颈。"① 从横向比较来看，中国特色社会主义制度有力地促进了中国经济的发展和社会的进步。中国已经成长为世界第二大经济体，人民生活水平显著提高，实现了从贫困到温饱到总体小康的历史性跨越，基本上改变了我们国家改革开放前贫穷落后的经济面貌。另外，中国特色社会主义制度始终强调改革的重要性，坚决破除各方面体制机制弊端，这实际上有利于增强中国特色社会主义制度的创新性与适应性，强化抵御风险、化解挑战的能力，从而推动经济持续健康发展。当代中国的巨变，已经被认为是"当今时代最为重大事件"。在与其他制度模式的竞争中，中国特色社会主义制度越来越体现出解放和发展生产力的优势。

（二）有利于形成社会共识，更具有聚合能力

中国是一个超大型社会，内部的复杂性、多样性、变化性十分显著。在这种情况下，如何凝聚全社会力量致力于共同事业、避免因社会分裂而相互牵绊至关重要。在这一方面，中国特色社会主义的制度设计具有突出优势。马克思主义政党的鲜明特征就是要代表广大人民群众的根本利益，社会主义国家制度在人类历史上第一次实现了人民利益与国

---

① ［美］福山：《全球金融危机与资本主义的未来》，载陈家刚编：《危机与未来：福山中国讲演录》，中央编译出版社2012年版，第31页。

家制度取向的相互统一。与那些仅仅代表少数人或群体利益的政党及其国家制度相比，社会主义国家的制度设计必须要从纷繁复杂的社会利益中抽离出最具普遍性的价值理念，上升为共同理念与目标，引导社会成员的行为，积聚气势磅礴的力量，这也是社会主义国家实现跨越式发展的一种现实选择。寻求最大公约数，以凝聚社会共识，是中国共产党治国理政的一个重要特征，也是中国特色社会主义制度具有向心力与吸引力的基础所在。

中国特色社会主义制度成功地发挥了易于形成社会共识的优势，实现了中国特色社会主义的快速发展。中国共产党在不同历史时期提出的重大政策主张都是在汇聚社会共识、代表广泛利益的基础上形成的。正如邓小平所言："我们过去几十年艰苦奋斗，就是靠用坚定的信念把人民团结起来，为人民自己的利益而奋斗。没有这样的信念，就没有凝聚力。没有这样的信念，就没有一切。"[1]"文化大革命"之后，人民群众迫切希望能够改变窘迫的生活处境，将精力放到发展生产和提高生活水平上，中国共产党适时抛弃了"以阶级斗争为纲"的路线，把工作重心转移到经济建设上来，一系列政策和制度刺激了广大人民群众的生产积极性，在较短的时间内恢复了生产力；随着社会主义市场经济的发展，社会利益出现多元化发展倾向，社会矛盾冲突增多，人民群众迫切要求从顶层设计出发确保社会秩序与利益有效调节，为此中国共产党加快了社会主义法治建设步伐，提出了依法治国的基本方略；中共十八大后，习近平将人民群众的共同愿望与中国共产党的使命相结合，提出了"人民群众对美好生活的向往，就是我们的奋斗目标"口号，以"中国梦"为理念凝聚不同阶层社会成员共识，获得人民群众的广泛认同与赞许，为协调推进"四个全面"战略布局奠定了良好的社会基础。

社会共识形成的基础在于党能够及时、有效反映人民群众的广泛需

---

[1] 《邓小平文选》第三卷，人民出版社1993年版，第190页。

求和根本利益，并在此基础上把人民群众的需求和利益整合为党的政策主张，依靠党的组织体系和国家制度确保这种易于形成社会共识的优势转化为高效贯彻执行的优势。这也是中国共产党执政合法性的重要来源。因此，中国特色社会主义的政党政治本质上是一种回应性与反馈性体制。那么，这种具有回应性与反馈性特征的政治体制是如何运行的呢？首先，在政党和国家制度领域，民主集中制保障了社会共识的达成与资源的整合。民主集中制是中国共产党的根本组织制度和领导制度，也是我们国家组织形式和活动形式的基本原则。民主集中制强调民主与集中的结合，充分发挥民主与集中两种政治逻辑的长处，又避免民主与集中走向极端。"它既能保障大众的权利，也能强化领导层的责任。坚持集中指导下的民主，不仅可以保障全体人民依法管理国家事务和社会事务、管理经济和文化事业，使人民群众能够畅通表达利益要求，使社会各方面能够有效参与国家政治生活，还有利于引导民众围绕社会利益和社会共同关注的问题建言献策，使党和政府的方针政策、作出的重大决策有充分的民意基础。"① 此外，在党际政治层面，中国共产党领导的多党合作与政治协商制度，确保各政党、各人民团体、各少数民族和社会各界的不同利益表达可以通过政治协商会议的制度平台加以整合与系统化传递，这既保障了不同方面的利益在社会共识中得到体现，又避免了西方政治中经常出现的政党倾轧、社会离心现象。正如习近平指出的："新型政党制度，新就新在它是马克思主义政党理论同中国实际相结合的产物，能够真实、广泛、持久代表和实现最广大人民根本利益、全国各族各界根本利益，有效避免了旧式政党制度代表少数人、少数利益集团的弊端；新就新在它把各个政党和无党派人士紧密团结起来、为着共同目标而奋斗，有效避免了一党缺乏监督或者多党轮流坐庄、恶性竞争的弊端；新就新在它通过制度化、程序化、规范化的安排集中各种

---

① 秦刚：《中国特色社会主义制度的比较优势》，《中共中央党校学报》2015 年第 6 期。

意见和建议、推动决策科学化民主化，有效避免了旧式政党制度囿于党派利益、阶级利益、区域和集团利益决策施政导致社会撕裂的弊端。"① 还有，党的群团组织发挥社会群体性利益代表的作用，有效吸纳与整合所代表社会群体的利益，帮助执政党形成为社会各群体所普遍接受的政策共识提供了重要基础。

中国特色社会主义的制度设计内在地吸纳了近代以来诸多仁人志士所冀求将中国组织起来、摆脱一盘散沙境地的要求。它使得我们的国家、民族成为一个有组织的整体，可以集中力量干大事，有利于经济社会快速发展。如邓小平在评价人民代表大会制度时就指出，该制度"有个最大的优越性，就是干一件事情，一下决心，一做出决议，就立即执行，不受牵扯。我们说搞经济体制改革全国就能立即执行，我们决定建立经济特区就可以立即执行，没有那么多互相牵扯，议而不决，决而不行。就这个范围来说，我们的效率是高的，我讲的是总的效率。这方面是我们的优势，我们要保持这个优势，保证社会主义的优越性"②。应该看到，在经济文化落后的国家建设社会主义、实现现代化，其本身内含了对社会秩序与整合有限资源的强烈需求，而中国特色社会主义制度正是契合这种历史性需求，这也是中国特色社会主义适合中国国情并展现生机活力的重要原因。

（三）有利于充分发挥人民民主

现代社会是民主政治的时代。民主的本质在于人民当家作主，这是人民主权的体现。然而，关于民主的认识与制度形式却是众说纷纭。当今世界，绝大多数国家声称是民主国家，但是这些国家的民主制度却存在重大差异，民主制度的运行效果也有很大差距。中国特色社会主义在

---

① 《坚持多党合作发展社会主义民主政治　为决胜全面建成小康社会而团结奋斗》，《人民日报》2018年3月5日。

② 《邓小平文选》第三卷，人民出版社1993年版，第240页。

推进民主政治发展过程中，形成了一套独具特色、运行良好的民主制度。中国特色社会主义的民主政治其价值追求，一言以蔽之，即人民民主理念。

中国特色社会主义是科学社会主义基本原则在中国的实践。在科学社会主义理论中，民主占据重要位置。马克思认为："民主制才是普遍与特殊的真正统一"①。在马克思看来，民主制具有双重特性。一方面，民主制具有阶级性，体现的是统治阶级对于被统治阶级的强制，因此民主制存在于统治阶级内部，或者说民主制是国家机器的组成部分。因此，马克思直言，资产阶级社会的民主是虚伪的，它的进步性仅仅体现在人的政治解放层面，而在社会经济领域，作为大众的人依然处于被奴役、被剥削的状态。另一方面，民主是一个"类概念"，体现为人民的自我规定。在普遍意义上讲，至少在法律形式或制度规定上，民主制的出发点和归宿是普遍的人，即全体人民；国家的法律制度为人民而设，人民是民主制的目的，而不是相反；在政治过程或程序中，人民是决定性的环节。马克思恩格斯在关于巴黎公社的论述中，向我们描述了理想的社会主义国家的民主制：一是巴黎公社是帝国的直接对立物，是"新的真正民主的国家政权"，"公社给共和国奠定了真正民主制度的基础"，是"通过人民自己实现的人民管理制"；二是公社不是压迫性的机关，而是工人阶级自己的政府；三是公社的领导成员不是骑在人民头上作威作福的老爷，而是由人民选出，受人民监督，并废除了一切特权的"人民的勤务员""公务员""公仆"；四是公社不是官僚、腐败机构，不是吸血鬼，它取消庞大的军费开支和官吏高薪，是"廉价政府"；五是公社对农民决不去"敲骨吸髓地压榨"，"决不靠农民劳动以自肥"，而要免除他们的一切血税，要给农民直接带来重大益处。② 从以上分析可以

---

① 《马克思恩格斯全集》第 3 卷，人民出版社 2002 年版，第 40 页。

② 《马克思恩格斯选集》第 3 卷，人民出版社 2003 年版，第 191—199 页。

看出，科学社会主义的民主原理要求国家必须掌握在人民手中，官僚机构由人民所控制，政治经济生活充分体现人民的自治性与自主性。只有具有人民性特征的民主才是真正的民主。因此，社会主义国家的人民必须要享受广泛、充分、切实、实质性的民主权利，而不是表面上的、仅仅是法理意义上的民主权利。

当然，也要看到社会主义国家探索民主政治的过程充满了曲折坎坷，并非一帆风顺。包括新中国在内的许多社会主义国家都曾经错误地估计了社会发展形势，对人民民主的本质缺乏深入认识，继而形成了高度集权的政治经济体制，破坏了社会主义民主法治。改革开放后，中国特色社会主义民主政治的发展就是首先从打破高度集权的政治体制开始的。正如邓小平所说："党和国家现行的一些具体制度中，还存在不少的弊端，妨碍甚至严重妨碍社会主义优越性的发挥""主要的弊端就是官僚主义现象，权力过分集中的现象，家长制现象，干部领导职务终身制现象和形形色色的特权现象"。① 因此，社会主义本质上要求建立比资产阶级民主更为高级的民主制度，这既是破除传统社会主义模式权力过分集中的需要，也是保障与维护人民主体地位的基础。以人民民主理念为核心，中国特色社会主义逐渐形成了一套体系健全、功能完备的民主制度，主要包括人民代表大会制度、中国共产党领导的多党合作和政治协商制度、民族区域自治制度和基层群众自治制度。这些民主制度既强调人民群众的选举权与被选举权，又强调人民群众协商参与决策的权利；既强调人民群众管理国家各项事务的权利，又强调人民群众广泛的自治权利；既强调保障人民群众的政治权利，又强调人民群众的经济权利与社会权利。

从民主制度发展历程来看，人类社会的民主政治主要沿着两条路径前进：一是密尔、洛克所倡导的代议制民主，另一种是马克思恩格斯

---

① 《邓小平文选》第二卷，人民出版社 1994 年版，第 327 页。

所提出的人民民主制。代议制民主从本质上看，是一种精英民主，并不相信人民群众的理性能力，因此倾向于把民主范围设定在一定的财产、身份、社会地位、族群范围内，有色人种、少数族群、女性等社会群体长期被排斥在民主政治之外。即使是实行普选制的现代西方国家，社会大众的民主参与仅仅局限于选举时刻，对于政治议程的影响力十分有限。另一方面，西方精英民主越来越受到金钱、利益集团等因素的控制，代议民主制呈现出寡头化趋势，其效果颇受质疑。近年来，西方学界关于民主衰退的讨论就说明了这一点。中国特色社会主义民主在本质上是人民民主制，强调人民群众是历史创造者，鼓励人民群众参与政治生活。中国共产党将人民民主视为社会主义的生命，并完善了人民民主的基本架构、制度形式与实现机制。首先，党的领导是保证人民民主正确方向的决定性力量。现代政党政治表明，人民参与国家政权必须通过组织政党的方式实现。中国共产党来源于人民，代表广大人民群众的根本利益，中国共产党的领导就是组织和支持人民群众当家作主。人民民主离开了党的领导，就失去了可靠的组织核心与建设主体；党的领导脱离了人民民主原则，就丧失了执政合法性与正当性，就失去了根基。其次，中国特色社会主义丰富和发展了人民民主的实现形式。从结构上看，既包括国家形态的民主制度，如人民代表大会制度、共产党领导的多党合作与政治协商制度等，包括非国家形态的民主制度，如农村村民自治制度、城市社区自治制度、职工代表大会制度等，也包括各项党内民主制度。从内容上看，包括民主选举、民主决策、民主管理、民主监督等方面。从渠道上看，包括选举、协商、政务公开、决策听证、行政诉讼等。再次，注重将人民民主制度具体化、程序化、操作化，使人民民主更具可行性与真实性。从以上分析可以看出，中国特色社会主义民主制度的优越性在于高举人民民主的大旗，保障人民当家作主地位，在政治、经济、社会等各领域充分发扬人民主体性，确保实现人民各项民主权利。

（四）有利于促进社会公平正义

社会公平正义是人类社会的永恒性难题。不同制度模式对于社会公平正义问题的认识具有重要差异，反映了制度模式的意识形态取向。一般来说，关于何谓公平正义，主要存在两种观点，一是强调自由优先的机会公正论，另一种则是强调平等优先的结果公正论。西方国家主要奉行自由主义或功利主义的公正观，强调社会公正的第一条原则是公民个人的基本权利尤其是财产权不受侵犯，在此基础上追求"最大多数人的最大幸福"原则。显然，这种自由优先的公正观具有历史进步性，但问题在于即使是在机会公正的条件下，不同阶层和社会地位的公民依然面临许多制度性、强制性差异，使得社会政策的结果偏离公平正义。与此相对应，社会主义的公正观更加强调平等优先的结果公正。马克思从考察现实的人及其社会关系出发，认为造成社会不公的根源在于私有制。马克思认为，资本主义经济关系本质上是雇佣劳动与资本之间的关系，资本以其所有权对雇佣劳动的剥削必然会导致资产阶级与无产阶级的对立，在这种阶级对立情况下不可能存在所谓的社会公平正义。资产阶级法权虽然宣扬自由、平等与人权的政治宣言，但仅仅意味着无产阶级的"政治解放"，而在经济和社会领域无产阶级依然处于不平等的被支配地位。因此，马克思认为真正的社会公平正义必须要在消除了私有制与剥削的社会主义社会才能实现，最终体现为"人的自由全面发展"。由此可见，马克思主义的社会公正观建立在阶级理论之上，在实践中更加强调平等的重要性。正如美国学者阿瑟·奥肯所言："资本主义的主要竞争对手，当然是社会主义，它允诺了更大的平等。"①

中国特色社会主义坚持了马克思主义的社会公正观，并赋予其新的实践内容。在一段时间内，中国共产党对社会公平正义的认识走过

---

① ［美］阿瑟·奥肯：《平等与效率》，王奔洲等译，华夏出版社1999年版，第50页。

一段弯路，片面地将社会公平正义等同于"一大二公"和平均主义。改革开放后，中国共产党清醒地认识到我国处于并长期处于社会主义初级阶段，在推进社会主义市场经济过程中要处理好效率与公平的关系。一方面，鼓励一部分人先富起来，运用物质利益原则和市场机制调动人民群众的积极性与主动性，增强社会活力，推动经济发展，解决生产力水平低下、物质短缺这一现实性问题，为促进社会公平正义奠定物质基础。另一方面，强调共同富裕和共享发展的理念，让改革发展成果更多惠及全体人民，调节社会阶层收入差距，防止贫富悬殊甚至是两极分化，确保社会既充满活力又和谐有序。中国共产党一直注重效率与公平相结合，不断调整两者之间的动态关系。在政策思想层面，中共十三大提出"在促进效率提高的前提下体现社会公平"，十四大修改为"兼顾效率与公平"，十五大强调"坚持效率优先，兼顾公平"，十六大则进一步发展为"初次分配注重效率，再分配注重公平"，到了十七大则强调"初次分配和再分配都要处理好效率和公平的关系，再分配更加注重公平"，十八大提出："努力实现居民收入增长和经济发展同步、劳动报酬增长和劳动生产率提高同步，提高居民收入在国民收入分配中的比重，提高劳动报酬在初次分配中的比重。初次分配和再分配都要兼顾效率和公平，再分配更加注重公平。"[1]在经济制度层面，公有制占主体可以确保社会财富掌握在人民手中，发展多种所有制经济又可以调动各方面积极性，增强经济发展活力；市场与政府两种资源配置机制协同发力，发挥市场的决定性作用，但是又强调政府对市场机制的干预作用和国家对社会的保护作用，防止市场逐利性的无限扩张导致社会群体利益关系过度紧张并形成社会撕裂局面，让全体人民分享市场运作的成果，让社会各阶层分担市场运作的成本，从而把市场重新"嵌入"社会伦理关系之中，避免出现波兰尼所说的"经

---

① 《十八大以来重要文献选编》，中央文献出版社 2014 年版，第 28 页。

济社会"现象。①

　　公平正义是中国特色社会主义的内在要求，也是中国特色社会主义制度的价值追求。如何促进社会公平正义是任何制度模式都面临的难题，在这一方面，中国特色社会主义形成了许多可供借鉴的有益经验。一是正确看待经济发展与公平正义的关系，既不搞低发展水平下的绝对平均，又不鼓励有损于公平正义的经济发展，而是追求发展基础上的共享。中国特色社会主义制度既重视经济建设，又重视社会建设，因此是一种可持续的发展型社会公正观。二是健全社会公平正义内容，努力建立社会公平保障体系。社会公平正义的内容十分丰富，甚至存在相互冲突的可能。中国特色社会主义的社会公正观包括权利公平、机会公平与规则公平三个方面，并强调保证人民平等参与、平等发展权利，是一种多维度的社会公正观。为此，中国特色社会主义形成了多领域、多层次的社会公正保障体系，包括以下几个方面：着力完善民主权利保障制度支持和保障人民通过人民代表大会行使国家权力；健全社会主义协商民主制度；完善基层民主制度；建设公正、高效、权威的司法制度，让人民群众在每一个司法案件中都感受到公平正义；加强社会事业改革，发挥民生事业保基本、兜底线的作用；让改革发展成果更多惠及全体人民，让人民群众在改革发展中有更多获得感，让人民共享人生出彩的机会；等等。中国在促进社会公平方面取得的进步表明，中国特色社会主义制度具有显著优越性。

（五）有利于制定长远发展规划，稳定持续发展

　　现代政党的执政环境日益复杂，对于执政党而言，通过建立一套稳定可靠的制度体系来应对这些执政风险挑战是一个现实性问题。因此，为了应对复杂执政局面，要求执政党必须具备制定并且能够实施长远发

---

　　① 　王绍光：《大转型：1980 年代以来中国的双向运动》，《中国社会科学》2008 年第 1 期。

展规划的能力。在这一方面，中国特色社会主义制度无论同传统社会主义制度相比，还是同西方国家的资本主义制度相比，都有十分显著的优势。

美国战略学家基辛格曾经说过："历史上美国从来没有强大的邻国，中国则随时可感到强大邻国的威胁。美国资源得天独厚，天然觉得所有问题都能解决，所以主要注意力放在处理短期问题，中国则不同，想得远，因为中国的一个问题连接着另外的问题。"[①] 也就是说，受中国现代国家成长的一些先天性因素制约，中国的执政者必须要从大处着眼，把握好大势潮流，谋划长远发展，唯有如此才能确保长期执政。除此之外，当前中国正处于利益深刻调整的社会转型期。与先发转型国家不同，中国的社会转型具有典型的"时空压缩"特征。也就是说，先发转型国家在几百年内解决的问题需要中国在几十年内解决，先发转型国家的社会问题是渐次爆发的，而当前中国所面临的问题是集中爆发的，各种经济、政治、社会、意识形态、民族、宗教等问题交织在一起，难以分别，这客观上增加了治理理政的难度。正如习近平所言："中国有 960 万平方公里国土，56 个民族，13 亿多人口，经济发展水平还不高，人民生活水平也还不高，治理这样一个国家很不容易，必须登高望远，同时必须脚踏实地。"[②] 中国面临十分复杂的内部和外部环境，迫切需要从制度建设层面出发寻找到应对复杂局面之道。

在制度模式的竞争中，我们发现中国特色社会主义的制度理念与制度安排在应对复杂局面方面具有得天独厚的优势。在制度理念上，中国共产党历来反对本本主义与经验主义，不迷信任何教条，而是以问题为导向、以正在做的事情为中心，理论联系实际，追求理论的适用性。正如毛泽东所讲："我们是马克思主义者，马克思主义叫我们看问题不要

① ［美］基辛格：《创造更好的世界秩序是我们共同的使命》，参见澎拜新闻网，http://www.thepaper.cn/newsDetail_forward_1391167。

② 《习近平谈治国理政》第一卷，外文出版社 2018 年版，第 102 页。

从抽象的定义出发，而要从客观存在的事实出发，从分析这些事实中找出方针、政策、办法来。"① 另外，中国特色社会主义十分重视发展的自主性，坚持从国情出发探索适合本国道路的发展模式，不迷信所谓普世性的制度模式，同时又以开放包容的精神吸纳人类社会文明成果，开发传统文化资源，以一种积极务实的态度丰富中国特色社会主义的制度资源。一位西方观察家指出，中国共产党具有很强的政党适应性，这是中国特色社会主义取得成功的关键。他认为，作为一个"组织"的中国共产党，如果想要存续下去就必须完成两项具有关联性的任务：第一，组织要适应外部环境的变化。组织需要通过与外部环境进行资源性的输入和输出活动，来维持组织自身发展，并随时保持对环境变化的敏感度与反应力，这是组织的"外适应"。第二，组织能够协调内部组织成员的活动目的，使组织成员的个人目标与组织的目标保持一致，以维持组织系统的正常运转，这是组织的"内适应"。② 很显然，中国特色社会主义制度不管是在"外适应"方面，还是在"内适应"方面都有效地塑造出了一种现代化的治理能力。除了适应性特征之外，中国特色社会主义制度之所以能够取得成功，还在于其具有很强的反思能力。一方面，从与自身政治体制相似、发展阶段相似、面临问题相似的国家发展中汲取经验教训，达成共识后形成制度，避免自身再走弯路。如中国共产党多次反省国际共产主义运动陷入低潮的教训、广大发展中国家徘徊不前的原因，也学习新加坡人民行动党等政党的执政经验等。如邓小平所指出的那样："我们的制度将一天天完善起来，它将吸收我们可以从世界各国吸收的进步因素，成为世界上最好的制度。这是资本主义所绝对不可能做到的"③。另一方面，也从自己走过的道路中汲取智慧，继承和发扬

---

① 《毛泽东选集》第三卷，人民出版社 1991 年版，第 853 页。

② ［美］沈大伟：《中国共产党：萎缩和适应》，吕增奎、王新颖译，中央编译出版社 2011 年版。

③ 《邓小平文选》第二卷，人民出版社 1994 年版，第 337 页。

被实践证明是正确的制度，改革那些不符合时代发展要求的制度，勇敢抛弃那些被实践证明是糟粕的制度。

从制度安排上看，中国特色社会主义的诸多具体制度有利于我们党应对执政过程中的风险挑战。比如，层层历练、选贤任能的干部人事制度塑造了一支具有稔熟执政能力的干部队伍，这支队伍既是中国共产党的执政骨干，也是推动和引领社会发展进步的主导力量。中国特色社会主义的干部制度具有明显的经验和能力导向，侧重于把那些经受过基层锻炼和具有处理复杂问题能力的胜任者选拔到更高的领导岗位上，选人用人制度的开放性则将具备胜任力的各行各业精英汇集到党的组织体系中，经过干部交流、干部培训、组织培养、能力考核与竞争等方式开阔干部视野、发展干部能力，创造有利于人才脱颖而出的制度环境，这显然与西方国家主要依靠选票组成执政团队相比在执政能力方面具有明显优势。"中国领导人上任后，他们能够作出虑及所有利害相关者利益的决定，包括子孙后代和居住在国外的人们。相比而言，在多党制民主国家，领导人通常经过竞选获任，他们需要操心下届选举的问题，很可能基于关系到他们连任机会的短期政治考虑而作出决策"①。另外，中国特色社会主义制度特别注重各项制度之间的相互关联、制度间的平稳过渡以及制度的积极创新，因此是一种渐进性制度变迁模式。中国特色社会主义鼓励局部区域、行业因地制宜进行制度创新，在局部试验的基础逐步进行推广，这样既保障制度变迁不至于引起全局性动荡，又保留了制度发展的潜力与动力。因此，"中国政治、经济制度的一个显著特点就是它具有强大的规划能力，通过多样化的形式，根据相关的领域特点来调动不同的工具，而政治民主使得以这种规划为基础的公共选择得以实现。"② 显然，中国特色社会主义制度集稳健型与创新性于一体，能够有

---

① ［加］贝淡宁：《从"亚洲价值观"到"贤能政治"》，李扬眉译，《文史哲》2013 年第 3 期。

② ［法］托尼·安德烈阿尼、雷米·艾莱拉：《中国是否是民主社会主义模式——评米歇尔·阿格列塔〈中国道路：资本主义和帝国〉》，《当代世界与社会主义》2014 年第 5 期。

效管控和驾驭各种执政风险的冲击，在复杂执政环境中实现"软着陆"。

三、中国特色社会主义制度的完善和发展

诚然，中国道路的成功表明中国特色社会主义制度正在展现其独有优势。但是，我们需要清醒地认识到，中国特色社会主义制度在诸多方面还需要发展完善。比如，一些体制机制对新形势新任务"不适应""不管用"，新旧制度过渡交替期间出现"制度漏洞""制度缺失"，不同制度之间未能形成合力甚至相互冲突，一些制度没有得到有效贯彻执行甚至流于形式，等等。关于这一点，邓小平曾明确指出："恐怕再有三十年的时间，我们才会在各方面形成一整套更加成熟、更加定型的制度。在这个制度下的方针、政策，也将更加定型化。"[①] 制度建设带有根本性、全局性、稳定性和长期性，是关系党和国家前途命运的重大问题。从这个意义上说，完善和发展中国特色社会主义制度是坚持和发展中国特色社会主义的必然要求。

关于中国特色社会主义制度，我们要有清醒的认识。正如习近平所言："应该看到，中国特色社会主义制度是特色鲜明、富有效率的，但还不是尽善尽美、成熟定型的。中国特色社会主义事业不断发展，中国特色社会主义制度也需要不断完善。"[②] 当前和未来一段时间，发展与完善中国特色社会主义制度将成为我们党的一项重要任务。为此，中共十八届三中全会强调要在全面深化改革中完善和发展中国特色社会主义制度，并作出了总体设计和规划。完善和发展中国特色社会主义制度，首先要坚持社会主义的方向与价值原则，同时也要以问题为导向，以改革创新的勇气推动制度发展，在改革实践中既要坚持"顶层设计和摸着

---

① 《邓小平文选》第三卷，人民出版社 1993 年版，第 372 页。

② 《习近平谈治国理政》第一卷，外文出版社 2018 年版，第 10 页。

石头过河相结合""整体推进和重点突破相促进",又要"注重改革的系统性、整体性、协同性"。我们认为,完善和发展中国特色社会主义制度要注意以下三个方面。

一是增强政治定力,正确认识制度模式选择问题。

道路选择关乎制度命运。中国特色社会主义制度是中国特色社会主义现代化建设的制度成果,实践证明是符合中国实际、能够发展中国特色社会主义的制度模式。因此,完善和发展中国特色社会主义制度首先要坚定政治定力,确保在制度发展的方向与价值理念这些根本问题上不出现偏差。正如习近平所指出的:"脱离了中国的历史,脱离了中国的文化,脱离了中国人的精神世界,脱离了当代中国的深刻变革,是难以正确认识中国的。中国不能全盘照搬别国的政治制度和发展模式,否则的话,不仅会水土不服,而且会带来灾难性后果。"[①] 中国特色社会主义制度的发展内在根植于中国发展的现实逻辑之中,契合中国社会的深层次需求,中国共产党的领导赋予其强大的组织动员能力,在与世界上其他制度模式的比较竞争中具有独特优势。因此,无论如何改善与发展,中国特色社会主义制度的本质属性和根本价值理念不能动摇,必须以坚定的政治定力保障中国特色社会主义制度始终沿着中国特色社会主义的道路前进。

纵观近几十年来的国际局势,我们愈发感觉到增强政治定力的重要性。苏联解体和东欧剧变之后,这些国家的根本制度开始向西方制度模式靠拢,社会主义制度被抛弃。但是这并没有解决好这些国家发展所面临的现实性、根本性难题。相反,一些国家反而陷入了政治长期动荡、经济萎靡不振、人民生活水平不升反降的境地,国家的自主发展能力也受到外部大国的严重制约。而西亚、北非等一些发展中国家在西方大国

---

① 习近平:《出席第三届核安全峰会并访问欧洲四国和联合国教科文组织总部、欧盟总部时的演讲》,人民出版社 2014 年版,第 45 页。

"颜色革命"的影响下，纷纷出现了政权更迭，国家基本制度也发生了根本性变革。然而，伴随这些重大变革而来的并不是国家治理能力的改善，反而使得国家能力迅速下降，社会陷入动荡失序、难民蔓延、民间武装兴起、恐怖主义盛行等问题泥潭，整个国家正在成为典型意义上的"失败国家"。这些国家之所以陷入危机，究其原因就是盲目复制照搬其他国家的制度模式，在制度模式选择这一根本性问题上缺乏自主性，无法依据本国实际选择适合自身发展的制度。

需要指出的是，中共十八届三中全会把全面深化改革总目标确定为完善和发展中国特色社会主义制度，推进国家治理体系和治理能力现代化。这个总目标明确了改革的根本方向和鲜明指向，表明了推进国家治理体系和治理能力现代化必须坚持中国特色社会主义的根本方向，必须回答和解决在什么制度模式下实现治理现代化的问题。这正是增强政治定力的要害和关键。增强政治定力，就是要把完善和发展中国特色社会主义制度作为主要历史任务，为人民幸福安康、社会和谐稳定、国家长治久安提供一整套更完备、更稳定、更管用的制度体系，为国家治理体系构建坚实的制度基础。因此，要牢牢把握改革正确方向，在涉及道路、理论、制度等根本性问题上，在大是大非面前，必须立场坚定、旗帜鲜明。

二是用足制度资源，塑造强大制度执行能力。

在完善与发展中国特色社会主义制度过程中，我们需要注意的是，既有制度资源的有效性还需要进一步挖掘与开发。目前，中国特色社会主义制度的基本框架已经构建起来，治国理政的各个领域基本上都实现了制度化覆盖。在这种情况下，完善和发展中国特色社会主义制度的方式就转化为确保制度实施。不可否认的是，当前中国特色社会主义制度的实施还存在不同程度的"制度虚置化"现象，严重影响到了中国特色社会主义制度的整体效应。习近平强调："制度建设要可执行、可监督、可检查、可追究、可问责，还要体现法治思维、改革思维和系统思维。

执行纪律、规章不能失之于宽、失之于软，使规章制度成为'稻草人'，要维护制度的严肃性和权威性，坚持制度面前人人平等，执行制度没有例外。"①造成"制度虚置化"的原因主要包括三个方面：一是制度设计缺乏可行性，或制度规则缺乏刚性与强制力，有关规则模糊不清甚至是存在明显漏洞；二是各项制度之间的关系还没有理顺、衔接还不到位、配合实施机制尚未形成；三是存在固化利益阻碍制度执行，使得制度被束之高阁。

打破"制度虚置化"困境，重在塑造强大的制度执行能力。国家治理体系是在党领导下管理国家的制度体系，包括经济、政治、文化、社会、生态文明和党的建设等各领域体制机制、法律法规安排，也就是一整套紧密相连、相互协调的国家制度；国家治理能力则是运用国家制度管理社会各方面事务的能力，包括改革发展稳定、内政外交国防、治党治国治军等各个方面。国家治理体系和治理能力是一个有机整体，相辅相成，有了好的国家治理体系才能提高治理能力，提高国家治理能力才能充分发挥国家治理体系的效能。当前我国国家治理与制度发展遇到的问题主要是制度执行能力不足。这既需要从制度设计的角度出发增强制度运行的可行性，注重各项制度之间的相互关系，又需要以敢于担当、敢于斗争的改革精神，破除利益固化的藩篱，确保制度执行落地。

除此之外，还要挖掘既有制度潜力，使中国特色社会主义制度优越性得到最大体现。比如，人民代表大会制度是我国的根本政治制度，是人民当家作主政治地位的制度保障。但是由于各种各样的原因，当前人民代表大会制度的有效运行依然存在很大的改善空间，具体表现为如何提高各级人大代表的履职能力？如何确保人民群众的多元化利益得到有效代表与反映？人民群众如何有效监督人大代表？人民代表大会的立法

① 《中共中央政治局常委到第一批党的群众路线教育实践活动联系点出席指导专题民主生活会》，《人民日报》2013 年 10 月 3 日。

权、监督权、决定权、任免权等各项权力如何得到有效发挥？等等。只有人民代表大会制度的上述问题得到有效解决，才能从根本上避免"人民形式上有权，实际上无权"的现象，才能真正体现人民代表大会制度的根本政治制度地位。另外，中国共产党领导的多党合作制度是我国的一项基本政治制度，但是这一中国特色社会主义政党制度的社会基础还有待加强，尤其是各民主党派如何联系、代表社会新兴阶层？各民主党派"参与政治活动""参加政权""参加执政"如何理解？如何体现？以及各民主党派如何有效监督"执政党"？等等。再比如，中国特色社会主义的协商民主制度强调，要推进协商民主广泛多层制度化发展。但是当前我国社会主义协商民主的公民参与机制还不健全，决策之前、决策之中的协商不够充分，协商民主制度化建设尚未形成，各政治主体的协商意识不强，协商民主的层次不够充分，选举民主与协商民主关系没有理顺，等等，这些问题的存在都不同程度影响到了协商民主在民主政治建设方面的功能发挥。用足既有制度资源，目的就在于确保中国特色社会主义各项制度从制度文本走向制度实践，激活那些处于"休眠"状态的制度功能，让好的制度为"善治"提供切实保障，让法理意义上的中国特色社会主义制度优越性真正得到实现，只有这样，中国特色社会主义制度的改善与发展才真正具有生命力。

三是坚持问题导向，推动制度创新与治理现代化。

制度创新是制度建设的动力源泉。中共十八大强调："要始终把改革创新精神贯彻到治国理政各个环节，坚持社会主义市场经济的改革方向，坚持对外开放的基本国策，不断推进理论创新、制度创新、科技创新、文化创新以及其他各方面创新，不断推进我国社会主义制度自我完善和发展。"[①] 中共十八届三中全会提出，到 2020 年在重要领域和关键

---

① 胡锦涛：《坚定不移沿着中国特色社会主义道路前进　为全面建成小康社会而奋斗——在中国共产党第十八次全国代表大会上的报告》，人民出版社 2012 年版，第 12 页。

环节改革上取得决定性成果。为此，习近平指出："我们要坚持以实践基础上的理论创新推动制度创新，坚持和完善现有制度，从实际出发，及时制定一些新的制度，构建系统完备、科学规范、运行有效的制度体系，使各方面制度更加成熟更加定型，为夺取中国特色社会主义新胜利提供更加有效的制度保障。"[①] 由此可见，加强制度创新是改善和发展中国特色社会主义制度的必由之路，也是中国共产党治国理政的一条基本经验。

加强中国特色社会主义制度创新，要坚持问题导向。中国特色社会主义制度的创新必须要建立与完善制度化方式，以解决我国发展中面临的一系列矛盾和问题，积极改革与国家治理现代化要求不相适应的各项制度。这既需要发扬"敢于啃硬骨头，敢于涉险滩"的改革创新精神，又是一场极具智慧性的国家治理实践。在实践中，创新中国特色社会主义制度需要特别注意处理好以下几对关系：一是制度行为主体之间的权力关系，这既包括横向层面政党、政府、人大之间的权力关系，政党、国家与社会之间的权力关系，也包括纵向层面中央与地方之间的权力关系。按照中国特色社会主义制度的本质属性和民主、法治、负责、透明、公正等国家治理现代化的基本价值要求，构建合理稳定的制度行为主体权力关系。二是制度与制度运行环境之间的关系。制度环境越来越成为影响制度绩效有效发挥的重要因素。中国特色社会主义制度的创新离不开各种制度运行环境的支持，这包括经济发展水平、社会阶层状况、社会治理状态、社会成员意识形态与文化价值观念甚至包括国外国际环境等等。

要立足中国特色社会主义事业"五位一体"的总体布局加强制度创新。在中国特色社会主义经济建设领域，要紧紧围绕使市场在资源配置中起决定性作用深化经济体制改革，坚持和完善基本经济制度。必须通

---

① 《习近平谈治国理政》第一卷，外文出版社 2018 年版，第 10 页。

过深化改革推动国有企业完善现代企业制度，增强公有制经济特别是国有经济发展活力；鼓励有条件的私营企业建立现代企业制度，不断增强经济发展微观基础的活力；必须深化财税体制改革，改进预算管理制度，完善税收制度，建立事权和支出责任相适应的制度等，加快建立现代财政制度。在中国特色社会主义政治建设领域，要紧紧围绕坚持党的领导、人民当家作主、依法治国有机统一深化政治体制改革，不断推进社会主义政治制度自我完善和发展。坚持人民主体地位，扩大人民民主，推进依法治国，坚持和完善人民代表大会制度的根本政治制度，中国共产党领导的多党合作和政治协商制度、民族区域自治制度以及基层群众自治制度等基本政治制度，建设服务政府、责任政府、法治政府、廉洁政府，充分调动人民积极性；深化司法体制改革，加快建设公正高效权威的社会主义司法制度，更好地促进社会公平正义；积极推进协商民主广泛多层制度化发展，充分发挥我国社会主义政治制度优越性。在中国特色社会主义社会建设领域，要紧紧围绕保障和改善民生、促进社会公平正义深化社会体制改革，形成科学合理的社会治理体制机制，使发展成果更多更公平惠及全体人民，努力形成全体人民各尽其能、各得其所而又和谐相处的局面。在中国特色社会主义文化建设领域，要紧紧围绕建设社会主义核心价值观、社会主义文化强国深化文化体制改革，完善中国特色社会主义文化制度。完善文化管理体制，建立健全现代文化市场体系，构建现代公共文化服务体系，提高文化开放水平。在中国特色社会主义生态文明建设领域，要紧紧围绕建设美丽中国深化生态文明体制改革，加快建立生态文明制度。实行最严格的制度、最严密的法治，为生态文明建设提供可靠保障。最重要的是要完善经济社会发展考核评价体系，把资源消耗、环境损害、生态效益等体现生态文明建设状况的指标纳入经济社会发展评价体系，使之成为推进生态文明建设的重要导向和约束。要建立责任追究制度，对那些不顾生态环境盲目决策、造成严重后果的人，必须追究其责任，而且应该终身追究。

后　记

　　20 世纪末，中共中央党校进行教学改革，确立了"三基本"（即《马克思列宁主义基本问题》《毛泽东思想基本问题》《邓小平理论基本问题》），"五当代"（即《当代世界思潮》《当代世界经济》《当代世界科技》《当代民族宗教》《当代世界法制与中国法制建设》）的教学新格局，并于 2001 年由中央党校出版社出版了《马克思列宁主义基本问题》《毛泽东思想基本问题》和《邓小平理论基本问题》等教材。2007 年党的十七大鲜明地提出了中国特色社会主义道路和中国特色社会主义理论体系这两个重要概念，并将中国特色社会主义理论体系定义为包括邓小平理论、"三个代表"重要思想和科学发展观等重大战略思想在内的科学理论体系。并强调指出，中国特色社会主义理论体系，"坚持和发展了马克思列宁主义、毛泽东思想，凝结了几代中国共产党人带领人民不懈探索实践的智慧和心血，是马克思主义中国化的最新成果，是党最可宝贵的政治和精神财富，是全国各族人民团结奋斗的共同思想基础"。"在当代中国，坚持中国特色社会主义理论体系，就是真正坚持马克思主义"。2012 年党的十八大鲜明地提出了中国特色社会主义道路、中国特色社会主义理论体系和中国特色社会主义制度这三个基本概念，并认为这是"党和人民九十多年奋斗、创造、积累的根本成就，必须倍加珍惜、始终坚持、不断发展"。

从 2013 年初，我开始考虑编写一本系统研究和阐述中国特色社会主义的研究式教材。书名确定为《中国特色社会主义基本问题》，这既是学习贯彻党的十八大精神的现实需要，也是为了与"三基本"教材相衔接。即在"三基本"教材的基础上，再编写一本从总体上系统阐述中国特色社会主义基本问题的教材，作为中央党校学员的教学参考书。2014 年初，在充分讨论反复思考的基础上，三易其稿，形成了"三篇十七章"的写作框架。2014 年 1 月 16 日下午，在中央党校主楼西二会议室召开第一次编写工作会议。当时确定的本书的定位是这样的："本书为研究式教材，不求面面俱到，但要抓住重点，抓住中国特色社会主义的基本问题。本书既是一本教材，又是一本理论著作，写作中要讲清其要点，同时应反映当前国内学术界关于中国特色社会主义研究的最高水平。本书出版后将作为中央党校各班次学员的重要教学参考资料。"①

写作框架确定之后，先后征求了校内外几位知名专家的意见，2014 年 6 月，最后确定了本书的写作框架。

2014 年 7 月，我承担了国家社会科学基金重大项目："坚持和发展中国特色社会主义研究"。这样，我就把本书的写作与重大课题的研究结合起来进行。本书写作组主要成员均为该课题组的主要成员。经过近三年的深入研究，到 2017 年初，本书各章的初稿陆续写出，并陆续修改，到 2017 年 9 月，本书各章修改稿先后交齐，2018 年春，各章作者按照党的十九大精神又对书稿进行了修改。

从 2018 年春节开始，我着手统改书稿，大概用了半年时间，我一字一句的修改了全书。2018 年 8 月，本书定稿，交人民出版社，曹春同志认真细致地对全书进行了编辑和修订，使之更加完善。

---

① 《中国特色社会主义基本问题》第一次编写会议纪要，第 1 页。

　　本书是多位学者合作的产物，是集体智慧的结晶。撰稿人大多数是中央党校科社教研部的教研骨干。本书的写作框架，是在充分讨论、反复探讨的基础上，由我最后确定的。具体分工如下：序言是王怀超；第一篇第一章是梁波，第二章是何海根，第三章是康晓强，第四章是张源，第五章是徐浩然；第二篇第六章是郭强、张瑞，第七章是朱可辛，第八章是秦刚，第九章是刘晨光，第十章是孙劲松；第三篇第十一章是赵宏，第十二章是李良栋，第十三章是张恒山，第十四章是孟鑫，第十五章是青连斌，第十六章是王道勇，第十七章是郁雷；后记是王怀超。梁波、郭强、孟鑫分别组织了第一篇、第二篇、第三篇的撰写工作。

　　本书的突出特点是全面系统而又简明扼要地论述了中国特色社会主义道路、中国特色社会主义理论和中国特色社会主义制度的基本问题，综合反映了现阶段我国理论界关于中国特色社会主义的研究水平。适合各级党校学员、各级党政干部以及高校师生阅读。由于本书是由多位学者撰写的，在写作方式、写作体例上有所不同，限于我们的认识水平和写作水平，肯定会有许多不足之处，请广大读者批评指正。

王怀超

2018 年 8 月 29 日于北京西郊静思斋

责任编辑：曹　春
装帧设计：木　辛

图书在版编目（CIP）数据

中国特色社会主义基本问题／王怀超　等著 . — 北京：人民出版社，2019.1
　（2022.8 重印）

ISBN 978 - 7 - 01 - 020272 - 3

I.①中⋯　 II.①王⋯　 III.①中国特色社会主义 – 社会主义建设模式 – 研究
　IV.① D616

中国版本图书馆 CIP 数据核字（2018）第 291975 号

中国特色社会主义基本问题
ZHONGGUO TESE SHEHUIZHUYI JIBEN WENTI

王怀超　等　著

人民出版社 出版发行
（100706　北京市东城区隆福寺街 99 号）

北京盛通印刷股份有限公司印刷　新华书店经销

2019 年 1 月第 1 版　2022 年 8 月北京第 2 次印刷
开本：710 毫米 ×1000 毫米 1/16　印张：36.75
字数：490 千字

ISBN 978 - 7 - 01 - 020272 - 3　定价：110.00 元

邮购地址 100706　北京市东城区隆福寺街 99 号
人民东方图书销售中心　电话（010）65250042　65289539